世界传世藏书

【图文珍藏版】

世界大百科

马博⊙主编

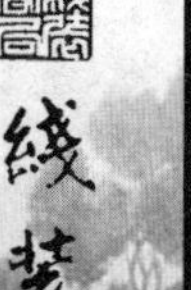

线装书局

目　录

探索百科

旅游百科

世界大百科

探索百科

马博⊙主编

导读

星际大碰撞会发生吗?

地球上为什么有那么多山?

如何解释5亿年前的史前壁画?

两亿年前的脚印之谜?

巴米扬石窟之谜?

UFO为何掳走地球人?

海洋"美人鱼"探秘?

……

千万年来,人类用孜孜不倦的求索精神,不断扩展了对神奇大自然、对奇妙的科学以及对人类自身的认识。在永不停顿的对未知领域的探究中,人类建构起了多彩多姿的迷人世界。

本部分图书探索了人类社会的奥妙,囊括天下万物,浩瀚无边的宇宙天地,精彩纷呈的地球故事,有趣深奥的自然科学,日益发达的高新技术,多姿多彩的社会生活…… 等等。全书用通俗易懂的文字,配以精美逼真的插图,诠释出丰富而精彩的万千现象,让读者在轻松愉快的氛围中进入一个乐趣无穷、充满未知的知识世界。

"思维是地球上最美丽的花朵",而探索精神是其中最灿烂的一枝。对未知事物的探求是人类赖以生存的希望和社会不断前进的动力。为了满足广大读者对未知事物进行探索的渴望,本卷精选出具有神秘色彩与探索价值的课题,展示给读者不同领域的全新的知识框架,强调以科学的精神探索世界,以培养细致缜密的科学态度和求真唯实的探索精神。相信这部分《探索百科》是满足读者求知渴望、拓展知识视野、丰富精神世界的有益读物。

宇宙探秘

宇宙大爆炸假说

宇宙大爆炸仅仅是一种学说，是根据天文观测研究后得到的一种设想。大约在150亿年前，宇宙所有的物质都高度密集在一点，有着极高的温度，因而发生了巨大的爆炸。大爆炸以后，物质开始向外大膨胀，就形成了今天我们看到的宇宙。大爆炸的整个过程是复杂的，现在只能从理论研究的基础上描绘过去远古的宇宙发展史。在这150亿年中先后诞生了星系团、星系、我们的银河系、恒星、太阳系、行星、卫星等。现在我们看见的和看不见的一切天体和宇宙物质，形成了当今的宇宙形态，人类就是在这一宇宙演变中诞生的。

人们是怎样推测出宇宙大爆炸的呢？这就要依赖天文学的观测和研究。我们的太阳只是银河系中的一两千亿个恒星中的一个。像我们银河系同类的恒星系——河外星系还有千千万万。从观测中发现了那些遥远的星系都在远离我们而去，离我们越远的星系，飞奔的速度越快，因而形成了膨胀的宇宙。

对此，人们开始反思，如果把这些向四面八方远离中的星系运动倒过来看，它们可能当初是从同一源头发射出去的，是不是在宇宙之初发生过一次难以想象的宇宙大爆炸呢？

大爆炸的假说诞生于20世纪20年代，在40年代得到补充和发展，但一直寂寂无闻。40年代美国天体物理学家伽莫夫等人正式提出了宇宙大爆炸理论。该理论认为，宇宙在遥远的过去曾处于一种极度高温和极大密度的状态，这种状态被形象地称为“原始火球”。所谓原始火球也就是一个无限小的点，火球爆炸，宇宙就开始膨胀，物质密度逐渐变稀，温度也逐渐降低，直到今天的状态。这个理论能自然地说明河外天体的谱线红移现象，也能圆满地解释许多天体物理学问题。直到50年代，人们才开始广泛注意这个理论。

上世纪60年代，彭齐亚斯和威尔逊发现了宇宙大爆炸理论的新的有力证据，他们发现了宇宙背景辐射，后来他们证实宇宙背景辐射是宇宙大爆炸时留下的遗迹，从而为宇宙大爆炸理论提供了重要的依据。他们也因此获1978年诺贝尔物理学奖。

20 世纪科学的智慧和毅力在英国科学家史蒂芬·霍金的身上得到了集中的体现。他对于宇宙起源后 10~43 秒以来的宇宙演化图景做了清晰的阐释:宇宙起源于比原子还要小的奇点,然后是大爆炸,通过大爆炸的能量形成了一些基本粒子,这些粒子在能量的作用下,逐渐形成了宇宙中的各种物质。至此,大爆炸宇宙模型成为最有说服力的宇宙图景理论。

然而,至今宇宙大爆炸理论仍然缺乏大量实验的支持,而且我们尚不知晓宇宙开始爆炸和爆炸前的图景。

奇异的流星之声

流星竟然会发声,似乎闻所未闻,然而这确是事实!

伊西利库尔是一座小城,位于俄罗斯辽阔的西伯利亚平原。那是许多年前的一个寒冷的冬夜,城里的大街小巷堆满了积雪。在这片雪原的上空是繁星闪烁的天宇,四周一片寂静。

突然,从天宇的某个地方,传来了一声尖锐刺耳的裂帛声。人们翘首远眺,只见一颗璀璨的流星,散射着金黄色的光芒,像箭一般地掠过长空。流星留下了一条长而发亮的轨迹。与此同时,那种裂帛似的声音也随之消失了,小城的雪夜又重归寂静。

人们对于流星是不会陌生的,然而有一点却使人感到困惑不解:伊西利库尔人是先听到了奇怪的声音,然后才看到流星的,这到底是怎么回事呢?众所周知,流星以飞快的速度进入大气层后,和空气发生剧烈的摩擦,很快便烧成一团火球。绝大多数流星在 60~130 公里的高空就已燃烧殆尽,只有极少数到 20~40 公里的高空处才烧完。而声音在大气中的传播速度是每秒 330 米,因此从那么高的地方传送到我们耳边的时间至少需要 1 分钟,更准确地说要在三四分钟之后。可问题是,当流星飞过天空的同时,人们听到了它所发出的刺耳的声响。它就好像在看见闪电的同时就听到雷声,表明这个雷就落在你的身旁。难道这颗流星竟是在离你的头顶不过几十米的空中飞过去的吗?这显然是不可能!

1938 年 8 月 6 日,飞行员卡谢耶夫在鄂木斯克上空看到一颗明亮的橙黄色流星,"它飞到半途中时,传来了刺耳的'吱吱嘎嘎'的响声,好像一颗缺油的车轴在干转"。

有趣的是,著名的通古斯陨星和锡霍特阿林陨星陨落时,许多目击者都听到了类似群鸟飞行的嘈杂声音和蜂群鼓翅的嗡嗡声。这些不寻常的声音在被人们听到之前都走过了大约 50~200 公里的一段距离,最多的可达到 420 公里,"正常的"声音大约要经过 21 分钟才能传送到,实际上,等不到它们到达我们的耳边,就会在路途中衰减乃至消失了。可奇怪的是,在许多情形下,电声流星的"信号"甚至还要早于流星本身而率先出现。目击者们往往都是听到声音之后,循声望去,才看见空中出现了流星。

目击者们对流星之声的描述也是形形色色,甚至是千奇百怪的——嗡嗡声、沙沙声、啾啾声、辘辘声、刺刺声、淙淙声、沸水声、子弹炮弹火箭飞过时的啸声、惊鸟飞起的扑棱声、群鸟飞起的拍翅声、电焊时的噗噗声、火药燃烧时的哧哧声、噼噼啪啪的响声、气流的冲击声、钢板淬火和枯枝折断时的声响……

流星

最叫人感到难以理解的是:有些人能够听到流星的声音,而另外一些人则什么都没听到。例如 1934 年 2 月 1 日一颗流星飞临德国时,25 个目击者中有 10 个在流星出现的同时听到了啾啾声,其余的人则称流星是"无声"的。还有一则报道说,1950 年 10 月 4 日,在美国密苏里州出现流星时,只有孩子们才听到了流星飞过时发出的啸叫声。简直令人不可思议!尽管科学家们都承认电声流星现象是客观存在的不可否认的事实,但其秘密至今没有解开。有些专家认为,所有这一切的谜底就在于流星飞行时所发出的电磁波。这些电磁波以光速传播,有些人的耳朵能以某种我们目前还不知道的方式把这种电磁振荡转换成声音,转换的方式因人而异,各人听到的声音自然也不相同。流星之声的形成机制究竟如何,至今仍是一个谜。

到太空去采矿

宇宙中的许多小天体含有比地球丰富得多的矿藏。据天体物理学家研究,距地球较近的"阿波罗"小天体,约有直径 100 米的小行星 1000~2000 颗。它们当中有一些几乎是纯金属球,除铁外,还有丰富的镍、钴、铬、锰、铝、金、铂等。1986 年发现的一颗编号为 1986DA 的小行星,直径不足 2 公里,却贮藏有 1 万吨黄金、10 万吨铂、10 亿吨镍、100 亿吨铁!所以,科学家们想到宇宙去开矿,以解决地球资源的不足。

到宇宙开矿,科学家们设想出两种方法:一是在小天体上直接开采,然后用宇宙飞船或"天梯"将矿石源源不断地送至地球,这种方法必须在月球建造中继站,通过月球的仓库,实现矿藏的储存和运输。二是用人为的力量将较小的天体改变运行轨道,然后以极小的速度降落到地球指定的地点。科学家们认为,让小天体改变轨道并不难,宇航员甚至可以用绳索将小行星捆绑,用飞船将它拖离轨道。困难的是如何克服小行星降落时的加速度,让它平安地降落,避免陨石撞击地球的灾难。目前,科学家们认为较为可行的是第一种方案。科学家们设想,可以用运载火箭或飞船先将一套重约60吨的自动化机器送上月球。这在技术上是可行的,因为人类已成功发射过90吨的太空实验室。这套自动化机器有一台小型号的电磁采矿机,它能自动采集月球表面的稀土,将它加工提炼成硅,机器人将这些硅装配成一组组太阳能电池,作为月球工作站的启动能源。智能机器人将电源通入自动化生产的工作母机,工作母机按指令生产出一代又一代的采矿机和太阳能电池,月球站就有了足够的能源和动力。这时,工作母机启动其他程序,生产各种建筑材料,机器人们按要求建造仓库、道路和各种运输设备。一个个宇宙矿产中继站在月球上建成了,它们有不同的分工,有的负责储运铁,有的储运铝,还有的储运金和其他贵金属。

将在小行星上采到的矿石运到月球仓库,再运到地球,用飞船或航天飞机当然是可行的,但是成本太高,每公斤要花费2000美元。用这种方法运金或铂也许还行,如运其他金属就不合算了。因此,有科学家提出了一种新式的"天梯管道运输法"。大家知道,有一种同步卫星,它环绕地球时旋转的角速度与地球自转的速度是一样的,看上去就像悬在空中不动似的。如果从同步卫星上用一根绳索和地球上的一点对接,然后用航天飞机运送机械设备和装置,沿绳索装配出一个巨大的管道,管道中装上电梯,让卫星和地面连接起来,来自月球、小天体的矿藏、人员、设备就可以在管道中来来往往。科学家们认为,这种运输天梯能用月球或卫星太阳能电站电力作运转动力,成本很低,运输量大,只要机器不出故障,可以不间断地运来运去。但是,从同步卫星到地面有几万公里的距离,有什么材料能经得住狂风的袭击?月球的自转速度与地球不同,从月球到同步卫星的管道怎样设计才能同卫星到地球的管道相协调?这是一大难题。因此,运输天梯的设想似乎是不可行的。

正当科学家们为矿石从宇宙运向地球的难题苦恼时,有一位科学家提出了电磁通道的设想。向空间轨道发射足够多的电磁环,利用电磁环的相互感应原理,叠成一个超长的空心管道。再用一根导线穿过管中央,让其首尾连接,形成回路。通电后,导线的磁场推力将足以维持空心管的中空姿态。在磁通道中装上电梯,就能进行矿石的空间运输。很多人认为,磁通道的设想比直接建管道要现实得多,但是,用什么材料做环,怎样发射,会不会带来环境问题和空间通信的干扰,投资如何解决等等,都需要进行几十年的可行性研究。

还有不少科学家对天梯的两种设想都持怀疑和否决的态度,认为都不切实际。到目前为止,人类开发月球和火星的计划还在探索之中,所有的设想还只是纸上谈兵,只有空间发射器、飞船和太空舱已成为现实。最可靠的空间运输技术,还是使用飞船,空间科学家的任务是如何大幅度降低飞船的运营成本,使宇宙采矿有利可图。

飞向太空,移民太空,开发利用宇宙的能源和矿藏,是人类的共同理想。人类对客观世界的认识是不断深入的,在宇宙探索上也是一样,在两千年以前,人们只知道月亮上有嫦娥,有月宫,有吴刚和玉兔。两千年以后,人类却登上了月球,准备开发月球。在几十或数百年之后,空间技术将有突飞猛进式的发展,使用从太空矿藏产品,在将来会是一件十分平常的事。

地球的“腰围”在变大

如果把赤道比作地球的“腰”,那么它的周长可以看作地球的“腰围”。美国研究人员的最新观测显示,地球近几年来呈现出“发福”的趋势,它的“腰围”正在慢慢变大。

地球其实并非标准球体,而是赤道略鼓、两极稍扁,形状有点像个南瓜。2002 年,美国宇航局戈达德航天飞行中心的研究人员在《科学》杂志上的报告说,他们对卫星观测数据进行分析后发现,地球“腰围”从 1998 年以来以极其缓慢的速度持续变“粗”。他们在研究中借助了 9 颗卫星在过去 25 年间所收集的数据,其中包括地球引力对这些卫星的运行轨道所产生的影响,以及地球自转轨道出现的变化。此前的研究曾表明,地球的“腰”一直在变细,据分析这是上一个冰期以来地球极地冰盖的融化所致。极地冰盖的融化会使得其下面的陆地隆起,地球质量出现重新分配,从而导致地球的地幔出现某种“反弹”效应,结果是地球“腰围”不断缩小。但是这个趋势在 1998 年发生了逆转。

地球“腰围”近年来突然变大的原因目前尚不清楚。研究人员的测算表明,无论是全球海平面的上升,还是冰川的加速融化,都无法解释地球为什么会“发福”。他们推测说,这一现象有可能与地球的地核和地幔交界处质量发生转移有关。

第一个提出地球为球形的人

在 2500 多年前,人类对地球的认识极为浅薄。古埃及人认为地球是放在四只大象背上的平板,而大象则站在一只大龟背上,龟浮在海上。古巴比伦人认为大地像只圆盘。在我国古代,也有大地如棋盘之类的说法。总之,都认为地球是平面的。古人产生地球是平面的想法是很自然的。因为那时的社会生产力很低下,人类的活动范围很小,地球对当时的人来说实在太大了。人类无法直观地认识它的总体,只能从自己生活的那个地方所体验到的一些现象来推断地球的形状。水从高处往低处流,物体从上往下落,这是人类观察到的最大量、最基本的现象。人们便由此认定上与下、高与低是绝对的,所以当时的人们却很难想象地球是球形的。

约公元前6世纪,古希腊著名的科学家毕达哥拉斯突破了传统与直观的局限,第一个明确地提出地球是球形,实现了人类对地球认识的一个飞跃。

毕达哥拉斯的地球球形说,是以充分的观察结果为基础的。他观察到,月光不是月亮自己发出的光,而是反射的太阳光。进而他又发现月面上的阴暗交界处有一道弧线,这种现象只有光线照射在球形物体上才能产生,这就说明月球为球形。由此,他推想到地球和其他天体都是球形。他的另一个根据是,每当月食发生时地球投射在月球上的影子也是圆形的,这就进一步佐证了地球为球形。

毕达哥拉斯还从"科学——美学"角度论证了地球,甚至包括各种天体都会是球形。他认为圆形、球形是最完美的几何形状。宇宙是完美、和谐的,因此构成宇宙的各种天体必然为球体,并在圆形轨道上运转。他的这一"科学——美学"思想,虽然带有一定的神秘色彩,但却深刻地影响到而后的天文学发展。伽利略、哥白尼等无不受其影响。哥白尼公然认为毕达哥拉斯的天文概念就是他的太阳中心说的先驱。

第一个量出地球大小的人

埃拉托色尼是古希腊的科学家,生活在约公元前3世纪,他对毕达哥拉斯、亚里士多德提出的关于地球是一个球体的论述深信不疑,并千方百计地要测出地球的大小。

埃拉托色尼生活在埃及亚历山大里亚城。他发现,每年从春到冬,太阳从没有在这座城市的天顶上停过。即使在每年6月22日的正午即夏至这一天,太阳光线与垂直地面的标杆之间的夹角也有7.2°。他同时又听说,在亚历山大里亚城以南约5000斯塔季亚(古埃及长度单位,1斯塔季亚约等于1/10英里)的塞恩城(今阿斯旺大坝附近),情况与此大不一样:在那里,每年夏至这天正午,太阳正好挂在天顶,阳光可以笔直地照射到井底,所有的直立物体都没有影子。这种现象引起埃拉托色尼的极大兴趣。他想,从远处投来的太阳光是平行光,如果地球是平面的,那么就不可能出现这种差异,这种差异的产生,不正好说明地球是球形了吗?根据现有的数据不就可以计算出地球的周长了吗?

亚历山大里亚城和赛恩城,一个在正北,一个在正南。太阳光在亚历山大里亚城与标杆的夹角应相等于以地球为圆心、以两城之间的距离为弧长的这一圆弧所对应的圆心角,即均为7.2°。根据几何学中关于在一个圆里,多大的圆心角对应多大的圆弧的道理,就可以测出地球的周长。

即:地球的周长=5000 斯塔季亚×(360°÷7.2°)=250000 斯塔季亚,约合 39816 公里。数据与今人测量地球经线长 40009 公里非常接近。

这是一个生活在距今 3000 多年前的人测得的地球的大小。其测量方案的科学,测量结果的精确,都令今人叹为观止!

第一个称出地球重量的人

卡文迪许 1731 年出生在法国一个贵族家庭,自幼刻苦学习,勇于创新。早在小学读书期间,他就对地球产生了浓厚的兴趣,立志长大后要攻克科学险峰——“称地球”!

1750 年的一天,卡文迪许向剑桥大学米歇尔教授重申了自己的这一愿望。米歇尔是个热心的人,对学生的志向总给予热情的鼓励和支持。对于卡文迪许前来讨教“称地球”一事,教授同样给予许多提示。回家后,卡文迪许很快便设计了一套实验装置:在一长木棍的两端各装上一个小铅球,像一个哑铃,再用一根石英丝把这只“哑铃”横吊起来。实验时,只要将两个大铅球分别接近木棍两端的小铅球,由于“万有引力”的作用,“哑玲”一定会发生摆动,石英丝也将会有所扭动。他想,只要测出石英丝扭动多少,就可以知道大小铅球之间的引力大小,进而算出地球的重量。

可是,卡文迪许反复实验了许多次,都以失败而告终——铅球之间的引力太微弱了。现今试验知道:两个 1 公斤的铅球在相距 10 厘米时,它们之间的相互力只有十亿分之一公斤!这么微小的引力所促成的石英丝的变化,单靠肉眼是无法测量出来的。

为了“称”出地球的重量,卡文迪许每天苦思不止。有一天,他到英国皇家学会演讲,演讲十分成功,因而在回家途中他显得格外高兴。他边走边欣赏一路的风光,忽然,他看见一个小孩手中拿着一面小镜子反射太阳光,手中的镜子稍微转动,远处光点的位置马上发生很大移动。看着,看着,一个念头在他脑中浮现。卡文迪许兴奋异常,马上赶回实验室,动手改进实验装置。他把一面小镜子固定在石英丝上,再用一束光线照射这个小镜子。小镜子将光线反射到一根刻度尺上。这样,只要石英丝有极微小的扭动,反射光就会在刻度上有明显的移动,从而提高实验的灵敏度。

卡文迪许看到自己的实验有了可喜的进展,心情十分激动。1798 年,他测出“万有引力常数”,然后再按照万有引力公式计算出地球重量为 60 万亿亿吨。这与当代科学家计算出的地球重量基本相同。

卡文迪许“称地球”的愿望实现了,但这时他已是 67 岁高龄了。为了“称地球”,他耗尽了几乎一辈子的心血。

史前探秘

崖洞密码能否破译

洞穴分布在半山腰上,烟道、通气孔一应俱全。

深山密林惊现两百洞穴,是天然形成还是人为开凿,是崖墓还是供人居住的场所,谁是这里的真正主人,他们又为何神秘消失,种种谜团令人匪夷所思,专家能否破译崖洞密码?

荒山惊现上百神秘洞穴,当地传说洞穴中曾经住了很多野蛮人。

虱子坝村是四川西部一座普通的小山村,因村中有一块巨石很像虱子的形状而得名虱子坝。虱子坝,位于洪雅县槽渔滩镇,是一个三面环山,海拔上千米的高山盆地。

2004 年,正值虱子坝开山造林,这天,几个村民打算在一处荒芜的山坡植树,就在这个时候,他们惊奇地发现一个洞。此后,村民们陆续在面积只有 3.5 平方公里的荒山中发现了上百洞穴。这些洞穴主要分布在山脊两侧的半山腰上,往往成片分布,每一片分布的洞穴都有一个大洞几个小洞,洞与洞之间并能遥遥相望。洞壁上有明显烧灼过的痕迹,但是却没有发现任何物品。

虱子坝有上百洞穴的事情,当地几位上岁数的老人其实早就听说过,但是谁都没见过。

在他们很小的时候,父母不允许他们往山上乱跑,说山上有很多山洞,里面住的都是一些野蛮人,到了晚上就会抓孩子。所以,一到傍晚,就不再有人上山了。这个故事是真是假?大家谁也说不清。

难道说这些洞穴就是传说中的蛮子洞吗?有猜测认为,洞穴为原始人生活遗址。

虱子坝山里经常下雨,而雨后的山路更是湿滑泥泞。洞穴所在的位置根本就没有路,必须临时用砍刀砍出一条路,一不小心滑下去后果相当严重。经过三个小时,当地专家组成的考察队终于找到几处洞穴,它们大都分布在丛林深处极不容易被发现的地方。

起初,大家猜测,这些洞穴是原始人的生活遗址。在进行详细的考察之后,专家发现洞穴成长方形，洞壁上分布有清晰均匀的凿痕，是人工开凿的，绝对不是天然形成的。据四川大学考古教授马继贤介绍，原始时期，人类使用石器工具，不可能开凿这么多山洞，当时原始人类居住的山洞主要都是天然洞穴。洞穴是原始人生活遗址的说法首先被排除了。

原始人遗址的猜测被否认，专家分析认为洞穴是四川特有的墓葬形式——崖墓。

在进一步细致勘察中，有专家分析出一个令人意想不到的结果：这些洞穴的用途并不是用于人居，而是崖墓。

崖墓是四川地区特有的一种墓葬形式，它一般都是沿江而凿，多在半山腰，海拔很低，墓顶呈圆拱形，墓穴里面高大开阔，一座崖墓一般会由多个墓室组成，用来存放整个家族的棺木。

"从山洞的结构形制，然后它的长宽高的尺寸，以及整个性质特色、结构特色来看的话，应该是崖墓。"四川考古研究所考古队队长孙智彬说。

鲜继新，洪雅县文管所所长，最早从当地人口中得知虿子坝洞穴的人，对于孙智彬的说法他表示不能理解。虿子坝的海拔一千三百米，离最近的青衣江也有5公里的距离，这里会有崖墓吗？

除此之外，更为奇怪的是，在每个洞穴中均发现了通气孔和烟道，鲜继新认为，在洪雅所有崖墓中从来没有发现过这种结构。

洞穴中发现烟道和通气孔，或许它们是用来居住和生产的。

崖墓这种墓葬形式在四川地区广泛存在，并不稀奇，但奇怪的是，洪雅发掘过汉代至明代的古墓，即便是被盗，也都曾出土过文物，而唯独虿子坝的洞穴里找不到一点汉崖墓里常能找到的人体遗骨以及陶制陪葬品。

而且，这些通气孔和烟道并不是直上直下的圆柱形而是下大上小的圆锥形，抬头望去的确是通着的，这是不是古人在利用这种特殊的构造达到排烟的效果呢？

为了证实这种推断，考察队让当地村民找来柴禾，在洞里火塘的位置点起了火堆。果然随着火苗越来越旺，烟雾也升腾起来，但是很快就通过烟道迅速排到洞外。

现在很多证据都证明了这些神奇的崖洞并不是想象中的崖墓，反而很有可能是用来居住或者是生产的。

可又是谁能在这茫茫林海中筑建如此庞大的工程？如果不是崖墓，那它会是做什么用的。专家认为一定是人居洞穴，那会是什么人在此居住呢？

史料中没有相关记载，如此大规模的洞穴到底是何人开凿的呢？

这时，有人提出了一种新的猜测，认为是秦代屯兵用的兵坑。从地图上看虿子坝的位置，虿子坝所处的高山峻岭的确构成了洪雅和雅安的天然屏障，雅安就是古时候的羌人领地，今天，那里成为羌族的聚集地。当地人也说洪雅曾经出现过兵坑，这里也许就是其中的一处。

从地势的显著位置来看是有这个可能性，可是这个说法却在随后的勘察中被否定，专家在对凿痕进行进一步的分析后，发现洞穴开凿的年代可能不是很早，估计在明清左右。

车治明一辈子生活在虱子坝，是这里年纪最大的老人。老人不认识字但却保留了一本祖辈传下来的家谱。这本车氏家谱上记载，这个家族是清光绪年间从湖北移民到虱子坝，但却没有任何关于洞穴的记载。

虱子坝主要有车姓和赵姓两个大姓，当地人介绍这里都是清代从湖北来的移民。看来，现在虱子坝的人不是洞穴的真正主人，也就是说这些洞穴的开凿时间最晚应该在清光绪年以前。

翻阅了洪雅县政府所有县志，都没有任何关于虱子坝洞穴的文字。史料中没有任何记载，这些如此大规模的洞穴到底是何人开凿的呢？

洞穴可能是供人避难的临时住所，谜团破解有待进一步的考古发掘。

马继贤从2004年就开始研究虱子坝洞穴的种种未解之谜，以前也曾认为是东汉崖墓，但是，近几年他越来越对这个结果产生怀疑，终于，在文史中一段描写成都郊区新津县历史的文字引起了他的注意。

据记载，明末清初，四川爆发了长达20余年的战乱，与此同时，瘟疫地震几次大规模的灾害又接踵而至，四川人口锐减。为了避难，成都郊区新津县的一部分人来到虱子坝的深山密林中，当时金属工具的使用已经很成熟，因此开凿这样一个山洞并不是什么困难的事。为了防御野兽攻击，他们把洞口设计得很小。洞内只有一些必要的生活设施，比如烟道、火塘和通气孔，以此作为临时住所。

到了清初期，政府鼓励外省的人口移民四川，移民的人口以湖南、湖北居多，这两个省在清代被称为湖广，也就是历史上的“湖广填四川”。光绪年间，来自湖北的一部分移民来到虱子坝成了这里今天的主人，因此也就不会知道以前那段短暂的历史。

当然这都是每个专家根据自己的认知来讲出的一个合理的推断。那么，到底这些洞穴是怎么回事呢？据了解，目前有关部门正要组织大规模的考古发掘活动，我们希望随着这些考古发掘的深入进行，能够找到一些蛛丝马迹帮助我们更加合理地去分析解释它。

诺亚方舟之谜

据《圣经》记载,大约6000年以前世上的人除诺亚和他的一家外都忘了上帝。上帝发怒了,决定惩罚他们。在诺亚600岁的2月17日那天,天窗打开了,上帝连降大雨40天,世界随即变成一片汪洋大海,地球上的一切生物除诺亚外都处于毁灭的边缘。诺亚由于得到上帝的宠爱提前知道洪水的到来,便造了一艘大船,这就是"诺亚方舟"。他和他的家人正是借助这艘船才得以生存下来。同时在逃难中,诺亚还将世界上每种生物都带了一对,这就发展成为今天的人类和生物界。但近年来,随着考古研究的发展,越来越多的事实表明,尽管《圣经》中所说上帝发水一说毫无根据,但在人类历史上确实有过全球性洪水的先例,也就是说远古时代的人们确实经历过毁灭性的水灾。

1850年,考古学家亨利·莱亚德在古亚述国首都尼尼微挖掘出上千片残破的粘土板。这里被考古学界认为是世界上最早的文明古国之一——苏美尔的所在地。经仔细研究,这些泥板被断定已有5500多年的历史。考古专家乔治·史密斯先生还在这些泥板中发现了一块古巴比伦记述的《古尔盖梅希史诗》中的一段。它记述了一场吞没世界的大洪水中一个叫万塔·纳皮提姆的人和他的妻子乘一条大船逃生的故事,这个描述与诺亚方舟的故事如出一辙。难道还真有这么回事吗?有的学者认为这绝非单纯巧合,其间必有某种联系。有的进一步认为发生洪水的区域可能就是幼发拉底河和底格里斯河,因为这两条河都流经此地。

诺亚方舟

1955年7月,法国探险家那巴拉带着自己的儿子拉菲尔追寻了诺亚方舟的踪迹。他们根据《圣经》记载,登上了位于苏联境内海拔5400多米的阿拉拉特山。他们四处勘察,结果在山中的冰湖里发现了一块木块,形状酷似诺亚方舟的残骸。于是,他们带上木块很快离开阿拉拉特山回到法国。后来经科研机构考证,一致确认木块至少为5000年前的建筑物的一部分。而据科学考察,诺亚生活的时代也正是在6000年前左右。那么这块木块及100多年前发现的上千片粘土板是不是诺亚方舟的组成部分?诺亚方舟是否存在过呢?还只是一段传奇的神话呢?这些还都是未解的谜团。

恐怖的史前核战争

由于无法理解作品中的事情,我们经常会把一些文字当作夸张来理解,譬如古印度史诗《摩诃婆罗多》中两次战争的记载,它所描写的战争场面就像是一场核战争的目击记。5000 年前的人怎么会把核战争的恐惧想象得如此逼真?我们还是走进书里去看看。“武器发出的灼热足以使地动山摇,太阳也在空中摇摆,动物迅疾死去,河水翻腾间鱼虾全都被烫死,烧焦的敌兵变得像焚烧后的树干一样。”“尸体无法辨认,毛发和指甲全脱落了,鸟儿也死毙在了空中,食物全被污染中毒。”经历了现代核战争的人,看到这些会不会毛骨悚然,还会把它们当作诗人的写意和夸张吗?

二十亿年前,在今天的非洲加蓬共和国,曾存在着一个大型的链式核反应堆,运转了很多万年。

奥克洛(Oklo)是非洲加蓬共和国一个铀矿的名字。从这个矿区,法国取得其核计划所需的铀。1972 年,当这个矿区的铀矿石被运到一家法国的气体扩散工厂时,人们发现这些铀矿是被利用过的,其含量低于 0.711w%的自然含量。似乎这些铀矿石早已被一个核反应堆使用过。

法国政府宣布了这一发现,震惊了全世界。科学家们对这个铀矿进行了研究,并将研究成果于 1975 年在国际原子能委员会的一个会议上公布。

那么,这个铀矿到底是怎么回事呢?

的确,这些铀矿石是被利用过。法国科学家在整个矿区的不同地方都发现了核裂变的产物和 TRU 废物。开始时,这些发现让人很迷惑,因为用天然的铀是不可能使核反应堆越过临界点(而发生核反应的),除非在特别的情况下,有石墨和重水。但在 Oklo 周围地区,这些条件是从来都不大可能具备的。

U_{235}的半衰期为七亿(7.13E8)年,少于 U_{238}的半衰期四十五亿(4.51E9)年。从地球形成至今,相比 U_{238}更多的 U_{235}衰变了。这就说明在久远年代以前,天然铀矿的浓度比今天要高得多。实际上,简单的计算就可以证明,30 亿年前此浓度为 3w%左右。而此浓度已足以在一般的水中进行核反应。而当时在 Oklo 附近是有水源的。

让人吃惊的是,这座核反应堆的构成非常合理。比如,目前的研究结果表明,这个核反应堆有几公里,如此巨大的一个核反应堆,对周围环境的热干扰却局限在反应区周围 40m 之内。更让人吃惊的是,核反应所产生的废物,并没有扩散,而是局限在矿区周围。

面对这一切,科学家们承认这是一个“天然”的核反应堆,将它写进了教科书,并研究它在核废料处理方面的价值。但是敢于再向前探索一步的，就没有多少人了。

其实现在，很多人都知道这是史前文明所留下的遗迹。也就是说，二十亿年前，在今天我们叫作奥克洛的地方，可能存在着高度发达的文明，远远超过今天人类的文明。

与这个“天然”的大型核反应堆相比，今天人类所能建造的最大的核反应堆，也显得黯然失色。

这么发达的文明，怎么会衰落以致消失呢？这是耐人深思的。

考古学家开始对以往的成见表示怀疑，他们实地去考察了史诗中记载的战争发生的地方，他们果然有了收获，找到一些废墟。那里有很多粘合着的大块岩石，感觉不像是一般火焰烧毁所导致。接着，在印度之外的巴比伦、撒哈拉沙漠以及蒙古的戈壁滩，人们也相继发现了一些史前废墟，并在那里找到了跟现在核试验场中同样的物质。据考证，我们现代人类文明之前，地球上会不会真的存在一个史前文明，他们发明了核武器，并且因为一场核战争而毁灭？这个大胆的假想如何才能得到更充分的证实呢？

太平洋上的姆大陆之谜

这是一个很有意思的假想，人们怎么能知道 12000 年前的世界是什么样子呢？

科学家根据仅存的一些证据大胆推测，那时候在南太平洋中有过一个古大陆，它的名字就叫姆大陆。这是一个极为广阔的大陆，它的边缘分别是东方的复活节岛、西边的马里亚纳群岛、北部的夏威夷群岛及南面的塔希提岛，它的面积达到了 3.5 亿平方千米，相当于南、北美洲加起来的总和。这个大洲会是什么样子？为了验证这个假想，现代的科学家不停地努力寻找着姆大陆的遗迹，一旦在某海域发现了块奇怪的海底大石，他们就会与姆大陆联系起来考察。这样的发现越来越多，相信他们最终会有收获的那天。历史肯定会告诉我们真相的。

据说姆大陆是人类文明的发源地，它早在那个时代就拥有了发达的城市，优越的航海、航空技术，生活着几十万各种肤色的人类，他们还把自己的文明传播到了世界上每个地方。虽然他们创造了无比辉煌的文明，但是终究逃不过天谴的命运。有一天，姆大陆上火山、地震爆发，强大的海啸又开始袭击城市，陆地很快变成汪洋，大陆被海水一点点侵蚀，幸存的人逃到了周围的几个小岛屿上。于是这些相隔千里、互无联系的小岛居民一直流传着关于神奇姆大陆的相同传说。在这些小岛上发现的很多现代人难以理解的遗迹也让人们猜测着它们与姆大陆高度文明的关系。

威伦道尔夫的维纳斯

最早和最著名的塑像之一是发现于奥地利的威伦道尔夫的维纳斯。这是一个小型的妇女塑像,有着巨大的乳房和大腿,但没有真切的面部特征。尽管从今天某种民族的文化观念来看,她或许仍是有魅力的,但就西方现代的眼光而言,她并没有多大的吸引力。

那么,石器时代的艺术家们究竟为什么要用这样一种形象来塑造妇女呢？有一种见解认为这些塑像代表着丰饶女神,她们丰腴的外形暗示着大地的富饶。但又或许是由于在那个时代,妇女确实长得有点像那个样子。这些塑像雕刻于最后一次冰河期,那时的冬天十分寒冷,除非夏季时就在体内增加大量的脂肪,否则是无法度过冬季的。然而无人能真正了解这些塑像背后所蕴藏的真正含义。

史前艺术的西斯廷教堂

1902 年,萨托奥拉去世 14 年后,考古学家共比·亨利·布罗伊尔造访了萨托奥拉发现的那些洞穴,并从地下掘出一些动物骨头。看来洞顶壁画并非萨托奥拉伪造,确实是远古人类的创作。这个山洞壁画被称作"史前艺术的西斯廷教堂"这些岩洞壁画保存得相当完好,洞中的温度和湿度恒定不变,通风状况恰到好处,而且空气中的湿度使得绘画色彩不至于因干燥而剥落。塌落的岩石阻住洞口,使它几个世纪以来处于与世隔绝的状态。

不少考古学家认为:这些洞穴绘画也许曾是宗教仪式的一部分,用符咒震慑野兽以便捕捉。令人感到奇怪的是:在 1 万多年前,这些画都是小心翼翼地在昏暗无光的洞内完成的,人们当时是如何解决照明问题的呢？在洞中考古学家们发现了若干盏石制的灯。还有让人奇怪的事情:如此高超的壁画创作艺术似乎此后便失传了,也许与当地气候逐渐转暖有关。随着大片冰原的消失,原居住在阿尔塔米拉地区的人们离开他们居住的洞穴,来到空旷的平原地区生活。他们的后代逐渐适应低地生活要求,学会了农耕,忘记了他们的祖先当初狩猎的生活方式,当然,也不再在岩壁上刻画那些活灵活现的动物以及栩栩如生的狩猎场景了。

石器时代的人类祖先,在某种宗教仪式中,是否曾把他们的某只手指切掉？这是研究法国西南部加加斯山洞壁画的专家提出的一个相当有趣而尚未解答的问题。这个山洞里的史前壁画引起的问题，与西班牙阿尔塔米拉及法国拉斯考等地方山洞壁画所引起的问题，同样使人议论纷纷。加加斯山洞位于欧洲比利牛斯山脉，距卢德不远，有“手掌山洞”之称。在加加斯山洞里面黑色洞壁上，这些掌印历经 35000 年之久，仍光彩夺目，不曾褪色；有些掌印呈黑色，印在红色框里；另一些则是红色。大多数掌印总有两只或多只手指缺一截。

西斯廷教堂壁画

加加斯洞穴的手印，也许是现存最古老的洞穴艺术形式，约形成于 35000 年前的冰河期后期，由今天欧洲人的直系祖先克罗马农人（因其骨骼首先在法国克罗马农地方出土而得名）所绘。克罗马农人是旧石器时代后期某些穴居族之一，但他们不是最早在加加斯山洞壁上留下痕迹的生物。在他们之前，于洞内留下痕迹的是一度在西欧各地游荡出没的巨熊。这些巨熊在洞壁软石上磨锐前后肢的爪，于是就在壁上留下爪痕。在这些爪痕之间，散布着一些凹入土中的连绵曲线，则可能是人类模仿巨熊留下的痕迹，其历史也许比手印还要久远。

两亿年前的脚印之谜

我们知道人类的出现是 200~300 万年前才有的事情，可一些考古学家在他们的研究过程中，却在两亿年前的化石上发现了人类的足迹，而且脚印上还带着鞋子！这让所有人都大为吃惊。是谁留下了这些脚印呢？难道两亿年前还有人类活动的足迹吗？于是，有人提出了大胆的设想。在现有人类之前，地球上会不会曾经活跃过另一个人类文明？毕竟我们的地球母亲拥有 45 亿年的高龄，而人类的历史不过短短 300 万年。在几十亿年的时间里，有无可能还有另一类人曾与地球母亲为伴呢？他们会不会是因为遭受了某一场全球化的大劫难，从此在地球上灭绝，但却留下了一些鲜为人知的痕迹，就像那几双神奇的脚印和鞋印？如果这种假设可以成立，世界上很多难解之谜都会豁然开朗，只是要印证这么大一个猜想，实在太难。或许若干年后的某一天，真的能有人做到这一点。

发现这些脚印化石的地方都在美国。先是在 1930 年，一个地质学家在肯塔基州一处古生代的沙石海岸上找到了 3 双脚印，明显可以看出是人类的左脚和右脚，而且在保留了这些脚印化石的巨大岩石上，没有任何属于前肢的脚印，所以它们不会是其他什么生物留下的。更能证明这个脚印属于人类的，就是它还穿了鞋子！地质学家对此进行了研究，结果表明脚印是2.5亿年前留下的，上面没有任何雕凿和切割的痕迹，可以排除后人伪造的可能性；加上脚印内的沙粒密度要比外面大不少，足可以说明这些脚印是踩上去的。

1968年，一个三叶虫化石的收藏家在犹他州旅行时，发现了让他惊喜不已的三叶虫化石。我们知道，三叶虫是一种生存在5亿年前的小生物。可他回家后，竟在这个化石上看见了人类的脚印，那是一个穿着凉鞋的脚印，不偏不倚正好踩在三叶虫上。它不会是人为的恶作剧吧？开始也有人是这么想的，但是如果要制作这些脚印并把它们刻在石头上，再埋在深深的土层里，还要做到不留痕迹，这似乎完全没有可能。而且就在这之后，又先后有人在同一地区发现了类似的多处脚印，要伪造这么多脚印且都做到神不知鬼不觉是不可能的，可惜的是人们依然无法确定这些鞋印是怎么回事。遥远的5亿年前，连人类的近亲猩猩、猴子都没有，谁会穿着凉鞋在这一带溜达呢？

古希腊沉船之谜

在希腊政府的协助下，一批专业潜水员在希腊附近的海底打捞起了一艘沉没的古船。为了保存船上物品的完整，他们的打捞工作一直持续了漫长的9个月。这些物品被雅典国家考古博物馆精心收藏。考古学家鉴定它们均出自古希腊时期。可就在这批古物里，人们发现了一个鹤立鸡群的东西，那是一个差动齿轮机械装置。让人疑惑的是，它所显示的机械工艺之精良，绝对可以跟现代技艺相媲美。古人制作它做什么用？又是谁制造了它？

古希腊沉船

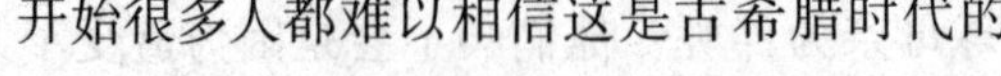

开始很多人都难以相信这是古希腊时代的机械装置，他们普遍认为那时候还不具备这么高的机械制造水平，但还是有一部分人在执着地推测着它在古希腊时代的用途所在。有人说它是航海时指示方位的仪器，也有人认为它是阿基米德制作出来的一个小型天象仪，它的目的是用来计算日月星辰的运行。人们的惊叹之声并未就此停止，古希腊时代的机械水平真有如此高超精致吗？毕竟我们还没能发现其他同时代的机械装置出土，要想承认这个装置是现代机械技艺的鼻祖，看来还需要等待一些时日。

古埃及的象形文字

古埃及的象形文字是人类最早的文字。埃及最古老的历史文献还是于19世纪在古城遗址发现的纳米尔石板。公元前3100年,在埃及沙漠的一块悬崖上刻着一幅有5250年历史的壁画,描绘的是一个胜利的君王。他也许就是蝎子王,一个曾被认为只属于神话传说中的人物,而他也许就是建立埃及文明的关键人物。目前在美国耶鲁大学任教的埃及考古学家达内尔夫妇,最近发表了关于他们在埃及开罗以南沙漠地区悬崖峭壁上发现的石刻绘画的研究报告,声称此画中的统治者是埃及神话传说中的魔蝎大帝,而且该画中的符号同埃及后来才出现的楔形文字相当接近。

谁绘制了古地图

在18世纪初,在土耳其伊斯坦布尔的托普卡比宫,发现了几张古代地图,其中有的是古人复制、临摹的。地图学家把这些古地图和一个现代地球仪对照研究,结果发现这些古地图不但绘制得非常准确,甚至连我们今天很少考察过或者根本没有发现过的地方,上面也有显示。其中有张地图上准确地画着大西洋西岸大陆的轮廓,北美洲和南美洲的地理位置也准确无误。更令人惊奇的是,这张地图上还清楚地标画出整个南极洲的轮廓。远古时代,人们都没有到过南极,也不知道它的存在。直到1820年至1821年,人们才第一次发现南极大陆。更令人不解的是,南极冰的平均厚度达1880米,最厚达4500米。几千年来,谁也不知冰层下面有山脉,而古地图上竟画着南极洲的山脉,而且十分准确,甚至标出了高度。现代人直到1952年才在地震波的帮助下探测得知在冰层下面确有那样高度的山脉,我们今天的地图也是借助回声探测仪才绘制成的。那么原图制作者是怎样得知的?

综观这些古代地图,人们注意到:它们标画的陆地是几千年前,甚至几万年前的大地图形;要绘制出这样的地图,必须掌握地球的形状、大地的构造、球体三角学等等方面的科学知识,另外,还必须有先进的交通工具和制图手段。而在几千年前的古代,人们既对地球的知识知之甚微,又没有先进的交通工具和空中拍摄等制图手段,因此是无法绘制这些地图的。那么,是谁绘制了这古地图呢?有一些科学家认为,只有两种可能;一是外星人，二是地球上的古人。但两种看法都没有确凿的证据，因此，古地图至今仍是个谜。

原始人的天文知识

在爱尔兰伯温河流的河岸，考古学家发现了一处世界上最为古老的建筑，那是一座极为雄伟高大的坟墓，据鉴定它的建筑时间比埃及金字塔还要早得多。在坟墓的大门上面有一扇可以移动的石头窗户，就是这扇普通的窗户引起了考古学家的兴趣。他们推测出这是一个观测天象的地方，原始人正是根据阳光进入石头窗户后射线的变化来测定冬至和夏至等特殊时间。几千年前的人就拥了如此精确的天文知识，真是让人称奇，可他们是怎么学会这些知识？又为什么要学习这些天文知识呢？

在冬至那天的早晨，阳光还没出来的时候，古墓里跟以往一样是漆黑一团。当天际第一缕朝霞升起，阳光就进入了古墓，射进的阳光光线渐渐从 10 厘米变化到 15 厘米高。这时候，古墓里阳光强烈，人眼能看清楚所有的东西，那就是冬至来临的一刻。不过几分钟时间，太阳升高了，光线就不再能照射到古墓里头，周围又变得跟平常一样黑森森。5000 年前的古代人根据这个原理就能准确判断冬至了，可他们这么做的目的是什么呢？接着，考古学家又在欧洲西北部发现了一些怪异的古代石圈，他们用古代天文学的思路又发现了这里的秘密。这个石圈也能从太阳和月亮的变化标记中，来确定夏至、冬至的时间，这太神奇了。这些公元前 1000 多年的人们又是怎么掌握这种天文知识的呢？

人类祖先的来源

肯尼亚国立博物馆的理查德·利基认为，人类的直接祖先既非非洲南猿，也非“阿法尔南猿”，真正的人类直接祖先至今还未发现。美国加州大学人类学教授斯凯尔顿和麦克·亨利则于 1986 年提出，人类的最直接祖先是非洲南猿，而“阿法尔南猿”只是非洲南猿的祖先。这样，各派都排除了粗壮南猿和鲍氏南猿作为人类祖先的直接来源的可能性。产生上述分歧的原因是因为各派都依据数以百计、甚至数以千计的化石解剖生理特征来确定各种化石间的关系，而事实上其中的关系又是颇为复杂的。因此，各派人类学家所依据的解剖学特征不同，就可能得出不同的推测和假设。

早在 1859 年，达尔文就在他的《生物进化论》里提出了人类是由古猿进化而来的观点。但是，从研究人类直接祖先所涉及的 4 种古人类化石来看，这一问题还有待进一步研究。在很长的时期内，一般的观点倾向于把非洲南猿看作人类的直接祖先。但在1974年，美国自然历史博物馆的研究人员在埃塞俄比亚的哈达地区发掘到了一具距今300万年前的保存完好的古人类化石。随后人类学家又陆续发掘到一些人骨化石。考古学家将这些古人类化石称为“阿法尔南猿”。于是，一些人主张把“阿法尔南猿”看作是人类的直接祖先，同时也把它看作是非洲南猿的祖先；而粗壮南猿和鲍氏南猿则是由非洲南猿进化而来的。

现在诞生了一种折中的观点，认为人类有古猿和海洋生物两个祖先，这样就能解释人类同时具有海洋和陆生两种生物的特性。同时，天外来客的说法也应运而生。有科学家通过对一具有超常智力的古人类头骨的研究，得出了这个结论：具有高智能、高科技的外星人才是人类的始祖，是他们选择了当时的高等动物雌性猿人，设法使他们受孕，这样才产生了人类。所有的推测都不是空穴来风，但又都无法找到有力的证据来将其他论点辩倒。如此看来，我们只有等待科学的发展去填补这一人类进化的空白。

用进化论来看，人类最早活跃于地球上也不过是几百万年以前的事情，而侏罗纪时代的恐龙却是2亿年前的生物。它们当中有一部分体形娇小、与人类十分相似的种类，如果能推论出这些种类的恐龙就是人类的远祖，那可是一下子把人类的历程提前了1亿年。不是没有人做这种尝试。德国发现了一批小恐龙化石，它们身高不足1米，只用后肢着地行走，被一些科学家亲昵地称为“恐龙人”。

科学家认为，爬虫类动物是地球上首先具有智慧的生物，而恐龙应该算是早期最聪明的动物。而早期的“恐龙人”不仅拥有智慧，它们的身上还拥有很多类人猿的特性。它们不同于高大魁梧型的恐龙要用四肢着地行走，而只需要用后肢站立和奔跑，前肢能利用起来采摘食物。经历漫长的岁月变化，前肢的功能越加突出，尾巴却因为碍事而逐渐退化。最后，“恐龙人”完成了手脚分工，终于能真正直立行走。再按这种思路推理：手脚分化导致了身全构造的改变，它们的头部由前倾变为垂直，脊柱就起到了重要的支撑作用。后来大脑变得发达，成了球形，也就渐渐有了人类的特征。这就是“恐龙人”进化为人类的全部推理过程。依据这种推理，还能阐释“野人”“大脚怪”等类人动物的存在，因为在进化过程中总会有部分的变种。这个推测虽然只是一种大胆的假设，但是我们还不能简单地将其一棒打死。

吉野川迷雾

吉野川可能是公元前300年左右，日本人开始发展农业技术时建造的一个村落。这时他们已学会了如何在水田里种植水稻，如何更有效地耕种土地。人口逐渐兴旺起来。到约公元300年时，吉野川已成了一个巨大而繁荣的村落，在日本历史上，公元前300年~公元300年间的这段时期被称为"弥生文化时期"（由于这一时期的文化遗迹最初发现于东京弥生町，故名）。

吉野川可能曾是弥生文化的中心，但我们对它了解并不多。在那里发现的大坟岗是其中的一个不解之谜。在日本其他任何地方都没有发现这样的坟岗。它显然是某个重要人物的坟墓，但我们不知道这个是谁。

在吉野川还发现了几千座坟墓。尸体被装入泥瓮中埋葬，其中大多数骨骼上都有着明显的可怕伤痕，可见这个村落显然是一个血腥战场的遗址。但这场战争是为了对抗谁吗？这又成了吉野川的另外一个不解之谜。

大约公元前270年~公元前250年到过日本的中国旅行家曾谈一个叫作邪马台的地方，它可能就是吉野川。中国旅行家说，邪马台的平民跟贵族说话时必须下跪。倘若当时那里有一个强大的统治阶级，也许就还有一个国王或女王。这样就能解释大坟岗由来了。

在吉野川发现的其他物品有助于我们了解当时那里的日常生活。考古学家已在那里发现了陶器和金属制品，这表明弥生人是熟练的手工艺人。

古文明之谜

卡纳克石阵之谜

巨石古迹遍布欧洲各地,由南边的意大利伸展至北方的斯堪的纳维亚,还包括不列颠群岛。不过规模最大的是位于法国西部布列塔尼的松林和石南荒原中的卡纳克。这里的石块不仅比欧洲其他地方多,而且分布范围也大约有 8 千米长。这些石块究竟为何人所竖,至今所知甚少,但他们必定精通技术,可动用众多人力,而且是按预先构思好的计划进行的。卡纳克石阵主要由 3 组巨石组成:勒梅尼克、克马里奥和克勒斯冈,全在卡纳克北部。各组的排列大致相同,全部沿东西方向分行排列,各行间的距离不同,接近外缘即南北边缘的行距较密。每一行越接近东端,石块便越高,而且排得越密。偶尔有些石块并不排成直线,而是排成平行曲线。巨石的高度也参差不齐:最矮的在勒梅尼克西端,约高 90 厘米;最高的在克马里奥,高达 700 厘米。

卡纳克石阵

长期以来,卡纳克石阵一直默默无闻,直到 18 世纪 20 年代才引起人们的注意。从此,各种推测众出,诸多传说纷纭,至今莫衷一是。

当地人解释说,石阵诞生于公元前 56 年恺撒征服高卢时期。被罗马人打败的卡纳克守护神科内利逃到城北的山坡上,用魔法将追赶他的罗马士兵变成了一队队排列整齐的石阵。这一传说固然不足为凭,但在 18 世纪,不少学者相信石阵是恺撒时代的产物。19 世纪初,考古学家在卡纳克周围发现许多蛇崇拜的遗迹,这使人们产生新的联想:那一条条逶迤延伸的石队或许是蛇的模拟图形?其他一些五花八门的推测更加令人难以置信:例如有人称石阵是晒鱼场、市场、旅馆、妓院的遗址等等。

1959年,专家们利用放射性碳元素年代推测法测定出石阵的出现大约在公元前4300年左右,并确认卡纳克为世界上最大的新石器文化发源地之一。70年代中期,英国人亚历山大·汤姆对每一根石阵进行测量,并宣布他的惊人发现:石阵是一个复杂的月亮观望台。他说,古代天文学家每天在观测月亮时,随着其出没不断变换自己的观察位置,每一次都在新的地方竖起一根石柱为标记,用这种方法,他们掌握了月亮盈亏周期以及其他一些天文知识。80年代初,英、法考古学家组成联合考察组,在卡纳克对汤姆的学说进行了考核。结果表明,石器时代的人类并不具有这种高超的智慧。如今,一些从事UFO研究的学者则认为卡纳克石阵是外星人访问地球的飞船基地。

尽管聪明的现代人绞尽脑汁,还是难以了解远古的卡纳克石阵的奥秘。正如对石阵进行过长期考察的英国考古学家欧文·霍丁霍姆所说,它像金字塔一样,为人类留下了永恒的不解之谜。

太阳神巨像之谜

罗德岛是爱琴海上的一个岛屿,它因为建有世界七大奇迹之一的太阳神巨像而闻名于世。太阳神像建在岛北端的罗德市港口。形象为一个手举火炬、脚踩两岸的青铜巨人。进港的船只都要从他胯下通过,而明亮的火焰则昼夜不息地为来往船只引航。传说这座雕像建于公元前4世纪,当时罗德岛被马其顿人围攻,岛上居民坚守一年后终于取得了胜利。马其顿军退却时遗留下了大量的青铜武器。居民们请来雕塑家哈里塔斯,将这些武器熔化后铸成罗德岛的守护神——太阳神像。它耗费了450吨青铜,高达32米,脚趾头有一个人合抱那么粗,中空的两腿内填满了石头用以加固。然而在公元前1226年的一次大地震中,神像倒塌了。

太阳神巨像

阿波罗是古希腊神话中的太阳神,是宙斯与丽托之子。阿波罗也叫福玻斯,意即光明神,主管预言、医药、畜牧、诗歌和音乐,又是神箭手,被称为“银弓之神”。其形象常表现为健美的青年,手持弯弓或拨弄七弦琴,为古代各地广泛崇拜的天神,许多地方都建庙雕像奉祀。

大约在公元前3世纪后期(约公元前224年),巨像在一次强烈地震中倒并散裂。几百年后,约在公元7世纪中叶,阿拉伯人占领了罗得斯，把躺在瓦砾中的太阳神像碎片卖给了一个犹太商人，据说那个商人动用了近千匹骆驼，才把其驮走。在罗得斯钱币上，镌刻有太阳神的头像。

太阳神巨像的归属，有以下一些说法：一是说阿拉伯人占领罗德岛后把它熔成碎片，卖给了一个犹太商人，他们动用了近1000匹骆驼才将它运完。也有人说它是在用船运往意大利途中遭遇风浪，从此沉入海底。但铜像真的躺在港口近千年无人过问吗？据说神像倒塌后埃及的托勒密三世立即送来了重建铜像的资金，可见当时地中海沿岸各国的君主对此还是相当重视的。有没有可能被他们运回本国收藏起来了呢？由于没有任何实物资料，也有人怀疑罗德岛巨像只是以讹传讹，因为在许多书里关于巨像外形和位置的记述有很大的出入。毕竟这座巨像离我们太久远了，它的一切都已成为历史之谜。

埃特鲁斯坎人之谜

埃特鲁斯坎人在进入亚平宁半岛定居后，他们最初的活动区域在今天的意大利北部一带。公元前8世纪中叶，埃特鲁斯坎人已超越了筚路蓝缕的创业阶段，开始步入繁荣昌盛的新时期。他们在意大利半岛靠第勒尼安海的西侧，自北部到中部，一共建立了12座城市，号称“埃特鲁斯坎帝国”。他们还开始通过陆路和海路，与希腊和西亚、北非的一些国家建立联系，进行海外贸易。发展到公元前6世纪，埃特鲁斯坎人的社会繁荣达到了高峰。他们以意大利北部的托斯卡那为中心，积极向半岛的中部和西部扩张，不仅征服了罗马城，而且占据了科西嘉岛。在这个时期内，埃特鲁斯坎人与希腊人和北非的迦太基人之间的文化、经济交流非常频繁。在对外交往的过程中，他们吸收了希腊、北非等地外族文明的营养，使自身的繁荣达到了一个新的阶段。

公元前9世纪和公元前8世纪，意大利半岛上出现了两个新民族：埃特鲁斯坎人和希腊人。古人认为埃特鲁斯坎人来自东方的安纳托利亚，今天的一些考古发现也证实了这一点。从起源看，他们似乎不是古意大利人，正如他们的语言也并非印欧语系一样，他们的文明混合了来自东西方的各种因素。著名的维朗诺瓦文明代表了埃特鲁斯坎人的最初发展阶段，从中我们可以看到他们在新领土上所取得的非凡的文化进步。这片新领土位于意大利东北部及亚平宁山区和第勒尼安海之间的沿海平原地区。埃特鲁斯坎人居住在独立的、强大的城邦中，城邦之间通常结成联盟。这些城邦最初由一个君主统治，后来变成通过议会和选举出的官员施行统治的寡头政治。埃特鲁斯坎人本来是农耕部族，拥有组织严密的军队，他们用这些军队来统治周边民族，同时他们也喜欢经营商业和从事手工业。托斯卡纳和北部的拉丁姆地区应该是埃特鲁斯坎人最早的定居地。一小部分拉丁人在这片领土的南端生息繁衍,在那里最终建立了罗马城。因此,在埃特鲁斯坎文明鼎盛时期还只是村民的罗马人,与埃特鲁斯坎人的语言、思想和宗教有着紧密的联系:埃特鲁斯坎人对罗马文化向文明的转化产生了独一无二的最重要的影响。

埃特鲁斯坎人在经历了长期的繁荣之后是如何衰落的呢?多数史学家认为,公元前4世纪,原居住在多瑙河上游的克尔特人(高卢部)入侵意大利北部,致使他们失去了在半岛上活动的中心市趋于衰落;另外,毗邻埃特鲁斯坎人南部的罗马人迅速崛起。罗马人先是摆脱了埃特鲁斯坎人的统治,后来又反过来征服了他们。还有的史学家认为,埃特鲁斯坎人统治的范围太大,而他们又治理不善,最后导致当地民众的反抗,招致自己的衰落。

更让史学家们感到头疼的是:埃特鲁斯坎人究竟从何处来?这也是一个无人能解的旷世之谜。古希腊史学家希罗多德(约前484~约前425)曾在他的著作中提出,埃特鲁斯坎人来自小亚细亚的吕底亚(今土耳其阿纳托利亚地区)。他们原本是一个酷爱自己家园的民族,但国内后来发生了大饥荒。他们向国外移民,经地中海来到意大利。公元1世纪的史学家狄奥尼斯奥斯却不同意希罗多德的看法。他认为埃特鲁斯坎人不是"外人",而是意大利半岛上土生土长的,是意大利最早的土著居民。到18世纪时,又有一些学者提出了第三种意见。他们认为埃特鲁斯坎人既不是来自小亚细亚,也不是乘船从海上来,而是从中欧地区向南越过阿尔卑斯山进入意大利的。目前这三种观点呈"三足鼎立"之势,各有一批拥护者。至今谁都拿不出确凿的证据来证实自己的看法,看来这个难解之谜只有寄希望于考古学的新发现了。

赫库兰尼姆谜团

在1709年,意大利的施工工人们在"死城"挖井时,发现了古时的剧场舞台,进一步挖掘后,又发现了众多的大理石构件。赫库兰尼姆就这样很偶然地被发现了。1738年,意大利皇家图书馆馆长、人文学家唐·马塞罗·凡努提侯爵开始在赫库兰尼姆城发掘。他采取井巷式的发掘方法,清理出土了3个穿长袍的罗马人的大理石雕像、一些彩色圆柱和一匹青铜马的躯干。同年12月11日,他又找到一处铭文,从而了解到有个名叫鲁福斯的人曾出资兴建"海格立斯剧场"。据此,专家们断定,这里就是失踪千年的罗马古城赫库兰尼姆。

在最初250年的挖掘中,只找到9具遗骸。人们据此断定,灾难发生时,赫库兰尼姆城居民大多逃走从而幸免于难。但意大利考古学家朱泽普·马志教授对此表示怀疑,他认为只要能够确定火山爆发时当地海岸线的位置,就可以明确赫库兰尼姆城的人从海上逃生的可能性,从而进一步揭开赫库兰尼姆城居民生死之谜。1982年,考古学家们大面积地清理海滩,出乎意料地发现了13具遗骸。同年,挖掘机挖通了海堤下面堵塞着岩石的3处石头拱门:在一个拱门下,发现6个成年人、4个儿童和1个怀抱婴儿的保姆;在另一个拱门下,一排排地躺着48具尸骨;还有一处拱门,则是19具尸骨和一匹马的尸骸。迄今为止,赫库兰尼姆城前后共出土了近200具遗骸,显示死亡情景惨不忍睹。赫库兰尼姆城的居民难道真的全部丧生于这次灾难吗?为什么没有人从海上逃生呢?

维苏威火山的突然爆发,使得古罗马的庞贝城和赫库兰尼姆城消失在熔岩和火山灰中。从此这两座繁华城市离开了人们的视线,其名字也逐渐被人淡忘。时隔1600多年之后,这两座被灾难冻结的城市重见天日,成为再现古罗马人社会生活面貌的"活化石"。

岁月不居,时节如流,转眼1600多年过去了。一个偶然的发现使得被遗忘已久的庞贝古城重新出现在世人面前。1709年,一群工匠在离那不勒斯不远处打造一口水井时挖出了不少精心雕刻过的大理石块。地下有宝贝的消息很快传开,越来越多的人前来这里挖掘。不久,有人挖出一块刻有"庞贝"字样的石头。人们这才知道,原来这里就是被维苏威火山爆发后的熔浆掩埋了的罗马古城——庞贝城。不久,不远处的赫库兰尼姆城亦被发现。

最初,对两城的发掘完全是掠夺性的和破坏性的,胡掘滥挖毁坏了无数珍贵的文物。从1860年起,一些有识之士和官方介入,发掘工作逐渐走上正轨。经过长达100多年大规模的系统的挖掘,庞贝城这座沉睡了千年的古城逐渐露出了它的本来面目。由于庞贝城主要被松软的火山灰和海泡石所掩埋,因而发掘工作进展较为顺利;相形之下,赫库兰尼姆城则由于被厚达10多米的坚固熔岩所覆盖,致使发掘工作困难重重,迄今只挖出其中的一部分。

由于火山尘砾的保护,庞贝城当年的城郭结构、建筑装饰乃至居民的生活用品得以保留原状,甚至绘画颜色仍然鲜艳如初。这座在骤然之间被外力"凝固"的城市,恰如一座天然的历史博物馆,活生生地向人们展示出公元79年8月24日这一天庞贝古城的景象。

这座古城面积1.8平方公里,建筑在一个五边形台地上。城址略呈长方形,东西长约2600米,南北长约1600米,周围建有4800米长的石砌城墙。庞贝城已发掘出的城门有8座,每个城门设有两个城塔。它的城区规划得井然有序,东西向、南北向各有两条平坦笔直的大街,把全城分为9个城区,每个城区又有许多街、巷纵横相连。街道路面用碎石铺成,路边还铺有高出路面的石块,大概是雨天供人行走用的。路面已被各种车辆碾出车辙的印痕。

令人惊诧不已的是,庞贝城具有完整的供水系统。泉水从城外山上通过高架渡槽引入城中水塔,通过铅制供水管再分流到城中各处。在十字路口一般设有带雕像的石头水槽,高近1米,长约2米,供市民饮用。城内有三座公共浴室,每座用一个锅炉统一烧水,将热水温水分导到男女浴室。公共浴室设施齐全,冷热浴、蒸汽浴俱全,还有化妆室、按摩室,装饰华丽,与现代公共浴室几无多大差别。

城西南有一个长方形广场,据残存的巨大的大理石圆柱和雕琢精美的拱门推测,这里原有的建筑很有气派,应该是全城的政治、经济和宗教活动的中心。广场四周建有政府办公用楼和法院。在广场的东北角是一个商品集散地,考古学家在这里发现了干枯的杏仁、栗子、无花果、胡桃、葡萄等果品,可以设想当年这里店铺林立,商品琳琅满目,车来人往,一派繁华景象。

巨石阵之谜

著名的巨石阵遗址现在位于英格兰南部沙利斯伯里。石阵的主体是由一根根巨大的石柱排列成几个完整的同心圆。石阵的外围是直径约90米的环形土岗和沟。沟是在天然的石灰土壤里挖出来的,挖出的土方正好作为土岗的材料。紧靠土岗的内侧由56个等距离的坑构成又一个圆,坑用灰土填满,里面还夹杂着人类的骨灰。巨石阵最壮观的部分是石阵中心的砂岩阵。它是由30根石柱上架着横梁,彼此之间用榫头、榫根相连,形成一个封闭的圆阵。这个排列成马蹄形的巨石位于整个巨石阵的中心线上,马蹄形的开口正对着仲夏日出的方向。巨石阵的东北侧有一条信道,在信道的中轴线上竖立着一块完整的砂岩巨石,高4.9米,重约35吨,被称为“脚跟石”。每年冬至和夏至从巨石阵的中心远望“脚跟石”,日出隐没在“脚跟石”的背后,增添了巨石阵的神秘色彩。

巨石阵

从现在看来,巨石阵的建筑规模和工程难度对于早期人类来说,简直是不可思议的。它的建成比埃及最古老的金字塔还要早700年,然而究竟是谁建造了这雄伟的巨石阵,现在仍然众说纷纭。有人认为是当地早期居民凯尔特人建造的墓穴;也有人认为是古罗马人为天神希拉建造的圣殿;还有人认为是丹麦人建造用来举行祭奠的地方。然而这些虚无缥缈的想象都没有确凿的证据。无数学者经年累月地找寻着巨石阵的建造者。学者们感叹巨石阵与埃及金字塔一样的神秘莫测。有人提出巨石阵的建筑石料均是从160多千米外的地方运输而来的，开采、运输、吊装如此巨大的石块，除了具备高超技术的巨匠谁也不能。于是，他们认为巨石阵与金字塔可能出于同一位巨匠之手。

学者们甚至使用了当前最先进的仪器设备，考察巨石阵的奥秘。奇怪的是，他们发现巨石阵竟能发出超声波！古人在刀耕火种的时代怎么会知道超声波呢？有学者认为巨石阵是远古时代的天文观测仪器；也有学者认为巨石阵是原始人狩猎的特殊装置；更多的学者却说巨石阵纯粹就是古人举行祭祀的宗教场所；更有学者干脆把巨石阵视为一种文化，一种古人对巨石的崇仰与尊重。古人崇尚巨石般的坚毅威猛，向往巨石般的牢固与结实，巨石阵是古人对心中理想的完美垒砌。众说纷纭，无法有一种权威的推断。几百年来，人们陷入了对巨石阵不断探索的苦苦追求之中。

巴米扬石窟之谜

阿富汗是中亚地区的文明古国，古代丝绸之路上的重镇。巴米扬石窟，位于今阿富汗中部巴米扬城北兴都库什山区海拔2590米的小河谷中。它的北面是兴都库什山的支脉代瓦山，向南是巴巴山脉。巴米扬河从两山间流过。巴米扬石窟就开凿在代瓦山南面的断崖上。巴米扬石窟拥有两项世界之最：巴米扬石窟是现存最大的佛教石窟群；巴米扬大佛是世界上最高的古代佛像。巴米扬石窟，全长1300多米，大大小小的洞窟有700多个，比中国新疆拜城的克孜尔石窟和甘肃敦煌的莫高窟都要大得多。巴米扬石窟群是古代丝绸之路上连接中亚、西亚和印度的枢纽，是古代东西方文化交流的十字路口，希腊、罗马的文明，印度、波斯的文明，中国和中亚的文明都曾在这里汇合，在古代文化史上的地位十分重要。20世纪20~30年代，法国考古学家首次对巴米扬石窟做了较系统的考古调查；60年代，日本人也对巴米扬石窟进行了考古发掘。巴米扬石窟的学术价值开始受到普遍关注，联合国已将其列入世界文化遗迹的名录中。但人们至今无法搞清这项浩大工程是如何完成的？

巴米扬石窟

贝希斯顿铭文之谜

贝希斯顿位于现在伊朗的克尔曼沙阿城东。这一带在当地素有“神仙之家”的美称。一条从埃克巴坦那通往巴比伦的古代商道贯穿其间，商道一旁，离地 150 米高的峭壁上，自古以来就存在着一幅巨大的浮雕。浮雕图案描述的是司空见惯的古代战争和征服的场面，但要完全读懂它，绝非易事。在雕像的两旁和下方刻着 14 行铭文，分别用古波斯文、巴比伦文和亚述文三种楔形文字向后人夸耀着征服者的生平和功绩。但在当时，这些古老的楔形文字完全是“死文字”——失传久远，没有人读得懂。

汉谟拉比法典之谜

公元前 3000 多年前，在今天伊朗迪兹富尔西南的苏撒盆地有一个强大的奴隶制王国，叫埃兰（又译“依兰”）。古城苏撒就是埃兰王国的首都。公元前 1163 年，埃兰人攻占了巴比伦之后，便把刻着汉谟拉比法典的石柱作为战利品带回苏撒。埃兰王国后来被波斯灭亡。公元前 6 世纪时，波斯帝国国王大流士镇压高墨达起义上台后，又把波斯帝国的首都定在苏撒。汉谟拉比石柱法典便又落到了波斯人手中。自此以后，法典便神秘消失，再没人知晓它的踪迹。几千年之后，这根石柱法典被人们发掘出来，重见天日。可是人们惊奇地发现，石柱的正面七栏已被损坏。据传说，埃兰国王曾打算在石柱上刻上自己的功绩。可是，为什么石柱不仅没有刻上新字，反而被损坏了呢？汉谟拉比法典经历了怎样的劫难呢？这一切只能是个谜。

巴别通天塔之谜

西方史书中经常提到古代世界的七大奇迹是：古埃及的金字塔、古巴比伦的通天塔和空中花园、古希腊的宙斯神像、罗德岛的太阳神像、加利亚的摩所拉斯陵墓和亚历山大城的灯塔。其中通天塔的神秘色彩尤为浓重。据《圣经》记载，大洪水退去后，诺亚的子孙在巴比伦一带建国。他们渐渐变得骄傲自大，想造一座通天巨塔来传扬自己的名声。神怕人类从此不再敬神，于是变乱了语言，使人们无法交流，从而再也不能齐心合力建塔。“变乱”一词在希伯来文中是“巴别”，因此这座塔又被称为“巴别塔”。

然而几千年来人们一直都没有发现巴别塔的遗迹，有人认为它不过是个神话。后来考古学家在古巴比伦遗址上发现了一个由石块、泥砖砌成的拱形建筑废墟，中间有口正方形的大井。开始考古学家以为这是空中花园的遗址，直到后来在附近出土了一块记载了通天塔的方位和式样的石碑，才知道这就是通天塔的塔基。通天塔建于公元前 17 世纪，高近 90 米，分成 7 层，底层边上也近 90 米，顶层是供奉马尔杜克神的神庙。用深蓝色釉砖砌成的塔身外有条螺旋形的阶梯盘旋而上，直通金色的神庙。公元前 1234 年，通天塔被攻占巴比伦的亚述人摧毁。后来新巴比伦的尼布甲尼撒二世曾重建该塔，但他去世后，巴比伦又渐渐衰落。公元前 484 年，通天塔再次毁于战火。虽然人们如今已基本复原了它的外观，然而整体的设计和结构仍是一个谜。

巴别通天塔

荒原巨画之谜

你知道世界上面积最大的画在哪里吗？它就在秘鲁的纳兹卡高原上。如果你从千米高空的飞机上俯瞰纳兹卡大地，就会惊奇地发现，在这片荒凉、贫瘠的土地上，竟被“画”上了许多幅巨大的动物图案和几何图形。当时的人们为什么要“绘制”这些巨画？他们又是怎样“绘画”的呢？要知道，只有当我们在上千米的高空中才可能看清这些巨画的真正面目。可在地面上，我们看到的只不过是一条条刻在沙土上的杂乱无章的线条，就像有人刮去了覆在纳兹卡高原沙土上的成千上万吨黑色火山灰，而露出了大地原来的颜色——淡黄色。难道当时的古印第安人已经拥有了飞行器吗？还有一些人把印第安人传说中的“维拉科查人”当作纳兹卡巨画的作者。可是，这些传说中的人又来自何方，他们会不会像有人所说的那样是外星人的后代？看来，巨画之谜一时难以揭开。

阿兹特克之谜

在美洲各时代兴起的文明中，阿兹特克帝国的法律和社会保障制度相对来说最为发达。更为发达的是他们的军事制度：所有的男子都有义务加入军队，军事首领往往也是政治、宗教首领;为了取得大批战俘向太阳神献祭,他们与周围部落订立条约,定期发动战争。他们认为太阳并不是永恒存在的,它也会衰老和死亡,因此需要不停地用活人的心脏和血液供给它养料。在后来发掘出来的阿特克神庙中,墙壁和祭台上满是厚厚的血迹和脂肪,令人触目惊心。但阿兹特克的农耕技术和建筑艺术也是非常高超的。因为他们的根据地在湖上,为了弥补土地的不足,他们在木筏上铺上泥土,再在上面种上作物。而在今天的墨西哥城底发现的金字塔、浮雕、神像等,无不精美绝伦。可惜的是,西班牙殖民者于16世纪征服了这个曾经显赫一时的帝国,从此阿兹特克文化就成了一个缥缈远去的背影了。

蒂亚瓦纳科的"太阳门"之谜

在蒂瓦纳科一片散乱的远古建筑和废墟的石块中,耸立着一块重逾百吨的超巨型石雕——"太阳门",它是南美大陆最负盛名的古代文明奇迹。

"太阳门"高3.05米,宽3.96米,用一块完整的巨型安山石岩凿成。每年9月21日,黎明的第一束阳光总是从这石门的中间射入大地,这就是"太阳门"这一名字的来历。

世代居住在南美大陆的印第安人自古以来就崇拜光辉灿烂的太阳。传说太阳神曾亲自降临安第斯高原,在海拔4000米的喀喀湖畔建造了一座雄伟的城市,这就是历史最悠久的南美古城蒂亚瓦纳科。每年春分之时,第一缕太阳光准确地穿过该城西北角的一座巨石拱门,以示对它的眷顾。因此,这座古城和"太阳门"就成了当地印第安人的圣地所在。但古城的真正建造情况没人能说得清。

早在印加王国崛起以前,"太阳门"就存在了很多世纪。有些学者从城中的石刻图案推测,认为这些图案所刻的乃是公元前1.5万年的星空,蒂亚瓦纳科的修建应在这一时期。从另一些石刻上,人们还发现了早已灭绝的史前动物。但另一些人用层积发掘法检测,认为蒂亚瓦纳科大约从公元3世纪起开始兴建,公元10世纪时才全部完成。不管怎样,相对于当时的生产水平,蒂亚瓦纳科确是一个伟大的奇迹。整个遗址占地约0.4平方千米,全由经过精心打磨的巨石砌成。石块与石块之间有相互连接的榫卯,位置形状之精确简直毫厘无差。而石像和浮雕更是精美卓绝,显示出高超的工艺水平。著名的"太阳门"由重10多吨的整块岩石凿成,高达3米,门上镌刻着复杂细腻的花纹,美轮美奂。面对着"太阳门",惊叹之余,人们必然要产生种种疑问。首先,古代的印加人为何要不惜巨大的劳动力来建造这巨大的石门?或者说,"太阳门"究竟是作什么用的呢?从"太阳门"秋分时节射入第一道太阳光这点来看,有人认为,"太阳门"上刻的是历法知识。如果是这样，那将是世界上最古老的历法。然而这些图案与符号是如何表达历法的？古印加人又是如何测算出秋分时节太阳与“太阳门”位置关系的？美国学者贝拉米与艾伦在《蒂瓦纳科的偶像》一书中，对这些符号做了详细研究，认为上面记载了大量的天文知识，并记载了27000年前的天象。这些知识是建立在地球为圆形的观念上的，那么，古代印加人是如何知道这些知识的，又是如何了解地球是圆形的呢？还有，建造“太阳门”的安山岩产于的的喀喀湖上一个名叫珂帕卡班纳的半岛，它是怎样搬运到蒂瓦纳科来的？玻利维亚的科学家们做过实验，用木筏在水上只能运输较小的石块。如从陆上运输，六名士兵才能拖动一块半吨重的石头。而“太阳门”的重量在一百吨以上，该用多少人来拖动？而要把这么庞大沉重的石门立起来，必须要用大型的起重机。而当时的印加人连车辆都没有发明，他们是怎样把这巨大的石门立起来的？“太阳门”吸引了众多学者的目光。尽管许多人做了努力的研究。但这一切仍无法解释。

印加人为何抛弃空中之城

公元13世纪，南美大地在经历过玛雅、阿兹特克的全面辉煌之后，又兴起了一个伟大的帝国——印加帝国。印加帝国版图空前辽阔，国力异常强盛，尤以高超的冶金术而闻名于世，国库中积聚了数量众多的金银珠宝。据说在皇宫之中有一个黄金花园，里面的一切花草禽兽都是由黄金制成，而供奉太阳神的神庙则完全由金板覆盖，祭坛上安置着一个巨大的金球，以象征光辉的太阳。因此，印加帝国又被世人称为“黄金帝国”。然而这样富强的帝国由于16世纪的一次叛乱而被削弱，被西班牙殖民者乘虚而入。美洲文明独立发展的历史就此结束。由于殖民者的烧杀抢掠，印加文化遭到了巨大的破坏。如今人们最感兴趣的就是印加人究竟有没有自己的文字。有人认为他们是靠结绳记事来传递信息的，也有人认为他们已经发明了一套图形系统用来表意。但这一切的秘密，都已随着殖民者的枪声消失无踪了。

法罗斯灯塔之谜

亚历山大城系横扫欧、亚、非三大洲的马其顿大帝亚历山大所建，曾是世界三大城市之一，也是地中海中部最大的港口。马其顿王国解体后，亚历山大城成为埃及托勒密王朝的都城。为了保证夜间行船的安全，托勒密二世委派索斯特拉塔斯设计并建造了亚历山大灯塔。灯塔建于一个名叫法罗斯的小岛之上，公元前285年动工，历时39年，完成后的塔体达135米，塔顶是日夜不息的熊熊火焰，还有一个反射火光的青铜凹面镜，使得船只在60千米外就能望见。灯塔共分三层，全部用白色大理石砌成。第一层是60多米高的四方形基座；第二层是八角形的塔身，高达40米；塔身上部是由8米高的巨柱顶着的火盘，覆盖着火盘的盖顶之上伫立着海王波塞东的铜像。

这座伟大的建筑如今已荡然无存，它是怎么被毁灭的呢？有人认为它是毁于公元365年的一次大地震。然而也有传说是东罗马帝国的一位皇帝为攻打亚历山大，谣传灯塔底部有亚历山大大帝的珍宝，企图让当地国王将塔拆毁。有人认为最终毁灭灯塔的是1375年的大地震。这次地震使得包括灯塔地基在内的一部分陆地深入海底，而顶上的建筑物也被震塌。后来的一位国王还在废墟上面修建了要塞。从此亚历山大灯塔就湮灭无踪了。现在的人们只能在想象中去勾勒它的风采。

迦太基以孩童祭祀之谜

迦太基万神殿内的众神中，以天神巴尔与其同伴塔妮特最为尊贵。巴尔与塔妮特崇拜都需要大量祭祀。祭祀仪式大都举行于神圣的露天广场，称为“托非特”。根据目前已得到的数千笔“托非特”碑文可知，塔妮特是迦太基人主要的信仰与祭祀对象。至于阿尔及利亚东部君士坦丁所发现的800笔“托非特”献词，则主要是崇拜巴尔。其他地区，如突尼西亚的苏撒、萨丁尼亚的索西斯、沙洛斯、蒙地瑟拉，以及西西里的莫亚等地，均曾发现“托非特”的遗迹。“托非特”一词从未出现在碑文中，而是出自《圣经·杰里迈亚书》《列王记》中，用以代表腓尼基当地孩童祭祀举行之处。迦太基的“托非特”于1921年被人发现，为一面积至少6000平方米，外有围墙的大型露天广场，位于迦太基城南端、布匿克人工港以西50米处。经过对该遗址的多年挖掘，陆续发现数千只瓮，主要盛装骨灰。每只瓮分别埋在凹穴中，穴外围有小卵石。自公元前8世纪中叶至公元前146年迦太基城灭亡为止的这段时间，“托非特”祭祀的次数虽然不等，但一直未曾间断。据估计，每年大约增加100只瓮，牺牲者总计有6万名之多。

为什么需要以活人祭祀？我们可能会直觉地认为，军事或经济危机是由婴祀转为童祀的主因，但这种看似完美的关联，既无法证实，其可能性也不高。有些人认为婴儿祭祀是一种节育的方式，与斯马达人将不要的孩童丢在山上任其死亡的习俗类似。然而，奉献年龄较长的孩童则较难解释。部分理论认为，当时婴儿尚在胎中时，便被人许愿奉献给塔妮特，一旦胎儿流产，就必须以同一家庭中年纪较长的孩童替代之。但这种理论若要成立，就必须以婴儿高死亡率为假设前提。历史学家沙巴提诺·莫斯卡提则认为婴童祭祀的说法，是希腊与罗马作者所恶意散播的反犹太宣传。他认为瓮中的婴儿与孩童在被焚烧前就已因自然因素死亡。但是，此种观点与目前已知的古代社会“祭祀”特点均相悖。古代文明中，所有祭祀都必须经历某种艰苦磨难（这里指对父母而言），才能获得神的垂怜，不太可能仅是一种处理亡者的替代方式。

大津巴布韦之谜

位于非洲大陆南端的津巴布韦共和国以盛产祖母绿而闻名，然而最使津巴布韦人民骄傲的还不是富饶的物产，而是他们国名的由来——大津巴布韦遗址。津巴布在当地班图语中是“石头房子”之意，在这个国家里布满了许多这样的石屋废墟，以在首都哈拉雷以南300千米处所发现的最为壮观。整个遗址占地近7平方千米，全由坚硬的花岗石石块砌成，分为三大部分，最低处是一条双层围墙，外层长240米，内层为90米。围墙上砌着7座高达15米的实心圆形石塔，粗犷浑厚，十分壮观。当初葡萄牙冒险家就是看到这些高塔才发现了这座石城的。可惜的是，石塔现在只剩下了4座。关于它们的用途，有人说是望塔，有人说是谷仓，有人说是祭祀用的塔楼，但都没有得到确切证明。在围墙边上有一座小山，山上的岩壁中开凿出了一座精美的建筑，风格近似欧洲，这就是“卫城”。后来有人考证认为，“卫城”并不是用于防卫的，而是一组贵族所居的宫室，在围墙与“卫城”之间则是一片神庙的废墟。

建造这座石头城的究竟是什么人呢？以前的欧洲学者以为这就是所罗门王藏宝之处，许多探险家蜂拥而至，给遗址造成了很大破坏。现在有人提出是腓尼基人建造了该城，但更多的人认为它的主人应是非洲当地土著。他们于公元2世纪左右开始在此建城，公元16世纪时由于生态环境恶化而被迫离开，只留下这片废墟，见证着非洲文明的历史沧桑。

人类石器时代新谜团

在人类社会历史已知的打制石器、磨制石器和细石器工艺技术之外，古人是否还有其他新的石器加工技术？日前考古学家从四川省宝兴县厄尔山出土的800件表面有窄形条纹和规律齿状痕迹的石制品中初步确认，这正是古人遗存下的前所未见的新奇石制品，它为人类展示了当时古人使用过的一种罕见石器加工新工艺——凿制石器工艺。

宝兴县厄尔山位于青衣江上源之一的宝兴西河右岸，海拔约 1700 多米。厄尔山山势较险峻，其下多为耕地，而耕地一般在冲沟或坡脊的两边或山凹之中，凿制石器就大量“现身”于此。

据了解，在这里出土的凿制石器主要以红色金红石和黄色岩石两种岩石碎块为原料，在它们当中很少有成型器物，大多是一些半成品和残品，但这些较少的成型石器形态种类较多，有圆形、半圆形、椭圆形甚至菱锥形、多菱形和不规则形状等。

据介绍，虽然这批石制品皆为凿制，但它们在器形和加工方式上很接近人们以知的打制石器和细石器的特征，因此它们在形态上带有早期文化的风格，但是其独特的制作凿痕又明显带有金属器时代的烙印，这些凿制石器到底是原始社会的史前遗存还是青铜时代或铁器时代的石器遗存，这个谜底有待人们进一步揭开。

神秘 UFO

飞碟出现时的 8 种现象

飞碟出现时的特点如下：

①外形如碟形、雪茄形、草帽形、球形、陀螺形等等，其外形尺寸小者如乒乓球或指甲，大者(雪茄形)长达数千米。

②高速。飞碟不仅可垂直升降，悬停或倒退，还可作高速飞行。有的时速可达 24000 公里(即 20 马赫)，有的甚至更高，这是现有的人造飞行器所望尘莫及的。

飞碟

③高机动性：能“直角”或“锐角”转弯——反惯性。

当飞机在做高速飞行转弯时，其巨大惯性使得飞行员头晕目眩甚至丧失知觉，因此当代机动性能要求最高的格斗战斗机(如美国 F-16)，即使是训练有素且身着抗 g 服的乘员，也只能在短时间内承受最大的过载为 8g，又飞机本身的结构强度，也无法承受太大的过载(如 F-16 的设计最大允许过载为 9g)，否则飞机将散架！但据目击观察，飞碟却可以在高速飞行时不减速作“直角”或“锐角”转弯(这里当然不是真的直角，否则转弯半径为 R=O，则过载为无穷大，这将使任何飞行器及其乘员全都完了！)。当飞碟速度仅为 v=1 马赫，实际转弯半径为 R=30 米时，则相应的过载为 372.65g，在如此巨大惯性力的作用下，飞碟的飞行照样轻松自如。但这却是任何地球人和人造飞行器都绝对承受不了的！当它转过来 90 度时，所需时间仅为 0.14 秒，即在不到 1/7 秒的一瞬间内就完成了这一动作，这就在视觉上给人以“直角转弯”的印象！而在现代即使是速度为 2~2.5 马赫的高性能战斗机，在实际作战中也只能是在亚音速 0.8~0.9 马赫时才能取得最大转弯率为大约每秒 13 度，要转过 90 度则需 6.9 秒(这是上述 0.14 秒时间的 49 倍)！由此对比可见，飞碟的机动灵活性是飞机所无法比拟的，再加上其速度远大于飞机，这就难怪当有人想用飞机去跟踪飞碟时，结果总是徒劳，却往往反而被飞碟所跟踪！

④能时隐时现，隐形时有以下几种情况：部分人能看，而另一部分人可能看不见；人的肉眼能看见，而雷达却侦测不出来；有时眼见它降落在某地，但走近去看却什么也没有。总之它想让谁看谁才能看。

⑤发光。飞碟发光有单色不变光、多色随变光、常态光、固体光（即光束能任意收缩或弯曲，甚至出现锯齿状），有的光束有透视能力（即照射物体后能使其变成透明），有的能将人吸入飞碟，有的能使人瘫痪或致残。

⑥有的有放射性现象。当飞碟在低空飞过或者着陆时，常会发现如使动植物灼伤、泥土不吸水、种子不发芽、母牛不产奶，或者使人恶心、呼吸困难、失眠、暂时失去知觉、中枢神经瘫痪或定身等现象。

⑦有的有电磁干扰。在飞碟所过之处出现强烈的电磁干扰现象，使电气系统处于瘫痪，如工厂停电，仪表和雷达失灵，无线电通讯中断，车辆和飞机发动机熄火，导弹发射不出等等，等到飞碟远去以后，一切又自动恢复正常。

⑧地球的武器对它束手无策

如1942年2月25日上午10时美国洛杉矶东郊某炮兵连阵地上空，出现了列队的24个圆盘状不同飞行物。美国人以数十门高射炮开火，2000多发炮弹喷出一朵朵灿烂的火花。但UFO仍在空中有条不紊地编队，毫发未伤。

1948年1月7日，美军上尉曼特尔率4架喷气歼击机，从肯塔基州的诺克斯·刘易斯维尔空军基地起飞，他们的任务是跟踪并击落一艘UFO，过了不久，上尉向基地指挥塔报告说："……它一刻也不停地急速旋转，高度12000米。我试图靠近些开炮……它突然加速，向东北方向逃去，速度极快，现在我必须……"。这个英勇善战的飞行上尉是想说"现在我必须开炮"。但报告到这里戛然而止，紧接着上尉连同他那身经百战的战鹰轰然坠地，燃起一堆熊熊大火。他的友机只看到东北方有一个微弱的亮点在闪光。

1956年10月8日，日本冲绳岛附近突然出现一个UFO，恰好一架西方盟国的战斗机在附近实弹打靶，反应迅速的炮手立即向它开炮，令人不解的是炮弹爆炸后UFO纹丝未损，"先下手为强"的战斗机却碎成残片，机毁人亡。

1966年8月的一天，一艘UFO长时间滞留在美国西部某导弹基地附近，精明的美国人充分地拍摄了录像之后，启动了该基地的几乎所有的导弹发射装置，奇怪的是UFO安然无恙，而所有的装置却同时瘫痪。其中一套最先进的装置突然被一束神奇的射线"熔为一堆废铁！"美国科学家闻讯赶来研究，他们的结论是，把先进的导弹发射装置还原为废铁的，可能是一种类似于人类的高脉冲的东西。

1957 年 9 月 24 日,苏联在远东库页岛屿的一个高射炮营向 3 艘 UFO 开火,3 具“怪物”在炮火中不躲不避地悬停在空中,任凭苏联人那玩具般的炮火射击,却未损片羽。

另一次,在中亚地区的一个导弹基地上空出现了一个 UFO,具有自动跟踪目标的导弹瞄准了这个 UFO,在发射的一刹那,导弹竟自行爆炸,让苏联军人尝了一杯自酿的苦酒。

在经历无数次失败之后,那些对 UFO 进行研究的科学家们发出忠告:当你有幸或不幸遇上 UFO 时,你不要试图“先下手为强”,因为你是在用弹弓向一辆坦克显示你的勇敢,将是无畏的,甚至会丢掉生命!

有关飞碟的这些异常特征都是现代的科学技术所无法解释的,由这些异常特征所显示的令人惊叹的高度科技水平,表明绝对不是当代地球人所能制造出来的,那么它们是由谁制造和控制的?对此合乎逻辑的推理只能解释为;飞碟是由比地球人具有更高度智能的生物所制造和控制的。

UFO 为何掳走地球人

1961 年某一天,苏联一架安-2P 邮政飞机从斯维尔德罗夫斯克机场起飞,飞往库尔干,机上搭乘 37 人。当飞机离开斯维尔德罗夫斯克 130~150 公里,飞行员刚刚与地面控制站通话完毕,就突然从雷达屏幕上消失了。地面站想尽办法也未能再恢复与飞机的通讯联系。于是开始了搜索,派出了数架直升飞机和大批特遣小队。因为最后一次通话时,机长曾用无线电通报了方位,因而没多久就发现了飞机。

飞机是在森林中一小块空旷地上找到的。没有任何道路可到达那里,也不可想象飞机是如何能降落在那一小块地上的,官方人员说看上去它仿佛是从空中平稳放下去的。但最令人不解的是机舱内竟然没有任何人的踪迹,全部邮件完整无缺,检查发动机,它一下就启动起来了。现场四周没有任何的痕迹和脚印,只是在距飞机 100 米的地方发现了一个直径 30 米的圆形凹坑,里面的青草都已烧焦,毫无疑问那儿曾停留过一个不明飞行物——UFO。

另外,据科学家们的查证,在美国有一对夫妇曾被太空人俘虏过。男的是波士顿的邮务员,叫班尼;女的叫蓓蒂。他俩曾有过一段非常离奇的遭遇,时间是 1961 的 9 月 19 日午夜,当时夫发俩由度假地返回美国,途经莱卡士特镇时,忽见夜空中有个摇摇晃晃的光亮,而且越来越大。夫妇俩于是停车观看。蓓蒂认为这是飞碟,而班尼根本不信“飞碟”之说。他用望远镜观察,发现那是个圆饼形的古怪物体,边缘有窗户,闪着憧憧人影。

这时蓓蒂也看清了。两人即被吓得魂飞魄散,慌忙开车逃走。

夫妇俩抵达家乡时,亲友们已经多等了他们两个小时。后来他们将这次奇遇报告了华盛顿市国家空中异象调查委员会。专家们经过一番研究后,注意力集中到在那“两小时”里,班尼夫妇干了什么?但后者已丧失了关于这段时间的记忆,怎么也想不起在这两个小时里干过什么了。于是,由著名精神分析医生西门来主持催眠疗法,帮助班尼夫妇回忆。他把他俩隔开,分别进行催眠回忆。随后,研究者们在从这对夫妇那儿录得的100多卷录音带里,发现两人所回忆的内容竟然完全吻合。原来,他俩正想驾车逃走时,就已被那古怪物体里的人拦截了,并被捉到那个物体里。他们看到的人像黄种人,但没有耳朵,褐色眼珠,皮肤灰色,很丑陋。他们对班尼夫妇作了人体检查。他俩紧张极了,怕被活活解剖杀死作标本。全部检查过程约费去两个小时,而这正是他们失去记忆的那两小时的内容。

蓓蒂回忆说,她记得太空人用意念告诉她,墙上那张是“星座图”。她就凭着记忆把这张图画了下来,后由西门医生刊登出去。这在当时遭到人们的讪笑,认为是无稽之谈。有位29岁的天文爱好者玛佐莉对此进行了深入研究,用4年时间查阅了上万件资料,奇迹出现了——证实了那幅“星座图”中12颗星中的9颗,而且证明其所画位置十分准确。又过了5年,其他3颗星也陆续被天文学者找到,且方位、距离与蓓蒂画的一模一样。这简直是不可思议的事,因为蓓蒂只有初中文化程度,不可能画出天文学家花了近10年功夫才能制出的星球关系图。整个西方被震动了,因而促时了对所谓“飞碟”的研究。但那个古怪物体是不是就是飞碟,那些奇怪的人是不是就是来自外星球的所谓“太空人”,却是至今仍在探索之中,没有获得定论。

访问地球的UFO类型

将目击者所看到的飞碟以大小来分类,从小型迷你型飞碟到大型飞碟形状各异。飞碟如果是外星人所乘坐的飞行器的话,那么可能依照用途的不同,而有各种形状、大小的分别。依照目击案例可由大小分类如下:

①超小型无人探测机:直径30厘米左右较多。大的飞碟会飞进房屋内,在标准大小UFO出现前先发现此大小飞碟的情况居多,通常为球形或圆舟型。

在马来西亚也曾发现迷你型UFO载有体型小的外星人的报道,所以也不能断定迷你型UFO为无人探测机。

②小型侦察机:直径在1到5米左右,曾有人目击到此大小的飞碟着陆,并由飞碟中

走出外星人,外星人还在降落点周围进行各项调查。

③标准型联络船:直径在7到10米以上,以圆盘形较多,像最常见的UFO,可能是民外太空及地面调查的飞碟互相联络用,地球人被绑架到飞碟的事件,也几乎都是此型飞碟的杰作。

④大型母船:直径由几百米到几千米以上大小的飞碟,以圆筒型及圆盘形居多。由几千米到1~2万米高度被看到的情况较多,降落在地面的目击案例则没有。

除了上述形状的以外,还有类似直升机形的飞碟。最近并有云状UFO或发光体型UFO在世界各地出现,假若UFO是外星人飞行器的话,那以此形状的飞碟应是最适合宇宙飞行的,所以从事研究的人很多。但也有研究人员指出,云状UFO可能是圆筒形或圆盘形UFO等所排放的云状物,而非UFO机体。

UFO的第一次媒体露相

尽管人类的史册中很早就有关于“飞碟”的记载,但是第一次把它们描述为“飞碟”的报道则始于1947年6月24日。曾经是美国空军飞行员的尼恩·阿诺德,退役后经营一家灭火器材公司。这天,他驾驶一架私人飞机飞临罗切斯山脉附近,去寻找并援救一架在此地失踪的海军陆战队C-46型运输机。在海拔4391米的雷尼尔峰附近,一束十分抢眼的光线射入阿诺德的眼帘。“我观察到,在我机翼的左侧,北部方向,有9个明亮的物体编队从邻近的贝克山飞来,它们贴着山顶飞,飞行速度极快”,“我跟踪不上它们,它们的形状不像是飞机。我从未见过这样的飞行器……像一种碟子,就像打水漂玩的那种碟子。”

阿诺德是有经验的飞行员,他根据盘上的秒表,计算出了这群不明飞行物的速度——2700公里/小时。这在当时是不可思议的,任何飞机也不可能达到这个速度。

与此同时,处在同一地区的地质勘探人员弗雷德·约翰逊也目睹了同一景观,回公司后还激动他讲述了当时的情景。

第二天,新闻媒介用“飞碟”一词报道了阿诺德的发现。从此,“飞碟”一词为全世界的公众所接受,成了不明飞行物的同义词。

自此之后,美国的各电台、报社不断接到人们的电话,都声称自己目睹过飞碟。一时之间,“飞碟”成了美国各大报刊竞争报道的头号新闻,并且很快扩展到加拿大和澳大利亚。

阿诺德一夜之间成了风云人物,他自己还编了一本小册子《飞碟目击记》,十分畅销;

加上其他美国作家推波助澜,终于迎来了一场席卷全球的飞碟狂潮。

一般的飞碟观察报告都是一人或几人,观察的时间也极短,涉及的地域也不宽,但有的"飞碟"报告,观察的人甚多,涉及的地域也广,丝毫没有作假的可能。

1950 年 3 月 17 日夜,素来宁静的美国新墨西哥州的法明顿小镇突然沸腾了起来。在晴朗的夜空中,一大群像碟子一样的东西静静地悬在那里,流彩烟熠,纹丝不动。云彩正在它们身边移动。

面对这一从未出现过的奇异景象,人们惊慌失措了,不知道该怎么办才好。人们纷纷涌上街头,翘首仰望天空,人数多达 5000 余人。一种不祥的阴影笼罩在人们心头,妇女在祈祷,小孩在啼哭。市长格劳为了证明这不是梦,他大声地数着那些碟形物,天哪,居然有 500 之多。突然,似乎是接到统一的命令一样,悬停在夜空的"飞碟",组成一个挺美观的队形,倏然向东而去。

英军战机追杀 UFO 内幕

谈论外星人和飞碟(UFO)光临地球的话题常常会受到严肃人士的嘲笑,然而美英两国的飞碟迷们发现,不仅是他们,就连英国皇家空军也曾受过飞碟事件的严重困扰,并且还驾驶战斗机在英国上空跟不明"飞行物"展开紧张的追踪和"激战"!

这起发生在英国的飞碟事件引起了美国军方的高度重视,并将其详细记录在案。据新解密的美军文件显示,这起"飞碟"事件发生在冷战时期的 1956 年 8 月 13 日,地点是英国东部的莱肯希思。当日,英国皇家空军和当地警方接到无数个居民打来的电话,称在莱肯希思的天空中到处飞满了发着亮光的不明飞行物。莱肯希思的英国皇家空军接到电话后,立即派出 10 多架战斗机冲上天空,在军事雷达屏幕上,英国战斗机飞行员成功地捕捉到了这些不明飞行物的痕迹,并花了至少 7 小时的时间试图追踪并击落这些不明飞行物。

据美军解密文件显示,当时在英国空军雷达屏幕上显示的不明飞行物大约有"12 个到 15 个左右"。为了追上这些不明飞行物,英军战斗机飞越了至少 50 英里(约 81 公里)的距离。其中一个不明飞行物被记载为"飞行时速超过 4000 英里(5600 公里)"。这简直是一个让人震惊的速度,解密文件写道:"雷达屏幕专家相信,这绝不是什么雷达机械故障造成的幻象,而是天空中的确有某种极高速飞行的不明物体在移动。"

文件披露,英国空军飞行员在雷达屏幕上注意到,发出白光的不明飞行物以令人难以相信的速度穿越着英国的天空。有时候,这些物体会组成奇怪的编队飞行,有时候,这些物体会来一个突然的急转弯，以目前科学所知的动力学观点来看，这种高速飞行下的急转弯是人类的水平根本无法达到的。其中一个不明飞行物被一架英军战斗机雷达跟踪了长达26英里(约42公里)，它在空中盘旋了足有5分钟，就在英军战斗机快赶上的时候，这个不明飞行物突然消失了。

事实上，大多数所谓的“飞碟现象”都可以归结于云彩现象、气象气球和不同寻常的大气现象等。对于英国莱肯希思“飞碟事件”，一些研究者也认为是出于同样的自然原因。据一些研究者称，在1956年8月13日左右，气象学家们曾汇报过那些天流星现象曾不同寻常地活跃。而流星在穿越天空时留下的踪迹，在雷达屏幕上看来和高速飞行的不明飞行物相当近似。

此外，大气异常现象也被考虑为另一个可能的原因。据一名参加这场追踪拦截任务的英军飞行员称，他感到自己仿佛在“追踪一颗遥远的星星”，另外一些飞行员则称，这些不明飞行物能够用雷达系统进行自动锁定跟踪，但是靠近目标时，这些物体又忽然消失得无影无踪，仿佛根本不存在一样。

尽管如此，美英的飞碟迷们还是愿意相信当年发生在莱肯希思的一切是一次真正的“飞碟事件”，美国军方的解密文件提供了足够的证据，证实了外星飞碟其实早在50年前，就让英国皇家空军们大吃一惊，甚至英军还派战斗机追踪射击。飞碟研究者、《UFO杂志》编辑格雷厄姆·波德塞尔对记者道：“我完全相信当年有一些外星飞行机器穿越了我们的领空。”

专门研究不明飞行物现象的作家戴夫·克拉克称，莱肯希思飞碟现象不仅能够从雷达屏幕上看到，更重要的是还能通过地面上的肉眼看到。因此很难将同时用肉眼和雷达观察到的这种奇特变幻的不明飞行物奇观简单地归结于陨星落地或气候现象。克拉克称，事实上连美英军方本身也不相信这种说法，莱肯希思飞碟事件引起了新一度的冷战安全恐慌。因为在1956年，英国皇家空军莱肯希思军事基地——也就是英国空军战斗机追踪飞碟的地方，事实上正是冷战期间的军事前哨，莱肯希思军事基地不仅配置着当时最先进的美国U—2间谍侦察机，而且还是一个原子弹储存区。

解决莱肯希思飞碟秘密的线索也许仍然藏在尚未解密的美军军事档案中，不明飞行物研究专家戴夫·克拉克要求美国军方解密更多的此类文件，但却被告知军方已没有更多有关英国莱肯希思飞碟事件的秘密档案。不过，克拉克在美国国家档案馆查找资料时却意外发现了一个新的文件目录，提到美军关于莱肯希思飞碟事件还藏着更多的秘密文件，目前克拉克已向美国军方提出申请，要求解密更多的秘密档案。

尽管克拉克也曾请示英国军方出示相关文件，但英国军方称，有关莱肯希思的飞碟文件在该事件发生后5年，就在一场意外大火中全部烧毁了。但克拉克认为，显然这是英国军方的推托之辞,他认为这里面肯定还有着不为人知的秘密。克拉克道:“尽管我是个飞碟怀疑论者,但这件事却始终让我感到相当困惑。有时候我怀疑那些不明飞行物可能是苏联的间谍飞机,但显然没有一架已知的苏联间谍飞机可以和那些不明飞行物的神秘性能相符。”

窃听外星人的广播

在宇宙中,我们是孤独的吗?要回答这个问题,我们必须去搜寻其他恒星周围的生命,或者去窃听他们的动静。

在2007年1月10日召开的美国天文学年会上,美国哈佛史密森天体物理中心的天文学家提出了一个新方法,能够检测1,000颗最靠近我们的恒星周围,是否存在着类似地球的智慧文明。

以前对地外文明所做的搜索(例如SETI计划)都建立在这样的假设之上:外星人想让我们找到他们,因此会有意地发出高强度的、特定波长的无线电信号。不过近50年来的搜索都一无所获。新提出的这项计划寻找的则是外星文明无意间泄露出来的信号。换句话说,我们打算窃听他们的电视信号、调频广播,甚至是军用雷达发出的信号。

正在澳大利亚兴建的米卢拉广角天线阵(MillearaWide-FieldArray),就能完成这项任务。它有能力窃听方圆30光年以内,大约1000颗恒星(包括周围的智慧文明,假如他们存在的话)发出的无线电波。更强大的射电天文台,比如正在筹建中的平方千米天线阵,将有能力窃听方圆300光年以内的智慧文明,覆盖的恒星总数将达到1亿颗。

“最经典UFO事件”是骗局

1947年7月发生的“罗斯威尔事件”至今仍被许多UFO迷们津津乐道。数十年来,很多人都坚信,当时的确曾有外星人乘坐的飞船在美国新墨西哥州罗斯威尔空军基地附近坠毁,只不过美国官方一直矢口否认罢了。

2003年6月,封存了整整56年的“罗斯威尔事件”绝密档案到期解密,人们终于有机会一窥其中真相。然而种种迹象显示,这桩堪称是“20世纪最经典的不明飞行物事件”,竟然很可能是个骗局!

“罗斯威尔事件”是这样的,1947年7月4日夜,在美国新墨西哥州罗斯威尔空军基地附近，发生了一次后来被视作20世纪最为轰动的不明飞行物坠毁事件。当晚，距罗斯威尔西北方120公里的一个农场主人麦克·布莱索听到一声如炸雷般的爆炸巨响，次日他发现散布在农场约400米范围的许多特殊的金属碎片。6日，布莱索将金属碎片交给当地警长，然后向军方报告，并转交给空军基地。7日，他又带着空军基地的杰西·马西尔少校到现场检视。

7月8日，人们又在距满布金属碎片的布莱索农场西边5公里的荒地上，发现一架金属碟形物的残骸，直径约9米；碟形物裂开，有好几具尸体分散在碟形物里面及外面地上。这些尸体体型非常瘦小，身长仅100~130厘米，体重只有18公斤，无毛发、大头、大眼、小嘴巴，穿整件的紧身灰色制服。同一天，军队进驻发现残骸的两地，封锁现场。

罗斯威尔《每日纪事报》于7月9日以头条新闻刊载，宣称空军军方发现飞碟，坠落罗斯威尔附近的布莱索农场，而且被军方寻获。军方人员表示这个坠落物已被发现，正在接受检查，并将送到俄亥俄州做更进一步的检查。这一则消息引起了很大的轰动，但是，第二天报纸却突然改口，说坠落的只是一个“带着雷达反应器的气象球而已”。美国军方也召开记者招待会说，“根本没有飞碟这回事”，就此推翻以前的说法。当地电台也接到华盛顿的命令，不得再播报和飞碟有关的消息。

由于事出突然，转变太快，使大众怀疑其中是否另有隐情。人们普遍认为，气象球的说法是经过修正后的声明，“罗斯威尔事件”就这样成为一桩悬案。而关于“罗斯威尔事件”的诸多档案后来也被转移到位于华盛顿学院公园一家专门收藏气候控制方面资料的档案馆保存。

2003年6月，时隔56年之后，满满11箱的“罗斯威尔文件”终获解密。

20世纪90年代，随着一批批冷战时期的绝密档案陆续到期，为数众多的“惊人内幕”也陆续浮出水面。从众多解密文件中人们了解到，当年原子能委员会所控制的华盛顿州汉福德原子能研究中心的反应堆曾发生重大泄漏，而当地居民却毫不知情；当时为联邦政府工作的医生曾得到许可在女人、孩子和囚犯身上做残忍的医学试验。

正因为有了这些先例，UFO研究者和众多记者自然会对刚刚解密的“罗斯威尔文件”充满期待，希望这批文件中也包含一些不为人知的独家猛料。记者回顾了近100年来发生的各类军事事件之后发现，任何政府曾参与过的事件都会留下一连串的文件“踪迹”。所以，如果1947年7月在罗斯威尔空军基地真的有什么特别事件发生——比如外星人真的曾经着陆，当时军方官员必然会将证据记录在这些文件中。

在11箱“罗斯威尔文件”中，许多都是从报纸杂志上搜集来的飞碟剪报、旧书以及政府UFO报告，而这些大都是已经在几十年前就公开了的。记者还发现了许多关于UFO的老式大尺寸录像带。甚至，记者还找到了那个所谓的“气象球”残片！许多UFO迷都声称,这些气象球残片是美国政府在事发后偷偷放在UFO坠毁现场的,用来替代飞碟残片。UFO迷认为,那些飞碟残片后来全都被送去了一个秘密军事基地。

然后,在混乱不堪的1号箱子内,记者终于找到了想要找的东西。这份文件看上去并不起眼,上面的标题是《早晨记录,1947年7月》。这实际上是一份逐天记录的日志文件,上面记载着基地每天的活动。记者一行行仔细地检查了《早晨记录》,最后记者们失望地发现——在1947年7月根本没有发生过任何特别的事情,也没有迹象表明当时出现了紧急情况,记录中只字未提有消防员和急救人员被派往当地,而如果真的发生飞行器坠毁之类事件的话,这些行动都是必不可少的。

许多年来,UFO的研究者们都声称,那些曾参与飞碟修复工作的人和官员都被"转移"到了其他基地,以便让他们保持沉默。从解密的文件来看,这倒是确有其事,但原因却和飞碟无关。事实是,"罗斯威尔事件"发生的几个月之前,在一次大规模的战后军事机构重组过程中,许多美军飞行员都被有系统地安排到了新成立的美国空军部队中。这些人并非被"转移",仅仅是换了军服而已！就这样,一个悬了56年的大秘密终于解开了。

记者离开了国家档案和记录部,但此时记者心中却感觉到更多的困惑,而不是欣喜。带着这种想法,记者决定电话采访弗兰克·考夫曼——"罗斯威尔事件"的核心人物。从一开始,考夫曼的名字就和"罗斯威尔事件"紧紧地联系在一起,事发之后,他曾积极主动地向记者和为"罗斯威尔事件"著书立说者披露了大量独家资料。一直以来,人们都认为考夫曼的可信度极高。因为考夫曼称自己1947年7月那会儿就在罗斯威尔空军基地当情报官员,而且他手里还有一份官方记录的副本,可以充分证明他所言非虚。

然而,记者遗憾地得知,考夫曼已经在2001年2月去世。在考夫曼死后,他的妻子将丈夫所保存的文件整理后悉数公开,让UFO研究人员随意阅读。更令记者惊讶的是,专门从事UFO研究的机构"J·阿兰·海内克中心"的科学主管马克·罗得西尔在读了这些文件之后,认为考夫曼撒下了弥天大谎！2002年秋天,罗得西尔在该中心出版的刊物上发表文章称:"坦率地说,弗兰克·考夫曼编造了一整套军旅生涯的记录。他之所以称自己在情报部门工作,目的就是为了和他声称的当年曾亲历罗斯威尔事件说法相一致。"

物理学家斯坦顿·弗莱德曼曾写过多部关于罗斯威尔事件的著作,他也表示:"我早就对此有所怀疑。考夫曼应该在1945年就退役了,1947年那会儿他是作为文职雇员参与罗斯威尔事件的。"

弗莱德曼说,他的怀疑是在1999年和考夫曼还有几个其他研究者会面时开始的。他说,那次会面时,他要考夫曼谈谈1947年他和罗斯威尔基地的情报官员杰西·马西尔少校还有基地的指挥官威廉·布兰查德上校等人一起工作的情况,可是考夫曼却一个字也说不出。

尽管解密文件表明罗斯威尔当年很可能并无 UFO 光临,尽管重要证人考夫曼也有撒谎嫌疑,但弗莱德曼认为,现在就为“罗斯威尔事件”盖棺定论为时尚早,关于外星人曾造访地球的有说服力的证据肯定存在,只是这些证据尚未曝光而已,这个故事还有更多秘密有待挖掘,正如老话所说:“没有找到证据,并不等于没有证据。”

与外星人接触的瑞玛计划

这是一例史前与外星人接触的重要经历,在美国几乎是鲜为人知的。事情的起源应从秘鲁说起。1973 年,一伙年轻人在那里开始了一系列惊人的活动,旨在与来自“莫尔峻”星球(该星球为木星的卫星,即人们常说的“木卫三”)上的外星人接触。49 名外星人向导被指派参加了“瑞玛计划”,他们是为了配合来自“莫尔峻”的先都有奥柯索克。“瑞玛”一词含有一个振颤音,它在 4200 年前就已定名。“瑞”代表太阳或阳光照耀,而“玛”则是指地球母亲。“瑞玛”作为一种符咒,意思是阳光照耀在地球上。“瑞玛”计划是由宇宙高层集团设计和一系列辅助项目中的一项,目的在于帮助诸如地球(也叫“莫尔拉”)一类的星球转型进入四维空间模式。

莫尔峻起初是外星通过猎户星座上星系系统建立起来的“国中之国”。目前它拥有 6 座城市,来自各个世界的人们(包括地球人)居住在这里。其他与“瑞玛计划”有关的星球分别是:金星、大犬星座区域里的塞皮坎 2 号以及属半人马星座区域的阿普星。阿普星在秘鲁也为人们所熟知,一些人还同阿普星人建立了往来关系,但他们是以何种方式同“瑞玛计划”相联系的,却是不得而知。

西班牙裔美国人比美国的其他少数民族更为了解“瑞玛计划”。因为,语言障碍限制了许多美国调查者,然而从另一方面来看,这种障碍从精神激发了他们探索这种与外星人接触经历的决心。这种接触经历最初只发生秘鲁,随后其他国家也陆续出现。尽管很多研究小组是从美国开始活动的,但大多数的集体活动是以西班牙语进行交流的,因此,许多对 UFO 领域很感兴趣却又不谙西语的人只好坐失这些宝贵的信息。

英国 UFO 档案大曝光

不明飞行物(UFO)目击事件在英国很少出现,这很大的原因是由于英国政府,特别是英国国防部一直对不明飞行物光临英国领空事件进行新闻封锁。现在，在致力于研究天外生命的科学家们的一再要求下，英国政府开始对不明飞行物目击事件机密档案进行解密，于是，一例例奇特的不明飞行物目击事件终于在世人面前揭开其神秘面纱。

新解密的档案显示，1999 年 2 月 15 日，苏格兰一位航空管制人员在他的雷达屏幕上发现在苏格兰海岸线上空有一个奇怪的飞行物。屏幕上那个明亮的点表明，这个飞行物正在以每小时 3000 英里的速度飞越苏格兰海岸线上空，方向朝向西南，目的地似乎是贝尔法斯特。

雷达屏幕上的亮点还表明，这个物体非常庞大，约有 10 英里长，2 英里宽，这样大的物体以这样快的速度在空中飞行，简直令人难以置信。正当这个航管员心里纳闷的时候，这个物体从他监控的雷达屏幕上消失了，而且再也没有在雷达搜索范围内出现。从这个飞行物的出现到消失只有两分钟的时间，没有人知道它是什么，去了何方。三个月前，英国国防部档案曾经记录下了一位客机驾驶员的报告，报告称有一次他在英国中部上空飞行时，意外发现了一个异常飞行物，这个飞行物"飞行速度非常快"，它的闪光测速器发出的光非常亮，每隔 20 秒就会闪动一次。

英国民航飞机发现了不明飞行物，都要向英国国防部报告，在上边两起事件发生后，英国民航局（CAA）称实际上还曾发生过多起目击事件。在同一时期，他们曾向国防部递交过另外两次目击报告，但国防部从来没有向外界透露过半点关于那两次目击事件的消息。

根据民航局的官方报告，在雷达发现一庞大飞行物飞越苏格兰上空的同一个月，一位飞行员在驾机飞越北海时曾经遭遇不明飞行物。当时他的飞机被一束"白炽的光亮"照亮，吓得他当时都屏住了呼吸，很长时间没敢大口出气。同一天，另外三架飞越这一地区的飞机也报告说他们看到了一个闪亮的光球在空中快速飞行。整个目击事件发生时，地面的航空管制人员都称在那一空域没有其他特别的飞机飞行，但是五分钟后，一个气象站的雷达操作员报告说，他的雷达发现了一个高速飞行的物体，但是无法判断这个飞行物是何物。

英国境内最著名的不明飞行物目击事件是通过美国的媒体曝光的，而这次解密的档案则更详细地记述了那次事件的经过。档案透露，事件发生在 1980 年 12 月的一天，地点在美驻英国萨尔福克空军基地附近。由于刚刚发生了一起飞机坠毁事件，三名安全巡警到坠毁地进行调查，他们刚刚到离基地不远的一片森林，却骇然发现树林上空飘浮着一个奇怪的三角形发光飞行物，飞行物不停地旋转着，顶部发出有规律的红光。底部发出的是蓝光。三人在惊吓之余，急忙回到基地向司令官报告。后来该基地的中校副司令查尔斯·哈尔特向英国国防部提交了一份详细的报告，报告详细描述了这起目击事件的经过与那三人观察到的细节，并称第二天他们在不明飞行物的发现地点的地上找到了三个压过的痕迹，这显然是飞行物的降落地，而对这片地进行测量后发现，其辐射量明显高过其他地方。就在那天晚上，基地的人又发现了三个星状飞行物，这三个飞行物在森林上空盘旋，并做快速的"锐角运动"，这用现在的飞行动力学根本讲不通。

在宣布将机密档案解密后，英国国防部拒绝就目击事件的个案进行讨论，但认为所有的目击事件都可以有完善的正常的解释，国防部认为，这些所谓的不明飞行物，要么是附近活动的军机和雷达干扰设施造成的雷达误判，要么就是真正的飞机，所谓的炫目光束只是飞机机身对地面活动或太阳光的反射光。而在致国会议员的信中，英国国防大臣约翰·斯佩拉尔则称："关于不明飞行物，或者说飞碟事件，或天外生命形式是否存在等问题，国防部不感兴趣，也没有发挥过什么作用。我们对此是相当开明的，没有任何遮掩。"

UFO 落下的"仙发"

有关"仙发"的最早记载，见于十八世纪英国作家怀特写的《索尔邦博物志》。怀特在书中说，1741 年 9 月 21 日黎明前，他走到田野中，发现青草上有一层层的"蜘蛛网"。后来他发现：许多蛛丝从高处落下，连续不断地落下至日暮时分。这些蛛丝并不是仅在高空中四散飘浮的细丝，而是连结成片，有些宽约一英寸，长五六英寸，下落时相当迅速，显然比大气重得多。

怀特还写道，下降这些丝絮的地区包括布莱特列、索尔邦和艾里斯福，这三处地方构成一个三角形，最短的一边长约 12 公里，虽然怀特用了"蛛丝"的称呼，但他明确地记录了这些丝絮是从天空中降下来而非蜘蛛吐出的。后来，人们就把这种天空中降下来的丝状纤维叫作"仙发"。

"仙发"的外形很像蛛丝、蚕丝或棉絮，一般呈白色，闪闪发光，十分柔软，但所有的记载都指出只要人们把它拿在手里，它很快就会融化消失。这是它与蛛丝、棉絮等物质的根本区别。

1952 年 10 月，在法国西南部的奥罗伦圣马利，当地中学总监普利尚正和儿女一起吃午饭，忽然一个孩子叫道："爸爸，快来看，真奇怪啊！"普利尚抬头望去，只见一排飞碟循着弯弯曲曲的之字形路线从空中飞过，更奇怪的是：那些异物全拖着串串柔丝状物质，柔丝散开后慢慢下降，落在树木、电线和屋顶上。

当天下午 5 点，在 240 公里以外的法国盖雅克镇上空，也出现了类似情况。当时目击者约一百余人,他们看到二十个飞碟在阳光下缓缓向东南方飞去。飞碟飞过后也有同样的“仙发”落下,但这些“仙发”很快就分解、消失了。

有些热衷于飞碟的人们据此认为“仙发”与不明飞行物有关。但也有未见不明飞行物而有仙发落下的情况。1960 年 10 月,英国船长佩普曾就他在加拿大蒙特利尔看到“仙发”一事请教了著名博物学家、伦敦自然博物馆馆长克拉克,克拉克认为那可能是蛛丝,但他也承认,“我无法解释这些丝缕为什么一握在手中就立即消失……”蛛丝不会融化,因为热力对它没有影响。事后有人指出,除了是否会融化的区别之外,克拉克还忽视了一次重要的反证:在那许多飘浮的丝絮中,并没有发现一只蜘蛛。

由于“仙发”总是在发现后很快融化,无法保留,到现在人们掌握的资料只有几幅照片,因此也就难于进行科学的检测。可以说,人们到现在还没有弄清“仙发”到底是什么,以及它与不明飞行物有何关系。

扑朔迷离的目击

这是 1998 年多次遭遇不明飞行物事件中比较典型和可信的一次。据当地有关部门统计,那天晚上目击这个不明飞行物的群众约有 160 人之多。

在此之前一个多月,澳大利亚内陆一个小村庄的居民不容置疑地向媒体报告,他们目击一个不明飞行物。法新社报道了这则消息。这个小村庄叫奎林代村,位于悉尼以北,距离悉尼大约 4 小时车程。

尤尼斯·斯坦菲尔德是这个村庄目击不明飞行物的村民之一。她说,她最先注意到蛛网状物质落在她女婿的身上,“后来我们看到天空大约有 20 个银白色的物体”。她说,当人们移动位置和加快脚步的时候,这种蛛网状物质就从身上落到地面。还有一些蛛网状物质挂在了电话线上。澳大利亚 UFO 协会发言人罗斯·杜威说,奎林代村大约有 20 名村民通过热线电话向协会报告了他们看到的情况。

罗斯·杜威解释“那些银白色物体可能是优质鱼线”,这实在令人大感意外,因为作为一个岛国的澳大利亚,人们最熟悉的东西恐怕就包括鱼线,不管多么优质。

1997 年 10 月 4 日,美国工业巨头、88 岁的劳伦斯·洛克菲勒在他纽约附近的豪华住所,举办了一次关于不明飞行物的研讨会。他得到了斯坦福大学天体物理学家彼得·斯特罗克的帮助,有 10 位科学界的权威人士听取了来自世界各地的 8 位不明飞行物学者的发言。在这次研讨会后,与会者草拟了一份报告,题为《不明飞行物观察物证》。这份报告在媒体上公之于众后成为赞成不明飞行物确实存在的第一份科学文件。或许是“潘多拉盒子”。

曾在劳伦斯·洛克菲勒家中参加过不明飞行物研讨会的斯坦福大学教授冯·埃舍尔曼认为,“我们这份报告的发表等于打开了潘多拉盒子”。出席这次研讨会的10位科学界权威人士相信,有些迹象是应当认真研究的。由斯坦福大学天体物理学家彼得·斯特罗克等署名的这份报告,要求对不明飞行物继续进行研究。

这些科学界的“大腕”们坚持主张研究不明飞行物的5点理由是:

①存在一些清晰的不明飞行物照片。应当说明的是,以往大部分有关不明飞行物的照片由于不够清晰,无法进行研究利用。专家们要确定飞行物的距离、尺寸、颜色以及它释放的能量。53岁的法国专家弗朗索瓦·卢昂热的研究表明,有些照片用来说明不明飞行物的存在是确实无误的,但这样的照片不多,正因为如此,才值得对它们进行更多的研究,而不是把它们存档了事。

②无法解释的电器故障。不明飞行物出现的时候,往往会干扰附近电动机的运转,在《不明飞行物观察物证》这份报告中,彼得·斯特罗克教授举出这类事件达441起之多。在每起事件中,所有当事人都声称在见到不明飞行物的同时,他们的汽车的照明线路也发生了故障。在这类事例中,美国警察刘易斯·德尔加多在1992年3月20日的遭遇有很强的说服力。事情发生在佛罗里达州海恩斯城,当一个飞行物在他前面离地面3米高的地方飞行的时候,他的汽车的电力系统失灵了,甚至连他的对讲机也不再工作。这个飞行物消失以后,情况又恢复了正常。这类情况也涉及飞机。在美国,据统计,关于飞机驾驶员遭遇不明飞行物,飞机电力系统被干扰的事例达120起。1977年3月,一架往返旧金山与波士顿之间的联合航空公司的班机上的驾驶员,突然发现飞机的自动驾驶仪改变了航向,这时他看到空中有一个奇异的发光物体掠过,只能用存在着一个非常强大的磁场来解释这种干扰。除了一场核爆炸外,目前还没有任何已知的东西能够产生如此强大的磁场。

③雷达捕捉到目标。空中警戒系统发现不明飞行物的事例同样令人不安,尽管这类情况并不多见。一般只有先进的军用雷达发现过不明飞行物。从1969年以来,美国空中指挥系统一直不愿公布这些事例,以免公众了解和怀疑美国军队的空中监视能力。在法国,军人和科学家在共同研究不明飞行物。1994年1月28日,一架法国航空公司A320班机机组在巴黎上空看到一个直径达250米的红色圆盘状物体飞过,地面雷达却没有发现它。但在瓦尔德瓦兹省的塔韦尼,空军证实了法国航空公司班机人员的发现,美国“蓝皮书计划”的研究文件透露,在飞行员肉眼看到的不明飞行物的五分之一,也已被雷达发现。

④留在地面上的奇特痕迹。这次研讨会上提出的4个事例中,法国普罗旺斯特朗地

区的事例,最能打消科学家对不明飞行物的怀疑。1981 年 1 月 8 日,在瓦尔省的一个村子里,一个工人看到一个卵圆形的金属物体下降到地面,30 秒钟之后这个金属物体又以极快的速度飞走了。法国空间研究中心所属的一个研究小组的专家证实,那个工人指认的不明飞行物停留过的地方地面曾受到高压,一个大约 1 吨重的物体确实在这个地点停留过。宪兵在不同地点采集了一些土壤和植物的样品。法国全国农艺研究所生物化学家米歇尔·布尼亚对这些样品进行分析研究之后发现,这些植物的化学成分随着离不明飞行物距离不同而有了变化。这是怎么回事呢?各种能够想象到的解释都提出过,比如化学污染、放射性辐射、微波辐射等,但最终都被排除了。直到目前,这个谜团依然没有揭开。

⑤在人体上留下的离奇印记。不少声称目击过不明飞行物的人都反映他们当时曾被烧伤。加拿大一位勘察员在 1967 年 5 月 20 日见过两个不明飞行物,其中一个就停在离他几十米远的地方,发出刺鼻的臭氧气味并发出蓝光。当这位勘察员走近不明飞行物时,他的面部、手和腹部被灼伤。直到几个星期后,留在他腹部的一些奇特无法解释的痕迹都还没有消失。

UFO 攻击军事设施

UFO 开始攻击军事设施!直径 30 米的圆形物体来袭,两位哨兵眼睁睁地看着浮在空中的巨大飞行物体,没有任何反应。本来一遇到紧急状况就必须向指挥室报告的,但一看到这种现实的景象,他们两人根本失去了平常的判断力。

起初,物体看起来只是在大西洋水平线上的一个光点,所以他们以为是星星或是别的东西,并不太在意。

但仔细一看,那个光点正逐渐接近过来,并极迅速地来到碉堡上空,在 300 米高的空中停了下来,然后摇摇晃晃地慢慢降落。橙色的光线照亮了炮塔,使得四周呈现出可怕的气氛。

光体在离炮塔 50 米高的地方停止不再下降。两个人看到这个直径 30 米的圆形怪物靠得这么近时,才意识到自己身陷险境。虽然两人身上都有步枪,但不仅没有射击,连声铃也没有按,因为他们觉得在这个庞大的怪物体之下,自己的装备和抵抗都是没有意义的。

两位哨兵被看不见的热波所袭击!

接着有种像是机械声的隆隆响声传到这两个吓呆了的哨兵耳中。

同时两个人觉得身上一阵热，皮肤好像要被烧焦似。但是他们并没有看到任何光线或火焰，两个人痛苦地哀号着，想要逃离热波的攻击，但其中一个已经昏倒在现场，另一个则躲到碉堡的阴影下。其他哨兵听到他们的惨叫，知道出事了，很快便进入备战状态。然而就在此刻碉堡内的灯火全部熄灭了，电梯、转动炮身的马达也完全失去了作用。连急备用电源也失灵了。

而且，热风也吹进了碉堡内，这使得原本相信铁石做成的碉堡是永不被摧毁的其他哨兵，心中也不禁开始担心了。更奇怪的是，原本闹钟也应该因停电而不动了才对，但却比预定时间提早了三个小时铃声大作，使得碉堡陷入一片恐怖之中。数分钟后，那些可怕的机械声停了，所有的灯也大放光明。

当时，有几名士官也看到那并不是战斗机而是全身发出灯色光辉的庞然大物，在垂直上升之后很快就消失不见了。

在四处搜寻之后，只见一名哨兵已经昏迷，另一名躲在炮塔阴影下的哨兵也已经神经错乱。他们立刻被送到医务室去，经过军医的检查，发现二人全身二级灼伤。在这两人可以详细地说出这件事的始末时，已经是好几个星期后的事了。

民航运输也看到 UFO

事后接到报告的巴西陆军司令马部马上请空军在伊泰勒普碉堡上空实施哨戒飞行。而在空军大范围的搜索之后，并没有找到任何飞行物体所留下的痕迹。

巴西政府相当重视此一事件，便经由美国大使馆的联络，请求处理 UFO 事件经丰富的美国空军协助秘密调查。数日后，美国空军的军官们就到了碉堡，马上组成一个调查小队。在这里得到很多有关此一事件的重大情报。

伯鲁多阿雷克雷机场也在碉堡受到攻击之前看到过奇怪飞行物体。在伊泰勒普碉堡被袭击之前两小时左右，在距首都 1000 公里左右的里欧格兰达多斯鲁州的伯鲁多阿雷克雷机场有一架民航机起飞前往圣保罗。那是巴里达航空的 C46 型运输机，凌晨一点左右在桑达卡达里那州的阿拉卡上空朝北北东方向飞去。

当时高度 2100 米，视野非常的好。就在这时，贝伊克机长看到左前方有个红色光点正逐渐向他们接近过来。听多了 UFO 事件的机长在好奇心的驱使下改变航线朝那光点飞去。

UFO 一直向输送机飞过去。忽然整个飞机内部充满烧焦的味道，机长吓了一跳马上检查各项仪器，发现自动方向测知机和无线电都已经烧坏，右翼的引擎也在冒烟。就在他们忙于灭火之时，UFO 已不见踪影了。机长也不能到圣保罗去了，只好失望地回航。就在这件事的数十分钟后，怪物体便袭击了伊泰勒普碉堡。调查小队认为由发生的时间和地点来看，二个事件很明显的是有所关联。

但到底 UFO 为什么要攻击碉堡呢？

一位美国士官根据空军的资料做了以下的说明：“自从今年十月，人类发射史普多尼克 1 号人造卫星之后，就相继的发生 UFO 事件。这代表外星人对地球人类进出宇宙已经提出警告。但是这假设在有人提出为什么科技远胜地球人的外星人要对人类提出警告呢？又为什么不攻击发射史普多尼克卫星的苏联呢？”的疑问后便被推翻。但从十二年后人类便登陆月球，实现了宇宙旅行这件事来看，这个警告来得并不算太早。

地心飞碟基地

地心有飞碟基地，这听起来简直是天方夜谭。然而曾是美国海军少将的拜尔德却在不久前公开了他驾机探访地心飞碟基地的神奇经历，使外星人和飞碟再次成为美国人谈论的热门话题。

拜尔德的日记说，他曾于 1947 年 2 月率领一支探险队，从北极进入地球内部，并发现了一个庞大的飞碟基地和地面上已绝种的动植物，在这个基地里还居住着拥有高科技的“超人”。但这一信息却一直被美国政府长期封锁着。

拜尔德飞行日记所载，探险队驻扎在北极地区某一基地内。1947 年 2 月 19 日，一切准备就绪后，他们朝北方进行飞行探测。圆形六分仪和指南针均经过再三检验，无线电通讯也正常。

他们到达飞行高度 707 米时，东风带来轻微地展动，下降到 518 米时，飞机又趋于稳定，但尾风增强，后又产生展动，爬升到 610 米则又一切平稳。这时，他们看到地面上覆盖着无尽的冰雪，呈现出微黄色的光泽，但奇怪地分散成直线状，还略微透出微红色和紫色。

拜尔德除将此奇景立即电告基地外，又环绕飞行两圈。这时，他发现指南针和六分仪不停地旋转抖动，无法测出飞行方向，接着，看到地面不再有冰雪，远方出现了山脉。那些山脉的范围并不大，但绝不是幻觉。此时已飞行 29 分钟。爬升至 900 米时，拜尔德的飞机遭遇到强烈地震动。继续朝北飞越这些山脉后，他竟然看到了绿意盎然的山谷，山谷中有小溪流过，左边的山坡上分布着茂密的森林。此时罗盘又开始旋转，并在两点之间来回摆动。于是他下降至 427 米，向左急转，以便仔细观察这个山谷。他看到青苔或稠密的青草覆盖着的地面，但这里的光线却非常奇特，因为并没有看到阳光。

他还看见了似乎是大象的动物,再下降至 305 米,在望远镜中他吃惊地发现了地球上本已经绝种的猛犸!继而又看到绿色的起伏山丘,外面的温度为 27℃,各种仪器恢复正常,无线电通讯却失灵了。

地面更趋于平坦,拜尔德发现竟然有城市存在,而空中的飞行器似乎具有奇特的浮力。在舱门上端和右侧出现碟形发光飞行器,上面有无法形容的符号。结果,拜尔德的飞机被一股无形的力量所吸住,无法加以控制。

更不可思议的事情随即发生,无线电发出的哔哔声中竟然传出带着北欧语言或德语音调的英语:“欢迎将军的光临”,并称不必担心,7 分钟之后将安全降落。

接着,飞机的引擎停止运转,飞机在轻微地震动中平安着陆,好像是由看不见的升降机支撑着。几位金发碧眼、皮肤白皙,体形高大的人出现了,这些人并没有携带任何武器。而这座城市闪闪发光,有规律地发出彩虹般的色彩。

拜尔德和无线电通信员受到热诚地款待,他们登上了没有轮子的平台车,急速奔向灿烂的城市。城市似乎是用水晶修筑而成。随后,他们走进一巨大的建筑物里,饮用风味绝佳的热饮料。10 分钟后,拜尔德暂时离开通信员,进入一架升降机,向下运转数分钟,后来升降机的门朝上无声地开启,他走过充满玫瑰红色的走廊,光线似乎是从墙壁上放射出来的。

他在一扇巨大的门前停下,门上有奇特的文字。在进入该房间之后所发生的事情更具有震撼性。拜尔德一再使用“前所未有”“不可思议”“难以形容”等词汇来描述他亲眼看到的华丽精致的房间,那些人的声音既悦耳又热诚,他们告诉将军,因他具有高贵的素质,并在“地表”世界有一定的知名度,所以让他入境。

那些人还告诉他,这个地下世界名为“阿里亚尼”,自从美军在日本广岛投下两颗原子弹以后,他们才开始关注外面的世界,并在那个危机四伏的时代,派遣许多飞行器到地表展开调查。他们表示,地下世界的科技和文化要比地上世界进步数千年,原先他们并没有干涉地上世界的战争的想法,但因为不愿再见到人类使用原子武器,因此派出密使访问超级大国,可未受重视。这次借邀请将军的机会,传达地上世界可能会走上自我毁灭的信息。那些人抱怨说,他们派出的人在地上世界受到了不友好的待遇,而飞行器也常遭战机恶意攻击。人类文明之花惨遭蹂躏,明暗的幕罩已经降临,全世界将陷入极度的不安之中。黑暗时代将出现,但新世界将从废墟中再生,地下世界的人类会协助地上世界的人类重建家园。

拜尔德在结束会晤后,沿原路返回,与满脸狐疑的通信员会合。在两架飞行器的引导下,他们升至 823 米,然后平安返回基地。临行之前无线电传来德语“再见”的声音,27 分钟后着陆。

1947 年 2 月，拜尔德出席美国国防部的参谋会议，所有的陈述均有详细的记录，并且向杜鲁门总统做了汇报。会议历时 6 小时 40 分钟，他还接受了最高安全部门及医疗小组的调查，后被有关方面告知严守机密。拜尔德身为军人，只能服从命令。但他仍在 1965 年 12 月 24 日的日记中写道："那块土地在北极，那个基地是一个巨大的谜。"

飞碟研究专家们认为，飞碟的来源大致可分为三类：外层空间、内太空、未来的人形生物通过时光隧道"来访"。而所谓的内太空即指地球本身，从地心至大气层均有可能。人类出现在地球这个蓝色行星上，至少已有 300 万年的历史，但对地球本身到底了解多少呢？

美国政府一直秘密研究

据"解密计划"组织透露，虽然美国政府再三拒绝承认掌握外星人的迹象，但实际上，近五十年来，美国政府一直在针对不明飞行物和外星人进行观测。他们公开的证人证词透露，观测外星人的项目由美国空军具体负责，从 1947 年至 1969 年，俄亥俄州帕特森空军基地记录这个项目进行情况的蓝皮书共记载了 12618 次观测报告。

虽然"解密计划"对美国政府研究外星人的指证历历，但美国军方却从未承认过这种说法。近来，UFO 存在之争再出新解：美国中央情报局专家认为，UFO 其实是美国政府制造的骗局。海恩斯是专门研究美国侦察部的历史学家，他在翻阅了 20 世纪 90 年代中情局所有关于 UFO 的秘密内参后称，超过半数所谓的 UFO 实际上是有人驾驶的侦察飞机。当时，美国最机密的两样情报收集"宝贝"——A-12 和 SR-71，在飞临敌方上空时时刻受到致命的威胁，于是中情局想出释放 UFO 这枚"烟雾弹"来为其护航。这一说法的可信性在于，这场针对公众的欺骗开始于 20 世纪 50 年代的早期，与"解密计划"所指的美国开始研究外星人计划时间相近；此外，记录显示，UFO 在美国西南部的来去行踪与秘密侦察飞机的活动惊人地"巧合"。

但这一理由并不能对所有指证外星人存在的证据做出解释，例如，数十年来，世界各国不断有人宣称被外星人劫持过，巴西著名考古学家乔治·狄詹路博士更在巴西深山中发现了奇怪的遗骸和一批原子粒似的仪器和通讯工具。据悉，这些只有 4 英尺高的骷髅头颅很大，双眼距离较一般人近得多，每只手只有两个手指，脚上也只有 3 只脚趾，显然并非人类。此外，从南美的原始森林中传来的消息则更具有爆炸性：科学家发现，这里有 7600 多名几十年来被外星人劫持的地球人！据悉，科学家在亚马逊河附近的原始森林中发现这些人。他们过着群居生活，年龄最大的 80 多岁，最小的才几岁，他们都曾被外星人劫持过。这些人现已被转移到一个秘密的地方,以便进一步调查。

“解密计划”提供的惊人证词美国政府到底掌握了多少有关外星人的证据?这个问题始终是一个谜。但我们可从“解密计划”提供的几份证词中一窥一二。美国陆军国民警卫队退役准将“Y”在他提交的书面证词中表示:我是1958年参军,1959年调入白宫陆军通讯局,直接为艾森豪威尔威尔工作,持有最高绝密级工作许可证。我对美国政府专门进行不明飞行物研究的“蓝本计划”非常熟悉,接触到许多绝对可靠的UFO文件,并且看到美国空军拍下的许多照片,包括美国海军陆战队飞行员、外国飞行员和雷达操纵员捕捉到的奇怪信号,我还亲眼看到神秘的罗斯韦尔事件中保存的奇异的金属残片。因为直接为总统服务,所以我发现艾森豪威尔威尔总统本人对UFO非常感兴趣。

美国波音公司现任高级科学家“O”在2000年9月提供的书面证词中表露说:我在美国国家安全局、中情局、美国航空航天局、喷气推进实验室、空军第51号地区、诺思罗普公司、波音公司内有许多好朋友,而我本人一直是波音公司飞机表面材料专家。我有一次奉命到科蒂斯。拉梅伊四星上将的家里,上将告诉我说,当年确实有一艘外星飞船坠落在罗斯韦尔。我在美国国家安全局的朋友也告诉我说,基辛格博士、老布什总统、里根总统和戈尔巴乔夫全都了解UFO的秘密计划;我在中情局的朋友则透露说,美国空军曾经成功击落一些UFO;我在波音公司的一位朋友曾经亲身来到UFO坠毁现场,甚至还抬过外星人的尸体!美国空军退役中校“Q”在2000年9月递交的书面证词中证实说:我在美国空军服役了26年,持有绝密级“特别部门TK工作许可证”,曾是波音公司计算机系统分析专家和美国空军怀特·彼得森空军基地后勤处长。我发誓,我在德国拉姆斯泰因空军基地服役期间,我曾亲手接到过一份绝密电报,这份绝密电报声称:一UFO在挪威斯卑次皮尔根岛坠毁,请求美国空军采取行动;在调回蒙大拿州马拉姆斯托姆空军基地后,我再次看到一份绝密电报,这份电报称,一个金属圆形的UFO屡次出现在美国导弹基地发射井上空,所有的导弹都奇怪地失控,根本无法发射!

黑色不明飞行物

乌克兰空军一架苏-27战斗机在进行特技表演时突然失控,它掠过附近一片树丛的树梢,并将停机坪上的一架伊尔-76客机机身刮掉一块,最后冲向观看表演的人群,造成83人死亡、116人受伤的特大惨剧,成为世界航空史上最严重的飞行表演事故。

调查的结果是,一个先前没有被发现的不明飞行物可能是导致乌克兰飞行表演坠机事故的原因。

根据乌克兰飞行事故当天的图像资料慢镜头显示，事发前，一个黑色物体以弧形路线从利沃夫“斯克尼洛夫”机场附近的树丛里升起，并向正在进行低空飞行表演的苏-27战斗机靠拢。

乌克兰紧急情况部一名官员说，他看到了独立电视台的报道，但拒绝就此发表评论。另据报道，乌克兰国家安全委员会负责人马尔丘克说，对事故的初步调查“几乎肯定的”排除了发生飞机技术故障或与鸟类相撞的可能。

集体失踪谜案

天上有飞碟？飞碟是否是天外物体？这在当今还是个谜，而当代科学解释不清的问题还远远不有止这些。历史上曾发生过若干起集体神秘失踪案，至今杳无原因。公元1711年，4000名西班牙士兵驻扎在派连尼山上过夜，等待援军到来。第二天早晨援军到达这个宿营地，只见军营内炉火依然燃烧，马匹、大炮原封不动，但却没有一个人。军方派人四处搜了几个月，仍全无踪影。此事件在西班牙军事史上记载入案。

1915年，在土耳其嘉里坡里地区发生了一桩奇妙的集体失踪案。在一个夏日，一个团的美国士兵攀上了一个山岗，走进山巅的云雾中，但人们再也没有看到他们走出来。云雾消散后，全团士兵踪影皆无，人们寻找数百日，毫无结果。

1930年春季的一个夜晚，居住在加拿大北部一个小村庄里的100多爱斯基摩人突然失踪了。更奇怪的是，不仅活不见人，连墓地也被掘开，里面的尸骨也不翼而飞，但生活用品却完整无损。

有人认为是被天外来人掳获了。这些目前还无法解释的现象，尚待人类今后探索。

月面上的不明飞行物

1968年十一月二十四日，太阳神八号宇宙飞船在调查将来的登陆地点时，遇到一个巨大的有十平方英里大的幽浮。但在绕行第二圈时，就没有再看到此物体。它是什么，没人知晓。太阳神十号宇宙飞船也在离月面上空五万尺的地方，突然有一个不明物体飞升，接近他们，这次遭遇拍下了纪录片。

1969年七月十九日，太阳神十一号宇宙飞船载着三位航天员奔向月球，他们将成为第一批踏上月球的地球人。但是在奔月途中，航天员看到前方有个不寻常物体，起初以为是农神四号火箭推进器,距他们有六千英里远。航天员用双筒望远镜看,那个物体呈 L 状。阿姆斯状说:“像个打开的手提箱”。再用六分仪去看,像个圆筒状。另一位航天员艾德林说:“我们也看到数个小物体掠过,当时有点振动,然后,又看到这较亮的物体掠过”。

七月二十一日,当艾德林进入登月小艇做最后系统检查时,突然出现两个幽浮,其中一个较大且亮,速度极快,从前方平行飞过后就消失。数秒钟后又出现,此时两个物体中间射出光束互相连接,又突然分开,以极快速度上升消失。

在航天员要正式降落月球时,控制台呼叫:“那里是什么?任务控制台呼叫太阳神十一号!”太阳神十一号如此回答:“这些宝贝好巨大,先生……很多……噢,天呀,你无法相信,我告诉你:那里有其他的宇宙飞船在那里,在远处的环形坑边缘,排列着……他们在月球上注视着我们……”

苏俄科学家阿查查博士说:“根据我们截获的电讯显示,在宇宙飞船一登陆时,与幽浮接触之事马上被报告出来。”1969 年十一月二十日,太阳神十二号航天员康拉德和比安登陆月球,发现幽浮。1971 年八月太阳神十五号,1972 年四月太阳神十六号,1972 年十二月太阳神十七号……等等的航天员也都在登陆月球时见过幽浮。

科学家盖利曾说过:“几乎所有航天员都见过不明飞行物体!”第六位登月的航天员艾德华说:“现在只有一个问题,就是他们来自何处?”第九位登月的航天员约翰杨格说:“如果你不信,就好像不相信一件确定的事。”1979 年,美国太空总署前任通讯部主任莫里士一查特连表示“与幽浮相遇”在总署里是一件平常的事。并说:“所有宇宙飞船都曾在一定距离或极近距离内被幽浮跟踪过。每当发生,航天员便和任务中心通话。”

数年后,阿姆斯壮透露一些内容:“它真是不可思议……我们都被警示过,在月球上会有城市或宇宙飞船,是不容置疑的……我只能说,他们的宇宙飞船比我们的还优异,它们真的很大……”数以千计的月球神秘现象,如神秘闪光、白云、黑云、结构物、幽浮等,全都是天文学家和科学家共睹的事实,这些现象一直未有合理解释。到底是什么?

宇宙婴儿之谜

1983 年 7 月 14 日晚 8 点左右,一个火红的发光体,在苏联吉尔吉斯加盟共和国咸海东侧索斯诺夫卡村上空爆炸,一片紫红,异常耀眼。村民们惊恐万状。过了片刻,又是一阵爆炸声,天空渐渐地暗下来,群山和村庄恢复了平静。

事后,不少记者和摄影师赶来,军警对这次神秘事件进行了详细调查。苏边防军指挥部派出数万军人对边界严密监视。军人们发现,山村的一片空地上有一堆冒着烟火的残骸。他们在现场找到了那堆仍然烫手的黑色灰烬。

在此期间,有人说看到了一个圆形飞行物,外形像飞碟,直径约30米。还有人说,在燃烧的残骸中有两具形体像人的尸体。军方对这些传说既不肯定也不否定,很快将出事现场封锁起来。有消息说,出事的飞行物很像几个月前飞越苏联上空的那艘宇宙飞船。人们比较一致的看法是,这艘来自太空的飞船爆炸了。但是,谁也没有想到,出现了更大的奇迹……

爆炸的第二天,一个牧羊人报告说,他看到天上掉下来一个东西。埃马托夫上校乘车赶到报告地点,看到了一个椭圆形金属物体,它的长、宽、高均1.5米左右,下部有短而粗的"脚",还有一个反推力制动装置,物体上部有一扇紧闭的门。在军事专家用仪器探测证实球体内部没有炸弹之后,凌晨3时,在数架直升飞机监护和探照灯光照耀下,上校下令打开球体的门。

门开后,人们一眼看见里面有一个男婴。乍一看,他像地球人。他呼吸缓慢,像是熟睡。后来,人们往金属体内输送了氧气,直升机将球体运到伏龙芝研究中心。

上校对新闻记者说:"种种迹象表明,那是一个外星婴儿,是一架出事的宇宙飞船在危急时刻射放在空间的。那个球体十分平稳地着陆了,可见外星人技术有多么先进。我们完全有把握说,这个球体是一个宇宙急救系统。孩子没有受伤。"

婴孩先是在伏龙芝医学研究所,然后在阿拉木图儿童医院呼吸、睡觉,生活了11周零4天,医学专家们日夜不停地护理了他3个月。然而,外星婴儿终究还是因严重的感染而于10月3日死去。

一位曾照料过宇宙婴儿的医生哈伊尔·伊勃拉克莫夫透露:那个孩子很像地球人的婴儿。不同的是,他的手指和脚趾间有蹼,这说明他曾在水里生活过。另外,他的眼睛呈奇怪的紫色。X光透视的结果表明,他的肌体结构与地球人一样,只是心脏特别大,脉搏较慢,每分钟60次。他的大脑活动比地球上成年人的还频繁。他很可能有心灵感应和图像遥感能力。他可以较长时间不吃东西,从来不哭。

另一位护士说:"我们每天要给他量身长和称体重。仔细观察,可以发现,他没有头发,也没有眉毛和睫毛,眼睛是紫色,很亮,没有眼皮。他睡觉时,眼睛是睁着的。只有摸他的脉和听他的呼吸,才知道他已睡着。宇宙人的胳膊和腿都不动,一点声音也没有,不笑也不哭,像昏迷者一样躺在床上,医生们对他束手无策。我认为这孩子完全明白自己的父母亲已经死去,而自己在一个完全陌生的环境里。他一定很聪明。我们给他吃东西或给他换衣服时,他配合得很好。他没有牙齿,我们给他吃婴儿食用的粥。有一次,我给他吃菠菜,他尝了一口,立即吐掉了。"

25 名宇航员都遇到过月球 UFO

1973 年,NASA 第一次公开了登月任务的一些结果。在一份秘密声明中,NASA 称,所有 25 名参与"阿波罗"登月任务的宇航员都曾在月球上空遭遇过不明飞行物 UFO。美国前登月计划负责人韦赫·冯布朗生前称,数次"阿波罗"登月任务都遭到某种地外神秘力量的监控。1979 年,美国 NASA 前通讯主任莫里斯·查特连称,宇航员在月球上空和不明飞行物相遇是一件"平常事"。

"恐惧"使美苏 30 年没有再登月

一种阴谋论观点认为,人类所有"载人登月任务"在 30 年前突然中止,是出于对在月球上存在的外星力量的恐惧。阴谋论者认为,月球是外星智能生物研究地球的最好平台,它距离地球不算太远,并且月球的一面永远面对地球,这意味着外星生物可以安全地栖身在月球的另一面。UFO 专家称,月球黑暗的另一面有好几个外星生物基地,日本天文学家就在月球表面拍摄到了好几个 500 米到 1000 米长的黑色物体,它们以 Z 字形的运行轨迹快速穿过月球表面。

NASA 档案证明月球"空心说"

苏联科学家亚历山大·柴巴可夫和米凯·瓦辛甚至认为月球是"空心"的,他们认为月球是经过某种智慧生物改造的星体。NASA 一份解密档案显示,月球在某种程度上可能真是"空心"的:1970 年 4 月,"阿波罗"13 号飞船服务舱里的液氧贮箱突然过热导致爆炸,接着一截 15 吨重的火箭金属部分坠向了月球表面,设置在月球上的地震仪记录到了长达 3 小时的震荡余波。如果月球是实心的,这种声音只能持续一分钟左右。

稀有金属引各国重燃探月热情

尽管月球上存在许多谜团,然而月球上同时也存在许多贵重的稀有金属,让人类很难抑制探索月球的欲望。月球上充满了钨、钛、铝、镁和其他地球上罕见的稀有金属。此外,月球上还富含氦 3 同位素,这在地球上是非常昂贵的产品,氦 3 同位素是未来能源工业的完美元素,科学家称,在氦反应堆的帮助下,人类甚至能够进行星际旅行。因此不难解释在沉寂了 30 多年后,世界各国终于在长远利益和科学前景的驱使下,再次燃起了探索月球的热情。

野人探秘

野人的来历

喜马拉雅雪山"耶提"

"雪人"是人们对传说中生活在喜马拉雅山南坡的高山悬崖间的奇异动物的称谓,尼泊尔的舍巴人称之为"耶提"。

矗立在中国和尼泊尔两国接壤之间的喜马拉雅山,不仅以其世界之巅的高耸吸引无数国内外的登山勇士,而且近百年来又以传说有雪人之谜,燃起众多考察者的揭谜热情。

对"雪人"的记载,最早可以追溯到18世纪,在一张描绘着西藏高原野生动物的中国古画中,就出现了"雪人"的画像。

早在1832年,尼泊尔的第一位英国公使B·H.霍德森在他的著述《阿尔泰·喜马拉雅》一书中描述了一种尚未为人知的生物,它"能直立行走,遍体长长的黑毛,没有尾巴"。自那以后,雪人常以这种或那种样子在人们的视线中时隐时现。

野人脚印石膏模型

1887年,英国军医、法学博士兼林奈学会会员瓦德尔少校,在锡金5000米高的雪地上,看到一些像人脚印的巨大脚印,当地挑夫告诉他,那是"雪人"的足迹,瓦德尔在他所著的《喜马拉雅群山之间》一书中也写到了当地人讲的"雪人",但声明他自己并没见过。从此"雪人"这个名字便更广泛传播开来。

有关"雪人"的传闻由来已久,最早的文字记载可能要数清人纪昀所撰的《滦京消夏录》了。其一云:“方桂,乌鲁木齐流人也,尝牧马深山,一马忽逸去。摄迹往觅,隔岭闻嘶声甚急。循声至一绝谷,见数物,似人似兽,周身鳞皮斑驳如古松,发蓬蓬如羽荷。目睛突出,色纯白,若嵌二鸡卵,共按马生啮其肉。”

20 世纪 50 年代,由于攀登珠穆朗玛峰的成功,雪人的传闻迅速传到了世界各地,世界上很快形成了一股“雪人热”。很多国家纷纷派遣探险队进入到喜马拉雅山人迹罕至的雪岭冰峰进行考察。在中国国家体委组织的攀登珠穆朗玛峰的活动中,就曾有调查“雪人”的项目。

1951 年 11 月 8 日,英国登山队队长锡普顿和华德从圣母峰勘察归来,正在探测万比冰川的西南坡时,在那里发现了一串像人的巨大脚印。锡普顿拍下了几张清晰的脚印照片。脚印长 313 厘米,宽 188 厘米,大脚趾很大而且向外翻开,表示留下脚印的是一个约有 2.2 米高的直立两足行走的动物,而且动作很灵活,第二趾瘦长,其余足趾则较短,后部还连在一起,大足趾和其余足趾看起来是分开的。锡普顿深信,在喜马拉雅山“有一种像猿的巨大生物存在,这种生物是科学界还未能确定的,至少不在已知的中亚洲地区动物之列。”

锡普顿说,熊的足迹没有这么大,如果说是因雪融化而扩展了,则不可能这么清晰。他说:“真正使我毛骨悚然的是,在那里,我们不得不跳过冰隙。才能清楚地看到,冰隙里有这个生物脚趾踏过的痕迹。”

1948 年,挪威一位名叫简·弗罗斯特斯的探铀矿者声称,在锡金的泽莫·加普附近,他遇见了两个雪人,其中一个向他进攻并严重地打伤他的肩胛。

20 世纪 50 年代,在尼泊尔发现了雪人的皮肤碎片,1 个食指的关节和 1 个木乃伊状的拇指。经动物学家和人类学家鉴定,它们几乎和人的一样。在某些方面类似尼安德特人(更新世晚期、旧石器时代中期的一种古人)。

1952 年,意大利人汤布兹声称,他在喜马拉雅山脉的卡布尔山麓,看到一只“耶提”(“雪人”的藏语音)在 300 米之外匆匆走过,随即消失在杂乱的冰堆后面。汤布兹写道:“耶提外形像人,周身长满了暗色的长毛,健步如飞……”

1954 年,英国到喜马拉雅山寻找“雪人”的考察队,在尼泊尔一座喇嘛庙里发现这里保存着的两块已有 300 多年历史的“雪人”头皮。皮上长满了夹杂着褐色的红色长毛。头皮曾被送往巴黎、伦敦、芝加哥的博物馆请专家鉴定。结果,证实为“雪人头皮”是用羚羊头皮伪造的。但英国著名的研究灵长类的专家奥斯曼·希尔不同意它是伪造的,他认为这块头皮的毛虽与羚羊毛有相似之处,但带有猿的特征,他将这些毛的色素与羚羊的相比较,发现它们之间的排列方式并不相同。

此外,头皮上的寄生虫也与羚羊的不同。这样一来,这两张头皮的真伪又成了一个有争议的悬案了。

1957 年,在尼泊尔旅游的美国得克萨斯石油工人托马斯·斯利克遭到“雪人”追踪。尼泊尔乡民告诉他,4 年来这里遭“雪人”袭击的人不下 5 人。

1958 年,美国一登山队员在喜马拉雅山尼泊尔境内的一条山河旁,看到一个披头散发的“雪人”在吃青蛙。

1956 年,中国科学院等单位曾派出专业人员对“雪人”进行专题调查。在海拔 6000 米的雪地上又发现了“雪人”的脚印,大小与登山鞋印相似。5 月 20 日晚,队员尚玉昌正在营帐里写日记,突然听到山谷里两声枪响,只见藏族翻译气喘吁吁地跑来,大喊:“雪人! 雪人!”原来一个“雪人”从山谷下正往山顶走去,全身长毛。

翻译紧放两枪,但因天黑而未打中,“雪人”逃走了。这之前,绒布寺一喇嘛看到了“雪人”,它的特征是全身长毛,身体比人大,直立行走。

1959 年 6 月 24 日,在卡玛河谷中游的莎鸡塘。一个住在中国境内的尼泊尔边民报告说,他的一头牦牛被“雪人”咬断喉咙死去。“雪人”吸尽了牦牛的血。由中科院有关人员和北京大学生物学系教师参加的考察队赶到现场,在死牛附近找到一根棕色的毛,长 15.6 厘米。带回北京鉴定后,认为与牦牛、猩猩、棕熊、恒河猴的毛发在结构上均不同,但是当时也无法证明它就是“雪人”的毛发。但无论怎样说,这是一个十分珍贵的有关“雪人”的实物。

1972 年 12 月 17 日,英国动物学家克隆宁、埃默瑞与两名尼泊尔舍巴族助手在圣母峰与金城章嘉峰之间 3000 多米的阿安谷地上扎营。他们宿在与康格玛山相连的山脊上。这个脊地形险峻,地上覆盖着白雪,雪地上完全没有兽迹。次日拂晓,他们钻出帐篷,发现雪地上有 10 多个清晰的脚印。这些脚印一左一右,排列得特别清楚,甚至显示出脚趾和脚掌的细节。每个脚印长 27.5 厘米,宽 15.2 厘米,两个脚印间距非常短,经常小于 30 厘米,似乎雪人在缓慢、谨慎地步行。

他们说,由于到达这里必须攀登一处非常陡峭险峻的山坡,如果不是力大无穷,身手敏捷的动物,是不能爬越这样的障碍的,他们拍下的足印照片同 1951 年锡普顿拍下的极为相似,看上去好像是一位直立的巨猿留下的。他们相信那是“雪人”的脚印。克隆宁后来写了一本书,认为“雪人”可能是远古时代亚洲巨猿的后代,这些巨型类人猿可能在新生代中期,与更先进的直立猿人竞争失败而逃进喜马拉雅山的山谷中。

1979 年 11 月,一支英国登山队从尼泊尔境内攀登喜马拉雅山。11 月 10 日,队员爱德华兹和艾伦在返回基地途中,在海拔 5000 米处的一个天然洞穴附近的雪地上发现了一些似人的脚印。

这时,两人忽然听到“长达 5~10 秒钟的尖叫声,完全不像人发出的,听了令人毛骨悚然”。他们相信,附近一定有“雪人”存在。

第二天,全体队员在队长怀特率领下来到那里,看到了更多的脚印,脚印有大有小,显示有两个或更多的“雪人”到过这里。怀特说:“我相信……山上必有一种动物学家们所未知的动物。”

在喜马拉雅山北麓的我国西藏地区,也多次有发现“雪人”足迹的报道。特别是1972年12月,驻伸巴地区的边防部队曾接到边民的报告,说两个能直立行走的动物经常来偷牛羊,并说这两只怪兽不是把牛羊咬死,而是成群赶走,看管起来慢慢吃。边防军出于为民除害的目的,派一位副团长带着几名战士上了山,很快找到了两只怪兽。在相距400多米处,战士们开枪打伤了一只,另一只逃走了。但受伤的那只怪兽竟抱起一块300多斤重的大石头朝开枪的人冲来,没冲多远终于倒下了。

据战士们说,这个怪兽长得像猿又像人,尖尖的头顶,长着20多厘米长的棕红色头发,有眉骨,大嘴,牙齿尖利,前肢很长,没有尾巴;在场的官兵没一个人见过这种动物,但由于当时交通、通讯条件的限制,这个很可能是“雪人”的怪物尸体就被白白抛弃了。

1985年10月,有一浙江个体户牙医到那曲羌塘为人医牙,在乘汽车返回拉萨途中,见一群驴从山中狂奔而出。后面有一棕色怪兽紧追不舍。野驴放蹄疾驰时,时速可达百里,但一会儿,一头落伍的野驴竟被棕色怪兽攫去。他认为这个怪兽与人们描写的“雪人”相似。

另有一则经由多方转述时间不详的传闻,据说有二人入藏贸易各剩一骡,山行迷路不辨东西。忽有10余物自悬崖跃下,他们疑是“夹坝(劫盗)”。走近一看,都有2米多高,身披黄棕色长毛,似人非人,语音清晰难辨,二人战栗地以为必死。这些怪物无加害之意,反把他们夹在腋下翻山越岭,轻捷有如猿猴飞鸟,送到大路旁而去。这一传闻被多种读物所援引收录。

居住在喜马拉雅山的舍巴族人早已知道“雪人”的存在,他们称“雪人”为“耶提”。说它栖息于喜马拉雅山最高的森林地带。那里灌木丛生,人迹罕至。它离开密林到雪原上时,人们才得以看到它或发现它的足迹,舍巴人认为,“耶提”到雪原上来是为觅食一种含盐的苔藓。有的藏民把“雪人”叫作“岗位仓姆吉”,意即雪山上的“野人”。据说“雪人”体型高大,2米左右,全身披浅灰色长毛,头发为棕黄色,直立行走,快捷如飞,以食草根,以及捕捉雪兔、雪鸡等小动物为生,力大惊人,敢与凶猛的灰熊搏斗。因为它生活在雪山之上的悬崖绝壁、冰川雪岭之中。毛色又几乎与积雪荆芥相混,发现它实属不易,兼之它极为机灵,一有响动就飞速避匿,所以照相机也很难捕捉。自1956年中国成立雪人考察队以来,几番探寻,也只拍得几个脚印,迄今未见到雪人的确切行踪。对种种脚印,学术界的看法不一,有人对其持否定态度,认为它可能是大型哺乳动物留下的。还有人认为它是经风吹日晒扩大和变形的结果。但克罗宁则根据自己亲跟所见脚印，认为这些脚印是新鲜的，不可能是风吹日晒变形的结果。

通过许多考察队的考察，得到的雪人印象是：身高 1.7~1.8 米，身体健壮，满身是棕红带黑色的毛，散披肩上；面部无毛，较为平坦，下颏粗壮，牙齿很大，口也很宽；头呈圆锥形，顶部尖；两臂几乎长达膝部；用足行走，能发出刺耳的大叫声；受惊时或在多石、雪深的地方则用四肢行走。

学术界目前对"雪人之谜"的看法颇不一致，有人根据此地险恶的地理环境以及没有找到"雪人"存在的直接证据而否定它的存在，认为可能是熊一类的大型动物。也有人认为"雪人"可能是大型灵长类动物。也有人认为"雪人"可能介于人和猿之间，即比猿高等些、比人低等些，为至今科学界尚不知晓的一种高等灵长类动物。

到目前为止，有关"雪人"的线索仍然停留在脚印、头发、传闻和目击者的报告上，还拿不出真凭实据。但是，据研究，雪人不仅仅是一种猿的活化石，而且是活生生的可供我们对现实的人类进化史研究的活标本。种种分析与推论中，呼声日益高涨的是：认为所谓的"雪人"可能是中国南部的巨猿保存到现在的代表。当然，要想揭开西藏"雪人"之谜，有待于科学家的努力和确凿的证据。

美国科学家伊·乌·克罗林论述巨猿在喜马拉雅山如何适应这种冰天雪地的环境时说，"雪人"或巨猿并非在雪地居住，而是隐蔽在丛林密集的深谷中。之所以在雪地上遇到"雪人"是因为如同发现它们脚印的登山者一样，它们不过是利用雪地作为途径从一个山谷到另一个山谷去。喜马拉雅山的地势迫使任何动物从一个地区到另一个地区的转移都必须利用有限的隘口和山脊作为途径。

崎岖不平的地势使大型灵长类得以容易地躲藏起来，就像传说故事中的妖怪一样。"雪人"可以在无数的溪沟、峡谷、悬岩、洞穴和崎岖的山坡上突然消失，在这个世界上最高的山区里，在平面地图上所看到的一小块面积，实际上在立体地形地图上却包括了很大的地区，重叠起伏的峰峦隐藏着大面积的土地。

由于"雪人"居住隐蔽，像其他许多哺乳动物一样，为了避免受人侵犯，"雪人"可能已经习惯于白天躲藏和睡觉，而在晚上行动和觅食，这就使得我们要发现和捕捉如此困难。所以要想证实它的存在与否，我们还需耐心一些才好。

天山西部的"其伊克阿达姆"

位于天山西部，哈萨克斯坦共和国基什——卡印迪自然资源保护区，有个科学工作者带领一群中学生在这里进行野外考察活动。一天晚上，在他们返回营地途中，前面 30

米处突然闪现出一个身材高大、两脚直立行走的怪物。在月光下，这个浑身毛发灰白的不速之客同这群学生对视了一会儿，然后便消失在黑暗的密林中。

许多年来，这里一直流传着雪人出没的传说，这一次又证实了传说中的雪人确有其事。当地居民把雪人叫作“其伊克阿达姆”。由于没有捉到这种野生动物，雪人一直被蒙上一层神秘的面纱，引起生物界的浓厚兴趣。

为了探明雪人的行踪，一支探险队来到了位于天山南麓的阿克苏河谷地，并在这里的蓝湖湖畔安营扎寨。这里海拔4000米，森林密布，山洞点缀其中，是个人迹罕至的喀斯特地貌发育的边远地方。探险队决定从这里开始搜索。他们把灵长类动物经常分泌出来的一种信息素涂抹在做记号用的布条上，然后挂在可能属于雪人活动地域的树枝上，希望能把雪人引出来。

第二天夜里，一名探险队员被帐篷外沉重的脚步声惊醒，并闻到一股类似一个人多年没有洗澡所散发出来的汗臭味。由于外面漆黑，他不敢贸然爬出帐篷看了究竟。清早起床后，他们发现帐篷周围留下了几个巨大的与人相似的脚印，于是查遍了附近树丛岩洞，但雪人去向不明，他们只好悻悻而归。

第四天，自然保护区的几位野生动物饲养员骑马来到探险队营地，他们向探险队员报告，发现一些粗大的赤足脚印。队员们立即跟随他们去查看现场，在有信息素做记号的地方果然留下一些杂乱的脚印，脚印长33厘米，步距110厘米，非常清晰，谁也不怀疑它的真实性。

根据脚印的深度来看，这只庞然大物的重量可能不少于250公斤，队员们把脚印做成石膏模型，经过分析比较，形状与人的脚印大体相同，只是大得多，而且脚掌中部较深，现代人的脚尖大趾头到小趾头呈倾斜状，而雪人的脚趾头长短齐平，几乎成一条直线。

有一天晚上，队员帕维尔·卡扎切诺克被冻醒，他听到帐篷外有人在沙砾上走路所发出的脚步声。他立即从睡袋爬出来冲到帐篷外，发现一个模糊的黑影正往灌木丛里逃去，并听到从树丛里传来一声响亮的吼叫和树枝折断的咔嚓声。队员们随即跟踪追击，但怪物已消失得无影无踪。只见挂在树枝上做记号的布条已被撕成碎片抛在地上，而挂布条的树枝也被折断成几截，地上留下的脚印与上次的相似。

可以肯定，雪人已先后两次光临了探险队营地。是什么东西把它引来的？是信息素，还是好奇心？也许两者兼而有之。

据专家们分析，雪人可能早已意识到人类已经发现了它们，而且正在想方设法捉住它们，因而它们远远地逃离人群居住的地方，躲避人类的追踪。尽管如此，探险队这次的考察活动还是有所收获，他们不仅肯定天山密林里有雪人存在，而且还肯定雪人就住在离他们营地不远的地方，只是山高坡陡林密洞深，一时难以捉到。

蒙古冰川上出现的“阿尔玛斯”

1998年7月，英国人朱利安·弗理艾特伍德率领一支远征队进入蒙古冰川探险，在亚历山德若夫冰川带的雪山上，发现一长行大脚印，他们分析后认为这是传说中的“雪人”留下的足迹。

如同喜马拉雅山地区的发现过程一样，当时，3名远征队员在冰川高山上安营扎寨，他们在一个寒冷的早晨起床后，发现营帐前几英尺的地方，有一长行神奇的大脚脚印，在地上的深度可证明这是一种巨大的毛茸茸的动物，即当地蒙古人称为“阿尔玛斯”的雪人。其中一组脚印每个长35.56厘米，留有3只脚趾的痕迹。朱利安说：“从脚印看，估计该类动物重量超过200磅。可以证实，该批雪人刚在几小时前路经营账，否则脚印很快会被风雪掩盖。我们沿脚印走了一段，最后发现在中国一侧的境内消失了。”

朱利安·弗理艾特伍德即时拍摄了脚印的照片，由英格兰若干所名牌大学的专家教授做进一步研究。为显示脚印的尺寸，朱利安把冰镐放在其中一个巨大的脚印上，并拍了照。

专家们看了照片后，都同意被传说几百年的雪人看来确有其事。这种雪人或许与北美发现的野人有亲缘关系。著名登山运动员克里斯·波宁顿说：“以往人们确曾目睹两腿站立的雪人，现在又有照片为证，无人可否认雪人的存在了。但在提出实物验证前，如雪人骨头或尸体等，上述说法仍欠说服力。”

在离开营地返回英格兰前，朱利安曾找到当地一哈萨克族游牧人证实他们的看法，结果被告知远征队当时的扎营处正是雪人常出没的通道。那游牧民说，4年前他曾在近距离内与一雪人相遇，后来雪人逃跑。他形容雪人高大，全身毛茸，类似猿。他还说雪人通常喜欢在冰川中行走，并以野羊和山坡低处的植物为食。

北美洲野人“沙斯夸支”和“大脚怪”

在亚洲的其他地方，从北部的戈壁沙漠到南部的印度阿萨姆邦，野人的名字是梅蒂、舒克伯、米戈，或者坎米。而在美国西北部，住在偏远的伐木地带的人叫它“大脚”。在加拿大落基山的丘陵地带，它又被人称为沙斯夸支。

无论叫什么，野人的外形大致都是相同的：身高约3米，体重约136千克，外貌和头发像猿人，两腿直立行走，种属不明。

20世纪50年代，在尼泊尔，一支由伦敦《每日邮报》赞助的探险队发现了雪人的足迹和粪便。据分析,这些粪便说明雪人食性同人一样,是既吃动物也吃植物的。

有一种说法认为,它们是巨猿的后裔。这是荷兰古生物学家拉尔夫·冯·凯尼格斯沃尔德的发现。1935 年,凯尼格斯沃尔德在香港中药店里发现了一些巨大的猿类牙齿。20 世纪五六十年代,在中国南部、印度和巴基斯坦他又发现了更多的这类巨兽化石。他在亚洲各地发现的牙齿,可以判定是属于身高 3.55~3.96 米高的无尾猿的。论证表明,在森林地带无力与人类进行生存竞争的巨猿,可能迁移到偏远的地区以避免灭绝。

怀疑者指出,就牙齿为“线索”而言,它可能是熊、叶猴、喜马拉雅山的狐狸、灰狼或雪豹留下的残存者。还有人猜测,雪人是高海拔地区缺氧使人产生的一种错觉。

但是,不是所有的证据都能满意地取消,也不是所有的怀疑——诸如在美国西北地区发现的相似怪物——都能得到解释。

在北美洲,有关怪物的报告源源不断地输送到加拿大的报纸上,并向全国传播。报告的次数简直成百上千。1973 年,加拿大的一家出版公司悬赏 10 万美元,奖给能活捉一只沙斯夸支的人。大脚怪的故事是美国西北地区历久不衰的传说。在 19 世纪,人们收到 750 宗有关发现它们遗下的巨型脚印的报告,地点大部分位于由北加州伸展至英属哥伦比亚的常绿森林。

在北美的印第安人中,早就流传着这种神秘大脚野人的传说。但确凿的足迹最早是在 1811 年发现的。当时探险家大卫·汤普逊从加拿大的杰斯普镇横越洛基山脉前往美国的哥伦比亚河河口,途中看到一串人形的巨大脚印,每个长 30 厘米,宽 18 厘米。由于汤普逊没有见到这种动物,只看到了大得惊人的脚印。他报道了这一消息后,人们就用“大脚印”来称呼这种怪兽。从此以后,关于发现大脚怪或其脚印的消息络绎不绝。至少有 750 人自称他们见到了大脚怪,还有更多的人见到了巨大的脚印。虽然不少科学家认为大脚怪是虚妄之谈,但有些报道不能不引起人们的注意。

美国总统西奥多·罗斯福不是一个轻信的人。但他在 1893 年出版的《荒野猎人》一书中曾记载了一名猎人亲口给他讲述的与大脚怪遭遇的可怕故事。那件事给老罗斯福留下非常深刻的印象。猎人名叫鲍曼,事后多年,他谈起这段经历时仍不住地哆嗦。鲍曼说,他年轻时和一个同伴到美国西北部太平洋沿岸的山地捉水獭,就在林中宿营。半夜里,他们被一些嘈杂声吵醒,嗅到一股强烈的恶臭味,他在黑暗中看到帐篷口有一个巨大的人形身影,他朝那个身影开了一枪,大概没打中,那影子很快冲入林中去了。由于害怕,鲍曼和他的同伴决定第二天就离开。当天中午,鲍曼去取捉水獭的夹子,同伴则收拾营地。夹子捉了 3 只水獭,鲍曼到黄昏时才清理完毕,但他赶回营地时却大惊失色,同伴已经死了,脖子被扭断,喉部有 4 个巨大的牙印,营地周围还有不少巨大的脚印,一看就知道是那只怪兽干的。由于恐惧,鲍曼什么都顾不上收拾,连忙骑上马,一口气奔出了森林。

1924 年,伐木工人奥斯特曼到加拿大温哥华岛对面的吐巴湾去寻找一个被人遗弃了的金矿。一天夜里,他和衣在睡袋里睡觉的时候,觉得自己被抱了起来。天亮后,他从睡袋里钻出来,发现自己是在一个山谷中,周围是 6 个身材高大的毛人。这些毛人不会说话,成年的身高有 2 米多,体重大约五六百磅,它们前臂比人长,力气大得惊人。毛人们没有伤害他,整整过了 6 天,奥斯特曼才找到机会逃出来。

奥斯特曼许多年后才肯讲出自己的经历,他怕别人不相信,但据专家们分析,他讲的许多细节确实不像虚构的。

在 1967 年,华盛顿亚基玛地方的大牧场主罗杰用 16 毫米摄像机拍摄到一只个子高高的多毛动物。当时它正直立行走涉过 110 多米远处的小河。地点是在加利福尼亚州的尤里卡地区附近。罗杰拍的胶卷 8.4 米。他拍到这动物模糊不清、短暂连续的镜头。它长着下垂的乳房,是雌性,走路时步子很大,双臂摆动。它转过身来看了一下摄像机,随后消失在树林之中。

20 世纪 70 年代,加利福尼亚州所称的“大脚怪物”似乎又在美国南方的伊利诺斯州露面了。从大马迪河畔的一个名叫墨菲斯伯勒的小村庄发来了一些关于一只大得像无尾猿的怪物的报道。

1973 年 6 月 25 日午夜,当地一对夫妇正坐在停着的小车里,突然听到附近树林里传来怪异的尖叫。有一个高约 2.4 米、遍体淡色的毛并沾满泥浆的东西,正步履沉重地向他们走来。他们连忙开动车子,到警察局报告这件事情。

随后,关于这个墨菲斯伯勒的“泥妖怪”的报告接踵而来。有两名十几岁的小青年说他们闻到了它身上恶臭的河泥味;在附近的露天市场干活的工人们也说,他们看到怪物凝视着一些用绳拴着的矮种小马。警长托比·伯格下令搜查,但见到的只是草丛被踏过的痕迹、折断的树枝和几团黑泥。

美国《伊利诺斯南方报》的编辑托尼·史蒂文斯说:“这不是骗局,这是狩猎区。要知道任何披着动物外衣的人,他的伪装都将被子弹射穿。”

另一个美国人伊凡·马克斯是个擅长风景摄影的猎人。20 世纪 70 年代,他曾几次拍到“大脚怪”的照片。1977 年 4 月,他在加州的夏斯塔那附近拍到了许多“大脚怪”的珍贵镜头,根据马克斯多次拍摄到的照片、影片,美国惊异视野公司制作了一部名为“大脚怪”的电影,电影映出后引起了强烈反响,许多科学家认为,“大脚怪”可能是古代巨猿的后代。

冈底斯山中的“切莫”

西藏的萨嘎到仲巴一带，野人出没盛传已久。1996 年 9 月，中韩联合登山队攀登的冷布冈日峰，恰好位于萨嘎与仲巴两县之间。这就给了新闻媒体的体育记者一个了解这一带有关野人传说的机会。

冷布冈日位于著名的冈底斯山脉中段，也是冈底斯山脉的最高峰，海拔‘7095 米。1996 年 9 月 14 日，记者和登山队员一起到达冷布冈日，在海拔 5266 米的山脚下扎营完毕，营地旁的两户藏族牧民就来与登山队员寒暄，藏族登山队员扎西、拉巴则充当了翻译。

聊天中记者得知，两户牧民的主人，一个叫尼玛，21 岁；一个叫赤丹旺加，38 岁。由于大雪封山季节将至，他们本已准备把牛羊从高山牧场转移到冬季牧场，看到登山队员来了，他们便决定再多住几天。

10 月 21 日，中方总队长李致新与拉巴去海拔 5600 米的前进营地，途中发现了一串奇怪的脚印。李致新“排除”了熊脚印的可能，并拍了照。藏语翻译拉巴这时说，当地老乡告诉他，这一带野人活动频繁。有个十几岁的牧民男孩晚上在羊圈睡觉时遇到野人袭击，耳根被扯烂，耳朵被拉扯到嘴巴的地方，现在还歪长在那里。

一回到大本营，拉巴就兴冲冲地向尼玛和赤丹旺加描述见到的脚印。

“那就是‘切莫’了。这一带野人每年都会出现一两次。”

当地藏语的“切莫”，就是野人。

冬季逼近，冷布冈日地区已经很冷，晚上气温通常在-20℃左右了。

10 月 22 日，午夜刚过，帐篷外面突然传来群狗的狂吠，并且好像在追逐着什么。随队记者被狗叫吵醒了，怎么也无法入睡，便在那儿胡思乱想，是狼呢？还是野牛？是熊，还是野人？

第二天，牧民说，昨晚“切莫”经过了这里。秋季是“切莫”活动最频繁的季节，但帐篷多的地方“切莫”轻易不会靠近。

早餐时，野人成了大本营人员的热门话题。中国登协秘书长于良璞鼓动说，就野人这个专题，好好采访一下牧民如何？

10 时，尼玛、赤丹旺加被请来了。

众人在大本营的帐篷前围坐一圈，听他俩讲述冷布冈日一带野人的故事。韩国人也被这个全世界都很感兴趣的话题所吸引，也跑来听故事了。

尼玛说，他小时差点被“切莫”杀死，有一年在一个叫阿喀宗的冬季牧场。当时他正在放羊，忽然看到一个身上长毛、直立的庞然大物远远地向他走来，他吓坏了，立即找了个狭窄的石洞里躲了起来，“切莫”围着他躲藏的地方转了很长时间，因为进不了他躲藏的地方，先是急得“嗷嗷”叫唤，后来就沮丧地走了。

年纪大些的赤丹说，“切莫”杀人，也喜欢吃肉，但却不吃人肉。他指着山脚正东方向说，1984 年，我们村里，就是“虾给村”，有个 43 岁的女人放牧时被杀，女人头皮被撕下，两肋被打烂，过了好长时间村里人才发现，但被杀女人身上没有嘴撕咬的痕迹。村里人发现后，带着猎枪沿着地上的血迹追捕“切莫”，追了很远，但没有追上。

赤丹还描述“切莫”的形象说，“切莫”的嘴有点尖，会发出嘘嘘声。脸长有毛，但毛不多。耳朵很像人，能直立行走，大的 2 米多高。腿上毛比较长，身上毛较短，毛棕灰色，“切莫”都没有尾巴。它的力气很大，用上肢就可把牛羊撕开。“切莫”都是一家家地活动，每个家庭大概有五六个成员。

赤丹还用手在地上画出了野人的足印和手印形状。登山队随队记者看他在地上描画的手爪形状很像大猩猩，但登山队有人否定了这个猜想。因为这一带从没有猩猩活动的说法。

据中韩联合登山队随队记者披露，近年关于“切莫”活动最轰动的事，发生在 1994 年 8 月间。在登山队大本营东面的山坡下，有个名叫“良布”的村庄。那是 8 月的一个深夜，良布村牧民的羊圈突然遭到“切莫”的袭击。

羊群的惨叫声惊醒了牧民，5 个青壮牧民立即骑上马，带着网，向山上追去。途中，他们发现了一个母“切莫”领着 4 个小“切莫”正向山上逃去。赤丹说，不知为什么“切莫”特别怕马。那 5 个骑手很顺利地用网把这一大四小 5 个“切莫”全都困住，然后通通杀死了。

后来呢？我问道。

“5 个牧民把杀死的“切莫”都丢弃在山上了。后来听说山外来了个人，用车把它们拉走了，但不知道拉到哪去干什么用了。”

大本营中有人怀疑是棕熊。但赤丹很肯定地说，“切莫”不是棕熊，因为他发现过野人的洞穴，里面有用来做垫子羊皮，这羊皮显然是“切莫”杀死了羊后自己剥下的。他还指着大本营正东方向的对面山坡说，他在那边就发现过切莫的洞穴，里面还有猎物的骨头。

故事听到兴头，记者问尼玛和赤丹：“你能带我们去找野人吗？”

“如果有枪的话，我们肯定能帮你们找到野人。”

为什么要带枪呢？他们解释说，“切莫”一般不会主动袭击人，但面对面相遇，他会拼命地。

这时登山队有人插话说，日本有个机构悬赏活捉野人，奖金50亿日元，谁要抓到野人就“发”了。这天方夜谭把大家都逗乐了。

说笑归说笑，记者倒是真打算抽空专程下山一趟，去良布村采访捕杀5个“切莫”的当事人。但风云突变，后来就没有机会了。

23日夜，冬季的第一场大雪突然向冷布冈日扑来。

24日，为防止被大雪困在冷布冈日山区，中韩联合登山队决定立即拆除帐篷撤出冷布冈日。同时派人上山，通知前进营地的中韩双方队员紧急下撤，据这名记者所写，那天他也去了前进营地，在风雪弥漫的山途中，突然发现百米左右的地方，一头巨大孤独的黑牦牛正扭头打量着他。在西藏曾多次听说，野牦牛都是独自行动的，而且力大无比的野牦牛能把越野车顶翻，要是与心怀敌意的野牛遭遇，就死路一条了。

与这庞然大物猛然遭遇，记者心中一惊。此时他已经走得很累了，环顾四周竟无一巨石可供周旋。眼下这牛对他的威胁要比“切莫”现实多了，惹不起咱还躲不起吗？于是他朝着相反的方向走去，他一边走，一边回头打量，那牛竟一动不动地盯着他，直到看不见了那牛时，记者忽然发现，他竟出了一身汗。

高加索山区的“吉西·吉依克”

“雪人”不仅出没于喜马拉雅山、喀拉昆仑山、帕米尔高原以及蒙古高原的群山之中、冰天雪地的广阔空间，而且还活动于欧洲东南部的高加索山脉。它们在当地居民的记忆里至少存在有300年以上的历史，至今还被描绘得活灵活现，以致成百上千的科学家、探险家为之耗尽心力，苦苦探寻……在中亚和东亚的雪山间，雪人被称为“耶提”（或“耶泰”“朱泰”等），意思为“怪物”。

据看见过耶提的山民讲，它们高1.5~4.6米不等，头颅尖耸，红发披顶，周身长满灰黄色的毛，步履快捷。其硕大的双脚可以在不转身的情况下迅速调向180度，以便爬升和逃跑。耶提生性羞怯，所以，高加索山民揣测，1920年年初，一连红军战士的神秘失踪事件，极有可能是雌性耶提群体（它们有时是几十至上百的聚集成群）所为。

1907~1911年间，年轻的俄国动物学家维·卡克卡在高加索山脉搜集到当地人称为“吉西·吉依克”的雪人的材料。1914年，他在圣彼得堡皇家科学院公之于众，不过当时并未引起人们注意。直到1958年，苏联人类学家波尔恰洛夫才重新研读了这些材料。后者发现，当年卡克卡为“吉西·吉依克”勾勒出一个相当完满的复原像：像小骆驼那样高大，全身长满棕褐色或淡灰色的毛，长臂短腿，爬山和奔跑都极敏捷；脸阔，颧骨突出，

嘴唇极薄甚至很难看出,但嘴巴宽阔。脸上皮肤色深且无毛,既食鸟蛋、蜥蜴、乌龟和一些小动物,也吃树枝、树叶和浆果。它们像骆驼那样睡觉,用肘和膝支持身体,前额突出,双手放在后脖颈上。

蒙古科学院院士赖斯恩认为,雪人的存在不容怀疑。由于现代人类的活动,以至雪人的生存空间越来越小。因此,应该像保护珍稀动物一样保护雪人——尽管对于它究竟是一般动物还是野人,至今众说纷纭。

1941 年,苏联的一名军医在今塔吉克斯坦的帕米尔地区的一个小山村里捕捉到一个浑身披毛的怪物,它不会讲话,只会咆哮。后来边防哨所的卫兵将它当作间谍枪杀了,这令军医很伤心。这位军医的名字叫维·斯·长捷斯蒂夫。他将这件事情写成通讯,发表在一份医学杂志上。继他以后不久,一个叫维·克·莱翁第亚的狩猎检查官报告说,他曾追踪过一个全身毛茸茸、扁脸孔的两脚怪物,并在距它五六十米处进行了观察。

不论从高加索、帕米尔,还是从蒙古高原、喜马拉雅山传来的信息,都说存在真实的雪人的活动,而且大多数信息证明雪人属于“人科动物”。那么,雪人真的就是人科类野人吗?

英国女人类学家爱玛拉·谢克雷博士认为,雪人是尼安德特人的后代。这就是说,雪人介乎于人、猿之间。谢克雷博士研究了雪人留在雪地里的大脚印,指出它的大足趾很短,略向外翻。苏联人类学家切尔涅茨基也认为雪人是尼人的后代,说尼人在与智人(现代人的直接祖先)的搏斗中,节节败退。其中的一支逃入雪峰,发展成雪人。

中国人类学家周国兴先生认为,雪人是巨猿(它不是人类的祖先,但同人类祖先有“亲戚”关系)的后代。在比较了雪人和猿类脚印之后,周国兴认为雪人更像猿。传说中的雪人直立行走,受惊时也匍匐疾跑——就很像古猿类。他推测,古代的巨猿并没有真正灭绝,它的后代潜伏生长在欧洲东南部及亚洲的雪山冰峰之间,成为神秘的雪人。但它们并没有语言的功能,只会发出模糊的叫声。因此,它们似乎没有走进人类的门槛。

也有学者否认雪人存在,他们认为传说中的雪人脚印可能是熊的脚印,也可能是山上的落石在雪融化后造成的。锡金政府曾组织过专门的考察队,考察区域是雪人频繁出没的世界第三高峰干城嘉峰山麓,可是一无所获。1959 年,一支美国雪人考察队也在尼泊尔境内考察了一个半月,也没有发现雪人的任何蛛丝马迹。那么,前述各国各地区有关雪人报告甚或科学家调查都是在撒谎吗?显然又不像。

总之,雪人之谜和大脚怪之谜一样,令人既难以置信,又感觉不好轻易否定。

奇怪的“大脚怪”

自从1955年开始，人们就传言在北美的原始丛林中，生活着一种类似于亚洲野人的“大脚怪”。报纸曾有捕获、杀死或发现尸体的报道，但目击者们都否认有这种“怪物”的尸体存在。

“大脚怪”多在夜间出动而又很聪明，极善于逃避敌害。为探索这种捉摸不透的“大脚怪”之谜，伊凡·马克斯凭着毅力和本领，从20世纪50年代起，通过访问印第安人和爱斯基摩人的知情者，一直对“大脚怪”进行追踪、考察。

1951年10月，伊凡·马克斯在加里福尼亚北部西克犹郡的死马山顶第一次见到了“大脚怪”的脚印。在这之前伊凡并不相信这种生物的存在。

1958年，伊凡·马克斯在内华达州的华尔特山狩猎美洲猴时，发现500米外的地方有一个黑色高大的可怕的生物。他立即用长焦镜头拍了下来，他说：“那东西古怪、陌生，可能很危险，所以我不想再靠近它。”

1970年5月，他和一名瑞士“大脚怪”考察者雷内·达因顿在华盛顿州的科尔维尔追踪“大脚怪”中，再次发现众多的、分布广泛的“大脚怪”脚印，他们还做出了这种脚印的石膏模型。

华盛顿州立大学人类学家格罗弗·克兰茨博士鉴定模型后评论说：脚印异乎寻常地弯曲、隆起和细致，从解剖的精密度来说，是真实可信的。

同年10月份，有一个“大脚怪”在科尔维尔北边的公路上被汽车撞倒。马克斯闻讯马上赶到现场，他看见那个被撞但伤势不重的“大脚怪”浑身长着黑毛，它正在仓皇地逃跑，而且很快消失在丛林中。马克斯仅仅抢拍了一点这个动物蹒跚而行的镜头。不久，马克斯在爱达荷州的普利斯特湖东边加里布弯附近考察时，突然发现一个红褐色的“大脚怪”正朝一片沼泽地跑去，它的身体在树干之间时而显露出类似人的四肢与宽阔的背部。

1972年，有一个庞大的白毛“大脚怪”在加里福尼亚北部的暴风雪中四处奔腾、跳跃。据有人考证认为，雄性的黑猩猩也有在风暴中腾跃的行为，而且随着身体发育成熟，在身体某些部位的体毛会变得特别白。这个白毛“大脚怪”是否在习性上与黑猩猩有相同之处呢？

1977年4月，在加里福尼亚州夏斯塔郡的雪山附近，马克斯发现一个雄性“大脚怪”站在沼泽中用手舀水，并用力抖动身体驱赶成群的蚊子。它的皮毛像水獭那样光亮，头上的毛发在缝处分成前后两半，这是一种胚胎发育的特征。同年12月的一天，马克斯与妻子正沿着一串猜测可能是“大脚怪”的脚印搜索前进时，忽听一种树枝断裂的声音正在向他们接近。马克斯以为遇见了熊，他从肩上将枪取下来，正在这时，突然一个“大脚怪”晃动着脑袋十分迅猛地朝他们扑来，马克斯出于自卫，将它一下击倒。

“大脚怪”很快就一跛一拐地逃走，不久就不再跛行，而是精力充沛地大步离开。马克斯和佩吉谨慎地跟在“大脚怪”后面。

走了一段路后，“大脚怪”登上一个熔岩石脊停了下来，摆动着长臂，回过头来威胁地看着马克斯他们。“大脚怪”额顶部的顶毛直直地竖着，显然很可怕！为免遭它报复性的袭击，马克斯和佩吉急忙离开了。

人类学家认为“大脚怪”很可能是类似于粗壮南猿或包氏南猿的一种素食性的人类。他们喜欢居住在潮湿的森林中，雌体和雄体的两腿姿势、骨盆外状和阴部酷似于人类。

不过，多数猿类都不习水性，但“大脚怪”却极善游泳，甚至能潜水，并习惯以潮湿带、溪流、湖泊和沼泽中的水生食物为生。人类学家猜测“大脚怪”是一种生活在寒冷地区的水猿。

伊凡·马克斯花了33年时间在北美拍摄了很多“大脚怪”活动的珍贵镜头，并由惊异视野公司制成大型纪录片——“大脚怪之影”，生动地展示了这种动物的外观和行为，使全球为之赞叹。

“鸟人”传说

据报道，有一队探险家在印尼婆罗洲的原始森林里，找到了一个被遗忘的史前人类部落，并发现这个部落的婴孩全部是由卵生孵化出来的。

探险队领队、西德人类学家沃费兹博士和他的10名探险队员为了研究原始部落生活，来到婆罗洲的热带雨林探险。当他们来到一处山脊，正要步入下面的山谷里，忽然，头上的大树上传来一阵尖叫声。只见在树枝上，一些全身赤裸的怪人蹲在一个个用树叶青草砌搭成的巢穴内，目不转睛地望着他们，并不时兴奋得像鸟雀般叽叽喳喳叫个不停。过了一会儿，约有20多个怪人从树上爬了下来，慢慢地向探险队员们走来。

据沃费兹博士回忆说，这些怪人大约只有1.2米高，看来十分原始，样子虽然像人形，但却有着鸟雀的个性。它们只有一颗大牙，就像象牙一样，从口中凸了出来。它们来到探险队的面前，既不害怕，也没有显示出敌意。

这些“鸟人”叽叽喳喳地叫个不停，还不时用它们那鹰爪似的手，拿出一些大蚯蚓来，请探险队员们吃。

“那些蚯蚓正是它们的主食。”沃费兹说，“它们将它送给我们，就是作为一种友善的表示。”接着，这些“鸟人”带领探险队员们来到它们的家——一个建设在几棵大树上的巨大平台。

当探险队员爬上平台，立即看到一幕惊人的情景，30 多个女“鸟人”正各自坐在一枚白色的大蛋上，进行着孵化。

沃费兹博士说：“它就如我们的育婴室一般，那些女‘鸟人’，就坐在那些蛋上，使它们保持温暖。在其中一个角落，一个婴儿用它那只长牙将蛋壳弄开，破壳而出。”

探险队怀着惊奇的心情在那里观察了一段时间。大家发现那些女“鸟人”在怀孕 6 个月后便生下一枚大蛋，跟着它们再把蛋孵化 3 个月。直至婴儿出生为止，9 个月的孕育过程才告完成。这时，做母亲的就和常人一样，用母乳哺育婴儿。

当探险队离去的时候，那些卵生的“鸟人”，送给他们很多蚯蚓，还发出鸟鸣的声音欢送他们。

奇怪的“鸟人”，奇特的卵生人，又留给人类一个不解之谜。

被密封 5300 年的“冰人”

在阿尔卑斯山南部发现的冰人，是一具最古老的完整无缺的人体。科学家们正在研究冰人和他那令人惊奇的极复杂的工具的线索：古人在 5300 年前是如何生活的。

在冰雪半融的高山上，法医专家雷英纳·汉恩发现一把尖刀般的打火石时，他就坚信，他们从冰中挖掘出的人可能是现代考古最重要的发现。冰人密封在阿尔卑斯山希米龙冰川中大约有 5300 年了。

冰人死时穿着鹿皮衣和草披肩，在附近有他的弓和箭，一把铜斧和其他工具，它们还保持着原状。冰人的皮肤、内部器官甚至他的眼睛依然保持完好，是至今发现的最古老的保存最好的人体。1991 年 10 月，当冰人通过直升飞机运到英斯布鲁克大学法医学研究所时，该大学的史前研究专家康纳德·斯宾德勒说：“这是对古埃及特德国王研究后的又一重大发现。”

事实上，这次发现可以证明比特德国王的发现更重要得多。因为特德的 3344 年前陵墓只是说明古埃及著名法老其豪华富裕的生活及其历史遥远悠久，而冰人要比其早 2000 年，他能阐明一些更遥远的远古时代的奥秘，还可以探索新石器时代欧洲森林耕作狩猎的人们的踪迹。

冰人站起来有 157.6 厘米高，重 50 公斤左右。现在他只有 20 公斤重。冰人右耳垂有一深深的洞，说明古埃及人穿耳索。身上唯一饰物是 5 厘米枝状皮饰的白玉石圆盘，可能是穿在他的颈项周围的皮带。皮肤上的刺花纹十分好看。有 4 个 7.62 厘米长的带子在他的左脚上部。有一个十字形打点在其左膝盖上,还有 14 条细纹刺在背上。康纳德·斯宾德勒观察说:“这不像现代刺花纹,这些纹身必定有其含义。”奥地利研究人员研究这些纹身是这样刺成的:有些原始人纹身是用针刺皮肤,然后将灰抹擦或用颜色抹擦到伤口上制成。

对冰人的物理检验会影响其完整保存,研究人员正研制高效能计算机——允许他们详细研究冰人而又不必接触其木乃伊。利用计算机的轴向层面 x 线照相技术扫描获得三维立体图,研究人员能在计算机显示屏上观察到冰人骨骼和器官。结合计算机辅助绘图程序的一台 CAT 可以将此数据创制成三维塑料骨骼,即精确的原始器官的复制品。英斯布鲁克大学生理系主任瓦纳·普拉兹研究后得到结论是:这名男子死亡时侧身向左边倾斜,用右臂伸出放在其臀部。

冰人同样有纹身技术,在他的脚上和膝上都有纹身的标志,而在他背部的条纹,清楚地看出是另一个人所做。从他磨损的牙齿分析,科学家提出他的饮食包括磨料面包。从他外衣中发现的二粒远古麦子证明他住在靠近阿尔卑斯山脚下低地耕作社会。

新石器时代的欧洲大约在 7000 年前就扩大耕种维尔金土地。第一批农民在开阔的土地上砍树,燃烧硬木树,种麦;在森林附近放牧他们的牛羊。在这一地区他们已从事狩猎和钓鱼,逐步成为熟练的半游牧生活的人们。这两种文化终于结合。这一冰人反映了耕作与放牧的混合性。他可能靠面包生活,也可能从周围森林中用天然果实维持他的生活。当冰人遗体躺在英斯布鲁克大学实验室受到保护时,对他的附属物正在进行研究。德国美因兹市罗马——德国中心博物馆,考古学家马科斯·艾格已把冰人的皮制物品弄得干干净净,涂了油脂并进行脱水处理。草编手工制品已被冰冻消除湿气成为干制品。木制品在大盆里清洗过,并上蜡以防腐蚀。

发现的最显眼的木制品之一长弓用紫杉树心制成。紫杉树依然生长在希米龙冰川下的山谷之中——这是发现冰人的地方。传闻过去这山谷是制造弓的地方。事实是冰人的弓在他死亡时尚未琢磨修整好。科学家提出,他可能在这山谷切削他的弓。

在这把弓的下方是一把铜斧,这是最令人惊奇的发现,因为这把 4 英寸刀刃的斧头曾经烧锻加工。斧头标志着一个时代的结束,另一个时代的开始。直到公元前 3300 年石头才让位于金属作为选择工具的材料。

冰人是开拓自然资源的能手,他们携带的工具可以告诉人们这一切。伴随着他的斧头,他还带着用桉树处理过的刀柄,还有打火石般的刀只有 1.7 厘米长。从冰人工具中还发现了 U 型箭筒,这是世界上最古老的用榛木制成的箭筒。冰人的箭筒包括 12 支挟木属植物木箭箭杆和两支精细加工的箭,顶端有特制的尖尖的打火石,上面含有从煮沸过的白桦树根里取得的树胶。箭筒内部的 x 射线表明有一球状绳子、一支鹿角和一双原始打火石——谜一般的工具。

冰人是牧羊人,还是猎人?

根据他携带的工具,及他周围许多动物粪粒样东西的试验性分析,康纳德·斯宾德勒推测他可能是牧羊人,冰人死亡时可能正在放牧羊群。冰人步行到山谷为一只断弓切削代替物,并在暴风雪袭来时寻找躲避处。研究人员推测,冰人也许筋疲力尽,在不利天气条件下熟睡在山谷的壕沟中,结果造成冰冻死亡。

研究人员难以得出进一步的结论。关于冰人怎样生活、怎么死亡尚待进一步研究。在揭开冰人其所有秘密之前,欧洲和美国的研究人员正在用最新显微技术拍摄冰人器官的各个部分。科学家们的研究工作将逐渐取得进展。

"海底人"从何而来

UFO 是飞碟之谜,而 USO,则是一个类似 UFO 的难解之谜,不过它是发生在海洋中的不明潜水物。

第一次发现 USO 还在发现 UFO 以前。1902 年,航行在几内亚海域的一艘美国货船突然发现前方近 100 米的地方,有一个飞艇似的庞然大物在沉浮。货船开足马力向它靠拢,奇怪的是它立刻沉入海底而不留一点浪花。潜艇吗?那时还没有出现第一艘潜艇呢!

1963 年,美国海军某部在布埃特·利戈东南海面进行反潜艇作战练习。有艘主力舰发现了不明潜水物。当时,这个半浮海面的巨大物体,被舰队指挥官当成是不明国籍的间谍潜水物毫无损伤。当它悄悄地下潜海底时,整个舰队的所有无线电通讯设备统统失灵。直到 10 分钟后那个不明潜水物全匿迹时,舰队的无线电通讯联系才恢复正常。同时,有人发现了潜水物的行动神速,惊鸿一瞥,迅即沉入深海。它的神速胜过了当时最先进的潜艇。

在 USO 连续出现的过程中,1973 年引起了最大的轰动。那时,北约的数十艘军舰在挪威的岘科斯纳契湾发现了一个不明潜水物。军官们开始以为是不明国籍的间谍潜艇,便开始了追逐。后来,干脆下令袭击。大炮、鱼雷、深水炸弹,一切可以用的都用上了,但对它毫无作用。只见它悠然地浮出水面。眼看靠近了,但数十艘军舰上的无线电通讯、雷达和声纳等全部失灵,想袭击也袭击不了,只能眼睁睁地看着这个不明潜水物洋洋自得地远去。直到不见踪影,各舰上的设备才恢复了正常功能。

1973 年 4 月,一个叫丹·德尔莫尼奥的船长,在百慕大三角区附近的斯特里姆湾的明澈的海水里,看到了一个形如两头圆粗的大雪茄烟似的怪物,它两次都是在下午 3 点左右出现在比未尼岛北部和迈阿密之间，并且都是在风平浪静的时刻。这位船长非常害怕船与它相撞，竭力想躲开，可是往往是它先主动地消失在船体的龙骨下。

有的科学家认为，是外来文明匿身于海底，因为那种超级潜水物体所显示的异乎寻常的能力，实在是地球人所不可企及的。海洋是地球的命脉，因此存在于地球本土之外的某些文明力量关注我们人类的海洋是必然的。超级潜水物也许已经拥有它们的海底基地；至于它们的活动当然不是为了和地球人玩"捉迷藏"游戏的。海洋便利于隐藏或者说潜伏，这固然是事实；但更主要的，海洋能够提供生态情报，这已经足够了。如果说未来的某个时候发现了并不属于地球人们的海洋活动场所，那么这该是不足为奇的事情了。因为人们毕竟早已猜测到了外来文明力量存在于地球水域中的事实。

也有的研究者认为，不明潜水物的主人来自地球，不过他们生活在水下，甚至生活在地下。

1959 年 2 月，在波兰的格丁尼亚港发生了一件怪事。在这里执行任务的一些人，忽然发现海边有一个人。他疲惫不堪，拖着沉重的步履在沙滩上挪动。人们立即把他送进格丁尼亚大学的医院内。他穿着一件"制服"般的东西，脸部和头发好像被火燎过。医生把他单独安排在一个病房内，进行检查。人们立即发现很难解开此病人的衣服，因为它不是用一般呢子、棉布之类东西缝制的，而是金属做的。衣服上没有开口处，非得用特殊工具，使大劲儿才能切开。体检的结果，使医生大吃一惊，此人的手指和脚趾数都与众不同；此外，他的血循环系统和器官也极不平常。正当人们要做进一步研究时，他忽然神秘失踪了。在此以前，他一直活在那个医院内。

这是一个什么人？他来自何方？

海洋"美人鱼"探秘

几年前，美国的一对孪生兄弟安尼和泰勒在加勒比海上用电射渔枪捕获了一条 18 米长的大虎鲨。他们从虎鲨的腹中，解剖出一副畸形的骸骨。骸骨的上半部 1/3 部分是人形，和成人的骨骼完全一样，而下半身从骨盆以下又成了鱼形，是大鱼的骨骼。动物学家艾尼斯图·摩里斯博士认为，这骸骨属于半人半鱼的海洋生物，极有可能是上古人们传说中的美人鱼。

无独有偶，在南欧亚得里亚海岸附近发现了 1.2 万年以前的美人鱼化石，这副化石长 160 厘米，也是腹部以上像人，下半部则是地地道道的鱼尾巴。

其实，关于美人鱼的传说，自古就有不少记载。2300 多年以前，巴比伦的历史学家巴索斯在《万代历史》一书中写到美人鱼体形似鱼，但鱼头下还一个像人头，身体下部有一双与人一样的脚连着鱼尾。此人鱼有着天赋的理性，发音清晰，用人类语言讲话，能引导人们洞察文字、科学和各种艺术，这种巴比伦的鱼神，每天随日出浮上海面，日落则潜入水中。17 世纪伦敦出版了一本《赫特生航海日记》，对美人鱼是这样描写的："人鱼出露于海面上的背和胸部像一个女人，它的身体和一般人一样大，皮肤白色，背上披着长长的黑发，在它潜水下去时，人们看到它海豚似的尾巴"。

中国古代称美人鱼为人鱼。据《三峡记》记载，明月峡中有两条清亮的小溪从东向西流去。南朝宋升明二年(478 年)，渔人微生亮在溪中钓得一条银白色的大鱼，长 3 尺余。他把大鱼放在船内，用青草盖上，回家后，他准备取来烹食，却见一位十七八岁的姑娘睡在草下，模样美丽动人，她自称是高唐之女，此后与生亮共欢 3 年离去，后来才知道那女子乃高唐鱼女。

据说在欧洲维斯杜拉河畔有一个美人鱼，她用优美的歌声战胜了害人的水怪。人们为了纪念她，就在河畔上的城市——华沙建造了一座美人鱼的铜像。美人鱼一手仗剑，一手执盾，目光远眺，成为波兰首都的标志。

美人鱼真耶？假耶？几千年来，迄无定论。1830 年，英国伦敦皇家博物馆展出了一条美人鱼标本，当时曾轰动全市。后来经专家鉴定，原来是一个精心伪造的假标本。所谓的人头鱼是用猴头和鱼身巧妙结合而成的，一时成为笑谈。1980 年 8 月，科威特《火炬报》报道过"红海海岸发现美人鱼"的消息和照片。时隔不久，有人揭露那是一条鱼和一个女人的裸体照片拼接翻拍而成的，这条新闻纯属捏造。

挪威华西尼亚大学的人类学者莱尔 · 华格纳博士讲，新几内亚有几十个土著人曾目睹过人鱼出现。据他们说，人鱼的头和上身与女人一样，有很长的头发，肌肤十分光滑，下半身像海豚。

1979 年，苏格兰教师威廉 · 马龙在苏格兰的斯尼斯海滩散步时，突然见到海中露出一个女性裸体。她有很长的褐色头发，额头浑圆，面孔丰满，无论眼、耳、口、鼻，都和女人一样，还有对丰硕而漂亮的乳房，在浮出水面时，可清楚地看到其下部是一条鱼尾。她在水面上浮游了四五分钟之后才消失。威廉 · 马龙当时简直不敢相信自己的眼睛。

1988 年 4 月，美国新闻记者阿瑟 · 康尼斯报道，一个叫佑治 · 尼巴的渔夫，在亚马逊河口打鱼时，曾网到了一条人鱼。它的上身像个女人，下半身则像一条海豚，容貌十分吸引人，犹如美女，而它说的话，也都和人类语言十分相似。由于当地人对传统中的美人鱼十分敬畏，所以渔夫便把它放走了。而那条美人鱼似乎通人性，在渔夫的船周围游了很久，然后才消失。

像这些目睹人鱼的事件，在南太平洋、苏格兰、爱尔兰一带的海面以及北海、红海等地，都有大量的报道。

1960年,英国海洋生物学家安利斯汀·夏特博士曾就此发表论文。他认为,人鱼可能是人类猿的另一变种,如果生存于海洋中的话,也可以是鱼。因为在地球历史上,有一段空白时期,完全没有化石被发现。在那一段时期,似乎整个地球表面都是海洋,因而可能有人类猿类的动物在水中生存。这只不过是一种推测。真伪如何,尚有待研究、发现。

到底世界上有没有美人鱼?早已成为世界之谜。近年来,科学家做了大量的研究。一些专家认为,它有可能是人类猿的一个变种。这些人猿由于长期生活在海里,下部退化为鱼尾,以利于在水中生存。

中国的科学工作者却持不同观点。他们多次在南海发现一种类似美人鱼的海兽,并在渔民的帮助下捕捞到10多条。经科学家鉴定,它们既不是鱼,也不是人,而是三代遗存动物——儒艮,这种哺乳动物海兽,祖先曾生活在陆地上,也用四肢行走。后几经沧桑,又适应了水中生活,前肢演化成胸前鳍肢,而后肢已退化隐没,尾巴进化为尾鳍,以利游泳。儒艮长3米左右,重近千斤。面部十分奇特,圆头大眼,幼仔胎生,靠吃母乳长大。雌儒艮在哺乳时用两鳍抱住幼仔,头部及胸部常露出水面,两乳硕大,在晚霞映射下,使之变成"红裳妇人"。儒艮背上长有稀少散布的长毛,这大概就是人们看到的美人鱼的头发了。

海洋里还生活着一种被称为"牛鱼"的动物,它的胸前也挂着两个乳房,如拳头大小,与女人的乳房位置相似,哺奶时,它用前身善于游泳的桨状两鳍抱着幼子,如妇女抱小孩一样,十分有趣。由于牛鱼是一种食水草的哺乳动物,最喜欢在水草多的地方生活,每当它露出水面时(尤其天气晴朗时,最喜欢露出水面来晒太阳),头上往往挂满水草,胸前大大的乳房也露出水面,远远望去,如同披着长发的女人,因此,古代航海家们称它为"美人鱼"。牛鱼的皮肤如同大象,据科学家考察,几百万年前,牛鱼和大象原是一家,它们的老祖宗都是以食草为生,后来由于自然界的变化,才分成两家。

据1981年1月4日出版的英国《自然》杂志发表的文章报道:加拿大两位科学家——莱恩博士和施洛德博士,用电子计算机对与美人鱼的出现有着制约关系的空气温度、海水温度,从海面到目击者眼睛的高度,以及目击者与被目击物的距离进行了试验。试验的结果揭开了古人看到美人鱼之谜:这是由于光线受到一种特殊的海洋气候的影响,人们远远看到的模糊不清的所谓"美人鱼",只不过是海象或鲸鱼等露出海面身体部分的光学变形。这两位博士解释说:

当风暴来临时,海洋上空的冷空气层受到外来的热空气袭击,然后冷空气与热空气混合成一体,形成一个温度不断变化的新空气层。这个新形成的空气层如同使物体变形的透镜,使通过它的光线屈曲。因而,透过这种新空气层看东西,将会看到一个物体的光学变形。例如,在符合这两位博士所确定的标准天气里(即新形成的空气层里),他俩在温尼伯河上拍下了一张远远看去形似“美人鱼”的照片，跑到近处一看，其实所谓“美人鱼”原来是一块大石头，这是由于光学变形所造成的。

对“野人”的考证

世界历史上最大的一次“野考”

20世纪70年代，中国神农架林区负责人亲眼见到野人所引起的轰动非同小可，这一特大新闻迅速传播开来。促使有关科研单位组织专项考察和研究。1977年3月，中国科学院组织的由100多人参加的野考大军便浩浩荡荡开进了神农架，不过名字称作“鄂西北奇异动物科学考察队”。这当然有道理，因为“野人”是否为人尚未经科学证实，只能按其似人非人的特点称其为“奇异动物”，加之考察的地域不只限于林区，而是包括整个神农架山系。

陈人麟先生是这次“野考”的见证人。从1977~1980年，大规模的考察相继进行过两次。队员们的足迹遍及方圆1500多平方公里的山林，虽然未捕获到一个“野人”的实体，甚至未拍到一张照片、摄到一个镜头，但丝毫也不能说全无所获，更不能据此而断定“野人”的不存在，请看以下的事实：

据粗略统计，1976年11月~1977年10月，仅在神农架及其邻近地区，就有160多人发现“野人”54次，见到“野人”62个。他们之中有干部、有工人、有农民、有教师；有打过“野人”的，被“野人”打过的，套住过“野人”又挣脱的，被“野人”俘虏过逃了出来的……

考察队搜集到“野人”毛发数百根，仅人类专家黄万波教授就从水池垭山口一棵大栎树上找到几十根。他在武汉某科研单位用光学显微镜做毛发横切面及毛子皮印痕的对比观察，得出结论为：毛色肉眼观为红色，镜下毛发皮质发达，色素颗粒红色含量较少，呈外围性分布……组织与人类相似，与大猩猩、金丝猴、猕猴、长臂猿等灵长目动物有较大差异，与猪、狗、熊、绵羊毛发明显不同。毛质髓质不发达，指数在0.13~0.17之间，而动物毛髓质指数多大于0.1。毛子皮藻，花纹细，形态特征类似人类。后来，北京3个科研单位再次对这些毛发进行了鉴定，进一步证明它们绝非熊类毛发，而属一种未知的高级灵长目动物。

考察队发现“野人”脚迹数百个，仅在板壁岩一处便发现100多个，皆呈双行排列，跨度1米左右，掌部有一定弧度的足弓，脚长最小的25厘米，最大的42厘米。据足丫、足趾分析，身高一般为 2 米左右，体重约为 150 公斤。经著名生物学家孟澜教授鉴定，认为它们绝非熊类、猴类的脚印，也与人类的不同。

考察队发现"野人"粪便多处。皆呈筒状或条状，直径 2.5 厘米左右，外呈青褐色，内有植物根、茎、叶纤维，果皮碎片，有的还依稀可见昆虫残体。经专家鉴定，认为它们不可能是熊、猴、猩猩和长臂猿类动物的排泄物，也不同于人的粪便。

考察队发现了"野人"竹窝多处。尤具代表性的是深藏于神农架上箭竹林中的一个，用 24 根箭竹扭成。一位记者曾坐进去亲试，感到如卧躺椅，窝中有毛发数根，周边有粪便两堆。显然，已知的高等灵长目动物均不可能达到如此高的工艺水平，而猎人非但不敢孤身光顾于此，也绝不会做得如此粗糙。

考察队还发掘出一副保存完好的"猴娃"遗骨。"猴娃"1939 年出生于神农架西麓的桃树坪（四川巫山县当旭乡境内），1962 年病死。据传，其母曾于 1938 年被一似猴非猴、似人非人的怪物背去，在山洞里住了 20 多天才逃回家。"猴娃"刚生下地就是一副猴像，牙齿生得早，特别尖利，吃奶时常把母亲奶头咬出血。他浑身长毛，弯腰曲背，五六岁才学会两脚走路。他不会说话，见人爱笑个不停。他不穿衣服，纵使寒冬腊月也一丝不挂，喜欢睡草窝、吃生食、爬梯子，上树如履平地。观其照片，眉毛以上的额部很短，两眼较小，上唇突出，下唇凹人，没有下颏突起，两肩高耸，两臂粗壮，大腿粗壮，小腿细瘦，没有显示小腿肚，这些均不是现代人的特点，也有异于猴类。观其骨架，其头盖骨、脑量都比北京猿人原始，齿形颇具南方古猿特点。

谈到 20 世纪 70 年代野人考察史上的这次壮举和所取得的成果，陈人麟先生提出了自己的看法，他不无激奋地指出：谁能否认这些客观存在？谁能推翻这些鉴定资料？它们再次雄辩地证明，鄂西北神农架地区还生活着一种未知的动物，这绝非骇人听闻的"无稽之谈"。

受走私商控制的"雪人尸体"

1968 年，美国新泽西州的动物学家 A. 桑德尔森和 B. 埃维利曼斯获悉一个惊人的消息：在美国某地的商品展览会上陈列着一具被称为"雪人"的尸体。

出于职业的爱好，他们闻讯后立即赶往美国中北部的明尼苏达州，在罗林斯顿找到了神秘怪物的主人汉森。汉森曾当过飞行员，1965 年退伍，据汉森介绍，这个陈列品是他从香港买来的。

桑德尔森和埃维利曼斯在汉森的陪同下，仔细地观察这具全身长毛、身高 1.8 米、肌肉发达的男子躯体，整个躯体被封在大冰块中，看来是被火枪击毙的，整个躯体保存得很完整。

一连三天,两位动物学家仔细地研究了这具尸体,并拍摄了 40 多张黑白和彩色照片,埃维利曼斯经过仔细分析,对这个奇特的生物提出了几种假设。

这是一种至今还未被人们认识的、在低温下保存了数千年的古人,但是,这个畸形人可能是复制品,即用动物残骸拼制而成。也可能是介于人和猿之间的物种,即科学上还未发现的"猿人"。

这具被人们发现的猿人,埃维利曼斯又根据其形态做出鉴定:有可能是尼安德特人的后代。

埃维利曼斯和桑德尔森自从看到这具尸体后,便试图请求一些科研机构能够将它买下来,以供他们研究之用。谁知,当他们把想法向汉森托出,并答应用上万美元的巨款买下这具尸体时,汉森立即推托说:"这具尸体的真正主人是一位不愿透露自己姓名的大企业家,这个主人不准备以任何价格来出售他的陈列品。"

尽管谈判没有取得成功,但是回到美国新泽西州之后,这两位动物学家很快把自己的所见所闻写成文章在报上发表,并将这个野人定名为"类似于猿的人"。

1969 年 1 月 4 日,他们俩又将已搜集到的所有材料交给了美国著名的人类学家卡·克思博士做鉴定。其结果,克恩博士认为,这具尸体确定属于类人猿中的特殊物种。不久,在《比利时皇家自然科学研究所公报》上,发表了埃维利曼斯有关冰冻野人的文章,顿时引起人们的极大关注,并在动物学界引起轰动。

美国人类学研究中心史密斯研究所也开始重视这项重大发现,并且把有关情况向联邦调查局做了报告。当研究所的总秘书找汉森要求观看那件陈列品时,汉森却说,他的主人已将尸体取走了,留下的只是一具早已制作好的复制品。

接着,联邦调查局又根据汉森提供这具尸体是从香港买来的线索,向美国海关做了调查,海关否认发生过以任何合法手段将野人尸体运进美国的事件。

1970 年 7 月,汉森在《传奇》杂志上发表了一篇文章,文中详细地描述了他怎样在打猎时击毙这个野人的情景,但事实上,汉森所说的狩猎区——明尼苏达州北部山区,谁也没有听说有这样的野人出现过。

这具尸体到底从何而来?汉森的说法为何又前后矛盾?这具野人尸体既已经过科学鉴定非属伪造又为什么拒绝出售?这一连串的问号出现在埃维利曼斯的脑际。

埃维利曼斯认为,这具野人尸体极可能来自适合于野人生存的东南亚山区,也就是汉森服役时曾在那里度过多年的地方,这个地区很可能就是越南。

1965 年,一名澳大利亚记者在他撰写的一书中,曾谈到在越南有人活捉过多毛人。1966 年 1 月 1 日,《国防先驱论坛报》也报道过美国海军陆战队在越南曾打死过一个很大的类人猿。

长期的越南战争，破坏了这些长年栖居在丛林中的野人的安宁，为了生存，他们被迫离开家园四处逃生，于是有的被打死，绝大多数逃进了冷僻的密林中。

既然尸体来自越南，那么，这具尸体是怎样运进美国的呢？据联邦调查局调查，有个走私集团经常从缅甸、老挝和泰国的边境地区——“黄金三角区”秘密地把大量毒品运进美国。

走私集团上下串通，经常把毒品放入海关免检的、死在战场上的士兵尸体包内，有时甚至放入海关无权检查的特别军用包内运进国内。譬如在 1972 年 12 月间，美国海关当局接到报告，一架从泰国飞来的军用运输机上，有一具尸体包内放着一包重 44 磅的毒品。后因有人给走私集团通风报信，走私犯立即将毒品转移而未被海关发现。

动用军用飞机参与走私这一事实可以看出，美国空军内有不少人，甚至高级军官都参加了这些违法活动。埃维利曼斯认为，汉森就是通过这条走私渠道把野人尸体运进美国的。

因此，要搞清野人尸体的真实情况及它的来历，就必然要牵扯到这个走私集团活动的内幕。这就是汉森吞吞吐吐不肯将真情公布于众的根本原因。

这具野人尸体失踪后，汉森曾表示，只要法庭不追究其违法行为，他愿意将野人尸体交给有关科研机构。但是，林登·约翰逊和理查德·尼克松两届美国政府始终不肯表态，野人尸体也就下落不明了。

帕特森先生拍下的镜头

1967 年 10 月，美国人帕特森终于用摄影机拍下了 20 多英尺的大脚怪镜头。那天帕特森和同伴骑马经过加利福尼亚北部的一处山谷。刚拐了一个弯儿，竟然发现一只黑色的人形巨兽蹲在河边，马惊得狂叫一声，用后蹄直立起来，把帕特森摔在马下。帕特森连忙取出摄影机，这时大脚怪正慢慢向森林走去，边走边回头看了一眼。

在它没入丛林之前，帕特森及时地拍下了一段难得的珍贵镜头。从影片上显示该动物身高约 2 米多，肩宽近 1 米，黑色，用两足屈膝行走，有一对下垂的乳房，体态和行走的姿势也显得比大猩猩更像人类。

巨猿化石是 1935 年发现的。当时荷兰古生物学家柯尼斯瓦尔德在香港中药店里发现了一些巨大的猿类牙齿。20 世纪五六十年代，在中国南部、印度和巴基斯坦又发现了更多的这类巨兽化石。

人们推测，巨猿是 80 万~50 万年前生存的一种巨型类人猿，它活着的时候身高大约

2.5~3 米,体重约 300 公斤。有些动物学家认为,巨猿并没有完全灭绝,北美的"大脚怪"可能就是巨猿的某种同类或变种。

但由于人们至今尚未捕获"大脚怪"的实体,因此许多人对"大脚怪"是否存在仍是半信半疑。对此,国际野生动植物保护协会创始人兼美国俄勒冈州大脚怪研究中心主任柏恩指出,发现有"大脚怪"出没的地区达数十万平方公里,大多是深山密林、人迹罕至,有些地区更是难以到达。

柏恩说,过着石器时代生活的塔沙特人就生活在菲律宾丛林里,直到 1971 年才被发现,所以至今没能捕获"大脚怪"也不足为奇。

随着人对自然界认识的增加,发现动物新品种的可能性就越来越小。但可能仍有许多人们未知的动物。最近 100 年间,过去许多被怀疑的动物陆续得到发现与证实。如大猩猩、大王乌贼、鸭嘴兽以及科摩多龙,过去都曾有人不相信过,但事实证明了这些动物的存在。但是,人们能否证实"大脚怪"的存在呢? 这就要看动物学家们最终的努力了。

红宝石溪"野人"事件的真实性

"巨熊使印第安人惊恐万分",这是 1941 年 10 月 21 日《温哥华报》刊登的一条消息的标题。消息说:"一个小孩的尖叫、狗的狂吠和一个受惊妇女急促的一瞥,引出了一个今天在印第安红宝石溪发生的一个巨大的、浑身长毛的魔鬼袭击他们驻地的事件。"

当年,这家在加拿大颇有影响的报纸介绍了这一事件,报上说:印第安人乔治·查德威克夫人的小女儿罗西正在花园玩耍,突然看见一个极大的怪物向她靠近,她吓得大声呼喊救命。她妈妈冲过来,瞥了怪物一眼,一把搂住孩子,冲进矮树丛。

查德威克夫人说怪物有 10 英尺高,浑身有毛,有着人一样的面孔。

直到这个怪物再次出现时,人们才相信这件事是真的。这次它留下的脚印显示出它就是曾在附近地区被发现的大熊之一,怪物的脚印 8 英寸宽,18 英寸长,它走路时,一跨步的距离是 5 英尺。

一位名叫格林的先生说:"对此事稍做推敲就会发现,这个动物是巨熊的解释是值得怀疑的。'10 英尺高,有着人一样的面孔'是任何熊类所不能与此相比的。它后脚 8 英寸宽,18 英寸长,一个跨步的距离是 5 英尺。已统计的记录还没有熊能说明这种现象的。或许是报道这个事件的记者和编辑们都是城市长大的,而不是大自然的观察者。"

4 天以后,还是这家报纸,又刊登了题为《沙斯夸支再出,长毛巨怪独行》的消息:"哈里森湖区出现了沙斯夸支,在齐尔瓦克村引起了巨大的震动。3 条独木舟上的印第安人都吓呆了。根据此地印第安官员的报道,在这个历史悠久的小山村出现的沙斯夸支曾是人们见到过的最大的，使得当地的印第安人纷纷而逃，以防不测。”

这家报纸又说：“道格拉斯和他的一家人都是亲眼目睹这具有传奇色彩的类人动物中的成员。他们说该动物约 14 英尺高，其体重差不多是一般沙斯夸支的一倍。当地的印第安人都飞跑到他们的独木舟前，疯狂地向湖的下游划去。”

J·W. 伯恩斯是世界上有关沙斯夸支研究的最有名的权威人士之一，他说该沙斯夸支完全有可能就是一周以前在离此地 40 英里的红宝石溪出现的那个。随后对红宝石溪事件的有关调查，也完全证实正是沙斯夸支而不是一个巨大的熊，使得当地的印第安人惊恐万分。

事后，格林和他的妻子拜访了狩猎向导杰克·柯克曼和他的妻子、印第安人玛莎。玛莎·柯克曼讲述了她的表妹珍妮·查普曼在红宝石溪亲眼看见沙斯夸支的情况。

格林走访了查普曼夫人。她说，当她的孩子向屋里跑来大声喊道“从森林里跑来了一头大牛”时，她从窗口望去，只见约有 8 英尺高、全身上下长着浓黑毛发的一个类似人的怪物，横穿过一块田地朝房子走来。怪物脸上有一个扁鼻子，而不像人的鼻子。格林先生相信，熊在红宝石溪附近是时常出没的动物，查普曼夫人抓住孩子们，带他们出了前门，使得房子隔在他们和怪物之间。他们穿过一片田野，向河边跑去，河边的大堤使他们免于暴露在该怪物的视野之内。留下的脚印表明该怪物围着房子转了一圈，并进入了一个棚子里面，那里有一桶咸鲑鱼，它可能尝了一下，不对味儿，就把鱼倒在地上。它向江边走，又转身朝它来的那个大山走去。

格林还访问了见证人泰夫亭先生。地方法官 A·M. 内史密斯后来介绍说：“对于泰夫亭的陈述，我毫无半点怀疑。他们都是值得信赖，有责任感的人，绝不至于要诡计以欺公众耳目。”

“大脚汉”研究者和怀疑论者的收获

乔恩·埃里克·贝克约德是美国华盛顿州西雅图“大脚汉科研所”的创立者和所长。

根据他所说，目击大脚汉的事件每月都有。1981 年 7 月 3 日，华盛顿州西北部的伐木人看到 400 英尺远处有一身高 9~10 英尺的沙斯夸支。10 月 18 日，一位伐木人在同一地区采摘蘑菇时听到有嗥叫声，闻到了这种巨大长毛物特有的刺鼻气味。

大脚汉研究所不但收集各种目击报告，而且还收集大脚汉的毛发和血液样品。下面 4 次在现场收集的样品，已由对大脚汉持怀疑态度的学者进行了认真的研究。

一次是在马里兰州的罗克国家公园，靠近贝尔艾尔的地方。1975 年一天的夜晚，彼得·罗尼克驾驶一辆运动车与一个他认为是大脚汉的动物相撞。那动物恢复了身体平衡，赫然向小汽车逼来，发出咕咕哝哝的声音，然后又大步跑开了。在车前灯被撞凹处，留有那动物的毛发，这些毛发被拿去做了分析。

1976年1月4日晚，在华盛顿贝灵汉的印第安人保留地，一个沙斯夸支试图强行闯入杰弗逊家的食品贮藏室。杰弗逊一家被打碎玻璃的声音惊醒。杰弗逊先生跳起来抓起一支枪。他发现食品贮藏室的离地5英尺高的窗户的玻璃被打碎，碎玻璃散落在地板上，上面沾有血迹。在窗框和地板上的玻璃碎片中发现有顶端为白色的黑色毛发。乔恩·贝克约德亲自收集这些血迹和毛发样品，还收集了许多关于目击沙斯夸支以及它们试图闯入保留地民宅的情况报告。

1976年5月，在加利福尼亚州萨克拉门托附近，一队十几岁的年轻人看到一个沙斯夸支正在掰杏树的枝杈，吃上面的果子。这家伙留下了25英寸长的足印，这些年轻人从篱笆上取下它留下的毛发，交给了贝克约德。

1977年，在俄勒冈州的莱巴嫩城，一头巨兽一边尖叫，一边拉掉一座谷仓的门，捣毁了围墙。贝克约德也取下了它留下的毛发。

森特·萨里奇是加州大学伯克利分校的自然人类学家和生物化学家。森特·萨里奇也对杰弗逊家碎玻璃上的血迹做了取样化验。他发现这是一种比较高级的灵长类动物的血。同时拿来的毛发样品以及其他几次取得的毛发样品由3位专家做了分析化验。他们的结论是，这些毛发不是人、狗、熊或其他相近的哺乳动物的，也不是已知的任何灵长动物的，但与大猩猩的毛发比较相近。

贝克约德说："这些动物体型巨大，不可能是人。这里面显然有许多事情还是个谜。它们可能是与人有亲缘的灵长类动物。"

寻找阿尔玛斯

"阿尔玛斯"是流传在自高加索到蒙古一带的一类"野人"。在蒙古语中，它意指一种在人与猿之间种属的奇特的动物，也可以直译成"野人"。1907~1911年，人类首次对它进行了科学考察。1914年，俄国圣彼得堡研究院的刊物上，第一次发表了关于"阿尔玛斯"的考察文章。从那时起，对"阿尔玛斯"的考察，陆陆续续地不断开展。到1977年，人们已有数百个这类"野人"存在的证据。1981年，蒙古人民共和国部长会议第一副主席在一次讲话中，就专门提到"阿尔玛斯"。

对"阿尔玛斯"的科学研究起始于20世纪初，但是有关它的故事传说，却可以追溯到遥远的过去。

萨满教是广泛流行于原始社会许多民族中的一种原始宗教，如今主要分布在亚洲和欧洲的极北部。

和佛教信奉在名山大川、莽莽高原上存在神灵一样，在萨满教流行的蒙古西北部，“阿尔玛斯”往往也被当作神来看待，人们用捕获的野生动物和树根等作为祭品来供奉他。在萨满教的神话传说中，“野人”的灵魂往往在帮助猎人追赶野兽，使他们能够得到更多的猎物。蒙古民族学家把这些神话看作是有事实根据的，认为它反映了早期的萨满教把与人相似、长着长毛的双足动物，解释为神灵的一种民族传说。并认为这种传说，对于我们研究“阿尔玛斯”具有可供参考的价值。

有一位15世纪的巴伐利亚贵族汉斯·希尔特伯格尔在其著名的回忆录中，就曾有过关于阿尔泰山脉以西“阿尔玛斯”的记载。当时这位希尔特伯格尔先生曾在一次战争中被土耳其人俘虏，但他运气不错，被送到黄金游牧部落之后，不仅没有受苦反而被部落的可汗看中，充当了蒙古族王子的一名侍从。

在那位蒙古王子组织的一次前往西伯利亚的探险中，汉斯·希尔特伯格尔来到一条称为阿布斯的山脉。当地居民告诉他，在山脉的下面是一片连绵到大地尽头的荒原，因为到处是蛇和老虎，没有人能在那里生存，只有野人在那里活动，它们除了双手和脸上以外，全身都长着毛，和人类毫无共同之处。

这种“野人”像野兽一样，在山的周围活动，吃树叶、草和其他能找到的食物。为了表示对探险队的欢迎，当地的一位贵族将一对丛林中的男女作为礼物送给了王子，这对男女是和3匹野马一起在荒野中被捕捉到的。“他们在德国土地上从未发现过，因此，我叫不出它们的名字。”这段大概是有关“阿尔玛斯”的最早的文字记载，是希尔特伯格尔1427年逃回巴伐利亚后，留在他的旅游见闻上的。

在一部18世纪末出版于北京的古老的人类学著作中，蒙古的野生动物得到了系统地描述。其中对“阿尔玛斯”的描写较为详尽：“野人”直立行走，站在一块巨石上，一支臂膀举起；除双手、双足以外，全身几乎都长了毛。书中把“阿尔玛斯”称作“人兽”。

据说在19世纪曾发生这样一件事：一支行走在蒙古高原的探险队，临时放弃一处营地，转移到别处去。不久，当帐篷的主人再次返回时，却发现一群“阿尔玛斯”正围坐在帐篷里尚未熄灭的火堆旁烧火取暖，在火堆旁干燥的地方，还堆放着它们从别处获取来的干果。它们没有去动帐篷里存放的酒，也不懂得向火堆里放更多的柴禾，使快熄灭的火着旺。当它们发现帐篷主人回来时，没有表现出任何寻衅行为，便悄无声息地退走了。

俄国的布拉弟恩教授是亲眼见过“阿尔玛斯”的一位学者。事情发生在1906年4月一个黄昏时分，商队在阿拉山沙漠走了一天后，正准备停下搭帐篷宿营。突然队长惊恐地大叫起来，队员们抬头看到一个毛人的身影，它的样子有些像猿，在落日的余晖映照下，晃动着两只长臂，弓身站在沙丘顶上，面对着下山的太阳，它盯视了队员们一会儿，然后转身消逝在沙丘之间。布拉弟恩让队员们去追，但没有一个队员响应，只有一个随队而行的喇嘛试图去追踪，但由于脚上穿着沉重的蒙古鞋，最终没能追上这个“阿尔玛斯”。

1917 年，一支苏联红军通过帕米尔地区时，在深山里突然发现了一排脚印，他们跟踪来到一个洞穴的入口，发现里面藏着一个和人很相似的奇异动物，战士们开枪打死了它，随军医生对它做了体格检查，然后把它埋在石头下面。它的面部特征是：“黑眼睛，牙齿较长，形状与现代人牙相近，前额倾斜，眉毛很长，凸出的颚骨使其面部类似于蒙古人，鼻子低平，下额宽大。”

著名的蒙古学者叶·林岑教授 1937 年在戈壁的一所寺院内，曾见到喇嘛们做佛事时当作毡毯使用的一张“阿尔玛斯”的皮。皮上的毛弯曲，呈棕红色。从这张皮上看，这个“野人”身上的毛比较少，脸上可以见到眉毛，头发长而乱，手指和脚趾与人的很相似。

1937 年，苏联一家工厂的厂长库里巴·塔辛库夫向人们讲述了他的一段经历：

“这年，我参了军，在蒙古参加了对日本军队的作战。一天夜晚，我率领一个侦察队外出侦察，我们在一个山脚下突然发现了两个人影，于是大家立即卧倒，向他们发出口令，但过了许久。他们仍未回答，于是我们便向黑影开了枪，黑影很快消失了。次日清晨，当我们完成侦察任务路过此地时，我们看到地上有两具尸体，他们不是日军，而是两个浑身是毛的神秘的生物，样子很像高级猿类。但据我们所知，蒙古人民共和国境内没有高级猿类。此后，我向此地区一些年迈的老人打听，他们说，他们也经常在高山上遇见一些类人生物。我记得，那两个被击毙的类人生物浑身长满了不规则的红毛，脸为现代人脸状，但比人脸粗糙，两条眉毛又黑又粗”。

据考察，“阿尔玛斯”会贮藏食品，有人亲眼见过一个“阿尔玛斯”女孩在玉米地里寻找玉米棒子，棒子上还留下了她的牙印。蒙古的牧民们也常说：“阿尔玛斯”是“野人”，住在山洞里，能使用石头工具。

居住在蒙古偏僻地区的一位教师，讲述了一个离奇得近似荒诞的故事。

这位教师有一次在山间漫游，被两个女性“阿尔玛斯”捉住，带回到她们居住的山洞里。她们把他拉到跟前仔细地打量他，但并没有对他进行伤害，只是对他的衣着露出了明显的兴趣。吃饭时，她们给他拿来了食物，其中有用锋利的石器杀死并肢解的山羊肉。这位教师说，他当时用随身带着的放大镜取火将山羊肉烧熟吃，而她们却生吃。在她们的体贴和照料下，他在那里既紧张又愉快地度过了两周，直到她们对他不再感兴趣时，他才得以逃了回来。

哥伊米阿是在蒙古科学院所属的水果栽培实验站工作的一位工人，1980 年 6 月，《蒙古》杂志登载了他的一篇回忆，讲述了他与“阿尔玛斯”的一次遭遇：“这件事发生在 1953 年 6 月 26 日大约 10 点钟，那天拂晓时，我朝阿尔玛红山的方向走，寻找走失了的骆驼。

当我骑着骆驼沿着崎岖的小路爬上爬下时，在一个隐蔽峡谷的角落里，突然看到两簇矮灌木丛下，伏着一个驼毛颜色的东西。我走到近处一看，原来是一个粗壮多毛的似人的动物尸体半埋在沙中。虽然我在新疆的故乡看见过牺牲在战场上的死人，但从没有见过像这样遍身生棕黄色短毛的东西，我被吓住了。这奇怪的死东西是谁？是人还是野兽呢，我决心再回去仔细地查看一番。我又走近死尸，从骆驼背上往下看。这个死尸不是熊或猿，如果是人，既不像蒙古人或哈萨克人，也不像中国人和苏联人。它头上的毛发长过身上的毛。腹股沟和腋窝的皮肤深谙一些，并且皱缩得像死骆驼的皮。”

1963 年，苏联一位儿科医生伊弗罗夫在蒙古南部的阿尔泰山旅行时，曾碰见过一户“阿尔玛斯”：一个“男人”、他的“妻子”和他们的“小孩”。当时他们正站在一面山坡上，伊弗罗夫在大约 200 米远的地方，用一架双筒望远镜仔细地观察这奇特的一家，一直看着他们走远，消失在矗立的峭壁后面。

当时同行的蒙古司机也看到了这一景象，并且十分有把握地说，在这个地区常常可以见到这种动物。这事使伊弗罗夫感到不可思议，他决定去询问当地的小病人，他想孩子们的陈述不会像成年人那样带有偏见。结果，许多孩子都声称见到过“阿尔玛斯”，并且还讲述了许多详细情况。其中有一个孩子告诉他，有一次，他们一群孩子在小河里洗澡时，看见一个背着“小孩”的男性“阿尔玛斯”从小河的浅水滩涉水过河，当时这位大“人”并没有注意那群带着惊讶的表情注视着他们的孩子们。这位小病人还说，他们清楚地看见那个成年的“阿尔玛斯”的背影，它背着的那个小“阿尔玛斯”，也一直在肩头上看着他们，还伸出舌头对他们做着鬼脸。

一位在阿斯加特山一带放牧的叫作穆塞的牧羊人说，“阿尔玛斯”喜欢居住在远离人世的高山之中。可能是为了便于猎食，它们和野绵羊及野山羊最为接近。每到夏季，畜群从这里的山地迁移到更远的牧场时，野山羊和野绵羊就会取而代之，占据这块地方。与此同时，“阿尔玛斯”也会在这里出现。它们往往在黄昏才来，过着夜间出没的生活。主要靠树根、树叶、草和其他植物生存。“阿尔玛斯”很胆小，而且多疑，但是它完全不侵犯人。没有人听到过它们说话。

1974 年 2 月 13 日，在这一天穆塞遇到了“阿尔玛斯”。那是“几个长着浅红黑毛的半人半兽的怪物，脸和肚子的毛长得少而稀疏，头后部呈圆锥形，前额扁平，眉脊显著，下颌前突，身高近似中等个子的人，其中有几个屈膝行走，站着时弯腰曲背，脚趾似乎内向。肩宽手臂长，大脚趾外伸”。穆塞说，除此以外，他还有两次与“阿尔玛斯”相遇的经历。

有关“阿尔玛斯”的描述，来自不同的记载，但几乎无多大区别。它们习惯于伸直身体，其身高与当代蒙古人的高度相似；它们的双足稍有点内弯，屈膝行走，但跑得很快；它们的上下颌很大，下巴向后缩，眉脊与蒙古人相比显得十分突出。女性“阿尔玛斯”的乳房很大，当它们坐在地上时，可把乳房搭过肩给背在背后的婴儿哺乳。

“阿尔玛斯”不仅仅是存在于传说之中，许多活生生的资料迫使我们承认，它过去是，现在也是存在着的动物。

中国野人大搜索

“野人之谜”是世界四大谜团之一，因为这个谜关系到我们人类自己的起源，因此更引起人们的关注和兴趣。许多国家都有科学家进入原始森林对这种人形动物进行科学考察。

“野人”传说，在我国已有3000年历史。据战国时代的《山海经》在“枭阳国”的注释中说，《周书》记载南方“州靡南”将捕获到的“野人”献给了周成王。屈原在《九歌》的《山鬼》中描述了“野人”的生活习性，并拟人化，抒发了诗人的情思。自汉以来，我国历代文献中都有关于“野人”的记载，明代大臣药学家李时珍在《本草纲目》这部名著中还对历代文献记载的“野人”进行了综合分析。但是，对“野人”进行科学考察和研究是在新中国成立后才开始的。40多年来，我国科学工作者对“野人”进行过多次考察，尤其是我国在鄂西北神农架一带，从1976年开始，由中国科学院与有关单位组织的多次考察中，取得了可喜的成果。除此之外，在我国的四川、陕西、甘肃、西藏、新疆、广西、贵州、云南等10多个省区都有“野人”行踪的报告，现今唯一可惜的是，没有一例活“野人”被抓获。

我国最早进行“野人”考察的是在西藏喜马拉雅山区。雅鲁藏布江中下游、喜马拉雅山南地区及东部峡谷区都生长着茂密的原始森林，盛产野果及各种动物。原始森林保存最好、面积最大的“野人”避难所恐怕就属辽阔的喜马拉雅山区。藏族及舍巴人常见“雪人”或“野人”是很自然的。20世纪80年代中期，中国“野人”考察研究会会员、西藏文联作家肖蒂岩经过几个月的初步调查，从领导干部、各方群众中了解到许多重要情况和线索。在拉萨召开的藏族学术讨论会上，四川大学童恩正副教授作了《青藏高原——人类起源的摇篮》的学术报告。西藏“野考”的进展，对研究从猿到人的人类起源理论，无疑具有重大意义。西藏自治区党政领导对“野人”十分重视，并具体安排宣传部的理论处主管“野考”，这说明区领导对这一科学事业的理论意义有了深刻的认识。

目前各省区的考察研究工作，强调领导、专家、群众三结合，考察与研究相结合。在考察目标上，不仅要重视间接证据，更要重视直接证据，以便更快揭谜。考察队员十分重视追踪尸骨获得直接证据的宝贵线索。

为了有利于接受当地党政领导和有关部门的支持，深入发动、组织本地区各方面力量进行“野人”考察研究，各有关省区正在酝酿成立该省区的“野人”考察研究会，同时成为中国“野人”考察研究会的分会。以神农架为中心的湖北省“野人”考察研究工作几年来不断取得进展，广泛搜集了目击资料，灌了一批石膏脚印，鉴定了一些毛发，发现和研究了可疑的粪便、睡窝和吃食现场，对生态环境进行了综合考察和多方面的科学分析，制作了大量植物标本和部分动物标本，建议成立了自然保护区，举办了“野人”考察汇报展览，积累了近百万字的文字资料。特别是，3个考察队员一起见到了一个巨型“野人”。在中国“野人”考察研究会约300名会员中，湖北的会员就有近80名，约占1/3。湖北省社会科学院历史研究所内成立了“人类起源史研究组”，把从人类起源角度研究“野人”问题，列入了科研项目。1983年8月26~29日，湖北省“野人”考察研究会在迷人的神农架召开了成立大会，代表们决心使以神农架为中心的湖北省“野人”科学考察研究，出现一个新局面。

据中国野人考察研究会执行主席兼秘书长李建透露，1987年以来，中国一些地方不断传来“野人”活动的信息。

1987年6月24日，一外地青年在神农架接山泉水喝，突然被一红毛怪物击昏，当他醒过来时发现自己被抬进山洞，面前站立着一个2米多高的“野人”。

1988年3~5月，神农架瞭望塔工作员袁玉豪在猴石、南天门等地发现300多个40多厘米长的大脚印，以及“野人”粪便和红毛。

1988年，湖南一采购员乘押运货车经过阳月山自然保护区，遇到3个人形怪物追车，被他用扳手等工具赶下去了。

云南西双版纳曾有人提供情况说，浙江永嘉县有一专业户到云南养蜂，被一母性“野人”拖去同居3年，生下后代，后来趁机逃回家。

自1974年在神农架发现“野人”以来，“野人”考察工作已开展20多年。据悉目前全国共有800多人参加野人考察研究会。科学工作者对“野人”毛发进行多次科学鉴定，确认自然界确有“野人”存在，大量信息表明长江流域是“野人”活动的主要区域。

出身于书香门第、毕业于华东师大中文系的上海青年李孜，就是凭借探索大自然奥秘的强烈渴望，自愿放弃安逸的生活，于1979年起自费踏入湖北神农架及川东林海，去探索“野人”之谜。

为寻觅野人，李孜食野果、吃树皮、蹲山洞、宿野地、卧林莽。一次他被毒蛇咬伤，濒临死亡时，他毅然用尖刀将伤口四处的毒肉一块块剐去，战胜了死神。

10多年的时间，李孜8次进山洞遍访被“野人”追赶过的人，他自己也曾发现过“野人”的毛发、脚印、粪便和宿窝，积累了大量资料。

李孜对“野人”的毛发进行了测定，发现“野人”毛发中的元素含量比正常人高50倍，是普通动物的7倍。他与别人合作的《“野人”毛发中微量元素的质子x光分析》一文在

《自然杂志》上发表后，在国内外引起强烈反响，方毅同志批示说："世界上就要有这样的探险者，否则就没有哥伦布。"

1983年7月，武汉医学院法医学教研室也曾对神农架及附近6个县发现的8种"红毛野人"的毛发进行了科学鉴定。该教研室黄光照副教授在同年8月下旬湖北"野人"考察研究会成立大会上宣布：通过肉眼检查、光学显微镜下观察、横切面检查、毛小皮印痕检查，发现这8种"野人"毛，"其毛皮形状特征基本上类似人毛。"

观察所见8种"野人"毛，毛发皮质均发达，可见纵间细纤维，皮质色素颗粒少，且多呈外围性分布。这说明8种"野人"毛发皮质的组织学特点与人类相似，而与大猩猩、金丝猴、猿猴、长臂猿等灵长类动物毛有较大差异，明显不同于猪、狗、熊、绵羊等动物毛的特点。

如今我国"野人"考察研究已不只是在湖北的神农架和西藏进行，而扩展到了四川、陕西、浙江、河南、广西、云南、贵州、湖南、安徽等10多个有关地区。江西、福建也有了考察的线索，新疆也计划进行考察。我国近年"野人"考察研究范围如此迅速扩大，是世界上没有的。

有关省区普遍进行了初步普查，了解到许多目击资料和可能获得证据的线索，对生态环境也进行了初步调查研究，在我国广大地区，发现众多大面积的适合"野人"生息繁衍的原始森林山区，那里气候温热，雨量充沛，动植物资源丰富，人烟稀少，野人可能就出没其中……

云南野人在出没

中国云南的沧源是个名民族聚集的佤族自治县，与耿马、西盟毗邻，西南与缅甸接壤。境内气候炎热，雨量充沛，植物繁多，野果累累。在古木参天的原始森林中，有无数的岩洞，这一切都为"野人"的生存提供了优越的生态环境。

勐来乡四永小学佤族教师李应昌是个精明强干的中年人，中等身材，枪法很准，是个著名的猎手。1980年春节后，他在翁黑村后面的大黑山集体狩猎中，击毙了一个从未见过的奇异动物，因其外貌酷似人形，而遭受众人谴责，使他的思想压力很大，唯恐政府追究刑事责任。因此，他顾虑重重，从不愿讲述这件事。经过公社党委书记做了耐心的解释，他才认识到把这一问题搞清，是对国家科学研究的重要贡献。他和爱人把猎获奇异动物的情况进行了认真、详细的回忆和讲述，并把珍藏下来的左掌标本及少量脑髓交给有关部门。

那事发生在1980年年初，当时北国早已是冰天雪地寒冬季节，但地处亚热带的沧源山区,却依然是山清水秀、温暖如春。1 月 20 日左右,勐来乡翁黑村田阮勐,背着猎枪,到村后的大黑山南麓的山地里守庄稼。他也是全村著名的猎手,在多年的狩猎实践中积累了丰富的经验。他在地头上搭起了一个高高的瞭望台,好便于登高望远,守护庄稼,又能随时观察野兽的动静。这天,他坐在高高的窝棚上,边吸烟边观察,仿佛没有看到什么。他爬下来向地边的森林走去,发现了许多新鲜的马鹿脚印,凭他多年的狩猎经验马上判断这是一群马鹿刚从这里跑过。于是他提着枪、抄小路、爬悬崖,迎头赶到岔路口等候,他相信马鹿定会从这里经过。不出所料,片刻工夫,一队马鹿依次跳跃而过,他蹲在大树脚下隐蔽,端着枪,刚准备射击第一只马鹿时,第二只又跟着来了;准备打第二只时,第三只又跑来了。此时,一个奇异的景象出现了:在第四只最大的马鹿背上,只见骑着一个浑身长毛的人形动物,同时发出响亮的叫声,右手抓着鹿颈上的毛,一瞬间,其余的马鹿一一从田阮勐的身边跳越而过。他记得非常清楚,那个人形动物个子为八九岁小孩那么大,但脸形却像十三四岁的男孩,毛发较长,红黄色,仿佛是穿着军装一样。他被这从未见过的奇异景象吓呆了,半天才清醒过来。

春节过后,田阮勐组织寨子里的七八十个青壮年到村后的大黑山原始森林围猎。他挑选了 10 多个枪法好的人间隔埋伏在西北部的山头上,特别把李应昌安排在他亲自碰到奇异动物的永爪岔路口上,其余的人从相反的方向,人喊狗叫的向埋伏区赶去。随着枪响,其他同伴打死了一个麂子和一只豪猪,但李应昌的面前却没有什么响动,正在纳闷,忽然在他的左前方的丛林里,响起了嗦嗦的响声。抬头一看,一个奇异动物正朝着他所在的方向顺坡跑来,跑了几步甩一次头发,再跑几步又甩一次头发。李应昌正准备开枪时,那家伙发现了他,便迅速踅头往回跑,动作非常敏捷。快上到坡头时,只见那奇异动物回头看着他。说时迟,那时快,李应昌瞄准其胸口,一枪把它打倒在地,直往坡下滚,死在山沟里,坡地上流着鲜血。

听见枪响,人们向李应昌围拢过来,一个人问他:“你打着什么东西了?”

“什么东西,你们瞧嘛!”李应昌指着前方的猎物。人们走过去一看,大吃一惊,责备他为什么要打这个“达”(佤语:爷爷),因为眼前的死者并不是一般的野人,却是一个非常类似老头子的人形动物,头发很长,浑身毛发灰黑色,个子较高,约 1.5 米,脸白皙,有前额,眼大,眉脊和颧骨凸出,鼻和嘴部稍凸,牙洁白整齐,有双肩,胸扁平,腰粗壮,无尾,属雄性,生殖器与人的相似。于是全村破除惯例,没有分食这个奇异动物。该村会计田上拐帮助李应昌一起把猎物抬回家,估计约有 40 公斤重。李应昌把猎物交给老婆及其亲友刮洗烧煮后,他就跑到其他家吃麂子肉去了。其妻按佤族人的习惯从猎物的每个部位上割下一块肉来,煮成一锅,但由于十分腥臭,没有吃完就倒掉了。后来李应昌只好将肉晒成干,经过一年左右才逐渐吃完,仅留下颏骨、左掌做纪念,留下胸髓做药。1982 年因工作调动,他又将下颏骨连同其他兽头一并烧毁。

所留的下左掌标本在1984年1月以后,经上海、北京、中国科学院古脊椎动物与古人类研究所、动物研究所、上海华东师大、上海自然博物馆等单位的专家鉴定,一致确定为合趾猿。中国科学院学部委员、著名考古学家、古人类学家贾兰坡教授在鉴定书中指出:"过去在我国没有合趾长臂猿的记录,这次发现了它的脚,就是很大的成绩,值得赞赏。"

合趾猿是各种长臂猿中最大的类人猿,原发现于印度尼西亚的苏门答腊和马来西亚,中国尚无记录,此次在我国是首次发现。该标本的主要特征是趾尖呈菱状球形,趾细长,大趾粗壮发达,对掌,趾甲尖而上翘,二、三、四、五趾短于长臂猿,第二、三趾的第一关节有皮膜相连。由于合趾猿个体颇为高大,形象又与人极其相似,因而当地部分群众就把它误认为"野人"了。那么,还有没有其他的线索和踪迹呢?有!

在1982年8月,班列佤族社员包老大用铁夹活捉了一个"古",在家里饲养了两个多月,于10月因伤势严重才死去。死前,主人把它关在一个铁笼子里,出于好奇,徐守清曾两次进行过认真观察,这种佤族称为"古"的奇异动物,既不同于猴类,也不同于一般的猩猩:其貌酷似老人,面白,有额和下颏,眉骨、颧骨和嘴部稍突出,个头高大,约1.4米左右,毛发灰黑,长及肩,手、脚已基本分工,似人,看不到尾,只有一寸左右的无毛肉团,似一种尾巴蜕化形式。有喜怒哀乐和怕羞的表情。另据当地著名猎手田尼块告知,他曾于近年内捕获过3个"古",有雌的,有雄的,有大的,也有小的,并在森林中做过详细的观察。"古"除上述特征外,它还会到河里捉鱼、抓螃蟹,会搬动树干、捉土蚕,七八十个群居,基本生活于地面,偶尔会爬树,但不能跳跃。有极强的集体感,相互关照,若同伴不幸被击伤,就集体帮助转移;若被击毙,则一同把它背到隐蔽地,刨土掩埋,实行"土葬",两性关系固定、隐蔽等等。这些都说明,"古"是一种我们现在还未知的类人动物,其形象与李应昌猎获的奇异动物极其相似,是否同类?还是其他未知的灵长类?有待于深入地考察。

雪山极顶的神秘身影

1951年,在喜马拉雅山的冰天雪地上,英国登山家西普顿把"雪人"的脚印拍摄下来,得到了清晰的照片。这脚印长31公分,宽17.5公分,脚拇趾粗大,第二个脚趾细长,趾茎部相连接,根据脚印来分析,这是一种直立行走的猿类动物。这一照片的获得,被称之为是"雪人"研究中心的一个重大突破。

1954年,英国探险队最大的收获,是在喜马拉雅山的寺庙里找到了两块据说是从"雪人"头上取下来的带发的头皮。在喜马拉雅山地区的一座寺庙里,每当举行宗教仪式时,庙里的僧侣就在头上戴着据说是从“雪人”头盖上撕下来的两块夹杂着褐色和火红色长毛的毛皮装扮“雪人”。探险队征得僧侣的同意，对头皮进行了测量和拍照。因为是寺庙中的圣物，英国人只从头皮上采集了几根毛发。这两块头皮传说是一雌一雄，大小和形状颇为相似，一块毛发齐全，另一块有的部位已光秃无毛了。它的顶部尖耸，毛发呈淡火红色，也有的呈乌褐色，据推算头皮保存已有 350 多年了。

1959 年，在珠穆朗玛峰地区的海拔 6000 米的雪地上，发现了“雪人”的脚印，大小与穿着登山鞋踩的脚印相似。据说，这是迄今发现的“雪人”留下的海拔最高的足印。

为了配合珠穆朗玛峰地区的科学考察，中国科学院等有关单位也派出专业科技人员，对“雪人”进行专题调查。5 月 20 日晚上，考察队员尚玉昌正在营帐中记日记，突然听到山谷里响起两声枪响，只见藏族翻译气喘吁吁地跑来，大声喊：“雪人！雪人！”原来一个“雪人”从山谷下面往山顶走，全身长满了毛。翻译赶紧连放两枪，但因天黑而未打中，“雪人”连跑带跳地逃走了。

6 月 24 日，在卡玛河谷中游的莎鸡塘，“雪人”咬断了一头牦牛的喉咙，并吸食牦牛的血，使之致死。接到一个住在我国境内的尼泊尔边民的报告，我国的考察队立即赶到现场，果然见到一头死牦牛躺在地上。考察队对四周进行了严密的搜索，在被害的牦牛附近，找到了一根长 15.5 厘米、呈棕色的毛。尼泊尔边民说，这就是“雪人”的毛。考察队将毛带回北京检验后，证明与采自北京动物园的牦牛、猩猩、棕熊和恒河猴的毛，在形态上确实不同。这个发现是十分珍贵和重要的。只是目前还难以肯定这根毛就是“雪人”的遗物。

顿·维兰兹是 1970 年夏天登上珠穆朗玛峰顶的登山英雄。后来他就登山过程中的见闻写了一本书，其中谈到了“雪人”。“当时我正在寻找架设帐篷的地点，以便过夜。我们走近山腰，突然听到山后传来一声像鸟一样的叫声。这时一个舍巴族向导正在我身边，他慌忙对我说：‘先生，耶提来了！’我赶忙回过头四下环视，然而向山顶望去，只见两只黑色的乌鸦仓皇地飞起，一个黑色的身躯出现在一块洼地旁，向我们这边窥视着。我正考虑万一它向我们进攻将如何应付，这时它跑了。我们放下心来，又重新布置帐篷。次日，我怀着好奇的心情来到山的南坡，发现雪地上有一行巨大的脚印，脚印长约 46 厘米，这天夜晚，明月高悬，将皑皑的雪山照得犹如白昼。我从帐篷的窗口探出头来，打算欣赏一下月景，此时，突然发现月光下一个身影在蠕动，此后，‘耶提’出现了，它有些像高级的猿猴，走起路来一蹦一跳的，十分可笑。它径直向一块我十分熟悉的地方走去。几个星期前我曾去过那里，当时雪已融化，那里到处是泥，只有一小片树丛，根据它的行动方向，我判断出，它可能去那里抱一些树枝。于是，我赶忙取过望远镜，紧紧地盯着它。借着月光，我分辨出它的身体为黑色，样子很像是高级猿猴。20 分钟后，‘耶提’好像感到有人在盯着它,于是飞快地向山脚跑去。"

20 世纪 70 年代,英国人威廉·奈特在喜马拉雅山考察时,也曾有幸在很近的距离对他认为是"可憎的雪人"的怪物进行观察。在一位当地向导带领下,他和一位欧洲人,带着由四五十个劳工组成的一支队伍,从西藏回来,行进在从甘托克通往色当琴的小路上。他们想走高处的山路,但是向导特辛·瓦格底说,劳工们怕对付不了"山鬼",因此,只好走低处那崎岖不平地沿着河流向前伸延的山间小道,当到达甘托克附近时,要爬一段坡,威廉·奈特的同伴带着劳工们走在前面,而他则在距离他们大约半里的后面跟着,这时他们离下面的甘托克城大约半里。

"走到一片开阔地面,我停下来,让我的马喘口气。我跳下马,松一松马的肚带,遥望即将落山的夕阳。正在我若有所思的时候,突然听到轻微的声响。我四下张望,看到在大约 10~20 步之外,有一个像人的东西。我想,那就是珠穆朗玛峰考察队所说的长毛人,也就是西藏人称呼的'可憎的雪人'。"

"据我回忆,这个'雪人'身高略低于 1.8 米,在严寒中几乎全身赤裸着。当时正值 11 月份,他浑身皮肤呈浅色,头上生有一束头发,脸上毛少,双足很大,脚趾张开,有一双大而令人生畏的手。它的双臂、大小腿、胸部和背部的肌肉非常发达。他手中拿着一个什么东西,看来像一张原始形态的弓。它站在那儿,并没有看到我。我观察了 5~6 分钟,后来才明白,原来它正在注视着远在山坡下的什么人或野兽。大约又过了 5 分钟之后,他突然奔下山坡,简直在飞跑,速度之快,令我至今难忘。"

沙勒是研究喜马拉雅山青藏绵羊和雪豹的动物学家,他并没有期望能幸运地看到一个"雪人"。不过,高原上森林茂密的河谷,类似尼泊尔西部阿鲁谷地那边的密林地带是"雪人"经常出没之地,而在他所到的那种边远地区,连登山运动员和旅游者也没有到过,根本不会预料有"野人"存在。然而,他在 1979 年出版的一本题为《雪豹》的著作中,确记下了这样的一段经历:"一条河的支流从庞摩地方的伯昂村流下来,在一个河汉口的附近,急流穿过密林被崩塌的山石切断。在那灌木丛生的斜坡上,一个黑影从大石后跳出来。斜坡笼罩在清晨的阳光下,但我只来得及看一眼。这个东西大得像一头棕色大熊猫,躲藏之快像鹿一样,样子像狼或海豹那样可怕,动作比熊快得多。我用望远镜看着毫无动静的巨石,感到在它后面躲着的那个神秘莫测的怪物。四周一片寂静,只有晨光中的山脉和清澈的流水。"

北美洲的"大脚野人"

许多学者认为,世界上真有一种沙斯夸支大脚野人存在。他们多分布在美洲,并且有足够的人证、物证证实了他们的存在。

见过野人者如美洲的印第安人、白人牧人、捕兽人等，他们提供了许多有关野人的报道、照片、足印铸型（其中包括一个跛足的大脚野人的足印），在足印附近发现的粪便、毛发以及大足野人发音的录音带等。还搜集了许多与此有关的当地印第安人的民间传说。最后，值得一提的是罗杰·帕特逊拍摄的那部著名影片，摄下了一个看来是雌性的沙斯夸支。

在英属哥伦比亚佛雷泽河上游地方，住有姓查普曼的一户美洲印第安人。1940 年某日，一个高 8 英尺的男性沙斯夸支野人进了村子。这个野人是从树林里出来的，然后走到农庄建筑物附近。查普曼太太起初以为是熊之类的动物，后来她看清楚了是个野人，吓得她拖住孩子们就跑。全家人知道此事后，回房舍查看，才发现在房子附近留下了长 16 英寸，宽 8 英寸的大足印，每步的长度达 4 英尺。屋里一大桶咸鱼被打翻，撒满地上。他们家见到的这个野人及体格大小，看来属于沙斯夸支男性。这次发现（值得指出的是沙斯夸支喜欢鱼），与苏联在帕米尔的发现有同等重要价值。

1955 年，在英属哥伦比亚米加山区，又有一次更有意义的发现。一位名叫威廉·罗的筑路工人（他还是一个有经验的猎手和看林人），见到一个女性沙斯夸支。这个野人高约 6.3 英尺，个头大，全身呈棕黑色，头发银色，乳房很大。有两支长臂和一双大脚。罗还注意到，她行走时像人一样，后脚先着地跨步，头的后部似稍高于前部，鼻子扁平，两个耳朵长得像人耳朵，小眼睛。她的脖子很短，几乎看不出来。还未等他仔细端详完，这个女野人已发现他就在其身旁，便赶快走开了。

一个来自北欧的伐木工奥斯曼说，1924 年，他在温哥华岛对面的托马港附近度过狩猎和宿营的假期时，曾经被一个沙斯夸支俘虏过。这段遭遇轰动一时，但他本人没有传播多少年，因为他认为别人不会相信那是真事。他肯定地说，有一个沙斯夸支野人在一天夜里把他连同他的睡袋一起扛起，在山里走了大约 25 英里，最后到了四周是峭壁的深谷中的“一户人家”，家中有父亲、母亲、儿子和小女儿。他在“这户人家”中安全地住了 6 天，后来还是逃离了。他清楚地叙述了这家人的情况，他们既不生火也无工具。但奥斯曼强调他们有与人相同的地方。

最近，1978 年 6 月 6 日上午 8 时，又有一次新发现，目睹者是两位年过 50 岁的高级地质考查工程师肯德尔和哈撒韦，他们二人都是长期从事户外工作的科学家，有丰富的野外工作经验。当天他们下了中途搭乘的卡车后，便登上华盛顿州喀斯喀特山北面的高峰，此山的高度大约是海拔 4000 英尺。当时天气晴朗，气温很低。两人根本未想到有关野人的事。突然，对面伐倒的灌木后有一个大黑影很快地闪现过去，引起了两人注意。起初他们以为是个人，后来才想到，此处没有伐木业，他们是在一处私人经营的小小的木材堆放场。再看时,他们发现那个家伙身材很大,像人一样地直立行走,并且故意躲在一块大木料后面。这个家伙皮肤黑色全身长毛。他们看到了它的头、双臂和宽肩膀,但仅一二秒钟它便跑掉了。由于太突然,两人惊得面面相觑,一时说不出话来。等他们明白过来,才快步走到野人消失的地方去找脚印。地面太硬,石头又多,什么也看不出。以前他们曾说过,那一带他们非常熟悉,不可能有野人出没,可是现在他们居然也相信,他们眼见的那个家伙就是沙斯夸支野人。

在大脚野人出没频繁的俄勒冈州的某县,1969 年还曾颁布了杀害大脚野人要判处 5 年监禁及罚款的法律。

更令人吃惊的是,不少学者认为美洲的大脚野人是中国巨猿迁徙进入美洲大陆而演化的。

到了 1970 年,在对全球有关庞大的直立怪物的描述中又加入了新的成分,那就是,某种未经证实的两足动物可能和不明飞行物(UFO)有关。

1972 年 8 月的一天晚上,在美国印第安那州的罗克达尔发生了类似不明飞行物的奇怪事件。当时在那里的一幢活动房屋里住着名叫罗杰斯的一家人。

事情的经过是这样的:刚开始,这一家人看到有一发光物在附近的玉米地上空盘旋,而后他们几次听到在静夜中附近什么地方有声响。他们中一人走出门去察看究竟,他一眼看见一个身材高大的庞然大物正在地里折玉米秆。罗杰斯夫人从小屋的窗子里望见它站立时像个人,但用四肢走路。

他们看得不很清楚,因为这事发生在夜里,但他们可以看出这家伙身上长着黑毛,并散发出“死动物或垃圾一样的”臭味。这家伙有一独具的特点,就是它好像是虚渺的东西,因为不可思议的是我们未发现它留下任何踪迹,哪怕是它从泥地中走过。它走起来连蹦带跳,但却好像什么也碰不到一样。当它穿过草丛,你听不到任何声响,有时你看它时,好像你的目光能穿透它的身体而过。

不过,这只怪物并不总是不留痕迹的。还有几个农人也看到它。在这家伙来过后,他们发现几十只肢体残缺的死鸡,不过未被吃掉。伯丁一家发现了死鸡,草地被践踏、篱墙被毁坏、猪食桶里的黄瓜和土豆被掏光。有一天晚上,他们看见这家伙站在他们鸡舍的门口,小伯丁说:这家伙把鸡舍里的灯光全挡住了。鸡舍的门有 6 英尺宽、8 英尺高,它的肩膀顶到门的上缘,它的脖颈应比门还高,可是它没有脖颈!在我看来它就像是一只大猩猩。它长着褐色的长发,身上呈铁锈色。我没看到它的眼睛或脸,它发出低沉的嗥叫声。

当这家伙跑走时,伯丁一家向它追去并开了枪,尽管距离很近,他们肯定打中了它,但它似乎并不在乎。

为“野人”接生

1984 年 7 月，香港《星岛日报》有这样一篇报道：14 岁的加拿大女孩茱莉·马基的经历是同年纪的女孩从未有过的，甚至于大人们也难得有机会遇到。小茱莉成功地替一位难产的妈妈接生，但这个孕妇却并非普通人，而是一直令人困惑不解的“大脚怪”。

金发碧眼的小茱莉的确是一个勇敢的小女孩，她彻夜不眠，足足守候在这个正在分娩中的“大脚怪”身边 10 个小时之久，它腹中的胎儿位置颠倒加剧了它分娩的痛楚，令它发出可怕的吼叫声。

幸好，自小在农场长大的茱莉对于这种难产并不陌生。因为她曾经有过两次帮助她父亲替牧场里难产母牛接生的经验，胎儿在母亲的产道里手脚倒置是难不倒茱莉的。

“我很清楚知道应该怎样做。”茱莉开始忆述她那段奇异的经历，“不过，问题是，我必须说服自己接受一个事实——那个待产妈妈并非一只牛，或甚至不是一个人，我实际上是替一个‘大脚怪’接生！”

茱莉这个叫人难以置信的经历是发生在马基家的农场，这个农场位于加拿大西部阿拔托省卡加里市西面约 80 英里的地方。茱莉的父母趁着周末入市区洽谈一宗农作物的交易，只剩茱莉留在农场照顾她 7 岁的弟弟添美。

茱莉回忆说：“那晚添美和我刚吃完晚饭，我决定去谷仓看看我们的 4 只乳牛是否已经躺下休息。”

“当我行近谷仓的时候，我听到一阵阵低沉的呜咽和咕噜声，初时我还以为是其中一只牛出了麻烦，所以我就立即飞奔到谷仓，我拉开谷仓那扇大木门，走到拴牛的地方，只见 4 只乳牛都好好地躺在地上，没有发出叫声。而此时，刚才那种低沉的呜咽声却越来越大，就好像一只动物受了重伤似的，这声音显然是从谷仓的另一边传来，于是我就跑过去看个究竟。”

“我们的谷仓不算大，当我一转头跑到另一边时，差点儿就被绊倒在地上，我无意中踏着地上的一个庞然大物，它就躺在干草堆的后面。”

“初时，我以为见到的是一只受了伤的熊。但是，当我看见它的脸时，我知道它不是熊。我曾经听过很多有关‘大脚怪’的故事，它们跟人类有很多相似的地方，我深信眼前的生物正是传说中的‘大脚怪’。”

对于一个 14 岁的女孩来说，眼前这个情景实在太不可思议了，惊讶和恐惧交集，使茱莉很自然想到要去告诉爸爸妈妈。不过，她立刻就醒觉到这时候家里并没有大人，而最近的人家也要走上半小时才能到达。

“我当时手足无措,不知道应该如何是好,我躲在草堆背后,探头偷看它的情况,它看来非常痛苦,渐渐地我觉得它发出的吼声不再那么可怕,反而,我开始担心它的安危。”

最后,茱莉的同情心战胜了恐惧,在草堆背后战栗了好几分钟后,茱莉终于鼓足勇气,走到这只被痛苦煎熬的动物面前蹲下来。

“当我走到它身边时,它提起了一只手友善地摸摸我的手臂,好像向我表示它需要人帮助。它真的很大、很大!如果站立起来,它的身高差不多等于两个我。我知道它是女性,因为它有女人的乳房。不过,除了面部外,它整个身体都长满浓密的长毛,而且身上还发出一阵令人作呕的气味。

“它的呻吟声听起来像要生产婴孩,事实上的确如此,因为我见到它的下体正掉着一个胎盘。”

“我以前协助过爸爸替母牛接生,所以我知道这时候的‘产妇’最容易着凉,于是,我决定跑回屋里取几张毡给它盖。”

“当我站起来准备离开的时候,它的眼神好像很失望似的,于是,我尝试安慰它,用动作向它解释为何我要离开一阵子,它看来真的明白我的意思。不过,当我拿毡回来的时候,它的情况比先前更加糟糕,我可以从它脸上的痛苦表情看出来。”

在随后的几小时内,求助无门的小茱莉就只好坐在这位“大脚怪妈妈”的身边。不过,当这位长毛“孕妇”的分娩阵痛越来越剧烈的时候,茱莉醒觉到它的分娩可能出现了麻烦。

“我突然想起以前协助爸爸替母牛接生的情形,其中有两次牛胎在母牛体内倒置了,当时它们的痛苦情况就跟现在的一模一样。

“我知道这时候不帮它尽快把‘孩子’生出来的话,它和体内的‘孩子’都会死。我懂得怎样处理这种情况,不过,我很惊慌,因为它不是一头母牛,它像人一样。”

无论如何,小茱莉做出了最明智的决定,她要替这个“大脚怪孕妇”接生。

“我开始向它解释,我不知道它明白与否,不过,它看来好像很信任我,愿意任我摆布。我开始模仿爸爸替难产母牛接生的办法。

“首先,我把手伸入它体内探索胎儿的位置。初时,我只摸到一只脚,然后在较高一点的位置又摸到第二只脚。我把两只脚拉直,然后用尽九牛二虎之力试图把‘孩子’从‘产妇’的阴道口拉出来。“那只‘大脚怪妈妈’痛得大声叫喊起来,但最后,胎儿的头部终于顺利滑出来。它立即把‘孩子’从我的手中抢回去,然后开始用舌头替它清洁身体,就好像母牛替牛犊清洁一样。

“我一直陪着它直至天亮。它的身体复原得很快,当太阳刚刚升上来的时候,它就抱起全身长满长毛的‘孩子’离开了。

“我不知如何是好，只有眼巴巴看着它们离去。不过，它走不了两步就回头定睛望住我整整一分钟，然后就头也不回地，从谷仓的一个窗口钻出去，走入附近的丛林。我永远都不会忘记它望住我的神情，这是要向我道谢。”

目击“野人”

伐木工撞上北加州“野人”

1962 年 2 月，住在美国加利福尼亚州克莱圣特的伐木工罗巴德·哈特费尔特走访了住在森林地区的朋友巴德·琼肯斯家。刚走进琼肯斯家的院子，突然，主人的家犬紧张地狂吠起来。哈特费尔特感到奇怪，环视四周，突然发现 20 米以外的院子外面，有个长着人脸模样、毛发很长的怪物正隔着篱笆朝里窥探。篱笆高约 1.8 米，怪物从上面探出头来，它的身长至少在 2 米以上。

“啊！是黑熊！”哈特费尔特乍一见，慌忙朝屋子里奔去。“是个大黑熊！”一奔进门，哈特费尔特就气喘吁吁地告诉主人。他们赶忙拿起来福枪，跑到门外一看，那怪物已经无影无踪了。

哈特费尔特急忙绕过房子的拐角，却冷不防和那个怪物撞了个满怀，一个趔趄，跌倒在地上。

“大家千万别走出来，这儿有个野人！”哈特费尔特急中生智，一边大声对琼肯斯的家人喊道，一边从地上一跃而起，转身奔进房内，旋即关紧了门。

野人在哈特费尔特后面慢慢跟了进来，一到门口就用力大无比的手臂猛烈撞击着门。哈特费尔特和琼肯斯惊恐万分，死死地抵住房门。双方僵持了一会儿，野人似乎力乏了。趁这机会，两人提起来福枪，鼓足勇气冲出门外……可是，野人连影子也不见了，只有在房子周围留下的巨大脚印。

新闻记者们闻讯赶来采访，哈特费尔特对记者讲述道：“我和野人撞了个满怀，跌倒在地。这时，我瞥见了它的脸。哟！长得丑极了！至今我也忘不了那副凶神恶煞的模样。脸黑得像锅底，嘴巴和脸颊上长着硬毛，眼睛大得出奇。长相很像人，可总觉得有些地方和人不同。”记者们认为，这种与人类很相似的动物显然不是人类，也不是大猩猩那样的类人猿，而是一种更接近人类的动物。它们极少在人类居住的地方露面，仅在苏门答腊、蒙古、西伯利亚和北美西部的森林地带等地曾经有人目击。似乎有好多种类，但它们有个共同特征，就是毛发很长。

比这一事件时间更早一点的1957年夏天，苏联科学家普罗宁博士在被称为世界屋脊的中亚帕米尔高原上，用望远镜发现了山谷对面的这种奇怪的动物。他这样谈及自己亲眼目睹的情景：“野人的身体部分和人类相似，手臂很长，脸的大部分和整个身体都覆盖着一层灰色的毛，身高在2米以上。据当地人说，这种动物不袭击人，吃树根、果实，也吃老鼠、黄鼠狼、兔子等小动物。”

1941年冬天，苏军的卡拉佩强大校在高加索的布依那库斯克亲眼目睹过被当地人抓获的野人。他记述道：“野人的模样与人十分相似，胸、肩、脊背上长满了乱蓬蓬的褐色的毛。但是，脸部、手掌、脚底的毛长得很稀疏，头发也是深褐色，长长地披落在肩上。身高1.8米以上，胸部宽厚，体格健壮。据看管的人说，野人性格暴躁，身上的气味很强烈。没办法把它放置在家里。”

100多年来，在北美洲也不断有人目击野人。

1884年，在加拿大森林中行驶的列车乘务员发现像人和猴子的混血儿似的动物，躺在铁路旁。身高1.5米，体重六七十公斤。除了手、脚、脸以外，全身披着黑色的毛。

1924年，在美国的圣海伦斯山干活儿的矿工们，受到几个毛发很长的大个子怪物的袭击。矿工们用手枪反击，也难以抵抗。

1958年8月，在美国加利福尼亚的山区从事筑路工程的人们与巨人遭遇。这个巨人步子跨度达一二米，若无其事地把推土机的轮子搬至数百米远的地方。

1963年7月，在美国俄勒冈州，一个男人在深夜驾车行驶时，发现一个从未见过的怪物，身高近3米，全身披着一层灰色的毛。

追杀北美“大脚怪”

曾是美国森林管理局佣员的弗里曼指天发誓，说自己确曾遇见传说中的大脚怪。他全身长满褐红色的长毛，身高几近8英尺。

当消息传出后，弗里曼立刻变成公众人物，也招来人们的讪笑。记者群起跟踪他，而他的督察组上司怀疑他信口雌黄。他更收到匿名电话，指称他精神不健全而要领养他的三名儿女。

弗里曼终于辞职迁居逃避讹言。此后他更数次转职，流离不定。最后，他决定不向世俗屈服，于1984年，带着家人返回初遇大脚怪的地方——沃拉沃拉，决心要致力寻找和研究大脚怪。

他从事切肉工作，兼职驾驶货车，卖掉了两所房子，辛苦筹集了5万多美元来资助研究工作，此外，他每星期总有三天在森林度过，搜索传说中的异兽。

他的努力并没有白费。他搜集了不少大脚怪脚印，并制成石膏模，模子足足装满一个大箱。此外，他更寻获了很多毛发样本，这些样本连专家也不知是属于人还是属于兽。

他在住所厨房挂了一幅地图，上面标明与儿子共同发现大脚怪的地点。他的冰箱亦存放了怀疑是大脚怪粪便的物质。

他指出，在历次发现中，最大的大脚怪高 8 英尺，留下 18 英寸的脚印。他们能连根拔树证明很有力，但性格柔顺、胆小害羞，和报纸描述的野蛮怪兽大相径庭。

弗里曼说，这种神秘莫测的动物为了逃避人们追踪，往往匿藏峡谷，昼伏夜行来寻找食物，甚至懂得更改脚印，模拟成熊的足印，以混淆猎人耳目。

他说："这点至为明显，如果他们不是这么聪明睿智，早已为人所杀。"

弗里曼的努力获得其他神秘动物研究者的精神支持，华盛顿州大学人类学教授及大脚怪的研究者格罗尔·赫兰茨曾经对弗里曼的石膏模进行研究，发现他们并非子虚乌有，而且脚印模更是有完整的指纹。但另一名研究员加拿大作家达林丹却指斥弗里曼是一个沽名钓誉者。是真是伪，就是农林管理处官员也不能明辨。现存的一些证据仍微不足道。

现在弗里曼亟待寻获大脚怪的骸骨，他认为只有寻获骸骨，一切便会水落石出。

在非洲和南美地区，也有像无尾猿的毛人的报道。

美国密苏里州圣路易斯市的哈伦·索金对雪人的存在坚信不疑。他是一位雪人研究专家。他认为，这种怪物是一种巨大无尾猿基因变异的结果。他评论道："直到 19 世纪初，人们才发现大猩猩。试想一下，当人们第一次见到它的时候，会怎么想呢？"

人们推测，巨猿是 800 万~50 万年前生存的一种巨型类人猿，它活着的时候身高大约 2.5~3 米，体重约 300 公斤。有些动物学家认为，巨猿并没有完全灭绝，北美的"大脚怪"可能就是巨猿的某种同类或变种。

但由于人们至今尚未捕获"大脚怪"的实体，因此许多人对"大脚怪"是否存在仍是半信半疑。对此，国际野生动植物保护协会创始人兼美国俄勒冈州大脚怪研究中心主任柏恩指出，发现有"大脚怪"出没的地区达数十万平方公里，大多是深山密林，人迹罕至。有些地区更是难以到达。柏恩说，过着石器时代生活的塔沙特人就生活在菲律宾丛林里，直到 1971 年才被发现，所以至今没能捕获"大脚怪"也不足为奇。

随着人对自然界认识的增加，发现动物新品种的可能性就越来越小。但可能仍有许多人们未知的动物。最近百年间，过去许多被人怀疑的动物已陆续得到发现与证实。如大猩猩、大王乌贼、鸭嘴兽以及科摩多龙，过去都曾有人不相信过，但事实证明了这些动物的存在。但是，人们能否证实"大脚怪"的存在呢？这就要看动物学家们的努力和人类的机遇了。

俄勒冈州荒原上的"野人家庭"

在约翰·格林的《追踪沙斯夸支》一书中,谈到一个沙斯夸支群体活动的事例,该书记录了一位猎人叙述的经历——

一位目击者告诉约翰·格林先生:"我在俄勒冈州的荒原地带仅仅花了一天时间,那一天是我最富有成效的一天。可能是1967年深秋最后一个周末,正是猎鹿季节。天气特别冷,我沿着小道向下走了一英里左右。这是一条山间小道,海拔约5000~6000英尺高。我再向前走了一会儿就隐没在雾中了。我拐个弯,第一眼便注意到有些岩石块被翻了过来。"

这位目击者说:"由于雾气,周围其他石块都是湿的,但这些石块却是干的。我抬头一望,在约40~50英尺的地方看到一块石头,也看见好几个怪物——沙斯夸支在那儿。它们看起来像人或者说与人差不多。那雄的挺大,雌的并不那么大,还有个小幼崽,不是很小,它正跟它的父母同行,它多半是站着的。"

目击者说:"那两个年长的拾起石块闻一闻的时候,是蹲着的,身子有点弯曲。它们显出很仔细的样子。它们向前移动了几分钟,那雄的可能是发现了它们正在找的东西,很快地在那些石块中挖掘什么,那些石块都是很大的鹅卵石,扁而尖的,间隙很大,下面有几个洞,好像这些石块曾被爆破过。那些动物闻一闻后又把石块垒好,不是放回原处,是成堆地码起来。当那个雄的发现了它所找的东西时,它把石头抛开,大的石块重达五六十磅甚至百磅,它只需用手把这些石块迅猛地抛开,它挖出了看上去像个草窝似的东西,可能是些小啮齿动物叼到那儿的一些干草。"

"它在干草堆中挖出了那些啮齿动物,吃掉了。这些小动物可能正处于冬眠或睡熟着。大约有6~8个小啮齿动物,我注意到那个小的吃了一个,两个大的吃了两个或三个。正是这个时候,它们意识到了我的出现,一个个变得警觉起来,开始静悄悄地移到一棵树枝低悬的大树后面。以后,我再也没见到它们。"

目击者说:"它们的脸有点像猫,没见耳朵,鼻子要扁很多,上唇很短、很薄。雄的比雌的黑些,是暗棕色,雌的是淡黄褐色。雄的肩上、头上和脖子上的毛要长些,呈线状下垂,肩部比雌的要肥大得多。它的臀部以上变得宽大,它的腰宽,但是从腰往上更宽,越来越宽大。它们的肩圆润或是下屈,双肩中的头的位置比人的头要低些,似乎没有人那挺立的脖子。"

"绝大部分时间,它们不是站立而是蹲下或向前倾,以便拾起那些石块。直到它们警觉到我的出现时，我才看到它们完全站立起来。它们行动敏捷，但是弓着背，屈着身穿过那些石块的。它们最后跑动时，身子是直立的。那妈妈将她的孩子抱起放在膝上，跑时把孩子放在前面胸部下方。她的乳房低垂着，比人的更低得多。”

“它们很粗壮，特别是背的根部和肋骨以上特别肥重而厚。雄的 6 英尺以上高，雌的只有雄的肩高，它们比人要高大得多、重得多。那小的，不到它母亲的臀部高。”

“我第一次看见它们站立时，是那雄的拿着草走出它挖的洞，这在它们跳开之前只是一瞬间。”

俄罗斯科学家邂逅“阿尔雪人”

如果法国和俄罗斯联合探险队在哈萨克偏僻的高加索山脉成功捕获了一个传说中的喜马拉雅山雪人的兄弟——俄罗斯阿尔玛雪人的话，雪人的声音将传遍全球。

这个探险队的领队是 73 岁的玛丽珍妮·科夫曼博士，她过去 20 年里骑车或乘吉普车到荒无人烟的卡巴尔达——巴尔卡荒原，收集了 500 个神话般目睹阿尔玛雪人的叙述。她得到的印象是阿尔玛雪人的脚印巨大。此外，她还研究了阿尔玛雪人的大量粪便。

科夫曼博士的同事格雷戈里·潘琴科夫声称，这为他在卡巴尔达——巴尔卡尔地区看到一个阿尔玛雪人的努力增添了新的动力。于是，由法国资助组成联合探险队，寻找阿尔玛雪人。这支探险队的名称叫阿尔玛 92 探险队。

阿尔玛 92 探险队的组织者潘琴科夫说，这种雪人外表和其他人看到的非常相似。它是一个两足动物，行走完全靠两只脚，身高在 170~198 厘米之间，头顶上长着一块约 15 厘米长的微红色毛发。面部既像类人猿，又像尼安德特人。它必须转动整个身体，才能转动脑袋。

潘琴科夫在拴马的圈里发现过阿尔玛雪人，好像马对阿尔玛雪人很有吸引力。遗憾的是，潘琴科夫当时没有带相机。

据科夫曼博士说，阿尔玛雪人习惯于突袭牧人的小屋，寻找食物和衣服。它们有时还穿着偷抢来的衣服。这种明显的学习人类的行为，说明了 1988 年到西藏寻找雪人的探险队员克里斯博·宁顿的两根滑雪杖神秘失踪的原因。

按照当地农民目击称，阿尔玛雪人体重超过 200 千克，但行走如飞，每小时能奔跑 64 公里。据一个目击者 1991 年说，新生的小雪人很像人类的婴孩，除了个头较小之外，小雪人像小孩一样长着一身桃红色皮肤，有同样的脑袋、胳膊和腿，但没有头发。阿尔玛雪人生活在海拔 2400 米以上的高原，它有时下山来掠夺农作物，有时到海拔更高的地方去避难。

联系到中国湖北境内神农架山区出现的野人，同样可以看到野人并不怕冷这样一种生存特征。海拔高度的突出变化，会在陡坡上产生一种包括热带到寒冷的连续的植物群，猛烈的季候风使山腰终年云遮雾绕，橡树、木兰、山杜鹃、枞、赤杨、山毛榉等繁茂的密林，无数大型哺乳动物都享受这优厚的条件而保持一个相当大的群体。

野人现在就是在这样神秘的环境中，利用大高山从上到下各部分的气温不同，和老天爷打游击战。在中国境内，1980 年年初的一天，神农架野考队员黎国华就是在高山雪地发现野人脚印。在跟踪中亲眼见到了一个 7 尺高的棕红色毛野人。类似在高山地带寻找到野人脚印的例子很多，表明野人能耐高寒。

中国湖北省一位对野人生活习性颇有研究的文化干部为此指出，依照生物学排外竞争的原则，当两种生态相似的动物在同一地区并存时，其中具有选择性的优点的一方必然取代另一方。居于劣势的一方必然被迫迁徙，或者自我灭绝。在冰河时代的中期，人类已掌握了火，并广泛使用石、骨、木制的工具，就具有了强有力的生存竞争能力。由此想到巨猿，在日趋恶劣的生存环境中，为了减少人类社会的威胁，巨猿不得不改变生活方式去寻找新的居所，如喜马拉雅山较高的地区。我们可以据此推断：神农架野人也迁徙到了高山丛林。

这位文化干部指出，神农架野人并不惧怕寒冷。野人是被逼向高山后，从心理到生理上对高寒产生适应性。野考队员在从野人擦痒的栗树皮上得到的毛发中发现，除硬的长毛外，野人也贴肉覆盖着一层密细软厚的绒毛。这便是一件最轻便、最暖和的皮袄了。

为了考察，阿尔玛 92 探险队配备了价值 100 万美元的装备，其中包括红外照相机、小型直升机、悬挂式滑翔机、四轮汽车、机动脚踏车等，探险队最主要的装备是一支能发射皮下镖的枪。

科夫曼博士说："我们的目标是在当地人的帮助下，捕捉阿尔玛雪人。我们希望取得阿尔玛雪人脸部模型、头发、皮肤和血液标本，所有这些都具有很高的科学价值。取得标本后，给它戴一个无线电示踪频带装置，予以释放。"

没有消息表明，阿尔玛 92 探险队取得了突破性的成果，尽管它拥有的野考设备是一流的，但在邂逅"雪人"的概率上，其效果绝对比不上中国神农架"野考"。邂逅"野人"从某种意义上说是可遇而不可求的"运气"。除了当地人中无法确定的某一个或某些个，见到它们并不容易，因而"无功而返"就不足为怪了。

嗜吸牦牛血的“雪人”

中国西藏地处“世界屋脊”，也是世界上最神秘的地方之一。“野人”在西藏高原时有出现。有些地区的藏族群众称“野人”是“神”“鬼”，叫“野人”为“米哥”，分“冈米”（雪山“野人”，也叫“雪人”）、“纳米”（森林“野人”）、“扎米”（岩石“野人”）和“米哥穷”（小“野人”）。西藏许多地方叫“熊人”的人形动物，也属“野人”范畴。

目前已考察到“野人”不仅能直立行走，没有尾巴，全身有毛，似人形，而且会发出各种表示喜、怒、哀、乐的声音，还能用石头、木棒击物，模仿人的简单活动。“野人”对人一般无伤害之意，除非它发现受到袭击时，才会攻击人。

早在18世纪，美国人和英国人就在喜马拉雅山发现了“雪人”，19世纪50年代，苏联出版了专著《雪人》。

中国登山队也在珠穆朗玛峰遇到过“雪人”。直至今天，“野人”仍屡见出没，引起了许多人的兴趣。那么，喜马拉雅山真的有雪人吗？人们之所以相信其有是因为有许多目击者，之所以怀疑其无是因为至今仍未抓到过一个真正的雪人。不过，听许多目击者所述之详细，倒也难得不信了。

1954年，《杰里梅尔报》组织的由动物学家和鸟类学家组成的雪人考察队，来到尼泊尔一方的喜马拉雅山考察。考察从当年的1月一直持续到5月。令人遗憾的是，他们从没目击过雪人。不过，这并不意味着他们收获不大。收获之一是他们找到了长达数公里的连续的脚印。

另一个收获是他们在潘戈保契和刻木准戈寺发现了两张带发头皮。据说是雪人的，已保存了300年之久。头发是红色和黑褐色的，顶部正中向后隆起成尖盔状。经鉴定，这两张头皮不是人的，而是一种似人灵长类的。

只能说，也许当地人并没撒谎。此外，考察队员们还访问了当地舍尔帕族和尼泊尔一方的藏族居民，请他们中的目击者说雪人的形状和行为，令考察队员们震惊的是，目击者们对雪人的描述惊人地相似。这意味着什么呢？

1956年，波兰记者马里安·别利茨基专程到西藏来考察雪人。他没有多少收获，只是搜罗到一些故事。他有幸找到一位自称目击过雪人的牧民，这位牧民说，1954年，他随商队从尼泊尔回西藏，走到亚东，在一个村旁的灌木林里看到了一个浑身是毛的小雪人。马里安·别利茨基带着这些未经证实的故事，兴冲冲地返回波兰。

1958年，地质学家鲍尔德特神父随法国探险队来到喜马拉雅山考察。在卡卢峰，他发现了一个刚刚踩出的足印，那只脚一定相当大，长三十几厘米，宽十几厘米。当时他特别兴奋,以为朝思暮想的雪人就在不远处,他一定能荣幸地见到它。可是,在附近找了半天,也没见雪人的踪影。他难免有些沮丧。

同一年,美国登山队的一个队员,在喜马拉雅山南面的一条小河旁,看到了一个披头散发正在吃青蛙的雪人。

1960年,一支由埃·希拉里率领的探险队,在喜马拉雅山孔江寺庙发现了雪人的一块带发头皮。

波兰人对他们的记者马里安·别利茨基带回的故事并不满足,流淌在他们民族血管里冒险浪漫的血液使他们再度向喜马拉雅山发起冲击。1975年,他们又组织了一个登山队,攀登珠穆朗玛峰。

在珠峰南面他们的大本营附近,他们发现了雪人的脚印。据说,在此之前,附近村庄的一个舍尔帕姑娘到这儿来放过牛,就是在这儿,姑娘和牦牛遇到了雪人。雪人高约一米六七,满头棕黑头发。它是突然从旁边蹿出来的,张牙舞爪地奔向牦牛,咬断了牦牛的喉管。波兰人既听到了故事,又得到了脚印,他们觉得不虚此行。

女孩叙述了当时的经过:"那是我16岁那年。一天下午,我到我家南面山上放牦牛。那儿的草好。牦牛吃得很认真,我没什么事儿,就一边哼着小曲,一边看前面那座人形山。突然,我听到身后有脚步声,回头一看,原来是个浑身长毛的怪人,还没等我反应过来呢,那家伙就到我眼前了。听大人说过我们这一带有雪人,我想这家伙就是雪人吧。我想这下子算完了,据说雪人见了女孩子就抢,抢回去给他们当压寨夫人,供它们糟蹋。"

女孩说:"可是,那家伙并没理我,它从我身边走过去,直奔牦牛。真是一物降一物,平时凶悍威猛的牦牛在那家伙面前一点神气劲儿都没有了,剩下的只有紧张,我看它都有点哆嗦。雪人并没因为它哆嗦、驯服就放过它,而是扑过去,照着它的脖子下面就是一口。血直往外喷,雪人用嘴堵住了咬开的口子,咕咚咕咚地往肚子里吸着血。看着那家伙这副凶相,我被吓瘫了,萎缩在地上起不来。我想,它喝完了牦牛血,就该来对付我了。我只有等死。"

"它猛吸了一阵后,可能是牦牛血管里的血被它吸得差不多了,就站起身来。也许它还觉得没过瘾。就抡起大手,照着牦牛的脑袋劈去。这家伙也不知道有多大的劲儿,只这一掌,就把牦牛的脑袋劈碎了,脑浆子都被劈了出来"。

"我想我可能一分钟的活头儿都没有了。它转过身来,瞅了瞅我,我也瞅着它。它满嘴是血,脸上身上也有血,样子真吓人。出乎我意料的是,它没奔我来,而是转过身去。朝着山上的树林走去。"

广西、贵州山区出现的“野人”

1931年,国民党的军队在贵州黎平县把捉到的一个身高达7尺的母“野人”,用铁圈套在脖子上游街示众,一路上引起成千上万的人围观。据当时围观者李达文回忆:这个“野人”毛发呈灰白色,直立行走,年纪已老,众人看它,它也看人,一点也不害怕。

中国“野人”考察研究会会员、广西三江侗族自治县高禄公社干部马贤,1984年6月间,在广西北部元宝山进行科学考察中,发现了“野人”粪便和“野人”爬上大树留下的爪印多处。同时还发现“野人”挖烂树蔸找蚯蚓吃的新泥坑,以及“野人”在大树上用树枝造成的“坐凳”“摇床”和它们的睡址、睡洞。

马贤听当地猎人说,最近有一个采药人到人迹罕至的“险区”,看见两个赤身裸体、全身灰毛、披肩长发、像十八九岁的女人那样高大的雌性站立的人形动物。

贵州黔东南苗族、侗族自治州的雷公山南麓,有一片方圆近百里的原始森林。这里自然资源丰富,不仅野果、鸟类,各种小动物随时可见,还有野猪、山羊、虎、豹、熊、鹿等野兽。古木参天、环境阴湿,常有“野人”出没。

1978年3月,宰勇公社武装部长盘寿福经历了一件与“野人”共度寒宵的令人紧张害怕的稀奇事。

老盘这天与当地猎人赵顺仁、梁远正相约,决定到附近的九洞山打锦鸡。锦鸡的特点是昼夜多栖于林间,树高叶茂,不易发现,清晨才下地觅食,漫山遍野,雌雄互唤,这时猎人才易发现目标,射击猎取。

为了在天亮前赶到目的地,盘寿福他们天黑便从住地出发,打着手电筒步行30多里路来到了森林边缘,但离天亮时间还很长,春寒料峭,便生火取暖。烤了一夜,由于行途疲劳,两个猎人很快睡熟,老盘靠着土坎渐渐入眠。

朦胧中,盘寿福感到有人走动,他微微睁开眼,看到一个不知从何处而来的全身毛乎乎的东西在添柴烤火,他吓得不敢动弹,也不喊叫,紧缩着身子假装睡觉,并不时偷眼看着。

过了一会儿,火燃大了,那怪物怕猎人烫着,还轻轻将猎人的身子转过去。这时,老盘不像刚开始那样怕了。他偷偷地仔细观察,那“野人”的头和脸像个蓬头发、长胡须的老头,脸颊长绒毛,鼻梁稍塌,浓眉,耳朵、嘴巴与人无异,立着行走。蹲下烤火时,身高1.60米左右,全身毛光滑,呈青灰色,脚板比人的长大、脚跟稍向后突出,四肢肌腱相当发达,腰短、身子敦实健壮,力大超人,雄性。

大约个把小时,它走了。这时,同来的两个猎人才说话。其实他们早已醒了,他们对老盘说："这是'野人'，不必害怕。我们已看到多次了，不要说话打扰它，大家装着睡觉，让它给我们烧火烤。它现在是拣柴去了，等会儿还要回来的。"过了二三十分钟，果然，它抱着柴又回来了，一直烧到快天亮，它才离开。

"野人"单个活动，来去迅速，性格温顺、和善，不怕人，只要不受到攻击，就不会伤害人类。

白毛"野人"

西藏自治区西北部的阿里地区"白毛野人"经常出没。

1973年，札达县至得孜区公路途中的四个窑洞处，阿里军分区驾驶员开车驶向县城路过此地段时，突然发现一个全身雪白，毛发很长的人形怪物迎汽车飞速跑来。这怪物毫不惧怕庞然大物的汽车，这下把司机吓坏了，他猛将方向盘一转让过了怪物，连气也不敢出，飞快开走了车。

1977年，在札达县机关，县中队的值勤流动巡逻人员宫宝雄，在执行任务时，亲眼看到一"白人"快速在机关宿舍门口闪过，它浑身都是雪白的长毛。

1979年八九月间的一天，阿里地区武装警察直属中队干部蒋建在札达县中队值勤时，县城外面有人看到一个白色的高大似人行走的怪物飘然来去。当人去追赶时，怪物恍然之间就不见身影了。

1980年11月13日下午5~6时，阿里武警直属中队干部王小鹏执行任务，押送银行款汽车从新疆至狮泉河，途经泉水沟时，在汽车前右侧150米处，发现一个全身白毛的怪物。这个怪物发现汽车后，一下直立起来，它抓着一个白色小动物（像一只羊）。

王小鹏准备开枪射击，但考虑到自己押运任务重大，怕出意外，为确保安全，迟疑了一下。随押伙伴旦增着急了，急忙下车将冲锋枪咔嚓一下架起来。当他正要瞄准射击时，那白色人形动物扭头就跑了，它有时跑起来四肢触地，有时两脚直立跑，速度很快。

王小鹏说，他们追了几百米，因天色渐晚，怕出问题，考虑到安全，不敢再追。还说，这个怪物看上去只有3只绵羊那么大，立起来约有2米高。

1983年4月，新疆哈什邮递站司机艾买提，在新藏公路泉水沟至狮泉河大阪一带，发现全身雪白、身高2米以上、全身长毛、行速飞快地怪物。当时这个白色怪物从他的车子前面飞快而过。这时，还有一名押运员在驾驶室内，他们都被惊呆了。接着，这个怪物又在车子前面顺公路向前跑去，车子以每小时50公里以上的速度行进也未能追上它。艾买提说："我们十分紧张，还认为它是'鬼'哩！"

阿里边防分局吴参谋说，札达县的香孜大平滩、香孜区的由加林公社一带、达巴区的达巴和东嘎等地，都有"白人"的传说。群众大都反映，这种动物全身是雪白的长毛，个子高大，行动快速。

秦岭"野人"

由于人类足迹的逼近，野人迁到无人的高山区生存，但野人还时常跑到有人的高山觅食。高山区的农民在作物成熟时，既要阻止狗熊、野猪、猴子等动物的侵袭，又要防范野人的侵扰。

一年四季，从春到冬，野人饮食来源各不相同。大体来看，春天山中能吃的东西较少，因为当年的野果尚未成熟。野人除吃长在高山上的野板栗、野橡子外，往往要到海拔七八百米左右的低山沟及沟谷地方，寻找嫩叶、嫩枝及春笋吃，也偷吃人类种植的洋芋等农作物以及饲养的小猪等。随着夏季的来临，野人逐步向海拔千米以上的高山运动，因为各种野果是由低向高逐步成熟的。野人喜食苞谷。当低山苞谷成熟时，高山苞谷还是嫩的，野人便随季候而追逐鲜嫩的食物。到了严寒大雪的冬天，野人们会出来觅食。神农架有人发现它们用手挖开山上积雪，寻找下面的野栗、野橡子及植物的根茎吃。

在原始森林中，有大量的各种野果成为野人丰富的食物来源。山中野栗、野橡子多，由于有壳及冬季高山严寒构成自然冰库的条件，野人可吃到第二年三月，而野栗、野橡子不腐烂。野栗、野橡子既含淀粉又含糖分，可能是野人吃得较多、较久的野果品种。因此，不少目击者反映在野栗树、野橡子树旁见到野人。

樊井泉就是新中国成立初期在栗林中连续两次见到母野人的。

太原钢铁公司退休干部樊井泉说："1954 年，我在重工业部(后改称冶金部)下属的一个西北地质队工作。一次，地质队沿陇海铁路南侧(秦岭北坡)由东往西进行普查，在宝鸡东南接近太白山一个远离居民点的林中窝铺，遇到了姓肖的两位老人，他们是兄弟。这里海拔 2000 多米，是半山坡，方圆几十里就他们一户。他们家也没养狗，他们在向我们介绍情况时提出该地常有'野人'出没。"

据樊井泉称，当时两位老人在向地质队介绍情况时，谈到了该地的大森林中经常有"野人"出没，每天碰到"野人"不下十数次。尤其是秋冬两季，"野人"出没更加频繁，在野板栗林中极易碰到。

在地质队准备转移地点时，樊井泉出于强烈的好奇心，请向导带路去他们经常碰到"野人"的栗子林，去看看"野人"是什么样的。樊井泉给老人一部分钱，再三央求，老人才答应了他。

第二天下午，樊井泉与向导偷偷离队，到离窝铺约 10 里远的野栗林里去。到栗林的时候,已是近黄昏了,林中到处是前一年里落下的野板栗。老人每年秋天都到这里来大量采集,碾成粉后,全年均可充作粮食。

在天空尚有余晖的时候,“野人”来了,还带着一个小的。“小野人”身高也有 1.6 米左右。当时,由于樊井泉穿的仍是地质队员的服装,这头母“野人”似乎对他十分警惕,始终保持 200 米左右的距离。而那头小“野人”却是“初生牛犊不怕虎”,竟然跑到向导那里白吃他拣好的野栗子。那母“野人”不时发出非驴非马的咕叫,不时把小的唤到身边。

林中小树很多,“野人”时隐时现,跟看太阳快要落山,老人担心樊井泉的安全,便匆匆赶回营地。

第二天,他们又去,没有碰上。樊井泉仍不死心,第三天又去。

出乎意外,这一母一小早已在林中游荡。看到樊井泉二人后也不像头一天那样保持警觉。樊井泉按照向导的吩咐,一边假装拣栗子,一边向“野人”接近,老人为了保护樊井泉,有意挡在前面。

慢慢地,母“野人”也走进来了,樊井泉并没敢站起来,一边装着剥栗子。一边用惊奇与恐惧的余光,把母“野人”看得一清二楚。这野人的形象和人们描述的差不多,膝盖上长满棕红色的毛,说明它平时并不爬行。

在“野人”慢慢离开后,他们才站起来,急急地赶回营地。

途中,老人还告诉樊井泉,这个“小野人”是他看着长大的,有六七个年头了。老人还介绍说,“野人”住在山洞里,洞口较小,进洞后会用大石头封住洞口,防止野兽偷袭。

樊井泉由此认为:“野人”并非像人们所想象的那样凶狠,而是完全可以接近的。而接近的办法则应采取循序渐进、逐步积累的方式。

一年以后,地质考察结束。当时的苏联专家从各地质队汇报中知道了“野人”的细节,因而,苏联学者也由此做出了关于秦岭一带有“野人”的推论。

神农架“野人”夫妻

在 1977 年的考察中,神农架山区不少群众、干部向考察队反映目击“野人”的情形。

当时任湖北省水利局设计院副院长的翟瑞生同志,就向中共郧阳地委宣传部副部长、鄂西北奇异动物科学考察领导小组成员李健谈到解放战争时期路过神农架时,和战士一起看到“野人”的情况。

翟瑞生说:“1944 年,我在中国人民解放军 359 旅,那年秋季,我们离开延安南下,走了 84 天,过冬的时候我们才到大悟县,大约休整了两个星期就分散到江汉军区。1946 年秋,五师突围,先在随县安居、历川驻、整军,我们又经当阳进南漳,走保康、房县进入大山区,用了将近六七个月的时间。”

“1947 年春节前,我们走到房县与兴山交界的地方,就是现在的神农架林区。那一带都在海拔 2000 米左右,峰峦绵亘,山势险峻,森林密盖,一眼望不到边。部队在崎岖的山道上艰难地行军。”

“有一天,我们早晨走了几十里路,没有看到一户人家。中午太阳很高,我们走到一条山沟里。发现在靠山坡边上树林旁,有一个用树枝搭的窝棚,不高,是‘人’字棚,宽约 2 米,长约 3 米,搭得不整齐。”

“在离这个窝棚两三米的地方,站着两个‘野人’,正抬头看我们在山岭走过的部队,还望着我们笑!它们满身是毛,高的那个是母的,两个乳房很大,好像还用树叶围着下身。身上的毛是黑红色,头发比较长,是淡棕色的,披头散发,个子比普通人高得多,很大的块头,体形也很胖,脸和手都显得很脏。另一个‘野人’矮一些,也矮不了好多,是公是母看不清,毛色也是红色,头发也很长,手是黑的,‘野人’的脚是大片子脚,它的脸和人的脸差不多。”

“当时,我们与‘野人’的距离大约 20 多米,我们一个团在山岭上走。‘野人’在山沟里。我走在队伍的中间,那时我才 20 多岁。是排长。走过之后,我和前后一起看过‘野人’的同志就议论开了,有的说:这是原始人,有的说:这是人熊,有的说:这是‘野人’。”

“当时一起行军的有一二千人。‘野人’说不出话,光望着我们笑。”

“‘野人’的脸不同于猴子的脸,它身上的毛比较稀,不像猴子身上的毛那样密。‘野人’形状像人。五指和人的差不多,站着和人一样。它的眼睛大,不同于猩猩,完全像人形,披头散发像疯子。那一带的山岭是东西走向,山上有不少的大树,可以说是林茂草深。‘野人’搭的那个棚子向南,我们自东往西走。‘野人’在左手下面山沟里。山是石灰岩,那时是三九天,‘野人’的脚趾是张开的。”

翟瑞生所讲的经由路线和方位,在神农架酒壶坪的原兴山、房县交界的皇界的界垭一带。这里高山峻岭,地形复杂,海拔一般在 2000 米左右,是长江、汉水分水岭。森林中有山道经兴山境内往西进入川东地区。神农架开发前,这里森林资源丰富,一片片、一排排墨绿色的冷杉,树干胸径均在 1~1.5 米之间,原始森林之中,可谓树荫浓郁,遮天蔽日。

在如今的神农架,过去的皇界已被现在的乡界所代替。公路经红坪峡谷,穿过海拔 1800 米的垭口,在森林中盘旋直落,设在山脚下的山城木鱼镇。著名的香溪河水之源,亦来自山腰密林中一山洞之消泉。木鱼镇建在群山环抱之中,气候宜人,已成为神农架的旅游开发区和对外开放区。

这一带,1942 年在长岩屋,1968 年在温水河,1972 年 8 月在木鱼镇附近的车沟,1981 年在关门山,曾多次有人见到红毛“野人”的活动踪迹。

被捉的"野人"母子

神农架东南方向的凉盘垭,北面是高耸入云的山路,山腰间云雾缭绕,变幻莫测,西南方却是万丈峡谷,灰色的石岩壁立千仞,伟岸雄奇,峡谷底是一条常年奔流的清澈小河。河岸的东南方是绵延10多公里的缝坡,生长着白杨、桦树、栗树、枫树等,是一片保存较为完好的原始森林。

这里自古以来就少有人烟,新中国成立初期才从外地陆陆续续搬来几户人家。稀稀拉拉地散落在山坡上,靠近河岸的小块平地,种上一些苞谷、土豆过日子。

渐渐地,也有了10多户,孩子大了,他们就聚集起来,请一位初中还没毕业的叫林俊的小伙子当老师,在靠近河岸的一座小山包上办起了山村小学,一共有七八个孩子。学生中有一个孩子名叫春娃,家住在河对岸的半山腰中。

那年端午节,春娃的爸爸专门请林老师到他家做客,以表对孩子授课的谢意。席间,春娃的爸爸无意间向林老师谈到他家周围几天来发生的一件怪事。他家单门独户,房后是一片竹林,竹林中散落着几个蜂蜜箱子。这两天,他们发现蜂蜜好像越来越少,像是被什么动物偷过一样。昨天晚上,春娃妈掌灯关猪栏时,无意间朝蜂蜜箱那边望了一眼,只见一个高大的黑影一晃而过,竹林里响起了一阵沙沙声,再跟上去看,却又没有见到什么。今早起床看时,蜜糖又变少了,而且还留有爪子抓过的痕迹。

林俊听了后,觉得十分有趣,他脑子里忽然转起一个念头:刚才喝的黄酒,能把人喝得晕晕大醉,如果把它掺在蜂蜜里,那怪物不是可以抓到吗?于是,他和春娃爸爸商议,用这个办法试试看。

当一轮明月高悬天际,用它那清澈的光辉普照在大地时,连绵起伏的群山、茫茫苍苍的林海,都好像凝结在一层透明的薄雾之中,屋外是一片深山里特有的寂静,偶尔一阵微风吹过,从树上掉下几片叶子沙沙作响,其声音也清晰可辨。

林俊和春娃爸爸用黄酒掺和蜜糖,在蜂箱那边放了几大盆,做好了准备,就静静地待在屋里观察,从门缝里往竹林里看。

到了后半夜,春娃的爸爸认为这家伙今晚可能不来了,直打哈欠,不一会儿,就坐在旁边的凳子上打起盹来。又过了一会儿,林俊也支持不住了,眼皮开始发涩。突然,他听到竹林里传来脚步声,猛一惊醒,二人紧张得连大气也不敢出,生怕微微的一点呼吸会把那动物吓跑。

不一会儿,一个模糊高大的黑影从竹林里走出来,它全身是毛,面目看得不十分清楚,也被毛盖着。接着,后面又走出来一个小一点的怪物。它们走到蜜蜂箱子旁,开始用手伸进盆里去,然后又放在嘴里吸吮。随后又左右张望了一下,显然,四周是死一般的寂静,一切都在沉睡中。它们放下心来,进而大口大口地喝了起来。

突然,传来“叭”的一声,显然是那个小的醉倒了。高个子吃了一惊,躲在屋里的两个人也吓了一大跳,林俊似乎感到春娃的爸爸身子在发抖。

高个子将小家伙提了起来,放在旁边,看了一会儿,也不知发生了什么事,嘴里叽哇叽哇地咕噜着。周围盆里还有没喝完的蜂蜜黄酒,它经不住诱惑,竟扔下那个小的,又继续喝起来。这时,酒力已在它肚里发作,高个子歪歪斜斜向前走了十几步,也重重地摔倒在竹林边。

天空出现鱼肚色,林俊二人立即找来绳索,将它们严严实实地捆了起来。

天亮以后,这两个怪物醒了,它们的形象也就清楚了,高个子是母的,头上披着粗长的头发,除脸部外,全身都是黑红色的毛,前额低平,后向倾斜,眉脊突出,鼻梁低而宽,下颌后缩,脖子短而粗。它的两个乳房突出,身体十分强壮,两臂比腿部短,腿微微弯曲。小的是公的,看来是母子俩。

春娃的爸爸一看这形状,心里十分吃惊,他以前在山里见过不少动物,就是没见过这是啥家伙,他一下子就想了祖母给自己讲过的“野人”。林俊也由于捉到罕物高兴得跳了起来。

吃过中午饭,凉盘垭的群众都知道春娃捉了两个“野人”,全都围着观看。那母“野人”好像很伤心,还在流泪,来看的人有的送来了煮熟的土豆,有的给它丢苞谷面馍,可是当着人的面它们什么也不吃。

到了第三天,小“野人”意外地被猎狗咬死了。又过了几天,母“野人”还不吃东西。女人家心软,春娃妈可怜母“野人”,便瞒着丈夫偷偷将绳子松了一下。到了晚上,母“野人”挣断绳索,逃到山里去了。

林俊十分惋惜,在暑假期间召开的全区老师集训会上,他讲了捉“野人”的事,消息很快就传来了。

“野考”队员见到的“野人”

黎国华是个年轻的考察队员,曾两次去神农架考察,都看见了“野人”。1980 年 2 月 28 日,黎国华正行进在朱公坪与学堂岩屋之间时,猛然发现约 70 米的地方,一个高达 7 尺的红棕色“野人”正走在雪地上,他立刻把肩上的步枪拿到手上,向“野人”奔去。当距离缩小到 40 米时,“野人”发现了他。飞也似的逃进了密林。他又追进密林,但怎么也找不着它。

同年12年18日下午5时，黎国华与另一考察队员李仁荣来到神农架无名峰南坡的响水河边，又看见一个长发垂腰的红棕毛“野人”正坐在石冰上吃东西。彼此相距约200米。两人悄悄往前奔走，试图活捉这个“野人”。但“野人”很快就发现了他俩，急忙拿起地上的食物逃之夭夭。他俩没带相机，只好慨然兴叹。

1981年9月15日下午，考察队的樊井泉、胡振林、郭建、彭裕豪在神农架林区无名峰东南面海拔2500米左右的一个半封闭原始林区进行动态考察，下午三时左右，樊井泉、郭建、彭裕豪在山梁看到一个红棕色毛的人形动物，从底部向山顶走去。

樊井泉首先发现，立即招呼大家来看，郭建、彭裕豪见后当即惊号，并叫胡振林快来看。

樊井泉喊正在山背后的胡振林过来看时，那“野人”还停滞不前，下来回头向这边张望，然后才向上走去，进入竹林。这时，胡振林用最快的速度向上追去，但还没跑200米的路，“野人”已经走到山顶，隐没在冷杉林中了。

随后，他们到现场搜索，由于高山草甸，只见路迹，没有发现明显的脚印。

1981年，华东师大生物系教师刘民壮，带着两名学生结合教学到神农架进行考察，他们在半溪公社大元大队调查了据称在1981年10月18日凌晨同时看到一个高大“野人”且看了很长时间的21名社员。得到证实后，刘民壮和两名学生又在现场发现连续的7个30厘米的脚印，灌了4个石膏模型，拍了照片，对目击者进行了录音。他们还结合教学，在山洞发掘了大量化石，并收集到“红毛野人”的大量毛发。

不是偶然的遭遇，不是只听到群众的反映，而是有意识地进行考察并亲自目击“野人”，这是以前几次考察从未实现过的。

袁玉豪是参加“野人”考察多年的神农架林区工人。他个子高大，机智勇敢，考察深入，常有重要发现，他担任神农架自然保护区瞭望塔的守望工作。

1988年3月4日，他在猴子石南天门的雪地上发现了300多个“野人”大脚印，有100多个清楚的，脚长有40多厘米。5月3日又在朱公坪发现172个“野人”大脚印，有7个清楚的，他灌了3个石膏脚印模型，脚长有43厘米。

在3月24日发现脚印的同时，袁玉豪发现与两个大八字脚印成三角形位置的一堆粪便，向上呈螺旋状，似人粪，但粗大得多，比人粪最少粗5倍。内含有毛与果籽。粪便呈乌黑色。

首次见到的“野人”脚印

1998年初夏，始终守候在神农架原始森林中追踪“野人”的野考队员张金星，再次发现了十分清晰的“野人”足迹。

“野人”足迹的发现地点位于神农架自然保护区内的黑湾一带，与往年神农架发现的“野人”脚印一模一样。

据张金星介绍，5 月 21 日，神农架保护区下了两天大雨，到 5 月 23 日天气才放晴。他从位于猪拱坪的临时营地出发，向南天门一带例行巡查。24 日上午 10 时，当他来到一个地名叫黑湾的山槽时，发现被雨水浸过的小路上有 3 个十分清晰的大脚印，用钢卷尺丈量，大脚印长 37 厘米，前掌宽 12 厘米，后跟宽 9 厘米。

这一发现使张金星十分惊喜，于是，他在山坡上继续搜索，又陆续发现了 20 多个脚印。这些脚印压痕十分清晰，最深的前掌为 8 厘米，后跟为 5 厘米，可见这个“野人”是一个体格硕壮的庞然大物。

小路上也有上行的脚印 10 多个，一左一右十分清晰，两只脚印的最大间距为 105 厘米，最小间距为 95 厘米，可以说明这个“野人”行走过程中十分从容而安详。

黑湾被“野人”考察队员们称为“野人”大本营，多次在这里发现“野人”和“野人”大脚印，但像这样发现如此完整而连续的“野人”脚印还是第一次。

1999 年仲夏时节，由于神农架林区又次发现“野人”。河南郑州《大河报》知名记者闫化庄闻讯赶赴采访一线，和野考队员张金星一起亲目所睹，发现了明显的“野人”脚印。

闫化庄在发回的报道中说，海拔 2700 多米的白水漂近乎位于神农架自然保护区的中心地带。8 月 18 日，9 位游客就是在那里发现了“野人”的踪迹。8 月 29 日上午 8 时，长期在神农架从事“野人”考察的张金星陪同他从自然保护区的入口处鸭子口（海拔约 1800 米）出发，沿山路一路上行，直奔白水漂。

闫化庄在报道中称，一过神农架自然保护区，便好似进入另一个世界。道路两侧全部被五颜六色的花儿装扮起来了，山坡上的树木更密、更苍翠了。车开出半个多小时后，大约上升到海拔 2500 米以上，气温逐渐下降，车窗外的景色也变得单调起来，只剩下箭竹、冷杉和高山杜鹃。

到了白水漂，张金星让汽车在一个黑色电线杆附近停了下来。闫化庄和张金星等站在半山腰，上下看去都是大片的箭竹林，据说“野人”就是从下面的竹林里走出，穿过公路，又钻进上面那片竹林里的。发现“野人”后，张金星下行了 1.5 公里，结果一无所获，但是在上行途中却发现了 20 多个“野人”脚印，其中有 5 个脚印相当清晰。

闫化庄在报道中说，竹林里有条便道，据说“野人”就是顺着这条道跑走的。沿便道上行约 10 米处摆放着六七根干枯的箭竹，张金星蹲下去，把箭竹捡起来，于是，他们在地上看到了一个明显的脚印，用尺子一量，居然长达 33 厘米，实在很难想象什么动物能留下这么大的脚印。21 日张金星闻讯赶到这里时，还能看清楚 5 个脚趾印，可由于山里的气候多变，经常下雨，现在已经看不清楚了。

闫化庄在报道中说，我们出发的时候还是阳光灿烂，可是不知从什么时候起，天空变得阴沉起来。周围很静，我们能听见彼此的呼吸声。置身于两米多高的箭竹林里。五六米以外什么东西都看不到，不由得使人觉得阴森又神秘，但如果有“野人”，这里无疑是他们藏身的好去处。

越战中美军遇到的“野人”

经过两年的调查研究，洛杉矶大学人类学教授 Wolf. Friedrich 与战地记者 Owen · Robert 二人，于 1992 年合著了《神秘的越南丛林》一书。其中生动地记述了存在于越南亚热带原始森林中的野人。在有关“野人”的描写中也许有联想的成分，本书择取其中的一二节用以鉴真弃伪。

胡兰山区距西贡 400 多公里。陆 75 团三营是美军设立于胡兰山区的一支守备部队，之所以设置于此，目的在于防范北方游击队对美占领区的偷袭。该营是在 1969 年在此地驻扎的，营部设在孟雅村。

温克勒 · 西蒙少校当时是该营的首长。此人在越战结束后到弗罗里德当了警察。欧文 · 罗伯特（Owen · Robert）来采访他，当问到越南丛林中是否存在野人时，温克勒 · 西蒙说：“确凿无疑！假如说野人不存在，那就是我眼睛出了毛病。”

当年的西蒙少校现在已是一位善谈的老人。他当即向欧文 · 罗伯特讲述了 1969 年 6 月 9 日这一段时间，野人骚扰部队的经历。

西蒙老人说，当时，孟雅村营部驻扎了 50 多名官兵。有一天早晨，华尔 · 迈克上尉惊呼起来，命令各战斗队员戒备各村口通道。华尔 · 迈克上尉查出当夜是两位下士站岗，当即进行了处罚。

原来，迈克早晨接到官兵食堂的报告，他们正起床准备早餐，发现粮食颗粒无存。迈克上尉断定是游击队进了村庄，而两名哨兵竟然没有发现。迈克上尉极为恼怒，当即将两名哨兵押送到西贡，接受军事法庭的裁处。

西蒙老人说，营部共有 50 多名军事人员，夜间，他们的生命全掌握在哨兵手中，一旦他们擅离职守，稍为疏忽，大家就都完了。迈克上尉当时的处罚是正确的，而且听说中国部队也正进入越南。中国人的游击战术十分可怕，我们必须小心戒备。

两名下士极力分辩却毫无用处，当天就被送往西贡。可是，第二天早晨官兵食堂的伙夫又向迈克上尉报告，存积在食物库房的大量罐头被盗，另有一些调料沙司之类的东西被撒了尿，库房里有许多大便。

迈克上尉查看了食品库房，向西蒙少校说起这件蹊跷事，当夜迈克上尉每隔 40 多分钟就去哨楼查哨，的确没有发现哨兵有怠职的现象。两个哨楼成犄角之势，南北照应，凡通道和营房尽在眼底，出入人员无不在控制之中。

营部几个军官立即汇聚分析，断定是精通游击战的越南游击队敢死人员所为。数量不多，但行动快捷，企图断绝粮食，以示对美军的惩罚。事后西蒙少校电致团部，请求火速运送粮食到孟雅村。并组织一个由 20 名精壮人员组成的巡逻队，整夜防守。

一连几天，却平安无事。然而一旦巡逻队解散，又发现相同的事。西蒙少校立即下令恢复巡逻队，但是不许巡逻队四处走动，甚至连岗哨的士兵也可以打瞌睡，以麻痹游击队。而巡逻队所有人员都进行备战掩蔽，埋伏在各个角落，将游击队一网打尽。除了巡逻队外，其他军事人员全都处于戒备状态，一旦发生冲突，他们可以立即开火反击。

西蒙少校亲自参加夜间埋伏。将到夜里 11 点，他也忍受不住了，在草丛杂树间埋伏是一件难以形容的事。西蒙少校回忆道，在越南的日子里，每时每刻都充满了险峻恶劣。游击队、老百姓，甚至连蚊虫对我们都满怀敌意，我身上擦遍了防护油，可还是被那些蚊虫、蚂蚁、蝗虫叮咬得遍体鳞伤，这些该死的小动物，它们比游击队还不留情。

夜间 12 点，西蒙发现有一个黑影飞快地从树林奔出，接着有两三个黑影又随之奔出。他们并不沿道而行，却是直线奔向村口。西蒙不无奇怪，那敏捷的行动和跨越障碍的本领，连国防部的特种部队也没有能力达到。

前后共有 4 条黑影，长得矮小，但似乎手臂特别长。夜色之中，无法看清他们是否拿了武器。到了村口，4 条黑影躬身小心翼翼地向四处探着，然后迅速分散，从不同的方向村里奔去。

西蒙用对讲机命令各伏击点人员注意。由于未发现他们携带武器，要他们最好能生擒这 4 个游击队员，以便能审问出这一山区地带的游击队情况并向团部报告，重新调集军事设置。

几名士兵尾随而去。西蒙在后来说："我们的做法相当愚蠢，这些家伙行走如飞。"

食品库房是重兵镇守处。当那里的埋伏人员发现几条黑影时，已是那些家伙背着、抱着食物出现在屋顶了。他们出入并未从地面行走。

迈克上尉命令哨楼打亮探照灯。一刹那间，四束灯光照得食品库房及附近明如白昼，4 条黑影似乎被吓傻了，立在屋顶。所有的人都看清了，那 4 个家伙浑身长毛，没有衣服，脸上是红色的，手臂奇长。原来小偷就是他们。

西蒙少校下令守住路口，抓住这几个怪人。哪知十几秒钟一过，四个怪人回过神来，发出尖厉的声音，丢掉手中的物品，惊慌失措地飞奔而逃。

没有一个士兵能靠近他们。那动作是惊人的，他们穿越封锁，攀着屋檐树枝，不到 3

分钟时间，就顺利地逃出了整个警戒区，未伤一根毫毛。

在欧文·罗伯特来访时西蒙少校说："当时，我们不知道有野人存在，也不知道他们就是野人。我们称他们为胡兰山怪人。"

此次事后，平静了十几天，野人又出现。既然并不是游击队，西蒙少校就未下令杀死他们。只是挖了地窖，严密地藏好了食物。可是这群野人偷不到食物，就大为恼怒，拆坏哨楼，钻入营房撕烂士兵的蚊帐、衣服，在井里面、蓄水池里撒尿拉屎。

当然，野人的出现均在夜间，白天从来不出动。

有一次，西蒙发现一个野人竟身穿军服出没于村子。还有一次，当野人在营房内出现时，几名士兵醒来，都扑上去抓获。哪知矮小的野人不仅灵动，还十分凶猛。野人的手爪长有锐利坚硬的指甲，被划者鲜血淋漓，皮肉撕裂。士兵们发出痛喊，那野人破门而出，援救的人赶到时，已没有野人的影子了。

后来，西蒙少校吩咐伙夫，在食品库房放置少量食物，供野人拿取，以免他们骚扰营房。果然，野人取得了食品后，再也没有骚扰行为，但它们仍然是夜间出没。

在采访时，欧文·罗伯特问西蒙少校，为什么采用这种方式，而不是开枪杀死野人？西蒙少校说："我对生命由衷地热爱，作为军人，对生命就有更特殊的理解。他们不是敌人，而是手无寸铁的怪人。"

谈起这事，西蒙只略有一点遗憾，他们应该设置陷阱或者用渔网捕捉住其中一个人，这样可以对这些怪人有更多的了解。但不知道在战争中这样做，会不会产生恶劣的后果。西蒙少校曾经拍摄过野人，由于都是夜里所拍，而野人的行动又无比敏捷，所以画面上根本没有野人的样子。

阿登·赫塞尔是美军陆战队上尉，1970 年 6 月，他被越共游击队捕获，押往北越。途中，游击队沿路逼供。阿登上尉怕自己经不住苏联指挥官的手段，招出美军在海防的军事布置，便趁守卫人员松懈之时，逃出押解队伍，往黄高森林跑去。

黄高森林位于西贡之北，与中国广西龙州相邻，处于左江下游。这里深林茂密，白天气候炎热，夜间又寒冷潮湿。

阿登上尉身带创伤，衣衫破烂，拖着皮靴，在森林里走了两天两夜，明白自己迷失了方向。但他别无选择，面对游击队的追捕，只能如此走下去，至于能不能生存下去，阿登上尉还没想过，一切只有听天由命。

这一天，阿登上尉来到一条小溪边，捧着水喝，又用水洗脸孔，当他站起身来，周围有一群既像人又像兽的家伙，它们披头散发，额骨外突，鼻子扁平，两只鼻孔奇大，耳朵向前长着。它们身上都长着半英寸左右的长毛，黑油油的。其中两个怪物显然是雌性，因为它们长有乳房。

所有的怪物都不穿衣服，也悄然一声不发，注视着阿登。

阿登上尉在讲述时说了当时的心情："见到这么多野人出现，老实说，我第一个念头就是快跑。但我吓坏了，一双腿像灌了铅，不能挪动一步。但我见它们也是诧异，不敢向我靠近，我便明白它们也同样害怕。"

我想，它们从来没见过人，更没见过金发碧眼的人。于是我镇静下来，向它们友好地问："朋友，你们好吗？"那群野人你望我，我望你，没有动弹。阿登上尉自我介绍起来，他明知野人听不懂，但他要装成毫无畏惧的样子。见野人无所反应，阿登上尉干脆向野人走去。

突然，一个野人惊叫一声，霎时，七八个野人呜地齐呼起来，一哄而散，逃得不知去向。

天色渐暗，阿登上尉不敢继续往前行。便用石块干柴引出火种，燃起一堆火，爬上榕树而睡。半夜，一条蟒蛇把阿登惊醒了，它从阿登身体上滑过，吓得阿登神乱心跳，久久不能入睡。

第二天，阿登发现自己已落在野人手中，他被一群野人抛起来，又接住，然后又往上抛。阿登吓得连叫饶命，那些野人吵吵嚷嚷，显得十分开心。

阿登心想，自己不神秘了，落在这群浑噩的家伙手中，只有死路一条，它们会在玩耍够了之后，吃掉自己。果然，它们在抛累之后，露出古怪的笑容看着阿登。

突然，一群野人冲上来，将阿登上尉的衣裤剥尽，取下靴子，然后摁住他的四肢。阿登明知道言语不通，但还是大声哀求别吃掉他。

看到另外几个野人抱来数十斤重的大石头，阿登心想，完了，他们要砸死我，或许是敲开我的脑袋，喝我的脑浆。

哪知，那些野人并没用石块砸他，而是把4块大石轻轻放下，压住他的四肢，然后，又放了一块大石压住肚皮。接着，又放了一些石块，垒在原来的大石上。阿登感到身负压力越来越重，几乎不能喘息，每只手和脚上至少有两三百斤的石块。

那群野人嬉皮笑脸地朝阿登露在外面的头、胸吐着唾沫，又喜笑颜开地离开了。

阿登上尉见他们离去，而自己不能动弹，别说猛兽蟒蛇，就是森林中的小蚊小虫都足以让自己成为一堆白骨。他破口大骂起来，希望野人干脆把自己杀死或吃掉。

可是野人再也没有出来，阿登无比绝望，骂声仍然不断。

后来，阿登上尉听到脚步声，以为是野人良心发现，又回来了。可他立即分辨出脚步声是皮靴发出的。一队越共游击队追上了阿登，那个苏联指挥官也在其中，正是先前押解他的队伍。

阿登最后免于一死，作为俘虏交换给美国，如今，这位前海军陆战队上尉在一家美国电气公司当守门人。

驯化挪威“雪人”

1920年年初，一连苏联红军士兵被派往第比利斯(今格鲁吉亚首都)，执行增援反击邓尼金残部弗兰格尔的军事任务。可是，在穿越高加索山脉的行程中，整队人马却神秘地失踪。对此，红军司令部大惑不解，而当地老百姓则平静地说：“这100多人都被雪人掳去做丈夫了……”

地球上真的有“雪人”吗？为什么在世界许多民间文学作品中，都有关于雪人的记载？

在西藏，一些地区的藏民把雪人叫作“岗拉仓姆吉”，意即雪山上的野人。据说，雪人体型高大，可达2米左右，全身披浅灰色的长毛，头发为棕黄色，直立行走，快捷如飞；以挖食草根，捕捉雪兔、雪鸡等小动物为生。力大惊人，敢与凶猛的灰熊搏斗。它们长年累月地生活在雪山之上的悬崖绝壁、冰川雪岭之中。由于毛色极易与积雪、荆棘相混，又极机敏，稍有响动便飞速避匿，连照相机也很难捕捉到它。

20世纪50年代末，国际上兴起“雪人”热。人们将好奇的目光投向西藏地区。来自世界各国科学考察队都聚集在喜马拉雅山南麓，千方百计搜寻“雪人”。女作家吉尔宁也曾在一群尼泊尔少女的陪同下来到喜马拉雅山南麓寻觅雪人。

在一个阳光明媚的夏日里，这群少女在雪山间的一条小涧里嬉戏，忽然，不知从什么地方跃出十几个雪人来，它们呼啸着一拥而上，将惊慌失措的少女尽数掳走。正在一旁山崖上观看雪景的吉尔宁还未来得及下水，因此才得以逃脱。她劫后余生，将这次身临其境的冒险经历写进了那部引起轰动的著名探险记——《雪人和它的伙伴们》。

1985年10月，有个个体牙医在从那曲羌塘一带返回拉萨的途中，曾见到这样一个触目惊心的场面：一大群受惊的野驴从山谷中狂奔而出，在它们的后面，一头棕色的怪兽紧追不舍。不一会儿，一头落伍的野驴便被它紧紧地攫住。这个牙医确信那棕色的怪兽就是人们传说的“雪人”。

据统计，近几年来，从世界各地陆续传来的发现“雪人”的报告仅美洲就达1350份。加拿大、美国、俄罗斯、中国，白俄罗斯的中部、北部地区，以及西伯利亚、高加索、中亚细亚的山区——帕米尔高原、喜马拉雅山和天山等地区也不断有目击“雪人”的报告传来。

1986年，在美国隐居动物学家安·乌尔德里兹的率领下，一支庞大的考察队伍风尘仆仆来到喜马拉雅山区。令人惊喜的是，一天黄昏，在海拔3000米的高山上，考察队与一个“雪人”不期而遇。在转瞬即逝的当儿，有人拿出照相机拍摄下了“雪人”的照片。

尽管这张照片不够清晰，却至少可以说明这样一个事实：这种身高大约2米、浑身长满深红色毛发的类人生物是客观存在的。

这张照片重新勾起了人们对喜马拉雅山区存在“雪人”的幻想，来自世界各国的科学考察组再次深入喜马拉雅山区，却无缘再创造一种奇遇。

前不久，从欧洲传来的一则消息让“雪人”迷们异常激动：由英国人类学家和隐居动物学家仲·沃勒格尔和尤·斯科特率领的一支科学考察队，在挪威斯匹次皮尔根群岛的一个山区考察时，意外捕获一个“雪人”。为了维护它的自然天性，科学家们把它带到苏格兰北部的一个荒无人烟的农场里，并专门指派了一个勇敢多智的管理员照管它。

这个身高2.14米、体重98公斤、脚掌长0.54米的“雪人”，虽然看上去枯瘦如柴，却是一个肌肉发达的大力士。它有一双修长的手臂，一直垂到膝盖。全身长满了浅棕色的毛发。在管理员的照料下，这个“雪人”总是随地大小便。一旦把它关进卫生间，它就会野蛮地狂叫起来。

研究者计划让这个“雪人”在农场再待一段时间，然后对其进行全面的研究和驯化，以使其能够适应最起码的现代人的生活。人们期待着有新的报道传来。

在美国发现的神秘怪物

1924年，矿工贝克在俄勒冈州波特兰以外约100公里华盛顿州的人猿谷探矿，忽然在峡谷的边缘看见一只类似猿的动物，连忙向它开枪射击。当天晚上，一大群类似的动物袭击贝克一群人住的小屋，敲打屋顶和墙壁，企图闯入屋内，贝克他们竭力阻挡。它们骚扰了5个小时才离去，房子周围留下了数以百计的大足印。

1962年，退休交通管制员福德及好友米尔斯，在密西西比与路易斯安那两州交界的荒芜蜜糖岛沼泽，建了间狩猎小屋。一天早上，他俩正把日用品搬进小屋时，看见9米外有一庞然巨物在翻泥土，怪物用双脚站起来，直瞪着他们，它胸肩健壮，全身都是肮脏的淡灰色毛，面貌酷似人。过了一会儿，它转身离去，隐没在灌木丛中。

福德和米尔斯以后再也没有在这么近的距离看见怪物，却看到了它的很多足迹。他们把这些类似耶替足印的脚印制成石膏模子。有一次，他们看见一只喉部被撕裂的垂死的野猪，杀野猪的东西显然栖息于沼泽里。他们与其他露营的人都往往会听见怪物吼叫，先是长长的尖叫，接着化作沙哑的略略声。

1973年6月底的一天，兰迪·克里夫和彻里尔·瑞伊听到附近灌木丛中有什么走动的声音。彻里尔连忙亮灯，兰迪则起床走去查看。这件事在伊利诺斯州的马菲兹布罗发生，根据新闻报道：“它就在这一刹那从灌木丛中跑出来，活像大猩猩，高达8英尺，比那两个目瞪口呆的年轻人高出许多。蓬松的灰白色长毛互相缠结着。身体发出嫌河中黏土的臭味。”过了一会儿，怪物才转身，蹒跚地穿过灌木丛，向大泥河走去。

17 岁的兰迪虽然是州警警员的儿子，但假如只有他和彻里尔目击怪物，可能就没有人相信了。许多星期以来，已有不少人见过怪物，其中包括 3 个精明的游艺团工人、一个吓呆了的 4 岁孩子和一对引人注目的私通男女。除了说自己见到“大鬼”的小孩，目击者也分别说怪物身高 2. 4 米，约重 140～180 公斤，全身都是淡色并粘满污泥的长毛。马菲兹布罗的警察全体出动，一行 14 人，带着一只猎犬及它的训练人，在灌木丛展开搜索，追踪怪物。断枝和践踏过的草形成一道隐约的痕迹，显示怪物走过的地方，草上一块块的黑黏泥，很像彻里尔·瑞伊的房子与河之间的那些污水里的软泥。搜索的人一直追到一座废弃的谷仓，怪物的足迹就在那里消失了。后来，有几次听到刺耳的尖叫声，在满是泥泞的河岸，又发现奇怪的脚印，狗也因嗅到不寻常的气味而惊慌起来。大群荷枪实弹的猎人，在那里四处搜索，可惜始终找不到神秘的怪物。

高原上的“雪人”尸体

在冰雪封盖的喜马拉雅山区，多年以来一直流传着关于“雪人”的传闻。但由于谁也没有亲眼见过，所以一直没有引起人们的重视。直到 1972 年，美国动物学家克罗宁，带领一支考察队深入喜玛拉雅山区，这才引起世界瞩目。

这一天，考察队宿营在一片山脊上，那里地势险峻，到处白雪皑皑。一个静悄悄的夜晚过去了。第二天清晨，他们发现雪地上有一串奇怪的大脚印。脚印一左一右，脚趾和脚掌都看得很清楚，显然是人走出来的。可是，在冰天雪地的高山上，怎么会有赤脚行走的人呢？克罗宁联想到“雪人”的传说，他猜测，一定是“雪人”在夜晚经过帐篷时留下的脚印。于是，“雪人”的消息一下子传开了。

几乎在考察队发现脚印的同时，驻扎在喜玛拉雅山区的中国边防军，竟然与“雪人”直接打上了交道。事情是这样的，边防军接到藏族居民的报告，说是两只脚的怪物正在偷吃牛羊。于是，边防军立即前去侦察。他们在望远镜里看见，约 2000 米远的地方果然有两个怪物，正在雪上直立行走。战士们悄悄地前进，一直到离怪物只有 400 米远的地方，才举枪射击。结果一只被打死，另一只狂奔逃走。

倒在雪地中的怪物的尸体，有许多人类的特征。它的身高大约 1. 50 米，胸部有两个明显的乳房，应该说是雌的或“女”的。它浑身长满红中带黑的毛，头发很长很长，披散在肩膀上，脸上的毛又稀又短，嘴巴宽，牙齿尖细。它的手臂比普通人长，几乎超过膝盖，手大脚也大，屁股上没有尾巴。

面对着这个怪物，大家谁也说不上它是什么。战士们想向上级报告，可是山区实在太偏僻，而且又遇到了罕见的大雪天，所有的道路都被封锁了，成了与世隔绝的状态。连一切吃用物资都得靠飞机空投，这个怪物的尸体也没有办法运出去。

真是太可惜了。如果怪物就是“雪人”的话，而却没有保存下实物标本，简直为探索“雪人”留下了千古遗恨。

地球上的怪异人种

达尔文在他著名的《物种进化论》中提出这么一个论点:一切物种都是在进化中求生存,人是由猴子进化而来的。达尔文的观点在今天看来也许不完全对。人是由猴子进化而来,那为什么猴子并没有都变成人或与人接近?为什么世界上的人种分成了3种截然不同的外观肤色呢?

从体质人类学来看,白人与黑人很相近,而黄种人与他们不同。从这个角度来考虑,黄种人与白人或黑人的分化从很远古的时代就开始了。

正如日本东京大学教授老孟司所说:"关于人种的差异,至少可以指出这样或那样的不同。至于为什么不同,回答是:完全不清楚。"

而且据英国生物学家赫胥黎发现证明,人与高级猿类之间有一个缺环,就是说,从高级猿向人过渡中缺少有力的证据。近代日本人类学家也认为,在猿与人之间应该有一种"类猿人"的过渡阶段。这一看法也是当今科学研究中的一大悬案。

还有,在6400万年前,曾在地球上大量繁殖、横行一时的恐龙突然灭绝,可据考证,在同一时期的猿类却没有消失。这就令人产生一个疑问:是谁对恐龙斩尽杀绝,而对猿类则手下留情呢?答案似乎有一个:有"人"要这么做。可这个"人"是谁呢?为什么要这样做?以下的这种假设能回答以上的问题:当年有一批外星球人来地球考察,不幸的是,他们的宇航器损坏了,而无法再离开地球,他们便将能威胁他们生命的恐龙逐渐杀掉,并在多种动物身上作人工授精试验,并对这些动物产下的后代进行观察、对比,直至选留下几种他们较为满意的后代再进行优化。由此而大胆推测,黑种人是外星人与黑猩猩产生的后代;黄种人是外星人与猴子产生的后代;白种人是与一种高大白巨猿产生的后代。

除了以上3大类人种,外星人在与其他动物做试验所产生的后代,可能在智力、体力方面都达不到要求,而最后都被淘汰了。

如今在太平洋的岛国上还有许多棕色人种,可能属于幸存者。

在此基础上,便有了人类起源的“外星说”。

“外星说”即“人类的始祖来自外星球”,是一位来自北大西洋公约组织的科学家马莱斯提出的新见解。他认为大约在6500年前,一批有着高度智慧和科技知识的外星人来到了地球。他们发现地球的环境十分适宜他们居住。但是,由于他们没有携带充足的设施来应付地球的地心吸引力,所以使其改变初衷,决定制造一种新的人种。

这种新人种是由外星人跟地球猿人的结合而产生的。当时地球十分原始,最高等的生物只是猿人,尚未发现火种。外星人选择具有高智力和精力充沛的雌性猿人作为对象,设法使她们受孕,结果便产生了今天的人类。

马莱斯提出了证据,他对最近在圣地亚哥发现的一个5万年前的头骨的研究结果表明,后者的智慧远远高于今天的人类,从而推断他就是当时来到地球的外星人之一。

马莱斯认为目前唯一的问题是找出他们来自哪个星球。他指出,安第斯山脉的巨型图案,有可能是外太空船降落地球的基地。

最后,马莱斯下结论说,人是由外星高级生命和地球的猿类相结合而生的。当然,在这方面进一步的深入研究有待于各学科专家的通力合作。这里只是联系神话中的“处女生殖”现象做些探讨。

在各民族早期的英雄神话中,英雄或者圣人常常表现为处女所生,这是一个比较普遍的现象。就我国古代神话来看,这方面的材料也不少。如《太平御览》中保存有一种古老的传说,书中记载了禹的母亲“见流星贯昴,梦接意感”而后又“吞神珠”生下了禹。关于黄帝的记载也是如此,《初学记》说,黄帝的母亲“见大雷绕北斗,枢星光照郊野”然后“感而孕”。对于诸如此类的神话记载,古人有一个重要的结论性观点,那就是先秦典籍《春秋公羊传》所说的:“圣人皆无父,感天而生。”

19世纪末,英国著名的生物学家赫胥黎说过:“古代的传说,如果用现代严密的科学方法去检验,大多像梦一样平凡地消失了。但是奇怪的是,这种梦一样的传说,往往是一个半醒半睡的梦,预示着真实。”

德国语言学家史密特神父在研究中发现,在印、欧民族的宗教中,上神(天主)一词的语根是“照耀”的意思。而且《圣经》中“上帝”一词在古希伯来语中的意思更明确,它是“来自天空的人们”。

当然,马莱斯的新论断还待论证,不过,近来许多发现似乎可以为他做出例证。

据美国《新闻周刊》报道:在墨西哥一个孤独的村庄里,发现了一个不可思议的狼人人种。科学家们闻讯后大为震惊,吵吵嚷嚷地要对这个奇异的种族进行研究。

狼人除了身体上下(包括脸部)都覆盖着黑色的卷毛以外,这个奇怪的种族从各方面看都像人。

专家们不能明确地解释这些狼人是怎样形成的。但在关于他们来源的理论中，也包括了这样一种可能性，即他们是外星人的后裔！

他们总共有 16 个，即 15 名儿童和 1 名成人，共同生活在扎卡铁斯州的劳列托村里。他们都是一个名叫玛丽亚·露伊莎·迪亚兹的老妇人的子孙。孩子们绝顶聪明，但是，有关他们的情况却知道不多。这些狼人都是贫苦的农民，他们不喜欢抛头露面。

科学家们研究了遍体长毛的孩子，不少人因而得出结论说，他们的情况是遗传的。狼人家庭里的孩子并不都有这种情况，但却使那些看来正常的孩子，也可以在下一代中生出长毛的后代。

另一些看到过狼孩的人认为，他们可能真是一个新的种族，由来自另一个行星的父亲繁衍下来。

支持这种理论的事实是，玛丽亚·露伊莎·迪亚兹对自己的身世一无所知。

几年前，有一支考察队在非洲北部的一个与世隔绝的山区中竟发现了一个庞大的蓝色皮肤人的家庭。他们不但肤色发蓝，而且血液也是蓝色的。在这件事公开之后不久，美国的加利福尼亚大学医学院的著名运动生理专家韦西他到南美洲智利安第斯山脉探险时，在奥坎基尔查峰海拔 6600 米高处，也发现了适应力极强的浑身皮肤都发蓝光的人种。韦西说，在这么高的山峰上，空气含氧量比海平面少 50%，连身强力壮的登山运动员都感到行动吃力，但是这种奇异的蓝色人却能进行各种剧烈的体力劳动和奇特运动，真令人称奇。

另外，在喜马拉雅山脉，美国生理学家也在空气稀薄的 6000 米以上高度曾发现过一些蓝皮肤的僧侣。令人吃惊的是，这些蓝色的僧侣都能做一些笨重的工作。

对于这种蓝色人现象，科学家经过旷日持久的讨论，但仍众说纷纭。有的说是缺氧；有的说是缺铁；有的说缺乏某种酶；还有的说是基因变异。蓝色人种究竟是一种退化，还是一种为适应环境的变异？都无定论，仍有待探索。

有一种可能为，蓝色人种是一种再现外星人某特征的返祖现象。

在我国古代传说中，大都有一种“从天而降”的黄色脸的瘦脸人，他们个个大脑袋、矮个子。对于他们的由来，由于历史条件限制，现代人了解得太少。

半个多世纪以来，我国的考古学家在西北、华南、西南、东北等地的古洞穴中相继发现过这个特殊人种的残骸，可令人遗憾的是，由于某些原因，至今还没有将这些头骨复原成头像，因此人们也就无法一睹这种人的真正风采了。

由上所述，我们可以这样推论人类的起源，通常从考古学和人类学出发，把知母不知父的古时代称为母系氏族社会，并且认为是由群婚现象所造成的，而所谓处女生育的问题只是表示一种禁忌。“处女生殖”的确是上古时代的一个事实。最初的人类根本就没有今天我们所认为的那种“人类父亲”。人类的“父亲”可能就是外星人,而所谓的“母系”实际上就是地上的母猿。因此,人一方面作为物质生命体,具有动物性的欲求和局限;另一方面,作为精神生命体又具有一种潜在的特异能力。

奇特的种族

尽管我们每个人的外表形态和内部构造基本相同,然而在茫茫人海中也有不少例外,在这些人身上,存在着某些常人所不具备的奇特的特征,有些种族则有着他们独特的体质特征。

通常,成年妇女的臀部比较大,也比较丰满。可是,南非的霍屯脱妇女却与众不同,她们臀部的脂肪异常集聚,屁股圆滚滚的,成斗形,又大又凸,既向外凸出,又向上翘起;背部则颇显弯曲。这种奇特的臀部,简直令人难以想象。然而,这确实是他们种族的一大体质特征。

更为奇特的是,不管哪个种族,都有臀部长尾巴的人。1959 年,我国沈阳某医院曾发现一个 6 个月的女婴,有一条长达 12 厘米的尾巴,上面还长着少量黄褐色的毛。

同样,国外也有报道,1884 年,巴特尔斯曾报道过 125 例有尾人(其中男 52 人,女 16 人,性别不明的 58 人);1892 年,夏非又增加了 24 例。1885 年,李士纳记录一女孩,有一条真正的尾巴,长 12. 5 厘米,是脊柱的继续;爱立西夫报道一女孩尾长 36~45 厘米,上覆长毛;1983 年 12 月 27 日,马来西亚发现一个刚出世的男婴,长有一条长达 7. 6 厘米的尾巴。

更离奇的是,在我国西藏和印度阿萨密之间,有一片辽阔而人迹罕到的地方,叫作巴里柏力区域。近来有人发现,那里住着一个奇异的小族群,几乎每个人都托着一条猩红色的、已经退化的短尾巴呢!

我们两只眼睛的颜色(指虹膜的颜色)理应一样的,或至少是很接近的。奇怪的是有的人左右眼色却大相径庭,一般是一只眼蓝色,另一只眼却是褐色。

对于以上这些奇特的体征如何解释呢?一般认为,是遗传基因发生突变而引起的。比如,造成一双眼睛颜色各异有几种可能,一种可能是,这个人从近亲遗传到一个褐眼基因和一个蓝眼基因,如果在发育早期,原始细胞中褐眼基因在一侧发生了问题,它的地位就让位给了蓝眼基因。另一种可能是,两侧最初都是蓝眼,因为某种病理原因,使一侧眼的色素增加了。再如,蓝绿皮肤的人,尽管他们的生理生化机制还没完全搞清楚,但是引起蓝绿皮肤的原因可能是某种“与世隔绝的基因”造成的。

需要指出的是上述的解释仅仅是初步的，有的甚至很肤浅，许多原因尚未搞清，如是什么东西引起遗传病变？“与世隔绝的基因”又是什么？若要进一步追究下去，还有很多问题有待探索和解决。

美洲小人国

20世纪50年代，几名受联合国教科文组织派遣的地质学家，在南美洲安第斯山脉一个被莽林掩盖的山岩上，发现了好几十个一尺多高的龛式洞穴。洞穴不深，但看得出已经历了漫长的岁月。扫去积聚的尘土，现出几排雕刻精美的洞壁。但见这奇异的画图间，竟赫然摆放着仿佛人头般的头颅！这头颅比拳头大不了多少，不仅五官具备，而且经过生理切片等检验，证明跟成年人的细胞组织一样……这真是不可思议！成年人的头怎么会那么小？这头颅属于世界上哪个民族？神龛又是谁建的？真有英国著名作家斯威夫特笔下的“小人国”吗？

这个“袖珍头颅”后来送到人种学家手上，简直被奉为至宝。要知道，假如这些小人头真的属于现存世上的某个人种，那么，经典的人种学和人类学者就得重新研究了！

高不及膝的小人妖

令人吃惊的是，这还不是唯一的例子。早在1934年冬天，美国报刊曾报道过一件惊人的事件：阿拉斯加州的两个职员，假日到洛基山脉的彼得罗山去采挖金矿。他们在陡峭的含金沙岩上拉响了一个爆破筒，一时间飞沙走石、尘土漫天。待尘烟过去，炸开的岩壁上却蓦地露出一个高、宽不过一米的窑洞，洞口搭着几根立柱，仿佛是探矿场的坑道。洞内漆黑如墨，他俩赶紧打着手电往里探视。这一看非同小可，直把这两个美国人吓得瞠目结舌：天哪！洞里有一个高不及膝的小“人”端坐在石凳上，正睁着一双可怕的大眼紧盯着他们。他俩掉头就跑，以为碰到了印第安传说中的“巨眼小魔王”！可是，这只小怪物却并不想有所动作。他俩跑了一段距离后定了定神，壮着胆子再回洞中，这才看清了那不过是一具干尸。然而，人有这般矮小的吗？会不会是洛基山脉的一个新人种？还是几千年甚至上万年前的古人类？……他们感到一阵莫名的兴奋与激动。用一块大手帕小心翼翼地把这干萎了的小人包起来，连夜下山报告当地政府。政府工作人员也极感惊奇，立刻把这“似人似妖”的怪物送到卡斯珀市医院去鉴定。医生们一打开手帕也吓呆了,一个护士甚至当场晕了过去。后来经过x光透视以及多项化验,当地政府公布了这个惊人的结果:此“小人”身高48厘米,皮肤铜黄色,脊椎骨和四肢骨骼与人类的结构一致。左锁骨有明显的重伤痕迹,身上还留存不少伤痕。牙齿整齐,犬齿尖长,可能习惯于掠食生肉。前额很低,头盖和大鼻子也很扁,而眼睛(按面部比例)却比人类的大。囟门已完全闭合,证明不是婴孩,从整个体形及发育程度来看,这是个60多岁的男性成年人!

真有“小人国”

此事一传出,有关“人妖”的故事便续有所闻。原来在此之前,卡斯珀市的一个律师、一个买卖旧汽车的商人、一个矫形学专家和一个墨西哥牧羊人都曾有过“小人国”的惊人发现。可惜大都失落了,只有矫形专家理查德珍藏着一个人妖头颅,在他去世后,他女儿把它赠送给怀俄明州立大学作研究之用,至今得以妥善保存。其实,这些年来,科学家们沿着洛基山脉——安第斯山脉做了大量的考察,都证实了这个木乃伊“小人国”的存在。

令人百思不解的是,既然小人国幅员辽阔,纵跨南北美两大洲的崇山峻岭(这在欧亚文明古陆里也不多见),总应该有过极其繁荣鼎盛的时期吧?可是,他们是怎样建成这个辽阔国家的呢?为什么没有留下一点儿灿烂文化的痕迹?他们是什么时候绝灭的?假如还有生存在世的,又藏到哪儿去了呢?

“小人国”覆灭的传说

学者们为此访问过住在这一带山区的印第安老人。很多部落都留下了“小人国”的种种传闻,索松尼族的印第安人还称小人为“尼米里加”(意即“吃人肉者”)。这些小人强悍不羁,背负整只鹿或山羊飞跑上山,如履平地;而箭法尤其了得,喜欢在奔跑中发射冷箭,百发百中。他们常常带着用山羊角刨制成的弓,背着成筐剧毒的小箭,藏在草丛、石隙、洞口、树上,出其不意地伏击比他们高大4~10倍以上的印第安人和猛兽。一次,有300多个西奥兹族的牧民,骑马牧羊不小心闯进了小人国的领地,被小魔王们用毒箭围攻袭击,直杀得人喊马嘶,几乎无一生还!阿拉巴霍族人与“吃人小妖”之战也总是败得那样惨,不但从未杀死或活捉过一个身长盈尺的小家伙,而且自己的种族却要濒于绝灭了。全族人只好向上苍求救,发疯似的狂舞祷告了三天三夜。据说终于感动了神明,当晚,天降神火于洛基山峰,火山爆发,终于摧毁了无敌的小人国。

缩头成拳的殡葬仪式

然而,更多的科学家却认为,小人国是不存在的,各地发现的干尸小人(或小头)恐怕另有别种意义。后来有个叫弗格留申的医学教授冒着生命危险几度深入南美密林,这才初步弄清了一些真相:小头颅不过是印第安希巴洛斯族特有的医药缩头术的结果!原来,这个民族盛行一种奇特的殡葬仪式:族里人死了,祭师就把首级割下,用一种名叫"特山德沙"的神奇草药制剂来泡浸,即可把头颅缩制成拳头大小,体内组织经久不败。而有地位的酋长、元老死了,则全躯处理,以供奉祀。

"楼兰遗民"的神秘面纱

早在2100多年前就已见诸文字的古楼兰王国,在丝绸之路上作为中国、波斯、印度、叙利亚和罗马帝国之间的中转贸易站,当时曾是世界上最开放、最繁华的"大都市"之一。然而,500年左右,它却一夜之间在中国史册上神秘消失了,众多遗民也同时"失踪"。他们到底去了哪里?多年来这一直是个难解之谜。1998年春节过后,忽然从新疆传出一条"爆炸性"新闻:人们在大漠边缘的米兰,发现了原属楼兰王国臣民的古罗布泊人后裔!他们真是谜一样的"楼兰遗民"吗?

翻开中国地图,在新疆南部,有一块布满黑点的硕大空白区。这里没有城镇村落的圆点,没有河川溪流的绿线,甚至没有山陵沟谷的等高标志,这就是总面积与韩国相当的特大荒漠罗布泊湖畔。

楼兰王国为西域36国中的文明古国,立国700余年。它国力强盛时期疆域辽阔,东起古阳光,西至塔克拉玛干沙漠南缘尼雅河畔,南自阿尔金山,北到哈密,是西域一个著名的"城廓之园",有人口1400万,可谓是一泱泱大国。汉朝曾在此设西域长史府。三国、两晋时,划归凉州(今甘肃武威)刺史管辖。

深居欧亚大陆腹地的楼兰王国,为国际间的经济交往发挥过重要作用。驼队从这里把中国的丝绸、茶叶和瓷器等带到西方,再把欧洲的黄金、玻璃器皿和银器带到东方。特殊的地理位置,使它成为中西文化荟萃之地。这里不仅楼兰人自己开创了楼兰的历史,形成了灿烂的罗布泊文化,更重要的是它联结和传播了古老的黄河文化、恒河文化和古希腊文化,在人类文明进步史上留下了浓墨重彩的一页。

据史料记载,2000年前,罗布泊湖滨的楼兰王国绿树成荫,芳草萋萋,境内的森林鸟禽翩翩。3世纪后,流入罗布泊的塔里木河下游河床被风沙淤塞,改道南流。楼兰绿洲因得不到水源灌溉,绿洲被沙漠吞噬,草木枯死,部分人口迁移。加上500年左右被零丁国所灭,楼兰王国最终神秘消失。

中国社会科学院文学研究所杨镰研究员经过实地考察后认为,废弃于20世纪20年代的阿不旦渔村,便是古"楼兰遗民"的最后聚集地。据考察,罗布泊古海面积有2万多平方公里,昔日碧波万顷、水草连天、鱼虾肥美、水鸟密布。杨镰认为,在罗布泊湖畔,始终生活着一支以渔猎为生的民族,他们是随着罗布泊的不断“飘移”而转到这里定居的,他们在此至少生活了200年,是“楼兰古国”的最后遗民。

据史料记载,20世纪前后,俄国探险家普尔热瓦尔斯基和世界著名探险家瑞典人斯文赫丁都到过阿不旦渔村,并雇用村民寻找古城遗址,他们受到罗布泊人首领昆齐康的热情接待。随后,尽管一些中外考古工作者找到了楼兰王国遗址,并发现大量文物及号称“楼兰美女”的干尸等,但除了阿不旦渔村的村民外,人们再没见过楼兰王国的任何遗民。所以,专家们一致认为,这个神秘的阿不旦渔村,就是古楼兰遗民的最后聚集地。

那么这个渔村后来是如何废弃的?人们为何要离开自己美丽的家园远走他乡?他们到底去了哪里?这一直是人们关注的焦点。

随着考察的不断深入,在地处塔克拉玛干大沙漠边缘的米兰,人们见到了生活在这里的3位百岁以上的老人:乌兹曼尼雅子、亚森尼雅子,以及热合曼阿木拉。

据乌兹曼尼雅子老人讲,当年他们居住的阿不旦渔村,是罗布泊西南岸,靠着米兰河的一个渔村。村民们经常乘着用胡杨木凿就的独木舟沿米兰河北下,到罗布泊去打鱼。当时,阿不旦渔村的村民们过着自给自足、几乎与世隔绝的平静生活。他们依靠捕鱼和猎杀野鸭为生,并将多余的鱼鸭晒干贮存。除此外,他们还放牧,以羊为主,也有牛。但买来的牛放养一段时间后便成了“野牛”,要经过狩猎才能吃上牛肉。

最让这位老人难忘的是当时他们捕获最多、最爱吃的新疆大头鱼。他说这种鱼头较大,头扁平,身体呈梭形略侧扁,胸部没有鳞,一般长约1米,体重达40~50公斤,行动十分威猛。这种鱼肉质丰腴可口,炖出来的汤白得像牛奶,肉像豆腐,颤巍巍的十分诱人。据有关专家介绍,新疆大头鱼曾是生活在喀喇和淖、喀喇库勒以及阿不旦渔村等地的古罗布泊人的主要食粮。这个“大家族”因为当时不吃五谷,只靠捕鱼过日子,所以被称作“吃鱼民族”。

另外两名“楼兰遗民”热合曼阿不拉和亚森尼雅子介绍,他们的祖先当时吃大头鱼不用油盐,只用清水煮着吃,有时也从一种叫香浦的植物上采浦草花粉熬汤一起喝。因这种鱼营养和保健价值很高,以至当地出现了不少百岁老人。后来这种土著鱼种逐渐引起了外界的极大关注和兴趣,尤其一些西方探险家到罗布泊考察后,使新疆大头鱼的美名一下就传到了国外。它的食用和科学价值,被传得像《西游记》中的唐僧肉一般。

乌兹曼尼雅子记得他小的时候,罗布泊湖水波连天,一望无际。经常能看到成群的鹅鸭在碧湖里嬉戏、鹤鹳游涉水沼觅食。每当春秋转移之时,常有几百种候鸟在这里栖息。后来由于注入罗布泊的孔雀河和塔里木河改道,罗布泊湖逐渐干涸,阿不旦渔村捕鱼日见艰难。他18岁那年,一场罕见的瘟疫袭击了整个村庄。全村100多户居民被迫全部迁往阿尔金山脚下的米兰、若羌、洛浦等地。这场“突然袭击”使这个“桃花源”似的阿不旦渔村最终彻底荒废了。

从现在的情况看来，每年七八月间，阿尔金山冰雪消融，泛滥的洪水在沙漠里冲刷出一条条淤泥地带，年长日久生长起一片片胡杨林；丛生着茂盛的矮芦苇、红柳、骆驼刺一类的沙生植物，构成一块块与黄沙竞存的方圆数公里的“绿色飞地”。这些古罗布泊人后代，为了活命，率领妻子儿女，赶着牛羊，骑着骆驼逃离疫区后，就在这些“绿色飞地”上定居了下来。他们远离尘世，过着极其封闭的生活。

罗布泊人世代以捕鱼为生，不谙稼穑，所以在大漠上种粮生存，对他们来说简直是无法想象。饥饿的严重威胁逼着他们在一块块“飞地”上拓荒种粮。这些“楼兰遗民”回忆说，那些日子简直不堪回首。开始禾苗常被风沙掩埋，有时天一下雨地上就出现一层白花花的盐碱，且这层“外壳”坚硬无比，庄稼根本无法成活。不过后来经过多年的努力，他们在找水、挖渠、开荒、播种、防沙、治碱等方面，终于摸索出了一套完整的经验。他们历尽艰辛后，苞谷、小麦等先后试种成功。在这块荒漠上，人们像生命力极强的胡杨一般，历经风雨总算顽强地生存了下来。

这些“楼兰遗民”民风淳朴，路不拾遗，夜不闭户。他们对客人非常热情，日子再艰难也要倾其所有来款待。隆重些的还要从几里外邀来邻人，夜晚燃起篝火，烤上整只肥羊。女主人穿着缀着闪闪发亮的银圆扣饰的“葵尔拉克”（有领无袖的连衫裙），不停地周旋在客人之间；男主人弹起用沙枣木和羊肠线制作的热瓦甫，唱着悠扬的民歌向客人祝福。男男女女围火吃喝、跳舞，通宵达旦。

严酷的沙漠生活造就了他们高大强健的体魄、勇猛犷悍的性格和崇尚勇武、富于牺牲的精神。这些来自阿不旦渔村的“楼兰遗民”，年轻人只身敢与大漠上凶猛的野猪搏斗；七八岁的孩子就敢外出放羊；八九十岁的老人依然坚齿满口，须发浓黑，终日劳作不辍。百岁老人不在少数。他们长于在连绵起伏的沙丘间疾行和长途跋涉，善识足迹。

有关专家认为，散居各地的阿不旦渔村村民，是20世纪探险史的主人和证人，而他们大多已是百岁，对他们的专题考察迫在眉睫。值得庆幸的是，目前一些科学工作者、考古学家和新闻记者等，已赶往该地区考察。也许在楼兰神秘失踪背后，还隐藏着更多的秘密。也许还会有石破天惊的新发现，让我们拭目以待。

“小矮人”人种为什么矮小

当今在地球上，还生活着一批被称为“小矮人”的人种，例如，在非洲刚果河畔的热带森林中的俾格米人，身高只有1.3米左右，他们生活在森林中，居住的屋棚只有1米多高，棚子的顶上盖着树叶，地上铺着芭蕉叶。丛林中还有布须曼人，是个以狩猎和采集为生

的民族，尽管他们身材矮小，但是，他们能用自己制作的弓箭，涂上森林中的一种毒箭木的毒汁，用来杀死大象。他们过着迁移性的生活，他们常被捕捉，然后送到别的种族的王宫中作为杂役，或成为供人玩笑的小丑，他们有着自己的语言。

目前，布须曼人一共只有大约5.5万人，生活在博茨瓦纳、纳米比亚和安哥拉的沙漠中干旱地区，文化上仍然处于旧石器时代晚期。

在美洲也有小人国。不久前在南美洲哥伦比亚和委内瑞拉的交界处发现了一个叫作耶瓦的小村庄，这里住着原始的小人种，名叫尤卡斯人，这种人身高只有80~90厘米，最高的也只有1米左右，他们也世代住在森林里，以野果、兽肉为生，穿的是树叶和兽皮，他们有自己的语言，也有自己的原始宗教，他们崇拜太阳、月亮、星星和高山。

在亚洲也有小人国的居民，在隋炀帝时，就有过一个机智的矮人被进贡到皇宫中。

从化石看，人类不同时期的祖先，身高虽然有一定的差别，但是，从来没有发现过只有1米左右的矮人的化石，就是说，人类历史上还没有发现存在过如此矮小的人种，小矮人是怎么形成的、是什么时候形成的、是由什么样的祖先形成的？这些都还是人类学上没有解开的谜。

有些科学家提出营养说，认为小矮人是营养不良引起的人种退化造成的。例如布须曼人在历史上曾受到力量比较强大的邻近民族的压迫，他们被赶入森林，由于没有种植业，加上森林条件较差，他们长期营养不良，使人种退化。他们有一种别的民族所没有的进食现象，他们很能吃，也很能挨饿。探险家们在考察中发现，他们一顿饭能吃好几斤肉、几十个香蕉。进食这么多的食物，只能躺着让食物慢慢消化，人类学家认为，这种暴食现象正是对食物缺乏所造成的一种适应性行为，吃不饱的时候就挨饿、有东西的时候就尽量地吃饱，这样，就比较容易度过饥荒。同时，由于自然选择的作用，在食物贫乏的情况下身材矮小的人反而因消耗较少而容易生存，因而身材矮小的人就得到了选择，而身材较高的人因容易饥饿而被自然所淘汰，总之，身材矮小是一种自然的适应，是食物不足所造成的退化现象和选择现象。

有些科学家提出小矮人是由于其内在的生理机制所造成的。美国盖莱恩斯维尔大学的梅里米研究布须曼人身体中的一种生长激素IGF-I，发现这种激素与人类的生长发育有很大的关系，小矮人血液中这种生长激素只有一般人种的2/3，梅里米认为，这种生长激素的分泌量的减少，正是他们成为小矮人的直接原因。但是，小矮人身体内部的生长激素为什么比较少，是种族原因还是营养原因抑或是生存环境的原因，还不得而知。

有些人类学家认为小矮人是古代就存在的。他们认为，在非洲南部和偏东地区考古挖掘中个子较小的古人类化石代表着小矮人的祖先，民族学家乔治·西尔鲍埃认为，小矮人的祖先在遥远的古代就生活在南非和东非。但是，问题依然很多，小矮人经过多少历史年代才变成了小矮人？他们祖先的身高情况如何？这些都是人类学家迫切希望解开的谜。这些问题的解开，不仅将使小矮人的历史大白于世，而且将对人种形成和变化年代提供深入的认识。

巴斯克人是欧洲最古老的民族吗

巴斯克人，这个居住在西班牙北部的古老的民族，以让西班牙政府颇伤脑筋而闻名于世。一些巴斯克人为了争取他们的权利，采取了包括暴力在内的一切手段，常在国内制造流血恐怖事件，使西班牙陷入惶恐不安的境地，他们的这些举动给自己罩上了许多神秘的色彩。然而，世人很少知道，比这更神秘的却是巴斯克人的身世来源。

巴斯克人是生长于欧洲本土上的一支有着悠久历史的民族。据说，他们从史前时代起就已生活在今天西班牙和法国交界处的比利牛斯山以西地区。“巴斯克人”这个名称最早出现在古罗马时代的编年史中。据史籍记载，在778年，这个弱小的民族曾在龙塞斯瓦列斯山口打败了当时不可一世的法国查理曼大帝的军队。所以，在历史上，巴斯克人素以勇武、顽强和质朴著称。然而，令人奇怪的是，一些学者的研究结果表明，巴斯克人不属于印欧人种，在血缘关系上，他们与相邻的西班牙人、法国人和其他欧洲人没有丝毫联系；在语言上，尽管由于长期与相邻民族交流融合，巴斯克语已吸收了不少西班牙语、法语等外来语，但巴斯克语中的基本词根、语源与任何一种印欧语系都不相同，它是一种完全不同于印欧语系的具有极强独立性的民族语言。因此，不少学者认为，巴斯克人是一个在种族、血缘和语言等许多方面，与欧洲其他民族有着严格区别的特殊的民族。

既然如此，那么，巴斯克人是什么时候进入欧洲的呢？对于这个问题众说纷纭，尚无定论。一些学者认为，巴斯克人的祖先早在7万年前就已进入比利牛斯山地区。而另一种观点则认为，巴斯克早期居民的历史可以追溯到克罗一马格农岩洞居民创造洞穴壁画的旧石器时代。大多数学者认为，巴斯克人是在公元前5000年进入比利牛斯山定居的。上述观点虽有不同，但可以确定的是，巴斯克人是远在“印欧人”，也就是雅利安人进入欧洲之前，便在欧洲本土繁衍生息的一支最古老的民族。

巴斯克人虽然世代居住在欧洲，但让许多研究者百思莫解的是，数百年前就在北美洲流传着不少巴斯克人善于航海的传说。在这些传说中，巴斯克人个个都是航海专家、捕鱼能手，甚至早就掌握了在大海中捕杀鲸鱼的技术。由于查无实据，直至20世纪70年代前，大多数研究者只把它看作捕风捉影的无稽之谈。首先证明这些传说确有其事的，是加拿大女学者萨尔玛·巴克汉姆。她从1965年起，整整耗费了10年时间，考证出巴斯克人曾在16世纪到过北美洲,并且还考证查实了巴斯克人在现属加拿大的拉布拉多半岛沿岸活动过的红港、卡罗尔·科夫等12个港口的名称。她还吃惊地从1540~1610年的原始材料中发现,这一时期的巴斯克人已经掌握了捕鲸技术,并以捕鲸作为谋生的主要手段之一。巴克汉姆的考证被20世纪70~80年代的考古发现所证实。由加拿大皇家地理学会等机构组成的考古队在拉布拉多半岛沿岸、萨德尔岛和特温岛等地,发现了许多巴斯克人的墓葬、捕鲸工具和生活用具,这些考古成果进一步验证了"巴斯克人是世界上最早的捕鲸能手"的传说言之不谬。

目前的研究虽然证明,巴斯克人的确是一个素有航海传统和高超航海技术的民族,他们早就凭借依傍比斯开湾沿海的自然条件开创了具有民族特色的航海业,但依然让人们困惑的是,在16世纪那样落后的技术条件下,巴斯克人究竟靠什么使它的航海技术,尤其是捕鲸技术达到了即便是在如今的高技术条件下也堪称一流的水平?也许,随着历史研究和考古发掘的不断深入,笼罩在巴斯克人头上的迷雾将会慢慢驱散!

米纳罗人是希腊军团的后裔吗

在喜马拉雅山南麓克什米尔的赞斯卡谷地,至今仍生息着一个属于印欧人种的土著民族米纳罗人的部落。由于当地山高谷深,交通极其不便,几乎与世隔绝,至今这个部落依旧保持着原始社会的形态。

生活在喜马拉雅山南麓的这些米纳罗人,具有非常明显的印欧人种的特征:高鼻蓝眼。眼睛除了蓝色外,还有黄、棕、绿色,就是没有大多数亚洲民族的那种黑色。米纳罗人没有文字,他们的语言可以分辨记录下来的约有600个单字,明显属于印欧语系。和大多数土著部落一样,米纳罗人的主要生产活动是狩猎,狩猎用的弓是用羚羊角剖成条后做的,和2000年前欧洲斯基泰人的弓几乎一样。猎物是他们赖以生存的主要食物。他们也会种葡萄,而且能用葡萄酿出一种味道不错的酒。米纳罗人尚处于母系社会,实行一妻多夫制。妻子在家中享有绝对的权威,丈夫多数是兄弟。这种婚姻制度在米纳罗人中并未造成性别的不平衡,原因大概是这个部落中妇女人数较少,由于卫生条件太差,妇女在分娩时的死亡率很高。米纳罗人的住房是平顶的,夏天喜欢露宿在屋顶,冬天则住在地窖里,全家人和牲畜同处一室。

使人惊奇的是,这个米纳罗人部落还保留着十分古老的习俗。这些习俗多与欧洲民族新石器时代的习俗十分相似。例如,他们喜欢在石上作画,其风格同欧洲几个著名石器时代的洞穴中的壁画十分相近;他们也像欧洲的史前居民一样,在山顶上建起用于判断季节的石桌、石棚，在山崖下建起祭神用的石桌、石棚；他们的墓葬也保持着欧洲原始时代的样式，土葬的尸体呈蜷缩状，双臂弯曲，两手托腮。

米纳罗人

米纳罗人是印欧语系诸民族中唯一处于原始生活状况的一支。他们对于自己民族的历史有着惊人的记忆。先民的生活，他们道来栩栩如生。这大概是依靠整个部落的集体记忆而保存下来的。但是，迄今为止，还无法确知米纳罗人究竟是怎样从欧洲来到亚洲喜马拉雅山南麓的。学者们就这个饶有趣味的问题提出了种种假说。有的认为，他们就是历史上著名的下落不明的以色列部落。有的则认为，他们是亚历山大大帝远征时留驻的希腊军团的后裔。这后一种说法是很有意思的。因为根据希腊史书记载，当亚历山大大帝率军到达这一带时，便已发现有白种人居住。当时的传说认为，他们是酒神狄俄尼索斯的后裔。看来，要揭开这个谜，还有待于进一步的探索。

“灌木人”的祖先是谁

布须曼人是生活在非洲南部地区的一个原始狩猎一采集民族。在西方殖民主义者到达非洲南部之前，布须曼人至少有 20 万，而今只剩下 5.5 万人了。现在，他们之中的一半以上生活在博茨瓦纳，其余则生活在纳米比亚和安哥拉。

直到 20 多年前，布须曼人依然处在史前时期，几乎无人知晓。他们生活在最贫瘠和荒芜的沙漠地区，像旧石器时代那样，以狩猎和采集植物的根、茎及野果为生。为了获得生存所需要的水源和食物，布须曼人在夏季常常聚族而居，而到冬季，当水和食物不能满足需要的时候，便开始以家庭为单位向不同方向迁移，四处寻觅食物和水源。但也有些布须曼人在冬季最干旱的季节里被迫集中在唯一的水源周围。

在布须曼人部落中，男人负责外出狩猎，他们常常两人一组，每星期外出 2~3 次，所捕获的动物在亲戚和朋友之间分享。女人们则负责采集，她们通常以 4~5 家为一组外出采集一切可食用的植物的根、茎和果实。布须曼妇女在集体和家庭中有一定的地位，受到重视，同时也享有决定权。这也许是因为她们的采集常常提供了布须曼人每年 60%~80%的食物，而男人们在狩猎季节里只能提供全年食物的 20%~40%。

20 世纪 70 年代以后，文明之风吹到了布须曼人部落中，几千年来的传统迅速遭到破坏。今天,布须曼人的传统绝大部分已属于回忆中的往事,也许在某些早已被遗忘、处于沙漠中心地带的小部落中还存在,但他们还能坚持到什么时候呢?

然而,令人困惑不解的是,从人类学的角度来看,布须曼人属于什么人种类型,直到今天仍是一个没有揭开的谜。布须曼人身材矮小,最矮的女人只有1.38米左右,而男人最高也不超过1.60米。布须曼人有着黄里透红的皮肤,蒙古人的眼睛,高高的颧骨,浓密而卷曲呈颗粒状的头发。"布须曼人"这一称呼,实际上源自当年的荷兰殖民者,意为灌木丛中的人。至于他们的祖先,谁也不知道。

近年,一些民族学家根据考古发现认为,在旧石器时代中期和晚期生活在南非的制造石器的原始人有可能就是布须曼人的祖先。他们继续做出推论说,布须曼人的祖先曾经占据过卡拉哈里的绝大部分地区,后来由于文化比较发达并已使用铁器的班图人祖先的入侵,才被驱赶到贫瘠和荒芜的沙漠地区。当然,这在目前还仅是一种假设,还有待于得到各方面研究的进一步证实。

埃尔莫洛人是非洲人的祖先吗

在非洲东部肯尼亚境内的图尔卡纳湖东南岸,居住着一个称作"埃尔莫洛"的神秘而又古老的原始部落。这个部落人数极少,总共才300多人,过着与外界完全隔绝的孤独生活。

至今仍然处于原始社会父权制氏族阶段的埃尔莫洛人,与邻近的一些土著部落不同,既不狩猎,也不养蜂,而是与湖为伴,以捕鱼为生。他们用装有木柄的鱼叉和棕榈纤维织成网下湖捕鱼,乘坐的则是用棕榈树干扎结成的十分简单的木筏。捕鱼归来,居住在坐落于湖边用湖草搭盖的草棚中。埃尔莫洛人不种庄稼,专食鱼和兽肉,体魄强健,精力充沛。历史上曾有外族入侵,但都遭到顽强的反抗,不得不败退而去。人们普遍认为,埃尔莫洛人正在消亡之中,然而事实并非如此,他们的人口在缓慢地增加着。近一二百年来,埃尔莫洛人也顺应了邻族的变化,吸收了邻族文化中的某些成分,少数人还养起了牲口,但他们基本的生活方式并没有变。

20世纪60~70年代,随着图尔卡纳东部有关石器和人类化石的重大考古发现,许多考古学家和人类学家断定,东非是人类的发源地之一。就是说,今天埃尔莫洛人生活的地区,在200万~300万年前曾经是早期猿人生活过的地区。于是,有学者做出推测,这种早期猿人是埃尔莫洛人的祖先?然而使人感到惊奇的是,根据人种学的分析和考察,埃尔莫洛人不属于非洲的任何一个种族。谁也不知道这个神秘的部落来自何处。这样,埃尔莫洛人究竟是不是非洲土著居民?如果不是,他们又是在何时何地迁徙到非洲来的？这些问题成了至今无法解开的谜。值得庆幸的是，由于这个谜关系到人类起源，关系到非洲远古文明历史真相，它已引起各国考古学家和人类学家的重视。

俾格米人与黑人有渊源关系吗

俾格米人是生息在赤道非洲森林中的矮小土著民族。有关他们的记载，最早见于公元前3000年古埃及的铭文中，稍晚见诸于古希腊时代的荷马史诗中，而后在十六七世纪一些西方人的游记中也经常提到。然而，直到19世纪，俾格米人的存在才为欧洲的探险家所证实。20世纪上半叶，随着欧洲学者对非洲俾格米人的考察的逐步开展，人们才开始了解这个独特的非洲土著民族。

非洲俾格米人是一种非常独特的人种类型：身材矮小，成年男子的平均身高仅142~143厘米；皮肤呈暗黑色，有时黑里透黄或透红；鼻子宽宽的，鼻梁低而窄；唇薄，上腭没有凸畸形，头发为黑色卷发，全身毛被极为发达；身躯大而手脚短。非洲俾格米人曾经是非洲中部地区的主要居民，后来被大多数讲班图语的黑人挤走了。估计现在生活在卢旺达、扎伊尔、中非、喀麦隆、加蓬的森林中的非洲俾格米人不会超过10万人。

非洲热带森林中的俾格米人至今仍过着原始生活。他们以采集、狩猎为生，不知农耕和畜牧，也没有石器工具，但他们能使用喂过毒的铁制箭头的弓箭进行狩猎，铁器是从邻近部落交换来的，毒液则是自己从植物中提取的。他们的住屋非常简陋，先用木棍搭成棚架，再盖以树皮或兽皮。他们的服饰也极为简单，一般成年人只在腰间围以树叶、树皮或兽皮做的短裙，装饰也很简单。

非洲俾格米人部落一般分为若干松散的集团，每个集团包括几个家族。设有酋长、祭司或首领。由夫妻及其子女组成的一夫一妻制家庭，是他们社会组织的唯一形式。尽管俾格米人7岁时随着性机能发育成熟便开始过毫无约束的性生活，但婚后（通常是10岁）却实行极为严格的一夫一妻制。他们还通过祈祷和献祭，崇拜一种神灵，并把它看作是全能的主宰和一切法律道德的创始人。俾格米人没有自己的语言，几乎所有的俾格米人部落都采用与自己保持有关系的周围部落的语言。

自从非洲俾格米人被发现以来，有关非洲俾格米人的人种类型，更确切地说，他们与非洲黑人种族之间的关系问题，始终成为人类学家所关注的问题。自20世纪以来，一种广泛流行的观点认为，非洲俾格米人人体构造独特，诸如个头不高、身体比例特殊、毛被发达，等等特征，足以与黑人区别开来。他们似乎更是人类发展的“童年”阶段和现代人种的祖先，其文化则是远古“纯”文化的残余，这种文化的突出点是一神教、一夫一妻和从远古起就存在的私有制。与此恰恰相反,现代更多的人类学家却认为,上面提及的人类学的特征是次要的。根据有关生物发生的标志来判断,俾格米人与黑人非常接近,而生态特征可以用外部环境、与世隔绝和生活类型等有选择的资料来加以解释,在这些条件下隐性基因明显地表现出来。当然,即使是目前占优势的后一种观点,也很难说已经成为定论,尚有待新的材料和新的研究成果来加以证实。

恩加诺人的“球籍”还有多久

恩加诺人是生活在位于印度尼西亚南苏门答腊西侧100公里的恩加诺群岛上的土著居民。自19世纪末20世纪初以来,恩加诺人的闭关自守的状态受到破坏,人口日益减少。10多年前的一次统计表明,恩加诺人已不足400人,仅占该岛总人口的10%左右。他们在地球上还能生存下去吗?

值得注意的是,恩加诺人的物质文化和精神文化也在迅速消失之中。时至今日,有关恩加诺人的文化传统,只能根据16~17世纪西方旅行家文集中的片段记述来加以推断了。当时的恩加诺人还处于刀耕火种的原始农业社会。他们用长柄铁刃手斧开垦森林地段,用削尖或烧尖的木棒翻掘土地,主要种植芋头、木薯之类的块根作物充作粮食,也种植芭蕉树、椰子树和莎面树。除了种植作物外,沿海捕鱼也是恩加诺人的传统作业。家庭手工业中最能代表恩加诺人传统文化特点的是竹木加工。他们用植物韧皮制作衣服、睡席,用竹篾编制筐篮,尤其善于木器雕刻,能在木器上雕刻出奇妙的图案。恩加诺人居住的,是建在木桩上的圆形房屋,这是一种与其原始生活方式相适应的住所形式。

恩加诺人社会是母系氏族社会。但任何一个氏族都没有统一的住地,各氏族的人们分散居住在岛内各地。即使是到了20世纪60年代,当小家庭已经成为恩加诺人社会的基本细胞时,按母系继承仍是这种小家庭的主要特征。恩加诺人的传统宗教观念的基础是万物有灵论。他们供奉家神,祭祀祖先。但到了20世纪60年代,早已改信伊斯兰教和基督教了,传统的宗教仪式只有老一辈的人还能记得。

恩加诺人在地球上生存的“球籍”问题,引起了人类学家们的关注。有的认为,这个民族的迅速消亡是由于本身所具有的明显的退化特性。有的认为,恩加诺人急剧减少是由于传染病流行和缺医少药所致。也有的认为,是由于缺少新鲜血统。因为恩加诺人盛行近亲通婚,严禁同外族人联姻,尤其反对与前来岛上做生意的马来亚、爪哇和米南卡保商人发生两性关系。或许,这种种意见还远未能把问题解释清楚,但可以肯定,随着研究的深入,不仅对于恩加诺人,而且对于现今世界上所有的原始土著部落,都将具有重要的意义。

人体探秘

形形色色的人类

人体的颜色

人体是一幅五彩缤纷的彩色画。

人的皮肤颜色是不一样的：有黄色的，有黑色的，也有红棕色或深棕色的，还有乳白色或淡粉红色的。中国人的皮肤是黄色的，非洲黑人的皮肤黝黑，欧洲白人的皮肤很白。就皮肤颜色深浅来说，非洲人比欧洲人深，南欧人比北欧人深。也就是说，越接近赤道地区的人，皮肤颜色越深。

为什么人的皮肤会有不同的颜色呢？科学家认为，这是由皮肤中黑色素的数量决定的。黑色素多的皮肤显黑色，中等的显黄色，很少的显浅色。此外，皮肤的颜色与其中血管的扩张和收缩也有一定关系。

在同一个国家里，农民的皮肤颜色比城里人深得多，男人比女人深一些。这与经常参加室外活动有关，因为太阳光会促进皮肤内黑色素的形成。

同一个人，身体表面各部位的颜色也不一样：背部比胸部和腹部深得多，手掌和脚掌是全身颜色最浅的部位。

人的皮肤颜色不是一成不变的。随着年龄的增长，人的皮肤颜色会逐渐加深。气温和人的情绪变化，也会引起皮肤颜色的变化。比如，人在害羞或受热时，脸部血管会加速扩张，使脸一下子涨得通红；而害怕或受凉时脸部血管会收缩，使脸色变得十分苍白。

人的头发也是五颜六色的。亚洲人是黑发，欧洲白人的头发是金黄色的，非洲黑人的头发是漆黑的，美洲印第安人却是一头红发。头发的颜色和它所含的金属元素有关，黑发中含有铜和铁，金黄色头发中含有钛，红棕色头发中含有铜和钴。

中国人的头发大多是黑色的，到了老年才逐渐变白。可是，有少数青少年的头上却过早地出现了银丝，被人们称为“少白头”。现在一般认为，少白头不光是因为缺乏某些营养元素，还与精神紧张有一定关系。精神高度紧张、忧虑过度，可以使供应头发营养的血管发生痉挛，使其不能充分供应营养，从而影响黑色素的合成，引起少白头。

只要注意观察，就可以发现，人的眼睛的颜色也是千差万别的。中国人的眼睛是深褐色的，非洲黑人的眼睛是黑褐色的，而欧洲白人的眼睛却是灰色、蓝色或碧绿色的。眼睛的颜色实际上就是虹膜的颜色。虹膜是眼球前面一个环形的膜。虹膜上黑色素的多少和分布状况，决定了眼睛的颜色。

通常，女人眼睛的颜色比男人深，儿童眼睛的颜色也比较深。年老以后黑色素减少了，眼睛的颜色也就变浅了。绝大多数人两只眼睛的颜色是基本相同的。可是，有的人两眼的颜色却完全不同。南非有一位名叫香奈儿的白人妇女，天生一双颜色不同的眼睛：一只为蓝色，另一只却是棕色的。据科学家分析，这也许是先天的遗传和早期异常发育的缘故。不过，这种情况对人体健康并没有什么不良影响。

人体的几何图形

有人把体型说成是人体的几何图形，这是人体最明显的一种外部特征。有的人膀阔腰圆，有的人身材苗条，有的人大腹便便……德国人类学家克拉西谟把人的体型分成四种：无力型、矮胖型、运动型和发育不良型。最后一种体形，实际上是前面三种的过渡类型。

无力型体型的人，肩窄，臀薄，胸廓扁平狭长，头、颈和四肢都比较细长，肌肉不发达，身体多向前屈。这些人像绿豆芽那样，又细又长，十分娇嫩，因而也有人称其为绿豆芽体型。无力型体型的人体质不佳，有些人经常头晕目眩、四肢疲软、失眠腹胀、关节酸麻，还容易得肺结核、溃疡、消化不良、哮喘和内脏下垂等疾病。《红楼梦》中的林黛玉，可算这类人中的典型了。她弱不禁风，终日神思恍惚，浑身酸疼，走起路来摇摇晃晃，从会吃饭时就开始吃药了，可是总不见效。

目前，在我国青少年中，无力型体型的人为数不少。这与有些人为了追求苗条而拼命节食，是有一定关系的。青少年时期，人的生长发育迅猛，对各种营养需要量比较大，切莫为苗条而过分节食，影响了身体健康。除此之外，缺乏体育锻炼是造成无力型体型的另一个重要原因。

匹克威克是19世纪英国名作家狄更斯笔下的人物。他是矮胖型体型：大腹便便，浑身都是肉，站着时低头望不到自己的脚尖。令匹克威克感到烦恼的是：自己的行动非常不便，稍微一动，便气喘吁吁，大汗淋漓。现代医学中有个专门名词“匹克威克综合征”，指的就是这类肥胖者的病征。

世界上的胖人并不少见。据德国营养协会统计,55%的德国妇女和47%的德国男子患有肥胖症。太平洋中的岛国汤加,是出了名的胖子国。那里的居民以胖为荣,以胖为美。妇女们美的标准是:肥胖、短头颈,没有腰身。墨西哥有个令人大吃一惊的大胖子乌里韦,2006年他40岁时,体重已高达550千克。为此,他只能在床上活动,不敢越雷池一步。

运动型是最理想的体型。这种体型的人,肌肉发达,骨骼发育正常,胸廓宽厚,双肩对称,不耸肩或垂肩。从整体来看,这类人没有粗笨、虚胖或纤细、重心不稳、比例失调、形态异常的感觉。

大多数青少年都希望自己能有强壮的体魄、匀称而健美的体态。但是,体型完美的人毕竟不是很多。好在青少年时期可塑性强,只要注意合理地摄取营养和科学地锻炼身体,就能在原有的基础上向健美的体型发展。

对于立志当运动员的人来说,体型是很重要的。要知道,腰圆膀粗的人跳不高,瘦长的人举重很费劲,肥胖的人跑不快。因而,应该根据自己的体型选择适当的运动项目。通常,体操运动员的体态特征是:个子小、体重轻、躯干短、肩宽、胸阔、腰细、臀薄、手大、臂长而粗、腿匀而细;举重运动员的体态特征是:个子矮、躯干长、体重重、肩宽、四肢较短、手脚大,身体各部分显得粗、厚、宽。

矮人和巨人

17世纪的时候,英国国王查理一世的王后,有个赫赫有名的矮人侍从,叫杰弗里·赫德森。他30岁时,身高才不过45.48厘米。后来,不知是由于宫廷中的佳肴营养太丰富了,还是宫廷医生给赫德森服用了药物,他竟然一直长到106.68厘米。

19世纪时,美国有一个艺名叫"大拇指将军"的矮人,是马戏团中的一名小丑,真名叫查尔斯·舍伍德·斯特拉顿。他4岁第一次登台演出时,身高63.5厘米,后来长到101.5厘米。25岁时,他和身高81.28厘米的矮小姐拉维妮娅·沃伦结为夫妻。从此以后,他俩一直活跃在美国和欧洲的舞台上。

在茫茫人海中,矮人并不是个别的。在非洲中部的原始森林中,居住着十几万身材矮小的俾格米人。他们头发微卷,鼻子宽大,臂长腿短,身高只有1.2~1.4米。过去,人们以为那里就是传说中的小人国。可是,20世约70年代末,人们在南美洲哥伦比亚和委内瑞拉交界的一个山谷,发现了比俾格米人更矮小的尤卡斯人。也许,这里才是真正的小人国。尤卡斯人的身高都在1米以下,大多仅80~90厘米,只有一般成年人身高的一半。尤卡斯人体格强壮,腿部肌肉发达,一双手又大又长,与矮人的身材极不相称。他们一直过着非常原始的生活。

有矮就有高。身高 2.36 米的鲍喜顺,是我国内蒙古草原上的巨人。路人异样的目光、衣食住行的不便,使他深感自卑。2004 年,53 岁的鲍喜顺随着一位商人走出了内蒙古草原。从此,他赢得了人们的尊重,既收获了自信,又收获了爱情:2007 年与身高 1.68 米的夏姑娘喜结连理。

有“世界巨人”之称的查纳,28 岁时身高 2.47 米。他身躯巨大,在城市中生活十分不便,只好深居在巴基斯坦卡拉奇以北的一个村庄里。查纳家的门有 2.5 米高,他勉强可以出入。他乘公共汽车要“俯首折腰”,还得买两张票。即使如此,也会招来其他乘客的白眼和责备,因为他要把两腿伸到过道上。出租车司机不愿载他,怕他上车后会压坏设备。

巨人和矮人是怎么产生的呢?通常,巨人是由于体内生长激素分泌过多造成的。人的大脑底部有个豌豆大小的内分泌腺体,叫垂体。生长激素就是从那里分泌出来的,它具有促进人体生长发育的作用。人在青春期之前,如果生长激素分泌量过多,就会食欲旺盛,生长迅速,成为巨人。

身材矮小的原因比较复杂,同种族、遗传、营养和生活条件都有关系。有些是由于体内生长激素的分泌量过少造成的。科学家曾对俾格米人做过测试,发现他们体内的生长激素要比常人少三分之二,这是否是他们身材矮小的根本原因还有待于进一步的研究。

不对称的人体

在人们的印象中,人体的左侧和右侧似乎是对称的。因为谁都知道,如果通过鼻子到两腿中间作一条中轴线,那么,两只眼睛、一对耳朵、一双手、两条腿,都是对称的。毛发的分布、人体表面的凹凸不平,也是左右对称的。鼻子和舌头等虽然是单个的,但是鼻子位于面部的中央,舌头居于口腔中间,而且它们的形状也是左右对称的。

其实,人体中的不对称比比皆是。大部分人的额部,左面比右面稍大一些,所以右面颊略微向前突出。有些人的眼睛,一只大,一只小;一边高,一边低;一只双眼皮,一只单眼皮。有的人眉毛一高一低,耳朵一大一小。胎儿在母腹中,到第六个月就会自然而然地向右倾斜。人的脊柱在胸部多弯向右侧,在腰部常向左侧弯曲,因而左肩往往显得宽而高。大部分人的右手比左手长,右臂比左臂粗,因为他们惯用右手。但也有少数人偏爱左手,这些人的左手似乎比右手更重要。在长度、重量和体积等方面,右腿超过左腿。怪不得人蒙上眼睛在平地自然行走,走着走着就会偏向左侧。

人的内脏器官也不对称。心脏的三分之二在身体的左侧,三分之一在右侧。左肺只有上、下两叶,右肺却分上、中、下三叶,它的容量也大于左肺。胃的大部分在身体左侧,只有六分之一位于右侧。肝脏的大部分和胆囊在身体的右侧,胰腺的大部分及脾脏却在左侧。

人体各器官的功能也并不对称。65%的人,右眼的作用大于左眼。人在正常呼吸的时候,是轮流使用左右鼻孔的。但是,用右鼻孔呼吸时,大脑容易兴奋,神经处于紧张状态,因此当人紧张地学习和工作时,往往用右鼻孔呼吸。而左鼻孔正好相反,它是在轻松、安宁时进行呼吸的。人脸左右两侧肌肉的活动也不相同,绝大多数的人都是半边脸的动作特别积极。惯用右脸肌肉的称为右脸人,在人群中这类人占75%。惯用左脸肌肉的是左脸人。研究表明,历史上的音乐大师,如贝多芬、舒伯特和柴可夫斯基等,都是清一色的左脸人。人的左右大脑两半球在功能上也是不对称的。就大多数人而言,左脑半球主要负责语言、书写、逻辑和计算等,而右脑半球侧重于图形的感知、空间认识能力和音乐、美术等方面的才能。

上面提到的都是正常的不对称,还有一类异常的不对称。例如,正常人的心尖都朝向左下方,心脏略偏左侧,可是有极少数人心脏偏于右侧,心尖朝向右下方,这就是右位心。更为奇特的是,有的人腹腔里内脏器官的位置左右颠倒了,好像对着一面镜子所看到的映像:脾脏和胃在右侧,肝脏和胆囊在左侧。人在生病时,外貌、四肢和器官的功能也会变得不对称。比如,半身不遂的人,一侧的手、脚就会活动困难或瘫痪;颜面神经麻痹的人,面部五官会明显不对称。

因而,研究人体的不对称,并不是为了猎奇。只有了解了人体的不对称,才能揭示人体异常不对称的本质,才能为诊断疾病提供可靠的依据。艺术家在绘画、雕塑的时候,人类学家在进行头骨复原的时候,都离不开人体不对称的知识,否则他们就不可能塑造出自然逼真、栩栩如生的人物形象。

左撇子,右撇子

每个人都有一双手,可是大多数人习惯于用右手,用右手写字,用右手拿餐具吃饭,这些人被称为右利手,俗称右撇子。也有少数人偏爱用左手,这就是左利手或左撇子。

在现实生活中,左撇子常常会陷入窘境。在他们的眼中,世界上的一切事物好像都变反了:球形门把手到了门的另一边,汽车的变速器在相反的位置上,罐头刀的把手装反了……

在美国密苏里州,左撇子警官温伯恩火冒三丈,因为上司坚持要他按规矩把枪套挂在身体右侧；在西雅图，左撇子邮政职员格林被告知，必须按照正规程序，用左手拿信，右手拣信。后来，温伯恩事件得到了圆满解决，格林也获准继续用左手拣信。然而，他们仍然和其他左撇子一样，生活在充满烦恼的世界里。

左撇子的人数远远少于右撇子。在这方面，国内外的科学家都做过一番调查。比如，早在 1980 年中国科学院心理研究所等研究单位就调查了近 2 万人，调查项目有 10 个：握笔、用筷、掷东西、刷牙、用剪子、划火柴、穿针眼、握钉锤、握球拍、洗脸。结果表明，右撇子占 91%左右，左撇子连 1%也不到。即使把左右手混用型中偏左的一部分人加进去，左撇子也不超过 3%。相比之下，在欧美国家左撇子要多一些，但也只占总人口的 10%左右。

在左撇子中，不乏杰出的科学家和艺术家。如 20 世纪最伟大的科学家爱因斯坦，蜚声艺坛的意大利画家达·芬奇，法国绘画大师毕加索，英国喜剧大师卓别林，美国一代巨星梦露等，都是左撇子。在历届白宫主人中，左撇子也为数不少，如美国前总统克林顿、老布什和福特，以及更早的杜鲁门、胡佛等。

在战场上，左撇子曾叱咤风云、大显神威。亚历山大大帝、恺撒大帝、查理大帝、拿破仑等，都是出色的左撇子军事家。米开朗琪罗的《大卫》雕像也是左手持弹弓的。有人曾作过一番统计：《圣经》中记载了大约 700 名百发百中的左撇子。

在棒球、击剑、乒乓球比赛中，左撇子运动员也占有优势。美国棒球史上最伟大的投球手，几乎有四分之一是左撇子；在最佳击球手金榜上，有近一半是左撇子或能左右开弓的健将。在 1980 年的奥运会上，四名击剑冠军中，有三名是左手持剑者。在国际乒乓球比赛中，左手握拍夺得奖牌者也不乏其人。

左撇子反应敏捷，是有科学道理的。因为大脑左半球控制人体右侧的动作，大脑右半球控制人体左侧的动作，所以从大脑发出指令到采取行动，左撇子和右撇子的大脑反应通路是不一样的：右撇子需要通过大脑右半球到左半球，然后到右手；而左撇子只要从大脑右半球到左手，比右撇子少绕一个弯。法国科学家发现，人脑发出的信号，传到身体左侧的时间比传到右侧要快千分之十五秒。由此可见，左撇子在敏捷性方面便棋高一着了。

令人感到迷惑不解的是，既然左撇子具有这种显而易见的优越性，那么，为什么绝大多数人都是右撇子，而不是左撇子呢？美国纽约州立大学的欧文博士对此提出了独特的见解。他认为，在自然的进化历程中，左撇子对环境的适应能力要比右撇子差一些。欧文博士在研究病理现象时发现，左撇子容易得糖尿病、溃疡性结肠炎、类风湿性关节炎等自身免疫性疾病。他挑选 88 人做实验对象，其中 12 人是左撇子。欧文给他们服用相同剂量的神经镇静药物，结果从脑电图可以看到，几乎所有的左撇子都出现强烈的大脑反应,有的甚至像癫痫病发作。于是,欧文对现代人中绝大多数是右撇子做出了解释:在很早以前,我们的祖先刚开始认识植物,因而在食用植物时往往会混入一些有毒植物,右撇子对有毒物质的耐受力要比左撇子强得多,因而能较好地生存下来。经过长期的自然淘汰,右撇子就越来越多了。

事实也表明,左撇子的寿命较短。据调查,20 岁左右的人中,左撇子占 13%;50 岁左右的人中,左撇子只占 5%;90 岁左右的老人中,竟然找不到一个左撇子。1991 年有人对 987 个死者做了分析,发现左撇子的死亡时间平均要比右撇子早 5~10 年,这与他们的适应能力较差有关。

看来,左撇子和右撇子似乎各有千秋。如果两者比较一下,究竟谁是强者呢?对此,目前还缺乏全面的比较和分析。

达·芬奇的指纹

莱昂纳多·达·芬奇是意大利举世闻名的艺术大师,他的壁画《最后的晚餐》和肖像画《蒙娜丽莎》都是绘画史上的传世之作。然而,历史学家和艺术家对达·芬奇母亲的身份,一直存在着分歧和争议。出人意料的是,近年来,意大利人类学家从达·芬奇的画作和遗稿中提取了这位巨人的指纹,经研究发现,达·芬奇有着中东人的血统。

1452 年 4 月 15 日,当晨曦初露时,达·芬奇在意大利佛罗伦萨附近的芬奇镇呱呱坠地了。据记载,达·芬奇的父亲名叫皮耶罗·达·芬奇,是位风流倜傥的律师。纯朴而美丽的嘉德娜,是达·芬奇的生身母亲。

嘉德娜何许人也?大多数史学家认为,她是一位朴实的乡村姑娘,那时在当地的一家酒馆当女招待。可是,意大利托斯卡地区芬奇市达·芬奇博物馆馆长亚历山德拉·维佐思,却有着与众不同的见解:嘉德娜很可能是一名来自中东的女奴。因为达·芬奇出生那年,佛罗伦萨通过了一项法律,允许奴隶主对他们的奴隶拥有更多的权利。维佐思在博物馆的历史文献中发现,皮耶罗当年曾拥有一名叫嘉德娜的中东女奴,而这个女奴曾生下一名叫莱昂纳多的婴儿。然而,欧洲许多史学家的观点却与维佐思相左,他们激烈地反对这位博物馆馆长的说法。

科学家理所当然地想到借助 DNA(脱氧核糖核酸)鉴定一举揭开达·芬奇的身世之谜。可是,苍天总是喜欢忽悠人。自 1519 年达·芬奇在法国小镇撒手人寰后,法国发生了宗教战争,这位巨人的墓穴和遗体早就无觅处了。找不到达·芬奇的尸骨,DNA 鉴定便成了“无米之炊”。

正当山穷水尽时,意大利人类学家决定另辟蹊径,从指纹入手揭示达·芬奇的身世之谜。达·芬奇博物馆和意大利基耶提大学的研究人员,在达·芬奇的素描画作和笔记遗稿中苦苦搜寻着。几经努力,200 多个指纹终于齐刷刷地展现在人们面前。难道这些全都是达·芬奇的指纹?研究人员简直不敢相信自己的眼睛。他们用光谱测定法,对 52 页纸上的这些指纹一一做了鉴定,这才真相大白。原来,达·芬奇的指纹仅区区几个,而且大多并不完整。其中,最完整的是这位艺术大师左手食指的指纹。研究者仔细研究了这些稀少而珍贵的达·芬奇的指纹。因为这是左手食指和拇指的部分指纹,可见这位大师确实是左撇子,喜欢用左手翻笔记和画稿。经反复研究,意大利人类学家终于得出结论:达·芬奇的左手食指是斗型指纹,这是中东人中很普遍的指纹类型,因而推断他具有中东人的血统。这一研究结果首次证实了达·芬奇的母亲可能是一名中东女奴的说法。

维佐思对此做了解释:当时在意大利托斯卡地区,人们拥有来自中东的奴隶是习以为常的。据考证,达·芬奇的女奴母亲嘉德娜生下小达·芬奇后不久,皮耶罗就将她许配给了自己手下的一名男雇工。

为什么指纹能帮助人们探赜索隐、追根寻祖呢?这里,不妨从何谓指纹说起。伸出 10 个手指,就可以发现,每个手指指端上都有一幅花纹不同的奇妙"图案",这就是指纹。只要仔细观察一番,就会发现,指纹有三种类型:斗型,又叫箩,是由许多同心圆或螺旋形纹线组成的,看上去很像水中的漩涡;箕型,纹线宛如农村中用的畚箕,有一边是开口的;弓形,纹线像弯弓一样。

有趣的是,世界上每个人的指纹都不一样,而且在出生前一个月左右,指纹的全部细节都已形成,以后便终生不变。指纹作为个人独特标志的科学理论,是近代才确立的。

人类学家已经发现,世界上不同人种的指纹有很大差别。在黄种人的指纹中,斗型纹的出现率是 50.9%;在白种人的指纹中,箕形纹占 66.3%;在黑种人中,箕形纹占 64%。此外,一个民族的指纹类型,往往与另一个民族不同,这就为人类学家提供了一个划分民族的依据。子女的指纹与父母有许多相似之处;兄弟姐妹之间的指纹也比较接近。据此,1923 年挪威科学家第一次用指纹来鉴定血缘关系。在这以后,人们曾采用这种方法使失散几十年的亲人重新团聚。

由此看来,借助指纹让达·芬奇的身世大白于天下,便是顺理成章的事了。

指纹风波

进入 21 世纪,长时间以来被普遍认可和广泛接受的指纹鉴定,也开始面临信任危机了。2006 年 1 月 5 日,巴尔的摩商人弗莱明于其商铺所在的百货商场地下车库被枪杀了。事隔 13 天后,当地一个偷车集团的老大罗斯被捕。警方比对了从死者奔驰轿车上提取的指纹,以及被认为是凶手逃离现场时驾驶的道奇车上的指纹,发现与罗斯的指纹“不谋而合”。在预审中,控方认为指纹鉴定结果应该理所当然地成为正式证据,但辩方反驳说,指纹鉴定从未经受严格的科学论证。最后,巴尔的摩巡回法院法官认定,指纹证据是一种“未经证实也无法核实的鉴定程序”,因而“不能作为有效证据”。这一爆炸性的决定,在司法界和人类学界引起了巨大的反响。

这究竟是怎么回事呢?这里,不妨从指纹作为个人独特标志的理论问世时谈起。1880 年,英国著名人类学家弗朗西斯·高尔顿解开了指纹因人而异之谜。各种类型的指纹都有变化万千的纹线:从左到右,既有起点,又有终点;有的由一条分为两条,有的却由两条合为一条;有的纹线上有小钩或小眼,有的两条线之间有“小桥”相连,有的地方还有小点和短棒。经过分析研究,高尔顿发现,每个指纹大约有 100 个细微特征。把这些特征进行排列组合,如果按世界人口将发展到 60 亿计算,那么要到 60 位数字的世纪,才可能出现完全一模一样的指纹。

指纹破案是 100 多年前在日本工作的一位苏格兰医生福尔茨发明的。这位医生对指纹很有研究,认为可以用它来确定一个人的身份。有一天,一个窃贼爬过了福尔茨家附近的一堵墙,在白墙上留下了几个很清楚的指印。福尔茨仔细地查看这些指纹时,听说盗窃犯已经被捕了。他请求日本警方允许他把被捕者的指印按下来。福尔茨把这名被捕者的指印与墙上的指印作了比对,发现它们是不一样的。于是,他告诉警方,这个被捕的人是无辜的。几天以后,另一个嫌疑犯被抓住了。福尔茨弄来了这个人的指印,竟与墙上的指印一模一样。显然,这才是真正的盗窃犯。就这样,简便而准确的指纹破案法诞生了。这种方法一直流传至今,它使狡猾的罪犯原形毕露,也为百口莫辩的蒙冤人洗脱罪名。

但是,指纹破案也有出错的时候。2004 年的 3 月 11 日,恐怖分子在西班牙马德里的四个火车站引爆炸弹,使 200 人因此而丧生。一个由多国人员组成的调查组成立了,其中三位指纹鉴定专家认定:从包裹雷管和炸药的塑料袋上提取的局部指纹是美国律师布兰登的。5 月 6 日,布兰登被捕入狱时大叫冤枉,因为他 10 年来从未出过国。幸好两周后,西班牙警方抓到了袋子上指纹的真正主人,布兰登才被无罪释放。

由此冤案引起的争论十分激烈。指纹鉴定的批评者认为,在犯罪现场获取的指纹通常不完整,而且是模糊的,必须用化学方法进行处理,或者用紫外线进行辐射后才能辨认。所以当最后与资料库中清晰的指纹相比对时,其准确性有多高也是令人怀疑的。持相反意见的学者表示,指纹鉴定出错,确实会使无辜的人蒙受不白之冤,但这只是个案,不会每天都发生,也不会有成千上万的人因此而被投入监狱。不管争论的结果如何,人们都已开始警觉:指纹鉴定并非万无一失。

回头来看,其实,巴尔的摩巡回法院法官的决定,并非一时心血来潮,它与2004年的布兰登冤案有着很大的关系。

五指之谜

精通多门学科的英国学者雅各布·布洛诺夫斯基,在第一个女儿出生四五天后走近摇篮,望着她可爱的小手,一个念头在脑海中油然而生:"这真是奇妙的手,每一个关节都那么完美无缺。给我100万年时间,我也不可能设计得如此精细。"

也许你曾经诧异过,为什么人类每只手是5个手指,每只脚是5个脚趾,而不是6个或7个呢?放眼大自然,许多动物的手指或脚趾是少于5个的,但没有一种哺乳动物、爬行动物、两栖动物或鸟类,会进化出5个以上。

这究竟是为什么呢?英国从事异常老鼠研究的科学家克里斯·海耶斯等人,以老鼠为对象做了一系列实验。他们发现,如果动物的手指或脚趾有5个以上,那么它们的手掌或脚掌就会被迫长成弧形,以便适应这些多出来的手指或脚趾,而多出来的指(趾)的顶部也会扭曲变形,使动物的灵活性大打折扣,使之不能很好地行走或奔跑,影响它们捕猎食物和逃避敌害,最终使其生存能力大为下降。研究者们还发现,在拥有5个以上脚趾的老鼠中,脚趾越多,它们的灵活性就越差。有一只老鼠十分厉害:每只脚上竟长有10个脚趾。然而,它已举步维艰,几乎难以生存下去了。海耶斯等人认为,动物沿着每肢长5个指(趾)的方向进化,原因就在于此。

人手的神奇,源于手的结构。在人的五指中,每个手指各司其职。其中,最重要和用得最多的是大拇指。汉字中"拇"字,就有"指中之母"的意思。大拇指既能独立活动,又能接触掌心的绝大部分,还可以和其他手指配合,完成各种动作。人们抓榔头、拿笔杆、端碗举筷、紧握枪支时,都有大拇指的一份功劳。人的其他手指都是3节,唯独大拇指与众不同,是2节。这是为什么呢?原来,其他手指的3个骨节下端都有一根掌骨,对手指的活动起支持作用。而大拇指的第三骨节已下移,与掌骨融合在一起,只显露出2节。这种"安排"简直是妙不可言。如果大拇指只有1节,那么它就无法和其他四指配合着抓握各种物体了;反之,如果大拇指也有3节,那么它也许会软弱无力,无法胜任手的复杂动作。

紧挨着大拇指的是食指。它所以有这个名称,是由于我国古人习惯用它试探汤水、食物的冷热,然后放在嘴里吮一下尝尝味道的缘故。与大拇指相比,这个手指擅长比较精确和细致的动作。因为它可以用来指路,所以又称指示指;又因为它能扣动扳机开枪,因而又叫发射指。此外,它还可以用来拨电话,向别人发出警告等。

在人的五指中，最长的是中指，最短的是小指。小指常被用来挖耳朵，因而有人叫它耳指。除了大拇指、食指、中指、小指外，剩下的就是无名指了。这是最不灵活、用得最少的手指，也是最干净的手指。

在人类的活动中，手无处不在。手及其五指，吸引了解剖学家、人类学家、遗传学家、外科医生、舞蹈家、演员等人的视线，人们都期待着在这个领域有新的发现。

返祖现象

1977 年，在我国辽宁省的一个乡村医院里，一个后来取名叫于震环的毛孩诞生了。除了鼻尖、嘴唇、手掌和脚掌之外，他的脸上和身上都长满了毛。后来，有人做了一番测量：他肩部的毛最长，有 5.5 厘米；腹部的毛最短，也有 1.5 厘米；四肢和背部的毛相差无几，分别为 2.5 厘米和 2.7 厘米。这个毛孩的发育和智力都很正常。他一岁时会叫爸爸、妈妈；两岁时，能自己穿鞋，还会模仿爸爸刨地的动作；三岁时，已经能自己洗手帕和毛巾了。于震环六岁的时候，被中国新闻社请去拍摄武打片《狂潮》。这部影片的主人公是一位毛人，于震环扮演童年时代的毛人，他十分好学，接受能力也很强。武术教练提出的训练要求：踢腿、压腿、马步、倒立等，他都能一一完成。中学毕业后，于震环背着心爱的吉他背井离乡，闯荡歌坛；成了一名真正的歌手。

其实，解放前我国就有毛人。前一阵子，有人曾做过调查，我国的毛人有 30 多个。其中，有男有女，有婴儿、少年儿童，也有青壮年和老人。毛人家族有四个。甘肃省有个老太太和她的两个儿子、两个女儿以及三个外孙、一个外孙女，都是毛人。这样庞大的毛人家族，实在罕见。国外也早就有关于毛人的报道，比如在日本、缅甸、苏联、波兰和墨西哥等国，都曾发现过毛人。

毛人的出现是一种返祖现象。何谓返祖现象？通常认为，生物体已退化的器官或组织，在后代身上重新出现的现象，即返祖现象。除了全身长毛之外，人类的返祖现象还有长尾巴和多乳头等。这些都是人类某些动物祖先的特征的再现。

1884 年，有人报道过 126 个长尾巴的人。据记载，有个女孩的尾巴长 12.5 厘米，另一个女孩的尾巴更长，竟有 45 厘米，堪称世界之最。1959 年我国沈阳一家医院发现，一个女婴的尾巴长 12 厘米，周围还有少量褐色的毛。关于多乳头现象，也有过一些报道。比如，有文献记述，罗马皇帝亚历山大·塞弗鲁斯的母亲朱莉娅，就有很多乳头。1886 年有人发现，一位华沙妇女竟有四对乳房，而且都能分泌乳汁。

为什么会出现返祖现象呢？原来，在母亲的子宫里，每个人都经历过长尾巴和全身是毛的阶段。当胚胎发育到第七周时，就会长有一个 12 毫米长的尾巴，后来才慢慢消失。五六个月的胎儿,除手掌和脚掌之外,全身长满了浓密的胎毛。在正常情况下,这些胎毛会在七个月以后开始脱落。可是,有极少数胎儿由于相关遗传基因出现了反常,胎毛或尾巴并没有脱落,于是便出现了毛人和长尾巴的人。

20 世纪 90 年代至本世纪初,德国马克斯·普朗克分子遗传学院的伯纳德·赫曼等人重新研究了返祖现象,提出了一系列疑问:究竟什么是返祖现象呢?怎样才能确认某个现象是恢复了祖先的性状,而不是发育异常呢?生物为什么要在胚胎发育的早期保留祖先的结构而随后又渐渐消失呢?为什么会出现返祖现象呢?这一系列问题至今仍说不清、道不明,依然是未解之谜。

有用的退化器官

2005 年夏季,美国生活科学网站公布了确实存在但却“毫无用处”的十大器官名单,包括不飞鸟类的翅膀、鲸的后腿、墨西哥脂鲤的眼睛、蒲公英的性器官、鞭尾蜥蜴的假交配。除此之外,人类的毛发、尾骨、智齿、阑尾,以及男人的乳腺组织和乳头也赫然在目。此后,美国一家以“科学打假”著称的华人网站也刊文声称:“人类已退化了的器官也不少,如尾骨、转耳肌、阑尾、瞬膜(第三眼睑)等。它们除了让人类记住自己的祖先曾经像猴子一样有尾巴,像兔子一样转动耳朵,像草食动物一样有发达的盲肠,像青蛙一样眨眼睛,还能有别的什么合理解释吗?”据称,人体“退化无用”的器官已洋洋洒洒,多达 20 多种。其中,常被提及的有扁桃体、阑尾、胸腺、松果体和尾骨等。

人体果真有“退化无用”的器官吗?这里,不妨先从扁桃体和阑尾说起。人一张开嘴,在小舌头(悬雍垂)的两边,就可见到形状像扁桃的东西,这就是扁桃体。而阑尾则是人体盲肠下端的蚯蚓状突起,长约 7~9 厘米。人们一直以为,扁桃体和阑尾是退化无用之物,所以主张一发炎就做切除手术,以便一劳永逸。但近来的研究表明,它们都有重要的免疫功能,能产生活性淋巴细胞,消灭病菌,增强人体的抵抗力和抗癌能力。2007 年,美国杜克大学医学中心的科学家发现了阑尾的另一种功能。当人体遭受痢疾等急性疾病侵袭时,肠道内的有益菌往往会“全军覆没”。一旦大病初愈,阑尾就会将其中的益生菌释放到肠道中,使之东山再起,再度繁殖起来。在这里,阑尾成了肠道益生菌的“种子库”。

在人体胸部的正中,有一块狭长的胸骨,里面深藏着一个粉红色的小腺体,这就是胸腺。在 20 世纪 60 年代以前,人们一直以为它是个无用的器官。现在已经知道,这是个重要的免疫器官。从小牛胸腺中提取的胸腺素,1974 年曾首次用来治疗有免疫缺陷的儿童。胸腺又是人体的“长生不老”之泉。新生儿的胸腺像核桃那么大,到青春期前后开始缩小,到了花甲古稀之年连原来的十分之一也不到了。随着胸腺的萎缩,衰老和死亡也就悄然而至了。许多科学家认为,人体的衰亡可能与胸腺功能的大幅度减退有关。

松果体位于人体头顶正中的深处,体小隐蔽,形如松果,因而得名。在很长一段时间里,学术界认为这是一种退化无用的器官。然而,如今科学家已为松果体翻了案,其实它有抑制生殖和防止性早熟的功能,还有促进睡眠和防肿瘤等作用。

研究表明,人类的尾巴已毫无用处。于是,有些学者进而认为,尾骨也是多余的。实际上,尾骨也是人体不可或缺的重要零件,它能使内脏器官保持在必要位置上。倘若将尾骨一刀切除,那么一半以上的人会内脏下垂,或脊椎出现问题。

由此看来,人体器官都有着这样或那样的功能,都有各种存在的理由,没有一个属于"无用之辈"。

名人的生物钟

生物钟的运行情况因人而异。所以,每个人都得了解自己,根据自己的生物钟来安排生活、学习和工作,以便事半功倍,提高效率。

苏霍姆林斯基是苏联著名的教育家。他的生物钟是"百灵鸟"型的。这位教育家每天早晨都埋头于教育理论的研究。他说:"我所完成的一切都是早晨做的。30 年来,我都是清晨 5 时开始一天的工作,一直忙到 8 时。30 本教育方面的书和 300 多篇学术论文,都是在早晨 5 时到 8 时完成的。"恩格斯的生物钟是"猫头鹰"型的。他的生活很有规律:每天早饭后读报刊杂志,处理来往信件;午饭后去公园散步,然后开始工作,除 1 小时的晚饭和休息外,一直工作到凌晨 2 时。

大作家们的生物钟也不完全一样。鲁迅的写作时间是从晚上到半夜。他常怀着对与他共同生活的许广平的歉意,坐在已先躺下的许广平的床前和她聊天。许广平往往在丈夫的说话声中入睡,午夜醒来,还能看到在灯下写作的鲁迅的背影。艾青常在早上诗兴大发,而巴尔扎克的创作时间却是从半夜到次日中午。

名人们的睡眠时间也大相径庭。第二次世界大战时的"三巨头"之一、英国首相丘吉尔,每天只睡约 6 小时。英国前首相撒切尔夫人的睡眠时间更少,每天不超过 5 小时,然而她依然精力旺盛。撒切尔夫人每天早晨 6 时起床,给丈夫做早餐、收听广播、浏览报纸、听取汇报,上午 9 时正式开始工作,一直忙到深夜,临睡前还要写日记。善于长睡的名流也大有人在。德意志帝国第一任宰相俾斯麦一上床,就可以睡上 20 个小时。与之相比,德国作家歌德竟更胜一筹:能连续睡 24 小时。

颇为有趣的是,两位大师级人物竟然因为彼此生物钟的差异而心存芥蒂。经典电磁

理论的奠基人、英国物理学家麦克斯韦,曾有两年时间与著名发明家爱迪生在一起工作。一次,一位采访过他俩的记者披露:这两位大师睡眠时间都不长。对此,麦克斯韦以嘲讽的口吻说:“虽然他(即爱迪生)每夜只睡 4 小时,但别忘了他每天白天还要睡两三小时呢!”看来,伟人或名人也许精力过人,也许睡眠时间少于常人,但他们也必须睡眠,并拥有充足的睡眠时间。因为名人也是人,而不是神,也必须确保自己体内生物钟的正常运行。

人体的旋风

你见到过旋风吗?它像发疯的野马,在大地上盘旋、号叫、呼啸。它卷着尘土、落叶、羽毛和小虫,飞快地旋转着。人体中也有各种各样的旋风,如打哈欠、打喷嚏、打鼾、放屁等,它们会发出鼓声、哨子声和管弦乐队的演奏声……

打哈欠是人们司空见惯的现象。打哈欠的时候,人的眼睛眯成一条缝,嘴巴张得很大,身体往后仰,发出一阵低沉响亮的声音,同时伴随着伸懒腰的动作。每个人都会打哈欠,这个动作在胎儿出生后 5 分钟便出现了,以后在每天的某些时刻会反复出现,形影不离地伴随着人的一生。

人为什么打哈欠?美国马里兰大学的生理学家普罗文和贝宁格对打哈欠作了 10 多年的研究。他们发现,夜间开车的司机会频繁地打哈欠,正在认真看书和做作业的学生也会哈欠连连,连夜晚在家看电视的人也会接连打哈欠,可是却很少有人在床上打哈欠。原来,打哈欠是人们觉得必须保持清醒状态时,用以促进身体觉醒的一种反应。已经上床的人很少打哈欠,是因为他们不再需要保持清醒状态了,完全可以高枕无忧、安然入睡了。打哈欠的另一个作用是,能使人镇静下来。运动员在比赛前,小提琴手在演奏开始前,学生在紧张的考试前,往往会反复打哈欠,因为这样能使他们从紧张的心理状态中松弛下来。

有趣的是,打哈欠会传染。只要有一个人打哈欠,周围的人也会跟着打起哈欠来。电影和电视中打哈欠的镜头,也能促使观看者接连打哈欠。

几乎每个人都打过喷嚏。鼻腔受到空气中的灰尘、花粉和辛辣气味等刺激后,人往往会打喷嚏。比如,人在切辣椒、香葱的时候就会打喷嚏。感冒的人,也常常打喷嚏。

要说打喷嚏的频率,最厉害的要数伦敦的一个叫克朗宁的小伙子了。他从每天早晨 5 时至下午 5 时,会接连不断地打喷嚏,平均每 2 秒钟打一次,一天共打 1.8 万个喷嚏,堪称世界喷嚏冠军。谁都无法叫克朗宁停止打喷嚏,可是,只要他一走进漆黑的屋子,马上就会停止打喷嚏。据此,有人认为,克朗宁也许是对阳光过敏。

据科学家分析，一般一个喷嚏可以喷出1万~2万个飞沫，排出的细菌有4500~150000个，喷出来的飞沫可以飞到3.5米远的地方。如果打喷嚏的人带有病菌，周围的人就很容易被感染。因而，打喷嚏时不能冲着别人，应该用手帕或餐巾纸轻轻捂住口鼻，或躲开别人。

打鼾俗称打呼噜。世界上有将近一半的成年人在睡觉时会打鼾。其中，男人比女人多，老人比年轻人多，胖子比一般人多。医学家认为，睡觉时用嘴巴呼吸是打鼾的原因，睡觉姿势不当、枕头偏高、鼻子通气不畅以及鼻炎、气管炎、鼻甲肥大、慢性咽炎等，也会使人发出鼾声。

放屁是一种正常的生理现象。这是人体胃肠道内的气体通过肛门排出体外的结果。据统计，在一般情况下，一个正常的成年人每天会产生约500毫升的屁。在一天中，每个人的放屁次数是不一样的：多的二三十次，少的只有一次，平均为十几次。有些疾病如慢性胃炎、肠炎、肠结核等，会增加人的放屁次数。前一段时间有报道说，哈尔滨一名妇女20年来放屁不断，相当烦恼，后经医生检查，原来是肠道与正常人不一样，经手术后恢复了正常。法国蒙拉罗莎剧场的演员毕乔罗，称得上是世界上最牛的放屁者了。他放的屁甚至可以让距他30厘米远的蜡烛熄灭。

据分析，屁中含有氢气，最高含量可达47%，这已经达到了严禁烟火的程度。有一则消息说，在一次手术中，屁遇到了电手术刀发出的电火花引起爆炸，把病人的一段肠子炸掉了。除了氢气，屁中还包含氮、氧、甲烷、二氧化碳以及少量有臭味的氨气和硫化氢等。这些气体是从哪里来的？大多数是人们在进食、饮水时吞进肚子里去的，也有一些是食物在消化过程中产生的。

对于做过腹部手术的病人来说，放屁是件好事。因为这表明消化道“通行无阻”，情况正常。但是在公共场合屁声连连，毕竟不太好。比较好的办法是，平时注意用鼻子呼吸，减少吞入肚中的空气，同时少吃一些容易产气的食物，如蚕豆、黄豆、山芋、萝卜和洋葱等。

人体内的旋风还有咳嗽、打嗝等。对此，生理学家和医学家也一一做了深入的研究。

人体发光

我国古典神话小说《封神榜》中描绘的神仙的头上有三圈奇妙的光环。其实，“凡夫俗子”也会发光。

早在1669年，丹麦著名医生巴尔宁就曾报道过一个惊人的消息：一个意大利妇女的皮肤会发出鲜艳的光芒。18世纪，英国科学家普利斯里也记载了一名甲状腺疾病患者汗水发光的趣闻：在黑暗中，这个人身上被汗水浸透的衬衣好像被神奇的火焰笼罩着。100多年前的《英国技师》杂志上，记述了一名美国妇女脚趾发光的事例：有一次，她在入睡前突然发现，自己右脚四趾的上半截竟然会发光。她搓了搓脚趾，其发出的光芒更强烈了。使人难以理解的是，这名妇女右脚发光时，会散发出一种难闻的气味。洗脚甚至用肥皂洗脚，臭味和发光都丝毫不受影响。上述发光现象，只发生在极少数人身上。

人体辉光现象就不一样了，它发生在每个人身上。这一现象是1911年英国伦敦一位叫基尔纳的医生发现的。这一天，医院的理疗暗室里漆黑一片。基尔纳正透过双花青素染料刷过的玻璃屏障，观察病人的治疗情况。突然，一个奇怪的现象产生了，只见裸体病人的体表出现了一圈15毫米厚的光晕。它色彩瑰丽，忽隐忽现，宛如飘渺的云雾，又像凝聚的气体，使人感到神秘莫测。这就是人体辉光。1939年，苏联科学家基利安模仿当年理疗室的环境，在高频高压电场中，成功地将人体辉光拍摄成了照片。这种特殊的技术，后来被称作“基利安摄影术”。这一发现引起了世界众多国家科学家的注意。20世纪80年代后，日本、美国等相继对人体辉光现象做了探索和研究。

实验表明，人体辉光的颜色和形状，会根据人的健康状况、生理和心理活动等发生变化。通常，青壮年的光晕比老人和婴儿的明亮，身体健壮者的比体弱者的明亮，运动员的比一般人的明亮。同一个人各部位的亮度也不一样，手和脚的光晕亮度较大，胳膊、腿和躯干的亮度小一些。一个人心平气和时，光晕是浅蓝色的，勃然大怒时变成了橙黄色，心惊胆战时又成了橘红色。

科学家拍摄了青年男女相互倾慕和接触时的辉光照片。当一对情人手指尖相接触时，女性的指尖光圈特别明亮，会向男方的指尖延伸过去，而小伙子的指尖光圈会略微向后退缩，以顺应和迎合姑娘的光圈。当一对恋人拥抱接吻时，两人的辉光都会向对方伸去，彼此交织在一起，显得分外明亮。

对酗酒者和吸烟者进行的人体辉光跟踪拍摄的结果是颇为有趣的。饮酒者刚端起酒杯时，手指尖的辉光清晰而又明亮；醉酒后指尖光晕转为苍白色，此时光圈无力地向后退缩，变得十分暗淡。吸烟者辉光照片的图像与烟瘾大小有关：一天只吸几支烟的人，辉光基本上保持正常；吸烟量逐渐增大时，会出现跳动与不调和的光圈；如果此人烟瘾很大，辉光会偏离中心，与指尖脱离接触。

美国科学家认为，人体辉光研究可以在临床诊断中发挥作用。某些疾病在初露端倪时，辉光照片中会显示出一种仿佛受云雾干扰的模糊“日冕”图像；癌细胞生长时，则会出现云片状的辉光。也有人提出，人体辉光研究将在侦破案件时大显身手。一个人试图行凶作案时，指尖便会发出红色旋光；而预感到自己将受到侵犯的人，身上会马上出现蓝白色的光晕；倘若犯人企图说谎，辉光照片中就会出现闪耀跳动的各种色彩的光点。

人体辉光是在特殊的外界环境中发出的,这是一种被动发光。人体会不会主动发光呢?回答是肯定的。不过,这是一种超微弱冷光。据测定,它的能量微乎其微,一个人发出的超微弱冷光,相当于200千米外一只1瓦特灯泡向四周散射的光芒。对此,人的肉眼是看不见的,只有用特殊的仪器才能进行观测。因而,千百年来,人们对自身发出的这种神奇光芒,一直茫然不知。现在已经知道,每个人自呱呱坠地至离开人世间,始终都在发射这种超微弱冷光。它会随人年龄的增长、健康状况的变化以及饥饿、睡眠等生理变化发生相应的改变。正常人身体两侧的超微弱冷光是对称的,疾病会使两侧的冷光失去平衡。因而,观测和研究这种冷光,成了人们探索生命奥秘的一种重要手段。

人体恒温器

人体是个出色的恒温器。非洲的某些地区赤日炎炎似火烧,气温可高达60℃。东西伯利亚的奥伊米亚康地区,是世界有名的“冰库”,气温可低到-50℃。在这些气温截然不同的环境里,人都能生活,体温也都能保持在37℃左右。

人体的热量从何而来?生理学家认为,人体像个小火炉,每分每秒都在“燃烧”,而燃料就是食物中的蛋白质、糖和脂肪。据计算,1克蛋白质或糖“燃烧”后可产生约17.2千焦热量,1克脂肪“燃烧”后可产生约38.9千焦热量。如果燃料充足,一个成年人体内“燃烧”一天产生的热量足以煮沸30千克水。

研究表明,在安静状态下,人体50%~60%的热量由内脏器官供应。其中,肝脏产生的热量最多;其次是大脑,产生的热量占总热量的16%。进行剧烈运动和繁重劳动时,肌肉便成了主要的产热器官,产热量可达总热量的90%。

只产热而不散热也不行。好在人体同时又是个出色的“散热器”。通常,70%的体热靠血液带往身体表面,使皮下血管扩张,经辐射、对流和传导等作用散发出来,也有一部分是通过出汗和大小便散失的。

在“小火炉”和“散热器”的共同作用下,人体既产热,又散热,昼夜不停,忙忙碌碌。这就使人有了一个恒定的体温。

人的体温虽说是恒定的,但也不是绝对的。在口腔舌下测量体温是37℃,一般来说,这是正常体温。其实,人体各处的体温并不全是37℃,而是略有差别的。人体内部的温度高而稳定。被称为“内脏火炉”的肝脏,温度为38℃左右;大脑的温度接近肝脏;肾脏和十二指肠的温度在37.6℃左右;直肠和血液的温度较低,为37.5℃。睾丸是人体的“冷库”,正常温度为35~35.5℃。

相比之下,人体体表的温度差异要大得多,而且会随环境温度的升降而变化。室温

27℃时,腋窝温度接近37℃,头皮温度是33℃,躯干的温度是32℃,手指尖为30℃左右,脚趾尖只有25℃。当室温降到4℃时,手指尖的温度可降至24℃。近年来俄罗斯科学家发现,左右手温度也不一样:春秋两季左手比右手高1℃,冬季和夏季只高出0.75℃。

通常,人们在肛门、口腔、腋窝三个部位测量体温。正常的体温,在肛门内测量是36.9~37.9℃;口腔内测量的温度比肛门低0.3℃左右;腋窝内测量的温度是36~37.4℃。北京一家医院统计了1030个正常人的体温:平均腋窝温度是36.79℃,口腔温度是37.19℃,肛门温度是37.47℃。

正常人的体温早晨低,下午高;冬天低,夏天高。运动、劳动和饮食等,会使体温略有升高。女子体内的脂肪比男子多,所以体温平均比男子高0.3℃。儿童的新陈代谢较旺盛,他们的体温略高于成年人。相反,老人的体温较低,冬天比较怕冷。

人是恒温动物,体温不能太低,也不能过高。如果体温低于27℃,人会丧失意识。一旦体温超过42℃,就有可能危及生命。

人体的外衣

一套合适的衣服,可以使人显得风度翩翩、俊俏秀美。对于人体来说,最合身、最理想的外衣,就是全身的皮肤。

每个人从头到脚,都裹着一层皮肤。这是人体最大的器官。它面积的大小,因人的高矮胖瘦而有所不同。通常,一个成年男子全身的皮肤大约有1.8平方米,女子大约有1.6平方米,相当于两张八仙桌桌面那么大。身体各部位皮肤的厚度是不一样的。眼睑等处的皮肤最薄,只有0.5毫米;脚底的皮肤最厚,可达5毫米。

人体的皮肤并不是一层,而是分三层:最外面的叫表皮,由多层细胞组成;中间一层叫真皮,里面有丰富的血管和神经;最里面的一层是皮下组织,分布着大量的脂肪。

在表皮内层,新的表皮细胞会不断长出来。与此同时,表皮’的最外层会不断地死亡、脱落。死亡后脱落下来的表皮外层就是皮屑。由于表皮的这种新陈代谢,每个人大约经过27天就会从上到下换上一套“新衣”。人体脱落的皮屑大约有多少呢?有人做过一番有趣的测算:一个中等体型的人,每小时要脱落60万颗皮屑,每年大约脱落675克皮屑。如果一个人活到70岁,那么他一生将脱落约48千克皮屑。

皮肤的主要成分是水。成年人的皮肤中,水分占60%左右。刚生下来的婴儿,皮肤中的水分高达80%。年轻女孩的皮肤细腻发亮,就是里面充满水分的缘故。年纪大了以后,水分少了,皮肤就会变得干瘪,再加上皮下脂肪也减少了,于是皮肤表面逐渐出现了皱纹。

人的皮肤是个多功能器官。首先,它是人体的第一道防线。有人曾作过一番调查,在皮肤表面,每1平方厘米就有10万个微生物,洗一次澡,可以洗掉上亿个微生物。其中,不少是危害人体健康的病菌。人体皮肤宛如铜墙铁壁,可以将这些病菌拒之于“门”外。皮肤还会分泌乳酸和脂肪酸,这些酸性物质是皮肤用来对付病菌的化学武器。有一位科学家曾经对皮肤的杀菌能力做过一番测试。他把300万个溶血性链球菌放在人体皮肤上,1小时以后检查一下,还剩100万个;再过1小时,只剩下7000个了。看来,皮肤化学武器的威力还真不小。皮肤的“护卫”作用,还表现在许多其他方面。皮肤十分耐磨,人们每天用手做这做那,用双脚走来走去,一般都不会磨破皮肤。皮肤富有弹性,能减轻外来的碰撞挤压,保护内脏。皮肤可以防水,人在游泳池里待上几个小时,也不会有什么问题。

皮肤和眼睛、耳朵、鼻子一样,也是人体的感觉器官。那里布满了感觉冷、热、触、痛的岗哨——感受器。如果一个人的皮肤面积为1.75平方米,那么他就有240万个感受器。这些感受器可以帮助人了解四周的环境:找东西时,触觉感受器会告诉你,是否碰到了要找的物品;气温变化时,冷热感受器会告诉你,天气是变冷了还是转暖了;万一遇到了刀割、虫咬、火烫,它们会及时向大脑报告,以便尽快采取防御措施。

皮肤上有许多汗毛孔,汗腺分泌的汗液就是从那里排出的。据统计,在每1平方厘米皮肤中,手掌有373条汗腺,脚掌有306条,胸腹部为255条,额部为172条,腿部为39条,背部为57条。不同人的汗腺数量往往有很大差别,这就是有人爱出汗、有人不爱出汗的一个原因。出汗同排尿一样,能把人体内的代谢废物排泄出去。汗液还可以滋润皮肤,“冲掉”体表的微生物。最重要的是,出汗可以调节体温,使体温保持在37℃左右。

皮肤还是人体重要的呼吸器官呢!人全身的皮肤都能呼吸,连长满头发的头皮和脚后跟的厚皮也能呼吸。呼吸活动最旺盛的部位是胸部、背部和腹部。在这些部位,皮肤的呼吸作用甚至超过了肺。如果拿同样大小的肺和皮肤做比较,那么,皮肤吸进的氧气要比肺多28%,皮肤排出的二氧化碳要比肺多54%。在肺里,真正进行气体交换的场所是肺泡。肺泡的总面积很大,是皮肤总面积的45倍,因而人体皮肤的呼吸作用只能退居次要地位了。

皮肤是人体最合身、用途最多、功能最佳的外衣,一定要认真加以保护。时下有些追逐时尚的人喜欢文身,这是一种装饰皮肤的艺术,但是文身对人体是有害的。所刺的图案再美丽,也不过是一种精致的伤疤罢了。皮肤被破坏了,便无法发挥各种功能;有些注入或涂抹的墨彩还有毒,最终会影响文身者的健康。

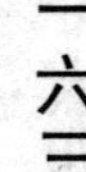

人的头发

在所有的灵长类动物中，不经过修剪的人类的头发是最长和最茂密的。古今中外，男女老少都是如此。因而，头发成了全人类的标志。

人有多少头发？中国古时候习惯用“青丝三千”来形容人头发之多。实际上，一个人的头发大约有10万~12万根。每一根头发都是由毛干和毛根组成的。毛干是露在皮肤外面的部分。因为毛干是已经死去的细胞，所以人们在理发时一点也不会感到痛。毛根埋在皮肤里，外面包着筒状的毛囊，头发就是从毛囊里长出来的。

头发从长出来到脱落，寿命一般是2~6年，最长的可达25年。通常，头发每天可以长0.2~0.4毫米，一个月大约长1厘米。如果以10万根头发计算，那么头发每天可长30米左右。然而，头发并不是一年到头始终都在生长的。每天大约有90%的头发在生长，而10%的头发却处于停止生长状态。头发的生长速度会随着年龄和人体的健康状况而发生变化。老年人、体弱者、病人和孕妇的头发长得较慢。健康人在16~24岁时，头发长得最快，质量也最好。

古往今来，人们都以美发为荣，对自己的头发关怀备至。现今的理发技艺，可以把人的头发塑造成千姿百态，尤其是女子的发型，往往令人目不暇接，给多彩的生活平添几分艺术魅力。

除了美化和修饰作用，人的头发还有许多其他功能。首先是保护头部。人的脑壳外有了一层密密的头发，就好像戴上了一顶安全帽。当头部受到外力冲击时，这层富有弹性的头发有一定的缓冲作用。天冷时，头发可以挡风和保暖；大热天，头发又可以遮阳和散热。在一般情况下，人体的热量有一半是从头发部位散发出去的，难怪有些青少年一运动，头上就直冒热气，被人称为“蒸笼头”呢！

诗人李白曾有“白发三千丈”的诗句，显然这是夸张的说法。但是，头发长的人还是有的。1983年，英国《发型》杂志为寻找世界上头发最长的人，组织了一场比赛。结果，菲律宾的德霍莉·杰罗尼莫小姐挫败群芳，赢得了冠军。她的头发长1.66米。1986年，这家杂志又在伦敦发起美丽长发比赛。登上冠军宝座的琼·布吉斯女士的一头金发长1.9米。后来，人们发现，英国的维顿小组更胜一筹，她的头发已长到2.59米。据报道，印度吐拉伊寺的长老班达拉桑那迪的头发长7.9米。有人认为，他的头发所以这么长，据说是因为得了一种“纠发病”。

中国有句成语叫“一发千钧”，是说千钧重物挂在一根头发上，比喻情况万分危急。这是一种艺术夸张。一钧等于30斤（即15千克），一根头发是承受不了3万斤（即15

吨)重物的。然而,纤细柔软的头发确实有着很强的拉力和弹性。中国古代有个“头悬梁”的故事,是说一个叫孙敬的读书人,夜间苦读怕打瞌睡,便用绳子绑住头发悬吊在房梁上,如打瞌睡而低头,头发牵拉头皮,人就会疼醒。由此可见,头发是很有韧性的。

据测试,一根头发可以承受十几克拉力,比同样粗的铅、铝、锌丝还强韧。印度新德里有个年过花甲的出租车司机,用蓄了20多年的长发,吊起了100千克的重物。另一位印度人也不简单,他用自己的发辫,把一辆13吨重的公共汽车向前拖了15米。

医学家认为,人的每根头发大约有几十种化学元素,分析它们的含量变化,就能掌握一个人的许多信息。比如,从一根头发可以判断一个人的性别和年龄。据测定,女子头发中的锰元素是男子的3倍,金的含量是男子的4倍,汞的含量是男子的7倍。科学家对几位实验对象进行了长达26年的连续追踪分析,实验结果表明,他们头发中锌的含量十分稳定,铜的含量变化很小,而汞、金、砷和锑的含量,却随着年龄的增长,出现了很大的变化。

日本科学家声称,通过对头发的分析还可以了解此人是哪个国家的,以及他的生活环境和职业等。喜欢吃鱼的日本人头发中氮的含量较高,喜欢吃素食的印度人头发中氮的含量最低;美国人头发中碳的含量最高,而欧洲人这一元素含量最低。如果发现一个人头发中的铅含量超过正常人,那么他的住处也许比较接近工业污染区。不同职业的人,头发中化学元素的含量也不一样。例如,因为化妆品中大多含有锌,所以演员的头发中锌含量较高;电镀液中含有铬,因而电镀工人头发中的铬含量较高;牙科医生经常接触含汞药品,于是头发中的汞含量就比较高。

贝多芬的头发

1995年12月一个温暖的早晨,德国音乐家贝多芬的头发在一个玻璃制小纪念品盒里放了几乎两个世纪之后,即将成为举世瞩目的对象。贝多芬是欧洲18世纪古典音乐的最后一位代表人物,他的音乐以博大的胸怀、强大的冲击力震撼了世界乐坛,因而他被人们尊称为“乐圣”。

当时,贝多芬的头发属于两位男子:一位是菲尼克斯实业发展商艾拉·布里兰特,另一位是墨西哥裔美国泌尿科医生切·格瓦拉。上午十点半,他们和一群审查者聚集在美国图森的亚利桑那大学医学中心的一个大教室里,开启小纪念品盒,解开那缕漂亮的棕灰色头发,并签订了一份合同,约定这些头发该怎么处理。最后,160根头发归主要投资者格瓦拉所有,将用于测试和研究;剩下的422根头发由格瓦拉和布里兰特捐赠给加利福尼亚的圣何塞州立大学的布里兰特贝多芬研究中心,它们将被永久地保存在那里。此后,科学家们对贝多芬的头发和附着的毛囊进行了各种试验,从而揭示了这位乐坛巨人长期身体欠佳、耳聋和临终病患的真实原因。

贝多芬的这缕头发是怎么流传下来的呢?1827年3月26日下午,在一场突如其来的暴风雨中,贝多芬去世了。第二天,一位生于法兰克福的年轻犹太音乐家费迪南德·西勒,来到贝多芬的床前,向他崇敬的音乐大师表示临终的敬意。按照习俗,西勒剪下了贝多芬的一缕头发作为纪念。

第二次世界大战时,这缕头发神奇地出现在纳粹占领下的丹麦,成了该国小渔港的医生凯·弗雷明的收藏品。弗雷明医生死后,他的女儿米歇尔成了这缕头发的继承人。她使历尽坎坷的贝多芬的这缕头发出现在了苏富比拍卖行。1994年12月,贝多芬的崇拜者布里兰特和格瓦拉买下了这缕神奇的头发。

小纪念品盒的开启,是一件令人惊叹的事。1996年5月底,20根贝多芬的头发被送到了内珀维尔市的威廉·沃尔什医生的健康研究所。两年半以后,沃尔什拿出了一份令人震惊的报告。头发中微量元素的测定表明,3根现代正常人头发中的铅含量是正常的,分别为0.95、0.98、和1.4(单位为微克/克),而贝多芬2根头发中的铅含量分别高达90和250,平均含量是正常人平均含量的42倍。沃尔什认为,这一证据表明,贝多芬在临死时已处于大剂量铅中毒的状态。

现代医学告诉我们,铅中毒会给人体造成巨大伤害。长期受铅中毒影响,会引起间歇性的慢性肠胃疾病,出现腹部绞痛、呕吐、便秘或腹泻。在铅毒症患者中,痛风是较常见的,皮肤苍白和黄疸病也较多见。此外,病人常有头痛、食欲减退、性情急躁、健忘和行为古怪等症状。由于视觉和听觉神经受损,患者还会视力减退,逐渐丧失听力。上述症状与贝多芬长期疾病的记录毫无二致。

现在看来,贝多芬铅中毒可能已有很长时间了。他在后半生中,遭到了严重的铅污染。1801年,贝多芬吃饭时开始喝大量的葡萄酒,以刺激日趋减退的食欲。那个时代的葡萄酒是经过铅处理的,以此来减少酒中的苦涩味。于是,葡萄酒成了他体内摄入铅的重要来源。此外,贝多芬经常用铅笔进行音乐创作,他写信、记笔记用的也是铅笔。他的听力发生严重障碍后,更是经常用牙齿咬着铅笔的一端,然后将铅笔的另一端压在钢琴上,帮助他听到钢琴的震动。如果导致他严重的肠胃病,甚至耳聋的罪魁祸首,正是那个他用来创作音乐的简单工具,这是多么残酷的讽刺啊!

2000年夏天,布里兰特、格瓦拉等人成功地找到了20世纪80年代在维也纳被研究过的贝多芬的头骨碎片,核实了先前发现的高铅含量,同时通过DNA(脱氧核糖核酸)比对,证实了头发和骨头的确来自同一个人。最终结果表明,那个经历了不平凡的旅程,举世瞩目的纪念物,毫无疑问就是贝多芬的头发。

伟大的脚

在天地间,唯独人类拥有一双伟大的脚。一位人类学家曾经说过:“用脚直立行走,是人类进化的关键。脚,使人类摆脱低级的境地,成为万物之灵。”

脚的结构精妙绝伦,被生理学家称为“解剖学上的奇迹”。人体共有206块骨头,两只脚占了52块。也就是说,全身四分之一以上的骨头在脚上。除此之外,每只脚还有33个关节,20条大小不一的肌肉,100多条韧带以及无数的神经和血管。可以毫不夸张地说,人类的脚是伟大的。如果制作一个真人大小的人体模型,它是无法站稳脚跟的,稍一碰撞,必将摔倒。难怪一位科学家风趣地说,人能够在地上站稳,本身就是一件了不起的事。

人的胚胎在第三四周时已经有了脚,出生后几个月就会站立,一岁左右就可学走路,从此开始了真正的人生历程。脚的一个重要功能是承受全身的体重。人们发现,一个50千克体重的人,脚每天累积承受的总压力有好几百吨。据统计,足球运动员在一场球赛中,两脚发力起步多达万次,每只脚累积承受的力量超过1000吨。脚最重要的功能是走路。根据世界卫生组织的调查,现代人一生要走42万千米的路,相当于绕地球赤道10圈。看来,人体的双脚,确实任重而道远。

科学家对脚作了长期的研究。据记载,有个名叫威尔金的外国人,得了肢端肥大症,脚掌长度竟达55厘米,称得上是全世界最大的脚了。中国男子的脚掌平均长24.48厘米,女子平均为21.60厘米。每个人脚掌的大小,并不是固定不变的。一般,夏天比冬天大,右脚比左脚大。早晨和晚上脚掌大小可相差5%:清晨较小,午后稍大一些。体育活动后,脚掌会比原先大10%。因此,最好在下午购买鞋子,上午买鞋就要挑选长和宽都大几毫米的。试穿时,最好站起来走几步。因为行走时,脚可能比静坐时要长0.5~1厘米。

许多人都认为,人在站立的时候是静止不动的。实际上不是这样。不信,你闭上眼睛,并拢两脚规规矩矩地站着。这时你会感到自己正在按一定方向画着圆圈,犹如旋转的陀螺。

近年来的研究表明,人的双脚有不同的分工。通常,左脚接触地面的面积比右脚大;原地踏步时,左脚的着地时间比右脚长。可见,左脚的主要作用是支撑全身的重量,而右脚是负责做各种动作的。在走路的时候,大多数人的左脚沿着一条直线前进,右脚却是自由移动的。当它们朝着目标前进时,裙子的下摆或宽松的裤管会不知不觉向左边坠。

体育运动员、舞蹈演员和戏剧演员在运动或表演时,也经常以左脚为核心。不少运动员和表演家认为,只有这样,他们才会取得出色的成绩。

人体的支架

房屋、轮船、机器等都有支架。人体也有支架吗？是的。它叫骨骼，是由骨与骨连接而成的。骨有支撑的功能，能使人们“站有站相、坐有坐相”，保持人体的基本形状。骨又有保护功能，人体的重要器官都在它的护卫之下。骨还有运动功能。通过骨与关节、肌肉的互相配合，人们便能完成各种动作，如用手写字，抬头望天，做健身操，跳交谊舞等。

通常，成年人有206块骨头，包括颅骨、躯干骨和四肢骨。可是，中国人和日本人只有204块骨头，这是因为中国人和日本人的第五趾骨只有2节，而欧美人却有3节，所以中国人和日本人比欧美人少了2块骨头。儿童的骨头比成年人多一些，一般为217或218块。他们正处于生长发育时期，一些还未成型的骨头如骶骨和尾骨等，往往几块连在一起，长大成人后，这几块相连的骨头便合为1块了。

人体的骨头形状不同，大小各异，可分为长骨、短骨、扁骨和不规则骨四种类型。其中，长骨像棍棒，短骨近似立方体，扁骨犹如扁扁的板条。人体中最长的骨头是大腿上的股骨，一般占人体身高的四分之一。有个叫康斯坦丁的德国人，他的股骨长75.9厘米，可称得上是世界之最。耳朵里的3块骨头是人体最小的骨头，其中，最小的镫骨只有0.25~0.43厘米长。

颅骨像个坚硬的球壳，保护着大脑。如果没有颅骨，人栽了一个跟头后就永远别想爬起来了，更别说足球队员头球射门、杂技演员用头顶物表演多姿多彩的节目了。

《圣经》上说，上帝用泥土造了个名叫亚当的男人，然后从亚当身上抽出1根肋骨，造了个名叫夏娃的女人。照此说来，男人应该比女人少1根肋骨。实际上，男人的肋骨和女人一样多，一共有12对。这些肋骨和胸骨及脊柱共同围成胸廓，好像一只坚固的笼子，保护着里面的心、肺等内脏器官。

连接胸骨和肩胛骨的长骨叫锁骨。锁骨位于脖子两侧的皮下，伸手就可以摸到。这是颈部和胸部的分界标志，也是上肢和躯干的唯一骨骼联系。锁骨支撑着肩胛骨，既维持了肩关节的正常位置，又保证了上肢的灵活运动。

胫骨是人体最坚硬的骨头。胫骨位于小腿的内侧，它们像两根铁柱，承担着全身的重量。举重运动员手举几百千克杠铃而不会被压垮，与这副坚固的胫骨是分不开的。据测量，胫骨能承受的重量可以超过人体重量的20多倍。

人的骨头中，一半是水，一半是矿物质和有机物。成年人尤其是老年人的骨头中，矿物质的比例比较大，因而骨头硬而脆，容易骨折。少年儿童则恰好相反，骨头中有机物的比例较大，所以他们的骨头韧而嫩，容易变形。缺钙或缺维生素D的人会得佝偻病和骨软化症。这种人的骨头会因变软而发生畸形,所以又称软骨病。据考证,秦始皇就是个软骨病患者。从小进行训练的人,身体也会变得特别柔软。例如,有的杂技演员柔软自如,能钻坛子、反曲身咬花等。1987 年在瑞士苏黎世的一次比赛中,一个孩子将两脚从前胸经腋窝拉到了后脑,而且保持这种姿势达半小时,被人誉为"软骨人"。

人的骨头是很硬的。有人曾作过一番测试,每平方厘米的骨头能承受 2100 千克的压力。花岗石是很硬实的,也只能承受 1350 千克。然而,有的人骨骼却脆得像玻璃。我国广东有位 20 多岁的"玻璃姑娘",从小骨头就特别脆,有时在床上翻个身也会骨折。她的手骨和脚骨经常骨折,好在骨折处会很快自行愈合,而且她感觉并不很痛苦。有的医生认为,这是"先天性骨形成不全症",并不是缺钙引起的,可是真正的病因却尚未查明。

人体顶梁柱

一间房屋,最重要的是大梁。在人体中,脊柱像顶梁柱一样,支撑着大部分体重,因而俗称脊梁骨。它是人体躯干中央的一串骨骼,包括 7 块颈椎、12 块胸椎、5 块腰椎以及 1 块骶骨和 1 块尾骨。这个顶梁柱是可以活动的,能做前屈、后伸、左弯、右旋等各种方向的运动。

正常人的脊柱并不是笔直的。从侧面看,它是 S 形的——有四个地方是弯曲的。这些弯曲不是生来就有的,而是逐渐形成的。新生儿的脊柱是弓形的。孩子开始抬头时,颈部的椎骨逐渐凸向前方,出现了颈曲。孩子能坐了,胸椎的后凸便变得明显起来;要是胸椎后凸得很厉害,就会成为驼背。孩子开始学走路时,为了保持身体平衡,腰椎会前凸,骶骨和尾骨就弯向后方。这四个弯曲可以减轻走路、跳跃时从下面传到脊柱的震动,从而减轻对头部的冲击。

为了减轻摩擦和震荡,脊椎骨之间有个"海绵软垫"——椎间盘。它由内、外两部分组成:外部是坚韧而富有弹性的纤维环,内部是白色而有弹性的胶状物质。这种结构可以使脊柱承受压力、吸收震荡、减轻冲击。不同部位椎间盘的厚度是不一样的:胸部中段最薄,腰部最厚,因而腰部活动起来灵活得多。女子的腰之所以要比男子柔软,原因也在于此。女子腰部的椎间盘比男子要厚,而且空隙要大一些。这就使她们能完成柔软的体操或杂技动作,而男子却只能望尘莫及了。

在人的脊柱中,颈椎的体积最小,而活动量最大。我们能"举头望明月,低头思故乡",也能"眼观六路、耳听八方",都是和颈椎分不开的。为了使颈椎能正常地发挥作用,可以在平时适当做些颈部的旋转活动。睡觉时,枕头不要过高、过低或过硬。

医学家发现,十到十六七岁的孩子应该特别注意脊柱的正常发育,否则就容易造成脊柱变形,产生不正常弯曲。这不仅会影响体形,还会使肺活量减少,影响全身的健康发育。

我国的科研工作者曾在上海、哈尔滨和北京等地做过一番调查,发现脊柱变形的中小学生竟占6%以上。造成脊柱不正常弯曲的原因有很多。首先,这是不注意身体姿势引起的。什么样的姿势最标准呢?我国古人已经做过总结,即"坐如钟,立如松,行如风,卧如弓"。坐如钟,是指坐的时候要像古钟一样端庄稳重,应该头正身直,不偏不倚。立如松,是形容站的姿势要像松树一样挺拔。行如风,是指走路时要有一定的速度,像一阵风一样。卧如弓,是指应该侧着身子睡,身体像弓一样弯曲,脊柱自然地略向前弯,肩膀向前倾,腿和手臂可以自由弯曲,这样,全身肌肉才能最大限度地松弛下来。其次,负重不当,是造成少年儿童脊柱不正常弯曲的另一个原因。根据医学家的研究,儿童负重的极限是自身体重的八分之一;书包的重量不应该超过自身体重的十分之一。

脸部空调器

你仔细观察过自己的鼻子吗?对着镜子,你会看到它像一个锥体,这是外鼻的基本轮廓。它的下端向前鼓起,称为鼻尖;上端位于两眼之间的部位,叫鼻根;鼻背是鼻尖到鼻根之间隆起的部分;鼻背的上部叫作鼻梁;外鼻的下方有两个开口,这就是前鼻孔;前鼻孔两侧隆起的部分,称为鼻翼。

每个人都有一个鼻子,但世界上没有完全一样的鼻子。从鼻根高度,也就是鼻根相对于两眼内角连线的垂直高度来看,鼻子有高鼻子、塌鼻子和介于两者之间的中等鼻子之分。从鼻梁的侧面看,鼻子又可分为凹的、直的和凸的。鼻尖也有不同的形状,有的往上翘,有的向前,有的朝下垂。连鼻孔的形状也不一样,有圆形或方形的,也有三角形或卵圆形的,还有椭圆形的。

人类学家发现,鼻子的形状和大小有着种族和地区的差异。白种人的鼻梁较高,鼻尖像鹰嘴;黑种人是扁鼻子,鼻孔朝天;黄种人的鼻子不高也不扁。一般,生活在南方热带地区的人,鼻子宽而扁,鼻孔仰天,鼻道短,这对于人体散热是有利的。而生活在北方寒冷地区的人,鼻子大多高而挺拔,鼻道长。这样,外界的冷空气通过鼻腔以后,就能迅速升温。鼻子的外形还与性别、年龄等有关。大鼻子是男性的代名词,而多数女性的鼻子则小巧玲珑。婴儿的鼻子大多是扁扁的。人的鼻子16-18岁才开始定型。在这以后,它会随着年龄的增长逐渐变长。据统计,19岁以下的中国人,鼻子的长度为56.58毫米;20-29岁时鼻长57.27毫米;30-39岁、40-49岁、50-59岁时,鼻子的长度分别为57.80毫米、58.58毫米、60.01毫米;60岁以上的人,鼻长可达61.60毫米。老年人的面部肌肉已开始萎缩,相比之下,鼻子就显得比较突出。难怪童话故事中的老巫婆都被画成大鼻子。

在众多的鼻子中,最出名的大概要算法国诗人兼剑客贝·查列那克的鼻子了。据记载,他的鼻子占了面部的大部分,中间奇峰突起。此人与嘲笑他的大鼻子的人决斗过上千次,光死在他剑下的就有 12 人。

人们常说,鼻子是人体精巧的空气调节器。它是呼吸道的大门,呼吸时它对空气中的尘埃起着过滤作用,又能对吸进来的空气进行湿润、加热和消毒。

空气进入鼻孔后,会遇到许多鼻毛。这些鼻毛纵横交错,形成一道"防护林",把混在空气中的灰尘阻挡在外,保证肺部的清洁。所以,我们千万不要挖鼻孔、拔鼻毛,这样会破坏这道天然的"防护林"。

鼻腔表面覆盖着一层红润的黏膜,它会分泌清米汤那样的黏液,使鼻黏膜得到湿润,这就是鼻涕。平时,一个人每天分泌的鼻涕大约有几百毫升。然而,谁也没有意识到自己流了这么多鼻涕。这是因为黏液一流出鼻黏膜,里面的水分就变成了水汽,使通过鼻腔的空气变得温暖而潮湿,同时把漏网的灰尘黏住并清除掉。有人曾作过测定,外界-7℃的冷空气,经鼻腔后温度可升高到 28.8℃;如果外界气温不太低,这种加热作用就会小一些。比如,空气温度为 18℃时,经过鼻腔就只能升温 10℃。此外,鼻腔黏液中还有一种叫溶菌酶的物质,能把闯进来的细菌杀死。最后只有剩下的一小部分黏液变成了多余的鼻涕,被人擤出体外。人伤风感冒后,鼻黏膜会发炎肿胀,产生的黏液特别多,来不及变成水汽,鼻涕便总是流个不停。

由此看来,鼻子确实是个精美的空调器。它具有加温、湿润、清洁和消毒等多种功能,经过它处理的空气自然十分适宜人体呼吸。如果用嘴呼吸,嘴巴里空空如也,根本没有这些"设备",灰尘和病菌可以长驱直入,这对于肺显然是非常不利的。因而,我们平时不能用嘴呼吸,而要用鼻子呼吸。

三寸之舌

人的胚胎大约在一个月的时候,咽底正中处就会隆起一块三角形的东西,这就是舌头。人们常用"三寸不烂之舌"来形容一个人能言善辩。其实,人的舌头确实长 3 寸左右,大约是 10 厘米。

据人类学家的研究,在从猿到人的进化过程中,由于直立,古猿的头抬了起来,舌根下降到咽喉,被固定起来,而舌体却能自由活动,于是人的舌头便显得十分灵活了。

人的舌头是非常能干的。它能帮助发音。要是没有舌头,人就不会说话、唱歌。舌头底部有个小索带,叫舌系带。如果这个索带太短,发音就不太清楚,这便是俗称的"短舌头"。

舌头能搅拌食物,帮助咀嚼和吞咽。没有舌头的搅拌,人恐怕只能喝流质食物了,根本无法正常饮食。舌头表面还有丰富的触觉感受器,否则,人在吃鱼时,就无法把小刺剔出来。吃完东西后,舌头便开始"打扫战场"了。它挥来挥去,像一根大型牙签,设法清除牙缝里的食物残渣。

正常人的舌头是淡红色的,上面覆盖着一层薄薄的白苔。如果有了变化,如舌头发红,舌苔变白、黄、灰、黑等,往往是疾病的信号。因而,人们常把舌头称为"疾病的镜子"。根据舌苔和舌的变化来诊断疾病,就是舌诊。中医诊断疾病时是很讲究看舌苔的。

舌头还会影响人的容貌。有个男孩天生没有舌头,这种先天缺陷使他的嘴异常细小,鼻子和耳朵也显得十分难看。医生设法给他安上一个新舌头,并多次为他整容,使他的容貌有所改观。

舌头最重要的功能,还是品尝食物的味道。因而,人们把它称为品味器官。不管什么样的食品,它只要一品尝,就能分辨出甜酸苦辣。实际上,舌头是一个能分泌黏液的肌肉块。舌面上形状像玫瑰花苞的细小的舌乳头星罗棋布。这些舌乳头能感受味道,所以叫作味蕾。

舌头的味觉,基本上是甜、酸、苦、咸四种,其他的如涩和辣味等,都是由这四种组合而成的。这是因为味蕾主要分四种类型,每一种味蕾感受一种味道。感受苦味的味蕾集中在舌头根部,苦味主要是由一些有机碱引起的;感受咸味的味蕾分布在舌尖和舌尖两侧的前半部分,成味主要是由食盐引起的;舌头两侧的后半部分感受酸味的味蕾比较多,酸味主要是由有机酸引起的;而感受甜味的味蕾大多在舌尖,甜味主要是由食物中的糖类引起的。因而,欲知吃的东西甜不甜,只要把舌尖伸出来,舔一舔就清楚了。有些人把甜、酸、苦、辣、涩、成称为六味。最近,日本科学家发现,人体还有第七种味觉——旨味。旨味是什么味道呢?有些人用它来表示"美味"或"好吃",其实这是一种类似肉的味道。味精所以能增进食欲,就是因为它能产生旨味。

现已发现,不光舌头上有味蕾,整个口腔到处都散布着味蕾。比如,喉咙上方有感受甜味和成味的味蕾。有的人在上腭装了假牙后,吃东西时就不那么有滋味了。这是因为假牙的牙托将上腭的味蕾挡住了。

人体中的大力士

每个人张开嘴,都会显露出两排牙齿。一口整齐、洁白的牙齿,可以用来磨碎和咀嚼食物,帮助人们正确发音和说话,还能使面部显得美丽而丰满。

牙齿是人体中最坚硬的部分。它的最外面一层叫牙釉质,又称珐琅质。据说,牙釉质的硬度比钢铁还大,仅次于金刚石。人的牙齿可分为三类:正中扁平的门齿,样子像铲刀,可以把吃进去的食物切断;两旁锐利的犬齿,像尖刀,可以把柔软的食物撕碎;后面的臼齿,像磨子,能把食物磨得很细。

人体的各种组织和器官,生下来以后一般是不更换的,只有牙齿一生中可以生出两次。一次是乳牙,两岁左右 20 颗全部长齐,到六七岁时全部脱落,脱落以后再长出来的叫恒牙。一般,恒牙一共是 32 颗。为什么人的牙齿要大换班呢?据分析,牙齿是长在颌骨上的,颌骨在不断生长,20 颗乳牙已无法将颌骨填满,而 32 颗恒牙却正好能适应日益长大的颌骨。此外,乳牙体积较小,且不耐磨损,为了应对长大后各种复杂的饮食,就只能换上结实而又多样的恒牙。

牙齿是人体中的“大力士”。你看过杂技团表演的“空中飞人”吗?那是一个很惊险的节目:倒悬在舞台高空的演员,分开双手,用牙齿咬着吊环的一端,吊环的另一端吊着一位女演员,她正在做各种精彩的动作。这位女演员的体重总该有五六十千克,再加上旋转和其他动作,分量就会更重。可见,牙齿的咬合力非同寻常。

科学家做过一番测试,成年男子在咬切东西时,门齿可以产生 300 牛顿的力;小臼齿能产生 40 牛顿的力,大臼齿产生的力可达 600 牛顿以上。嘴里所有牙齿的总咬合力,男子为 10480 牛顿,女子为 9360 牛顿。不过,要是少了 1 颗牙齿,咬合力就会减少 22%;拔去 2 颗下降近 50%;缺了 3 颗牙齿,就只剩下 37%的咬合力了。

有些人的牙齿的咬合力是十分惊人的。比利时有个叫马西斯的人,能用牙齿咬起 233 千克重的物体。1983 年,有个杂技演员紧紧咬住飞机上的铁链,竟使马达轰鸣的飞机无法起飞。1997 年在美国举行的重量级拳王争霸赛上,拳击手泰森用牙齿咬下了对手霍利菲尔德的耳朵。据牙科专家分析,泰森牙齿的咬合力是普通人的 2 倍。最厉害的要数美国佛罗里达州的男子理查德·霍夫曼了,在一次测试中他将咬力器死命一咬,其咬合力竟然相当于普通人的 6 倍!

嘴里的身份证

1945 年 4 月 30 日下午,德国法西斯头子希特勒,在苏联红军逼近柏林城下的时候,用手枪自杀了。他的尸体被抬到花园里,浇上汽油烧掉了。5 月 5 日,苏军的一位军官发现了这具焦尸。3 天以后,苏联红军野战医院的医生对这具焦尸进行了解剖。但是由于尸体已被烧焦,变得面目全非,当时也没有掌握希特勒生前的可靠材料,所以人们不能肯

定这究竟是不是希特勒的尸体。希特勒之死便成了一桩历史悬案。出乎人们意料的是，31 年后挪威法医学家索格内斯通过对希特勒牙齿的研究，竟然揭开了这个谜，证实苏军解剖过的那具尸体确实是希特勒的遗骸。

为什么通过牙齿能辨认尸体呢？这是因为每个人牙齿的大小、形状、排列和治疗情况各不相同，矛齿便成了人们嘴里的“身份证”。根据牙齿可以确定死者的性别和年龄。通常，男子的牙齿要比女子大。死者的大致年龄，可以根据牙齿萌出的情况和磨损程度加以推断。人的年龄越大，牙齿往往会磨损得越厉害。此外，牙齿还忠实地“记录”了牙病及其治疗情况。

索格内斯在美国国家档案馆里查到了希特勒生前的有关材料。其中就有希特勒牙病的治疗情况。索格内斯把这些材料，与 1968 年苏联公布的关于那具焦尸的牙齿照片及其描述材料一一进行对照，发现从大体到细节都完全吻合，从而证实了那具焦尸就是希特勒的尸体。

世界各国在处理大规模灾难，如航海遇难、地震、火灾和大爆炸时，也往往需要通过牙齿来鉴定遇难者的身份。1981 年 8 月 30 日，伊朗首都德黑兰发生了一起震惊世界的大爆炸。正在总理府开内阁会议的总统和总理同时殒命。一时间碎尸横陈，血肉模糊。后来，人们也是借助死者的牙齿及其牙科病历验明“正身”，把遇难者一一分辨出来的。

仔细观察一个人的牙齿，还可以初步了解这个人的大致情况。不同职业常会在牙齿上留下痕迹。例如，有些搞文字工作的人喜欢咬笔杆，木匠干活时往往喜欢把钉子叼在嘴里，理发师和美容师则习惯于叼发夹等。同时，牙病的治疗程度常与一个人的经济状况有关。从牙齿的保护状况，也可以推断一个人受教育的程度。如果牙齿上有斑点或者是黄牙，很可能他是喝含氟量较高的水长大的，由此可推知他出生或长年生活的地区的水质状况。难怪日本东京牙科大学的一位教授说：“牙齿是一个人整个生活经历的履历书。”

两只有历史价值的胃

古人杀死豺狼虎豹和野鹿、野牛时，常常发现它们吃进去的肉块、骨头或粮食、草料，在胃里都变成了稠粥一样的东西，于是认为胃是个“磨”，是胃把食物磨碎的。

一件意外的事，使人们对胃有了新的认识。1822 年 6 月，有一位叫圣马丁的法国籍加拿大皮货商，他在美国和加拿大边境附近的交易所，被走火的猎枪击中了。陆军医生鲍曼闻讯赶来。经过精心治疗，圣马丁虽然死里逃生，但左腹却留下了一个很大的洞，从皮肤、肌肉一直通向胃。平时，圣马丁只能用几层纱布把这个洞口盖起来。后来，鲍曼说服圣马丁,让自己从洞口对胃的活动进行观察。

通过圣马丁的"窗口",鲍曼看到胃壁能分泌一种消化液。把肉块放到胃里去,两个多小时就被消化了。这位军医用橡皮管吸出胃液,经过化验发现它含有盐酸,有很强的杀菌作用。到这时,人们才明白,原来胃是个"酸缸"。

为了这项千载难逢的研究,鲍曼辞去了军医的职务。最后,他写成了一本关于胃液和消化生理的专著,对人体消化生理学做出了重大贡献。

谁也没想到圣马丁竟比鲍曼多活了 28 年。1880 年,圣马丁去世了。有人打算用一笔巨款买下这只有历史价值的胃。可是,圣马丁的妻子拒绝了,她悄悄地把丈夫埋在 2.5 米深的地下,使这只难得的胃没能保存下来。

出乎人们意料的是,1895 年竟然又出现了一个"圣马丁"。此事发生在 19 岁的美国青年汤姆身上。一天,他把很烫的蚌羹一口气喝下肚去,食道被烫伤和塞住了。医生无法把堵塞的食道打通,只好从他腹部开个洞,直接通向胃,让他通过这个洞继续获取食物。在手术时汤姆病情突然恶化,吓得医生没敢缝合伤口便匆匆离开了。这位年轻人活了下来,他的肚子像圣马丁那样,留下了可以观察胃活动的"窗口"。

汤姆没有向别人透露这个秘密。他"吃"东西时,总是先用嘴嚼碎,然后吐在连接胃的漏斗里。直到 1939 年他在纽约挖沟时,因摩擦引起"窗口"流血不止,到医院求诊时,人们才发现这个秘密。于是,汤姆成了两位沃尔夫医生的研究对象。

医生们通过汤姆的"窗口"发现,胃不仅是消化器官,还是"情绪器官":人颓丧时,胃可以几小时不消化食物;愤怒或焦虑时,胃液分泌旺盛,消化虽加快了,但胃液过多会腐蚀胃壁,容易引起溃疡病。

"肉袋子"和"酸缸"

人每天都要吃饭。有人做了一番统计,一个人活 80 年,大约要吃掉 70~75 吨水,2.5~3 吨蛋白质,13~17 吨糖类,1 吨脂肪和其他物质。这些食物的总重量,相当于自身体重的 1500 倍以上。

人吃下去的食物,只不过几秒钟时间,便经过口腔和柔软的食道,进入了消化道中最宽大的部分——胃。胃的入口处叫贲门。这是一扇奇特的门。人把东西咽下去时,它张开着,让食物进入胃里;不吞咽时,这扇门紧闭着,食物也就无法从胃里流出来了。因而,即使杂技演员两手撑地、倒立行走,也不会有东西从胃里流出来。胃的出口处叫幽门,它像水库闸门一样,只许食物出去,不准食物回到胃里。

胃是个"肉袋子"。它能伸能缩,有很大的弹性:肚子饿的时候,胃壁收缩,互相靠在一起，几乎成了一根管子；塞满食物的时候，它就扩展拉长，变得很大。胃是食物的临时仓库。不管是米饭、面条，还是蔬菜、鱼肉，进入人体后，一开始都被放在胃里。

胃又是个“酸缸”。胃壁分泌的消化液里含有盐酸，有很强的杀菌作用，能杀死混在食物中的有害细菌。胃液中还含有蛋白酶，能把食物中的蛋白质分解成便于人体吸收的氨基酸。胃的消化能力是十分惊人的。科学家把一只活蹦乱跳的青蛙放到狗的胃里，几小时以后，青蛙便不见踪影——被消化了。

胃从装满食物到把食物完全排出去，前后需要四个小时左右。所以，人一天吃三顿饭，是非常合适的。胃里的食物出清以后，它就会使劲蠕动，这时人就觉得肚子饿了。因而，肚子咕咕叫，是胃在提醒人们：又该吃饭了！

有人也许会问，既然胃液能消化猪肉牛肉，为什么胃自己不会被消化掉呢？首先，胃液中盐酸的浓度很低，只有 0.5%左右，它能让喜欢酸性环境的胃蛋白酶大显身手，把食物中的蛋白质转化成氨基酸。其次，胃壁表面有一层脂类物质，能防止胃酸的侵害。此外，胃壁细胞会不断地更新换代，老细胞从胃壁表面脱落下来，新生细胞马上取而代之。据估计，每分钟大约有 50 万个胃壁细胞脱落，每三天胃壁细胞就会全部更新一次。所以，即使胃的内壁受到一些侵害，也可以很快得到修复。

人的肚里可撑船

中国有句成语“宰相肚里能撑船”，是指做宰相的人心胸宽广，很有涵养。其实，每个人的肚里都可以“撑船”。肚里怎么能撑船呢？在人的肠子里，要数小肠最长了。它全长 5~7 米，能伸缩自如，通常都弯弯曲曲地盘在肚子里。小肠的内部都是皱褶，大皱褶中又有小皱褶，其中还有许多突起。如果你小心翼翼地把小肠拉直，那么小肠内壁的总面积就有 200 平方米，相当于半个网球场。显然，在上面放一条小木船，是绰绰有余的。

人们吃下去的食物，经过胃的加工，变成稀烂的食糜以后，就进入了小肠。小肠是真正的消化重地。凡是在胃里没有被消化的东西，都将在这里得到最彻底和完善的加工。食物中的营养，绝大部分是在这里被吸收的。一个人没有胃，还能勉强活下去；要是小肠被全部割掉了，不借助静脉营养品他就无法活在世界上。

小肠分为十二指肠、空肠和回肠三部分。十二指肠是小肠最粗壮的一段，长度大约是 25 厘米，约等于人的 12 个手指并列起来的宽度，十二指肠的名称便由此而来。肝脏分泌的胆汁和胰腺分泌的胰液，会通过十二指肠肠壁上的孔眼流进去，帮助消化食物。一个成年人每天可流出 1000 毫升胆汁、1200~1500 毫升胰液，在一天里小肠本身也会分泌 2000 毫升左右的消化液。这三种液体是碱性的。带酸性的食糜从胃里通过幽门，一点一点进入十二指肠以后，马上就和带碱性的消化液相遇，得到中和，所以一般不会使十二指肠受到损害。十二指肠慢慢地蠕动着，使食物不断地受到撞击。同时，胆汁、胰液和小肠液中含有能消化淀粉、蛋白质和脂肪的酶，它们像神奇的魔术师在那里大显身手，把食物中的营养成分改造成氨基酸、葡萄糖和脂肪酸等。

空肠和回肠除了继续消化食物外，还有吸收营养物质的作用。空肠的消化吸收能力很强，蠕动快，食物会很快被吸收或通过，肠内常常空荡荡的，因而叫空肠。回肠弯弯曲曲，迂回盘旋，所以称为回肠。空肠和回肠内壁上长着密密麻麻的细小纤毛，好像天鹅绒一样，这就是绒毛。在显微镜下，这些绒毛很像海底的珊瑚。据估计，这些绒毛大约有四五百万个。每个绒毛都与许多极细的血管和淋巴管相通。这些绒毛就像吸管一样，吸收被消化后的食物养料，把它们送入毛细血管和淋巴管，然后运往全身。

在正常情况下，小肠每分钟蠕动 10~15 次，把肠内的食糜和一些气体推向前去，同时发出"咕噜咕噜"的声音，这在医学上被称为"肠鸣音"。只要把耳朵贴在别人的肚皮上，人就能听见这种声音。肠鸣音比较响的时候，自己也能听得到。有极少数人的肠鸣音特别厉害。据中国宋代《虚谷闲抄》等书记载，有个名叫陈子直的小官，"妻有异疾"，"腹中有声如击鼓"，这鼓声竟能传到门外，使行人误认为他家在击鼓作乐呢。

食物在小肠内被消化吸收后，剩下的残渣便进入大肠。大肠像个大问号，比小肠短得多，只有 1.5 米长。大肠的主要作用是吸收食物残渣中的一些水分和矿物质。在那里，经过一番加工，食物残渣最后变成粪便，被排出人体。

在整个消化系统中，最劳苦功高的要数小肠了。人们平时吃一顿饭，嘴巴不过忙一刻钟左右；胃要忙两三小时；而小肠呢，至少得工作六七个小时，才能把这顿饭消化、吸收完毕。在这个消化重地，往往上一餐的消化和吸收任务还没完成，下一顿饭又送了进来。人吃过晚饭、上床睡觉了，小肠却还在那里忙个不停呢！

奇特肠功能

20 世纪 80 年代末，一批日本生物学家来到了风光绮丽的巴布亚新几内亚。令生物学家们百思不得其解的是：巴布亚新几内亚人体格健壮、肌肉发达，却不食鱼、肉、蛋，而只吃芋头、甘薯等食物。为什么他们的食物中缺少蛋白质，却有着强壮的肌肉呢？

东京大学农业部的光冈教授等人经过实地考察后认为，这可能与巴布亚新几内亚人的肠道菌群有关。

现代生理学研究揭示，人的大肠中有经过胃和小肠消化的营养物质，又有合适的温度和酸碱度，因而那儿成了细菌的"安乐窝"。大肠中细菌的数量很多，而且经常随着粪便排出体外。据研究,每1克粪便中就有1000亿个细菌。这些细菌世世代代都生活在大肠中,所以人们便把它们称为人体的正常菌群。

光冈终于发现,巴布亚新几内亚人的肠道菌群是与众不同的。他注意到:他们习惯于在祭祀之夜食取在当地被视为珍馐的猪肉,然而许多人却因此患上了急性肠炎,有相当一部分人还因此而一命呜呼。这是为什么呢?据调查,罪魁祸首是一种肠道杆菌。当地人的身体已经适应因长期低蛋白饮食而形成的肠道菌群,较多的猪肉下肚后,这种肠道杆菌快速增长,身体便无法应付。而日本人就不同了,在同样的情况下,他们体内这种肠道杆菌的数量不会有大的波动,于是他们就安然无恙,不会得急性肠炎。令光冈关注的另一个现象是:当地人每天要吃1千克以上的薯类食物,但他们却几乎不放屁。由此看来,他们的肠道菌群确实是与众不同的。

根据推算,每天以1千克薯类食物为主食,仅摄取了10~15克蛋白质,这个数量,只有日本人每天蛋白质摄取量的五分之一到四分之一。然而,令人不可思议的是,从巴布亚新几内亚人的粪便中检测到的总氮量,竟高出其摄取量的1倍左右。

那么,多余的氮是从哪里来的呢?光冈等人对当地人粪便中的肠道菌群进行了检测和分析,结果发现,巴布亚新几内亚人的肠道细菌数量极少,只有日本人的十分之一。他们肠道细菌的种类也与众不同:与其他人群相比,巴布亚新几内亚人的肠道菌群,与牛的更为相似,从牛的反刍胃中检测到的肠道细菌,有很多种可以在当地人的粪便中找到。

已经发现,猪和牛等动物的肠道细菌,能利用体内的尿素制成氨。光冈等人由此得到启发,他们对巴布亚新几内亚人和日本人的粪便分别进行细菌培养,结果表明,前者利用氨的能力竟是后者的2倍。由此看来,当地人的肠道也许能利用氨合成蛋白质。

经过一段时间的研究,科学家终于在当地人的粪便中找到了两种固氮菌。也就是说,他们的肠道里有某些细菌能利用随食物进入消化道的空气中的氮合成蛋白质。

据此光冈认为,巴布亚新几内亚人不吃肉也拥有强健的肌肉,是因为他们具备特殊的肠功能:从薯类植物摄取的蛋白质,约占体内需要量的一半;而另外一半蛋白质则是借助固氮菌和利用氨合成的。

随着这一研究的不断深入,科学家们正打算全面搜寻人体肠道中的固氮菌,以便利用生物技术大规模制造可供人体直接摄取的蛋白质。

数一数二的大器官

肝脏是人体数一数二的大器官。成年人的肝脏通常有1500克重,几乎占据右上腹的全部和左上腹的一部分。

在人体的内脏器官中，肝脏的模样显得特别古怪。它不像心脏那样，可以比喻成一个鸭梨；也不像肾脏那样，好似一粒紫云英的种子。肝脏的外形很不规则，很难把它比作什么东西。如果一定要打个比方的话，那就只能把它比作楔子了。肝脏的上面像帐篷那样隆起，右半边和后缘比较厚钝，左半边和前缘比较薄锐，这不是有点像楔子吗？

肝脏是人在成年以后唯一仍保持再生能力的器官。科学家做了个动物实验：把大鼠的肝脏切除三分之二以后，只要一个多星期的时间，它就能迅速复原，大小与原来相差无几。人的肝脏在部分切除后，也能在一两个月内恢复到原来大小。

如果把胃肠比作食物加工厂，那么肝脏就是人体重要的化工厂了。生理学家认为，肝脏能做500多项工作，产生近千种酶。人体的各种活动，几乎都离不开这座奇特的化工厂。

解毒是肝脏的一个重要功能。如果一些有毒物质，如尼古丁、咖啡因等直接进入通向心脏的血管，人很快就会死亡。但是，同样数量的有毒物质经过肝畦，要不了10秒钟，这些有毒物质就被分解了。饮食和肠内细菌产生的毒物，在经过肝脏时就会被消毒；人生病时服用的药，既有治疗作用，又有毒性作用，能起解毒作用的也是肝脏。

喝酒的人要感谢肝脏，因为肝脏能把酒精变成无害的二氧化碳和水。只要不是酗酒，平时少量饮一些酒，肝脏都能应付得了。但是，一旦过量地饮酒，肝脏就招架不住了。所以，过量饮酒会伤害肝脏。

爱吃糖的人也得感谢肝脏。血液中的糖分过多，对人体是有害的。肝脏可以把血液中过多的葡萄糖变成“糖原”贮藏起来，需要时再把糖原变成葡萄糖送到血液中去。

爱好运动的人也得感谢肝脏。人体运动时，肌肉会产生一种乳酸。肝脏能使这些乳酸变成无害物质。

肝脏还承担着人体内化学合成的任务。食物中的蛋白质经过消化液的作用被分解成了氨基酸，肝脏能利用这些氨基酸重新合成人体需要的各种蛋白质。血浆中重要的蛋白质如白蛋白、球蛋白等，几乎都是在肝脏内合成的。如果肝脏的功能受到损害，血液中自蛋白的浓度就会降低。得肝病时所以要化验血中自蛋白的含量，原因就在这里。人体内的蛋白质会分解和产生一种叫作氨的有毒物质，肝脏能将氨合成尿素，使之随尿液排出体外。

人们常以为胆汁是胆囊产生的。其实，制造胆汁是肝脏的一个重要功能，而胆囊只能贮存胆汁。胆汁能把油脂变成十分微小的油滴分散在消化液里，加速人体对油脂的消化和吸收。如果肝脏有了病，胆汁的分泌就会受到影响。所以，有肝病的人大多不爱吃油腻的食物。

人体中的血液，并不是一股脑儿都参加循环的，平时总有一部分贮存在血库里备用。

人体的血库有三个:一是毛细血管系统,二是脾脏,第三个就是肝脏。在这三个血库中,肝脏的作用最重要。据科学家的测定,如果肝脏里的毛细血管全部开放,能装得下全身血液总量的55%。一旦人体发生大出血等紧急情况,肝脏里贮藏的血液就会主动释放出来,帮助维持血压,保证心脏、大脑等重要器官的血液供应。

肝脏的贡献可谓大焉。20 世纪 80 年代,西班牙北部的巴隆镇特地竖起了一座人体肝脏纪念碑。在揭幕庆典上,镇长兼医生克维塔尼拉充满激情地说:“每个人都应该对肝脏深表钦佩,因为它总是默默无闻地忘我工作着,虽然时常经受油腻食物和酒的折磨,却仍然毫无怨言。”这位镇长的话,是很有道理的。

不堪一击的器官

在人体腹腔的左上方,第 9~第 11 根肋骨的里面,有一个人们不太熟悉的器官——脾脏。通常,脾脏并不大,成年人的脾脏重 170 克左右。正常情况下,在体表是摸不到脾脏的。但是,疟疾、黑死病和血吸虫病等患者的脾脏,却因肿大而容易被摸到。

有人说,脾脏是不堪一击的。果真如此吗?不妨来看一些有关事例。

南京一位 40 多岁的父亲祸从天降:独生子在玩耍时用小拳头在他左腹部轻轻一击,谁知 4 小时后逐渐加重的疼痛便不期而至,后去医院急诊,发现其腹腔内有大量血液,脾脏多处破裂。经脾脏切除手术,这位倒霉的父亲才转危为安。

江苏一对小夫妻乐极生悲:新婚之夜,宾客散尽,这对伉俪开始了嬉戏逗闹。新郎不经意间蹬了新娘左肋一脚,新娘很快就腹痛难忍起来。医院诊断其为脾脏破裂,马上安排了脾脏切除手术。

1991 年台湾一家大医院做了一番统计,该院 10 年里共收治 178 例脾脏破裂病人,死亡率为 5%。可见,脾脏破裂并不罕见。

脾脏如此不堪一击,难怪有人会感叹它是“豆腐做的”。然而实际情况却并非全部如此。试想,拳击和武打时的冲击力何等惊人,然而内脏因冲击而破裂的情况却并不多见。究其原因,是因为人们在预知将会受到外力冲击的情况下,会在几十分之一秒的刹那间,反向收缩肌肉,增强防卫力量,使内脏化险为夷,从而避免了损伤。

也许有些人会问,既然一旦脾脏破裂,医生就会把它切除,那么脾脏是可有可无的器官吗?不是的。在胚胎发育时期,脾脏是胎儿重要的造血器官,只不过它在婴儿出生以前就把造血功能“移交”给了骨髓。现代生理学知识告诉我们,脾脏有贮存血液和调节血量的作用。它能贮存全身血量的五分之一以上。倘若人体失血或因繁重劳动和剧烈运动,其他组织对血的需要量增多时,它又会自动“放”出血液,及时给予补充。脾脏还是出色的“血液过滤器”。一些衰老的血细胞流经脾脏时，会被脾脏里的巨噬细胞吞噬。因而经过这一过滤器以后，血液便变得干净而充满生气了。此外，脾脏又是人体最大的淋巴器官，它能产生抗体，解除病菌等对人体的毒害作用。

1985 年日本医学家公布了他们的研究成果：脾脏可以成为“第二肝脏”。将 50 克好的肝细胞移植到肝癌、肝硬化等病人的脾脏内，几个月以后，被移植的肝细胞居然在“异乡”安了家，并发挥正常作用了。由此看来，脾脏是有用的人体器官，但并非必不可少的器官。

人体下水道

现代化的大城市不仅有摩天大楼、先进的交通和通讯设备，还有一套密如蛛网的下水道设施。不然的话，大街上就会污水四溢，影响人们的正常生活和生产。人们的肌体和大城市一样，也有一套排泄废水的下水道。这就是泌尿系统。

除了肾脏，人体的泌尿系统还包括输尿管、膀胱和尿道。顾名思义，输尿管是输送尿液的细长管道。它们能把肾脏制造的尿液，源源不断地送到尿液的暂时“储水池”——膀胱中去。人的输尿管左右各一根，粗不足 1 厘米，长 20~30 厘米。它们每隔 15 秒钟自动收缩蠕动一次，推动尿液缓缓向下流动。

膀胱在躯体的下部，上面与输尿管相接，下面通向尿道。它的主要作用是储存尿液。膀胱装满尿液的时候，形状像一枚尖朝上的桃子。一般成年人膀胱的容量为 300~500 毫升，可是有的人只装 150 毫升尿液就要排尿，有的人储存了 700 毫升还不想小便。由于容量大小不同，小便的次数和排出的尿液数量也就有多有少了。人在睡觉的时候，膀胱肌肉是松弛的，里面往往可以储存七八百毫升尿液。早晨起床后排出的尿液特别多，原因就在这里。

尿道是尿液从膀胱排出体外的通道。男人和女人的尿道是不一样的，男子的尿道比较长，大约有 16~18 厘米，女子的尿道短而直，大约 4~6 厘米长。由于女子尿道短，细菌容易侵入，引起尿路感染，所以特别需要保持清洁卫生。

在正常的情况下，当膀胱中的尿液越积越多、达到三四百毫升时，膀胱内的压力升高了，大脑和脊髓中控制排尿的“司令部”接到神经系统的报告后，就会发出排尿的命令。这时候，人就会寻找厕所准备小便。要是四周没有厕所，大脑就会下令，叫膀胱和尿道之间的闸门——尿道括约肌进一步收缩，把闸门关严，暂时不小便。婴儿因为大脑还没有完全发育好，控制排尿的能力较差，因而只要膀胱装满尿液，就会随时排尿。

据统计，99%以上的新生儿在生下以后 36~48 小时内，都会自动排尿；有的甚至刚出世就撒出一泡尿。这说明孩子已有正常的造尿功能,也说明人体下水道的"管道"是畅通无阻的。要是新生儿在出生 48 小时内不撒尿的话,那么,他的泌尿系统就有问题了。

有趣的是,每个人在娘肚子里就有了撒尿的本领。三四个月的胎儿已经有了排尿功能,他的膀胱里已装有尿液。7 个月的胎儿每小时会排尿 10 毫升左右;到出生前每小时可增加到 27 毫升。胎儿的尿液和他的其他代谢废物一样,是通过母体胎盘排出体外的。

一个成年人每天至少要排尿四五次,男子的排尿量是 1500 毫升左右,女子略微少一些,大约是 1200 毫升。如果每天的排尿量经常在 2500 毫升以上或 500 毫升以下,就要考虑肾脏或其他地方是否有病了。

医生常通过化验病人的尿液来帮助诊断疾病。正常的尿液刚排出时,是澄清透明、浅黄色的。如果尿液的颜色像红茶,表示可能有黄疸;红色的尿液,可能是血尿;得了丝虫病,尿液会变成乳白色。正常人的尿中有微量的糖,如果含糖量增加了,甚至能把蚂蚁引来,那就是得了糖尿病。

当然,尿液的颜色和饮食、服药也有一定的关系。比如,吃了胡萝卜等食物,尿液会变成深黄色。有些药物如维生素 B、痢特灵等,会使尿液变成橘黄色。可是,只要停服这类食物和药物,尿液的颜色会很快恢复正常。

没有导管的腺体

天气闷热的时候,人们往往会汗流浃背;饥肠辘辘的人一见到美味佳肴,常常会馋涎欲滴。汗液和唾液是从汗腺和唾液腺里分泌出来的。这些腺体都有一种导管,它们分泌的物质是通过导管排出的,并且看得见、摸得着,因而这种腺体被称为外分泌腺。此外,人的体内还有一种腺体,是没有导管的,它们的分泌物——激素,会直接进入血液循环,到有关的器官上去发挥作用。这种腺体分泌的激素,不像汗液和唾液那样是看得见、摸得着的,因而这种腺体被称为内分泌腺。

人体主要的内分泌腺包括甲状腺、胰腺的胰岛、肾上腺、性腺和垂体等。它们是一些小器官,最小的还不到 1 克重,分泌的激素更是少得可怜。然而,这些激素对人体的影响却是举足轻重的。

在人体颈部前面,有个蝴蝶形的内分泌腺,这就是甲状腺。它重 20~25 克,是内分泌腺中最重的一个。甲状腺主要分泌甲状腺素,这种激素能促进人体生长发育和新陈代谢,提高大脑智力和肌肉的力量。

碘是制造甲状腺素的重要原料,食物中如果缺少了碘,就会引起甲状腺肿大。青春发育期的青少年,由于全身新陈代谢旺盛,需要的甲状腺素比较多,对碘的需要量也就增加了。碘供应不足会造成甲状腺肿大,这叫青春甲状腺肿。过了青春期或多吃一些海带、海鱼、紫菜等含碘丰富的食物后,症状就会好转。

汉代文学家司马相如病了,他贤惠的妻子卓文君精心服侍着他。一天,卓文君偶然发现,丈夫换下的内裤的尿渍周围有许多蚂蚁在爬动。她用舌头舔一下尿液,发现有甜味,于是想到丈夫患了"消渴症"。消渴症是中国古代对糖尿病的称呼。人为什么会得糖尿病呢?原来,在人体内,胃的后边,脊柱之前,有一个长方形的脏器——胰腺。它的形状像狗舌头,是人体内仅次于肝脏的第二大消化腺。其中的胰岛是一簇簇细胞团,犹如胰腺海洋中星罗棋布的岛屿,大名鼎鼎的胰岛素就是从这里分泌出来的。这种激素能调节人体糖的代谢,促进血液中的糖产生能量,并把一时用不完的糖贮存在肝脏中。如果胰岛素缺乏或不足,血液中的糖增多了,从尿液中排了出来,这就是糖尿病。

在紧急情况下,人往往会力气倍增,比如武松在景阳冈与老虎不期而遇的时候。这突然迸发出的巨大力量是从哪里来的?现已知道,这是。肾上腺分泌的肾上腺素的功劳。肾上腺像两顶帽子,分别盖在两个肾脏上,个头很小,每个只不过3~5克重,可是作用却不小。肾上腺素是肾上腺分泌出来的一种激素。它能使人体血压升高,心跳加快,新陈代谢增强。当人进行剧烈运动,特别是遇到紧急情况时,身体就会自动通知肾上腺分泌大量的肾上腺素,促使胃、肠等内脏血管收缩,让更多的血液集中到大脑和肌肉中去。同时,心跳加快也加速了血液循环,保证身体有充足的血液供应,将氧气和养料及时送到肌肉,为应付紧急情况"调兵遣将"。

在古代欧洲,有人发现,人的大脑底部有个像豌豆大小的腺体,只有0.5克重。当时人们以为,这是一个过滤装置:大脑里产生的水分和废物,是经过它排入鼻腔的,于是,给它取了个名字叫"脑垂体",含有"鼻腔分泌液"的意思。直到1840年以后,人们才知道,这是人体最重要的内分泌腺。

垂体分泌的生长激素,能促进人体的生长发育。据研究,垂体每天释放生长激素6~8次,大部分是在熟睡后分泌的。因而,充足的睡眠对孩子的生长发育是十分重要的。催乳素是垂体分泌的另一种激素。谁都知道,母乳是最适合婴儿的食品。要是没有垂体分泌的催乳素促使乳腺发育成熟并分泌乳汁,那小宝宝恐怕就会缺少这一营养品了。垂体还能分泌一些激素用来指挥其他内分泌腺的活动。因而,人们把它称为"内分泌之王"或"内分泌腺的总管家"。

脑内世界

爱因斯坦的大脑

1955 年 4 月 18 日凌晨 1 时 25 分,世界著名物理学家、诺贝尔奖获得者爱因斯坦与世长辞了。在普林斯顿医院为爱因斯坦治病的医生托马斯·哈维,对这位科学泰斗仰慕已久,一直在思索爱因斯坦才智超群的奥秘。恰巧那天负责验尸的正是哈维。他把验尸室的房门一关,顺顺当当地打开了爱因斯坦的颅骨,把大脑完整地取出来,私自藏了起来。

爱因斯坦的家人装殓时发现,尸体的颅骨已被打开,大脑不翼而飞,便找验尸医生哈维询问。哈维推托说,在医院里病死的人都要作脑部检查。爱因斯坦的家人信以为真,也就没有深究。

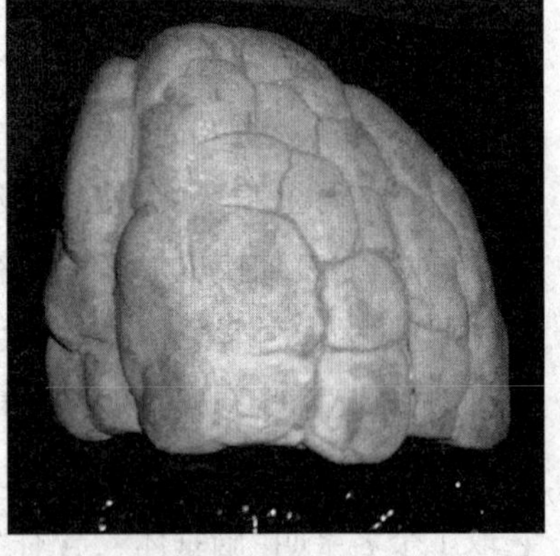
爱因斯坦的大脑

当时 42 岁的哈维悄悄地把爱因斯坦的大脑带回家中,制成 200 个切片,并开始进行研究。哈维保存着爱因斯坦大脑的消息不胫而走,激起了许多科学家的浓厚兴趣。他们设法与哈维联系,希望与哈维一起研究。哈维慨然允诺,为他们提供了爱因斯坦大脑的切片。据不完全统计,几十年的时间里,研究过爱因斯坦大脑的科学家已不下百名。

科学家们发现,爱因斯坦大脑的结构与普通人差不多,他的脑重只有 1230 克。要知道,按成人大脑的平均重量来计算,男子平均重 1350~1400 克,女子平均重 1200~1250 克。与成年男子大脑重量的平均值相比,爱因斯坦的脑重要略逊一筹。由此可见,脑子重的未必聪明,脑子轻的也未必愚笨。

有人猜测,在当时研究爱因斯坦大脑的过程中,很可能有惊人的发现,只是未见报道而已。

1997 年,84 岁高龄的哈维决定将大脑切片送回爱因斯坦逝世的地方——普林斯顿医院。在采取这一行动之前,哈维于同年 10 月带着大脑切片,从他居住的新泽西州驱车前往加利福尼亚州,做了一次横贯美国东西之旅。因为爱因斯坦在病中曾对哈维说过,他希望有朝一日能横穿美国大陆。哈维此举,也许是为了实现爱因斯坦生前的遗愿。哈维抵达洛杉矶后,按原计划找到爱因斯坦的孙女,让她看了爷爷的大脑切片。接着,哈维步入当地的一所中学,让300名十三四岁的学生见识了这位科学泰斗大脑的庐山真面目。

1998年,哈维把爱因斯坦的大脑切片正式送交普林斯顿医院保管。之后,院方很快便收到几份希望进行研究的申请,其中包括加拿大安大略省麦克马斯特大学的女教授桑德拉·威尔特森。

威尔特森教授领导的研究小组发现,爱因斯坦左右脑半球的顶下叶区域非常发达,要比常人大15%。大脑的这一区域对于人的数学思维、想象力和视觉空间认识,有着重要作用。研究小组的科学家把爱因斯坦的大脑与99名已死老年男女的大脑做了一番比较,又发现爱因斯坦大脑皮质的很多部分都没有回间沟,于是神经细胞可以通行无阻地进行沟通,思维也就显得特别活跃。这就从大脑结构上,初步揭示了爱因斯坦才智过人的秘密。

左脑和右脑

如果小心地把一个核桃的外壳打碎,你就可以看到表面有许多皱褶的核桃仁,它包括中间相连、没有完全分离的两个半球。人的大脑的形状就像核桃仁那样,是由两个不完全分离的大脑半球组成的。现在已经查明,人的两个脑半球外貌相似,功能却大不一样:一般,左脑接收来自人体右侧的感觉信息,如触觉、视觉等信息,并控制人体右侧的动作;右脑则接收来自人体左侧的感觉信息,并控制人体左侧的动作。左脑又叫意识脑,负责理性思维,主要掌管语言、文字、符号、分析、计算、理解、推理和判断等。右脑则称为本能脑、潜意识脑,生活中的感性体验主要与它有关。右脑掌管音乐、声音、绘画、图形、色彩、感情、空间定位、想象和创造等。

研究表明,人的左脑和右脑是互相配合、协同工作的。倘若用一种特殊的通电方法压迫右脑,使它暂时"休息",那么主管语言的左脑便马上兴奋起来。这时,接受试验的人就会变得非常健谈,他会到处插嘴,唠唠叨叨,天南地北地说个没完,甚至大声地对别人评头论足,就像喝醉了。有趣的是,在右脑停止活动期间,左脑虽然会指挥舌头大发议论,但发出来的声音和声调却完全变了样,既没有节奏,也不抑扬顿挫。这是因为右脑虽然不管语言,却负责控制说话的声调。

有人发现,如果使右脑停止工作,那么左脑听到声音以后,就无法分辨究竟是风声还是机器声;听音乐的时候,也区分不出熟悉的音乐旋律,即使想唱歌,也唱得不伦不类。反过来,如果让左脑停止工作,那么右脑可以指挥发音器官"引吭高歌",但不知道唱的是什么词，更不知道是什么意思。

自20世纪80年代以来，众多的科学家对右脑的作用倍加推崇，认为右脑是人类的创造之魂。美国一位教育家曾经做过一个有趣的实验。他把84个绘画水平差不多的学生分成两组，分别对同一幅毕加索画像进行临摹：第一组学生的画像是按正常位置摆放的，第二组学生的画像是倒过来头朝下摆放的。出乎人们意料的是，第二组学生画出来的速写像竟比第一组学生的好得多。原来，按正放的画像临摹时，善于形象思维的右脑力求准确地把图像复制下来，可是擅长抽象思维的左脑却试图抽象出毕加索的外貌特征，这么一来反而帮了倒忙。而把毕加索画像倒放时，情况就完全不同了：逻辑性强的左脑难以对画像进行“欣赏”，右脑就可以大显身手，专心致志地指挥手把画像准确地临摹出来了。

然而，现代脑科学告诉人们，右脑虽是灵感之源，但绝非创新能力的全部。人类的创新需要左右脑默契配合、协同工作。爱因斯坦曾对自己的思维过程做过这样的描述：“我思考问题时，不是用语言，而是用活动的、跳跃的形象进行思考，当这种思考完成后，我要花很大力气把它们转换成语言。”这就生动地描绘了在新思想的产生过程中，左右脑是如何协同工作的：右脑的形象思维产生了新思想，而左脑用语言的形式把它表述出来。对此，美国加州大学的罗伯特·奥斯坦教授说过这么一番话：“当左右脑均衡思考时，大脑的功能将达到一般思考的5~10倍，更容易产生绝妙的创意。”

男脑和女脑

男子和女子的大脑到底有没有差别？两性大脑之间的差异会给人们带来什么影响呢？为了揭示这一引人入胜的谜，脑科学家和心理学家们进行了长时间的研究。

大多数研究表明，男子的大脑要比女子的大10%左右，但这对女性大脑的功能没有任何影响。1997年丹麦一位学者的研究证实，男子的脑细胞比女子的大约多4万亿，然而，女性对日常事务的理解力却比男性高3%。

随着研究的日益深入，男女大脑间的差异让人觉得越来越有趣。人们已经知道，女孩的左脑发育得比男孩快。这就意味着：与她的兄弟相比，她能较快学会说话、阅读，学外语时也比较得心应手。然而，男孩右脑发育得比女孩快，因而他们拥有比女孩出色的空间识别能力。比如，在女性的脑海中，房子的建筑设计图只是平面的，可是在男性的脑海里，房子已拔地而起，完全是竣工后的模样。

相比之下，女子的胼胝体——连接大脑两半球的一大束神经纤维较厚实，这就使她们左右脑的连接点比男子的多出30%。此外，雌性激素会促使神经细胞在大脑中形成更多的连接,因而她们的左右脑之间便有了更紧密的联系。

早期的科学家主要借助大脑受伤的病人研究大脑各部位的功能。研究者发现,左脑受伤的男人会失去大部分甚至全部的说话能力,而且康复的前景十分渺茫。而女性如果同样的部位受伤,却不会失去语言功能。显然,女子大脑控制说话的部位,并非“只此一家,别无分店。”日本前首相田中角荣因为脑溢血左脑受了损伤,得了失语症,一直没有治愈。如果一名女子得了同样的疾病,情况就截然不同了。右脑受伤会给男性带来什么影响呢?他可能会失去大部分甚至全部的空间辨识能力。而右脑同样部位损伤,却不会影响女性的空间辨识能力。

现今,科学家的目光已不仅仅停留在大脑的尺寸上。运用新的脑部影像技术,研究人员开始观察活生生的人脑的变化和作用。

2009年,美国的《国家科学院学报》披露了加州大学生物学家艾亚拉教授的研究成果:分别向10名男性志愿者和10名女性志愿者展示风景和艺术等图片,然后询问志愿者哪些图片漂亮,哪些图片不漂亮。最初男女大脑的反应没有差别,但300毫秒后,女子左右脑有关区域的反应都很活跃,然而男子只有右脑反应活跃。看来,男人用右脑欣赏美,而女人是左右脑一起欣赏美的。

科学家发现,当一名男子用脑工作时,往往集中地使用大脑的某些特定区域;而当女子用脑工作时,常常把大脑中更多的部分调动起来了,此时兴奋的脑细胞波及五色杂陈的一大片范围。这可以用来解释为什么在某些时候男人可能比女人更认真和专注,例如,在电话铃声大作或狗吠不止时,男人能依然沉浸在一本书或一叠报纸里。原来,男人的大脑就是这样设计的,左右脑问的连接较少,大脑各部位的功能分得一清二楚,于是他一个时间里就只能做一件事了。女人大脑的设计是不同的,可以同时做好几件互不相干的事。例如,她可以一边开车,一边化妆和听收音机,另一只空着的手还可以拿着手机聊天。

由于女人大脑的两半球是左右开弓、同时运用的,于是她们常常左右不分。据统计,大约有一半的女性无法马上认出哪一边是左边,哪一边是右边。男人的左右脑泾渭分明,是分开运作的,因而他们较容易分辨左右。

在调节情绪的时候,男性和女性的做法也不一样。在人的大脑深处有个叫“杏仁核”的部位,可用于调节情绪。男人的杏仁核与大脑中负责语言的区域联系较少。而女人就不同了,这一部位与大脑中处理语言以及一些其他高级功能的区域,有着密切的联系。由此看来,女性更愿意向人倾诉,而男性大多把他们的心事隐藏起来,原因就在于此。

许多人都会注意到这样一个事实:男子随着年龄的增长脾气会变坏。这在他们的大脑中可以找到答案。一项在《神经病学档案》杂志上报道的研究发现,男脑萎缩的进度要比女脑快,由此带来的必然结果是:记忆力减弱,难以集中注意力,情绪低落,容易发火。女子的大脑虽然更经久耐用,但也无法避免岁月的侵蚀。

人的第二大脑

为什么人生气时常会感到胃痛?为什么应聘者会因为一场即将来临的面试突然感到胃部翻腾、恶心不适?为什么比赛前的运动员或登台亮相前的演员往往面对美味佳肴也难以下咽?原来,人有两个大脑:一个是众所周知的长在头颅中的大脑,另一个就是人们知之甚少的腹腔内的“第二大脑”。第二大脑又称“腹脑”,它能传递很多感觉和知觉,能记忆,也有自己的喜怒哀乐。要知道,这并非天方夜谭,而是2005年8月23日美国《纽约时报》的一篇科学报道。

最早发现腹脑的是19世纪中期的德国精神病医生莱奥波德·奥尔巴赫。在一次用简易显微镜观察被切开的人体内脏时,他惊奇地发现,肠壁上附着了两层由神经细胞和神经束组成的薄如蝉翼的网状物。不过,奥尔巴赫当时并不知道他看到的正是腹脑。

1996年,美国哥伦比亚大学的生物学家迈克尔·格肖恩,有幸成了提出腹脑概念的第一人。这位科学家认为,茫茫人海中芸芸众生无一例外地都有第二大脑,它就在人的肚子里,负责“消化”食物、信息、外界刺激、声音等。然而,这一另类观点在当时遭到了广泛的质疑。

通过多年的潜心研究,格肖恩发现,腹脑是一个非常复杂的神经网络。在人消化道的内壁、胃部和大小肠组织中,大约有1000亿个神经细胞,它们与大脑的神经细胞数旗鼓相当。腹脑借助脑神经中最长和分布范围最广的一对神经,与大脑联系在一起,但又相对独立于大脑。

腹脑的功能何在呢?一个人在75年时间里,要吃进去30多吨营养物质和5万多升液体。腹脑是人体消化器官的总开关,高智能地操纵着食物的通过量。现已查明,腹脑能分辨成千上万种化学物质的成分,使人体免遭各种毒物和危险的侵袭。一旦毒素进入人体,腹脑得风气之先,最早察觉,然后马上向大脑发出警告信号,大脑立即意识到腹部有毒素,便当机立断、采取措施:呕吐、痉挛或排泄。

研究者确信,大脑遇到危急状况时,会发信号指挥身体迅速分泌激素,使人体做好应急或回避的准备。在这些激素的作用下,腹脑也被紧急动员起来。许多人都有这样的经历:心烦意乱或失魂落魄时会食欲不佳,惊吓过度或激动万分时腹部容易痉挛。

据报道,腹脑能下意识地储存身体对所有心理过程的反应,每当需要时就将这些信息提取出来,并向大脑传递。这正应验了德国的一句流行语:“在肚子里选择最佳方案,做出最佳决定。”

人们还在腹脑中发现了与大脑记忆功能有关的物质。显然，腹脑也有记忆功能。事实表明，过度或挥之不去的恐惧不仅会在头脑中留下印象，甚至会给胃肠器官打下烙印。

人类对神经系统的研究已有约100年的历史，但对腹脑的研究才刚刚揭开序幕。眼下，腹脑之说还有待证实，能不能把腹脑看成人的第二大脑，还有待进一步研究。

解读情绪

喜怒哀乐是人们常见的情绪。也许你会认为，这是司空见惯的现象，不必为此而深究。然而，情绪的作用有时会举足轻重，不容小觑。公元前700多年，周幽王为博爱妃褒姒一笑，搞了一场“烽火戏诸侯”的闹剧，到头来，既丢了性命又亡了国。当然，普通人的情绪变化是无法改变历史的。然而，每个人的人生历程也会受到情绪的一些影响。试想一下，你是否曾在火冒三丈时做出过错误的决定？你是否曾因悲伤过度而无心学习或工作？情绪如此重要，确实需要深入了解一番。

何谓情绪？这是一种心理活动。它往往伴有一定的生理变化和外部表现。比如，喜会让人手舞足蹈，怒会让人咬牙切齿，忧会让人茶饭不思，悲会让人痛心疾首。心理学家认为，有些情绪是与生俱来的，如惊奇、痛苦、厌恶、兴趣和自发的微笑等；而羞愧、自豪、骄傲、内疚和同情等，是后天产生和发展起来的。现代神经科学家则指出，情绪完全是大脑作用的结果。

以前常出现在哲人和诗人笔端的恐惧、悲伤、忧愁、愤怒、爱慕和快乐等情绪，如今已进入了心理学家和神经科学家的视野。研究表明，恐惧对人类的生存至关重要。如果面对凶猛的豺狼虎豹和台风、洪水等灾难，人类的祖先毫不畏惧，不予以及时回避和逃离，那么就无法在危机四伏的蛮荒时代生存下来。

幸好人类的大脑有个高效率的恐惧系统。有时候当事人尚未意识到大祸临头，大脑就已做出反应了。比如，一个人驾车去公园，突然一辆车变道插在前面，在还没明白过来时他就会感到恐惧。这是因为在他的视觉系统“看见”这个危险场景之前，恐惧系统已将恐惧信号传递给危机处理系统了。高效的恐惧反应机制，是人类得以生存并延续至今的关键。那些反应慢一拍甚至半拍的物种就没有那么幸运了，它们成了地球生命舞台的匆匆过客。

悲伤是生活中的调味品，尽管品尝起来有些苦涩，但人们无法抗拒，只能坦然接受。研究表明，悲伤并非十恶不赦、一无是处。心理学家认为，悲伤在进化上很有意义。两强争霸，倘若战败者毫不沮丧，仍然趾高气扬，在胜利者的眼中无疑是在发起新的挑战。一旦再度厮杀,战败者就可能因此而命丧九泉。而此时战败者若面露悲伤,不失为一种自我保护策略。悲伤还可以帮助人们从错误中吸取教训。因为遭受挫折时人会心情沮丧,同时思考这是怎么发生的,该怎样解决。此外,悲伤让人们情绪低落,这种滋味并不好受,为了不再品尝这种滋味,悲伤者会改弦易辙、自我调整。悲伤也是一种与人交流的方式,人们借助悲伤告诉周围的人,自己需要帮助。

对于神经科学家来说,探索悲伤和快乐的奥秘是非常棘手的研究课题,因为这两种情绪几乎调动了大脑的各个区域。研究者请22位志愿者回忆伤心的往事,或让他们观看十分伤感的影视画面,激发志愿者的伤感情绪,同时对他们的脑部进行扫描。结果表明,悲伤可引起大脑70多个区域的活动变化。神经科学的研究表明,人脑是个复杂而奇妙的系统,借助这一系统,人们便能体验七情六欲,品味生活中的甜酸苦辣。

丈量美丽

每个人都拥有对美的感觉。特别是男性,他们的体内仿佛有着一架测量美丽的雷达。他们不停地打量着遇见的每一个人,并用自己的美的标准去衡量和比较。而这一切在150毫秒内便大功告成了。“美”到底是指什么呢?美丽能用皮尺测量吗?什么样的人体才是美的?

生物学家和人类学家在世界各地做了一番调查,发现在西方男子的眼里,曲线分明,也就是丰乳、细腰、肥臀的女子最漂亮。现今,一个衡量女性美的魔法方程式,在国际上已被广泛采用,即公认形体最迷人的女子,腰围和臀围之比是0.7左右。比如,三围尺寸分别为36、25、36(单位:英寸)的女子,其腰围和臀围之比为0.69。

然而,大洋洲、非洲、太平洋岛屿国家或地区一些民族的男子,却并不遵循国际惯用的审美观。令他们着迷的是,胖得找不到腰,尤其是腰围和臀围之比在1.0以上的女子。那儿的姑娘在结婚前会“催肥待嫁”:在家休养一年,想尽一切办法增加体重。

长期以来,生物学家一直以对称性来评估生物发育的稳定性。美国科学家曾对几百名男女大学生身体的对称性做过测量研究。研究人员对被测量者的脚、踝、手、腕和肘部的宽度以及耳朵的宽度与长度等七对特征进行了测量,据此统计出每个人的对称度。研究结果表明,对称性最好的男大学生不仅面庞较富吸引力,而且体格往往强于同龄人,他们肌肉较发达,运动能力较强。

怎样理解脸的对称呢?假如把眼睛、脸颊和鼻孔这样成对出现的部分用线连起来,并标出这些线的中点,倘若这些中点在一条直线上,那么这张脸就是对称的。据测量,好莱坞男影星丹泽尔·华盛顿的面庞几乎完全对称,于是他理所当然地被《人物》杂志评为

“当今最富魅力的男性”。

现有最新、最复杂的容貌美的计算方程式,是由美国洛杉矶的整容外科医生施特芬·霍夫林提出的。此人医术高超,很有造诣。包括著名摇滚歌星迈克尔·杰克逊在内的许多明星,都曾躺在他的手术台上。1998 年,霍夫林提出了“美丽指数”。这是他对脸上 10 多处美丽点,经过仔细的测算而得出的。涉及眼睛的角度、眉毛的倾斜度和脸颊、嘴唇、下巴的弧度等。当美丽指数达到 1.00~1.30 时,这张脸便美妙绝伦了。

为了了解人们心目中美丽面庞的模样,科学家做了一个实验。他们挑选了 30 张不同的脸部照片,分别让来自不同国家的评阅者进行打分。然后,用电脑程序将得分最高的几个脸部特征组合起来,得出人们理想中的俊美面庞。实验表明,美丽的女性面容是:额头饱满,嘴唇丰满,颌骨短小和下巴尖细;英俊的男性面容则是:颌骨宽大,下巴较宽和眉毛粗浓。

心理学家经过一番研究,发现漂亮的人生活起来更容易一些。研究者统计了一个汽车故障实验,结果漂亮的女子获得帮助的次数,要比不太有吸引力的女子多得多。据统计,在公司里英俊的男士的收入,要比相貌平平的同事高出 5%;而秀美的女士的收入,要比不太有魅力的女同事高出 4%。与此同时,美丽者还有另外的优势,比如,被录用得早一些,升职也快一些。

显而易见,科学家的研究只是从一个侧面探索人体美的奥秘。对人类形体美和容貌美的研究还有待于不断深入,因为它有助于人们更好地认识自己,有个美丽的人生。

快乐有极限

喜好快乐是人类的天性。让自己在有生之年过得更快乐,是许多人企盼的目标。

据调查,100 个天真无邪的儿童与 100 个年逾花甲的老人表示自己快乐的比例并无明显差别;白种人回答自己快乐的比例并不比黑种人和其他有色人种高;生活压力沉重的日本人和享受高福利待遇的北欧人同样感到快乐;生活在后工业化时代的美国人与太平洋小岛上的土著居民在这方面也没有区别。

科学家认为,一个人的快乐程度,取决于先天遗传和后天的生活经历。研究表明,一个人天生的个性似乎确实与快乐程度有关。通常性格外向的人比其他人更快乐。这是因为外向的人更可能做使自己快乐的事,如交友等。又或许是快乐使人变得外向了。

为什么音乐能让人快乐？众所周知,食物和水等能让人产生快感。加拿大神经心理学家发现,充满感情的音乐所激活的脑部区域,与食物等快感刺激物所激活的脑部区域是相同的。美国神经学家揭示,充满感情色彩的音乐能有效地触发与亲情有关的脑部区域，促使某些神经化学物质的分泌，使人产生快感。

为什么在经历紧张刺激的事后会感到快乐？许多人都热衷于参加蹦极、高空跳伞、高速滑雪等危险性很大的极限运动，这些活动能给他们带来极大的快感。这是什么原因呢？神经学家认为，这是人体的快感系统在奖赏人们，证明人们所做的事有利于他们的生存。要知道，有利于个体生存的行为不一定是安全的，例如，捕猎、争夺配偶等都有极大的风险。这些事会使人感到很大的压力，而在压力刺激下分泌的某些激素，会产生短暂的快感。

快乐有极限吗？美国加利福尼亚大学神经学家的回答是肯定的。那么，为什么人们不能乐无止境，一直保持快乐的感觉呢？研究表明，快乐是对行为有指导作用的奖赏机制。一旦人们的行为满足了身体的某种需要，快感就会油然而生。比如，在饥肠辘辘时进餐，在口干舌燥时喝水，在疲惫不堪时休息，都能使人们感到愉快。由此可见，快乐的作用是帮助人们根据身体的需要选择适当的行为。不过，倘若人或动物过于沉浸在某种行为带来的快感中，那么对他或它的生存和发展显然是不利的。比如，一头动物如果过分贪恋于享受美食，那么它的警惕性会一落千丈，最终很可能会成为其他动物的腹中之物。为此，快感系统中存在着一定的制约机制，免得人们乐极生悲，在快乐中不能自拔。

神经学家指出，人体的大脑可借助两种方式抑制快感：一种是直接降低能传递快乐的化学物质的浓度；另一种是通过脑部压力系统释放特殊的化学物质，对快感进行抑制。在人脑的严格控制下，每个人也就有了一条“快乐底线”。即使他已“乐不思蜀”，乐得忘乎所以，最终还得回归这条底线。

科学家告诫人们，追求快感应有一定的节制，切莫为此而迷恋赌博、吸毒等行为，对自己的快感系统造成极大的损害。要知道，一旦这一系统彻底崩溃，这个人将可能再也无法享受快乐的滋味了。

人的第五感觉

人体有五大感觉：视觉、听觉、触觉、味觉和嗅觉。据统计，人们在日常生活中得到的信息90%以上来自视觉，其次是听觉和触觉。味觉在人的生活中也显得很重要。唯独嗅觉，常被放在无足轻重的地位。传统生理学甚至把人的嗅觉看成是正在趋向退化的原始感觉。然而，近几十年来一系列新的研究，揭示了嗅觉在人认识世界中的独特作用，人们开始对嗅觉刮目相看了！

没有嗅觉的世界是苍白荒凉的。1978年10月的一个阴雨天，在美国芝加哥市街头，33岁的数学家戴维·格里芬不幸被一辆运货卡车撞倒。他的头颅骨受了伤，被送进医院抢救。8 天以后,格里芬康复了。但车祸给他带来了无法弥补的损失——中断了大脑和鼻子之间的神经联系。他完全失去了嗅觉,一点也嗅不出菜肴的香气。有一次他所住的大楼失火。他没有嗅出空气中刺鼻的烟味,直到听见邻居大喊大叫才逃了出来。

据统计,15 个脑外伤病人中就会有 1 个丧失嗅觉。此外,流行性感冒、脑瘤和过敏性疾病等,也会使人暂时或永远丧失嗅觉。科学家做了一番推算,全世界约有 5000 万人生活在没有嗅觉的世界。

嗅觉是怎样产生的呢?鼻子是人体唯一的嗅觉器官。在鼻腔上部 5 平方厘米的黏膜上,分布着 500 万个嗅细胞。它们像无数悬垂着的小棒槌,每个棒槌上有 6~8 根纤毛。这些纤毛像美丽多姿的水草,在鼻黏膜的波浪中摆动,伺机"捕捉"进入鼻腔的气味。接触到气味物质分子后,它们便向大脑报告,于是人们就知道:这是芬芳的牡丹花,那是烧焦的橡胶……

人的嗅觉有很大的随意性。在日常生活中,人的嗅觉大门总是敞开着,听任各种气味,无论是香的和臭的,愉快的和不愉快的自由出入。而人的鼻子对于各种气味,也会不加选择地"照单全收",不管吸进来的气味对人体是否有害,也不管体内将怎样应付它们。

嗅觉是什么时候形成的呢?过去认为,人一来到这个世界上,嗅觉器官便开始工作了。新的研究成果表明,胎儿在母腹中就已经有了嗅觉。

每个人嗅觉的灵敏程度是不同的。美国宾夕法尼亚大学的科学家,把 1158 个女子和 799 个男子按性别和年龄分成几个组。然后,让他们去分辨薄荷、香皂、丁香花、菠萝、奶酪、馅饼、洋葱等气味。结果表明,无论在哪个年龄组中,女子的嗅觉都比男子灵敏。即使在少年儿童中,女孩的嗅觉也比男孩敏锐。在不同的性别组中,30~59 岁的人嗅觉能力最强,60~80 岁稍微弱一些,80 岁以上的人嗅觉能力就相当弱了。

科学家还发现,人刚睡醒时嗅觉比较迟钝,起床 1 小时后鼻子开始灵敏起来,4 小时后最敏感。与饱肚时相比,饥肠辘辘时鼻子要灵敏得多。工厂工人比户外作业的人嗅觉要好一些。通常,吸烟者的嗅觉会有所减退。

两位美国科学家历经 15 年的精心研究,终于在探索嗅觉的奥秘中取得了突破性的发现,并获得了 2004 年诺贝尔生理学或医学奖。他们发现,人类能识别和记忆各种气味,应归功于大约 1000 种基因,这些基因的综合能力的强弱,决定了嗅觉的灵敏度。

男人味,女人味

2009 年的贺岁电影《女人不坏》是一部关于爱情、女性、时尚的喜剧片。电影中有三个不坏的女人,她们与爱情绝缘。周迅饰演的欧泛泛是个智慧型丑小鸭,她发明了控制爱情的利器——费洛蒙黏胶,终于如愿以偿让心上人爱上了自己,然而最后竟弄巧成拙了。张雨绮饰演的唐露很妖娆,桂纶镁饰演的铁菱很摇滚,她俩在不经意间获得了这个爱情宝贝后,生活和爱情竟风云突变,犹如一团乱麻。

费洛蒙究竟是何方神圣,何以成了爱情的秘密武器?动物世界中,昆虫会将某种气味物质分泌到体外,引起同伙的生理和行为反应。这种物质就叫费洛蒙,生物学家称之为外激素,又称信息素。比如,在蚂蚁大家庭中,蚁后负责产卵和繁殖后代,但不能自食其力,需要工蚁来饲养。于是,蚁后便释放带有某种气味的外激素,招引饲养它的工蚁。动物在找对象的时候,也常常靠外激素牵线搭桥,吸引自己的异性伙伴前来相会。过去人们一直深信不疑:人体是没有外激素的。也有人认为,人体有外激素,但只存在于胚胎时期,一旦婴儿呱呱坠地,这类物质便神秘地消失了。

然而,一些奇特的现象,引起了科学家的注意。在女子学校里,清一色的女学生长期生活在一起,不少人发生了月经不调,药物治疗竟毫无效果。令人不解的是,有的女学生偷偷外出与男友约会后,月经不调却不药而愈。长期出海捕鱼的大多是男子汉。离家的时间长了,他们就会变得暴躁不安,常为一点小事而大吵大闹。然而,一旦返回渔港与妻子团聚后,他们的暴躁情绪马上就会平息下来。科学家发现,这些微妙的现象是人体外激素造成的。也就是说,人类和动物一样,也有外激素。

在发现外激素的功臣中,首屈一指的要数美国生物学家戴维·伯利纳了。20 世纪 60 年代,伯利纳在盐湖城犹他大学医学院从事人体皮肤的研究。他借助骨折病人掉落在石膏上的皮肤碎屑,揭示皮肤的成分,并把高度提纯的皮肤细胞放在实验室的瓶子里。有一天,伯利纳在打开一个瓶子后忘记关上了。不一会儿,他注意到实验室的气氛不一样了,人们紧张的情绪松弛下来了,一张张冷漠的脸都变得十分和善、友好,实验室里充满了笑声。后来,伯利纳把瓶口盖上,令人不可思议的是,人们马上恢复了原状。实验室里为什么会出现这一反常现象呢?这位生物学家百思不得其解。直到 20 世纪 80 年代,伯利纳才意识到,当年实验室里的人所以会感觉良好,原来是皮肤上的人体外激素的奇妙作用。

人体是怎么感受肉眼视而不见的外激素的呢?在这方面,美国丹佛科罗拉多大学医学院的两位学者功不可没。其中一位是耳鼻喉科专家布鲁斯·杰菲克,另一位是细胞生物学家戴维·莫伦。他们发现,人的鼻中隔两侧都有两个小小的凹窝,它们是人体感受外激素的器官。人体中枢神经系统的一个部位(下丘脑)接受这一信息后,会引发一定的情感或反应。

现已知道,人体外激素是由腋窝、头面部、胸前部和生殖器部位的外分泌腺分泌出来的。它们与汗腺分泌的汗液混在一起,构成了每个人特有的气味。

男人味和女人味是不一样的。男性的外激素主要是雄甾酮,他们的身体会散发出类似麝香的气味。女性的外激素主要是雌二醇酮,她们的身体会散发有牛奶香的甜味。男子皮肤中这类腺体的数量多,分泌量大,所以体味比女子浓烈。

种族不同,体味及浓烈程度也不一样。黑人的外分泌腺最丰富,体味最浓;白人次之;黄种人腺体最少,体味也最弱。不同国家的人,体味的差异也较为明显。

近年来的研究表明,外激素正在悄悄地影响着人们的行为。有人用不同的香水喷洒一家音乐厅的椅子和节目单,结果,光顾那儿的女子几乎都鬼使神差般向喷过麝香香水的椅子走去,并拿走喷过同样香水的节目单。原来,这种香水含有男人的外激素。

外激素对人的情感等心理活动也颇有影响。踏上婚姻殿堂的新人们,请不要忘记外激素在你们热恋时的赫赫功绩。要知道,热恋中的男女,外激素的分泌异常旺盛,此时姑娘的体表会散发出令恋人神魂颠倒的幽香,它像一根无形的绳索,把双方紧紧地吸引在一起。

目前,关于人体外激素的研究正在进行之中。也许不久的将来,人们将利用人工合成的外激素进一步控制人的心理、情绪和行为,治疗忧郁症和性功能障碍等疾病,甚至在不见硝烟的商场竞争中大显身手。

瞳孔不说谎

人的眼睛一向被视为"心灵的窗口"。人们往往可以透过一个人的眼睛看到他内心的秘密,所以鲁迅先生说:"要极省俭地画出一个人的特点,最好是画他的眼睛。"

眼睛能反映一个人的精神面貌。内心纯真、聪颖、智慧的人,他的目光会显得明亮、纯洁、深邃;内心空虚、狡诈、狂妄的人,他的眼神就会显得黯淡、浑浊、浅薄。有人曾作过一番统计,大文豪托尔斯泰在作品中描写过 85 种不同的眼神,用来揭示人物的内心世界。

然而,近年来不少科学家认为,真正的"心灵之窗"并不是眼睛,而是眼睛中的瞳孔。瞳孔是眼球前面中央的圆形小孔,是光线进入眼睛的窗户。它能控制眼睛的进光量。

通常,瞳孔直径的变动范围是 2. 44~5. 82 毫米,一般人平均为 4. 14 毫米。小于 2 毫米的称为瞳孔缩小,大于 6 毫米的叫作瞳孔扩大。缩小和扩大的极限,分别是 1. 5 毫米和 8 毫米。10~19 岁青年的瞳孔最大;中年人的瞳孔最小,比青年小 7%~14%;老年人次之,比青年小 1%~4%。一般,男子的瞳孔比女子略小一些。白天,人处于活跃、情绪紧张和恐惧状态时,瞳孔会扩大;睡觉、安静或感到疲劳时,瞳孔就会缩小。

瞳孔的变化可以反映一个人的情感变化。这是美国心理学家赫斯偶然发现的。

1960年的一天晚上，赫斯躺在床上翻阅一本精美的动物画册。当时卧室里的光线并不暗，可是赫斯的妻子突然发现，丈夫的瞳孔一下子大得出奇。这是为什么呢？赫斯百思不得其解。临睡时，他忽然想起：也许瞳孔大小与人的情绪反应密切有关。

次日早晨，赫斯带着一张漂亮女子画像和一些美丽的风景画来到了实验室。他让一位助手看这些图，而自己则注意察看助手的瞳孔。助手的瞳孔明显扩大了，赫斯发现助手原来在看那张美貌女子像。看来，瞳孔与情感确实有着不解之缘。

紧接着，赫斯又做了一系列实验。他让参加实验的人观看放映在屏幕上的一组图画，并用摄影机录下他们的瞳孔状况。结果表明，当屏幕上出现活泼可爱的婴儿时，母亲们大感兴趣，瞳孔明显扩大；而当出现凶恶的鲨鱼时，人们普遍感到厌恶，瞳孔一下子都缩小了。实验者在屏幕上看到战场上阵亡的血肉之躯、集中营里成堆的尸体时，瞳孔先是大为扩张，接着马上缩小了，这反映了一种震骇的情绪。赫斯由此得出结论：人们在观看令人高兴或感兴趣的东西时，瞳孔会放大；而看到让人害怕或讨厌的东西时，瞳孔会缩小。

扩大的瞳孔，意味着兴趣和欢愉之情。“月上树梢头，人约黄昏后”。男女恋人常把约会安排在幽暗处，这时双方的瞳孔扩大，更具魅力。幽会中的女子常显得格外俏丽，这里恐怕也有多变的瞳孔的一份功劳。

现已发现，通过瞳孔的大小变化，可以了解人的一些心理活动。有10个人已禁食四五个小时，另有10个人一小时前已吃过食物。分别在他们面前摆上美味佳肴后，前者瞳孔扩大11.2%，后者仅扩大4.4%。他们对食物需求程度的差异，已显而易见了。

瞳孔是不会说谎的。如今，瞳孔反应成了揭示人们思维活动的一条可靠途径。让一个青年学生心算不同的算术题，每当问题提出时，他的瞳孔就开始扩大，找到答案时瞳孔达到最大程度，然后迅速缩小，直到说出答案瞳孔才恢复原状。一个人讲实话时，心里比较平静，瞳孔便处于正常状态；而编造谎言时，瞳孔会由于心里紧张而放大。所以有些父母在判断孩子有没有撒谎时，常说：“看着我的眼睛”——根据孩子瞳孔的变化，确定他是否在说谎。

瞳孔的变化常被魔术师和珠宝商所利用。不知道你注意到了没有，有些玩“猜牌”戏法的魔术师，在出示纸牌时，总是盯着对方的眼睛，经过仔细琢磨后，他就能知道对方要的是哪张纸牌。有些珠宝商也有这种本领，在顾客挑选商品时，一直望着顾客的眼睛，然后便断定这位顾客已对某件珠宝产生了兴趣。其实，他们是在观察对方眼睛中的瞳孔。因为人看到心中想要的纸牌或喜欢的珠宝时，情绪不免会激动，瞳孔也就随之放大，这就把他的内心活动“和盘托出”了。

中国有句俗语，叫“看眼色行事”。在人际交往中，注意观察对方瞳孔的变化，对于了解对方的真实思想和态度是十分必要的。但是,也有一些人的眼睛是难以观察的。已故的阿里斯多德·亚纳西斯是世界著名的谈判家。在与人谈判时他总是戴着那副“庄重”的墨镜,这么一来,他的瞳孔就不会泄露天机,不会把他内心的真实思想情绪暴露给对方了。

眨眼泄天机

1973 年 8 月 22 日,正被“水门事件”所困扰的美国总统尼克松,举行了一次记者招待会。这次招待会通过电视向全国作了实况转播。尽管当时尼克松已焦头烂额,但在记者招待会上,他仍显得十分镇定。“政府是否有什么限制性的措施,以保证证据不被已受非议的总统藏匿呢?”当与会的一位记者提问时,一直泰然自若的尼克松有点心慌意乱了。他的语词虽仍很强硬,眼睛却不由得眨个不停,每分钟高达三四十次。在不知不觉中,尼克松已将内心的惶恐和焦虑在电视屏幕上向国人暴露无遗。

眨眼也会泄露天机吗?是的。这里不妨从高等动物和人类的这项专利谈起。鱼、青蛙等动物是不会眨眼的。猫、狗等哺乳动物已经会眨眼,不过速度很慢,能清楚地看到它们的眼帘像幕布那样缓缓地垂下来。猿猴眨眼的速度快多了,但仍然无法与人相比。在清醒时,每个人都会不停地眨眼睛。据统计,一个正常人每分钟会眨眼 10~20 次,每次历时 0.2~0.4 秒。一天之中,除了 8 小时睡眠时间,一个人共眨眼 14400 次左右。

人的眨眼可分为三类:生理性眨眼、反射性眨眼和心理性眨眼。生理性眨眼主要用来保护眼球。它能把泪液均匀地涂在眼球前方的角膜和结膜上,使之保持湿润。要知道,角膜必须经常浸在泪液里,要不然就会变得干燥而混浊,使人看不清东西。泪液还能冲刷和清除眼球上的灰尘等杂物,使眼球保持清洁。

灰尘飘入眼内时,或面前一只汽球突然爆破时,眼睛会不由自主地眨上几次。突如其来的雷鸣声、强光的照射、意外的袭击,也会使人在大吃一惊的同时频频眨眼。这些都是反射性眨眼。这类眨眼出于人体自我保护的本能,可以保护眼睛免遭伤害。

据研究,人的生理性眨眼的次数是不多的。比如,新生婴儿对眨眼的生理需要,只不过两分钟一次。在一天中,人的反射性眨眼的次数也是屈指可数的。可见,人频繁眨眼肯定还有第三种需要或原因,这就是引人注目的心理性眨眼。这类眨眼是近年来心理学家的新发现。他们揭示,眨眼与人的心境和思维活动有着密切的联系。

研究表明,人在警觉的时候,眨眼的次数会减少。当你津津有味地阅读小说时,每分钟只不过眨眼 6 次左右。当你骑着自行车经过闹市区时,眨眼的次数也会相应减少。汽车驾驶员在超车时,会全神贯注地注视前方路面的情况,并留意身旁反光镜中的动静。

此时他的眨眼次数会减少。美国华盛顿大学圣路易分校的心理学家约翰·斯特恩,对飞机驾驶员的眨眼情况做了研究,通常驾驶员每分钟的眨眼次数,总是比身旁的副驾驶员少。有趣的是,如果他们彼此换一下座位,眨眼的情况也会跟着发生变化。

疲劳对眨眼也很有影响。人感到疲乏不堪时,眨眼的频率会明显增加,而且眨眼时从闭眼到睁眼的时间也会明显延长。人越是疲倦,眨眼时闭上眼睛的时间就越长。

此外,焦虑、不安和怀疑等精神状态,也会增加人的眨眼次数。在课堂上,学生站起来回答老师的提问时,眨眼的次数会增多;如果这是一个很难回答的问题,那么他的眨眼次数便大为增加。当人们对某件事持怀疑态度时,常会下意识地频频眨眼。遇到麻烦时,人的眨眼次数也会增加。

眼下,关于眨眼的研究已引起许多国家心理学家的关注。可以预料,在不久的将来,科学家将借助这方面的研究,揭示出人体更多的奥秘。

味觉失常和味觉超常

味觉往往会因人因时而异。成年人的舌头上,大约有 9000~10000 个味蕾。其中,女子比男子多一些。儿童的味蕾比成人多。老人的味蕾减少了,味觉自然会差一些。

人在饥饿时,味蕾处于兴奋状态,吃东西特别香。酒足饭饱以后,味蕾受到抑制,那时吃东西就不"香"了。有趣的是,味觉也有"疲劳"的时候。刚吃放糖的赤豆汤时,会觉得很甜,可吃到后来,就感到不那么甜了。

在不同的温度下,味觉会发生一些变化。在 37℃左右吃甜食感觉最甜,温度过高或过低都会使甜度下降。比如,吃融化的冰激凌会感到甜得发腻,而吃未融化的却很可口。咸味和苦味会随着温度的上升而减轻。比如汤药,温热时还比较好喝,一旦冷了就会觉得苦不堪言。咸味也是如此。只有酸味比较稳定,在 10~40℃时都没有什么大变化。

人在品尝滋味时,嗅觉也有一定作用。苹果泥的滋味和土豆泥是不一样的,但是如果捏住鼻子,再先后尝一下这两种食物,就会觉得它们的味道相差无几。

在我国,南方人偏爱甜食,甚至炒菜也要放上一些糖;而北方人却喜欢吃咸的东西,连奶茶也是咸的。这种味觉偏爱在一个人生下来时就已形成了。美国科学家曾在非洲的婴儿中做过一番调查,发现他们的味觉偏爱会因地区差异而截然不同:在某个地区,婴儿喜欢一种浓郁的香草味;在另一个地区,婴儿喜欢香蕉味;有的地区的婴儿则偏爱柑橘味。

同样一种食物,不同的人会品出不同的味道,这是因为人的味觉敏感性往往有很大的差异。有极少数人会出现味觉失常,如美国有个叫弗尼尔的男子,吃苹果时会觉得有米饭的滋味;新鲜牛奶在他的嘴里出现了变质啤酒的怪味。

也有少数人是味盲。美国医学家阿瑟·福克斯既是味盲的发现者,又是个味盲者。1932 年,福克斯博士和助手诺勒在实验室里配制一种叫苯硫脲的有机化合物。福克斯偶然发现,自己对苦味浓烈的苯硫脲竟毫无苦感,而诺勒稍微尝了一点便叫苦不迭。他在许多人中进行试验,发现有少数人确实尝不出苯硫脲的苦味。现已知道,味盲是一种遗传性疾病。大多数味盲者像福克斯那样,只是丧失苦味感觉。也有个别人没有任何味觉,食不知味,一辈子也不知道什么叫味道。

世界上另有一些味觉特别灵敏的人。品茶师只要喝一口茶,就可以说出茶的名称、产地和采制时间;品酒师只要抿一点酒,再经舌头品过,就可说出酒的度数、制酒原料、出酒率以及它是哪年酿成的,等等。据说,加拿大的一位厨师更"牛",一吨清水中只加了一滴醋,他的舌头竟然也能分辨出来。

不眠试验

在人的一生中,有将近三分之一的时间是在睡眠中度过的。俗话说,睡眠面前人人平等。确实如此,无论是倒在干草上入眠的非洲土著居民,还是躺在豪华居室弹簧床上休憩的城市公民,他们的睡眠都没有多少差别。

人为什么要睡觉?长时间剥夺睡眠会给人们带来什么影响呢?保持觉醒 200 小时以上的两次尝试,已被列入现代睡眠研究的史册。

1959 年,纽约一位无线电播音员彼得·特里普,为了替"为 10 美分进军"活动筹资,曾开辟过日夜专题热线节目。他坐在纽约时代广场一个完全透明的广播亭中,路人可以观看他表演的全过程。试验结果,特里普坚持了 201 小时不睡。专家们认为,后来他的思维已日趋混乱,到第 4 昼夜结束时甚至已无法按顺序排列英文字母。试验结束前夕,特里普已完全陷入错觉中,他以为参加试验的医生已商量好了,要将他关进疯人院。试验一结束,特里普即被送回家中,他倒头便睡,连续睡了 13 小时。特里普苏醒时,医学专家、亲人和朋友们都感到,他的思维、记忆及一切感觉全部正常。

1965 年,来自圣迭戈的 17 岁少年兰迪·加德纳,再创了 264 小时不眠的新纪录。在最后一夜的凌晨 3 点,美国研究睡眠的专家威廉·德门特,与加德纳进行了一场篮球比赛。结果,年轻气盛的加德纳胜了。看来,他的运动功能和身体功能没有受到不眠的损害。在创造不眠新纪录后,加德纳举行了记者招待会,幽默而风趣地回答了人们的提问。招待会结束后,他到美国海军圣迭戈睡眠实验室睡觉,在那里美美地睡了 10 小时 40 分钟。醒来时,他感到精力非常充沛。整个实验始终未观察到异常现象。

2004年1月,英国广播公司(BBC)4频道举办了一场“不睡觉大赛”,共有10名选手参加。比赛开始后,参赛者必须坐在电视台演播室的凳子上一动不动,互相之间也不能随意交谈。每天晚上,参赛者还得接受各种测试。第一天晚上,节目主持人发给每人一盘大约数百粒豌豆让他们数,看谁数得更准确。第二天晚上的测试是削土豆皮。第三天晚上是请牛津大学的一位教授上数学课,并完成习题。比赛进行了近60个小时后,大多数参赛者都已睡眼蒙眬了。最后,19岁的英国女孩克莱尔坚持7天多共178小时不睡眠,夺得了比赛冠军。

尽管上述不眠试验取得了弥足珍贵的成果,但专家们对人体不眠极限的探索仍然余兴不减。不过,进一步做人体试验毕竟危险性太大,所以只能借助于动物试验了。

那么,睡眠的作用到底何在呢?近年来,芝加哥大学的睡眠研究专家进行了引人注目的大鼠实验。他们成功地剥夺了实验动物的睡眠,使之在经历了两三个星期的不眠后一命呜呼。进一步的研究表明,长时间的不眠扰乱了大鼠负责体温调节的脑细胞的活动,实验动物因无法保持恒定的体温和体内热量的过度丧失而夭亡了。

人体睡眠的真实作用是否就在于此呢?除此之外,睡眠还有没有其他作用?这至今仍是个不解之谜。

梦之谜

梦始终是人们生活的一部分。生理学家认为,没有一个人从来不做梦。对于一个古稀老人来说,他至少有5年时间是在梦中度过的。然而,人们至今还没有完全弄明白:人为什么要做梦?梦究竟意味着什么?在生理学家和心理学家的努力探索下,梦之谜正在逐渐被揭开。

美国精神病专家费希尔说过:“梦是正常的精神病。做梦允许每个人在自己生活的每个夜晚都能安静地和安全地发疯。”那么,人们每晚究竟要花多少时间去“发疯”呢?现已发现,入睡者大约每隔90分钟做一次梦。起初梦的时间较长,后来时间缩短了,熟睡后便很少做梦。每个人每夜通常有2个小时的梦境。每次做梦平均约10分钟,有些可持续20~35分钟。据记载,到目前为止最长的梦境是2小时33分钟,这是1967年2月15日,一个叫卡士加登的美国人在芝加哥伊利诺伊大学的测试中创下的。

人为什么做梦呢?人的大脑约有140亿个神经细胞,入睡以后它们并非个个“安分守己”地处于抑制状态。在浅睡时,有些神经细胞可能会“自行其是”,并接受内外环境的影响而兴奋起来。这时,梦便应运而生了。因为做梦时只有一部分脑细胞在活动,所以梦境往往不合情理。比如,高尔基曾梦见过两只没人穿的靴子在走路。

外界的刺激会引起做梦。人睡着后阳光照在脸上,可能会梦见熊熊大火;双足露出热被窝,可能会梦见自己在雪地上奔跑;被蚊子叮了一口,可能会梦见自己被刺了一剑。有时候相同的刺激会引发不同的梦。法国学者莫里经常看书看得疲惫不堪,一次他在蒙眬中梦见自己正在读书,看着书上密密麻麻的蝇头小字,感到非常吃力;而另一次他却梦见自己正在帮着母亲拣芝麻。

身体内部的刺激也会引起做梦。正在发育的人可能会梦见自己正在空中飞行。有位气喘病人说,他呼吸通畅后也会做飞行的梦。如果睡着后膀胱胀满了,他就可能在梦中到处找厕所。

"日有所思,夜有所梦"。学生会梦见老师和考试;律师会梦见法庭、法官和罪犯;医生会梦见手术室、医院的走廊和穿白大衣的护士。人们白天的思虑或愿望,有时就会在梦中出现。有人祈求购得一套理想的住房,就可能梦见自己不再蜗居,正在喜气洋洋地乔迁新居。我国南宋爱国诗人陆游盼望能为国家守卫边疆,便出现了"铁马冰河入梦来"的情景。

为什么人们常在梦中又跑又跳,却通常不会从床上摔下来呢?因为这时大脑主管运动的部位很兴奋,但是它与四肢等身体其他部位的联系却被切断了,因而人们无法将梦境"付诸行动"。

为什么人们在醒来后往往记不住自己做过的梦呢?一般,人一觉醒来会忘记梦中的大部分或全部内容。据分析,这可能是因为新做的梦会干扰前面做过的梦,所以醒来后最多只能记住最后一个梦;也可能是因为睡梦中,大脑负责记忆的部位是不活跃的;还可能是因为做梦者会无意识地抑制引起焦虑的梦境。

大自然为什么要让人做梦呢?做梦对人有什么好处?对此,心理学家们众说纷纭。有的认为,梦的主要作用是捍卫睡眠,将外界的声响整合入梦以后,人就不大容易被惊醒了。有的主张,做梦时大脑会把记忆材料进行归纳和整理,因而能强化记忆。也有的觉得,做梦对未来有提示作用,此时大脑"一门心思"进行重大问题的思考,并把思考的结果幻化成梦,提请做梦者注意。还有的认为,梦是潜意识的反应,通过对梦的分析可以了解潜伏在人心最底层的本能需要。

夜游神

梦游——睡眠中的无意识行为,是那么神秘和离奇,使人感到不可思议。古今中外许多学者都把梦游者称为"夜游神"。

2005 年 6 月 25 日凌晨,伦敦南部郊区达尔维奇镇警局接到举报,称有个女孩蜷缩在附近一建筑工地几十米高的塔吊上,她可能想自杀。警方和消防队闻风而动,赶往现场。然而,当一名消防队员小心翼翼地爬到那女孩身边时,却发现她睡得正香。最后,警方用液压升降机把女孩接了下来。事后,有关方面才知道,原来,这名15岁的女孩是个梦游者。当天她入睡后梦游,不知不觉来到建筑工地,又一步一步爬上塔吊,走过一段狭窄的吊臂后在中间睡着了。

其实,梦游者并不少见。18世纪法国著名作家伏尔泰有位朋友,也是个梦游者。这是伏尔泰偶然发现的。一天晚上,伏尔泰经过这位朋友的住所,顺便去看看他。开门的仆人说:"主人已安睡了。"可是床上空空如也,四处寻访也未见主人的踪影。此后,伏尔泰就留神观察这位朋友的"夜游行动"。他在笔记中写道:"有一次,我尾随着他整整两个半小时。他先从平时不大出入的后花园小门走出去,并沿着后门外的小溪兜了一个圈子,从一座平时不大走的小木桥过小溪,进入树林。他在树林中随意地兜圈子,有几次头碰到了树枝,他就后退几步,重新换个方向走。还有几次他被石头和树根绊倒了,他就很快地爬起来继续前进。他在树丛中足足兜了近两个小时的圈子,之后沿着原路回去。他从半掩着的后院小门'溜'进了自己的屋子,并以轻快的步伐在客厅里跳了一会儿小步舞,然后就上楼回到自己的卧室。他若无其事地脱下外衣,解下领带,再换上睡衣上床睡觉,所有的动作都是干净利落的。"

梦游究竟是怎么回事呢?原来,一个人做梦时,大脑同清醒的时候一样,仍然会向肌肉发号施令。比如,梦见失火时,大脑会命令双腿快跑。不过,在正常情况下肌肉是接不到这一命令的。所以,要不是被噩梦惊醒,做梦者仍然好端端地躺在床上。要是一个人的脑功能出现了异常变化,大脑的命令顺利地传到了肌肉,就会将梦境变成现实,出现身体力行的梦游现象。研究表明,绝大多数梦游发生在半睡半醒状态,这时并没有做梦。因而确切地说,这不是梦游,而是"睡行"。

梦游者的举动各不相同。奥地利维也纳有一位家庭主妇会在睡眠中去一家日夜商店购买东西。令人不解的是,这位平时购物很有分寸的妇女,在梦游中却会大手大脚地买东西。英国的一位农民会在睡眠中,把兽医请到家里给牛治病。美国一位服装商在梦游中,会爬上一百几十级弯弯曲曲的台阶,到河边去钓鱼。

更离奇的要数秘鲁的马他尼城了。该城有一万名居民,每到深夜街上便显得特别热闹:有许多人走来走去,有的在跳舞,有的在尽情表演。其中,有不少是身穿睡衣的梦游者。为此,这座城市便被称为"梦游城"。据分析,这可能与遗传方面的因素有关,因为瑞士科学家已经发现了一种与梦游有关的基因。

梦游是一种非常奇特的生理和心理现象。它与情绪障碍无关,也不是严重的病态。梦游是怎么发生的,至今仍是个未解之谜。

人体百态

电子人

对于英国雷丁大学的控制论专家凯文·沃里克教授来说,1998 年 8 月 24 日是个不寻常的日子。因为这一天,一块芯片成功地植入了他左手臂的皮肤里。这块芯片将沃里克的活动信息通过无线电波,传送给大学办公大楼上的一组天线,天线再把接收到的信号传给计算机。于是,计算机便能监控沃里克在办公大楼里的一举一动了。每天上午沃里克走进办公大楼的大门时,受计算机控制的音箱会对他说:“您好!”当他步入实验室时,计算机会为他开门,并把灯打开。

沃里克并未就此止步,他打算几年后再植入另一块芯片,这块芯片将与自己的神经系统联系起来,使自己真正变身为“电子人”。如果此举获得成功,他将坚定地迈出第三步:将另一块同样的芯片,植入他妻子艾莉纳的手臂。到那时,他们将成为举世无双的“电子人”夫妻。这对“电子人”夫妻将心心相印:沃里克兴高采烈时,相应的神经信号会通过芯片传给计算机,计算机借助植入艾莉纳手臂的芯片,会立即把此信号传给这位女性“电子人”,于是艾莉纳便心领神会,情绪热烈起来。那时,他俩确确实实知己知彼,无须言语沟通,也无须动作和情感交流,便能心有灵犀了。

美国纽约州布法罗市的小伙子杰奥,也成了举世瞩目的“电子人”。2003 年 9 月 4 日,他在纽约州图书馆与布法罗医学院大脑与心理研究所研究员科蒙不期而遇。科蒙正在从事一项电脑与人脑关系的前沿研究,打算将一台最先进的超微电脑放在人的颅内,进行记忆强化实验。杰奥觉得十分新奇,便成了这个奇异实验的对象。

几天以后,由科蒙主刀的开颅手术揭开了序幕。通过一场扣人心弦的高科技实验,科蒙将一台世界领先的超微电脑植入了杰奥的大脑中。就这样,杰奥的大脑成了绝妙的“人脑与电脑的融合体”,他成了名副其实的“电子人”。

10 月 20 日,杰奥戴着帽子参加了朋友的家庭舞会。中间休息时,与会者兴致勃勃地举行了一场“看谁记性好”的游戏。杰奥非凡的识记能力让人钦佩不已。根据一位记忆专家的提议,杰奥采用了世界公认的衡量记忆力的方法:背诵圆周率,来测试自己的记忆力。在电脑前,他沉思片刻后,指尖开始在键盘上飞舞:3. 1415926……10 分钟过去了,他已打了 2348 个数字;20 分钟过去了,他已经打了 5032 个数字。核对结果,错误率仅为

0.8%。毫无疑问,“电子人”杰奥已成了不可思议的记忆奇才。

2004年5月,美国脑科学界认定,这项实验的成功是当今人类记忆研究的重大成果。不言而喻,它也将成为“电子人”研究的重大成果。

虚拟人

2003年2月,我国首例女性虚拟人问世了。这标志着中国在世界虚拟人研究方面迈出了一大步。

何谓虚拟人？虚拟人并非真人,而是根据真人的结构和组织在电脑里合成的三维数字化人体。先要选取一具尸体,将它切成非常薄的片。每切一次,都要利用数码相机和扫描仪对切面进行拍照、扫描,然后将数据输入电脑。待整个人被切完,此人完整的电脑数据也就形成了。最后,通过电脑将这些数据合成,便可塑造出栩栩如生的三维人体。

我国是2001年11月正式启动虚拟人研究的。女性虚拟人的研制成功,表明我国这方面的研究已处于国际领先地位。这是因为我国采集首位女性虚拟人数据时,获得了8556个切片,片层间距仅0.2毫米,而此前美国公布的采样时的女性虚拟人片层间距离为0.33毫米。其次,我国采样时采取了站立姿势,保持了人的真实自然形态,而美国虚拟人是平躺着采样的,失真度较高。最后,我国虚拟人采样时的被采样者年仅19岁,各器官正常且呈现充分,而美国虚拟人采样时的被采样者已59岁,一些器官特别是较有医学研究价值的女性生殖器官已萎缩。

人们也许会问:研究虚拟人有什么作用和意义呢？首先,虚拟人可以有助于实现人体解剖信息的数字化,人们能以三维形式,看清楚人体数千个解剖结构的大小、形状、位置以及器官间的相互空间关系。这将使基于尸体解剖的实验解剖学发生巨大的变革,给相关领域尤其是提高人体整体医疗水平方面带来深远的影响。比如,借助虚拟人,研究者的视线便可以“长驱直入”,深入人体内部,亲眼目睹面对疾病和伤害时不同人体器官的反应程序,清楚地看到它们是如何独自或共同应对药物作用的。

虚拟人在军事、航天、交通、体育和影视制作等方面,也将有着广泛的应用前景。它将在武器威力的研究上大显身手。比如,可以用虚拟人来试验核武器、化学武器和生物武器的威力。

虚拟人虽非血肉之躯,但会像真人那样对外界刺激做出反应。它的骨头会断,血管会出血。在做汽车碰撞试验时,它可以提供人体意外创伤的数据,为人们改进汽车的安全防护体系助一臂之力。

在太空探索中,虚拟人也将大有用武之地。虚拟航天员不需要食物、氧气和水,也用不着安身之处，却能成为航天员的忠实助手。

在体育运动中，虚拟人的作用也不容小觑。借助虚拟人研究体坛冠军在力量爆发的瞬间各肌肉和骨骼的状态，教练员就可以更好地训练运动员，让他们在比赛中取得优异成绩。

克隆人

近年来有关克隆人的消息频频传出，在世界上掀起了一阵又一阵轩然大波。

1998年新年伊始，美国年近古稀的物理学家理查德·锡德公布了一个大胆的克隆人计划：他将率领一个研究小组在3个月内大张旗鼓地展开克隆人研究，并在18个月内成功地培育出第一个克隆人；随后，每年他将在美国克隆500人，几年后，全世界每年诞生的克隆人总数将达到20万……

更加令人震惊的是2002年4月5日，意大利妇科医生塞维里诺·安蒂诺里，在阿拉伯联合酋长国阿布扎比的一个学术会议上宣布的一条消息：他正在进行一个克隆人的计划，有5000对夫妇参加了这一计划，目前一名妇女已经怀有八个星期的身孕，如果她能成功地生下腹中胎儿的话，那么这个新生儿就将是人类历史上第一名克隆人。

克隆人是怎么回事？生物有两种繁殖方式：经过雌雄两性生殖细胞的结合产生后代，叫有性繁殖；不经过两性生殖细胞结合的，是无性繁殖。克隆就是无性繁殖，或者通过无性繁殖产生一群一模一样的生物。

克隆人是怎么产生的呢？如果科学家要为不育夫妇克隆孩子，那么他首先得从丈夫身上取出一个没有繁殖功能的体细胞，把这个细胞的细胞核分离出来；接着，从妻子身上取出未受精的卵细胞，将这个卵细胞的细胞核去掉，换上从丈夫体细胞中分离出来的细胞核；然后，使这个已经“调包”的卵细胞发育成人体胚胎；最后，把胚胎移植到妻子的子宫内，使之进行正常的胚胎发育，直至“瓜熟蒂落”，婴儿呱呱坠地。因为婴儿的遗传物质完全来自父亲，所以他只是父亲的“复制品”。当然，用妻子的体细胞进行克隆，也是可以的。

克隆人会与遗传物质的提供者一模一样吗？要知道，科学家不可能百分之百地“克隆”人。因为人的意识、个性、脾气和感情等主要是在社会经历中形成的。可以设想，如果克隆出一个爱因斯坦，把他放在人烟稀少的山沟里，使他受不到教育，没有学习和发展智力的机会，那么，他肯定成不了科学家。

按目前的技术水平，克隆人胚胎流产或畸变的比例很高：近年来克隆动物的成功率就很低。就拿举世闻名的克隆羊多利来说吧，科学家在克隆过程中共用了277个卵细胞,仅获得 13 个胚胎,最后只克隆出 1 个多利。因而,许多科学家认为,即使参加克隆人计划的妇女已有了身孕,到时候她也未必能成功地生下克隆人。

科学家为什么要"克隆"人呢?真的有必要大张旗鼓地去搞人的复制吗?主张"克隆"人的科学家认为,这样可以为不育夫妇拥有后代创造条件。然而,为什么一定要用这样的方式呢?须知,由此会带来一系列问题:用丈夫或妻子的体细胞克隆出来的婴儿,究竟是丈夫或妻子自己,还是他或她的弟妹或后代?他在家庭里和社会上是什么角色?如果出现了克隆人,那么,他的家庭关系和人际关系就会变得一团糟。

也有人把培养出色人才、造福社会,作为克隆人的理由。然而,克隆人只是人体的复制品,要是克隆人不断涌现,就会使人的多样性丧失,这对人类的发展是不利的。如果普天下的芸芸众生都成了克隆人,很可能一种病毒就会使全人类遭到灭顶之灾。

如今,绝大多数科学家都在谴责克隆人计划。许多国家的政府也已明确宣布:不准"克隆"人,违者将受到法律的制裁。

外星人

到底有没有外星人,成了魅力无限的千古话题。在关于外星人题材的科幻小说和影视巨片中,这类"地球外的智慧生物"常被描绘成:拥有一个巨大的脑袋;一张肉嘴周围有一簇长长的触须,排成两束,像手一样,靠它们的进退来行动;他们无性别之分,靠出芽生殖,以吸取其他动物的鲜血为生……然而,谁也没有见过外星人,无人知晓此类智慧生物的庐山真面目。

随着太空时代的到来,对地球外文明的探索正方兴未艾,人们对外星人的兴趣也日益高涨。

在离地球最近的星球一月亮上有没有生命,特别是有没有智慧生物呢?自 1969 年起,美国和苏联的 10 多名宇航员先后在月球上着陆并采集月面物质样品。所有的分析结果都表明:月球十分干燥,毫无水的痕迹。由此看来,月球是一个没有生命的死寂世界。

长期以来,人们曾经猜想,火星很可能像地球一样,也是一个"生命的乐园"。在探索过程中,最富有戏剧性的要数发现火星"运河"了。1877 年,一位意大利天文学家用望远镜发现,火星上好像有许多细长的暗线,把一些宽广的暗区连了起来。他用意大利语把这些暗线称为"水道",谁知译成英语时却被误译成了"运河"。这些"运河"是谁挖的呢?这无疑是火星上智慧生物的杰作。然而,1964 年、1969—1971 年,美国四艘火星探测器相继飞往火星。它们拍摄的照片表明:火星上并没有运河。1975 年,美国发射了两艘新的火星探测器，它们的着陆器先后降落到火星表面。科学家反复分析采集到的火星土壤样品，都未找到有机化合物。火星土壤中既然连有机化合物都不存在，怎么会有生命呢？

在太阳系八大行星中，除地球和火星外，水星白天太热夜间太冷，金星太热，木星、土星、天王星和海王星太冷，都不适宜生命存在。

但是，在茫茫宇宙中，太阳系只是沧海一粟。太阳系以外有没有生命呢？众所周知，太阳和许许多多恒星一起组成了银河系。如果一颗恒星周围有一些行星绕着它转动，那么据估计，银河系中有2800亿个行星系统，其中有生命的行星6亿颗，有丰富多彩的陆地生命的行星4.16亿颗，目前存在着技术文明的行星大约是100万颗。

为了寻找这些远处的外星人，科学家们采取了实际行动。1960年，美国天文学家德雷克在西弗吉尼亚州的绿岸天文台，开始实施一项名为"奥兹玛"的监听外星人信号的计划。他聚精会神地工作了3个多月。遗憾的是，最后没有取得任何肯定的结果。

然而，人们并没有放弃主动与外星人联络的举动。1997年，欧洲太空署发起并组织了"给外星人写信"的活动。时任美国总统的克林顿也来凑热闹，给外星人写了一封颇具特色的信。两年后，人们借助设在乌克兰的叶夫帕托里亚天文台发出了5万封地球人的信。2001年3月和2003年7月，在叶夫帕托里亚天文台先后举行了两场献给外星听众的音乐会。在精彩绝伦的音乐会上，电子琴演奏家大显身手，演奏了一些经典的音乐作品。2009年8月，澳大利亚国家科学周隆重推出了一项"向外星人发送短信息"的活动，名为"来自地球的问候"。活动结束时已有澳大利亚、美国和中国等200多个国家和地区的25876人写下了激情洋溢的短信。这些短信息是由堪培拉深空通讯综合设施发出的，预计要到2029年才能到达目的地。'

尽管人们至今还没收到外星人的回音，但也许有那么一天，这些努力和尝试会给人们带来意外的惊喜。

然而，机遇和风险同在。英国著名物理学家斯蒂芬·霍金在一部2010年播出的纪录片中说，外星人存在的可能性很大，但人类不应主动寻找他们，而应尽一切努力避免与之接触。这位科学巨人认为：外星生命极有可能以微生物或初级生物的形式存在，但不能排除能威胁人类的智能生物的存在，而他们可能会将地球资源洗劫一空，然后扬长而去。所以，人类主动寻求与他们接触，未免太冒险。

试管婴儿

1978年7月25日，一个普普通通而又意义非凡的婴儿呱呱坠地了。她名叫路易斯·布朗，是世界上第一个试管婴儿。她的诞生，标志着人类的生育技术进入了一个新时代。

从事这个试管婴儿培育工作的,是英国奥德海姆医院的妇科医生帕特里克·斯特普托和剑桥大学的生理学家罗伯特·爱德华。从1966年起,他俩一直在从事不育替代疗法研究。

路易斯·布朗的母亲莱斯利·布朗和父亲约翰·布朗,来自英国的布里斯托,夫妇俩结婚9年一直没有怀孕。原来,莱斯利的输卵管被堵塞了,卵巢里排出的卵细胞无法经过输卵管进入子宫。他俩四处求医,却治愈无望。1976年,夫妇俩鼓起勇气,向斯特普托和爱德华求助。

1977年11月10日,莱斯利接受了人工授精实验。斯特普托借助一根纤长的腹腔镜,从莱斯利的卵巢内取出一个成熟的卵细胞,然后将之交给爱德华。后者在实验室的培养皿中,将莱斯利的卵细胞和约翰的精子混合起来。在确认卵细胞已受精后,爱德华将受精卵放在一种特制的溶液中。两天半以后,这两位试管授精技术的先驱者,便将胚胎移植到莱斯利的子宫里。整个怀孕期间,斯特普托对莱斯利进行了严密的观察。在离预产期只有9天时,莱斯利出现了妊娠高血压,斯特普托决定通过剖腹产提前取出婴儿。

1978年7月25日深夜11时47分,一个女婴降临人间。这个女婴便是揭开人类辅助生育时代序幕的路易斯·布朗。但是,直至路易斯降生,整个医学界乃至全世界仍在观望,人们在猜测,在怀疑:世上第一个试管婴儿会不会是畸形儿,或是有基因缺陷的,或是不像人而像个怪物。然而,路易斯有一头金黄色的秀发,一双清澈的蓝眼睛,粉扑扑的她哭声格外洪亮。事实表明,路易斯是个健康的婴儿。

当年大多数人不曾想到,路易斯的出世后来被作为20世纪的大事载入历史。令当年许多人更难想象的是,30多年后,试管婴儿竟然成了人间寻常事。据监督辅助生殖技术国际委员会2006年6月发表的报告,随着试管授精技术的日益完善,全世界通过这一方式出生的婴儿已超过300万名。欧盟2003年公布的跟踪调查报告显示,这些试管婴儿和正常出生的孩子一样健康,在身体、智力、心理发育以及家庭关系和社交能力等方面都很正常。

这里,不妨回过头来看看布朗夫妇一家。1982年,布朗夫妇再次借助试管授精技术,又添了个女儿纳塔莉。1999年,纳塔莉自然受孕成功,生下了一个可爱的女孩,并因此成了世上第一位"试管婴儿母亲"。纳塔莉那位名扬天下的姐姐,也过着正常人的生活。路易斯在船运公司工作,任行政助理。2004. 年9月4日,她与时年34岁的安保部门官员韦斯利·姆林德喜结连理。爱德华应邀出席了他俩的婚礼。路易斯和姆林德是在布里斯托的一间酒吧不期而遇,然后双双坠入爱河的。2007年1月12日,路易斯终于如愿以偿:自然受孕生下了一个健康的男婴。如今,他们一家三口过着幸福而甜蜜的生活。

异食癖

何谓异食癖？这是指爱吃某些一般不宜吃的东西(如泥土、石头和玻璃等)的一种症状。古今中外,异食癖者并不少见。

我国南宋时有个叫刘邕的人,特别爱吃疮痂,自己生了疮,不等痂落,就剥下来吃掉。左邻右舍,只要有人生疮,他就登门求痂,以便一饱口福。他还得意扬扬地赞美疮痂的味道比鲍鱼还鲜美。明嘉靖万历年间,蕲州的皇族富顺王的孙子也有这类怪癖。他不吃山珍海味,却偏爱吃蜡烛油,并以此充饥,令人百思不得其解。

扬州有个中年人,对骨头有特殊的嗜好。吃饭时,他抓起两三斤重的蹄髓,啃完皮肉后又轻而易举地咬碎骨头,一起吞下肚去。此人嗜骨如命,不吃骨头会感到全身不舒服。他曾与人打赌,一口气嚼食了1千克鹅爪子,并统统吞入肚中。一条250克重的活黄鳝或鲫鱼放进嘴里,他也能囫囵吞下,一点不觉得难受。

世界上还有喜食青草的人呢。四川巫山县官渡乡农民龚清孝,27岁时突然食性大变,爱上了青草,而且每天要吃上一大把,不吃会感到浑身难受。他出远门时,怕他乡一时找不到青草,还得特地带上一捆作“干粮”。

你知道爱吃纸和衣服的人吗？澳大利亚的一位妇女,从20岁开始嗜好吃纸,每天都要吃一些纸。起初她只吃吸墨纸,后来无论什么纸都吃。她在结婚后曾想戒掉吃纸的习惯,谁知“本性难移”,她的吃纸量越来越大,每天都要吃掉几大张纸。艾玛是美国华盛顿的一位中年妇女,她特别爱吃衣服。这位妇女见到漂亮的衣服,特别是比较厚的外套便垂涎三尺。当然,最合她口味的,还是自己丈夫的衣服。她的丈夫开始对衣服经常失踪感到非常奇怪,后来才知道是妻子吃掉了。

世上爱吃泥土的也大有人在。山西闻喜县有些妇女爱吃黄土。陕西渭北乾县有些育龄妇女喜欢吃红黏土。这些妇女一人每天吃土100~300克,也有一天吃500多克的。她们吃的土中不掺粮食,不用烹调,晾干了就吃。据说,她们觉得这些土吃起来香酥可口,味道很好。

石头也成了一些人的美味食品。在日本,有人在米饭里掺滑石粉和石膏。大洋洲的巴布亚人把几种岩石当作食品。我国辽宁阜新市的一个农妇,每天要吃500克左右石头,并且一吃就是20多年。每次吃石头时,她总是吃得津津有味,仿佛在品尝美味佳肴。

大千世界,竟然还有吃玻璃甚至日光灯管的人。广东连平县一位身体壮实的中年人就是这类奇人。一次,他和朋友一起喝茶聊天。突然,此人感到头部剧痛,两眼发黑。他顺手拿起桌上的玻璃杯,放在嘴里一阵咀嚼。不一会儿,在朋友惊异的目光下,他便把玻璃杯咬碎吞入了肚里。重庆郊区的一位男子也是个怪人。一天,他误食了日光灯管,感到十分舒服。此后他便一发不可收拾,不吃日光灯管,就浑身上下不舒服。

异食癖对人体有害吗?是的。异食癖的主要危害在于它所引起的并发症。例如,吞食泥灰会导致铅中毒;吞食污物会引发肠道寄生虫病;吞食黏土会阻碍营养物质的吸收,引起高血钾和慢性肾功能衰竭;吞食石头或衣服碎片,会造成肠梗阻和食物中毒。危害性的大小,与被吞食物质的类型和数量有关。目前还缺乏对症治疗的有效方法。

为什么会出现异食癖呢?有些医学家认为,这是体内缺乏铁、锌等微量元素的缘故。铁是构成血红蛋白、肌红蛋白的必要成分。人体缺铁时,会影响血红蛋白的生成,产生缺铁性贫血。除贫血外,缺铁还会影响智力发育,引起行为改变,使极少数人出现异食癖。锌是人体许多酶的重要组成成分。儿童缺锌会影响身高,极少数人就会出现异食癖。

也有些医学家提出,异食癖的出现与肠道寄生虫有关,比如钩虫感染。钩虫病患者大多面色萎黄、周身倦怠、消化不良。此外,异食癖便是个别钩虫病患者的典型症状。

目前,越来越多的学者认为,异食癖主要是由心理因素造成的。许多心理学家也认为,异食癖是一种心理失常的强迫行为,往往与家庭忽视和环境不正常有关。但时至今日,人们对于异食癖的成因还只是一知半解,还需进一步研究。

植物人

1999年8月的一天,台湾建筑工人杨富义在工地上因脑溢血突然不省人事。因为送医院的时间延误了,脑中的积血堵住了他的半个大脑。从此以后,他成了不会说话、不会行动、没有知觉的人。医学上把这类人称为“植物人”。

有资料显示,我国每年新增的植物人有近10万,在全世界每年新增的植物人有50多万。美国纽约有位80多岁的神父叫约瑟夫·弗茨格斯,他在医院接受疝气手术时,突然心脏病发作。从此他一直处于昏睡状态,对外界的刺激毫无反应,没有一点意识,完全依靠人工呼吸器等维持生命。

不光是成年人,小孩中也有植物人。我国石家庄市有个小女孩叫谢小丽,一岁零三个月时不慎从一米高的炕上跌到地上,头部摔了个小血包。因为伤势不重,父母亲都没在意。可是,两个多月后,她的智力开始衰退,走路经常摔跤。接着,她两眼无神,刚学会讲话的小嘴张不开了,话就更说不清楚了。到了四五岁,谢小丽完全丧失了神智,四肢和全身开始抽搐起来,后来她的全身竟蜷缩成一团,体温逐渐升高,经常在38℃以上。到这时,谢小丽整天双眼紧闭、昏睡不醒。她的吞咽功能也发生了障碍,给她喂一碗稀饭往往需要两个小时,严重时只能通过鼻腔喂食。她的大小便也失禁了。谢小丽成了典型的植物人。

植物人是怎么产生的呢？由人体解剖和生理学可知，正常人体的神经有三大系统：一是主要支配头面部的，叫脑神经；二是主要支配四肢的，叫脊神经；三是支配内脏器官的，叫自主神经，又称植物神经。通常说的植物人，是由于各种原因使前两种神经受到破坏，只有植物神经还在发挥作用，维持着人体的心跳和呼吸等基本生命活动。

关于植物人形成的原因，医学家和生理学家的意见还没有统一。不过，大多数学者认为，这是大脑和大脑下方的脑干受到损害造成的。脑炎、头部外伤、头颅内血肿、脑血管畸形、一氧化碳或酒精中毒等，都是形成植物人的原因。

脑部缺氧也会使正常人变成植物人。通常在常温常压下，人体脑耐受缺氧的时间不能超过三四分钟。我国台北一名妇女怀了双胞胎。她在怀孕初期患了妊娠毒血症，医生建议她早点剖腹生产。但家人为了选择黄道吉日延迟了剖腹产。在黄道吉日的前一天，这名妇女突然呼吸困难，送往医院抢救时，其脑部已严重缺氧，最后因急救无效成了植物人。一对双胞胎女儿受到母亲脑部缺氧的影响，一名产下后不久即夭折，另一名也成了植物人。

在判断植物人的标准上，科学家的意见也不一致。现今大多数人认为，没有意识、没有表情、失去自我控制能力、不会说话、不能理解旁人的言语、大小便不能自理，持续一段时间的，可以看作植物人。

法国心理学家、医学家戴安娜·索美露，因严重的静脉血管疾病突发昏迷，丧失了包括视听在内的所有感官功能，陷入植物人状态达47天。在此之后，她又奇迹般地苏醒了过来。这位学者根据自己的切身体验，凭借拥有的心理学和医学知识，写下了一本名扬法兰西的畅销书。她在书中提出，植物人是“介于传统生死概念之间的一种由人体无意识因素支撑的生命状态”，通过这种“人体无意识因素”，植物人能感受到周围发生的一切，如亲属痛哭、医生们在议论等。

2010年2月3日，美国《新英格兰医学杂志》周刊网站上披露了英国和比利时科学家的一项研究成果。这些科学家发现，一些植物人看上去已失去意识，实际上他们能听懂甚至回答简单的问题，只是“心声”深锁于躯体，无法表达。只要通过脑部扫描仪，他们就可以与外界交流了。

有关植物人的研究还在继续进行着。人们期待着能早日揭开植物人之谜，使越来越多的植物人拥有光明的未来。

无痛人

20 世纪 30 年代,一个奇特的病人出现在布拉格的唐鲍博士的面前。唐鲍博士打量着这个 53 岁的求医者,此人瘦骨嶙峋,弯腰弓背,步履蹒跚,与常人截然不同的遭遇使他过早地衰老了。病人自述:从出生时就不知道疼痛,从小跌打损伤、火烧水烫,从没喊过一声痛。长大后成了一名水手,走南闯北,什么苦头都吃过,还是不知道疼痛是什么滋味。无数次外伤流血,在他的肉体上留下了累累疤痕。唐鲍博士半信半疑地听完了这带有传奇色彩的病史,开始为病人检查身体。检查结果使唐鲍博士大为惊讶:无论是锐利的刺痛,还是重重地敲打,病人果然一点也不感到疼痛。唐鲍博士以"先天性痛觉缺失症"为题,第一个报告了这种罕见的怪病,并把这种病人称为无痛人。这个报告引起了医学界的关注和兴趣。此后,全世界共发现了几十个这样的无痛人。

英国的沃森夫妇生有一儿一女,儿子保罗比他的妹妹维多利加大一岁半。兄妹俩生来就不知疼痛,整天喜笑颜开。15 个月的时候,保罗从婴儿床上跌了下来,手臂肿了起来。因为保罗没有哭,医生以为他没有受伤。谁知几天以后,沃森发现儿子跌伤的手臂骨头露了出来,这才把他送进了医院。保罗曾经被烧伤、烫伤、撞伤,甚至手臂折断,但是他从来没有吸取过教训。因为他觉得肉体损伤是十分有趣的。保罗的父母只能寸步不离地跟着这孩子,原因是显而易见的,因为一不留神,保罗就会做出足以致命的危险举动,而他自己却一无所知。一次保罗在地毯上爬来爬去,体重 100 多千克的沃森不小心踩在儿子的身上。保罗不但没有哭,反而放声大笑,似乎被踩是一件非常好玩的事。紧接着,他迷上了一项游戏:把头往墙上或家具上撞。由于他不觉得痛,每次撞完后会开心地大笑,所以一直撞到两眼发黑才罢休。维多利加在不知疼痛上,一点也不亚于她的哥哥保罗。沃森夫妇最头痛的莫过于怎样教这对小兄妹知道什么是危险了。因为对这两个没有痛感的孩子来说,体罚是毫无用处的。

据报道,我国有 10 多个无痛人。我国南方有个叫金晨的女孩子,常咬破自己的舌头和手指,尽管鲜血淋漓,却毫无痛感。她曾经喝下刚倒出来的开水,舌头被烫得起泡,她却从容地把皮撕下来。湖北九岁女孩小晶,把小脚伸进了车轮的钢丝圈里,"咔嚓"一声,腿被拧断了。可是,她从接骨、上夹板直至痊愈,始终没有哭过,因为她根本没感到痛楚。湖南有个无痛感男孩,名叫阳圣球。他三岁那年冬天,姐姐带他到火炕边取暖。谁知小圣球竟把小脚伸进了火炕,等到姐姐发现时他的鞋、袜已被烧焦,还烧到了脚上。这次烧伤使他的左脚大拇指萎缩,造成了轻度残疾。

为什么无痛人不会感到痛呢？这里,不妨从疼痛谈起。疼痛是一种重要的感觉。每个人几乎都遭受过疼痛的折磨。一个人从头到脚，里里外外都可能会产生疼痛。疼痛往往是身体某一部位受到伤害的信号。通常，当人体受到酸、碱、高温、低温、电流、机械暴力等刺激，或内脏痉挛、神经受到肿瘤的压迫时，都会引起疼痛。原来，人体的许多部位都密布着一些游离神经末梢，这就是痛觉感受器。这类感受器受到上述刺激后会产生冲动，由感觉神经经过脊髓到达大脑，从而产生痛觉。

好端端的一个人为什么会失去痛觉呢？最初人们怀疑无痛人是否还有痛觉感受器，以及痛觉冲动的传导路径是否畅通无阻。然而，检查的结果表明，他们从游离神经末梢到大脑皮质为止的整个组织都是正常的。无痛人的冷、热、触觉都完全正常。

那么，为什么大脑会对如此重要的痛觉冲动"无动于衷"呢？科学家经研究后认为，人脑中存在一种叫内啡肽的物质，它与吗啡差不多，有强烈的镇痛作用。现已查明，无痛人脑中内啡肽的含量比常人多3~5倍，传到大脑的痛觉冲动被超量的内啡肽的镇痛作用掩盖住了。就这样，人失去痛觉，成了无痛人。

联体人

2005年8月24日早晨，一位来自浙江台州的妇女，在上海复旦大学附属妇产科医院，剖腹产下了一对与众不同的女婴。这对女婴的体重只不过4380克。引人注目的是，她俩的胸部、腹部和盆腔等部位连在了一起。这是一对联体女婴。

联体人是怎么回事呢？自古以来，这一直是人们瞩目的对象。在一些人的眼里，连体婴儿简直成了怪物。迷信思想严重的人，还把联体人的出现看成是"家族的不幸，大难临头的预兆"。

其实，这是胚胎发育上的错误。通常，一个妇女每月只排出一个成熟的卵子。这个卵子与一个精子结合，形成了受精卵，由这个受精卵发育成一个胎儿。可是，有的妇女却一次排出两个或更多的卵子，要是它们刚巧都与精子结合，就会出现双胞胎或多胞胎。有的时候，一个受精卵也会发育成两个或更多个胎儿，或者两个精子钻进了一个卵子，而又分别发育。在这种情况下，如果一对双胞胎在娘胎里没有完全分开，在头部、胸腹部或臀部连了起来，便成了连体胎儿。显然，连体婴儿与天灾人祸是毫不相干的。

一般，联体人的寿命是不长的。然而，这些人中也有少数幸运儿，其中最有名的要数一对暹罗男联体人了。这对联体人因为出生在暹罗（也就是现在的泰国）而得名。他俩顽强地度过了一生，演出了一部部神奇的悲喜剧。

在这对联体人中，一个叫昌吉，一个叫昂吉。他俩胸部的皮，肉、血管和神经紧紧相连，离不开也拆不散，因而从1811年出生到离开人间，只能相随相伴、生死相依。开始几年,父母亲把他们藏了起来。因为按照当地的习惯,这是“不祥之物”,要被处死的。出乎人们意料的是,他们勇敢地活了下来,还学会了干家务活、划船、捕鱼,甚至能够双双戏水,弄潮于江河之中。1827 年,昌吉和昂吉 16 岁那年,一位苏格兰商人发现了他们,用重金购去,把他俩带到美国收费展出。后来,这对联体人用钱赎了身。他们周游了世界好多国家,足迹遍布北美和欧洲。每到一地,他们都在杂技团中“自我展出”。结果,他俩赚了不少钱,购置了一座农庄。1843 年,这对联体人与一位美国牧师的两个女儿喜结连理。他们的婚床,是特制的能睡四个人的大床。两位妻子分别从一而终,一共生了 21 个子女。

有趣的是,兄弟俩尽管胸部相连、血液循环系统相通,双方的性格却截然不同:昂吉善良聪慧,滴酒不沾;昌吉却脾气急躁,态度粗暴,常喋喋不休,而且嗜酒如命。随着时光的流逝,他们之间的关系越来越恶化。后来,两人经常对骂、争吵,还拔拳对打,闹得不可开交。有一次,他们闹得很凶,经法庭调解才平息下来。于是,这对联体人便一再请求外科医生,用手术把他们分开来。但当时没有一位医生敢冒这个风险,为他们施行分离手术。1874 年昌吉得了感冒,不久便引起肺炎,最后不治而亡。昂吉也没能摆脱死神的威胁,两小时以后,他也撒手人寰了。医生们作了尸体解剖,发现这两兄弟的肝脏是连在一起的。应该说,他俩成了罕见的长寿联体人。

在联体人中,美国加利福尼亚州一对叫麦克达的连体姐妹,可以称得上是自强不息的模范了。这对联体人的事迹,已在美国传开',赢得了人们的称赞。

麦克达姐妹俩因为头顶相连,无法昂首阔步地在街上行走。科学家认为,这种头顶相连的连体人是十分罕见的,几千万对双胞胎中只不过一对,而且他们大多中途夭折。令人惊讶的是,麦克达姐妹不仅活了下来,而且身体、智力的发育都十分正常。不过,畸形的身体也给她俩带来了无穷无尽的烦恼。麦克达姐妹想到郊外去旅游,由于行动不便,常使她们的美梦破灭;她们想自由自在地逛大街,又受不了围观者怪异的目光。她俩也曾申请上学,但没有一所学校愿意接受。尽管如此,她们没有放弃努力。老天不负苦心人。一所社区大学给她俩寄来了一本小册子和一份入学申请单。麦克达姐妹高兴极了。她们根据学校的要求,做了认真复习和充分准备。后来,她们如愿以偿,以出色的成绩考上了这所大学,双双成为大学生。入学以后,学校专门为麦克达姐妹俩设计了一些室外活动项目,还选择了特别适合她俩攻读的学习课目。同学们主动为她们排忧解难,向姐妹俩伸出一双双热情的手。老师们自告奋勇地为她们补习基础课,帮助她们提高学习成绩。姐妹俩沉浸在友谊的海洋中。她俩有生以来第一次感到,自己确实成了社会的一员,自信心大为增强,学习的劲头更足了。在同学和老师们的帮助下,她们以惊人的毅力发愤学习,像海绵一样吸取知识的养料。她们就读期间,在学校内外,人们常看到这对联体人悠然漫步的身影。老师和同学都很喜欢这两位学生,这不仅是因为她俩读书用功,还由于她们给大家树立了自强不息的榜样。

也许有人会问,能不能用安全可靠的分离手术,使联体人一分为二,成为两个独立的人呢？回答是肯定的。2003 年 1 月 13 日,美国加利福尼亚大学洛杉矶分校医学院发布消息:两名在该院接受分离手术的危地马拉连头女婴当天出院,这一高难度手术取得了成功。这对连头姐妹是怎样获得新生的呢？首先,在分离手术前两个月,医生们设法扩张和拉伸头部连接处的皮肤。接着便是外科分离阶段:锯开连头女婴的头皮和颅骨,重新整理主要的血管,使之各就各位,回到各自的头颅内,然后在裂口处附上一层叫硬脑膜的软组织。最后,在大约六年后,医生们将使用从姐妹俩颅骨上切下的骨组织,把头部的开口部位封住。现代医学技术正在逐步使这对连头姐妹成为独立人。

换心人

1967 年 12 月 3 日,南非医学博士巴纳德完成了人类历史上第一例心脏移植术。他把一个死者仍在跳动的心脏,移植给一个濒临死亡的心脏病病人,使之成了换心人。消息不胫而走,世界为之轰动。虽然这位病人在术后只活了 18 天,但自那次手术后,40 多年来,已有成千上万名心脏病人由于这种手术而延长了寿命。

据统计,每 10 例接受换心手术的病人中,就有一人会改变性格。克罗塞尔夫人是苏格兰一位年轻的家庭主妇,她文静温和,深居简出,与丈夫感情很好。可是,因心脏病移植了死于非命的男青年麦尼古拉的心脏后,她的性格和行为发生了巨大的变化。麦尼古拉生前专横跋扈,爱吃辛辣食物,好酗酒闹事,到处寻花问柳。克罗塞尔夫人换上麦尼古拉的心脏后,不仅口味变了,举止也截然不同了。她变得粗暴起来,经常整夜不回家,使丈夫大为恼火。

1988 年 5 月,美国康涅狄格州的一家医院为波士顿 47 岁的女戏剧教师克莱尔做了心脏移植手术。器官捐赠者是一名 18 岁的男青年,他在缅因州骑摩托车时因车祸而丧生。克莱尔发现,自换心手术后,一些怪诞的现象便在自己身上出现了。手术后第 3 天,前来采访的记者问她:“现在你最想得到什么?”“我现在非常想要一杯啤酒!”克莱尔不假思索地答道。谁知话一出口,便全场哗然,连她自己也惊奇不已。因为在手术前,她从来不喜欢喝啤酒。克莱尔出院后,凭直觉马上驱车直奔肯德基店去吃炸鸡块,而手术以前她是从不光顾快餐店的。还有一些变化也是克莱尔无法解释的。例如,她原本喜欢粉红,大红和金黄等暖色调,而如今却偏爱绿色和蓝色了。后来,克莱尔才明白:原来,捐赠者生前爱喝啤酒、吃炸鸡块,绿色和蓝色是他最喜欢的颜色。这名捐赠者把自己的心脏连同爱好一起给了她。

最离奇的莫过于美国换心人格兰厄姆的故事了。1995年,美国佐治亚州一家通讯设备厂的经理格兰厄姆因心脏衰竭正在等待心脏移植。不久,已脑死亡的男子科特尔的心脏被移植到格兰厄姆的身上。当时格兰厄姆只知道拯救自己生命的这颗心脏来自一名33岁的南卡罗莱纳州男子,并不知道心脏捐赠者的身份,更不知道此人是饮弹自杀的。第二年,重获健康的格兰厄姆通过美国器官捐赠机构,向心脏捐赠者科特尔的遗孀、28岁的谢丽尔写去了几封感谢信。不可思议的是,移植了科特尔心脏的格兰厄姆,竟然与科特尔的遗孀一见钟情,坠入爱河。2004年,他俩喜结良缘。令人做梦也没想到的是,2008年4月2日,69岁的格兰厄姆竟然步心脏捐赠者科特尔的后尘:开枪自杀身亡。

为什么换心后会出现这些奇怪的现象呢?有人认为,这表明心脏确实有思维和记忆功能。例如,我国科学家王德垄发现,心脏参与了脑的工作,两者互相配合,一起主宰着人的思维活动。美国科学家注意到:心律不齐的人会不知不觉地患大脑疾病,影响记忆和其他复杂的思维过程。现代神经心理学认为,大脑与心脏有着许多神经连接。除大脑之外,在人体的所有内脏中,心脏对情感和思维的影响是首屈一指的。看来,我国古人认为"心之官则思",确实是有一定道理的。

然而,心脏具有思维和记忆的观点,至今仍未获得主流医学界的认可。有些心理学家也指出,换心人的性情变化,有可能是心理暗示的影响,也可能是大病初愈的结果。

白痴学者

奥地利著名作家茨威格在一篇报告文学中谈到,一个乡村神父的养子,智力低下,什么事也学不会,只好在神父家里干一些粗活。神父爱下国际象棋,晚上常与一位警官下棋消遣。傻子无处可去,总是站在一旁,眼巴巴地望着棋盘发呆。一天晚上,神父正在下棋时被人叫去,警官棋兴正浓,望着身旁的傻子开玩笑地说:"你大概想下完这盘棋吧。"不料,傻子居然羞答答地点了一下头。出乎意料的是,这个从未下过国际象棋的傻子,竟然一连赢了几局。神父回家后知道了这件怪事,想证实一下,便不顾劳累马上拉着傻子对弈,结果神父也输得一败涂地。后来,这个有下棋才能的傻子经名师指点,成了当地大名鼎鼎的国际象棋冠军。

科学家把这类在某一方面有特殊才能的傻子,称为"白痴学者"。何谓白痴学者?世界上第一对白痴学者双生子的发现者、精神医学家霍维茨认为,这是"智力低于正常,而在其他心理功能方面有高度发展者"。一般认为,大多数白痴学者智商为35~70,属轻度或中度弱智,是精神发育迟缓者,并非真正的白痴。美国纽约的心理学家希尔对39个国家的9万例精神发育迟缓者做了调查,发现每1万名精神发育迟缓者中大约有6名白痴学者。

现已知道,白痴学者的特殊才能五花八门、异彩纷呈。据粗略统计,白痴学者拥有的特殊才能有300多项。其中,最多的是日期推算和数字计算,其他的依次为音乐才能、绘画才能、雕塑才能,以及查阅词典、弈棋、经商、背诵等才能。年仅十二三岁的王小雨,是我国山东省鱼台县的白痴学者。他目光呆滞,走路不辨东西南北,连简单的数学题"1加2等于多少"也回答不出。夏日炎炎,烈日当空,别人都躲在树荫下,只有他一人坐在阳光下,晒得大汗淋漓也不知躲避。然而,这个没进过小学大门的傻子,却是个象棋高手,有着堪称一绝的棋艺。一次,他与一位银发白须的老人对弈。不一会儿,老者伸向傻子一方的棋子已成"定子",无法动弹;而傻子伸向老者一方的棋子却八面威风,"如入无人之境"。老者下棋十分慎重,每走一步都得思考再三,而傻子下棋却似乎不假思索。老者绞尽脑汁,十几分钟才走上一步棋,而他片刻之间便有了反应,只要稍稍一动,老者便又得花上十几分钟。一旁观战的人耐不住性子,纷纷给老者出谋划策。但毕竟大势已去,老者没挣扎几步,主帅便死定了。这位傻子是1995年开始与成人下棋的。他下棋从未输过,一些乡间老棋王都成了他的手下败将。从此,这个傻乎乎的王小雨就成了当地的棋坛"霸主"。

1979年,帕拉维奇尼出生于英国的贵族家庭。出生后不久,他就双目失明了。后来,此人又患上了自闭症,并伴有严重的语言学习障碍。2008年,29岁的帕拉维奇尼已成了著名的钢琴演奏家。尽管他有认知障碍,缺乏生活自理能力,但是凭借过人的记忆天赋和音乐天赋,无论什么旋律,他只要听过一遍,就能完整地弹奏出来。现今,类似帕拉维奇尼的另类天才在世界上大约有50人,我国著名残疾指挥家舟舟便是其中一人。他出生在愚人节那天,没想到老天果真给他开了个玩笑:出生一个月就被诊断为先天愚型儿。但是,他却有着惊人的音乐天赋和指挥才能。舟舟指挥的交响乐《卡门》等,赢得了雷鸣般的掌声,使众多观众流下了激动的热泪。

上海杨浦区有个白痴学者,4岁时还在牙牙学语,被医生诊断为低能儿。5岁时这个男孩整天闭门不出,却对数字发生了兴趣。他虽然智力低下,却能胸有成竹地说出五六年内某月某日是星期几,使家长和老师瞠目结舌,大为惊讶。丹麦双目失明的低能儿卡莱尔,在数字计算方面很有才华。一次,12位欧洲最负盛名的学者和数学家对他进行了考核。学者们的题目是:有64个大木箱,如果在每个木箱中放入两倍于前一箱的小麦,那么最后一个箱子应该有多少粒小麦?答案是:18446734073709551616粒。然而,卡莱尔只用了30秒钟就算出了准确答案。

为什么会出现白痴学者呢?科学家在对白痴学者的脑部进行扫描后发现,他们的右脑皮层比常人厚,这部分区域正是视觉空间、计算能力的“中央处理器”;而主管社会认知能力的左脑皮层却比常人要薄。

有些心理学家认为,人体有一种补偿功能。盲人无法看到五彩缤纷的大千世界,他们的听觉往往变得十分灵敏,以便帮助他们察觉前进道路上的障碍,弥补已丧失的视觉功能。白痴学者也是这样,他们存在广泛的智力缺陷,就以增进某一方面的功能作为补偿。

另有一些学者觉得,大多数白痴学者在性格上比较孤僻,与正常人相比,他们的注意力不容易分散,因而能全神贯注地把精力放在自己感兴趣的问题上。他们的大脑就像一台电子计算机、一只录音机或一架照相机……

尽管对白痴学者的产生原因已经有了这样或那样的解释,但这仍是一个未能真正解开的谜,还需要人们进一步研究和探索。

世界大百科

旅游百科

马博⊙主编

导 读

如何选择旅游方式？

如何选择旅行社？

如何与旅行社签订旅游合同？

哪些人不宜外出长途旅游？

旅游时应注意哪些安全？

世界有哪些名山？

世界有哪些名水？

世界都有哪些名街？

……

随着物质生活水平的日益提高，越来越多的人热衷于旅游这种短暂的异地生活方式。旅游者不远千里而来，就是想领略异地的新风光、新生活，在异地收获平时不易得到的知识与快乐。也正是由于这种异地性的特征，使得旅游行程既新鲜、神秘，又充满了未知性。因此，在您准备旅游之前，一部“旅游宝典”必不可少，它可以使您的旅程更加安全、愉快。

与古代文人的游山玩水和科学考察不同，现代社会中的旅游是一种不断发展的生活方式，它是在物质生活条件获得基本满足后出现的一种高级的精神欲求。旅游不仅能让旅游者被陶然美景陶醉，还能让旅游者获得通过纵观古今、博览万类以得到充实心灵、完善自我的心理满足。

旅游业是一个朝阳产业，旅游学是一门新兴的学科，旅游知识需要人们广泛的了解。该卷深入浅出，通俗易懂，不仅是一部旅游从业人员的工具书，也是普通民众学习和了解旅游知识的典籍。这部分《旅游百科》的面世，填补了旅游科学普及的空白，是旅游科普的一个突破，为旅游文化事业发展做出了新的贡献。

旅游规划

有了外出旅游的打算之后，接下来就需要根据旅游类型的不同和时间的长短提前做好各项准备工作，这包括计划行程、选定旅行社、预订车船或飞机票、预订旅店、整理行装，等等。当您费了很长的时间来筹备一次旅游的时候，您当然不愿意发生任何差错。下面介绍的旅游临行前的一系列准备事项，可以帮助您做到心中有数、从容不迫，使您的旅程愈发精彩。

如何选择旅游方式

当下，旅游方式多种多样，选择余地很大，出发之前不妨做个比较。

自助旅游：吃、住、行、游、购、娱等全由游人自己搞定，操作起来比较烦琐。自助旅游有一些不足之处：常常会有预算外支出，机票、酒店房价等也拿不到更大的折扣，费用将会增加；有时会因为不熟悉当地情况而导致等待、搭错车等情况发生，耽搁旅行时间；国庆节等旅游旺季，购买机票、车票以及在旅游热点地区解决住宿问题时可能会遇到困难。

自助旅游虽然有一点麻烦，但只要细心筹划，问题也容易解决。而且自助旅游的游客吃、住、行、游可以全凭自己做主，自由自在，特别是在一些自己喜爱的地方，可以有充足的时间去体会和流连。

瑞士风光

随团旅游：此方式已逐渐被大多数游客所接受，所以每到节假日便是旅行社最繁忙的时候。随团旅游最大的好处是省心省钱。可以独自一人或全家大小一起参团，旅途中的吃喝拉撒几乎都不用自己操心，您只需要养好精神一路吃喝玩乐便可；在费用方面一般比自助旅游要节省得多，因其在机票、食宿、用车、门票等方面均属集体消费，而且当地有熟悉情况的地接

社接待,费用几乎可压至最低。此外,旅行社设计的游览行程一般较为科学合理,选择景点也以最具有代表性或精华部分为基础,适当增减次要景点,基本上能满足多数游客的要求,游客可根据自己的喜好和预算选择最佳旅游线路。

但是随团旅游也有一些不足之处:在自己喜爱的景点可能没有足够时间停留;常常会不情愿地被导游带去购物;有时餐饮质量很难令人满意。

自驾车旅游:此方式只是少部分人的选择,满足部分具备条件的人,自己驾车出外旅游,更加逍遥自在。

自驾车旅游分自备车旅游和租车旅游两种形式。自驾车旅行不适合长时间、长距离旅行,因为长途跋涉会使驾驶者过于疲劳,从而增加不安全因素,也容易迷路。自驾车旅游最好有多位持驾照的朋友同行,便于途中轮换开车,以减少旅途隐患,增加旅途乐趣。

其他旅游方式:如骑自行车旅游、徒步背包旅游以及野营、探险、考察旅游等,游客可视情况而定。

如何选择旅行社

目前,各地都有很多的旅行社,旅游广告更是五花八门。那么,如何才能选择一个信得过的旅行社,避免上当受骗呢?

首先,要具备关于旅行社方面的基本常识,了解有关旅游行业的基本法规。目前,旅行社可以分为两大类,即国际旅行社和国内旅行社,前者可经营出境游、入境游、边境游、国内游,可代办出、入境手续等业务,而后者只能经营国内游及与国内旅游相关的业务。因此,外出旅游时,首先要向旅游质监部门咨询,弄清该旅行社的类别。如果您选择的是出境旅游,一定要注意核实所选择的旅行社是否具备出境旅游经营资格。另外,还要了解一下旅行社的行业背景,也就是该旅行社所属公司是以经营旅游业为主,还是以经营其他项目为主,而只把旅游业作为一个新拓展的领域。相比较而言,后者资历较浅,投入精力不足,所以实力上往往会稍逊一筹。

其次,如果选择的是某旅行社下设的分支机构,那么必须要确认其是否挂靠在该旅行社,是否具备一照两证,即营业执照、经营许可证、质量保证金缴纳证书。质量保证金缴纳证书证明该旅行社向旅游局交纳了一定数额的保证金。如果游客与旅行社发生争执,而旅行社又不服处理,旅游局有权从保证金中强行扣款赔给游客。另外,这些分支机构一般贴有咨询电话和投诉电话等提示,游客也可以通过电话进行确认。

再次,正规旅行社一般会与游客签订旅游服务合同,合同中涉及了旅行过程中的日常安排、交通工具、食宿标准等诸多细节。合同经双方签字、盖章生效后，游客可依此投诉。如果没有签订此类合同，就表明该旅行社经营不规范，很难保证旅游质量。

最后，不能简单地用价格衡量一个旅行社的优劣，要跳出只求价格低而不顾服务质量低的怪圈。一些旅行社的报价看似便宜，但往往是低价低质，常常导致游客的埋怨与投诉。因此，在出游之前，游客一定要在价格的选择上认真掂量，考虑其出游质量与价格是否相符。

旅行社的行程表要看仔细

正规旅行社一般会为游客提供一份行程表，即有关旅行的日程安排，它应包括景点、交通、住宿、用餐等几个方面，其内容越详尽越好。一份出色的行程表甚至还包括下榻酒店和用餐饭店的电话，如果游客不小心走失，可凭此及时与旅游团取得联系。另外，旅行社所提供的行程表内容越详尽，旅行社中途随意改动安排的可能性就越小。

首先，游客要查看行程安排是否合理。有些旅行社的行程安排看似诱人，包含很多的国家和城市，可实际上在途中却浪费了很多时间，甚至走回头路。比如：某旅行社组织的从北京到以色列、再到南非的 14 天行程的旅行，需要原路返回，结果仅飞行和在机场候机安检的时间就近 60 个小时，这样的行程安排，不仅是走马观花，而且人困马乏，更谈不上尽兴游玩了。

其次，游客查看行程表时，不仅要注意景点和节目是否符合自己的兴趣，而且还要看标注是否详细。比如：如果行程上写的是“阿尔卑斯山滑雪一天”或“黄金海岸畅游半日”，可一定要多加小心，因为“阿尔卑斯山”和“黄金海岸”的范围很大，其中包含很多的滑雪场或海滨浴场，它们的设施、管理以及自然条件都有很大的差别，享受的服务也会有天壤之别。遇到这种情况，一定要向旅行社询问滑雪场或海滨浴场的具体名称及情况，如果旅行社说不出名字，就代表这里面有问题；如果旅行社说出名字，请一定记牢，日后看看是否相符。另外，在向其他旅行社咨询时，可以顺便问一问该场所如何，竞争对手通常会说出实情。

自助游如何制定周密计划

自助旅游以其灵活多变、随心所欲的特质，吸引了很多旅游者，尤其是一些年轻朋友。然而,要亲自进行一次自助旅游,一定不要忘记在出游前制定一份周密的旅游计划,这样才能尽量避免旅游时出差错。旅游计划越周密,在游玩时就越省心。当然,多次自助旅游后积累下来的丰富经验,也是减少差错的必要条件。

先期主要是通过查阅旅游书籍、报刊和互联网等方式收集相关资料,然后结合自己的时间和兴趣制定一份旅游计划。旅游计划主要包括旅游线路、交通工具、时间安排以及食宿安排等方面的内容,这些可以参考旅行社的行程表。其中,值得一提的是旅游线路的制定。自助旅游和随团旅游不同,随旅行团旅游虽然在景点选择、游玩时间等方面不自由,但是乘坐旅行社大巴节省了景点之间的交通时间;而自助旅游除了有条件的可租汽车之外,一般都需乘公交车、出租车或步行。因此,旅游线路的制定尤为重要,最好将有公交车的景点尽量安排在一起游玩;对于交通不便的景点,可参加一日游;对于那些景点集中,但步行又有一定距离的地区,也可以租自行车,物美价廉。

另外,制定旅游计划时还应尽可能多地查看一些相关的游记,这些游记中有很多的经验和体会,对我们制订计划非常有帮助。这样不仅可以节省很多时间和精力,而且,准备的过程实际上也相当于提前"游览"了一次。

制定旅游计划的同时,还应产生一个大概的财政预算。往返的汽车、火车、飞机等交通费用可以预先知道,然后根据自身的经济条件定下每日用餐住宿的标准,再加上一定数额的门票、乘车、购物等费用,就是此次旅游的大概花费了。

自驾游如何制定周密计划

自驾旅游,首先要选择好目的地,并且安排好旅行时间。选择自驾游目的地时,最好既能观赏到美丽的自然风光,又能领略到异地的人文风情。自驾游长线一般为 20 天左右,中长线一般为 7 天左右。值得注意的是,在一些较高海拔的景点自驾时,比如四川的稻城、云南的德钦等地,应事先做好充足的准备,以免产生高原反应。

在确定好旅游目的地和时间后,就可以开始制定"路书"了,这是自驾旅游准备工作中最为重要的一项。一份合格的"路书",除了包含每天详细的行程安排、行车路线之外,最好还要有沿途的景点风光简介、食宿安排等方面的内容。

一本比较详细的交通地图册是制定"路书"的必备资料,可以用它来选择行驶路线、计算行驶里程。值得注意的是,由于我国目前的道路建设发展较快,交通地图册上的信息可能会有误差,所以在出发之前,最好到网上的相关论坛咨询一下最近行驶过相似路线旅友的意见,了解一下最新的道路通行状况。

制定行驶路线时，应当尽可能地选择高等级公路和国道，这些道路一般都有比较完善的路标和加油站等服务设施。同时，最好避开传统的春运道路和冰雪路面。在冬季，海拔2000米以上的线路，都可能遇到冰雪路面，其中海拔3000米以上的山路背阳面，通常都会有冰雪覆盖。做好线路选择，有助于避免意外事件的发生。

由于自驾游往往需要好几天的时间，所以每天的行程和时间就要根据道路情况和沿途景点来确定了。一般来说，即使路面条件良好，每天的行程也最好不要超过600公里；宁可每天早些出发，也尽量不要赶夜路，以确保行车安全。另外，途中的住宿点最好选择县城以上的地区，最好能事先了解并预定合适的旅馆。

外出自驾旅游，很可能由于天气、道路或车辆故障等原因而耽搁行程，所以最好不要把整个假期的每一天都安排上，而应留有一至两天的机动时间。至于整体日程的安排，应本着"前紧后松"的原则，以确保可以按时返程。

蜜月旅游如何制定周密计划

如今，很多新婚夫妻都会选择在新婚燕尔时外出旅游，它既可以增加蜜月生活的乐趣，使伉俪之间的情意更浓，而且还可以给婚姻生活留下美好的回忆。但是，新婚夫妻如果缺乏有关的蜜月旅游常识，不仅会使蜜月旅游无法尽兴，而且还可能会造成终生遗憾。那么，应该如何制定一份周密的蜜月旅游计划呢？

景点要清新宜人。蜜月旅游的特色是温馨浪漫、轻松愉快，所以应选择那些风景优美、环境宜人的旅游景点，比如江南水乡、桂林山水、海滨踏浪等等。至于那些跋山涉水、早出晚归甚至露宿野外的旅游方式，都不适合于蜜月旅游。

行装宜简单实用。蜜月旅游的行装应简单实用，以便于换乘车和住宿。除了必要的换洗衣物、洗漱用具以及少量的应急药品之外，不必携带过多的衣物、食品等，以免由于携带不便而劳累过度，以及由于担心财物丢失而操心劳神。

穿戴应舒适美观。首先，要穿着一双合适的鞋，以减轻足部疲劳，切忌穿硬底且弹性差的鞋，更不要穿高跟鞋。其次，外衣以伸缩性强、适合大幅度活动的休闲装为宜，内衣、内裤最好选择收缩性强的纯棉制品。再次，夫妻二人的外装搭配应协调，色彩鲜亮、明快，以便留下优美的倩影。

住宿宜卫生清静。蜜月旅游中的人心情愉悦，性欲要求比较强烈，再加上旅途奔波、饮食习惯的改变等因素，很容易导致抵抗力下降，所以住宿时应选择干净卫生、幽静舒适的宾馆。

性生活应讲究性卫生。从优生优育的角度来讲,蜜月旅游期间的房事应坚持避孕。

旅游离家前的准备工作

当您费了很长的时间来筹备一次旅游的时候,您当然不愿意发生任何差错。如果您能提前做好准备,那么在出发时,您就会从容不迫、心中有数了。

1. 到旅行社办理手续,或自行预订车票、机票或船票。

2. 准备好出门应带的证件。如果出国旅游,要提前办好护照、签证,根据所去国家的法律要求打预防针、办健康证,还要兑换好外币。

3. 安排好您所需的行李。最好准备一套适合旅行的服装和鞋子,便于轻松上路;夏天不要忘带太阳镜及雨具;上年纪的人,最好带上手杖。

4. 把"药品包"收拾好。要注意带好止痛药、消炎药、防晕药和医治水土不服的药。如果您患有慢性病需要持续用药,请在医生的指导下带好相应的药物。

5. 检查照相设备是否妥当。

6. 戴眼镜者要检查眼镜是否完好,最好带上一副备用的。

7. 把旅行路线留给您的父母、配偶、孩子等人。检查是否带好了与家庭、单位、有关亲朋好友联系用的电话号码。

8. 如果家中没有留人,要通知停止一切对您家的投送,如牛奶、报纸等;将家中贵重物品放入保险箱或其他安全的地方;关紧自来水龙头、煤气开关,拔下家用电器的电源插头;如果有宠物或盆栽花木,托付一个亲近的好友代为照看、浇水;检查所有门窗的锁,拜托可靠的朋友或邻居不定时察看,您自己一定要随身保管好钥匙。

9. 记好车票、机票或船票的时间,安排好从家到车站、机场或码头的路线和交通工具。

出国旅游前的准备工作

出国旅游,因为所去的目的地不同,所以需要注意的东西也不同,以下只把出国旅游需要注意的小常识介绍一下:

注射疫苗不可少。为避免感染各种传染疾病,出国旅游前可参考旅游地点的环境卫生,在出发前施打必要的预防针,例如:流感疫苗、A 型及 B 型肝炎疫苗、破伤风疫苗、白喉疫苗等以及服用防疟药物等。

做好充足的准备工作。游客可以通过查询网络或查阅书籍等途径，了解旅游目的地的货币、语言、天气以及当地的基本情况，根据这些准备好相应的物品。

了解当地风俗习惯。不同的国家有着不同的文化，了解别人的风俗习惯是很必要的，如果一不小心犯了别人的禁忌，就会遭遇无法预料的尴尬。比如：泰国小孩的头摸不得；印度的小孩抱不得；在新加坡街头随地吐痰、乱扔废物，高额的罚款会让您大吃一惊。

到饭店拿张卡片。到一个陌生的国度，难免会遇到语言不通、道路不熟的尴尬。迷路而又语言不通时，有一张饭店的卡片您就可以毫无惧怕了。

身上带钱要适量。在国外单独上街时，身上不要带太多现金，到商场购物可以刷卡。

随身携带护照。在国外，护照就像是您的身份证，只要外出行动就一定要把它带在身上，既可以防备警察的抽查，又可以在一些需要您出示身份证明的场合使用。

旅游乘火车时携带物品有规定

一、乘坐火车时禁止携带的物品有：

国家禁止或限制运输的物品，比如汽油、柴油、管制刀具等。法律、法规、规章中规定的危险品、弹药以及承运人无法判明性质的化工产品。动物及有恶臭异味等妨碍公共卫生的物品。能够污染或损坏车辆的物品。规格或重量超过规定的物品。

二、乘坐火车时限量携带的物品有：

气体打火机不超过5个；安全火柴不超过20小盒。指甲油、去光剂、染发剂等不超过20毫升；酒精、冷烫精等不超过100毫升；摩丝、发胶、卫生杀虫剂、空气清新剂等不超过600毫升。军人、武警、公安人员、民兵、猎人须凭法规规定的持枪证明佩带相应的枪支弹药。

三、乘客一旦违章携带物品，则按下列规定进行处理：

在上车站，禁止违章携带物品者进站上车。在车内或到达站，超过免费重量的物品的超重部分应补收四类包裹运费。对不可分拆的整件超重超大物品、动物等，按该件全部补收上车站至下车站四类包裹运费。在车内或到达站，发现危险品、国家禁止或限制运输的物品及妨碍公共卫生的物品，按该件全部加倍补收上车站至下车站四类包裹运费。危险品交给前方停车站处理，必要时移交公安部门处理。对有必要就地销毁的危险品应就地销毁，而且不承担任何赔偿责任。

旅游乘飞机时携带物品有规定

根据一些飞行员的介绍,超大超重的行李被带上飞机后,必然要造成飞机俯仰上的不平衡,从而影响到飞机的操作和重心上的俯仰,在颠簸和各种飞行中产生不利因素,最终直接影响到飞机的飞行安全。因此,民航总局对旅客随身携带物品有明文规定,并且在每张机票上都做了详细说明:规定持头等舱客票的乘客,每人可随身携带两件物品;持公务舱或经济舱客票的乘客,每人只能随身携带一件物品;每件物品的体积不得超过20厘米×40厘米×55厘米,总重量不得超过5公斤,超过的要按规定办理托运。

民航总局规定的禁止乘客随身携带或托运的物品主要包括:军用枪、公务用枪、民用枪等各类枪支及其仿制品;军械、警械等国家禁止的械具及其仿制品;各类炸药、爆破器材、烟火制品等爆炸物品类及其仿制品;各类管制刀具;氢气、氧气、汽油、煤油、柴油、酒精及各类氧化剂等易燃易爆物品;剧毒农药等毒害物品;硫酸、盐酸等腐蚀性物品;各类放射性物品;危害飞机飞行安全以及国家法律规定禁止携带运输的其他物品。

民航总局规定的禁止旅客随身携带但可作为行李托运的物品主要包括:菜刀、大剪刀、大水果刀、剃刀等生活用刀;手术刀等专业刀具;文艺单位演出时使用的各种刀、剑等道具;斧、锤等锐器及钝器。

民航总局规定的乘客随身限量携带的物品主要包括:如果您带有发胶、摩丝、衣领净、空气清新剂等物品,每样最多可携带1瓶(350毫升),并且所有物品累计不得超过1000毫升;如果您带有充有可燃气体或燃料油的打火机或安全火柴,最多可携带5只或5盒;如果您带有牛奶、果汁、矿泉水、碳酸饮料等液态物品,最多可携带2瓶(不超过500毫升),而且要开瓶检查,超出部分一律托运。

旅游前必备的小药箱

旅游是有一定的目的、计划和安排的活动,而不是盲目的行动。俗话说:“不怕一万,就怕万一。”在旅游的过程当中,随着自然环境和生活环境的不断变换,很可能会发生一些难以预料的紧急情况,如果在出行时携带一些简单的药品,对于治疗和处理旅游过程中的小病、小伤是十分便利的,关键时刻很可能化险为夷。但是,由于受重量的限制,又不可能面面俱到,所以应当根据旅游环境要求、当地流行病特点以及个人身体状况等,来选择具体的应急药品，而且力求简单、轻便、多用。

小药箱

抗生素类药物：比如罗红霉素，主要用于治疗呼吸道、泌尿道的细菌感染；头孢菌素，主要用于治疗各种炎症；氟哌酸，主要用于治疗泌尿道、肠道的细菌感染以及耳鼻喉科、妇科、皮肤科感染性疾病。

抗病毒药物：比如板蓝根冲剂，具有清热解毒、凉血消肿的功效，主要用于治疗病毒性感冒、咽喉肿痛等疾病。

呼吸系统常用药物：比如复方新诺明、复方甘草片、复方咳必清片、止咳糖浆、速效伤风感冒胶囊等。

消化系统常用药物：防治消化不良，可用食母生、乳酶生、保和丸、山楂丸、吗丁啉等药；防治腹泻和肠道细菌感染，可用黄连素片、整肠生、保济丸、藿香正气软胶囊等药。

抗过敏药物：比如息斯敏、扑尔敏、氯雷他定等。

解热镇痛药物：比如扑热息痛、消炎痛、阿司匹林泡腾片等。

防外伤药物：蛇伤药等。

镇静催眠药物：比如安定片、利眠宁等。

防晕车、晕船药物：比如乘晕宁、晕海宁等。

防暑、防冻药物：夏季防暑，可用仁丹、清凉油、十滴水、风油精等药；冬季防冻，可用冻疮膏等药。

其他必备物品：比如创可贴、活络油、伤湿止痛膏、眼药水等。

临行前如何整理好行装

户外旅游出发前整理好行囊是十分重要的，那么，究竟该如何整理好行囊呢？打点行装的首要原则是将行李减至最少限度，尽量将其整理打包成小型，并留下一定的空间收纳旅途中购买的纪念品及礼物。一般来说，整理行囊有三个小窍门：

一、先装不常用的、较大较重的物品，以利搬运。

二、用T恤或毛巾包裹瓶装化妆品等易碎物品。

三、可在行囊空隙处塞入卷筒状的毛巾、袜子等。

无论去哪里旅游，旅行袋都是最重要的旅行装具。旅行袋一般分为提式和背式两种。提式旅行袋可以使肩膀放松，得到休息；背式旅行袋可以解放双手，便于行动。在这

里建议选择背式的。目前市场上出售的旅行袋大多以高密度尼龙作为材料,有一定的防水性能,价格则在八九十元到几百多元不等。

如果您用的是一般的提式旅行包,最好将衣物等一些不常用的东西放在下层,而依次将证件、纸巾、药品等放在上层。当然,如果您有一个双肩登山包就更理想了,因为一般的登山包都有好几个可以分别放置这些东西的口袋,比如:包的下层可以放置衣物、洗漱用品及一些不常用的杂物;上层可以放置相机包等;包的顶盖可以放置药品、纸巾等物;包的两个侧袋可以分别放置证件等物。东西最好都分门别类地放置,这样您就不会因为东西多而乱作一团,更可以防止您需要某样东西时却找不到。

外出旅游行李表

出游前收拾行李时,面对一大堆穿的用的,着实令人头痛。如果您先列一张清单,将所需之物逐一写下,就不会顾此失彼了。这张清单至少应包括下面五类:

文件类:机票(或车票、船票)、护照、身份证、结婚证、旅行日程表、旅游指南手册、地图、地址电话通讯册等。

小用具:手机及充电器、相机、电池、随身听、手电筒、刮胡刀、计算器、指甲刀、开罐器、针线包、吹风机、纸笔、手纸等。

穿戴类:备换服装、备换鞋、睡衣、围巾、帽子、手套、泳衣泳裤、生理用品、化妆品、太阳镜、洗浴用品、牙刷牙膏等。

饮食类:必要的药品(如防治感冒、拉肚子、过敏、晕车、蚊叮虫咬的药以及创可贴等外伤用药;有心脏病、哮喘等疾病者还要带上自己的常用药)、饮料、食品等。

钱:这是最重要的,千万不可少带,大约是预算的150%就够了。

以上物品力求全面,但各人可根据自己情况加以增减,比如:如果带小孩子去,一定要多为他准备一些替换的衣物;如果戴隐形眼镜,一定要带上配套的镜盒、药水,最好再戴一副框架眼镜;如果住宾馆就无须带洗浴用品及牙刷牙膏。

另外,还需注意的是,由于各国电压不同,出国后本国电器制品可能无法使用;由于各酒店插头形状可能不同,因此可能需要准备转换插头,或在当地酒店索取。

海滨旅游的理想装备

到海边去消暑度假,虽然对装备的要求并不苛刻,但如果能根据自己的行程安排带上比较理想的装备,那么,一定会使海滨之行乐趣大增。

游泳用具:去海边如果不游泳,就如同到了饭店不吃饭一样,所以一定要带上游泳用具,泳衣、泳裤、泳帽、水镜、拖鞋、浴巾等物品,一样都不能少。

墨镜:夏季海滨的阳光十分充足,虽然是一种享受,但是炎炎烈日下,眼睛恐怕会很不舒服。墨镜是保护眼睛免受强烈日光侵害的必需品,它有着很多的样式和颜色。从样式上说,为了便于携带,应该选择重量轻、不怕摔的树脂或其他合成材料的运动镜;从颜色上说,为了阻挡强烈的日光,应该选择茶色、绿色等颜色较深的墨镜。

防晒用品:女士们通常对防晒用品比较在行,但是在夏季的海边,男士们同样需要使用防晒用品来保护自己的皮肤免受紫外线侵害。另外,在涂抹防晒霜时,一定要涂抹均匀,如果被汗水或海水冲掉了,还要及时补擦,千万不能嫌麻烦。衡量防晒霜的防晒能力主要看其 SPF 值。SPF 值是预防紫外线 B 波的防晒功效指数,紫外线 B 波是导致皮肤晒伤的主要原因,防晒霜的 SPF 值越大,其抗紫外线 B 波的能力就越大。

遮阳篷和沙滩椅:如果您是自己开车去海边,不妨带上这两样东西。遮阳篷有很多的样式,最好选择一个折叠方便的遮阳篷,那种带一根铁棍的伞状遮阳篷使用时比较麻烦。

旅游法规

如今，旅游已经成为一种时尚，人们越来越喜欢在节假日时外出旅游，以此获得精神上的愉悦。然而，外出旅游有时难免磕磕碰碰，会遇到一些不顺心的事，如果想要维护自己的合法权益，就必须要了解一些相关的旅游行业法规。而对于旅游业的发展来说，完善旅游行业法规、保护旅游者合法权益也是旅游业有更进一步新发展的需要，也是旅游各要素全面发展的重要保证。

如何与旅行社签订旅游合同

旅游合同是保护旅游者与旅游经营者合法权益的重要手段，是有关部门受理投诉、司法部门审理案件的重要依据。因此，旅游者在出游之前应当与旅行社签订书面旅游合同。在签订旅游合同时，应当注意下列事项：

首先，确定与您签订旅游合同的当事人行为的合法性。

在正式签订旅游合同之前，应要求对方出示《旅行社营业执照》正本或副本原件、《旅行社业务经营许可证》正本或副本原件以及《工作证》。

其次，明确合同约定的内容。

根据《旅行社管理条例》规定，旅游者与旅行社所签订的旅游合同，应对旅游行程和旅游价格这两大方面的内容做出明确的约定。其中，旅游行程包括乘坐的交通工具、游览的景点、食宿标准、娱乐标准、购物次数等事项。旅游价格是旅行社为旅游者提供服务所收取的费用总和，它包括下列几项：

(1)交通费：行程表所列的城市间交通费与每人一件行李的运费(其重量和尺寸以交通部门限定为准)，交通工具的等级标准以合同的约定为准。

(2)用餐费：由旅行社安排的膳食费，膳食的等级标准以合同的约定为准。

(3)住宿费：由旅行社安排的住宿费，住宿的等级标准以合同的约定为准。

(4)游览费：由旅行社安排的游览费用，主要包括游览交通费、观光景点门票费以及旅游项目费等。

(5)导游服务费:旅行社根据行程表为游客提供导游服务的地陪、全陪费用。

(6)旅游意外保险费:旅行社必须依法为其组织的团体旅游者办理旅游意外保险,保险金额不可低于国家旅游局所定的标准。

第三,违约责任。

根据《中华人民共和国合同法》规定,具有合同关系的双方当事人,任何一方违约,都必须承担由此给合同另一方当事人所造成的损失。因此,旅游者必须明白,一旦签订合同,就不只拥有权益,同时也负有履行合同的相应义务。否则,不仅玩不好,而且可能还要赔钱。

签订旅游合同注意细节问题

旅游者与旅行社发生纠纷,往往是因为有很多细节问题没有在合同里表述清楚,以至于实际发生时双方当事人由于意见不合而产生矛盾。这类细节问题主要包括:

所乘坐的客运汽车等交通工具:应就其产地、品牌、型号、有多少座、有无空调等内容作详细描述。

旅游景点:应包括旅行社所列的行程表中的所有景点,并且明确开始与结束游览的时间,必要时,可将旅行社所列的行程表约定为合同的附件。值得注意的是,旅行社在各种媒体上所做的有关行程的广告,如果没有在合同中说明,则不能作为合同的正式内容。

住宿标准:应注意对"标准间"一词的理解,只有在星级旅店里,"标准"一词才有具体意义,一般的旅馆、招待所的"标准间"是没有实质意义的。因此,当住宿地点是一般的旅馆、招待所时,应当明确约定住宿房间内的床位数、有无卫生间、有无空调机、有无电视机等设施、设备。另外,值得注意的是,不同国家的旅店往往会采用不同的等级标准,所以只要投宿的旅店配置合理、功能完善、服务态度良好,就不失为理想的旅店。

旅游价格:应明确上文所列的各项交通费、各住宿点的食宿费、景点门票费、导游费等费用,将它们尽可能地细化。

购物:应明确购物次数、购物点名称以及在每个购物点所逗留的时间。

违约责任:应包含投诉受理机构、纠纷处理方式等。

参团旅游者有哪些权利

参团旅游者主要有四种权利:购买商品的知情权;对商品不满意有拒绝签约权;对计

划行程外的项目有拒绝权;对旅行社的违约行为有要求赔偿权。

《消费者权益保护法》第八条明确规定:"旅游者享有知悉其购买、使用的商品或者接受的服务的真实情况的权利。"

旅游者如果决定参团旅游,首先要做的是选择旅行社,核实旅行社的资质。目前,全国有近6000家的旅行社,其中特许经营出境游的旅行社只有67家。

选择好旅行社后,一定要与其签订旅游合同,并有权知悉合同中所涉及的所有情况,包括旅行社所提供的服务档次、参观游览的日程安排以及双方的权利和义务等,对团费所包含的各项服务内容要做到心中有数。旅行社有义务向旅游消费者提供交通、日程、线路、景点、购物、地接社等真实的服务信息,如果对这些服务信息不满意,旅游消费者有权拒绝签约。旅游消费者在支付团费后,有权要求旅行社开具相关发票。

在旅游过程中,旅游消费者有权要求旅行社按照合同的约定提供相应的服务,包括交通、食宿、游览、导游等;有权拒绝参加计划行程之外的项目,是否购物、支付小费、参加自费项目等都是旅游者的自主行为。

如果旅行社有违约行为,旅游者有要求赔偿的权利。旅游者可以就质量问题与旅行社进行协商,一般情况下,旅游者即可得到赔偿。协商不成时,旅游者有权向旅游质量监督管理机构投诉,或者是直接向人民法院提起民事诉讼。

随团旅游时如何维权

如今,越来越多的人喜欢参加旅行社组织的团队旅游,这样可以省去安排行程和食宿的种种麻烦。但是,在随团旅游的过程中,您知道如何维护自己的合法权益吗?

首先,在出游之前,您应该询问旅行社是否已经为您办理了旅游意外保险。因为根据国家有关规定,您付给旅行社的团费之中,已经包含了这种费用。旅游意外保险的内容主要包括:急病治疗、人身安全支出的医药费以及您所携带的行李物品损坏、丢失、被盗等。

其次,在出游之前,您还应与旅行社签订旅游合同,明确对方应该向您提供的服务标准和质量。如果旅行社故意或过失不履行合同,就应对您承担相应的赔偿责任。

赔偿范围主要包括:旅行社在收取旅游消费者的预付款后,不能及时出行;旅行社所安排的餐厅食品质价不符;旅行社所安排的旅店和交通工具低于合同约定的标准。

另外,在旅游的过程中,如果导游不按照合同规定,擅自更改活动日程,变更或减少游览项目,增加用餐、娱乐、医疗保健等项目,增加购物次数,向您兜售商品,安排您到非旅游部门指定的商店中购买伪劣商品，您都有权要求旅行社按照规定承担赔偿责任。当导游向您索要小费时，您有权向旅游质量管理监督机构投诉。

旅游消费维权四点提示

提示一：选择出游方式。

目前，很多人出门旅游都喜欢选择旅行社，其原因主要有以下几方面：随旅行社旅游比自助旅游有规模经营上的价格优势；旅游行程比较有保障；旅游途中有导游讲解，可有更多的收获；如果出现服务质量等问题，旅游者可到旅游质量管理监督机构进行投诉，并获得相应的赔偿。但是，自助旅游也有其特有的长处。具体如何选择，旅游者应根据自身情况做出决定。

提示二：认清旅游广告。

一般来说，规范的旅游广告，应有旅行社的名称、法人代表和许可证号等内容。不规范的广告，通常是非法经营旅行社业务的机构或个人，在广告中冠之以“某某假期”“某某之旅”的名称，但既无企业名称，又无办公场所，联系方式仅仅是手机号，其旅游质量没有保障。

提示三：确认旅行社资质。

选择旅行社时，要注意查看对方的营业执照和旅行社业务经营许可证。许可证由国家旅游局统一印制，上面标明了旅行社名称、办公场所、许可证号码、许可经营业务范围、许可证有效期和质量保证金数额等内容。

提示四：认真查看合同内容并索要和保留好发票。

合同和发票都是重要的证据。对于旅游行程、费用以及甲乙双方的权利和义务，合同中都有明确规定。旅游者应仔细阅读合同的条款，对于一些容易引发纠纷的事项要在合同中明确约定，以避免日后产生纠纷。索要发票后一定要妥善保存好，日后一旦发生纠纷，可以此作为凭证。

旅游者权益受损应如何索赔

旅游者跟随旅行社组织的团队出游，而旅行社未能按合同约定提供相应的旅游服务，或者提供的旅游服务质量不合格而使游客权益受损，应当如何赔偿呢？国家旅游局颁布的《旅行社质量保证金赔偿试行标准》对此做出了具体而明确的规定：

旅行社收了旅游者预付款后，因旅行社的原因不能成行，应提前 3 天(出境旅游应提前 7 天)通知旅游者，否则应承担违约的责任，并赔偿旅游者已交预付款 10%的违约金。

因旅行社过错造成旅游者误机(车、船)，旅行社应赔偿旅游者的直接经济损失，并赔偿 10%的违约金。

旅行社安排的旅游活动及服务档次与协议合同不符，造成旅游者经济损失，应退还旅游者合同金额与实际花费的差额，并赔偿同额违约金。

导游未按照国家或旅游行业对客人服务标准的要求提供导游服务的，旅行社应赔偿旅游者所付导游服务费用的 2 倍。

导游违反旅行社与旅游者的合同约定，损害了旅游者的合法权益，旅行社应对旅行者赔偿。

导游在旅游行程期间，擅自离开旅游团队，造成旅游者无人负责，旅行社应承担旅游者滞留期间所支出的食宿费等直接费用，并赔偿全部旅游费用 30%的违约金。

旅行社安排的餐厅，因餐厅原因发生质价不符的，旅行社应赔偿旅游者所付餐费的 20%。

旅行社安排的饭店，因饭店原因低于合同约定的等级档次，旅行社应退还旅游者所交房费与实际房费的差额，并赔偿差额 20%的违约金。

旅行社安排的交通工具，因交通部门原因低于合同约定的等级档次，旅行社应退还旅游者所付交通费和实际费用的差额，并赔偿差额 20%的违约金。

旅行社安排的观光景点，因景点原因不能游览，旅行社应退还景点门票、导游费并赔偿 20%的违约金。

发生旅游纠纷后如何处理

根据《旅游投诉暂行规定》的有关条款，列入旅游投诉范围的有下列损害行为：

1. 认为旅游经营者不履行合同或协议的；
2. 认为旅游经营者没有提供质价相符的旅游服务的；
3. 认为旅游经营者故意或过失造成投诉者行李物品破损或丢失的；
4. 认为旅游经营者故意或过失造成投诉者人身伤害的；
5. 认为旅游经营者欺诈投诉者，损害投诉者利益的；
6. 旅游经营单位职工私自收受回扣和索要小费的；

7. 其他损害投诉者利益的。

凡在我国境内旅游活动中发生的上述各类损害行为之一的，旅游消费者都可以向我国旅游质量管理监督机构进行投诉。以下是我国各省和直辖市的旅游投诉电话，给每位出游的朋友留做备用：

北京：010-65130823

天津：022-28359093

河北：0311-5814239

山西：0351-4031616

辽宁：024-86230222

吉林：0431-5609246

江苏：025-3418185

浙江：0571-5117419

福建：0591-332504

江西：0791-6269965

河南：0371-5902180

湖北：027-84774670

广东：020-86678333

广西：0771-2612216

上海：021-64393615

重庆：023-63890134

安徽：0551-2821763

新疆：0991-2831902

山东：0531-2963423

宁夏：0951-5014265

湖南：0731-84717614

青海：0971-6159841

海南：0898-5358451

四川：028-6654780

内蒙古：0471-6965978

陕西：029-5261437

黑龙江：045-3630431

甘肃：0931-8826860

云南:0871-3537361

西藏:0891-6834193

贵州:0851-6818436

旅游投诉暂行规定

《旅游投诉暂行规定》于 1991 年 6 月 1 日由中华人民共和国国家旅游局发布,重点内容如下:

第八条投诉必须符合下列条件:

(一)投诉者是与本案有直接利害关系的旅游者、海外旅行商、国内旅游经营者和从业人员。

(二)有明确的被投诉者、具体的投诉请求和事实根据。

(三)属于本规定所列的旅游投诉范围。

第十条投诉者应当向旅游投诉管理机关递交投诉状,并按被投诉者数提出副本。递交投诉状确有困难的,可以口诉,由旅游投诉管理机关记入笔录,并由本人签字。

第十一条投诉状应当记明下列事项:

(一)被投诉者的姓名、性别、国籍、职业、年龄、单位(团队)名称及地址。

(二)被投诉者的单位名称或姓名所在地。

(三)投诉请求和根据的事实与理由。

(四)证据。

第十二条投诉者有权了解投诉的处理情况;有权请求调解;有权与被投诉者自行和解;有权放弃或变更投诉请求。

第十三条被投诉者可以与投诉者自行和解,向投诉者赔礼道歉,赔偿损失;也可以依据事实,反驳投诉请求,提出申辩,请求保护其合法权益。

第十四条被投诉者应当协助旅游投诉管理机关调查核实旅游投诉、提供证据,不得隐情阻碍调查工作。

第十六条被投诉者接到投诉状或者口头投诉,应当调查核实,与投诉者自行协商解决纠纷;不能自行和解的,应当及时移送旅游投诉管理机关,由旅游投诉管理机关审查处理。

第十七条旅游投诉管理机关做出受理决定后,应当及时通知被投诉者。被投诉者应当在接到通知之日起 30 日内做出书面答复。书面答复应当载明下列事项:

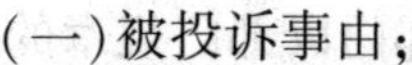

(一)被投诉事由;

(二)调查核实过程;

(三)基本事实与证据;

(四)责任及处理意见。

旅游投诉管理机关应当对被投诉者的书面答复进行复查。

第十八条旅游投诉管理机关处理投诉案件,能够调解的,应当在查明事实、分清责任的基础上进行调解,促进投诉者与被投诉者互相谅解,达成协议。调解达成协议,必须双方自愿,不得强迫。

游客出游应购买几种保险

从 2001 年 9 月 1 日起,国家旅游局不再强制旅行社为旅游消费者购买旅游意外保险。为了获得更为完善的保障,旅游消费者应根据各自的需要投保旅游保险,可以自行联系保险公司或者通过旅行社与保险公司取得联系。保险业内人士认为,一般情况下,旅游者在出游前应购买以下几种类型的保险:

旅游救助保险:中国人寿、中国太平洋保险与国际(SOS)救援中心联合推出的旅游救助保险,扩大了原来的旅游人身意外保险的服务,将传统保险公司的一般事后理赔向前延伸,变为在事故发生时提供及时有效的救助。

旅游救援保险:这类保险十分合适于出国旅游,有了它的保障,旅游者一旦发生意外事故或者由于不谙当地习俗法规而引起了法律纠纷,只要拨打电话,就会获得无偿的救援。

旅游意外伤害保险:实际上,游客在购买车票、船票时就已经投保了该险,其保费是按照票价的 5%计算的,每份保险的保险金额为人民币 2 万元,其中意外事故医疗金 1 万元。保险期限从检票进站或中途上车、上船起,直至检票出站或中途下车、下船。

旅游人身意外伤害保险:这类保险最适合于参加探险游和惊险游的游客,每份保险费为 1 元,每位游客最多可买 10 份,保险金额最高可达 1 万元。保险期限从游客购买保险进入旅游景区和景点时起,直至游客离开景区和景点。

住宿游客人身保险:这类保险每份 1 元,每位游客可以购买多份,保险期限为 15 天,从住宿之日零时起算,期满后可以续保。这类保险提供的保障主要包含住宿游客保险金 5000 元,住宿游客见义勇为保险金 1 万元,为游客随身携带的物品遭意外损坏或丢失、被盗、被抢的补偿金 200 元。

值得注意的是,旅游者人身意外伤害保险是由国家旅游管理部门以部门规章的形式加以约束的强制性保险,跟随旅行社组织的团队出游时,游客一定要明确自己应获得的保险权利。

购买旅游保险的注意事项

如今,旅游已经成为一种时尚的生活方式,但是与此同时,旅游的风险也在增大。

在出游之前,不妨给自己补上“旅游保险”这一课,购买一份合适的保险,这样不仅可以将风险降到最低限度,而且还可以更好地依法维权。

第一,如实填写投保单。填写投保单时,一定要如实填写,以免由于填写了错误信息而使保险公司在出险时拒赔,造成不必要的损失。

第二,看清保险条款。很多投保人只知道旅行社代理投保了旅游保险,而不知道投保险种的具体责任范围,没弄清楚就糊里糊涂地投了保,这很容易在日后保险理赔时产生纠纷。

第三,并非保得越多越好。虽然投保一定数量的保险险种,可能有更多的保障,但是,投保过多的补偿性险种就会形成超额保险,只会徒劳无功地多交保费。

第四,出了事故应及时通知。保险公司根据《保险法》第二十一条规定:“投保人、被保险人或者受益人知道保险事故发生后,应当及时通知保险人。”因此,出险后当事人应及时报案。

第五,旅游责任险不保游客“意外”。一些随团出游的旅游消费者认为,只要投保了旅游责任险,无论发生什么问题都能向保险公司索赔。其实,游客在旅行途中出现意外情况,旅行社只负部分责任,只有旅行社在服务过程中因自身过错而给游客造成人身财产伤害损失的,保险公司才予以理赔,而游客本人发生的意外事故则并不包含在承保范围内。

健康旅游

在旅游的过程中,旅游者除了能够欣赏各地的自然风光、了解各地的风土人情之外,还能够从烦琐的工作和生活中解放出来,使自己的身心得到放松,所以说旅游是一种益智健身的绿色处方。然而,旅游者由于所处的自然、社会、文化环境发生改变,再加上旅途奔波,其身体健康很可能会产生种种不适。因此,对于旅游者来说,了解一些旅游途中的健康注意事项,是十分必要的。

哪些人不宜外出长途旅游

旅游是强身健体、陶冶情操、净化心灵的绝好方法,因此,有条件的朋友都喜欢在闲暇时间外出旅游。但是,外出长途旅游并不是人人都适宜的一项活动,每个人要根据自己的健康状况量力而行。以下人员不宜外出长途旅游:

高龄老人。七八十岁的老人即便看似很健康,但是身体各器官功能已经严重衰老,尤其是心脑血管常伴有严重的动脉粥样硬化性病变,他们随时都有可能发生血管栓塞或血管破裂。因此,高龄老人不宜外出长途旅游。

未成年人。未成年人,特别是学龄前儿童,由于身体尚未发育完全,机体免疫力和抵抗力较差,自我保护意识也较差,所以在长途旅游中,很容易感染各种疾病和发生伤害性事件。因此,未成年人不宜外出长途旅游,带领儿童外出旅游或组织未成年人长途旅游要十分慎重。

孕妇。特别是临近预产期的孕妇,很容易由于过度疲劳或摔倒而导致早产或流产。因此,孕妇不宜外出长途旅游。

脑血管病人。患过脑血栓或脑出血而留下偏瘫后遗症的病人,肯定不宜外出长途旅游。另外,还有一种叫作“TIA”的脑血管病人,这种病人常常出现短暂性脑缺血等症状,病人在发作时,可能表现为短暂的头晕、黑矇,甚至突然丧失意识而摔倒,轻则擦伤皮肤,重则摔成骨折或致使脑血管破裂。因此,脑血管病人不宜外出长途旅游。

心血管病人。有些心血管病人会出现心功能不全等症状,还有的病人会有随时猝死的可能。因此，心血管病人不宜外出长途旅游。

肺功能障碍者。慢性支气管炎、肺部纤维化、肺动脉高压等都可能导致肺功能障碍，患此病的人可能出现高碳酸血症和低氧血症，主要表现为过度疲劳后感到气不够用。此类病人不宜外出长途旅游，特别是不宜到海拔 3000 米以上的高山去游览，以免发生意外。

乘飞机长途旅游的健康提示

防晕机。晕机呕吐是由于平衡器官紊乱、身体适应较差而引起的，一般只要保持镇静、排除杂念，并且吃些防晕车船药就会平安无事。如果知道自己可能会晕机，最好在登机前 15 分钟吃药。

防旧病突发。飞机的起飞、降落、转弯、颠簸、上升、下降等飞行姿态的变化，以及飞机在穿越云层时光线明暗的急剧变化，会刺激一些旧病的发作。因此，曾因血栓或出血引起的脑病患者，绝对不要乘坐飞机；重度脑震荡患者，应有专科医生随行并采取有效防范措施；轻度脑震荡患者，应随身携带一些止痛药；患有血管硬化病的老年人，在登机前可服少量镇静剂；感冒流鼻涕和鼻塞的病人，不宜乘坐飞机，因为咽鼓管阻塞会有鼓膜穿孔的危险。

防航空性中耳炎。防航空性中耳炎的有效措施是张嘴和吞咽。张着嘴或者一个劲地吞咽口水，虽然能起预防作用，但毕竟欠雅观。因此，航班上一般都忘不了给每位乘客送一小包包装精美的糖果，嚼几粒糖果，或嚼几块口香糖，会使咽鼓管常开，是预防航空性中耳炎的最有效办法，也是最令人轻松愉快的措施。

采取了以上措施后，如果感觉症状仍未消除，可用拇指和食指捏住鼻子，将嘴巴闭紧，用力呼气，让气流冲开咽鼓管后进入中耳空气腔，以此消除耳闷、耳重、耳痛等症状。

健康旅游从路上开始

节假日同亲朋好友一起外出旅游是一件很快乐的事，但是，还须提醒您注意的是，旅游时不可忽视健康，而健康旅游是从路上开始的。

保持车内空气新鲜。车厢内人多，人体的代谢产物也多，其中尤以二氧化碳的排出量为最多。当空气中二氧化碳的浓度达到 0.5%时，人们就会出现头痛、头晕等不适症状。再加上汽车发动机所产生的一氧化碳以及有些人在车厢内吸烟,这些都会使车厢内的空气质量下降。因此,要适时地打开车窗,通风换气,使车厢内的空气尽可能保持新鲜,这样才能保证乘坐者的身体健康。

谨防传染病。车厢内人多,增加了传染疾病的机会。比如,在乘客中,可能会有患流感的人,他们会通过谈话、咳嗽、打喷嚏等形式将病毒或细菌传染给他人。另外,车厢内的拉手、椅背扶手、车窗等部位,都有检出乙型肝炎表面抗原阳性的报道。因此,在车厢内要格外注意个人卫生。

预防旅行者水肿。长时间坐车,可导致下肢肿胀,医学上称之为"旅行者水肿"。因此,乘车时不要总是坐着,应不时地变换一下体位,抬高下肢坐一会儿,或站一会儿,也可以用手从上往下地按摩下肢,帮助血液循环。

预防晕车病。乘车时为了预防晕车,可以在开车前半小时服用乘晕宁。在旅途中,最好坐在靠窗处,还要尽量减少头部的活动,可将头靠在座椅背上,闭目养神,避免看窗外移动的景物。一旦出现头痛、头晕、恶心、呕吐、冒冷汗、全身无力、面色苍白等症状时,应立即闭目仰卧,保持安静,同时可用冷毛巾敷前额,并且保持空气流通、清新。

春季踏青要防"莱姆病"

每逢春季,外出踏青的人就格外多。有关专家提醒您,尽兴游玩的同时一定要预防"莱姆病"。

春季风光

莱姆病是由伯氏螺旋体引起的一种疾病,此病主要通过带有伯氏螺旋体的嗜血硬蜱(俗称草爬子)的叮咬而传播,其潜伏期较长。早期表现为局部皮肤受损和慢性游走性红斑,皮疹多发于肢体近端和躯干,开始是红色的斑疹或略高出皮肤的丘疹,继而逐渐扩大成环形,中心部位有水疱、硬结或坏死。同时,还伴有全身不适、乏力、发热、头痛、淋巴结肿大等症状。这些症状出现数周或数月后,还可出现运动系统、神经系统、循环系统的病症,比如关节肿胀、活动受限、面部神经麻痹、恶心、呕吐、剧烈头痛、心动过速等。

莱姆病的发生和流行有一定的地域性,它大多发生在林木茂密的地区,在丘陵和平原地区却很少见。另外,它的发生和流行也与气候条件密切相关,多发生于温暖的春夏季,一般在4月份开始出现,5月份明显增多,6月份达到高峰,而这些季节恰恰是旅游旺季。因此,到郊外林木茂密的地区游玩时,一定要注意避免被蜱叮咬。具体的预防方法是:

进入林木茂密的地区时,应穿着长袖衣服、长裤、长袜和高帮旅游鞋,最好将袖口、裤口扎紧。

不要随意坐或躺在林区草地上休息,也不要把衣物放在草地上。

在林区游玩2~4小时后,应全面检查衣服和体表,如果发现蜱叮咬肌体,可轻轻晃动使其自然脱落或轻轻拔出,并用碘酒或酒精消毒叮咬处伤口。

如果发现身上有蜱叮咬的伤痕或红斑,应立即去医院诊治。

旅游结束后要及时洗澡,并换衣服。

春季踏青当心皮炎

“一年之计在于春”,春季是一年四季中最美好的季节,也是踏青旅游的最好时机。但是,当您沉醉于大自然明媚的春光之时,一定要当心春季皮炎的困扰。

春季皮炎的主要症状有:面部与手背等外露部位的皮肤出现红斑、粟粒大小的皮疹或轻度脱屑,严重者还会出现水疱。

那么,春季皮炎是怎样发生的呢?专家认为,春季皮炎是一种光感性皮肤病,主要是由于皮肤对阳光中的紫外线过敏所致。一年四季中,冬季阳光中的紫外线含量最低,当春天来临时,紫外线含量骤然升高,人们一时难以适应,一旦受到强紫外线照射,就很可能引起皮肤损伤而发生皮炎。据测定:在春天,人体对紫外线敏感性最高;室内工作者对紫外线的敏感性比室外工作者高;青壮年的敏感性比幼儿及老年人高。因此,春季皮炎多发于室内工作者和青壮年。

患过春季皮炎的人,每逢春季来临之际,外出旅游时要格外注意保护面部,比如戴上一顶白色的宽边帽子和一副深色的防护镜、打遮阳伞、使用防晒护肤品等等,以保护皮肤免受日光照射。另外,荠菜、苋菜、莴苣、无花果、萝卜缨等食物含有较多光敏性物质,可提高皮肤对紫外线的敏感性,所以应少吃;磺胺、四环素、非那根等药物,长期服用也会提高皮肤对紫外线的敏感度,所以也应少吃。

如果患了春季皮炎,病情较轻者一般不需要治疗,过数天就会自愈;症状较重者可服息斯敏等药物,同时,在病患处涂抹肤轻松、去炎松等药膏。平日里,要多吃新鲜蔬菜、水果,禁食辛辣等刺激性食物;停用劣质芳香性化妆品;出现瘙痒或干疼症状时,切忌用热水烫洗,也不宜用碱性大的肥皂清洗,以免刺激皮肤而使病情加重。

夏季水上活动要防眼病

在夏季眼科门诊中，由于水上活动而引发的眼疾最常见的就是结膜炎，可以分为非传染性和传染性两类。

非传染性结膜炎大多起因于不洁河水、海水等的刺激或泳池内消毒水的化学刺激，患者眼睛会有局部红肿、酸涩和流泪的感觉，数小时后便可恢复，并不会严重影响视力。

夏季眼科门诊中另一种最常见的眼科疾病是传染性极高的流行性结膜炎，此病很容易在游泳池等公共场所散播开来，主要经由眼、手接触到水中的腺病毒而传染，患者不分男女老幼，但是儿童的症状会比较严重。症状初期主要表现为急性眼睛红、易流泪、畏光和不舒服感，严重时则会产生眼皮水肿、结膜水肿、结膜下出血、伪膜及前淋巴结肿大等症状，同时，角膜也容易被损伤而出现点状白斑。从病程方面来讲，两眼发病的快慢和程度均可不同，急性期约为7~14天，在此期间都具有传染力。此病痊愈后虽不会对视力造成严重影响，但有些人仍会留有眼睛长期干涩和有异物的感觉。因此，一旦出现症状，就应该立即就医，并且要多休息、常洗手，以保持眼睛清洁，降低发炎程度。同时，还要杜绝传染来源，以防止亲朋好友受连累。当然，最重要的是要养成不乱揉眼睛的好习惯，这样才不会旧病复发。

为了预防眼病，游泳时最好戴上泳镜。在泳镜的选择上，一般性的游泳以变面镜为宜，应注意镜框边缘要柔顺，以免刮伤脸部；浮潜、深潜则以单面镜为宜；患有近视的人，可戴用度数相当的泳镜；戴隐形眼镜的人，由于戏水会增加眼睛感染的机会，所以游泳时最好不要戴隐形眼镜，如果非戴不可，最好选择日抛型隐形眼镜，再外加泳镜。水上摩托车、冲浪等速度较快的活动，最好不戴泳镜，以避免意外撞伤眼部。

夏季旅游皮肤护理法

外出旅游前20分钟，为肌肤涂上防晒用品，双手、脚踝甚至颈后都是一些容易忽略的地方，因此要让您的防晒品也照顾到这些小角落。应尽量避免在11点至15点曝晒在阳光下。如果无法避免，即便在挥汗如雨的时候，为了美与健康，还是戴上遮阳帽、打上遮阳伞、穿上一件外罩吧！

一般来说，防晒霜须每两个小时重复涂擦一次才可保证良好效果。如果进行大量体力运动或到海边游泳时，应选用抗汗防水的防晒品。游泳后还应用柔性肥皂洗去身上的防晒霜，然后全身都要涂润肤霜或晒后修复霜。

对于烈日下的儿童，防水及抗过敏的防晒品是不可缺少的，最佳的方法是再配以遮阳帽。注意每一个小时重新涂擦一次防晒霜，连帽檐下的耳朵、颈部也不能遗漏。千万不要将不足6个月的婴儿带到海滩去晒太阳。

如果皮肤已被晒伤，可利用夜间进行保养。选择一些具有安抚、镇定及舒缓肌肤、促进细胞再生的修护液涂抹，避免用热水清洗及再次曝晒，因为皮肤一旦受损，就潜伏下恶变的基础。同时不要抓挠晒伤的肌肤，以免细菌感染和留下疤痕。

夏天天气炎热，旅游时极易出汗，所以应常洗温水澡或用清水擦洗。洗浴后用一些爽身粉扑打在多汗部位，既可使皮肤舒适、凉爽，又有杀菌消毒的作用。

夏季气温较高，皮肤会大量排出水分以调节体温，皮肤缺水就会出现萎缩或小皱纹。因此，夏季旅游时要随时补充水分，有益于保持皮肤健康。此外，还应多吃蔬菜瓜果，增加体内的维生素和各种矿物质，使皮肤不至于干燥起皱。

夏季旅游饮食“三不要”

不要大量饮用冰水和生水。夏季旅游过程中，许多人喜欢冰凉的冷饮。医生提醒，大量摄入冰水等冷饮，会造成胃肠道血管的突然收缩，使血流减少，容易引起胃肠生理功能紊乱，影响人体对食物的消化，并可能造成肚子痛、腹泻等消化道疾病。因此，旅游者最好不要喝5℃以下的饮料。有关专家指出，夏季喝冷饮不如喝热茶。因为喝热茶可以使毛细血管扩张、汗孔洞开、汗腺舒张、排汗畅快，有益于体内热量的散发，而且茶叶中的茶碱还具有利尿作用。

另外，在去一些旅游胜地旅游时，许多人看到清凉的泉水觉得很干净，又加上口渴难耐，于是就痛痛快快地猛喝几口。专家提醒，有些地方的泉水看似清澈，实则污染严重，一些有害矿物质超标，饮用后对健康不利。

不要吃或尽量少吃生冷食物。夏季旅途中，吃冰淇淋等冷饮冷食要适可而止，过多摄入会降低胃肠消化功能甚至引起腹痛腹泻等疾病。另外，生吃瓜果一定要洗净或削皮；不可生吃或半生吃水产品和海产品。

不要暴饮暴食。每次进食的数量、时间等要尽量保持个人在平日里饮食的规律性；应避免饱餐后立即进行登山、游泳等剧烈活动；不要一边走路，一边进食；对当地一些吃不惯的调料或菜肴，宁可少吃或不吃，也不要硬吃，以免肠胃不适，影响整个游程。

秋季出游的健康提示

旅途要量力而行。山路慢行才会怡然自得。中老年人登山更是急不得的,应伴以轻松的心态量力而行,有紧有弛。最好准备一根手杖,走山路时它会助您一臂之力。爬山体力消耗很大,使人更容易感到饥饿、体乏,所以要带上含有足够热量的零食,如巧克力、鸡蛋、去皮的花生等,这些食物可以帮助补充体力。另外,清爽的酸梅也是提神的佳品。水一定要带,但不需要太多,最好是足够解渴,但又不构成旅途负担。

远程旅游注意"气象过敏"。在不同的气象条件下,可能会出现"气象过敏"的情况,临床症状主要表现为头痛、恶心、失眠、心情烦躁等,少数人还可出现腹泻、发热、关节痛等症状。据统计,体质相对较弱的群体,大约有50%以上的人会患"气象过敏",预防方法是:出游前注意收听天气预报,根据天气变化合理增减衣物,以防气候的骤变诱发疾病;患有心脑血管病者不要去西藏高原旅游,患有较严重风湿病者不要到森林中去旅游,以防病情加重;旅游途中携带一些药品,以备不时之需。

秋季旅游安全仍是第一。秋天是登山、赏红叶的好季节,在欣赏美景时一定要注意安全。尽量不要单独一个人去人迹罕至或未开发的地区游玩,以防迷路或发生意外;爬山越岭时,不要穿皮鞋、高跟鞋,以免扭伤或摔伤;不要为了欣赏一些"不可及"的风光而攀登山石、树木、房屋或涉水;不要随便进入深草丛,不要随意在草地上睡卧,以防被野鼠、毒蛇或其他动物咬伤;不要食用种类不明的野果、菌类等,以防中毒。

秋季出游穿衣有讲究

上装:T恤衬衫随意穿。

秋天的气温变化较快,出门在外自然要多带些衣服以防变天,但也不要带得过多。全棉质感的半袖T恤柔软、舒适且吸汗,还易与其他服装搭配穿着,是旅行中最好的选择,准备两件就可以了。此外,长袖或短袖衬衫各备一件,可随意与T恤搭配。路上不妨将衬衫系在腰间或颈间,在清晨或傍晚帮您抵御清冷的秋风,既实用又潇洒。

外套:风衣夹克是必备。

秋天虽然有"秋高气爽"的美誉,但出门旅游就要考虑到防风遮雨的问题,风衣是首选。半截风衣正适合秋天的时令,遇到寒风乍起可以御寒,小雨来了还可以挡雨。此外,夹克也是秋季出游的理想着装。但最好也要能防御雨水。

下装：长长短短不能少。

秋季早晚温差较大，一条长裤在早晚是必不可少的。牛仔裤具有耐磨、耐脏的特性，一条牛仔裤可以伴您完成整个旅途；休闲长裤的优点是随意、舒适，而且具有较好的透气性；或者也可以选择具有防水功能的运动裤，在裤脚部位有一个能收放自如的皮筋，天气寒冷或是刮风下雨时可以收紧，很是实用。不必带太多的长裤，考虑清楚用途，一条就足够了。另外，金秋时节，中午的阳光还是如夏日般明媚，带一条短裤也是十分必要的。

鞋子：轻松旅行作保证。

鞋子是轻松上路的前提保证，与服装相比，鞋子更加重要。旅途颠簸劳累，要靠双脚走遍名山大川，一双适合自己、感觉舒适的鞋，是保持每天旅途中心情愉悦的前提。鞋的选择首先是穿着舒适，世界知名品牌的旅游鞋多是根据人体工学原理设计制作而成的，这时别吝惜钱，多花些钱买一双舒适的鞋，总好过于在路上每天忍受着脚部疼痛的折磨。

秋季出游的防病指南

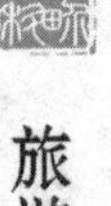

秋季旅游时，应该如何做好防病的保健工作，以保证旅途平安、愉快呢？

为了预防各种传染性疾病，在出发前，要根据旅游目的地的环境注射必要的疫苗。另外，在出发前，还要根据个人的身体状况，准备必要的药物。

乘车、乘机途中适当补充水分，可以减少流感等传染病的发病几率；旅途中多补充水分，使身体内部的体液保持平衡，既可以减少肠胃不适，又可以保持皮肤的弹性和美丽。除了补充水分之外，在旅途中保证充足的睡眠也是健康的必备条件，充足的睡眠有利于体力的尽快恢复，尤其是心血管疾病患者，一定要保证充足的睡眠和良好的饮食，以避免血压升高。

长时间乘车、乘飞机时，常常会出现浑身酸痛、下肢浮肿等症状，因此，旅途中应尽可能地适当活动一下，比如简单地伸展四肢以及按摩小腿、腰背、颈部等，这样可以预防由于久坐而产生的浑身酸痛、下肢浮肿、静脉栓塞等症状。

旅途中要把腹泻等消化系统的疾病作为重点预防疾病。为此，必须养成良好的个人卫生习惯，注意饮食卫生，少吃生冷食物。黄连素片是预防和治疗腹泻的良药，如果在进食后感觉胃肠不适，或对饭店的卫生环境觉得不尽如人意，或感觉进食的食物不太新鲜，都可以立即服2~3片黄连素片，可以起到一定的预防作用。

如果没有随身携带的药物，也可以通过按摩治疗腹泻，效果也很理想。具体方法是：

病人俯卧,两肘撑在床上,两掌托腮,用枕头或其他软物(约 20 厘米厚)垫在靠膝盖的大腿下,使腰部弯曲;治疗者用两拇指按在第 2 腰椎棘突(棘突即脊梁骨上突起的、能用手触到或可看到的隆起骨)的两侧,朝脚方向用强力按压 2 分钟。如此重复一次,即可止泻。

冬季旅游莫忘健康

保暖:冬季户外旅游,最重要的是保暖。最好穿戴吸汗功能强的棉质内衣、质地轻柔的防水透气的防寒服以及防寒手套、帽子、围巾等,鞋子应选择雪地鞋、防滑鞋等。这样既利于徒步行走,又可防止在冰雪上滑倒。同时,还应多带几件防寒服以备不时之需。

护肤:冬季气候寒冷干燥而且风大,皮肤表面水分流失较多。因此可以带些油性较大的保湿类护肤品,以防止皮肤粗糙、干裂。冬季的紫外线也较强,应该预备防晒霜。在冬季,手指、足部、面部是极易冻伤的部位,一旦感觉麻木或冻伤应及时回室内,用手轻轻摩擦来缓解疼痛。

护眼:白茫茫的雪地对紫外线的反射性较强,当被反射的强烈紫外线射入人眼后,会发生光化作用,经过七至八个小时的潜伏期,眼睛就会出现严重的畏光、流泪、有异物感、灼烧感、疼痛感等症状,医学上称之为“雪盲”,又称太阳性眼盲以及紫外线角膜炎。雪地旅行可戴墨镜防止雪盲,可能的情况下,避免戴隐形眼镜。旅行中治疗雪盲可以用鲜牛奶频繁地滴眼。

饮食:冬季旅游时应多喝水,多吃水果。由于干燥和严寒,经常会感到口渴,但饮水过多,在户外活动中会有不便,随时携带润喉片可以缓解口渴感觉一此外,还要多吃些高能量的食品以御寒。

另外,相机里的电池在低温状态时往往无法正常拍照,所以冬季旅游时,您应该在贴身口袋里多带一节电池留作备用。如果碰到温度过低的情况,应把贴身有温度的电池装进相机后再使用。

冬季冰雪旅游病的防治

一、冻伤

冻伤一般发生在气温降到-1℃时。手、鼻、耳、脸等体表裸露的皮肤是人体最容易冻伤的部位,此外,双脚也是很容易冻伤的部位,这主要是因为双脚远离心脏,受血液循环的影响最小。冻伤的症状主要表现为:首先会感到刺痛,接着皮肤会出现苍白的斑点,并且伴有麻木感;随后就会出现卵石般的硬块,并且伴有红肿、疼痛、起泡等症状。冻伤的具体疗法如下:

初步冻伤:将冻伤的部位放到温暖的地方,比如,把手夹在自己的腋下,或将脚抵在同伴的胃部等等。恢复时会产生一定的疼痛感。

深度冻伤:最好的办法是将冻伤的部位放于28℃左右的温水中,让其慢慢恢复,切不可用火烘烤,以防止伤势进一步恶化。

严重冻伤:此时很可能发生的症状是起水泡,不仅很容易受到感染,而且也很容易转为溃烂。这时候要尽快送往医院诊治,不要自行刺破水泡,也不要摩擦伤处,否则伤处受热时会加剧疼痛。

二、雪盲

雪盲是指人的双眼由于长时间处于太阳光线强度过高、过于集中,并经过地面冰雪反射或经过云层中的冰晶反射的环境下,而造成的视力暂时消失的情况。

症状:起初是在瞪大眼睛时,眼睛感觉十分敏感;接着便是不住地眨眼,并伴有斜视;之后视线里会显出逐渐加深的粉红色,并伴有磨痛感。

疗法:到黑暗的地方,将双眼蒙住,并把冰湿布置于额前,以防止高温加剧疼痛。

冬季泡温泉的健康提示

冬季正是泡温泉的好季节,但是,如果泡温泉的方式不当,就会导致皮肤干燥、严重脱皮以及腿部和背部呈现成片红点等症状。这是因为,长时间泡温泉容易使人患上皮炎。

冬季气候干燥,气温较低,皮肤汗腺和皮脂腺被压缩,这会导致皮肤保护膜功效下降。此时,如果长时间泡温泉,极易损坏皮肤保护膜,使得皮肤由于其他物质的刺激而产生瘙痒或过敏等症状。老人和儿童的免疫力和抵抗力比较弱,更易成为此病的高发人群。

虽然温泉中富含有利于人体健康的矿物质,恰当泡温泉可舒缓压力,对某些皮肤病也有一定的疗效,但是长时间的浸泡反而会对健康有害。当水温超过40℃摄氏度时,泡温泉的时间最好不要超过半个小时,否则很容易导致皮肤瘙痒、干燥甚至脱皮。

同时,还应避免在餐后、酒后、饥饿、疲劳或其他不适时泡温泉,泡温泉后还要及时补充水分并适当使用润肤品。

温泉

另外,温泉虽好,但也不是人人都适合。泡温泉之前,一定要先看自己的身体状况来决定,免得乐极生悲。传染病患者、急性病患者(如急性肺炎、支气管炎、扁桃腺炎、中耳炎或急性感冒)、怀孕初期和末期、来月经的女性或身上有伤口者,不宜泡温泉;高血压、心脏病、糖尿病、血管病患者也应遵照医生的指示或在亲友的陪伴下才能泡温泉;癌症、白血病患者,不宜泡温泉,因为温泉会刺激新陈代谢,加速身体的衰老;营养不良或是病后身体极度衰弱时,不宜泡温泉。

旅途中脚泡的防治

外出旅游时,脚泡的产生是比较常见的,它不仅会影响旅游行程的顺利进行,而且处理不当时还可能引发感染。

脚泡的产生是由于脚底汗湿,表皮软化,足掌长时间着力和摩擦,致使局部组织液渗出而形成的。它通常与鞋袜的舒适度、行走的道路不平和速度不匀以及旅游者缺乏锻炼等因素有关。

旅途中为了预防脚泡产生,必须要注意以下事项:一是鞋袜要合适,最好穿半新的胶鞋或布鞋,鞋子不宜过小,鞋跟不宜过高,女同志不要穿高跟硬底皮鞋,鞋垫要平整,鞋内进沙时应及时清除,袜子无破损、无皱褶,并保持鞋袜干燥;二是徒步游览时应遵守循序渐进的原则,先近后远,脚步要均匀,落地要平稳,切勿时快时慢;三是临睡前要用热水烫脚,以促进局部血液循环,同时用手按摩足掌部位。另外,还可以用药物预防脚泡,川芎、细辛、防风、白芷各 4 两,加入 2.5 升水煎至 1.5 升,徒步旅游前将其涂抹在脚底,每天一次。

如果产生脚泡,目前尚无比较理想的治疗方法,主要是将泡穿刺与引流。首先用热水烫脚 5~10 分钟后擦干,然后用碘酒或酒精对脚泡局部进行消毒,再用已消毒的针(针可用煮沸的水或酒精浸泡)刺破脚泡,使泡内液体流出、排干。但是,处理脚泡时,切忌剪去泡皮,以防止伤口感染。

旅游中的休息与饮水

外出旅游,休息与饮水是十分重要的两件事,要讲究科学的方法。

旅游途中的休息要讲究科学的方法,而不能由着自己的性子来。旅途中科学的休息原则应当是长短结合,并且短多长少。所谓长短结合,就是指短时间的休息与长时间的休息应保持一个合理的度。短时间的休息是途中临时的短暂休息,时间一般控制在10分钟以内,以站着休息为主,并且不卸掉背包等装备。这种休息可以多一些,但时间要短。长时间的休息在平路旅行中一般2小时一次,一次可控制在20分钟以内,不要马上坐在地上,而要先站一会儿后才能坐下,此时应卸下所有的负重。休息期间,可以自己或者相互按摩一下腿部、肩部、颈部等部位的肌肉,同时也可以活动一下四肢。休息是为了更好地前行,而不是躺卧不起。

旅途中的饮水同样要讲究科学的方法。人体的新陈代谢离不开水,在运动中由于大量出汗,人体的需水量要比平常多,及时补充水分是十分必要的。但是,必须要掌握一个度,感觉口渴时,应适当地忍耐一下,不要一渴就喝,更不要猛喝,每次喝水最多一两口,过量的水只会加重心脏的负担。科学的饮水方法应当是达到人体基本需求即可。水源可以是自带的白开水、矿泉水、茶水或运动饮料等,暑天还可以预备一些酸梅汤、橄榄汤、酸角汤等消暑饮料,它们既能解渴,又能达到消暑作用,但这些饮料的浓度要低一些。途中最好不要喝酒和含糖分多的饮品。

旅游中要讲究科学饮食

如果您是乘飞机出游,在登机前不要吃得过饱,以吃七分饱为宜,更不要喝大量的可乐、雪碧之类的碳酸型饮料,以免在高空飞行时由于气压偏低而引起胃肠胀气,甚至呕吐。但是也不能空腹,以免导致晕机。如果您是坐汽车、火车或轮船出游,也要吃了饭再出行。有些人怕晕车、晕船而不敢吃东西,其实空腹更容易晕车、晕船。正确的方法是吃少量的清淡饮食,口含一粒话梅等咸味零食,静静地躺在车船上即可。途中要按时进食,最好能吃上热菜热饭,尤其要吃好早餐。

在旅游途中,尽量不要吃喝。实在渴了,可以吃些苹果、桃子、西瓜之类的多汁水果,千万不要在满头大汗时“狂饮”,否则极易破坏体内的水盐平衡和酸碱平衡,导致反馈性出汗，不仅消耗大量的体力，而且还越喝越出汗，造成恶性循环，甚至引发头晕眼花等虚脱现象。喝水最好选择茶水、白开水或矿泉水，冷饮不能解渴，碳酸型饮料又容易加重腹胀和疲劳，所以要尽量少喝。实在饿了，可以吃少量的饼干、果脯等高能量且卫生的零食。

旅游途中的午餐要吃得适中，不宜猛吃大鱼大肉，因为吃得太饱、太腻会使人倦怠乏力，影响下午活动的精力。另外，千万不要饮酒，尤其不要喝大量烈性酒。午饭后要稍休息片刻，慢慢地喝些茶水。

一天的旅游行程结束后，晚餐可以按自己的喜好和口味吃喝，不妨吃得好一点，可以喝点酒或饮料，以消除一天旅游带来的疲乏，使体力尽快恢复。

旅游中营养食品的补充

在旅游中，畅游奇山秀水、名胜古迹固然令人赏心悦目、心旷神怡，但也会由于四处奔波、体力消耗而造成极度疲劳。因此，在旅游的过程中，游客除了应保证充足的睡眠之外，还要注意及时补充营养食品。

补充水分。除了喝矿泉水或宾馆酒店的普通茶水之外，还应多喝一些富含营养的饮料，如杏仁露、椰子汁、浓缩橙汁等。如果有条件，最好每天加喝一杯牛奶或咖啡。

补充维生素。旅游团一般八人一桌就餐，四菜一汤也好，六菜两汤也罢，常常是八人共享一两盘蔬菜，这很难达到维生素的日均摄取量标准。因此，在自由活动时，可适当购买葡萄、苹果、柑橘等富含维生素的水果来吃，做到"桌内损失桌外补"。

补充蛋白质。如果您参加的旅游团不属于豪华团、贵宾团，那么就别指望餐桌中会出现丰盛的山珍海味。尽管普通团的餐桌上也会有肉类菜肴，但是由于量少人多，每个人所吸收的蛋白质很难补充大量的身体消耗。这时，您很有必要在睡觉之前补充一点蛋白质，茶叶蛋、牛奶是不错的选择。

补充"精神营养"。除了上述物质营养需要补充之外，"精神营养"同样不容忽视。当天的游程结束返回住地后，可以到当地的娱乐场所，或放声歌唱，或翩然起舞，或拍手助兴，或静坐观赏，劳逸结合，怡然自得，这样才能使旅途生活变得更加轻松活泼、丰富多彩。

旅游安全

人们在节假日选择外出旅游本来是一件赏心悦目的美事，但是，如果在旅途中发生意外的事故，那么不仅会给自己和他人带来不必要的麻烦，影响游玩的兴致，而且还可能中断整个旅游行程，甚至可能影响到日后的学习、工作和生活。因此，对于旅游过程中的一些意外伤害事故，旅游者必须具备相应的安全防范常识，这样才能防患于未然，确保旅途顺利、平安和愉快。

旅游时应注意哪些安全

外出长途旅游时，要根据当地气候条件和沿途各地的环境，准备合适和实用的衣物。养成每天看天气预报的好习惯，随时了解气候变化，及时调整计划，以防患于未然，否则，突降暴雨或台风袭击很可能将您置于难以预料的困境之中。

旅游途中要注意休息，不宜过度疲劳。夏天应防中暑，在温热地带要防蚊虫叮咬；冬天应注意防寒，登山时要防跌打扭伤。

旅游途中要讲究饮食卫生，不吃不干净的饭菜和瓜果，不喝不卫生或过期的饮品。慢性病患者更须谨遵饮食禁忌，以免旧病复发。在流行性疾病传播季节和寄生虫病流行地区，一定要事先做好相应的预防工作。

旅游途中要保管好自己随身携带的钱物，不要将钱都放在一处，最好分成若干份，分别携带。不要随意暴露钱，以免被坏人盯上；不轻易借给别人钱，也不轻率接受他人的钱；不要对生人滔滔不绝地说讲，对于生人敬让的饮料、食品、香烟、纪念品等，最好婉言谢绝；尽量避免与他人发生争执，也不宜参与别人的争执。

旅游途中要特别注意交通安全，不与机动车抢时间、比速度，不要将头和手伸出车窗外。当发现乘坐的长途汽车司机表现得情绪低落，或醉意朦胧，或疲惫不堪，或异常激动时，应毫不犹豫地要求调换司机或改乘其他车次，切不可存侥幸心理。

对于车站、码头介绍住宿的人，最好不要理睬。在临时留宿地，用短暂的时间大致了解一下周围的环境，明白自己所处的位置、方向、安全通道等。

行走中，特别是晚上，步步留神，远离危险建筑物，注意没有井盖的“陷阱”。在狂风暴雨中，一定要避开大树、高压线和高大倾斜的广告牌等。无论用餐、乘车、买门票，还是买土特产品、纪念品，都应问清、看清价码，切忌冒冒失失地“瞎买”，消费后最好索取发票。

儿童春季旅游安全须知

春暖花开的春季是让孩子接触大自然的最佳季节，但在春游过程中存在着的一些问题会影响到孩子的安全和健康，需要带队的老师及家长们共同注意。

防跌伤：由于年龄小，儿童的自我保护意识不强，摔跤、跌伤经常发生。除了在活动奔跑中引起的跌伤外，容易被忽视的是孩子从座位上下地时引起的跌伤、碰伤。一般活动场所的坐椅高度多为成年人而设计，坐在上面的孩子往往会忘记脚是悬空的，因而下地时会发生意外伤害。对此，带队的老师或家长需要时刻提醒孩子注意脚下。此外，在行车过程中，老师或家长还要注意防止孩子因为冲力而从座位上跌落受伤。

防感冒：孩子在活动过程中比较活跃，经常会满头大汗。如果没有及时擦干汗湿，而是捂在衣物里捂干或被风吹干，就很容易引发感冒。因此，老师或家长应该随身携带一些干毛巾，要及时帮孩子擦干身上的汗水。

防走失：孩子在春游中有可能走失，对此，除了多加照看外，老师或家长也可以在孩子的衣物里子上缝上一块标记，写明孩子的姓名及家长的联系方式等。

食物安全：春游时，家长一般会为孩子准备一些食物。但有些食物是不适宜由孩子携带食用的，例如果冻、有核的蜜饯等，孩子在食用时一不小心就会噎住。有奶油夹心的点心容易变质，香蕉容易被捂烂，因此也不适宜携带。

老人春季旅游安全须知

春季到户外去领略无限的春光，不仅能使人在美好的大自然中开阔心胸，陶冶情操，而且能增长知识，强身健体。尤其老年人有较多的闲暇时间，更应参加力所能及的旅游，但老年人在体力和身体状况方面不及年轻人，因此在春季旅游中要特别注意做好自我保健。

要合理选择旅游的地点。老年人要注意量力而行，不宜进行过分消耗体力的登高爬山或远途旅游。可以根据自己的喜好及条件，或选择名胜古迹，或选择休闲度假村。

要有所准备。春季乍暖还寒，忽晴忽雨，气候多变，所以要事先了解旅游地的天气情况，带足衣服和避雨用具，以免受凉或淋雨而致病。

要做一次全面体检。老年人旅游前最好做一次全面体检，体检合格才能出门旅游。有慢性病的老年人出门时要备好应急药物，不可中断原有疾病的治疗。

注意饮食合理及卫生。旅游时体力消耗较大，要备足食品，选择一些易带、营养丰富、新鲜卫生的食品，并且应多吃些水果。旅游时免不了在外面用餐注意不要吃生冷食品和不卫生的食品。

注意安全。老年人外出旅游最好有人陪同，不宜单独外出，不要登山、爬高，防止发生意外事故。

注意做好脚部保健。老年人在旅游中应注意做好脚部保健，例如要穿柔软合脚的鞋，晚上用热水泡脚，并可自我按摩双腿肌肉和脚心……这样能使您在旅游中步履轻松。

夏季海滨旅游安全须知

要选好时间。中午涨潮的时候最好不要下海游泳，仅仅在岸边冲浪就好；一般傍晚5~7点退潮的时候下海游泳比较适宜；再晚一点太阳落山了，没有灯光，再游就不安全了。

不要游得太偏远。初到一个海滩，不熟悉地形，暗礁和岩石都可能在涨潮的时候被淹没在海水中而难以被发现，不小心游得太偏远，一旦发生危险，求救都很困难。初学游泳者尽量别去水深超过身高的地方，安全起见也可租用游泳圈等用具。

海滨风光

注意选择海滩。良好的海滨浴场沙子质地应该较细，而且最重要的是干净。在海滨游泳要注意脚下的石子、玻璃等硬物，小心脚部被刺伤。

注意海里的生物。在海滨游泳自然会遇到一些海底生物，有时候也会被海蜇或者其他生物蜇到，如果有不良反应，需要立即上岸休息、医治，但不管怎样都要保持镇定。

注意防晒。在海滨游泳要事先做好皮肤的防晒措施，而且还需要保护好秀发。

在平日，如果有机会就要参加水中自救训练及心肺复苏术训练。海滨游泳时如果遇人溺水，没有把握时千万不可下水救人，可以一面大声呼救，一面利用竹竿、树枝、绳索、衣服或漂浮物实施抢救。

此外，还要注意以下情况不宜下海游泳：饭后、酒后不宜游泳；有开放性伤口、皮肤病、眼疾等不宜游泳；感冒、身体不适或虚弱时不宜游泳；雷雨天气不宜游泳；水温太低不宜游泳。

夏季旅游遇到洪水怎么办

旅游过程中如果遇到山洪暴发，是一件很危险的事，想要脱险就必须注意以下几点：

旅游前要了解目的地和经过路段是否经常爆发山洪或泥石流，尽量避开这些地区。山洪和泥石流的发生通常有一定的季节性，在多发季节内，不到这些地区旅游。

在不熟悉的山区旅行，一定要有向导，以避开一些地质不稳定的地区。

要随时留意天气预报，凡有暴雨或山洪暴发的可能性，决不可贸然出行。

在山涧行走时，如果遇到洪水暴涨，可向高处找路返回。

山洪暴发时，通常会有行洪道，一定要避开行洪道。

如果洪水冲垮了桥梁，而此时又必须向对岸目的地进发，可以沿山涧行走，找到河岸较直、水流不急的河段，试行过河。会游泳的人可以游泳过河，但要在腰上系一安全绳，将另一端扎在岸边大树或岩石上，并由同伴抓住，下水试探河水深度和河床情况；试探可以涉水时，采取斜着向上流方向游的方式，游到对岸，将绳扎牢在树上等处，再让其他人抓住绳子涉水，这样比较安全。

想要过河时，最好先找一个木棒或竹棍，用它可以试探水深和河床情况，并且有利于保持平衡。迈步时，要等前一足踏稳时，后一足才提起，而且步幅不宜过大。有若干人时，可以 2~3 人相互挽在一起过河。

在水中行走时，如果水深在膝盖以下且水流不急，此时还可以保持平稳，能做各种动作；如果水深已经齐腰，此时不可以贸然涉水，而必须有可扶的绳索或固定物体，否则会有倾倒的可能。

由于山洪暴发、河水猛涨而被困在山中时，一定要选择离行洪道远的高处平地或高处山洞休息，等待救援。此时要保管好随身携带的食物、火种以及必需用品，并且要节约食物，注意饮水卫生。

夏秋旅途中的避雷技巧

夏末秋初是雷雨天气的高发期。如果您正在旅途中，突然遇到电闪雷鸣的天气，一定要沉着应对，否则，雷电可能会对您造成很大的伤害。具体来说，避雷有如下的技巧：

如果身处楼房、树木等高大物体旁边，应该马上离开。如果身在空旷的地方，应该马上蹲在地上，这样可减少遭雷击的危险。不要用手撑地，这样会扩大身体与地面接触的范围，增加遭雷击的危险。双手抱膝，胸口紧贴膝盖，尽量低头，因为头部最容易遭雷击。

不要在大石下、岩石下或山洞口躲避雷雨，因为电流从中通过时会产生可以伤人的电弧。但是，深邃的山洞比较安全，所以应尽量往里面走。

空旷地带和山顶上的孤树、孤立草棚等最容易遭雷击，这时如果在其下避雨是非常危险的，尤其是站在向两旁伸展很远的低枝下面，所以应该远离这些地方。但是，如果野外有片密林，一时又找不到其他合适的避雷场所，那么也可以利用密林来避雷，因为密林各处遭受雷击的机会差不多。此时最好选择林中空地，并且双脚合拢，与四周各树保持差不多的距离就可以了，但不要站在密林边缘。

在江、河、海、湖泊或游泳池中游泳时，如果遇上雷雨，一定要立即上岸离开。因为水面易遭雷击，而且在水中遭受雷击时，还会增加溺水的危险。另外，尽量避免呆在没有避雷设备的船只上，尤其是高桅杆的木帆船。

如果在驾车时遇上雷雨，则应留在车内。因为车壳是金属的，有屏蔽作用，即使闪电击中汽车，也不会伤人，所以车厢是躲避雷击的理想地方。但是，雷雨天气最好不要骑自行车、摩托车和开敞篷拖拉机。

秋季采摘之旅安全须知

秋季，很多都市人喜欢去远郊区县采摘一些新鲜的蔬菜瓜果。但是，每年都有游客在采摘时发生一些有害健康的小事故，破坏了赏秋的乐趣。因此，秋季采摘时，必须注意：

小心毒虫、毒蛇：

秋天的郊外环境并不“太平”，一些对人体构成威胁的毒虫、毒蛇、马蜂等，常常利用茂密的灌木丛隐蔽起来，当人们不小心碰到它们时，它们就会向人发起攻击。

对此，应对的办法比较多，其中比较实用的是，随身携带一根长1米左右的木棍，以便应急使用。一旦发现毒虫或毒蛇之类的动物后，如果没有把握将其消灭或赶走，就要立即回避，但不要大喊大叫。万一被袭击，应尽量挤出伤口中的毒液，并迅速去医院。

警惕“鲜花杀手”：

在秋季，许多过敏性和呼吸道的疾病都是由于鲜花的花粉混加在空气中，从鼻子进入体内后而导致人发生疾病的。临床医学证实，至少有200多种花粉，进入呼吸道后，容易诱发人体出现异常的反应。空气中的花粉浓度越高，就越容易使人患上过敏、感冒、肺炎、鼻炎、咽炎、头痛、眩晕、高血压、支气管哮喘等病。

预防“鲜花杀手”的攻击，比较简单易行的办法有：首先，秋季是空气里花粉浓度最高的季节，有过敏史的人在秋季出游一定要格外注意，有必要的话应该戴上口罩或是丝巾，不要接近可能引发过敏的鲜花。其次，对于不明的野花最好不要去采摘，更不要随意把野花带回家，或者是随意将其插在头发上。从野外回家后，应该立即脱下外衣进行消毒、清洗，鞋也要清洗干净，最好自己也冲一个淋浴。

冬季旅游莫忘安全

对于喜欢旅游的人来说，冬季的寒冷并不能阻挡他们出游的脚步，冰雪世界的哈尔滨、阳光灿烂的海南、四季如春的云南等地，都是冬季出游的最佳选择。但是，冬季旅游时一定要注意安全。

冰雪运动作为一种时尚的休闲旅游项目，近些年来愈发受到人们尤其是青年人的青睐。然而，滑冰滑雪是一项技术含量高、运动速度快的运动，极易发生意外伤害事故。在冬季冰雪旅游的过程中，有很多人因为滑冰滑雪而发生意外，对身体造成伤害。尤其是初学者，首先应该学好基本的滑冰滑雪技术，最好聘请富有经验的专业教练进行系统培训，其间还要按照教练和雪场工作人员的指导和安排去做，在未达到一定水准时切勿擅自到专业的雪区去滑雪，以防止发生意外。

另外，在参加各类活动之前，游客必须要做好充分的准备。选择旅游项目和线路时，一定要考虑到个人的年龄特点和身体状况，并且在出游时带好必备的药品、导游图以及车、船时间表等，以做到有备无患。选择登山、穿越沙漠和森林等危险性系数较大的旅游活动时，在出行前一定要加强体能和技术训练，必要时应接受专业人士的指导。对于热爱探险的旅游爱好者来说，一定要事先制定详细的计划和应急预案，尽量避免进入通讯不畅通的区域，以免给救援带来困难。

值得注意的是，冬季出门旅游的风险系数高于其他季节，所以一定要为自己买份旅游意外险。同时，冬季风干物燥，极易发生火灾，所以在景区游玩时要注意防火，不使用明火、不在禁烟区吸烟等，以保障个人和景区的安全。

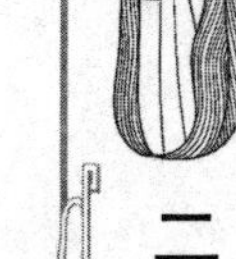

泡温泉遵守原则保安全

温泉浴因其独特的治疗保健作用而备受养生者的青睐，而冬季又是泡温泉的绝佳时期。但是，温泉浴是一项比较复杂的养生活动，它有很多的讲究，泡好了，有利于身体健康；泡不好，不仅损害身体健康，而且还有可能发生危险。因此，泡温泉时，一定要遵守相关的原则。

一、先蒸桑拿后泡温泉。

很多温泉都带有桑拿房，有些人在泡完温泉后习惯到桑拿房里蒸一蒸。但是，泡温泉后水中的营养物质刚刚被人体吸收，如果此时立即蒸桑拿，这些营养物质就会随着汗液排出体外。而且，泡完温泉之后，身体本来就很疲倦了，此时再蒸桑拿，很有可能导致缺氧、晕倒等危险情况。

二、单次泡不超过 30 分钟。

泡温泉时间的长短要根据泉水温度的高低而定。一般来说，初次浸泡时间最好控制在 3~10 分钟，等身体适应后，再慢慢延长浸泡时间，但每次浸泡的时间最好不超过 30 分钟。

三、感觉不适就应起身。

初泡温泉应以每天一次为宜，适应后再增加为 2~3 次。泡温泉的过程中，身体一旦感觉不适，应立即起身离开；泡完温泉则应充分休息，并且注意补充营养。

四、不可骤然浸入温泉。

尤其是有动脉硬化或高血压、心脏病的人，千万不可骤然浸入温泉，以免由于血管忽然膨胀而影响血压。在泡温泉前，应用泉水擦身，让身体逐渐适应温泉的温度。

五、泡后充分休息再开车。

很多有车族通常会自己开车去泡温泉，但切记泡完后要休息一两个小时，然后再开车返回。这是因为，泡温泉毕竟是需要耗费一些体力的活动，而且泡后身体的血液循环变快，身心一下子放松，反应力和注意力会有所下降，所以此时不宜马上开车上路。

冬季滑雪旅游安全须知

一、选择好天气。

根据近期天气变化选择好滑雪的时间，注意天气预报，最好避开大风天。气候突变时，最好中止滑雪旅行，采取应急措施。一般无可靠防备措施时不要向偏僻地区中深入太多，因为风雪弥漫时，极易迷失方向，雪板痕迹被抹平，不易找到回路。

二、着装不能凑合。

滑雪

滑雪这项运动对着装有一定的要求。最好穿着吸汗功能强的棉质内衣；上衣要宽松，颜色应鲜艳，领口应为直立的高领开口，袖口、裤口应为缩口；滑雪帽最好选用套头式。由于雪地上阳光反射很厉害，因此滑雪镜必不可少。

三、检查滑雪工具。

滑雪前应注意滑雪器材的安全可靠性。仔细检查滑雪板和滑雪杖，包括有无折痕、固定器连接是否牢固等。

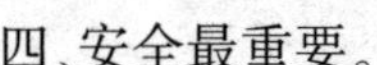

四、安全最重要。

滑雪时不要擅自越过滑雪场界限，在区域较大的雪场滑雪时应早去早回；滑雪时要与其他人保持一定的距离，以免发生碰撞；不要和同伴相互打闹、嬉戏，以免发生意外。

滑行中如果失控跌倒，应迅速降低重心并向后坐，举起四肢并屈身，任其向下滑动，千万不要随意挣扎。要避免头朝下，更要绝对避免翻滚。

五、注意保护眼睛。

由于雪地上阳光反射很厉害，加上滑行中冷风对眼睛的刺激很大，因此需要有一副眼镜对眼睛进行保护。最好选择外观上类似潜水镜的全封闭型滑雪镜，能紧贴面部，防止进风。视力不好的滑雪者，应该尽量佩戴有边框的树脂镜片的眼镜，它在受到撞击后不易碎裂。

骑自行车远游安全须知

拥有一辆自行车十分容易，因此越来越多的人想尝试骑车远游。骑自行车远游，不仅要有健康的体魄，而且还要略通一些基本的小常识。

车检：骑车远游时，自行车作为交通工具，其性能的好坏至关重要。出发前应对各部位的机件做全面彻底的检查，并随身携带榔头、气筒、扳手、钳子、螺丝刀等常用修理工具，以及滚珠、内胎、闸皮、车条、气门芯等备用件。当天行程结束后还要认真检查车子，发现问题要及时解决。

装备：骑车旅游对服装尤其是裤子要求比较严，以宽大为佳；夏天可以穿背心、裤衩，

阻力小,通风性又好。雨具、卧具、太阳帽、太阳镜、常用药、照明器材、交通地形图等都是必备之物。最好选用专业的自行车包,用起来顺手方便;普通背包一定要设法扎牢。

车速:要合理安排运动量,保持一定的速度,切忌忽快忽慢。每2~3小时休息一次,不要想停就停。在特殊道路条件下行车,车速的把握尤为重要。路遇浅河、水洼、碎石时,不要习惯性减速,车速快反而易顺利通过;在泥泞的路面行车,不妨拆下前后挡泥板,以免污泥堵死挡泥板和车轮间的缝隙;下坡时,注意前后闸都要捏。

另外,还要注意,在夏天遇到柏油融化的路面时,千万要避开,如果别无选择,要先上土路让车轮沾些黄土后再上柏油路,以防被粘住。

驾车出游安全须知

注意弄清线路。出车前一定要事先设计好行车路线,做到心中有数。但谁都不可能对全国公路情况了如指掌,这时您就要借助公路交通图册。公路交通图册的挑选十分重要,有些交通图册的资料数据跟不上公路发展现状,所以要注意挑选包含最新资料的详尽的交通图册:里程最好标注到乡,城市交通示意图也要尽量详细,如果还能标出每个城市的基本行车规定就更为理想。

注意预防抛锚。现在许多有车族会开车但却不会修车,一旦车子中途抛锚,司机往往束手无策。其实,很多抛锚情况都是由于一些小的事故造成的,例如爆胎、亏电、排气管进水、线路接头松动等,这些都不足以影响汽车的机械性能,如果稍加指点,就可自己动手解决。所以,自己在平时要多了解这方面的知识,多爱护保养自己的爱车;出车前先仔细检查车况,一旦抛锚,要认真分析查找原因,然后对症下药。

注意事故处理。行车路上,忌说“死”“翻”“撞”等敏感话题,以免引起司机心理上的不良反应。行车上路,要坚持礼让为先、安全第一的原则。但如果真的发生交通事故,首先要保持冷静,然后尽快采取有效措施,做好善后处理。平日里应多了解一些关于交通事故及伤亡救护的知识,掌握一些善后处理的经验技巧,做到有备无患。

此外,夏天驱车时要特别注意不宜使用气体打火机。盛夏热浪滚滚,有些司机有抽烟解乏的习惯,可点燃香烟后便把气体打火机随手放在发动机罩上,这是很危险的。一次性使用的气体打火机,在受到重击或40℃以上高温时,气体会受热膨胀,塑料外壳就会因此发生爆炸。一旦引发火灾,后果不堪设想。

出国旅游走失了怎么办

出国旅游，无论是自助游还是随团游，都应该格外小心，因为周围的环境比较陌生，常常会发生一些意想不到的问题，其中最为常见的是不慎走失。

不慎走失时，首先要保持镇静，应在导游约定的地点等候，千万不可自作主张地回到下车的地点，除非领队说过会在那里上车。

如果脱离团队已有一段距离，而您知道团队下一站的详细地址，那么可以给领队打电话，然后马上乘出租车赶过去。

如果记不得下站的地址，又不记得领队和所住酒店的电话，那么可以打电话回家，让亲友同国内旅行社取得联系，从而尽快得知领队的联系方式和团队的下一个目的地，或者也可以到警察局、大使馆或当地旅游观光部门请求援助。如果忘记了酒店的具体名称，应尽可能地仔细回想并描述酒店及其周围建筑的特征。

最好不要轻易相信陌生人，特别是过于热情的陌生人。由于中国游客有随身携带大量现金和贵重物品的习惯，所以国外常常会有一些“黑导”等候在路边，专门诱骗中国游客。

另外，为了预防迷失这类意外事件的发生，每位游客在出游前都应仔细阅读出团通知、注意事项以及境外和国内的紧急联络人电话，并且随身携带紧急联络电话号码。

每到一站时，一定要记下所住酒店的名称、地址、电话、旅游车牌号、导游联系电话等相关信息。到达国外酒店后，最好向领队、当地导游或是酒店前台索要一张酒店的地址卡片。

外出旅游防偷有高招

袋鼠包：双肩背包不仅可以携带较多的物品，而且还可以解放双手，但它也存在着全部暴露在身后、被偷后不易发现等缺点。因此，最好将双肩背包反过来背在胸前，就好像袋鼠身前的口袋一样。

“人”字腿：长途旅游时往往会有比较多的行李，很容易被小偷轻而易举地钻了空子。因此，最好将存放了贵重物品的行李包夹在自己的两腿之间，使双腿形成“人”字。

防扒服：如果除了现金、手机等小件物品之外，没有其他多余的物品，那么没有必要携带背包或手包,此时可以穿着牛仔服一类的紧身、敏感度高、适宜防偷的服装。

安全链:可以在手机上拴一根链子,然后把链子固定在安全的位置,这样具有极好的防偷效果。

补救卡:将一张写有自己的联系方式的联系卡放在钱包里,一旦钱包被偷,当民警抓住小偷以后,可以及时联系到失主。

另外,在旅途中还要掌握"拿"钱的技巧,一要记住"按囊取钱",二要始终保持各种面值钞票的结构平衡。

购买比较便宜的物品时,不要掏放有大面值钞票的口袋。在需要使用较大面值的钞票时,最好做到该付多少整数,就取几张整钱。零钱花没了,要及时在僻静处取出一张大面值的钱在下一次消费中换成中、小面值的钞票,并且均匀地放到各个口袋里。做到小心放钱、用钱,这样就不会给小偷留有可乘之机。

外出旅游的防骗技巧

在旅途中,经常会发生游客被"宰"的事件。当合法权益受到损害时再进行投诉,就显得很被动了。因此,对于旅游者来说,有必要掌握一些外出旅游的防骗技巧。

首先,随团出游必须选择透明度高、信誉佳、服务好的旅行社,千万不可轻信天花乱坠或闪烁其词的广告宣传,这样才会使您的行程有所保障。否则,按计划乘坐的豪华大巴就可能变成普通客车,下榻的星级宾馆可能改为普通招待所,六菜两汤也可能变为四菜一汤。国内、国外都有一些大景套小景、大园套小园的景区,进大门必须买门票,进里面的小景点、小园也得买门票,其中有些门票是不含在团费中的。对此,您应酌情考虑,对于自己不感兴趣或认为无观赏价值的景点,最好敬而远之,不要盲目地漫游。

旅游购物时更要小心谨慎。对于景区内和路边小店的土特产、纪念品,最好不买或少买,因为这些地方出售的商品,其价格要比当地市镇商店的标价贵得多。如果决定购买,则应货比三家,讨价还价,才会避免吃亏上当。

在某些城市游览观光时,有时会有一些先生、小姐主动上前为您拍照。如果您不婉言谢绝,那么,当您离开观光场地时,这些先生、小姐就会把挂着您头像小照的钥匙圈等物品交给您,当然,索价也会让您大吃一惊。此时此刻,想后悔都来不及了。

旅游中乘车如何避免意外伤害

旅游的过程中,有时难免会发生一些意外事件,其中比较常见的是汽车事故。乘车时,如果能提高警觉并采取相关措施,则有可能避免或减少意外伤害。

如果车上有安全带,那么一定要系好,它可以将车辆碰撞时的损伤程度降至最低。如果是站在汽车中,一定要用手握住固定物品,尤其在将要停车前更不能大意,过早松手,停车的惯性很可能让您跌倒致伤。如果是坐在汽车的座位上,两手应握住前排座位的靠背横杆,手要保持向前推的动作,两腿也要前伸,使自己保持"顶住"前面的姿势,这样在紧急刹车时可以减少前冲的力量。

上车后不仅要将自己的物品放好,而且还应查看四周,对于有可能在振动或刹车时掉下来的物品,应建议其主人重新放好,以免砸伤乘客。同时,对于有可能易燃、易爆的物品或散发异常气味的物品,应协助乘务员进行处理,以消除隐患。

如果感觉事故已不可避免,应迅速用手抱住头部并贴近胸口,以避免在翻滚或碰撞中伤及头部。事故发生后,应在自己清醒时迅速辨别当时的处境,查看自己的受伤程度。如有可能,可以从车窗或车门等出口迅速逃出。但是事故发生后,车的正常结构很可能有所改变,门窗打不开,所以要根据当时的具体情况,灵活地采取逃生的办法。

另外,汽车在行驶中的速度较快,不到万不得已时,千万不能跳车,否则撞在地面上,很可能导致死亡。

野外旅游如何应付意外事故

在野外旅游时,很可能会遇到一些意外事故,下面就介绍几种应急措施:

被毒蛇咬伤时:在野外如果被毒蛇咬伤,患者一般会出现出血、局部红肿和疼痛等症状,严重者几小时内就会死亡。这时,要迅速用布条、手帕或领带等扎紧伤口的上部,以防止蛇毒扩散,然后用消过毒的小刀(可以用打火机的火烧一下刀刃)在伤口处划开一个长约1厘米、深约0.5厘米的刀口,用嘴将毒液吸出。如果口腔粘膜没有损伤,其消化液可起到中和作用,所以吸毒液的人不必担心中毒。

被昆虫叮咬或蜇伤时:先用冰或凉水冷敷伤口,然后在伤口处涂抹氨水。如果被蜜蜂蜇了,可先用镊子等将刺拔出后,再在伤口处涂抹氨水或牛奶。

骨折或脱臼时：先用夹板固定伤处，然后用冰或凉水冷敷，有条件时应立即去医院就医。从大树或岩石上摔下来伤到脊椎时，要先将患者平放在平坦而坚固的担架上固定，不让其身子晃动，然后再送往医院。

外伤出血：野外备餐时如果被刀等利器割伤，可以先用清水冲洗伤口，然后用干净的手巾等包住。轻微出血时可以采取压迫止血法，1 小时过后每隔 10 分钟左右要松开一下，以保持血液循环。

食物中毒：吃了腐败变质的食物后，除了会腹痛、腹泻外，有时还会伴有发烧和衰弱等症状，这时应多喝些饮料或盐水，也可以采取催吐的方法让患者将食物吐出来。

沙漠遇险时如何求生

要想在沙漠中生存下来，主要取决于三个相互依赖的因素，即周围的温度、活动量及饮用水的贮存量。而总的来说，在沙漠中求生要遵循下列六个原则：

一、出发前一定要将自己的行程路线、动身与抵达的日期通告给熟识的亲友。

二、尽可能携带充足的饮用水，学会保存体内水分的方法，学会找水的各种方法。

三、要做到“夜行晓宿”，千万不可以在炎炎烈日下行动。

四、前行过程中要留下记号，以便于救援人员寻找。

五、学会寻找食物的各种方法。

六、学会发出各种求救信号的方法。

在上述六个原则中，关于“水”的原则是最为重要的。这是因为，在阳光的直接照射下，即使不进行任何体力活动，人体所消耗的水分也要比在阴凉处多 3 倍。如果人们能将水的消耗降低到最低，那么生存下来的可能性就会大很多。对此，专家们有一句警语：“不要与沙漠对着干，而要去适应它。”因此，在沙漠中行进的人要学会保存自己体内水分的方法，学会在表面上看起来滴水不存的地方找到可以饮用的地下水源。很多从沙漠中死里逃生的人发现，形形色色的仙人掌就好比是天然的水库。在沙漠中有一种仙人掌，据说一次可以挤出 4 升水。而很多人恰恰不懂这一点，从而与仙人掌失之交臂，在仙人掌的阴影下被活活地渴死了。另外，还可以用一些昆虫的汁液和动物的血来止渴。

海上遇险时如何求生

海上遇险与沙漠中遇险一样，最大的威胁都是缺水。但是，海上遇险者在精神上所承受的折磨却比沙漠中的遇险者大得多,因为他们的四周不是干旱的沙漠,而是可望而不可喝的滔滔海水。他们不得不进行双重斗争:其一要与自然环境斗争,其二要克制自己喝海水的欲望。海上遇险者为了止渴,开始只是用海水漱口,进而小口喝起来,渐渐地经受不了海水的引诱而"饮鸩止渴",直到死亡。

为什么喝海水会致死呢?因为人在喝海水的同时也吃进了溶解在海水中的盐,其成分主要是氯化钠。但是人体只需少量的盐,多余的盐会以尿的形式由肾脏排出体外。在正常的情况下,肾脏每天需要半升左右的水来排出多余的盐,人体中的水分也应得到源源不断的补充。而喝了海水的人,人体组织中的水分不仅得不到及时补充,而且原有的水分也被海水中的盐吸走了。因此,遇险者喝的海水越多,其身体组织就越渴,盐中毒程度就越深,当肾脏发生盐饱和状态时,人的生命就会受到威胁。

那么,如何在海上找到淡水呢?雨水是最重要的淡水来源,所以每当有下雨的预兆时,一定要事先做好接雨水的准备。除了雨水之外,还可以从鱼和海鸟身上挤出一定量的淡水。

海上遇险者遇到的第二个问题是寻找食物充饥。大海能提供鱼、虾、蟹、龟以及浮游生物等丰富的食物,要想尽一切办法制作捞网、鱼钩等工具。同时还要学会识别毒鱼的方法。一般来说,毒鱼有如下特征:双睛下陷,面目可憎,鱼鳃发粘,身体呈方形或圆形,鱼皮松软发白,鱼鳞坚硬,其味令人作呕;如果用手指按其表皮,留下的指印会长时间不消失。

海上遇险者还要学会对付鲨鱼的攻击。首先需要克服恐惧的心理。大多数的鲨鱼是不会攻击人的,最危险的鲨鱼通常在近海。千万不要向鲨鱼示弱,可以大胆地向它们挑衅,如高声呼喊、用手脚击水等。鲨鱼最讨厌橙黄色,所以海上遇险者要清除所有橙黄色的东西。

另外,海上遇险者还要掌握发出求救信号的方法,比如:利用反射镜、燃烧不必要的衣物、向海水中投放染料,等等。

森林遇险时如何求生

这里所说的森林,是指完全失去一般生活条件的原始森林,它是很多探险旅游爱好者心之向往的地方。但是,要想在森林中生存下来,并不是一件很容易的事情,至少要注意三个方面的问题。

首先是防止疾病,平日里应该对野生草药具备基本的了解,以防不测。

其次是要掌握对付各种昆虫的有效办法。森林里有很多能够传播疾病的昆虫,其中最为可怕的便是蚊子。为此,应注意下列事项:一是不应把宿营地设在沼泽旁;二是一定要使用蚊帐;三是尽可能少脱衣服,不可把衣裤、鞋袜放在地上;四是搭起的床应至少离地 1 米。

必要时也可采用森林土著人的一些驱赶昆虫的方法,比如:把牛粪和泥浆混合起来涂抹在身上,可以驱蚊;把椰子油或烟草汁涂抹在身上,可以防虱子;面包、树叶可以驱赶苍蝇、臭虫等;把柠檬放在潮湿的地方,可以避免蚂蚁的袭击;点燃的香烟常常可以使许多死死咬住皮肤的皮肉虫松口。

最后是要学会被毒蛇咬伤后的处理方法。一旦被毒蛇咬伤,而身边又没有解毒药时,应立即在伤口的向心一侧绑上一条止血带(但要注意每隔 20 分钟松开一次),然后用消过毒的小刀切开伤口,挤出含有毒液的血,但是切忌在伤口处涂抹酒精。

至于在森林里的吃喝,一般是不成问题的,因为森林里有很多的果树可以提供大量的营养和水分。

名山游览

珠穆朗玛峰

天外奇峰从海底崛起

喜马拉雅山是世界上最高大最雄伟的山系，却也是最年轻的山脉之一。据地质学家考证，7000万年以前，这里还是一片汪洋大海，在剧烈的造山运动中，喜马拉雅山骤然隆起，构成一道威武雄壮的陆上屏障。如此说来，印度洋上星罗棋布的岛屿，与绵亘于中国、印度、不丹、尼泊尔之间的峰峦叠嶂，居然是一脉相承，共同经历了地球上沧海桑田的巨大变化。

珠穆朗玛峰

喜马拉雅山长达2500多千米，它所拥有的8000米以上的高峰就多达14座，尽显“地球屋脊”的风采，而在这高高的“屋脊”上，又耸立起一座昂首天外的奇峰，它就是珠穆朗玛峰。在藏语中，“珠穆”的意思为“女神”，“朗玛”为“第三”，“珠穆朗玛”合到一起就是“第三女神”。尼泊尔人则称它“萨加玛塔”，意思是“摩天岭”。西方人普遍称它为额菲尔士峰，那是为了纪念英国人乔治·额菲尔士，他担任过印度测量局局长，负责测量过喜马拉雅山脉。

从海底崛起的珠穆朗玛本身就足够神妙，它的峭拔冷峻无山可及，永恒的冰封雪裹中隐藏着创世纪的重大秘密，而流行在藏族同胞中的各种传说更为它笼罩上一层层神奇的色彩。相传珠穆朗玛原是一位天上的仙女，她有五个姐妹，大姐珠穆次仁玛，二姐珠穆丁结沙桑玛，四妹珠穆珠桑玛，五妹珠穆定格日卓桑朗玛。珠穆朗玛排行第三，却是五个姐妹中长得最漂亮的，而且性情最温和。她厌倦了天宫中绝俗的生活，喜欢人间烟火，于是就趁着天降大雪之机，背着父母和姐妹们偷偷下凡，降落到这片雪域圣地。那四位姐妹得知珠穆朗玛的下落后，便纷纷来到她的身边，与她朝夕相处。后来，她们化为喜马拉

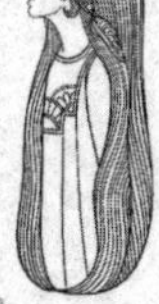

雅山脉的五大主峰，永驻人间，为首的珠穆朗玛就是当今世界最高峰，被藏族人民亲热地称之为“神女峰”。

在神话传说中，珠穆朗玛峰的很多特征都有来历。比如，珠峰气候恶劣，变化无常，那是因为珠穆朗玛下凡后，在晴日里显得特别妩媚动人。云魔时常来偷吻她的朱唇，风魔不时掀起她雪白的纱衫。温柔的女神被招惹得大发雷霆，便施出法术，让云魔在雪中打滚，让风魔在冰岩下哭泣。至于珠穆朗玛峰的峰顶那么平，则另有一段传说。

相传在人类还没有出现的时候，宇宙间有一位大神，名叫珠穆朗玛。为了不让天塌下来，他就一个人撑在天地之间，这一撑就是一万八千年。他实在撑不住了，就趴了下去，肉体变成了珠穆朗玛峰。他的身高只有3000米，所以他变成的山峰也只有3000米高。又过了不知多少年，盘古突然间醒来了，他见面前一团漆黑，就抡起大斧头一通砍，天和地又分开了。这回由盘古来支撑天和地。他感觉累的时候，就在珠穆朗玛峰顶上坐一坐，坐了几次就把峰顶坐得平平的。盘古最后也累倒了，就倒在了珠穆朗玛峰上，给它增加了几千米的高度。盘古呼出的气都留在了珠峰上，变成了雪，这就是珠峰奇冷无比的原因。

在藏族人民中间还流传着一个关于喜马拉雅山和珠穆朗玛峰的传说，竟然道出了山海巨变的秘密，与科学家考证的结果相呼应。那是很久很久以前，如今的喜马拉雅山区还是一片汪洋，海边生活着各种各样的飞禽走兽。忽然有一天，从海里冒出一条长着五个龙头的毒龙，喷出五种颜色的火焰和五种颜色的毒瘴，刹那间森林燃起大火，鸟兽们被毒瘴包围，眼见得奄奄一息。就在这时候，从天边冉冉飘来五朵彩云，幻化成五位仙女，她们与五头毒龙展开激烈的搏斗，终于降伏了毒龙。

灾难平息后，五位仙女正要返回天宫，获救的众生灵苦苦哀求，希望她们能留下来保护众生。五仙女大发慈悲，便答应留了下来。她们来到大海边，施展无边法力，只见汪洋渐渐退去，东边生长出茂密的森林，西边变成了万顷良田，南边长出了美丽的花草，北边变成了无际的草原。五位仙女来到西南边，化成了五座美丽的神女山，守卫着她们亲手建造起来的美丽家园。

这些传说在平时是可以当成故事来听的，而如果你有机会到珠峰地区游览，就会找到与它们暗合的物证。在海拔几千米的高山营地，你可能会随手捡到一块海螺化石。假如你不知道珠峰的历史，对这样的发现一定会感到惊诧。吃饭休息的时候，会有一些小孩子背着或捧着一堆“珠峰石”来向你兜售，有鱼有鸟，都是化石。不妨买一块带回家，那上边的痕迹可是几千万年前的描画呀！

而对于科学家来说，这些化石的作用和意义就非同寻常了。古生物学家在与珠峰峰顶同属一个层位的岩层中发现了三叶虫、腕足类、海百合化石群，从而最终确定了珠峰峰顶岩层的年龄。这不是神话，而是科学，但这科学所揭示出来的地质事实又是多么的神奇啊！

征服地球“第三极”

地球有南极、北极，而珠峰号称地球“第三极”。近代以来，人类总是试图征服这三大“极点”，其中有科学考察的成分，有揭示自然奥秘的动机，但也不乏对荣誉的追求。短暂的登顶可以让人类自豪地宣布，地球上的任何高度都只能踏在人的脚下。但高山地带氧气稀薄，根本不适合人类生存，爬一爬小山可以说是体育运动，攀登珠峰这样的雪山，则是挑战人类自身的极限。这份豪情实在让人赞叹，但跃跃欲试者务必谨慎从事，每年都有十数条鲜活的生命魂断珠峰，那是非常严重的警示。

要想成功地攀登珠峰，首先要了解这里的气候特点。每年 3 月初至 5 月末是风季过渡到雨季的春季，而 9 月初至 10 月末是雨季过渡到风季的秋季。在此期间，高空风速会小于每秒 20 米，而且不会降雪，是登山的最佳季节。尤其是 5 月份，珠峰会出现一年中最好的天气，所以被称为登山的“黄金月”。

要想成功地攀登珠峰，还要知道登山的路线。攀登珠峰的基本路线只有南北两条，一条是从中国境内的北坡攀登，一条是从尼泊尔境内的南坡攀登。相比之下，南坡要比北坡容易得多，1953 年 5 月 29 日，新西兰的登山家埃德蒙·希拉里作为英国登山队队员与尼泊尔向导腾辛·诺尔基由南坡登上珠穆朗玛峰，成为有史以来第一支登顶成功的登山队伍。在此之前，曾有三支英国登山队攀登过珠穆朗玛峰，其中第三支登山队的安德鲁·欧文在登顶过程中失踪。他的遗体于 1999 年在海拔 8150 米处被发现，而他随身携带的照相机不见了，所以无法确定他是否为珠峰登顶成功的世界第一人。

从北坡攀登珠穆朗玛峰，除了要克服严寒、缺氧外，还必须越过两个最艰险的地带——“北坳”和“第二台阶”。“北坳”是珠峰与北峰之间的鞍部，海拔 7007 米，坡度平均在 70 度，好似一堵高耸的城墙屹立在珠峰的腰部。在“北坳”险陡的坡壁上，常年堆积着深不可测的冰雪，冰川裂缝纵横交错，冰崩、雪崩和暴风雪随时会发生，被称为“连飞鸟也难以穿过的天险”。“第二台阶”位于珠峰 8570 米至 8600 米之间，相对高度约 30 米，岩壁陡峭光滑，平均坡度在 60 度～70 度之间，它的顶部还有一座约 3 米高的垂直峭壁。从 1921 年到 1939 年，英国人连续派出 8 支登山队从北坡攀登珠峰，都遭到了失败，有人还丧失了生命。因此，他们把北坡称作是“不可攀援的路线”“死亡的路线”。

另外，不管从哪个方向登顶，最后一关依旧充满危险。珠峰顶部是一条西北—东南走向的山梁，长 10 余米，宽不过 1 米，好似鱼脊，一旦刮起风来，这上边根本站不住人。如果赶上坏天气，即便顶峰近在咫尺，也不容你接近半步。

从中国一侧攀登珠穆朗玛峰的桂冠应该戴在中国人的头上,新中国登山队于 1955 年组建以来,一直都把从北坡登顶珠峰当作最大的梦想。1960 年 5 月 25 日凌晨 4 时 20 分,中国登山队的三名运动员王富洲、贡布(藏族)、屈银华,在严重缺氧的情况下,以惊人的毅力和出色的技巧,连跨险关,从北坡成功登顶,首次完成了人类从北坡征服珠峰的夙愿,也在世界登山史上书写出属于中国人的灿烂一页。

巧合的是,就在中国登山队在北坡向珠峰发起冲击时,一支印度登山队正在从尼泊尔一侧攀登珠峰。中国登山队借着星光创造了人类登山史上首次夜登珠峰的奇迹,而印度登山队由于行动缓慢,没有抓住有利时机,结果因天气变坏而被迫宣告失败。

自中国登山队攀登珠峰成功后,中国人的登山史就不断续写出新的篇章。1975 年 5 月 27 日,中国登山队第二次从北坡攀登珠穆朗玛峰成功,藏族队员潘多成为第一个从北坡登顶珠峰的女性。1988 年中国与日本、尼泊尔登山运动员联合组队,首次实现了珠峰南北坡双跨。1990 年 5 月 7 日至 10 日,由中、俄、英三国登山运动员组成的和平登山队,分四批计 20 人相继登上这座世界顶峰,创造出了一次征服珠峰人数最多的世界纪录。

傲然挺立的珠峰已经彻底被人类踏在脚下了!珠峰只有一座,而目前已经开发出了 36 条攀登珠峰的路线,也就是说人类可以从 36 个角度征服珠峰。过去说登上世界第一峰能振奋民族精神,唤起民族的自豪感,而如今登顶已是习以为常。1978 年,两位西方人首次未带氧气瓶登顶成功。1980 年,一位波兰登山家第一次在冬天攀登珠峰成功。1998 年,美国的一位残疾人成功登顶。相信在今后的岁月里,肯定还会有人变着花样攀登珠峰,但不会再重新证明什么,或许这里最终只会成为检验人类攀登能力和意志品质最好的试验场。

行走在珠穆朗玛

尽管已有上千人分享了成功登顶珠峰的荣誉,但对于常人来说,想站到珠峰顶上那还是终身无法实现的梦想(很难想象能在这里建一条登山缆车),就连接近它的路程也是艰辛和漫长。能够在珠穆朗玛峰脚下走一走,尽可能在最近处瞻仰它的真容,就已经是最大地满足了。

对于只是想到珠穆朗玛观光的游人来说,到它的南坡是一个不错的选择。这里是尼泊尔的萨加玛塔国家公园,终年阳光灿烂,四季如春,远比寒风呼啸的北坡舒服多了。因为从这里登顶要比北坡容易得多,所以这里也比北坡热闹得多,各国登山队的旗帜迎风招展。若论自然景色,南坡也胜过北坡,低处的河谷一带鲜花怒放,杜鹃花漫山遍野,和山上的皑皑白雪交相辉映。这里还给游人提供了很多便利条件,旅店的数量多达 82 个,位于海拔 3962 米处的香波其还建有一所现代化的旅馆,是世界上海拔最高的旅馆。香波其又建有一座高山机场，每天都有班机与加德满都往来，游人要想从空中俯瞰山景，可以乘专门的旅游客机。

进入萨加玛塔国家公园，首先进入眼帘的就是耸立在群峰之中的珠穆朗玛峰，深蓝的苍穹下，银白色的雪峰一尘不染，使人崇敬之情油然而生，即使力所不逮，也想最大限度地接近它。一般来说，能够登到海拔 5545 米的卡拉帕德观景台就可以让人心满意足了，在这里可以看到世界上海拔最高的日出。当群峰还在黎明中沉睡，绚丽夺目的彩霞就给珠峰披上了一件鲜艳的华服，那粉红的颜色一点点扩大，渐渐铺满了蜿蜒千里的喜马拉雅山脉。珠峰夕照同样举世无双。当夜幕慢慢地笼罩住了群山，唯有珠峰之巅还是一片金光灿烂，就好像女神的金色皇冠在夜空中闪烁。

说来也有趣，当你距离珠峰越来越近的时候，珠穆朗玛反倒显得不那么雄伟了，这大概就是诗人说的“只缘身在此山中”。它的南面有洛子峰（海拔 8516 米，为世界第四高峰）和卓穷峰（海拔 7589 米），东南面有马卡鲁峰（海拔 8463 米，世界第五高峰），北面有章子峰（海拔 7543 米），西面有努子峰（海拔 7855 米）和普莫里峰（海拔 7161 米）。这些世界顶级雪峰聚首一处，争辉比洁，在云海中时隐时现，好似以整个天幕为画布画出了一幅凝固的图画，气势无比壮观，置身其间的珠穆朗玛峰实在不大突出，给人以温婉的感觉，怪不得它在传说中被称为“第三女神”。

除了朝晖夕阳，珠穆朗玛峰还有两大奇景，其中之一就是“旗云”。旗云是旗帜云或旗状云的简称，它飘浮在峰顶，远望似旗，迎风摆动，形状姿态万千，时而像波涛汹涌的海浪，忽而变成袅袅上升的炊烟；一会儿如同高原雄鹰在凌空翱翔，一会儿好似古战场上万马奔腾。

旗云是珠穆朗玛峰特有的景观。它是由对流性积云形成的，往往自日出后产生，中午前后最为明显。下午三四点钟以后，由于对流强烈，积云迅猛发展，致使山顶常被云朵遮蔽，也就看不到旗云了。有经验的气象工作者和登山队员，可以根据旗云飘动的位置和高度，来推断峰顶风力的大小。比如，旗云拖得很长，顶部很低，这就说明山顶上正刮着强劲的西风；旗云的方向由峰顶东南一侧往西北移动，这就说明峰顶改吹东南风了，天气可能转阴，甚至降雪；如果旗云与峰顶平齐，那就说明峰顶正刮着九级大风。正因为珠峰旗云有着这样的作用，所以它被称为“世界上最高的风向标”。

珠穆朗玛峰的另一大奇景是冰塔林。在珠峰北坡海拔 5300 米到 6300 米的广阔地带，有着世界上发育最充分、保存最完好的冰川，这里举目所及，一片洁白，悬崖峭壁宛如古代的城堡，风化岩石形成的石柱、石笋、石剑、石塔成群结队，景色冠绝天下，被登山探险者们誉为世界上最大的“高山公园”。这一带最大的冰川叫绒布冰川，冰川上有一大片世间罕见的景致，由无数上尖下宽的冰塔组成，密如森林，形态各异，绵延数千米，所以得名冰塔林。

冰塔林是珠峰冰雪世界的代表。在低纬度气候干燥的海拔高度地区，由于太阳入射角度大，太阳光从冰川上面直射进冰川裂隙，引起从上到下的消融，这才形成了一个个高耸陡峭的冰塔。如果太阳入射角偏小，冰川从侧面开始融化，形成的冰塔就不会高而陡峭了。只有珠峰北侧才具备上面提到的各种条件，所以这里才会出现高峻秀美的冰塔林景观。

"大山之子"——夏尔巴人

1953年，新西兰登山家埃德蒙·希拉里所在的英国远征小队来到珠峰脚下，出发前他们信心百倍，可到了珠峰跟前，才发现实际情况远比想象的困难得多。如果没有当地人做向导，他们即使能登顶，却不能保证活着下山。就在他们一筹莫展的时候，一个身强力壮的小伙子赶着一群牦牛从他们身边经过。希拉里走上前去，连说加比画，费了半天劲儿，才让他明白了自己的意思。这位小伙子名叫腾辛·诺尔基，他最终帮助希拉里登上了珠峰，一举改写了珠峰没有人类足迹的纪录。

腾辛·诺尔基成功登上珠峰后，当地居民送给他一个"雪山之虎"的美称，而印度人和尼泊尔人则为他的国籍打起了笔墨官司，都说他是本国的夏尔巴人。实际上，腾辛出生在西藏，他童年时代的大部分时光也是在西藏度过的。说腾辛·诺尔基是夏尔巴人也不错，"夏尔巴"的意思是"东方人"，传说这个民族的祖先是由中国西藏的东部迁徙到中尼边界的。他们主要聚居在喜马拉雅山海拔4700米的地区。长期的高山生活塑造了夏尔巴人特有的体魄，血液中血红蛋白浓度高于常人，肺活量大得惊人，血压很低，肌肉伸缩有力。所以，自从人类试图征服珠峰以来，夏尔巴人一直充当着向导和挑夫的角色，几乎每支登山队伍中都少不了夏尔巴人。他们不仅负责探路、开凿阶梯和铺设绳索，还要为登山者运送物资装备，提供后勤保障。而当各国登山队员在峰顶激动地展开国旗时，夏尔巴人只是平静地站在一旁，对他们来说，登山就是"上班"，是一种谋生的手段。

夏尔巴人与生俱来的登山天赋让来自平原地区的人感叹不已，英国登山家亚瑟·韦克菲尔德这样写道："这是老人、妇女、男孩和女孩组成的花花绿绿的搬运队伍，在海拔6000米的高度上，他们背着80磅的器材设备却能攀登自如，一些妇女甚至还背着孩子。晚上，这些'高山搬运工'睡在帐篷外边，只找一块大岩石挡风，他们似乎并不在乎夜里零摄氏度以下的低温。"

自腾辛·诺尔基以后，夏尔巴人中陆续涌现出了许多登山奇才。一个人能登上珠峰一次就已经是毕生的荣耀了，而有个名叫阿帕的夏尔巴人登山向导却先后16次征服了珠峰。西方的登山者通常需要三四天才能登上珠峰，而有个叫巴布的夏尔巴人只用了16

小时 56 秒。1995 年,巴布还创造了在两个星期内两次登顶的纪录。2001 年 4 月,巴布在帐篷外拍摄落日余晖在雪山中形成的奇幻景象时,不慎滑入冰缝,献出了 35 岁的生命。

在人类攀登珠峰的历史上,夏尔巴人功不可没,他们创造出成功攀登珠峰人数最多、无氧登顶珠峰人数最多这两项世界纪录。还有个世界之最是他们用生命为代价创下的,那就是遇难人数最多。自 1953 年以来,已有 170 人死在登山途中,而夏尔巴人就占了 60 多人。夏尔巴人素来享有"大山之子"的美誉,他们善于攀登,却无法预测气候的变化,而每次大风雪过后,山脊和峭壁间无数的冰川裂缝都会变成"虎口"。早在 1922 年,就曾有 6 名夏尔巴人在雪崩中遭活埋,这是攀登珠峰最早的死亡记录。然而,夏尔巴人不会因为风险而轻易放弃这份职业,因为它的回报也相当高,登一次雪山可挣到三四千美元。

可观的收入极大地改变了夏尔巴人的生活方式。1953 年以前,在夏尔巴人的聚居地没有一所学校、医院,如今这里已经有了十几所学校,也有了医生和卫星电视,甚至还有了高山网吧。令人惋惜的是,夏尔巴人在摆脱贫困的同时,民族文化特色也在迅速丧失,方言、庆典、民歌和民族舞蹈等都快被新一代夏尔巴人忘光了。在尼泊尔的萨加玛塔国家公园里,很多地方都能看到碎石堆砌的玛尼堆,上边飘扬着五色经幡,夏尔巴人路过这里,总会口中念念有词,祈求上苍的恩赐与神灵的保佑。夏尔巴人还没有丢掉这个传统,但祈求的内容却改为顺利登上珠峰。夏尔巴人信奉佛教,每次攀登珠峰前,他们都要从腾布齐藏传佛教寺庙请来高僧喇嘛作法念经,保佑他们平安归来。这个时候,夏尔巴人真诚地相信佛法无边,这信仰的力量大概会让他们独特的文明传承不绝。

富士山

中国有句名言,叫作"不到长城非好汉";日本也有句名言,叫作"登上富士山顶峰的才是英雄",还有一句名言叫作"未登过富士山的人是无知者"。所谓无知就是没有见识,富士山被日本人奉为圣岳,是平安吉祥的象征,称它为"不二山",又有"玉扇倒悬东海天"的壮观景色,因而成为日本文学家、艺术家讴歌的主题。身为日本人却没有到过富士山,那实在是无知无识。既不甘心当不成好汉,又不想失去大开眼界的机会,于是富士山每年都吸引了数百万人前去攀登,每天都有成千上万的人登上峰顶。

日本人攀登富士山的历史十分悠久,据说始于平安时代(794~1192)中期。相传第一个冒险登上富士山顶的人是缘之和尚,下山时眉毛都被烤焦了。据他说,山顶处正流淌着炽热的岩浆。在他之后,一代代僧人接踵而来,并在山上建起了第一批木屋。如今生活在富士山地区的居民,据说都是缘之和尚的后代。到了江户时代,日本人把登富士山视为男人一生中必定要完成的一件大事,有的人甚至为此献出了生命。明治维新年间，攀登富士山之前要举行隆重的宗教仪式。古时候登富士山有很多清规戒律，其中有一条是不准女子登山。直到1 867年，一位名叫巴尔克斯夫人的英国女子放胆登山，这才开创了女性涉足富士山的先河。如今每年大约有200多万人攀登富士山，真正能到山顶的只有40多万人，其中女性占一半。

富士山

攀登富士山的起点在山脚下的和平公园，这里有一座山门，门上挂着一双巨大的草鞋，门口还放着一双铁鞋。游人来到这里，都要上去穿穿铁鞋，摸摸草鞋，据说这样就会求得山神的保佑，一路平安。

富士山从山脚至山巅共有10个停歇点，如果步行，能走到第五个停歇点就不错了。如果坐汽车，可以直接到达第五个停歇点，从这里步行4个小时就可以攀到峰顶。如果你要只想观赏风光，那么爬到2000米处就完全可以了，这一带树木葱茏，一片青翠，景色非常秀丽。山北麓有五个小湖，从东往西围绕着富士山，好像镶嵌在山体上的一串明珠，统称"富士五湖"。五湖中最大的是山中湖，它在日本的高山湖泊中位列第三。湖水晶莹清澈，环境优美宁静，夏日可垂钓，严冬能滑冰。山中湖畔有座高1140米的大山，山顶有座"富士旅馆"。这家旅馆有一条特殊规定：入住旅馆后如果超过1分钟看不见富士山，立即退回住房费。五湖中最深的是本栖湖，水深133米，为日本第八深湖，它已被国际上正式列为"世界最美湖"之一。五湖中最小的是精进湖，站在它的北岸一览富士山的近貌以及湖中的倒影，是富士山北部景色的点睛之笔。

山西麓的白丝瀑布分成十余束细流涓涓流淌，形成一道宽130多米的水帘。旁边的音止瀑布则是另外一番景色，它好似一匹巨布从高处展开，声如雷鸣。南山麓的莽莽草原上牛羊满坡，别有一番情趣。这里还开辟了一个游猎公园，园中有40多种野生动物，游人可以驾驶汽车在园中观赏野生动物。富士山的整个山麓都能见到由火山熔岩凝结而成的山洞，最美的富岳风穴内的洞壁上结满了钟乳石似的冰柱，终年不化，称为"万年雪"，在光照下还会产生奇妙的折光，十分罕见。

如果你有足够的体力和兴趣，那就一定要攀到富士山顶峰。富士山不算太高，但要想登顶也不是一件容易的事情。自海拔2900米直到山顶，这一带覆盖着黑褐色的火山熔岩、火山砂，满目荒凉，没有一棵可扶的树，没有一株可抓的草，只有一条登山者踩出来的弯弯曲曲的小道，人们要用脚尖顶住砂土中的岩石，一步一步往上挪。过了海拔3000米的雪线后，不仅路越走越险，气温也骤然下降许多，人们要戴上手套，穿上棉衣，才能抵御山上的寒冷。

尽管攀登富士山很艰难，还有受伤的危险，但每个登到山顶的人都认为不虚此行。站在富士山顶，只是站在了富士群峰最高的剑峰上，它的周围还簇拥着白山峰、药师峰、大白峰、伊豆峰、成就峰、驹峰和三岛兵峰。这八座山峰就像八片莲花瓣，赢得了“八瓣芙蓉”的美称。只有登上富士山顶极目远眺，你才能真正体会到日本诗人安积艮斋“万古天风吹不断，青空一朵玉芙蓉”这名句的真实意境。

只有登上富士山顶，你才能看到一块两米高的大石碑，上刻“富士顶峰 3776 米”的字样。还有一块大石上刻着“镇山之石”四个刚劲有力的大字，那是一位 72 岁的老人登上富士山后书写的。山顶上有一个很大的火山口，像一只大钵盂，日本人称之为“御体”。它的直径有 800 米，深 220 米，富士山就是以这个火山口为中心均匀地堆积起来的。

富士山是一座年轻的休眠火山，从 8 世纪到 11 世纪，它先后爆发过 11 次，其中以公元 864 年那一次最为严重，“轰然一声，山麓崩裂，飞沙走石，如海潮决裂”。它最近一次爆发是在 1707 年，喷射出来的黑色岩砂直达 100 千米以外的东京城，砂土远扬到 400 千米以外的地带。最早生活在富士山脚下的是日本的少数民族阿伊努人，他们肯定见到过富士山爆发的骇人景象，于是就流传出这样的传说：富士山中居住着一位司火女神，名叫 FUJI，她一生气就会喷发火焰。汉字输入日本后，FUJI 就被音译成了“富士”。

对于古代的日本人来说，攀登富士山具有朝圣的意义。富士山从下而上自古以来建有若干大大小小的神社，而坐落在顶峰的久须众神社和战间神社最为有名，不到峰顶，就不能在这里顶礼膜拜。而对于今天的日本人来说，攀登富士山最大的诱惑是观看日出，称为“御来光”。

凡是想观看日出的人，都要在海拔 3250 米处的“八合目”过夜，这里有很多木造小屋，专供登山客住宿。第二天凌晨 4 时左右，登山客们就纷纷起床，有的戴着头灯，有的挂着腰灯，有的拿着手电筒，成群结队地向山顶进发。

清晨，富士山顶染墨施黛，放眼望去，波涛翻滚的云层，一会儿如重峦叠嶂，一会儿像万马奔腾。忽然，淡灰色的云层上方露出一道金光，随着金色的光芒越射越多，白云被抹上了淡黄、橙色、浅紫的颜色。就在那颜色越来越亮的时候，一轮红日从五彩缤纷的东方一跃而出。红日驱赶着薄薄的云雾，漫山遍野朝晖尽染，刹那间异彩纷呈。这美妙而绚丽的景色，陶醉了富士山顶的登山客们，也引来一阵阵热烈的掌声和欢呼声。

要想登顶观日出，最好选择夏季去那里，而如果想观赏富士山的美景，那么一年四季都可去得。春天，满山樱花竞相开放，把富士山装点得格外妖娆。秋季，红叶满山，别有一番醉人的情趣。冬季，“富士白雪映朝阳”，一片北国风光。

富士山既可远观，又可近看，远观“巍巍一秀峰，举目趣无穷”，近看“云雾萦峦时，须臾绘百景”。不管是远观还是近看，富士山总是不肯轻易将它姣好的面目示人，而“青云一缕，横亘山腰”，总是用神秘的面纱将它打扮成羞涩的少女。一会儿碧空白云，一会儿烟雨弥漫，使得富士山面孔多变，也就非常耐看。

凡天下名山大川都连着神话传说或民间故事，更显其超凡脱俗，富士山也是一样。在有关富士山的传说中，有一则与中国人很有关系。相传当年秦始皇委派徐福率五百童男童女跨海寻找长生不老药，就来到了日本的富士山。在山中他发现了一种依靠山雾生长的“浜梨”(即玫瑰)，结着红色的果实，吃了可以延年益寿。徐福大喜，赶紧报告国内，无奈此时秦始皇已经去世，徐福就自已吃了“浜梨”，并在富士山中居住下来。若干年后，徐福死了，变成了三只鹤，天天盘旋在富士山的原野上空。后来一只鹤落在福源寺中死去了，当地人便在寺中修建了“鹤冢”，纪念徐福的神灵。这座鹤冢就在日本的山梨县吉田市，位于富士山东北麓，不知道徐福的子孙有没有到那里去过，献上一束玫瑰花，慰藉一下那无可依漂泊着的灵魂。

金刚山

“愿生高丽国，一见金刚山。”不论是在朝鲜人写的有关旅游的文章中，还是在韩国人发放的旅游手册中，只要一提到金刚山，总是要引用了这样两句诗，据说它出自中国宋代大文豪苏东坡的笔下，也有人说是李白写的。然而，遍查全唐诗和全宋诗，都找不到这无头无尾的两句诗，姑且算作朝鲜人巧妙的自夸。“不到金刚山，不算到朝鲜。”这才是朝鲜人自己的说法，但显然不如借用外国人之口说出来更有力度。

金刚山

苏轼和李白没有见过金刚山，但很有可能听说过这座山的名字。《华严经》中就有关于金刚山的记载，说它有一万二千座山峰。唐代有个澄观和尚，他说离东海不远处有一座金刚山，上下左右四方山间的流水和砂子中都有金子，从远处看去就像金山。那个时候没有影像资料，仅凭口耳相传，苏轼和李白还不至于因为一座山而生出移居他国的念头，但如果他们真的见到了金刚山的奇峰怪岩、飞瀑流泉、密林奇洞、松林云海，那一定会给后人留下更精美的诗篇。

朝鲜半岛多山，金刚山、白头山、妙香山、七宝山和九月山合称五大名山，而金刚山能够名列首位，自有其不凡之处。先说金刚山的别名。盛夏时分，天上彩云朵朵，地上绿树芳草，人们宛如置身仙境，便叫它蓬莱山。初秋来临，满山枫叶好似铺上艳丽的锦绣，人们便叫它枫岳山。深秋以后，树叶凋零，凸显出满山的奇岩怪石，瘦骨伶仃，人们便叫它皆骨山。严冬季节，白雪皑皑，一片银装素裹，人们便叫它雪峰山。

一山多名那是因为人们实在一言难尽它应季变化的美景，而它的正名则体现出朝鲜人对它的热爱和尊崇。关于金刚山正名的来历有好多种说法：一说山上的石峰在阳光照耀下，犹如金刚石璀璨生辉；一说古时候朝鲜人认为这座山集中了人间所有最美丽的自然景致，便把它比做宝石之冠的金刚石；还有一说金刚是用来表示菩萨的牢固而不朽，也用来表示这座山的万世不朽。

登山要从山脚始，观山要从山顶瞰，金刚山更是如此。金刚山的主脊线从虎龙峰到毗卢峰再到五峰山，东部的山势雄壮奇特，富有男性之美，被划定为外金刚区；西部的山势温柔秀丽，富有女性美，被划定为内金刚区；高城的南江河和通川的丛石亭、侍中湖一带的海边绝景统称为海金刚，以波涛石林美景而著称。三大“金刚”各有其绝佳之处，而且都附丽着美好的传说。

位于金刚山主脊线上的毗卢峰是金刚山的主峰，这里常年大风不断，所以山顶上的树木长得不高，而且全都半躺或全躺着，俗称偏躺树。站在毗卢峰上，就等于站到了金刚山最高的天然展望台上，东南面的将军峰、月出峰、次日峰、白马峰，北面的玉女峰、上登峰、五峰山等尽收眼底。黎明时分，一轮红日从东海上冉冉升起，日暮黄昏，一缕晚霞五彩缤纷，每天都是毗卢峰与太阳最早约会，又最晚作别，这成了金刚山亘古不变的两道最辉煌的景观。

与毗卢峰相邻的集仙峰云雾缭绕，给人一种朦朦胧胧、飘飘欲仙之感，难怪古人称它是神秘的灵山。相传古时候曾有五十三佛和九条龙在这一带争斗，九龙寡不敌众，落荒而逃，由于云雾遮掩，看不清前边有山，一头撞了过去，结果撞出了好几个奇异的山洞，于是得名“九龙洞”。

站在金刚山主脊线向东望去，便是外金刚区，这里的美景主要集中在万物相区和九龙渊区。万物相区由一系列奇峰组成，北有绵延的五峰山和水晶峰，南有以观音峰为主峰的观音山脉，代表了金刚山的山岳之美。这里有亭亭玉立如仙女的天女峰，有形似恶鬼令人生畏的鬼面岩，还有直插云霄的三仙岩，相传由三位神仙所化。位于万物相区正中央的天仙台海拔 936 米，相传天上的仙女为金刚山的景色所迷，便来到这里玩耍，由此得名“仙女台”。站在台上可以将万物相区的景色一览无余，尤其是那如枪尖或锯齿一般尖锐的石林，形状千奇百怪，真是万物之相俱全，万物相的名字便由此而来。

九龙渊区的主要名胜是九龙瀑布和九龙渊。九龙瀑布为朝鲜三大瀑布之一，从 70 多米高的崖壁上飞流直下，分成九岔，宛如九龙戏水。在九龙瀑布几万年如一日的冲击下，下边形成了一个深潭，相传有九条龙栖息在那里，所以称为九龙渊，深 13 米。九龙瀑水注入九龙渊里，声若雷鸣，震撼山谷。崖壁上“千文白练，万斛真珠”的诗句，为1200多年前的古人所写。

九龙瀑上面有个平台叫“九龙台”，站在台上，可以看见林立的绝壁之间，有一串清澈透明的大小池潭，如绿珠相连，层层泛银。其中最大的八个合称“八潭”，因位于九龙洞上面，所以得名“上八潭”。上八潭景色秀丽，自古以来又流传着仙女和樵夫的神话传说，给这里的景色蒙上一层似真似幻的色彩。

很久很久以前，有一个年轻樵夫住在金刚山下面的小村子里。有一天，他到深山里砍柴，突然跑来一头小鹿，后边猎人在紧紧追赶。樵夫觉得小鹿非常可怜，就把它藏在柴里，把猎人支开了。为了感谢他的救命之恩，小鹿就告诉了他一个秘密。

这一天，樵夫到山上砍了一担柴后，就在上八潭附近躲了起来。过了一会儿，天空中出现了七色彩虹，八位仙女穿着带翅膀的衣服飞了下来。她们脱下衣服挂在树枝上，便下水嬉戏。樵夫悄悄地走过去，从树枝上取下一件衣服藏在石缝里。

天快黑了，仙女们才想起来该回去了，就匆忙穿上衣服飞上天去。有一个仙女找不到衣服，只得留了下来。樵夫走出来，把无处可去的仙女带回家。仙女被樵夫的憨厚淳朴所吸引，就与他结成夫妻，生儿育女，在人间过上了幸福生活。

有一天，樵夫把当年藏衣服的事情跟仙女讲了，又取出仙衣还给她。仙女看到衣服，对天宫的思念油然而生，便带着儿女飞走了。

仙女走后，樵夫非常悲伤，这时候那头小鹿又出现在他的面前，又告诉了他一个秘密。自从丢了衣服后，天上的仙女们再也不到上八潭来了，她们想沐浴的时候，便丢下一只大水桶舀水上去。樵夫按照小鹿的指点，来到上八潭藏好，等仙女们把水桶放下来的时候，就钻了进去。

樵夫就这样进了天宫，见到了妻子儿女，合家团聚，过上了快乐的生活。可是没过多久，他就看腻了天宫里的风光，怀念起金刚山那千变万化的美景。于是，他和仙女就毅然带着儿女重返金刚山。

仙女和樵夫的传说非常有名，因而金刚山中很多景观都与之附会。三仙岩对面有座“切斧岩”，酷似一柄大斧子砍在岩石上，相传当年樵夫为了能见到山顶上的仙女一眼，就发力将斧头砍在岩石上，攀着它才爬了上来。

站在金刚山主脊线向西望去，便是内金刚区。内金刚区以峡谷、瀑布、深潭为主要景观，过去说游金刚山，就是游内金刚区。万瀑洞集中了金刚山最美丽的溪谷，这个名字就是瀑布相当多的意思。内金刚九城洞区的朝阳瀑布又叫玉永瀑布，号称金刚山四大瀑布之一。这里树丛茂盛，只有早晨时很短暂的时间阳光才能照到它，所以得名朝阳瀑布。朝阳瀑布高31米，宽3米，由两段组成。从上边落下来的瀑水笔直地落进下面的瀑壶里，然后溢出来，再倒进最下面的椭圆形的池沼里，规模宏大，景色美丽。

内金刚区有很多潭沼，以黑龙潭、琵琶潭、碧波潭、喷雪潭、珍珠潭、龟潭、船潭、火龙潭最为有名，合称“万瀑八潭”。为了与外金刚的外八潭相区别，又叫内八潭。珍珠潭的上边是高13米的珍珠瀑布，潭水像水晶一样清澈，旁边的岩石上刻着“水簾”两个汉字。龟潭右边的石崖底下有一块状如乌龟的石头，仰头伸颈，惟妙惟肖，龟潭便由此得名。这里山深林密，溪水散流，溪水对面刻在石块上的“天下第一名山”五个汉字格外引人注目。

金刚山连绵不断的群峰号称一万二千座，相传古时候有个担武葛菩萨（有时翻译成法气菩萨），他和他的一万二千个眷属经常在这里讲经说法。正因为有这样的传说，金刚山就成了朝鲜佛教的一块圣地。金刚山上遍布佛教遗迹，石塔、石灯、磨崖佛（岩壁上造成的佛像）、佛像、石碑等比比皆是，还有很多佛教寺院，最盛时有8万多座，其中表训寺、长安寺、榆岾寺、定阳寺合称朝鲜四大名寺。这四大名寺在历代战乱中全都遭到不同程度的破坏，如今保存比较完好的只有位于内金刚区的表训寺。内金刚区的长安寺大雄宝殿里保存着毗卢遮那佛，这就是金刚山主峰得名毗卢峰的由来。表训寺被奇峰异石、青鹤台、金刚台、法起峰等围绕其中，现在已经成为游人最好的歇脚之处。在通往表训寺的路上，有一带地势开阔而广大，得名花开洞。这里有一面高达40米的峭壁，上边雕刻着弥勒坐佛像，高15米，膝盖宽9.4米，脸长3.1米，眼长1米，耳朵长1.5米，手长3米，脚长3.2米，左边刻有“妙吉祥”三个大字。它是朝鲜最大的石佛，已经被朝鲜政府指定为第45号国宝级文化遗产。被指定为第41号国宝级文化遗产的三佛岩也在这里，天然巨石上刻着弥勒佛、释迦佛、阿弥陀佛三位菩陀的大立像，散发出佛教文化的神韵。

内金刚区还有一处著名的遗址，它就是坐落在万瀑洞峡谷中的普德庵。高句丽时代，有个普德和尚为了潜心修道，就在20多米高的断崖绝壁上建起了一个小庵堂，与后边的一个山洞相连。这个山洞名叫普德洞。相传古时候有个普德姑娘，心地十分善良，与她的父亲住在这个洞中，父女俩相依为命。后人为了纪念她，就把这个洞取名普德洞，还在里边供奉着普德姑娘的玉像。普德庵本殿观音殿只有一间平房，两边靠着7.3米高的青铜柱支撑起来，周围用铁丝固定下来。每当山风吹过，殿中的地板就会发出吱吱的响声，有摇摇欲坠之感，却抵抗住了数百年的风雨侵袭，堪称神奇。

海金刚区由三日浦区、海金刚小区和丛石亭组成。三日浦自古就号称朝鲜八大景观之一，相传古代一位国王因贪恋这儿的美景而三日忘返，所以得名三日浦。这里有一个波平如镜的淡水湖，西侧有36座山峰环绕湖面，松林苍翠，阁亭遍布，湖边草绿花香，湖内碧波粼粼，着实令人流连忘返。海金刚小区是一道绝妙的海岸风景线，屹立在海水中的石林，岸上的松树和沙滩，还有蔚蓝色的大海上的连天碧浪，彼此融为一体，形成了极为壮美的景观。丛石亭的景色更是世间奇绝。海面上的石柱有四角、五角、六角、八角，形状各异，有立有卧，或相连或相对，还有根植于石柱上的千姿百态的松树，处处皆可入画。这里最有代表性的景观是四仙峰，四根高达几十米的石柱相向而立，宛如四位仙人聚首倾谈。他们在说些什么呢？那一定是神接千载的造化大秘密。

乞力马扎罗山

乞力马扎罗本来是个很拗口的名字，但自从1936年大名鼎鼎的美国作家厄内斯特·海明威发表了短篇小说《乞力马扎罗的雪》以后，这个名字却在文学爱好者中变得朗朗上口。1952年，美国的20世纪福克斯公司出品了同名电影，乞力马扎罗山孤傲的形象又给人们留下了难以磨灭的印象。

乞力马扎罗确实有着震撼人心的力量。当年海明威来到它的脚下，曾满怀激情地发出这样的赞叹："广袤无垠，嵯峨雄伟，在阳光下闪着白光，白得令人难以置信。"作为世界上最大的独立式山脉，又位于辽阔的东非大草原上，乞力马扎罗山拔地而起，高耸入云，俨然是一位守护着非洲大陆威武雄壮的勇士，那份气势远非他山可比。它那雄伟的蓝灰色的山体戴着白雪皑皑的山顶，在赤道的骄阳下闪闪发光，更是壮丽的自然奇观。在斯瓦希里语中，"乞力马扎罗"就是"光明之山"的意思。由于从印度洋吹来的海风在这里受到阻挡，乞力马扎罗山顶和山腰经常云雾缭绕，就好像给它罩上了一层面纱。只有在黎明时分或黄昏时刻，偶尔云消雾散，它才会显露"真身"。这个时候，人们即使站在200千米以外的地方，也能看见它那被太阳照得五彩缤纷的雪冠。

乞力马扎罗山

说起来还有个笑话。早在2000多年前，古希腊人托勒密就在地图上标上了这座火山，可是后来却被不明真相的欧洲人抹去了。他们没有机会目睹这种赤道奇景，竟然不敢相信它的存在。

土生土长的非洲人不会对乞力马扎罗山视而不见，在非洲人的心目中，这座气象万千的大雪山骚动着的原始的生命力，和粗犷剽悍的非洲人具有同样的性格，因此把它看成有着灵性的神山，很多部族每年都要在山脚下举行传统的祭祀活动，拜山神，求平安。散居在乞力马扎罗山脚下的瓦查戛族更是把这座山奉若神明，认为它就是一切生命的源泉。瓦查戛族人给死者下葬时，一定要让死着面对着基博峰的方向。

关于这座神山，非洲民间还流传着这样的传说：很久很久以前，天神恩盖想搬到乞力马扎罗山上来住，以便在高山之巅俯视和赐福他的子民们。盘踞在山中的妖魔鬼怪不愿意天神在这里定居，就在山腹里点起了一把大火，滚烫的熔岩随着熊熊烈火喷涌而出。妖魔的举动激怒了天神，他呼来了雷鸣闪电瓢泼大雨把大火扑灭，又召来了飞雪冰雹把冒着烟的山口填满。从此，乞力马扎罗山就变成了一个冰雪世界，被暴雨冷却的熔岩变成了肥田沃土，让人民耕耘收获，过上了美好的日子。

千百年来，乞力马扎罗地区人民的生活并不十分富足，但日子过得平静而安宁，直到19世纪，德国殖民者首先侵入了这片美丽多娇的土地，他们竟然以主人自居，把早有定名的乞力马扎罗山说成是他们的“新发现”，还把这当作“功绩”铭刻在石头上。如今这方“功德碑”仍竖立在坦桑尼亚莫希市一所老式洋房的大门前，不过那“功绩”连德国人也不当真了。

20世纪初，英国殖民者也插足到这块土地上来，肯尼亚成了英国的殖民地。有一年德国皇帝威廉过生日，伊丽莎白女王竟别出心裁地把乞力马扎罗山的基博峰当成“寿礼”送了出去，将它命名为“威廉皇帝峰”，演出了一幕充满殖民主义色彩的滑稽剧。乞力马扎罗山原在肯尼亚境内，英国女王这么一慷慨，它就并入了德国的殖民地坦桑尼亚。1962年坦桑尼亚共和国成立后，将基博峰正式命名为“呜呼鲁峰”，取“自由”之意。

乞力马扎罗山有两个主峰，基博峰是其中之一，在查加语中，“基博”的意思就是“黑白相间”。所谓白，指的是这里常年白雪皑皑，山顶有一个直径2400米、深200米的火山口，口内四壁是晶莹无瑕的巨大冰层，底部耸立着巨大的冰柱，从高空往下俯视，就像群山环抱着一只晶莹的大玉盆；所谓黑，指的是这里有不少黑色的岩石，裸露在冰雪的外边。从远处望去，山坡冰川悬垂，雪线冰瀑盘旋曲折，好像一条条蜿蜒的玉蟒在阳光下熠熠闪烁。

在这样一个高寒地带，本来不应该有生命存在，但根据记录，这里最高的开花植物蜡菊就生活在5670米处。更让人惊奇的是，1926年当地的传教士理查德·鲁易施博士竟在山顶发现了一具冻僵的美洲豹，这件事还被海明威写进了《乞力马扎罗的雪》。鲁易施很有勇气，设法割下它的一只耳朵。不久，不知它被什么人搬走了，从此再也没人看到过。1962年，威尔弗雷德·泰斯格等人在海拔5000米处遇到了5条野狗，他们攀到基博峰顶的时候，它们就待在距离他们300米左右的地方。然而，每年有数千人登上基博峰，却极少有人在峰顶一带看见过动物的踪迹。

与基博峰并肩而立的是乞力马扎罗山的另一主峰马文济峰，顺着一条马鞍形的山脊，可以从基博峰一直走到马文济峰，但要走一个多小时。在查加语中，“马文济”的意思就是“破碎”，指的是它的山顶有一个破火山口。和基博峰一样，这里也是覆盖着冰雪，经常被滚滚蒸腾的白色雾气遮盖得严严实实，而一旦见到它挺拔俊秀的真面目，没有人不感叹于它的大度雄浑。

乞力马扎罗山一直以"赤道雪山"而闻名天下,它的顶峰以前曾完全被冰雪覆盖,其厚度超过 100 米,冰川一直向下延伸,直至海拔 4000 米以下,而现在乞力马扎罗山顶的冰川只剩下了一小块。这里的原因科学家们众说纷纭,有的说是火山正在增温加速了融冰过程,有的是说这是全球变暖的结果。但不管怎么说,山顶 200 毫米的年降水量,不足以与融化而失去的水量保持平衡,这里的冰川只能是越来越小。据保守的估计,乞力马扎罗山的冰帽将在 2200 年后全部消失。假如有一天,这赤道雪峰的奇观永远保留在影像资料中,真不知该如何形容那份巨大的遗憾。

乞力马扎罗山虽然山势高耸,但与世界上其他的高峰相比,攀登起来并不十分困难。一个名叫莫扎特·卡陶的巴西人曾创下了在 17 小时 30 分钟内上下山的世界纪录。但对于普通的登山者来说,还是要拿出几天时间,从山脚慢慢游起。离开山麓一望无边的热带森林,穿越北坡低矮的灌木丛,再踏上高山地带的苔藓地衣,依次领略从热带到寒带的不同气候,会让每一位登山者都终生难忘。

乞力马扎罗山以它的雄奇之美赢得了各国游客的赞叹,有人把它形容为"武士头上的银盔",有人把它比为"绿叶托扶着的翻心白莲",有人把它赞叹为"赤道天上的冰湖",而非洲人则把它称作"草原之帆"。生活在如海一般辽阔的东非大草原上,每天都凝视着壮丽深邃的大雪山,不动的乞力马扎罗山似乎有了动感,恍惚中幻化成无风自动的船帆,从远古向未来缓缓地驶去。

阿特拉斯山脉

地理位置:位于非洲大陆西北角,西南起于摩洛哥大西洋岸,东北经阿尔及利亚到突尼斯的舍里克半岛。全长约 1800 千米,南北最宽处约 450 千米。

阿特拉斯山脉

地质特征:阿尔卑斯造山运动中褶皱成山,由中生代和第三纪沉积岩褶皱组成。拥有非洲最广大的褶皱断裂山地。因为造成褶皱的压力是由北向南推挤的,所以整个山脉呈东北东—西南西走向。

基本地貌:由一系列平行山脉组成,分为南北两支。北支摩洛哥境内称里夫阿特拉斯,海拔 2000 米左右;阿尔及利亚和突尼斯境内称泰勒阿特拉斯,西窄东宽,最高峰朱尔朱拉山海拔 2308 米。南支西部称摩洛哥阿特拉斯山,由大阿特拉斯、中阿特拉斯、外阿特拉斯等山组成,海拔多在2000米以上,多陡峭高峰,最高峰图卜卡勒山海拔4165米;东部阿尔及利亚境内称撒哈拉阿特拉斯,其高度稍低。

气候特点:大部分地区属地中海型气候,夏季炎热干燥、冬季温和多雨,但区内气候差异很明显。山脉西南部年平均气温约25℃,山脉东北部年平均气温约21℃。降雨量自西向东减少。

动植物分布:山区森林面积约800万公顷,分布在湿润的北坡,特产树种有栓皮栎、雪松等。

游览须知:阿特拉斯山脉海拔2000米以上的地带,一年之中降雪时间长达5个月。夏季时山下骄阳似火,山上白雪皑皑。

阿特拉斯山脉在摩洛哥

阿特拉斯山脉地处非洲,而它的名称却来自古希腊神话。阿特拉斯在古希腊神话中是泰坦神的名字,他力大无穷,与普罗米修斯是兄弟。普罗米修斯因为盗取天火给予人间而违反了天条,使得阿特拉斯受到株连,被宙斯惩罚去支撑天和地。在希腊语中,"阿特拉斯"的原意就是"忍耐"和"支持"。相传阿特拉斯站立的地方就是阿特拉斯山脉的所在,于是人们就以阿特拉斯命名了非洲西北的这条山脉。后来又传说阿特拉斯居住在一望无垠的大西洋,人们又用阿特拉斯给大西洋命名。

作为神话人物,阿特拉斯已经成为世人心目中顶天立地的形象。他并非没有可能摆脱那日复一日地惩罚,只可惜机会来了他没有抓住。古希腊英雄赫拉克勒斯想盗取圣园中的金苹果,但那里有巨龙看守,无法得手,他便去找普罗米修斯指点迷津。普罗米修斯建议他去找阿特拉斯帮忙,阿特拉斯欣然允诺,便把背上的重负暂时卸给赫拉克勒斯,自己来到圣园,杀死巨龙,摘取了金苹果。阿特拉斯尝到了自由轻松的滋味,哪里还肯背负青天,就把金苹果丢在赫拉克勒斯脚边的草地上。赫拉克勒斯假装愁眉苦脸地表示,这么沉重的苍天他恐怕背不了多久,需要去找一副垫肩来。阿特拉斯信以为真,就把苍天接过来,让赫拉克勒斯去找垫肩。赫拉克勒斯脱身后,捡起金苹果就走了。可以想象得出阿特拉斯当时会气成什么模样,不气歪鼻子那就奇怪了。

作为一条山脉,阿特拉斯也有巨人的气概,它犹如一条绿色的长龙,拦住了撒哈拉大沙漠的滚滚黄沙,维护住大西洋沿岸平原的一片葱绿。

阿特拉斯山脉的西南起点在摩洛哥境内。假如说如今的阿特拉斯山脉确实是大力士阿特拉斯所化,那么受益最大的便是摩洛哥。斜贯全境的阿特拉斯山挡住了来自南部撒哈拉沙漠的热浪,加之濒临大西洋和地中海的地理位置,使得摩洛哥气候温和宜人,四季花木繁茂,赢得“烈日下的清凉国土”的美誉,还有“北非花园”的美称。

非洲国家大多干旱,与摩洛哥毗邻的阿尔及利亚大部分国土都被世界最大的沙漠撒哈拉沙漠所覆盖,深受缺水之苦,而摩洛哥却是地面水和地下水都十分丰富,而这全靠着有“天然水塔”之称的阿特拉斯山的恩赐。摩洛哥有三条大河,分别是乌姆赖比阿河、木卢亚河、塞布河,它们都是从阿特拉斯山发源的。摩洛哥又是北非少有的“雪之王国”,阿特拉斯山海拔2000米以上的地方,一年之中降雪的时间长达5个月。冬季,山下温暖如春,山上积雪覆盖;夏季,山下骄阳似火,融化的雪水从山上淙淙流下。摩洛哥人从古代起就在山下建起了一个个水塘,拦截雪水灌溉农田。

摩洛哥境内的阿特拉斯山上森林茂密,除了松林等成材林外,还有大量的经济林。从阿特拉斯山脚到海拔2000多米的地方,一片片栎树漫山遍野,粗大的树干要两三个人才能抱得过来。栎树是一种落叶乔木,又称栓皮栎,其树干从里到外分为木质层、软木再生层和软木层,割下来的软木可以用来加工软木制品。人们所熟悉的红酒瓶塞,就是软木做成的。软木的生长极为缓慢,一次割取后要经过10年左右才能再次生长成熟,因此十分珍贵,被誉为“木中黄金”。而摩洛哥盛产软木,产量仅次于葡萄牙居世界第二位。

如果你想知道阿特拉斯山如何造福于摩洛哥,可以到摩洛哥的历史名都非斯看一看。非斯坐落在中阿特拉斯山北麓海拔410米处,这里有一条不大的山谷,郊外丘陵环绕,山坡上橄榄树郁郁葱葱,越过丘陵便是一望天际的大平原,小河沟渠纵横,流水潺潺,物产丰富,有“肥美的土地”之称。

非斯城始建于公元前808年,据说是伊德里斯二世在汪达尔人毁坏的城址上重新修建起来的,这位伊德里斯是伊斯兰教创始人穆罕默德的曾孙,摩洛哥第一个伊斯兰王朝(伊德里斯王朝)就是他开创的。“非斯”这个名字是由“法斯”演变而来的,“法斯”意为“金色的斧子”。相传当年这座城市破土奠基时,有人在面向圣城麦加的方向发现了一把金色的巨斧,伊德里斯二世认为这是吉兆,就把这座城市命名为“法斯”,后来“法斯”变成了“非斯”,并一直沿用到今天。

在阿拉伯语里,“法斯”还有“鹤嘴锄”的意思。这个名字也是有来历的。有一天,伊德里斯二世拿出一把锄头,让手下的人传看。当地人从未见过这种形似鹤嘴的锄头,觉得很惊奇。伊德里斯二世命人用这把锄头翻地,想试试它是否管用。手下人一试,发现用它翻地又快又好,连声称赞。后来,这种锄头传到民间,很快就被人们采用。为了纪念这一有意义的发明,人们便将伊德里斯二世居住的城市称为“法斯”,即今天的“非斯”。

走进非斯城内,仍然是泉水遍地,当地人称之为“圣泉”。在拥有270根圆柱的卡拉万纳清真寺里,在摩洛哥最古老的寺院昂达吕西昂清真寺里,在著名的卡鲁因大学院内,都能看到常年流水的喷水池。掬一捧冰凉的泉水拂在脸上,若你是虔诚的信徒,心中就会荡起一丝颤音,回转在洁净的天地之间。

非斯城中有一条非斯河穿城而过,这在阿拉伯城市中也是比较少见的。河上那一座座石桥玲珑别致,连接着右岸的安达卢区和左岸的凯鲁万区两岸的城区。公元 818 年,700 名穆斯林教徒被罗马人从安达卢驱逐到这里,他们就在非斯河右岸定居下来。7 年后,300 名凯鲁万人在非斯河的左岸建造了自己的家园。如今的安达卢区和凯鲁万区依然保持着中世纪的风貌,街道狭窄曲折,有时两个人相互让道,一个人竟要站到街旁的店铺门里。这里的街道两旁挤满了店铺、作坊,很多店铺都把商品直接摆到店外。

非斯城的代表颜色也泛着水的特质。人们都知道,摩洛哥名城卡萨布兰卡以白色闻名,而非斯则以蓝色著称。蓝色很容易让人联想起蓝天大海,联想起水流。非斯的蓝色由何而来呢?漫步在非斯旧城,你自己就能找到答案。非斯一向盛产马赛克,而马赛克以蓝色为主。房子的外面贴着蓝色的马赛克,清真寺的地面上铺着蓝色的马赛克,商店中陈列的马赛克工艺品更是蓝得可爱,仿佛闪动着水的润泽。

摩洛哥境内的阿特拉斯山脉西段南支通常被称为小阿特拉斯山脉,全长 400 多千米,起于大西洋岸边的白色海滩,如同一条绿色长带伸向撒哈拉大沙漠。这条山脉海拔不过 2000 米左右,但风景如画,沿着它走一趟,历来是最受欢迎的旅游线路。

通向小阿特斯拉山脉的天然入口在大西洋边上的阿加迪尔,这儿一年之中至少有 300 个阳光灿烂的日子,是冬天进行日光浴的理想场所。离开阿加迪尔出发,沿着苏斯河一直往前走,就会来到被一道漂亮的赭红色围墙围起来的塔鲁丹特市。它的四周全是肥沃富饶的平原,北面是冰雪覆盖的阿特拉斯山脉,南面有撒哈拉沙漠。来到这里,不少游客已经迫不及待地去攀登阿特拉斯山了。

越过苏斯河岸上的那片地势平缓的耕地,就来到了小阿特拉斯山区的绿洲提乌特。它掩映在一片墨绿色的棕榈林中,一座坚固的石塔高高地矗立陡峭的山坡上,好似明信片上的风景画。当你听说电影《阿里巴巴和四十大盗》曾经在这里取过外景时,一定不会感到惊讶。

从提乌特开始,山路越来越陡峭,与路边的峡谷与峭壁一同弯弯曲曲地向前延伸,一座座锯齿状的山峰不断地变幻着色彩,有紫色、绿色,也有黄色、粉色,抑或深红,光怪陆离,令人目不暇接。等你走到近前,才会恍然大悟,这些缤纷的色彩并不是阿特拉斯山的本来面目,而是点缀在山坡上的零落村庄、孤立的房舍和小巧的清真寺,它们大多搭建在巨石上,还精心地涂上了各种颜色。

小阿特拉斯山脉的无数峰峦绘就了一片气象万千的自然景观,而它的真正中心在南面的泰夫劳特城。周围的塔状群山宛若一道雄伟的防御城墙,将泰夫劳特小镇拱卫起来。城中的房舍都是用深红色砖块砌成的,四周栽满无花果、棕榈、仙人掌、巴旦杏树,一到春天，便成了花的海洋。日暮时分，粉红色的群山间闪耀着如火的霞光，仿佛红透了半边天。倘若你还有兴致，不妨去镇外登山。那里的悬崖峭壁线条分明，岩石奇形怪状，蔚为奇观。

阿特拉斯山脉在阿尔及利亚

小阿特拉斯山区之旅的终点在比提兹尼特，这里有一条与大西洋平行的归途直达阿加迪尔，而喜欢猎奇的人或许会一时心血来潮，继续向南一路走下去，进入撒哈拉大沙漠，也就进入了阿尔及利亚的境内。阿尔及利亚得益于阿特拉斯山的要逊于摩洛哥，它的大部分都位于阿特拉斯山主山系的东侧，这里气候干燥，树木稀少，与西侧的满坡森林形成鲜明的对比，但这里的山坡和沙丘上长满了阿尔法草。这种草富有韧性，用它做原料可以生产出各种夹板和包装材料，还可以用它编织出各种工艺品，它又是优质的造纸原料。阿尔及利亚的阿尔法草产量居世界第一位，为它赢来一个“阿尔法草原王国”的别号。

阿特拉斯山脉向东进入阿尔及利亚国境后，宽度和高度大减，而最后到了突尼斯境内，山的特征更是大大减弱，变成了碎浪余波。所以，当人们说起阿特拉斯山脉时，常常会把突尼斯一笔带过。然而，阿特拉斯山脉与阿尔及利亚的关系就不那么简单了。它的境内有一条撒哈拉阿特拉斯山脉，与阿特拉斯山主山系相平行，紧靠着撒哈拉大沙漠。撒哈拉阿特拉斯山脉虽然高度略低，但对于撒哈拉大沙漠上随风移动的沙丘起有很大的抑制作用。再加上它的背后又是一道比它还高的山脉，这样就彻底断绝了风沙北上的可能。在这样两条山脉的保护下，阿尔及利亚沿地中海一带的很多城市便繁荣了起来。

阿尔及利亚的首都阿尔及尔是地中海南岸最大的海港城市之一，它背靠着阿特拉斯山脉的布拉查利亚群山，整个城市依山而建，旧城建在山上，新城建在山下。这里终年绿草如茵，林木茂盛，花开不断，站在高处俯视全城，近处郁郁葱葱，远处水天相接，景色优美迷人，素有“花园城市”的美称。由此联想起“北非花园”摩洛哥，这二者所要感谢的都应该是阿特拉斯山。

“阿尔及尔”是法文译名，最早是西班牙人转译自阿拉伯语。在阿拉伯语里，“阿尔及尔”意为“白色的岛屿”。关于这个名称的来历，当地还有一段美丽的传说。那是很早很早以前，一批阿拉伯先驱者不畏艰险，长途跋涉来到这儿，但不知到了什么地方，只见海面上有星星点点的一些岛屿，海水随风扬起，冲击着岛边的岩石，激起一层层白色的浪花。其中有个人脱口而出：“阿尔及尔！阿尔及尔！”其意为“快瞧呀！那些白色的群岛”。从此，这个名称便一直沿用到今天。

阿尔及利亚人最喜欢白颜色，他们认为白色象征着洁白无瑕的心灵和安居乐业的环境。阿尔及利亚人最喜欢穿白色的阿拉伯长袍,而城中的建筑也一律都是白颜色的。从海面上望去,只见山坡上高低起伏的白色建筑物在终年常绿的树丛中时隐时现,就像一片片白色的贝壳漂在蔚蓝的地中海上。

阿尔及尔还是一座历史悠久的古城,早在公元前7世纪,腓尼基人就在这里建起了港口。最能体现这座城市古老风韵的地方是它的旧城区,而旧城区中最富有阿拉伯民族特色的是位于东北一带的卡斯巴区。"卡斯巴"这个名称来源于一座古堡,它至今还遗留在山顶上。卡斯巴区的房屋多为二至三层楼房,用稍加雕琢的石头依着山坡砌成,密密麻麻地排列在一起。这里的街道多半为台阶式,从早到晚拥挤着熙熙攘攘的人群,两旁的店铺连成一片,橱窗里摆满了各种手工艺品。清晨或傍晚漫步在这里,那一家家清真小吃店里散发出阵阵诱人的香味,宏伟高大的宣礼塔上传来响亮而有节奏的呼唤祈祷的声音,使人们好像走进了一个神奇的世界。早在1992年12月,这里就被联合国教科文组织列进世界人类文化遗产名单。

阿尔卑斯山脉

西阿尔卑斯山——勃朗峰

亿万年前,一场惊心动魄的造山运动席卷南欧大陆,上帝用他的魔手造出了千峰万壑,这就是今天人们看到的阿尔卑斯山。它处在欧洲各大山脉的汇合点上,笼而统之,整个欧洲的所有山脉都处在它的统治之下。在它的率领下,欧洲大陆才得以骄傲地挺起了宏伟的身躯。

勃朗峰

从狭义上来说,阿尔卑斯山脉要远远小于阿尔卑斯造山运动所取得的成果,通常只指从地中海的热内亚湾到奥地利的维也纳之间的山脊和谷地。这一区域又常常被细分为三个部分,一部分是从地中海到瑞士边境的大圣伯纳德山口附近的西阿尔卑斯山,一部分是从大圣伯纳德山口到博登湖之间的中阿尔卑斯山,第三部分是从博登湖到斯洛文尼亚的东阿尔卑斯山。

西阿尔卑斯山是整个阿尔卑斯山主山系中最狭窄的一段,也是高峰最集中的山段,其中首屈一指的就是位于法国和意大利边境上的勃朗峰。如果不算处于欧亚大陆接壤处的厄尔布鲁士等山峰,勃朗峰就是欧洲第一高峰。它不是一座孤立的山峰,还包括塔古尔勃朗、莫迪、艾吉耶、多伦、韦尔特等9座海拔超过4000米的山峰。远远望去,群峰鳞次栉比,重重叠叠,云雾缭绕,奇形怪状,悬崖峭壁随处可见。有的山峰宛如利刃直插云霄,有的山峰仿佛通天宝塔没入云端,而山顶终年积雪的勃朗峰则像一位顶盔披甲的将军,大有领袖群雄的风采。"勃朗"在法语中是"白"的意思,概括的就是它作为雪峰的显著特征。当年英国诗人拜伦面对着雄伟而瑰丽的勃朗峰,抑制不住内心的喜悦和惊奇,挥笔作诗,称它为"群山之王"。

勃朗峰以其险峻闻名欧洲,令无数的登山者和游客心仪神往,现代登山运动诞生在这里,在某种程度上来说属于必然。在勃朗峰海拔3000米~4000米的雪线附近,生长着一种野花——"高山玫瑰",要想采摘到这种野花,那是相当困难,却能给人带来幸福。很久很久以前,阿尔卑斯山区的居民中就流行着这样的风俗:当小伙子向姑娘求爱时,为了表示他对爱情的忠诚,就要不畏艰险,攀登勃朗峰,采来"高山玫瑰",献给自己心爱的姑娘。长此以往,这种风俗就演变成了一种广大群众喜闻乐见的登山运动。

把登山运动和动人的民间传说联系到一起,会增加些浪漫色彩,但根据比较可靠的史料,事情是这样的:1760年,日内瓦一位名叫奥拉斯—贝内迪克·德索绪尔的年轻科学家,在考察阿尔卑斯山区时,对勃朗峰的巨大冰川发生了浓厚的兴趣,然而他没有攀上去,就在山脚下的沙莫尼村口贴上一张告示:"为了探明勃朗峰顶上的情况,谁要是能够登上它的顶峰,或找到登上顶峰的道路,将以重金奖赏。"布告贴出后,并没有人响应,一直到了1786年,才由沙莫尼村的医生帕卡尔邀上石匠巴尔玛,结伴登上了勃朗峰。一年后,德索修尔请巴尔玛当向导,带着一支20多人的队伍登上了勃朗峰。现代登山运动便由此而兴起,并得名"阿尔卑斯运动"。

登山运动有两大流派,一种是金字塔式,另一种是阿尔卑斯式。金字塔式也叫喜马拉雅式或者亚洲式,由大量民工和向导帮助登山者将物资搬运上山,沿途扎营、修路绳,当攀登者快要接近山顶的时候,要将多余的装备留在营地,再做最后的冲顶。阿尔卑斯式攀登没有后援,不进行前期运输和修路,也不携带氧气,完全依靠自身能力登顶。这后一种攀登方式形成于阿尔卑斯山脉,所以得名。它对攀登者个人的综合能力有极高的要求,历来是世界一流登山家追求的境界。换句话说,在真正的登山家的心目中,单枪匹马登上勃朗峰,要比花费大量人力物力登上珠穆朗玛峰荣耀得多。

德索绪尔当年攀登勃朗峰时,对这里的交通不便有深切的感受,便提出了一个宏伟的设想,在法国和意大利之间修一条隧道,横穿西阿尔卑斯山。由于各种因素的制约,这一设想始终未能付诸实施。直到1958年,法意两国才达成协议,各自从本国境内动工开凿隧道。1962年8月双方会合,1965年公路隧道建成通车,全长11.6千米,路面宽7米,四季畅通无阻。这条公路隧道的建成使法意两国的交通面貌大为改观,巴黎到罗马的路程缩短了约220千米。如今人们在勃朗峰前会看到一尊铜像,他手臂高举直指峰顶,他就是那位有“阿尔卑斯画家”美称的奥拉斯—贝内迪克·德索绪尔。

中阿尔卑斯山——少女峰

中阿尔卑斯山的南麓是瑞士，北麓是法国和德国，大部分在瑞士境内，这里山体幅度变宽，地势有所降低，却是整个阿尔卑斯山系中景色最美的一段。

在中阿尔卑斯山众多高耸的山峰中，以号称阿尔卑斯山“皇后”的少女峰最为秀美。少女峰位于瑞士因特拉肯市正南方，海拔 4158 米，差不多是珠穆朗玛峰的一半。在瑞士的民间传说中，这座山曾让天使为之心醉。有一次天使来到凡间，看到了美丽的少女峰，便被它迷住了，就在山谷中居住下来，为它铺上了无尽的鲜花和森林，镶嵌上了银光闪烁的珠链，还为它许愿说：“从现在起，人们都会来亲近你，赞美你，并爱上你。”

少女峰

让天使为之倾倒的山峰该是怎样的姿容曼妙呀！它映在晨光中的剪影亭亭玉立，好似一个脉脉含情的少女翘首远望。雪线以下绿树郁郁葱葱，青草漫山遍地，好像少女穿着绿色的百褶裙；雪线以上一片洁白，亮晶晶的冰川光彩夺目，缭绕的云雾好像半掩着那娇怯的女郎。

少女峰的主要山峰有三座，呈东西向排列，由东而西分别为老人峰、僧侣峰和少女峰。“老人”出自德语，意思是“我在这里”；“僧侣”出自奥地利的一种马的名字；“少女”的原意则是“修女”。僧侣峰横在老人峰和少女峰之间，使它们无法挨到一起，因此产生出种种美好的传说，也为艺术家提供了创作素材。

少女峰看似温婉，却难于攀登，为了让游人能够轻松上山，瑞士人从 1896 年开始，花了 16 年的时间，在山上修了一条铁路。为了躲开滑坡和积雪，这条铁路有相当长的部分建在山腹内的隧道里，曾被誉为 20 世纪初期的一大工程奇迹。直到科技高度发达的今天，人们乘坐着火车向峰顶进发，仍然要感叹当年开拓者们的无比勇气和毅力。

接送游人上下少女峰的火车，是一种特殊的齿轨火车，行驶时发出吱吱嘎嘎的声音，速度缓慢，却像瑞士手表一样给人以精准有力的感觉。齿轨火车的特点就是在每节车厢底盘上安有两个巨大的齿轮，路轨正中加了一条齿槽，列车行驶时，齿轮紧卡齿槽，只能前进，不会下滑，保证了行车安全。上山途中，齿轨火车会在两个位于隧洞中的小站停 5 分钟左右，乘客可以下车，通过隧洞中凿石开出的几扇大玻璃观景窗，欣赏隧洞外面阳光灿烂的冰雪世界。少女峰的齿轨火车又叫云霄火车，它最终抵达的地方少女峰站海拔 3454 米，是全欧洲海拔最高的火车站。

1996年,瑞士人发扬先人建设少女峰登山铁路的勇气和智慧,在少女峰海拔3571米的地方,建起了欧洲最高的观景台——斯芬克斯观景台,还架设了瑞士最快速的升降机(垂直高度110米,25秒钟可抵达)。站在这里,长达23.6千米、覆盖面积达117平方千米的阿来奇冰川可以尽收眼底,它是阿尔卑斯山中最长的冰川,也是山中最让人惊心动魄的景色。遇到天气晴朗的日子,甚至能看到远在法国境内的浮日山脉和远在德国境内的黑林山。

从少女峰顶往山下走,一过山半腰,就好似一下子从冬天来到了春天,翠绿的青草铺满山坡,灿烂的山花随风摇摆,牛群像散步一样在悠闲地吃草,清脆的牛铃声在山谷中回荡。一位上了年纪的山民吹起那长长的山笛,笛子的一头弯曲向上,如同一只巨型烟斗,悠扬的笛声随风飘荡开来,与这里安详恬淡的生活相得益彰。

除了少女峰外,中阿尔卑斯山还有不少高峰,如富尔峰、马特峰、艾格尔峰、明希峰等。富尔峰又名罗莎峰,位于瑞意边境,海拔4634米,为瑞士最高峰,也是仅次于勃朗峰的阿尔卑斯山第二高峰。马特峰海拔4478米,形似金字塔,被当地人称为“角”。而对于一般的游人来说,那些海拔4000米以上的高峰更适合远观,而海拔只有3200米的铁力士峰更具有吸引力。铁力士峰是瑞士中部的最高峰,峰顶上积雪终年不化,山间有千年不化的冰川,能够体现阿尔卑斯山的多面风貌。登山的路比较好走,只要你有勇气就可一试,而如果你懒得动弹,可以乘坐缆车直接登顶。登山的缆车需要换乘三次,第一段缆车是有座位的密封型小缆车,一次可以坐6个人,只能上升到海拔1000米处。从海拔1000米到1800米的缆车是无座位的密封缆车,最多能容纳50人,没有窗,但缆车四周是透明的,可以四下观景。第三段缆车最为独特,它是世界首创的旋转缆车,车厢能做360度的旋转,游人在环顾四望中便登上了铁力士令人眩晕的峰巅。

瑞士拥有200多个滑雪场,号称“情雪天堂”,而这正是沾了阿尔卑斯山的光。铁力士峰的滑雪场排不进瑞士著名的滑雪场之列,但它那长达82千米的专业雪道足以让人享受雪上飞驰的乐趣。对于那些胆小的人,可以去坐用橡胶圈制成的欢乐滑雪座,载着你在斜坡道上冲滑而下,势如奔马,既安全又刺激。然而,最让人羡慕的还是那些身上穿着色彩鲜艳的滑雪服,在雪地上画出各种优美弧线的高手们,他们好像雄鹰一样在高坡上自由翱翔,使得这冰天雪地的世界一下子变得生动活泼起来。

号称高山滑雪“麦加圣地”的圣莫里茨高山滑雪场也位于阿尔卑斯山脉的中心地带,这里曾经成功地举办过两届冬奥会。这里的高山滑道在海拔超过3000米的地方,银白色的山坡陡斜雄伟,初学者绝对不敢问津,但可以欣赏专业运动员的精彩表演。从陡峭而崎岖不平的雪坡上向下滑降,同时做出后跳、踢腿、翻跟头等动作,那属于自由式滑雪,其实就是一种特技表演。越野滑雪和像空中飞人一样在雪坡上跳跃,那属于北欧式滑雪。阿尔卑斯山式的滑雪是指沿雪坡滑降,基本动作有直降、横渡和转弯。这种滑降方式和阿尔卑斯式攀登一样,都是最早兴起于阿尔卑斯山区,于是就得到了与阿尔卑斯山相同的名字。

东阿尔卑斯山——大格洛克纳山

东阿尔卑斯山的余脉一直绵延到多瑙河谷,占据了奥地利的大部分国土,所以人们常常把奥地利说成是东阿尔卑斯国,又称它为“山地之国”。“阿尔卑斯”是“草地”的意思,当地人把介于树线与雪线之间的高山草地叫作“阿尔卑斯”,而奥地利山地的旖旎风光恰恰体现出了阿尔卑斯山恬静优美的田园风景。山谷里森林茂密,条条小溪和山泉汇集成小河,顺着山势流淌,山间草地上鲜花盛开,肥壮的牛羊在山坡上吃草,牧羊人高唱着悠扬的牧羊曲,美妙的歌声回荡在山谷之间,犹如一幅美丽的画卷。

东阿尔卑斯山要比西、中阿尔卑斯山海拔低得多,高峰不多,往东逐渐变成了小山丘,这一带的最高峰要数大格洛克纳山了。它是阿尔卑斯山在奥地利境内的最高峰,海拔 3797 米,有“奥地利屋脊”之称。山上海拔 2418 米处建有瞭望台,可供游人环望这一带绮丽的风光。

大格洛克纳山属于奥地利最大的上陶安国家公园的一部分,园中的盘山公路被联合国教科文组织定为世界文化与自然双重遗产。一条公路为什么会赢得这样的殊荣呢?只有身临其境,你才会频频对此首肯。从世界自然遗产的角度看,它的沿途穿越了阿尔卑斯山脉的许多自然奇观,每跨过一个高度,就会出现一段独特的植物景观,宛如一个自然生物博物馆。从世界文化遗产的角度看,它修建于 1930 年~1935 年间,长达 50 千米,宽只有 7 米,最高处达海拔 2500 米。这条路质量很好,路面平坦,绕山而上,状如飘带,其建造之艰辛和维修的难度体现了人类的知识与力量,所以被称为“阿尔卑斯山梦之路”。在奥地利旅行从来都是一路畅通,唯有这条公路上设有收费站,从这个侧面可以看出这条公路的珍贵程度。

大格洛克纳山中最壮丽的景色应数帕斯特泽冰川,它长 8 千米,宽 3 千米。游人们用词不当,来到宛若石头的冰川上,温度陡降,狭长而深邃的冰缝令人生畏,无不小心翼翼地挪动着脚步,谨慎地与这世界奇观接触。在冰川边上设有一个 1960 年留下的标记,它说明在过去的 40 多年间,这条冰川下降了 40 多米。照这样的速度,用不了多久,这条冰川就很可能在这个地方消失。

横亘在欧洲中部的阿尔卑斯山曾给欧洲南北交通造成了极大的障碍,19 世纪中叶以前,还没有建起隧道,高大陡峭的西阿尔卑斯山和东阿尔卑斯山很难横跨,人们只有到东阿尔卑斯山去,那里有不少低矮的山隘通道可以穿越。在这一带,德国通往意大利的最

短路线有两条，一条是走埃伦贝格山峡、费恩山口和雷申沙伊德克山口，另一条是走沙尔尼茨和勃伦纳山口。经过萨尔茨堡山口和克恩滕山口的路线比较长，走的人也少。还有一条路线是经普勒肯山口和塔利亚门托河谷，可以直接到达意大利的"冰城"威尼斯。如今，随着一条条隧道的相继建成，昔日的天堑变成通途，穿越阿尔卑斯山不再是什么难事了。

圣米歇尔山

如果只以高拔而论，圣米歇尔山根本无望排进名山大川的行列。与其称它为一座山，不如说是一个小丘。但由于它背靠浩瀚的大海，周围是一大片空旷的沙地，没有树木遮蔽，因此显得比实际高度要高得多。从海上望去，它就像一个巨大的圆锥孤零零地浮动在白色的浪花上，难怪 19 世纪法国文学大师雨果送给它一个"海上金字塔"的别名。

"山不在高，有仙则名。"让圣米歇尔山扬名天下的仙人就是米歇尔。圣米歇尔山原名同巴山，古时候荒无人烟，是凯尔特人敬神的地方。相传在公元 8 世纪初，居住在阿弗宏许地区的奥贝主教在睡梦中见到了米歇尔天使，天使指示他在岸外刚被海水送来的一堆岩石上建设祈祷所，奉米歇尔为守护神。米歇尔是基督教传说中著名的武天使，守护着天堂入口，英勇无比，曾经战胜过魔鬼撒旦。他还负责称量人类的灵魂，区分善恶；引领人们进入天堂，使他们免受恶鬼的诱惑。随便做了个梦，奥贝主教并没在意，没想到同样的梦一连做了三次，当米歇尔第三次在奥贝梦中出现时，他显然已经失去了耐心，用手指在奥贝脑门上戳出一个洞。奥贝不敢怠慢，赶紧着手动工。在阿弗宏许的圣维杰宝物室，至今还可以见到一个留有指孔的头盖骨，据说那就是天使米歇尔用手指戳出来的。

圣米歇尔山

同巴山不高却陡峭，空手攀登尚且不易，别说在上边建屋造殿了。可是在宗教信徒们的心目中，神的旨意是绝对不可以违抗的。无数的教士和劳工们肩抬手提，从布列塔尼各地运来整根的木椽和四方的石料，小心翼翼地经过暗藏杀机的流沙，再一步步拉上山顶。在这个过程中，曾有数十条满载着建材的船只被汹涌的海浪打进海底，而被海浪冲得不知去向的运输马车更是不计其数。材料凑齐了，还要将花岗岩山头铲得平平整整，在没有火药和十字钢镐的情况下，其难度可想而知。多亏了当时的人们心中充满了对上帝的虔诚信赖和对圣米歇尔的敬畏，才克服了那些难以想象的艰辛，最终在山顶建成了一座教堂，命名为圣米歇尔教堂，而这座小山丘从此就改名为圣米歇尔山了。

13 世纪时，人们在原先那座小教堂的基础上建成了气势恢宏的圣米歇尔大教堂，它是一座与巴黎圣母院同时期的著名建筑，哥特式的尖顶高耸入云，整个教堂竟比赖以存在的小山高出近两倍。在教堂钟楼顶端矗立着金色的大天使圣米歇尔的雕像，他手持利剑，直指苍穹，十分壮观。这座雕像也是教堂的最高点，实际上起到避雷针的作用。由于地处山顶，原先那座小教堂屡遭雷击，而有了这个独特奇妙的设计后，大教堂便安然无恙，不知内情的信徒们还以为是大天使用神力庇佑着诺曼底的大地。

圣米歇尔山上不仅有雄浑壮观的圣米歇尔大教堂，还有以梅韦勒修道院为中心的 6 座建筑，它们共同组成了一个典型的哥特式建筑群。这些建筑是在 800 年间时断时续建成的，风格各异的众多建筑师和艺术家都在那些坚硬的花岗岩上留下修整和雕凿的痕迹，但整体风格却和谐一致。每一条拱线，每一条花纹部向上冒出尖顶，所有尖顶错落有致，井然有序，形成了一股向上飞升的合力。从上面看每一层尖顶都在基本相同的层面上，但它们底下的建筑石基却相差甚远。

当山上的古老教堂变得拥挤不堪时，这里又开始了法国建筑史上奇迹般的扩建工程。一般的教堂扩建总是横向发展，而这里因为花岗岩石的地基左右前后都没有扩展的余地，新教堂只好朝纵向发展。最令人叹为观止的是，这里的扩建不是在旧址上重建新屋，而是将旧教堂的屋顶完全填实，在上面直接建起崭新的教堂。被填平的教堂就是被称为“地下的圣母堂”的古教堂。这里由罗马式的大石柱支撑起来，改为储存食物和收留贫穷朝圣者的地方。在法国大革命期间，这里曾经做过监狱，囚禁过一些著名人物。事实上，直到 1863 年，法国政府才停止向这个小岛流放犯人。

自从圣米歇尔大教堂建成后，这里就成为天主教除了耶路撒冷和梵蒂冈之外第三大圣地，吸引了四面八方的信徒前来顶礼膜拜。法国前总统密特朗把它赞为“法国的泰山”，指的就是这两座山都是朝圣之地。

去泰山朝圣，至多是又苦又累，而到圣米歇尔山朝圣，却要冒着生命的危险。首先是包围着这座孤岛的流沙地带特别可怕，表面平坦光滑，内部的暗流却像蛇一样能缠住人腿，如果在慌乱中不能及时拔出双腿，整个人就会被流沙吞噬。其次是这里的潮水以落差巨大而著名，每当望月和朔月涨大潮时，海水就会从 15 千米以外的大西洋奔涌而来，以每小时 10 千米的速度向圣米歇尔山挺进，势如万马奔腾，只是短短十几分钟的时间，就把圣米歇尔山变成一座海上孤岛。而过了不久，潮水又会退得干干净净，只留下一片被水弄湿的沙泥。在春季和秋季，海水涨落的落差可达到 15 米高。曾经有好多试图蹚过海水上山的信徒，因为不了解这里海潮来去无常的特性，结果稀里糊涂地被卷走了。

在 1337 年至 1453 年的英法百年战争中，圣米歇尔山曾遭到英国人的围攻，有 119 名法国骑士躲进了山上的修道院里，他们依靠着围墙和炮楼，抗击英军长达 24 年之久，创造出了一项人类战争史上的奇迹。帮助法国骑士们创造奇迹的就有这里的潮水。他们每次只要坚守半天,势如奔雷的涨潮就会淹没通往陆地的滩涂,于是就为他们赢得宝贵的半天休息时间。在那场旷日持久的战争中,圣米歇尔山成了诺曼底地区唯一没有陷落的军事要塞,却有100名骑士献出了生命。从此,圣米歇尔山便成了法国人的骄傲。百年战争结束后,法王路易十一亲自批准在这里成立圣米歇尔骑士团。骑士们盔明甲亮,身披绣着金丝银线的宽大斗篷,背后飘扬着陪伴着他们浴血奋战的大旗,那时刻让法兰西人觉得扬眉吐气。

如今,来圣米歇尔山观潮已经成为欧洲人旅游的重要项目。当年帮助法国骑士坚守孤岛的潮水仍然浩大而迅猛,但人们已经了解了它的脾气,不会觉得它恐怖,反倒觉得它有趣,称它为欧洲最具戏剧化的潮水。每当大潮涌来的时候,山上的大喇叭里不断地用五六种不同的语言发出警报,催促人们把停车场上的汽车开走。而总是有人故意和时间与潮水玩一把惊险的游戏,直到最后一刻才去开车,一旦来不及,汽车就会像玩具一样被潮水漂浮起来。至致游人在沙滩上玩得忘情,以至于被潮水围困的情形更是时有发生,只好水淋淋地等待救援了。

过去,前往圣米歇尔山的交通十分不方便,人们到山上朝拜或游览都必须乘船。1875年,人们在陆地与小岛之间修筑起一条大堤,顺着它就可以直接进入圣米歇尔山。在大堤离小岛两三米的海面上还搭建起一座小桥,这是小岛唯一的出入口。过了小桥,经过三道大门,便来到了岛上唯一的街道上。街上的小商店鳞次栉比,游人熙熙攘攘,可以在这里买到许多纪念品。游人在这里的历史博物馆中可以看到15世纪~18世纪法国的铜版画和大理石雕像,还有19世纪风靡法国的透景画和古代名人雕像。此外,博物馆里还陈列着古代的各种兵器和各种文物。从博物馆出来,沿着石阶来到圣米歇尔山的最高处,眺望碧波万里的大海,那飞银扬雪的浪涛拍打着金色的滩涂,景色分外壮美。

千百年来,圣米歇尔山一直游走在“陆地”和“海岛”这两种身份之间。潮水来了,它威严屹立在惊涛骇浪之上,亮出了冷漠而高傲的面孔;潮水退后,树绿沙白,天蓝风清,它又换上一副平易近人的面孔。潮来潮去,山定水绕,日复一日,年复一年,使它赢得了“西方奇迹”的美称,可是由于泥沙的长期沉积,使得这一带海底逐年增高,退潮之后,小岛周围的海底已经完全露出了海面。照这样发展下去,几十年后,圣米歇尔山就有可能变成陆地的一部分。为了保护这个珍贵的文化遗产,联合国教科文组织和法国当局正在积极采取补救措施,其中之一就是拆除通岛长堤,代之以天桥,以便海浪能够重新冲刷圣马洛海湾,让这个童话一般的人间仙山永远屹立在大海之中。

黑林山

黑林山不是一座山的名字，而是一片并不连绵的山区。海拔高度由南向北逐渐降低，东部和北部山势渐缓，山峰由陡峭变得浑圆而平坦，低矮的山丘不过500米，最高峰费尔德山也不过海拔1493米，如果放在峰峦叠嶂的阿尔卑斯山中，简直就是一抔土石。然而，这里却是德国人最喜爱的旅游胜地，他们来到这里不是为了爬山，而是为了休闲和疗养。

黑林山的自然环境确实值得称道。山上森林密密匝匝，参天古树好像撑开了一把把巨伞，遮天蔽日，使林中很难见到一丝光线，因此极其幽暗，人在其中仿佛被笼罩在黑漆漆的夜色中，"黑森林"就是由此而得名。黑林山在德语中的意思就是"黑色的森林"，这一地区也常被称作黑森林。

黑森林开发的历史并不长，过去由于交通闭塞，人迹罕至，再加上森林密布，沟壑纵横，猛兽横行，据说还有野人出没，许多恐怖而神秘的故事越传越远，令人望而生畏，称它为"地狱谷"。在罗马帝国统治时期，一支罗马军团行军打仗路过这里，官兵们又累又渴，恰好这一带有很多矿泉水池，他们就痛痛快快地狂饮起来，有人干脆跳进泉水中洗个凉水澡。他们惊奇地发现，这里的泉水不仅能解除人体的疲劳，还能治疗皮肤病、关节炎。后来，一群修道士来到这里，发现黑森林一带的山谷中阳光充足，土质肥沃，而且远离尘嚣，环境幽静恬淡，正是修身养性的"世外桃源"，他们便在这里建起了修道院，成了黑林山的第一批定居者。

第二次世界大战后的最初几年，西德的经济状况十分糟糕，当地居民不得不上山砍伐木材，用于盖房和取暖，使得黑森林的大片森林遭到破坏，水土流失现象越来越严重。德国政府痛下决心，采取有力措施，禁止乱砍滥伐，并且拨款支持当地人用速生树种造林。经过几十年的努力，黑森林又恢复了昔日的风采。山间天然牧场多多，绿草萋萋，好像一块块绿色的地毯铺在树林之间，成群的牛羊在山坡上吃草，好像天空中飘来一朵朵白云。山坡上数不清的泉眼常年流淌着清甜的泉水，形成了无数的小河，最终汇入莱茵河。林间农舍小镇若隐若现，一派田园风光。来到这里，人们恍惚间来到了瑞士。

黑森林地区一年四季都有好景致。春天，林间鲜花盛开可踏青；夏日，树木林立可避暑；秋季，满山色彩斑斓可赏景。到了冬日，一般的游览地都是人迹萧索，而黑森林地区却依然人头攒动，热闹非凡。这一地区降雪量很大，一场大雪过后，沿莱茵河谷一带那些海拔几百米的小山全都铺上了一层雪白的厚"地毯"。每逢节假日，德国人常常是全家出动，穿上滑雪服，扛着滑雪板、雪橇，从城里坐上短途火车或公共巴士前往黑森林。来到

之后，不用走多远，随便选择一块坡地，顺坡而下，就可以享受到在雪地上如闪电一般划过的惬意与快感。据说，德国的滑雪运动就是从这里流行开来的。这一带的最高峰费尔德山还是欧洲著名的冬季运动赛场，有好几项世界级的滑雪比赛，如 FIS（国际滑雪联合会）世界杯就曾在这里举行。

登上费尔德山顶不是一件难事，四周的群山和点缀其间的草场农舍尽收眼底，但在这里最时髦的不是登山，而是“Wandern”，意思是“在山里走”。黑森林地区是世界有名的“山间行走”运动地点，参加这项运动的人要脚蹬 Wandern 鞋，一手拄一支 Wandern 棍，身穿 Wandern 衣裤，按照事先选好的路线，轻松上路，一走就是一天。这里的道路管理非常好，无论是车道还是步行道，都有清晰的标志，不用担心走错路。黑森林地区有不少餐厅就是针对参加 Wandern 的游客而开设的，饭菜实惠，提供的热能很大。有许多美国和加拿大人不远万里来到这里，就是为了 Wandern 一番。

雪也滑了，路也走了，黑森林的面貌却没有展示完全。在它的北部有一座风景如画的小城，四周群山环抱，名叫巴登巴登。这个名字听起来有些古怪，其实，“Baden”在德语中是“洗澡”的意思，德国地名中有许多是以 Bad 结尾的，往往意味着那里是个疗养胜地，往往有温泉或矿泉，可以洗澡。巴登巴登城中的温泉最负盛名，早在古罗马时代，酷爱洗澡的古罗马人就在这里建起了浴场，如今遗址犹存，可免费参观。19 世纪以后，这里又成为欧洲皇室、显贵们休闲疗养的地方，美称“欧洲夏都”。“铁血宰相”俾斯麦当政时，特别喜欢来这个小城开会，大约跟中国的政治家喜欢选择庐山开会是同样的用意。

巴登巴登不仅是德国第一号的温泉疗养地，还是欧洲有名的“销金窟”，常被拿来与美国赌城拉斯维加斯相比，每年约有 60 多万富豪从世界各地飞来这里一掷千金。这里的氛围非常安静，甚至让人怀疑它不是赌城。赢了钱的，一出门就会钻进那些豪华的商店，一出手就是几万几十万；输了的，不过笑笑而已，默然离去。巴登巴登的最大赌场甚至也不叫赌场，而叫“休闲宫”。宫中除了可以赌博，还可以欣赏音乐，翩翩起舞。白天，休闲宫可以付费参观；到了晚上，这里就成了一个高雅的娱乐中心。要进入这里，必须西装革履，系好领带。对于财力一般的游客来说，还是不要进休闲宫为好。如果你想过把瘾，城中有不少小赌场，随便试试手气，输了也不会伤筋动骨。

作为一个旅游地区，黑森林不仅有处处自然美景，而且有处处人文胜迹。如画的河谷和苍郁的山丘上，几百种蝴蝶与鲜花争艳。一到节假日，山区的居民们就会穿上刺绣镶边的传统民族服饰，载歌载舞，尽情欢乐。大学城弗赖堡通常是游览黑林山的始点，这里有鹅卵石铺地的教堂广场，还有一座花了 300 多年时间才建成的高大的哥特式大教堂。位于弗赖堡北部的圣梅尔根小城有着众多的黑色木结构农舍，周围是精心修剪出来的大片绒毯般的草地，房前屋后鲜花盛开。黑林山的西部葡萄园顺山势绵延，在优美的小镇施陶芬一边啜饮着香醇浓郁的葡萄酒,一边听着浮士德炼金的故事,感受绝对不同一般。在布赖萨赫小镇上,有一座巨大的木雕圣坛,堪称德国木雕中的杰作,只可惜那位雕刻大师没有留下姓名来。阿尔皮斯巴赫的教堂是德国巴西利卡教堂中的精品,这座年近千年的教堂几乎没有整修过,一派古意盎然。富特旺根小镇的时钟博物馆里有各式各样的钟表,附近几个小镇上钟表店林立。特里贝格瀑布总高 100 多米,是德国境内最大的瀑布。1877 年德皇曾到这里巡游,1922 年海明威也曾光顾过这里。

如果你时间充裕,可以沿着黑森林地区有名的"神奇之路"走一趟。这条旅游线路的起点在巴登巴登,终点是位于博登湖畔的康斯坦茨,全长约 300 千米。一条路上有森林,有古堡,还有湖泊,气象万千,魅力四射。路过小城卡尔夫时一定要下车看一看,这里是诗人兼小说家赫尔曼·海塞的故乡。路过蒂宾根时不要忘记看一看这里的大学教堂、城堡、市政厅,感受一下被德国人称作孕育诗人和哲学家之地的特有风韵。

黑森林地区还有一处特别吸引游人的地方,那就是蒂蒂湖。它不是很大,但正好处在多条旅游线路的交汇点上。在这里你可以坐上游船,环湖一周观光,也可以坐上起点为天堂国终点为地狱谷的小火车,在高差 625 米的地段中游览。游客们还常常在这里选购黑森林地区的特产,最受欢迎的是布谷钟。它是由手工精心制作而成的,早在 1640 年就问世了,每当报时时,就会蹦出一只布谷鸟,用它那清脆悦耳的叫声告诉人们时间,叫几声就是几点钟,颇有意趣。

奥林匹斯山

历史悠久的古希腊文化植根于古希腊神话的肥沃土壤里,而奥林匹斯山则是希腊神话的载体。中国人认为神仙都住在天上,而古希腊人认为统治世界的诸神就住在奥林匹斯山上,因此把它尊为"神山"。

给人安家不容易,给神安家更不容易,寻常地方恐怕亵渎了神灵,中国人一下子把神仙请到虚无缥缈的云里雾里,不失为一个聪明的法子。古希腊人可能觉得神仙住得太远会失去对人间的控制,而在当时的条件下,巍然耸立在希腊群山之中的奥林匹斯山没有人能攀爬上去,只能在风和日丽的时候,望得见它的山顶洒满太阳的光辉,冬天的奥林匹斯山更是壮观无比,白雪皑皑的峰顶在阳光照耀下熠熠生辉。在这样一个人类可望而不可即的地方,建上几座金碧辉煌的宫殿,请诸神就位,自己的活动土地十分广阔,又能俯视人间的芸芸众生,应该是一个极其绝妙的主意。

有了奥林匹斯山,古希腊人便尽情展示他们想象的才华。在云雾环绕的山顶,有一座时光女神把守的云门。诸神们来到时,云门就会自动开合(颇似今天的自动门)。奥林匹斯山上住着12位大神，后来又来了酒神狄俄尼索斯。每位大神都拥有自己的宫殿，都有自己众多的随从。每当曙光女神用她那玫瑰色的手指打开天门放出阳光时，大神们就聚集到众神之父宙斯的宫殿里；每当黑夜女神点亮天上的繁星时，众神们才会各自回到自己的神殿。奥林匹斯山上似乎有一道永远不散的筵席，众神们永远在享受着人间难以想象的幸福。满面红光的阿波罗（古希腊神话中的太阳神）弹奏着竖琴，九位缪斯（主管文艺和科学的女神）翩翩起舞，唱着清脆悦耳的歌儿，婀娜苗条的赫柏（青春女神，宙斯的女儿）给大家送上精美的食品和仙酒，让众神心花怒放，而且永葆青春活力。

奥林匹斯山上的众神是一大家人，宙斯是父亲，天后赫拉是宙斯的妻子，正义女神得墨忒耳是宙斯的姐姐，海神波塞冬是宙斯的哥哥，剩下的全是小辈，彼此间都是同父异母的兄弟姐妹。阿瑞斯虽为战神，却败绩累累，屡次为智慧女神雅典娜所胜。阿瑞斯生性野蛮，常让宙斯以及众神厌恶；雅典娜聪明伶俐，多才多艺，后来成为雅典的保护神。火神赫淮斯托斯是长得最丑陋的天神，而且是个瘸腿，却娶了爱与美的女神阿芙罗狄特。赫耳墨斯在诸神中跑得最快，于是就成了宙斯最忠实的信使。赫斯提被封为家室女神，奥林匹斯山上的众神数她最辛苦，别人都回去睡觉了，她还得负责各座宫殿的照明。阿耳忒弥斯是太阳神阿波罗的孪生姐妹，只不过她掌管的是月亮。

奥林匹斯山上的众神似乎无所事事，但古希腊人却对他们倍加崇敬，尤其是那位站在奥林匹斯山的悬崖上向人间施放雷霆的宙斯，更是敬畏有加，经常以他的名义举行各种盛大的祭奠，同时进行各种游乐和竞技活动。这项活动分散在各地，也不定期，但以奥林匹亚的集会最为盛大。需要说明的是，奥林匹亚并不在奥林匹斯山脚下，而是远在伯罗奔尼撒半岛上。公元前884年，古希腊爆发战争，战火连年不断。深受战争之苦的希腊人十分怀念当年的庆典，于是奥林匹亚所在的伊利斯城邦国王就联络其他几个城邦的国王，达成了一项定期在奥林匹亚举行运动会的协议，并规定在举办运动会那一年实行"神圣休战月"，即3个月内任何人都不得动用刀兵，即使是正在交战的双方，也要放下武器，派人去奥林匹亚参加运动会。

到了公元前776年，第一次用文字记录下奥林匹克运动会获奖者的姓名，这就是第一届古希腊奥林匹克运动会，以后每四年举行一次。最早的竞赛项目只有200码短跑（大约是182米）。后来逐渐增加了摔跤、掷铁饼、投标枪、赛马和赛车等项目。每一个竞赛优胜者都要戴上桂冠，人们把他们当作神一般来崇拜，最著名的诗人向他们奉献赞美诗，第一流的艺术家为他们建造纪念雕像。优胜者的家乡还把他们当作出征凯旋的英雄来欢迎，有的城市故意把城墙打开一个缺口，让他们像征服者那样进城。

奥林匹克运动会的出现，使奥林匹斯山的神话掀开了最令人心旌荡漾的一章。尽管奥林匹亚离奥林匹斯山远了一些，但宙斯还是应该满意的。每届奥运会举行之前，人们都要在城中的赫拉神庙前举行庄严肃穆的仪式,从祭坛点燃火炬,然后奔赴希腊各个城邦,传递停战的神谕和奥运会召开的消息。赫拉性情暴躁,连宙斯都怕她三分,用赫拉神庙祭坛圣火点燃的火炬有着至高无上的威严,火炬所到之处,人们纷纷听命,希腊全境出现了和平生活。

古希腊的奥林匹克运动会举办了293届,直到公元394年才由罗马皇帝狄奥多西下令禁止。1896年,在法国人顾拜旦的努力下,恢复了现代奥运会,并于1896年在雅典举行了第一届奥林匹克运动会。以后,运动会虽改为轮流在其他国家举行,但仍用奥林匹克的名称,也继承了古希腊奥林匹克运动会的某些传统。众所周知的是,在奥运会期间,从开幕到闭幕,主会场都要燃烧奥林匹克圣火,而火种必须采自奥林匹亚的赫拉神庙。奥运圣火不是采自奥林匹斯山,其历史渊源就在这里。

古希腊人把诸神请到奥林匹斯山上,不光因为这里人迹罕至,主要在于他们认为希腊处在地球的中心,奥林匹斯山又处在希腊的中心,这中心的中心只有诸神才有资格居住。至于后来,随着航海的发达,拓宽了眼界的希腊人渐渐修正了自己的观念,不再认为希腊就是地球的中心,奥林匹斯山头上的灵光渐渐褪色。再说,让神祇们近在眼前,也未必是件好事,人类也有隐私不想让神仙知道。于是,希腊人开始想象诸神居住在更加遥远的天边(最终跟中国人一样了),奥林匹斯山的神话也就戛然而止了。当人们登上奥林匹斯山顶,连一丝属于神的遗迹都没有发现的时候,它的神秘就彻底不在了,但它的奇妙和美丽依然吸引了众多前来"朝圣"的游客。这里很少有强风光顾,也很少有暴风骤雨,阳光明媚的日子居多,如果说神仙要找一块人间乐土,这里确实应该列为首选之地。还有那直穿云天的古树,那郁郁葱葱的山坡,还有那似乎缥缈在云雾和星河之间的米蒂卡斯峰顶,未必有神灵来往,但未必不呼吸着神的气息,未必不幻化着神的灵性。

高加索山

"高加索的美人"——厄尔布鲁士峰

一提到高加索山,人们不由得就会联想起那位人类的保护神——普罗米修斯。在希腊神话中,人类是普罗米修斯创造出来的,他还充当人类的老师,帮助人类追求幸福。而宙斯却对人类全无好感,认为人类既孱弱又狡猾,既愚蠢又残暴,总想把人类毁灭掉。

普罗米修斯看到人类住在阴暗潮湿的山洞里,过着衣食不周的悲惨生活,就想了个办法,用一根长长的茴香枝,在烈焰熊熊的太阳车经过时,偷到火种并带给了人类。

人类有了火种,生活面貌立刻改观,这让宙斯大为恼火,他命令神使赫尔墨斯用一条永远也挣不断的铁链把普罗米修斯绑在高加索山的悬崖上，让他永远不能入睡，疲惫的双膝也不能弯曲，在他起伏的胸脯上还钉着一根金刚石的钉子。宙斯又派一只神鹰每天去啄食普罗米修斯的肝脏，但被吃掉的肝脏随即又会长出来，第二天又被神鹰啄食掉。就这样，普罗米修斯在高加索山忍受了 3 万年的反复折磨，直到有一天一位名叫赫剌克勒斯的英雄来到高加索山，射死了那只恶鹰，才把这位人类的大恩人解救出来。

如果说宙斯真的把普罗米修斯绑到高加索山上来，势必会选择这里的最险峰和最高峰。高加索山绵延千里，但高山峻岭不多，海拔 5000 米以上的山峰都集中在大高加索山的中段。这一带位处高纬度地带，积雪和冰川对地形的侵蚀强烈，巨大的冰斗耸立于山腰，成为薄如刀刃的山脊，颇有“倚天宝剑”的神韵。群山顶上积雪堆压，形成波澜壮阔的起伏地带，在阳光韵照耀下颇为壮观。而在古冰川的底部，细流常常汇集成碧波荡漾的圆形湖泊，景色绮丽迷人。

高加索山的最高峰厄尔布鲁士峰就在大高加索山的中段，这里有不少山峰的绝对高度都超过了阿尔卑斯山的勃朗峰，只是这里处在欧亚大陆的天然界线上，在谈到世界各大洲的名山大川时，它们往往既不被算进亚洲，又不被算进欧洲，倒是可惜了它们的高度。阿尔卑斯山的一座勃朗峰就让人惊叹不已，而这里有那么多“勃朗峰”，还有一座超过勃朗峰 800 米的厄尔布鲁士峰充当“龙头老大”，在众多奇峰秀岭的环伺下，它显得卓尔不群，大有顶天立地的气魄。

厄尔布鲁士峰由东西两座相邻的雪峰组成，西边那座略高于东边的那座。这两座山峰虽然那么高大，顶部却像一个光滑的圆顶山丘，从远方望去宛如一位刚刚出浴的少女，仰卧在高加索的群山之上。从飞机上鸟瞰，这位少女长着披肩的长发，伸直的两臂和稍弯的两条健美的腿，东西两座姐妹峰正好构成这位少女两个丰满的乳房。

自古以来，当地的格鲁吉亚人就把它称为“高加索的美人”，还流传着一个有趣的传说。相传“厄尔布鲁士”原来是一位仙女的名字，很早以前，她来到高加索山中的一个小山村里，村后并排列着五座高山，人们都叫它“五山村”。村庄的周围有着流不尽的泉水，漫山遍野都生长着各种颜色的玫瑰花和樱桃树，还有叫不出名字来的五颜六色的野花，活泼的小鸟一年四季在枝头上歌唱。仙女被这人间的美景所陶醉，她漫步山间，跳在清澈的泉水之中洗了个澡，出浴后就仰卧在那里睡着了，这一睡就是千年万年，直到今天还没有醒过来。人们还说，从厄尔布鲁士雪峰上流下来的雪水，就是仙女的乳汁，有了它的灌溉，才有了高加索山区的千里沃野，有了高加索人的幸福生活。

在厄尔布鲁士峰上还发生过一个真实的故事，说起来就不像民间传说那样让人愉快了。第二次世界大战爆发前夕，德国人派出一支登山代表团，与苏联的登山运动员们一起攀登厄尔布鲁士峰。1942 年 8 月末，德国法西斯为了夺取苏联的石油基地巴库，专门派出高山部队占领了通往巴库油田的制高点——厄尔布鲁士峰，并在峰顶附近设置了高倍望远镜，监视苏军向巴库方向的增援部队的调动情况。只要苏军一有动静，德军马上就调动空军及炮兵进行袭击，苏军因此而遭受了重大牺牲。这时的厄尔布鲁士峰，成了德军一架永远不需要降落也不需要加油的"高空侦察机"。

为了夺取这个制高点，苏军几次攻山，但由于部队没有受过山地作战的专门训练，也没有配备必要的装备，还没等和敌人接火就出现了大批严重冻伤。于是，苏军征集过去攀登过这座山峰的登山运动员、教练员参战，组成了阿尔卑斯营（即山地营），这才从德国人手里夺回了厄尔布鲁士峰。在战后打扫战场时，苏联人在德军尸体中发现了三张熟悉的面孔，原来这三个人曾经参加过那次所谓友好的登山活动。

在第二次世界大战中，德军的山地部队的确战功赫赫，其中以德国国防军第一山地师最为强悍，他们曾在高加索山地艰苦作战，甚至赢得了对手苏联人的尊重，送给它一个"高加索雄鹰"的绰号，还对它做出这样的评价：给它一座山，就休想从它身上爬过去。德国山地部队的官兵在军帽左侧都佩戴着金属雪绒花帽章。雪绒花生长在阿尔卑斯山脉（亚洲也有）海拔1700米上的冰雪地带，德国人就用这种不畏严寒的植物来代表山地部队这个兵种的特点。

"生命的乐土"——西高加索山

大高加索山通常分为东、中、西三段，其中中段山体较窄，山势高峻，东高加索山次之，西高加索山最低，海拔一般在4000米以下。东高加索山有格鲁吉亚境内的最高峰什哈拉峰，海拔为5068米。西高加索山的最西端是著名的西高加索山保护区，已经被遴选列入世界自然遗产目录，还被列入联合国教科文组织的"人与生物圈计划"。

早在50万年前，这一带就有了古人类的活动，考古学家在这里发现了150余处古代人类的遗迹。与司空见惯的人类破坏自然资源的现实相比，西高加索山可以称得上是一片"生命的乐土"。部分地区与世隔绝，只有乘直升机才可到达，是欧洲尚未受到人类干扰的少有的几座大山之一。近几个世纪以来，这里只是外围地区受到了伐木、放牧以及打猎的些许不利影响，并未对它的绝大部分地区构成威胁。由于人迹罕至，这里成了野生动物的天堂。据统计，这里的脊椎动物多达384种，哺乳动物也有几十种，包括狼、棕熊、山猫、高加索鹿、狍、欧洲野牛、岩羚羊、水獭、豹等；鸟类已达到126

西高加索山

种，其中黑鹳、鱼鹰、茶色鹰、王鹰、金鹰、短趾鹰都是国家级保护动物。这里还有一个光怪陆离的昆虫世界，有记录可查的昆虫多达2500种，而实际上的数目比记录的两倍还要多。

西高加索山的地质构造颇具特色，寒武纪到古生代的沉积岩、变质岩和火成岩在这里都有出露。北部以石灰石山丘居多，其间有许多洞穴，尤为引人注目的是一个深达1600米、长达1.5万米的洞穴，其深度、长度都称得上俄罗斯之最。这里的高山湖泊以及宽广的山谷都是由于冰河作用所致，迄今为止这里还有60余处冰河留下的遗迹。

距离西高加索山保护区最近的城市是俄罗斯的索契。它位于黑海沿岸，气候湿润，四季如春，夏季不超过30℃，是地球最北端唯一一块属于亚热带气候的地区。从斯大林开始，苏联和俄罗斯的历届国家领导人都喜欢来这里度假，使得它赢得了俄罗斯“夏都”的称号。索契的冬天也不寒冷，高加索山脉几乎完全挡住了来自北方的冷空气，而被太阳晒了整整一个夏季的海水则慢慢地释放出热量，使得这里的气温维持在8℃左右。

索契还以矿泉闻名。这里马采斯塔矿泉（意为“烫水”）自然涌出的泉水温度达22℃，人工钻探而涌出的泉水温度高达38℃。马采斯塔矿泉富含氢硫化物，对人体有独特的疗效，早在古罗马时代就远近知名。

如果你想欣赏大高加索山白雪皑皑的全景，可以登上市郊大阿洪山上顶的瞭望塔，索契一年中平均有240天是晴天，给登高望远提供了方便条件。站在这里还能欣赏到索契风景如画的海岸。索契的海岸绵延着大片天然海水浴场，从每年的5月中旬到10月底都可以下海游泳。你只要不嫌麻烦，就可以在一天之内既上山滑雪，又下海畅游，感觉爽快无比。

以一部《钢铁是怎样炼成的》而让中国读者熟知的作家尼古拉·奥斯特洛夫斯基，他的大部分创作生涯就是在索契度过的，他能以重病之身写成那么厚的一本长篇小说，还构思出了《暴风雨所诞生的》的初稿，着实应该感谢索契宜人的气候。现在他的故居已被辟为博物馆。

与索契同在黑海沿岸的苏呼米也是一个旅游和疗养胜地。这里背靠大高加索山，市内林木茂密，花草遍地，在青山碧海之间建有许多休养所、疗养院和宾馆。在苏呼米近郊有一座名叫巴格塔拉第三的城堡，它是以统一格鲁吉亚各公国第一代皇帝的名字命名的。离城4千米处有一道著名的克拉苏里墙，类似中国的长城，它跨越山谷，蜿蜒绵亘，颇为壮观。此外，在奥恰姆奇列区还有一处洞窟群，其中最著名的是契娄洞，又称阿勃拉斯山洞，长达2千米。

寻找金羊毛——小高加索山

小高加索山由一系列低矮且多褶曲的山岭组成，就其高峻程度来说，与大高加索山不可同日而语。但这一带自古以来就流传着一个美妙动人的传说，被后世不少作家用做创作素材，给小高加索山区蒙上了一层神秘的色彩。

黑海岸边有一块名叫科尔喀斯的沼泽地，由它开始连着一块谷地，把大高加索山和小高加索山分隔开来。相传就在科尔喀斯沼泽地上有一件稀世之宝——金羊毛。

金羊毛来自一只长着双翼的公羊，它是神使赫尔墨斯送给玻俄提亚国王后涅斐勒的礼物。她的一儿一女受到国王宠妾的百般虐待，涅斐勒便让他们骑上公羊从空中逃跑。半路上，姐姐从空中跌落，葬身大海，而弟弟佛里克索斯顺利地来到了黑海边上的科尔喀斯。国王埃厄忒斯热情地接待了他，还把自己的女儿许给他为妻。佛里克索斯宰了公羊向保护他逃跑的宙斯献祭，把公羊身上纯金的羊毛赠给了国王埃厄忒斯。埃厄忒斯把金羊毛献给了战神阿瑞斯，并把它钉在敬奉战神的小树林里。按照神谕所示，埃厄忒斯的身家性命完全取决于他是否拥有金羊毛，所以他下令让一条毒龙日夜守卫着金羊毛。

当时，全世界都把金羊毛视为无价之宝，多少英雄豪杰为了得到它而踏上了艰险的路程，却没有一个人获得成功，很多人甚至连金羊毛的影子都没看到，就倒在漫长的征途中。伊俄尔科斯王国的国王原是埃宋，后来他的王位被弟弟珀利阿斯篡夺去了。珀利阿斯想把埃宋的儿子伊阿宋也除掉，就怂恿他去夺取金羊毛。伊阿宋没有看破叔叔的险恶用心，就邀请来许多希腊有名的英雄，乘上一艘豪华大船“阿耳戈斯”号(意为“轻快的船”)，跨海远征。据说，这是希腊人驶向大海的第一艘大船。

一路上的磨难难以尽述，如同《西游记》中的唐僧师徒取经一般，历尽千难万险，终于到达了高加索山下的科尔喀斯。伊阿宋向国王埃厄忒斯说明了来意，埃厄忒斯表面上没有拒绝，暗地里却想用毒汁害死伊阿宋一行。幸好埃厄忒斯国王的小女儿美狄亚爱上了浑身充满英雄气概的伊阿宋，她决定不惜一切代价帮助心上人。

在美狄亚的帮助下，伊阿宋战胜了鼻孔中喷射烈焰的两头神牛，穿过如同迷宫的灌木丛，来到一棵高高的橡树下。橡树顶上金光闪闪，上边挂着的就是令无数人为之心动的金羊毛。树下，那条巨大的毒龙睁着一双永不闭合的眼睛在警惕地巡视着。美狄亚用神奇的歌声让毒龙迷迷糊糊地有了睡意，又用魔液的芳香迷得毒龙酣睡起来，伊阿宋趁机从橡树上拉下金羊毛。借着金羊毛发出的光亮，他俩飞快地穿过树林，来到“阿耳戈斯”号船上。众英雄立刻扬起风帆，一起用力划桨，大船如同离弦之箭离开黑海，返回故乡。

记住这样一段神话传说，会给来小高加索山这一带游览的人增添不少信心。沿着透

露出原始韵味的峰间林带择路而上，一步一步地朝着目标坚定地前进，不敢说每个人从此都会变成英雄，但坚韧不屈的英雄精神却会在人们的心中遥相传承。

安第斯山脉

北段安第斯山——科托帕希火山

作为世界上最长的山脉，安第斯山脉的长度几乎是喜马拉雅山脉的三倍半，而它又属于世界上最长的科迪勒拉山系，从北美洲的南端一直绵延到最北端，好似一条将要腾飞的巨龙蹲伏在太平洋的东岸，成为世界上最壮观的自然景观之一。但由于跨度太大，同是一条山脉，各区域间的差异非常大，因此地理学家通常把它划分成北段、中段、南段三个部分。

北段安第斯山脉主要位于委内瑞拉和哥伦比亚境内，朝北向东延伸，与加勒比岛的岛弧相连。在委内瑞拉境内，安第斯山脉分成三个不同的山脉，其东北分支称为梅里达山脉，这一带甘蔗园和咖啡园连绵不断，浓郁的热带风情与高山积雪所代表的不同季节与地域特征，完美地融进一个画面，蔚为奇观。梅里达山脉中有五座高峰，山尖一律被白雪覆盖，那白色的雪冠就像落在山尖上的白色雄鹰，所以人们把这五座山峰称为五只鹰。其中玉柱峰最高，海拔 5500 米，是委内瑞拉全国的最高点。为了纪念拉丁美洲的民族英雄西蒙 · 玻利瓦尔，玉柱峰被命名为玻利瓦尔峰。

科托帕希火山

安第斯山脉进入哥伦比亚境内，分成相互平行的东、中、西科迪勒拉山脉，三条山脉之间有宽大的山间盆地，首都圣菲波哥大就坐落在一个山间盆地里。这三条山脉平均海拔都在 3660 米以上，许多山峰常年积雪，组成了一道绵延千里的热带雪山奇景。

安第斯山脉坐落在环太平洋火山地震带上，地壳活动频繁，因而形成许多火山。北段安第斯山脉火山不多，其中最有名的是位于东科迪勒拉山西坡厄瓜多尔境内的科托帕希火山。它是世界上最活跃的活火山之一，海拔 5896 米。山体呈圆锥形，火山口直径约 700 米，深约 360 米。这座活火山有一个特点，那就是不爆发则已，一爆发起来破坏力非常巨大。1742 年它喷发了一次，竟将厄瓜多尔首都基多城和拉塔昆加城一起毁掉了。它又是世界上喷发最为频繁的活火山之一，从 1533 年到 1904 年，它发生了 14 次大喷发，最近一次喷发发生在 1975 年。攀登这座山十分危险，脚下的岩石看上去很结实，可是使劲一踩就会有岩浆涌出来。至今它的火山口中还经常会溢出熔岩流,融化了山坡上的冰雪,造成巨大的泥石流,使得满山都布满了致命的陷阱。

哥伦比亚境内比较有名的火山是处于三条科迪勒拉山脉会合处的普拉塞火山(海拔4646米)和接近厄瓜多尔边境的加莱拉斯火山(海拔4276米)。加莱拉斯火山是一座活火山,据记载,它已经爆发了20多次,最早的一次是1535年,最近一次在2006年7月,喷出的火山灰和浓烟高达8000米,并不时伴有地震,当地政府宣布进入最高警戒状态,并紧急转移走了近万名居民。2004年8月,加莱拉斯火山曾有过一次强烈的爆发,喷出的烟柱高达1000米,灼热的火山灰四处飘散,还引燃了山坡上的杂草和森林,致使周围9个城镇的近40万居民的生命财产受到严重威胁。这座火山喷发得如此频繁,看来需要谨慎对待才行。

安第斯山脉上有一条千年古道,全长2.3万千米,它的起点就在哥伦比亚的南端,终点在阿根廷北部,沿途繁衍生息着许多印第安人部落。由于南美洲曾经存在过一个庞大的印加帝国,所以有人就将它称为"印加之路"但当地的印第安人一直称它为"上苍之路"。

"上苍之路"大都由沙石和石料铺成,路宽3米左右,有些路段以石条锁边,外有泄水道。它随着安第斯山脉的起伏回转绵延而去,旁边还分出不少岔道,向东连接着亚马逊河流域,向西通向太平洋沿岸。由于年深日久,丛生的杂草和灌木丛把这条古道掩埋起来,某些路段还成了现代公路的路基,但仍有一些路段能够展现出古道的原貌,让人联想到曾在这条石路上蹒跚来往的队队商旅。

中段安第斯山——纳兹卡地画与瓦斯卡兰山

中段安第斯山脉从厄瓜多尔的瓜亚基尔湾到智利中部,中间穿过秘鲁,走向由西北转为东北,成为安第斯山脉中宽度最大的一段,也是火山活动遗迹最多的一段,已知的火山超过900座,高度由5000米到7000米不等。

地球上最高的休眠火山尤耶亚科火山就位于安第斯山中段,坐落在智利北部同阿根廷接壤的边界处,海拔约6723米,山顶终年积雪。早在公元1550年以前,就曾有人登上过这座山峰。根据记载,这座火山有过三次喷发活动,最近一次喷发是在1877年,此后它就一直处于休眠状态,从未发现过重新活动的迹象。还有一种说法,认为位于阿根廷境内的奥霍斯—德萨拉多火山是世界上最高的休眠火山。以海拔而论,奥霍斯—德萨拉多火山6885米,比尤耶亚科火山高一些,问题是奥霍斯——德萨拉多火山顶峰下方6499.9米处有个小火山口,不断地向外冒着热气,使得人们对它的休眠火山的身份发生了怀疑。

位于厄瓜多尔中部的钦博拉索山也是一座休眠火山，有许多火山口，但都不再喷火冒烟了。在很长一段时间里，它都被误认为是安第斯山脉的最高峰。实际上它的海拔只有 6262 米，而安第斯山脉中超过 6500 米的山峰就不止一座。1802 年，德国著名地理学家洪德堡到厄瓜多尔考察，曾经登到距离钦博拉索山顶只有 150 米的高度。他被这座壮丽的雪山震撼了，把它称为“世界上最巍峨的山峰”。

洪德堡并非没有见过比钦博拉索山更高的雪山，他给钦博拉索山的定性并非没有道理。通过人造地球卫星测定，地球既不是标准的球形，也不是标准的椭圆球形，而是一个南大北小中间鼓的“梨形”。如果从地心算起，赤道地区相对其他地区要厚一点。钦博拉索山正好位于赤道附近，从它圆锥形的山体顶点到地心的距离大约为 6384. 10 千米，而珠穆朗玛峰距地心的距离仅为 6381. 95 千米，比钦博拉索山少了 2. 05 千米。如此说来，把钦博拉索山称作世界第一高峰实不为过。

中段安第斯山脉在玻利维亚和秘鲁边境处出现中断，形成了科亚奥高原，在这片高原上有一个世界上最高的可通行大船的大湖，也是南美洲第二大湖，它就是的的喀喀湖，被称为“高原明珠”。的的喀喀湖海拔 3810 米，面积 8300 平方千米，湖盆从西北向东南方向延伸 190 千米，最宽处 80 千米。湖岸蜿蜒曲折，西北部分较大，东北部分较小，中间还有一个狭窄的峡谷。秘鲁境内有 45 条河注入的的喀喀湖，仅有东南角的德萨瓜德罗河为出口。湖周围群山环抱，锯齿一般的雪峰在阳光的照耀下璀璨夺目；辽阔的湖水映着湖岸上的片片苍翠，如同蓝宝石一般。

世界上很多高山、高原上都有湖泊，但它们都是咸水湖，唯有的的喀喀湖是个淡水湖。说起来这就是安第斯山的功劳，它的高山冰雪融水不断地流进湖里，于是它就成了一个淡水湖。的的喀喀湖畔水草丰美，湖中鱼虾众多，这也是安第斯山的功劳。高大的安第斯山脉阻挡了冷气流的侵袭，所以湖水得以终年不冻，给动植物的生长创造了极为优越的条件。

到了安第斯山脉中段，就没有任何理由不去看一看纳兹卡地画。1926 年，一支考古队远赴秘鲁首都利马以南的纳兹卡高原，打算去探索纳兹卡文化发展的始末。纳兹卡高原是一个十分荒凉的地方，自古以来这一带就人烟稀少。一天下午，考古队中的秘鲁籍成员特斯培和美国籍成员柯洛柏出外散步，随便登到一座山上，不经意地往山下望去，发现在这片贫瘠的土地上似乎“画”着什么图案，有的看上去像老鹰，有的看上去像蜘蛛。但由于山顶不够高，他们看不清这一带的地面上都画着什么。不久，有人租用一架小飞机在纳兹卡荒原上来回飞行，终于看清了在这片绵延 46 千米土地上，画满了巨大的动物图案：一只鸟长约 50 米，一个蜘蛛的身长有 45 米，一只兀鹰从嘴巴到尾羽有 120 米，而一只蜥蜴的身长则达到了 188 米。另外，地面上还画着各种几何图形，有直线的、交叉线的、长方形的，还有三角形的。

这个发现一经传开，纳兹卡高原就变成了一块具有魔力的磁石，吸引了无数的历史学家和科学家来到这里，从空中和地面对这些巨画进行研究。他们发现，画在这片土地上的动物图案中，只有秃鹰这一种动物是当地的土产，其他动物如蜘蛛、猴子、鲸鱼等，都与这里寸草不生的环境格格不入。尤其是让人费解的是，纳兹卡地画中有一副蜘蛛图，画的是一种学名叫节腹目的蜘蛛，它十分罕见，只生活在亚马逊河地区最为偏远的地方。难道说数千年前地画的创作者为了画这种蜘蛛，居然不辞辛苦翻越巍峨险峻的安第斯山，来到亚马逊雨林中？再说，即便他们见到了这种蜘蛛，当时又没有显微镜，他们怎么能精确地描绘出蜘蛛的身体结构，特别是位于右脚末端的生殖器官的呢？

在印第安人的传说中，这些画是一个叫维拉科查的人画出来的。他身材高大，满脸胡须，似乎是位白人。他具有无边的智慧和法力，在一个动荡不安的时代里降临人间，他教导印第安人开梯田，凿沟渠，建房子，还教他们写字、看病、养家畜。当他帮助印第安人进入文明社会后，就来到海边，举起斗篷走进波浪之中，不再回来。印第安人看见他消失在大海中，就给他取了个称号“维拉科查”，意为“大海的浪花”。

这位维拉科查究竟存在与否，后人已经无法考证了，假如真有这样一个人，那么他所拥有的能力简直令人不敢相信。要知道，我们今天是在上千米的高空中才能看清这些巨画的真正面目，在地面上所能看到的只不过是一条条刻在沙土上的杂乱无章的线条。以这样一副图案为例：一只蜂鸟拍打着翅膀，伸出细长的嘴，去啄食花蜜。在纸上把它画下来很容易，若把它放大几千倍几万倍，即便是想象力极为丰富的人，恐怕也做不到。那位维拉科查总不至于发明了飞行器吧！再者，刮去覆盖在纲兹卡高原沙土上成吨的黑色火山灰，露出了大地原来的淡黄色，这又是人力所能做到的吗？

正因为这些疑问很难得到合理的解释，于是有人便猜测它是已经消失的史前文明的遗迹，有人甚至猜测它是外星人所为。至于这些地画的用途，专门从事纳兹卡地画研究的德国科学家玛利亚·赖赫认为，它们应该是巨大的天文日历，那些线条所对准的是天上的主要星座或太阳，而那些动物图案则代表着某些星座。这种推测使得纳兹卡地画变得更加神奇，却很难形成定论。有一位名叫霍金斯的天体物理学教授，曾把这里的图案和几何线条全部输进电脑，结果发现除了一个叫“大方形”的图案外，其他的图案或线条都没有与天文星图吻合的历史。

安第斯山脉在秘鲁境内有一条支脉叫瓦伊瓦斯山脉，它的最高峰瓦斯卡兰山也是秘鲁的第一高峰，海拔 6768 米，山体坡度较大，峭壁陡峻，山上常年积雪。它的顶峰由南北两座山峰组成，其中南峰较北峰高出大约 110 米，受到登山爱好者们的更多青睐。然而，攀登瓦斯卡兰山并不是一件容易的事情，200 多年来，前后有数百名登山者在这里丢了性命,因此它被列为世界上危险度最高的山峰之一。

死了几百人已经让人痛心不已,而这里的一场大雪崩竟然一下子夺走了2.3万条性命,那又是何等样的灾难呀!

1970年5月31日晚上8时30分,虽然时间还早,但寒冷地区的人睡得早,瓦斯卡兰山脚下的不少人都已沉进入梦乡。突然,从远处传来了雷鸣般的响声,随即大地好像波涛中的航船一样猛烈地颤抖起来。地震了!这是一场7.8级的强烈地震,登时房倒屋塌,那些来不及逃离屋子的人,都被压在乱砖碎石之中。就在侥幸逃生的人惊魂未定的时候,又从瓦斯卡兰山方向传来一阵惊雷似的响声,好像山崩地裂了一般。原来,由大地震诱发的一次大规模的雪崩爆发了。地震把山上的岩石震裂、震松、震碎,地震波又将山上的冰雪击得粉碎,冰雪混着碎石,犹如巨大的瀑布,紧贴着悬崖峭壁倾泻而下,以每小时100千米的速度冲向山下的村庄和城市。300多万吨的"白色魔鬼"在短短几秒钟内就吞噬了8个村庄,狂野地涌进刚刚遭受地震袭击的容加依城,所经之处大多数人都被压死在冰雪之下,而快速行进中的冰雪巨龙又使许多人窒息而死。迄今为止世界上最大最悲惨的雪崩灾祸就这样完成了它的全过程。

这样的悲剧在瓦斯卡兰山不止上演过一次。1962年1月10日,瓦斯卡兰山北侧的冰川断裂后发生雪崩,造成5000人死亡。人们都知道火山爆发威力巨大,殊不知高山雪崩竟也这般恐怖。在神话或传说中,魔鬼总是躲藏在深山老林之中,这样的想象看来是很有些根据的。

南段安第斯山——阿空加瓜山

南段安第斯山脉起于智利中部,一直到巴塔哥尼亚海岸,隐没于德累克海峡。这一段是安第斯山脉起伏最大的地方,起到最高处便是整座山脉的最高峰阿空加瓜山,伏到最低处就是整座山脉的最低点火地岛。

阿空加瓜山位于阿根廷境内,海拔6959米,是世界上最高的死火山,被公认为西半球的最高峰,号称"美洲巨人"。在瓦皮族语中,"阿空加瓜"就是"巨人瞭望台"的意思。阿空加瓜山的山峰呈圆锥形,经常隐没在白云深处,偶尔在云雾消散之后才会一显它巨人的雄姿。

在世界有名的高峰中,阿空加瓜山算是容易爬的,四面皆可攀登,而从北坡攀登比较容易,不需氧气瓶就能登顶,1991年有人创造出了5小时45分登顶的最快纪录。较为艰难的攀登路线是由南面登顶,通常只有持登山许可证的登山运动员才被允许从这里登山。1897年,瑞士人马蒂阿斯·朱布里金成为登上阿空加瓜顶峰的第一人,此后登山爱好者纷至沓来,试图征服这位"巨人"。有人凯旋归来,有人功败垂成,也有人付出了生命的代价。阿空加瓜山脚下有60座墓碑，就是为那些遇难者修建的。

为了给登山者提供方便，阿空加瓜山上沿途建有不少木棚屋，当登山者爬累了或是遇到暴风雪的时候，就可以钻进去养精蓄锐或躲避一时。在海拔6500米处也有一个木棚屋，这里是登山者的最后营地，距离顶峰只剩下459米，却是最难征服的一段路程，常常要走七八个小时。这里不光疾风强劲，让人难以立足，更可怕的是山坡上布满了风化极为严重的碎石，人们走在上边就像走在沙地上一样，往往是进两步滑退一步，体力消耗极大。许多人未能登顶，就是因为在这一地段耗尽了体力。曾有一位美国登山家在登顶后，因为无力返回而死在顶峰上，可以说他就是被这里的碎石活活累死的。

登上阿空加瓜顶峰，站在这里向四周远眺，那奇丽的风光顿时会让你陶醉。雪峰冰川林立，起伏绵延，如果赶上晴朗的日子里，甚至可以看到太平洋与蓝天融为一体。在顶峰中央树立着一个铅质十字架，由钢丝围绕，它是为了纪念林库夫妇而设立的。林库夫妇是安第斯山脉的杰出研究者，在攀登阿空加瓜山时不幸遇难。如果他们死后有知，这个竖立在西半球第一高峰上的十字架，应该是他们最好的慰藉。

如今的阿空加瓜山区已经成为阿根廷著名的游览胜地，很多普通游客来这里不是为了登山，而是为了观光。从门多萨城乘旅游汽车沿七号国家公路前往阿空加瓜山，游人所见到的第一处重要的历史遗迹就是卡诺塔纪念墙，当年阿根廷的民族英雄何塞·德·圣马丁就是从这里出发，率领安第斯山军雄赳赳地越过安第斯山脉，去完成解放智利和秘鲁的宏图大业。

跨过卡诺塔纪念墙往西走，经过一段被称为“一年路程”的大弯道，便来到了海拔2000米的乌斯帕亚塔村。村子附近有一座拱形的皮苏塔桥，它是当年安第斯山军砌成的，他们浩浩荡荡地跨过这座桥，奔向民族解放的战场。乌斯帕亚塔村中还留有兵工厂、冶炼厂等遗址，当年为安第斯山军生产武器的机器早已锈迹斑斑，但它们所见证的历史却永远成为阿根廷人的鲜活记忆。

再往前行就来到了海拔3000米左右的乌斯帕亚塔镇，这里有一座天然的石桥—印加桥，决意攀登阿空加瓜山的人通常都把它作为出发点。印加桥附近有一组高大的岩石峰，它们经年累月静悄悄地站立在那里，仿佛是一群正在忏悔的人，当地的印第安人称其为“忏悔的人们”。

过了印加桥西行不远，就来到了海拔3855米的拉库姆布里隘口。这里矗立着一座耶稣铸像，高7米，重4吨，铸像面朝阿根廷方向。它建于1902年，为的是纪念阿根廷和智利两国和平解决了南部巴塔哥尼亚边界的争端，签订了《五月公约》。在这尊铸像的基座上铭刻着这样一段耐人寻味的话：此山将于阿根廷和智利和平破裂时崩溃在大地上。人们相信高峻的阿空加瓜山永远不会崩溃，但愿和平会同它一样长久。

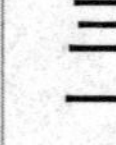

在阿空加瓜山的南面耸立着另一座高山——图鼓加托火山，它高达6800米，是世界上最高的活火山。图鼓加托火山与阿空加瓜山相差无几，也是经常云雾缭绕，秀丽的山体在云海中时隐时现，充满了神秘的美感。世界上最高的活火山和世界上最高的死火山并肩而立，静动相映，虽然只是巧合，却也充满了情趣。

麦金利山

在美国阿拉斯加州南部，有一条与阿拉斯加湾相平行的山脉将它的曲线清晰地勾勒出来，它就是阿拉斯加山脉。这条山脉大部终年为冰雪覆盖，以多而大的山谷冰川闻名。它的主峰麦金利山是北美洲的第一高峰，也是美国的第一高峰，因此有“美国屋脊”之称。不过，这个“屋脊”与美国本土有好长一段距离，给人以名不副实的感觉。

阿拉斯加的原住民有爱斯基摩人、阿留申人和印第安人，他们将这个地方称为“大地”。1741年6月，丹麦探险家维他斯·白令率领一批俄国水手从西伯利亚出发向东寻找新大陆，最终发现了阿拉斯加大陆，如今的白令海峡就是以他的名字命名的。紧随俄国人之后，英国、西班牙和美国的探险家也纷纷踏上阿拉斯加的土地，但只有俄国人留了下来，阿拉斯加的主权也就由俄国人所拥有。19世纪20年代欧洲战争爆发，俄国疲于应战，无暇旁顾，对阿拉斯加也感到索然无味，便以每公亩2分钱、总价720万美元的价格将它卖给了美国。这桩买卖当时被许多美国人所诟病，但当这里发现了黄金后，人们才发现这是美国历史上最划算的一桩土地买卖。

阿拉斯加的黄金大多储藏在阿拉斯加山脉一带，随着淘金者队伍的扩大，人们对这条山脉有了更多的了解和更为直观的认识。它的第二高峰名叫福拉克山，却是阿拉斯加地区最难攀登的山峰，被称为“世界最优秀登山家的终极战场”。它的南壁“恶名”远扬，风化破碎的岩壁，雪崩频发的陡坡，冰川上遍布裂缝，一条3000多米长的陡峭刃脊从底部冰川一直延伸至顶峰，将整个南壁一切为二，号称“无限山脊”。自1979年以来，有19个人把性命丢在这条北美最难攀登的路线上。

在福拉克山东北方20千米处就是麦金利山，它原名德纳利山，这是当地印第安人的称呼，意思是“太阳之家”。在印第安人的传说中，这座山是太阳休息的地方。每天清晨，太阳从德纳利峰顶一跃而起，显得要比落日更加精力充沛，转瞬间就把积雪的群山映照得熠熠发光，令人赞叹不已。印第安人正是被这样的奇观所慑服，才把德纳利山想象成“太阳之家”。

至于麦金利山这个名字直到1896年才出现，当时美国政坛上发生了一场是否实行金本位制的辩论，共和党总统候选人俄亥俄州州长麦金利主张坚持金本位，而民主党总统候选人威廉·布莱恩主张银本位制,他俩在选战中打得如火如荼。在阿拉斯加德纳利山脚下,一帮淘金者也参与到这场争论中,有人倾向于金本位,有人则倾向于银本位。有个淘金者名叫威廉·迪凯,他是铁杆的金本位支持者,为坚持己见,他跟同伴们争得脸红脖子粗。从阿拉斯加回来后,他在报纸上撰文介绍阿拉斯加淘金探险之旅,当描述到他见到的德纳利山时,特意把它称作“麦金利山”,以表示他对麦金利的支持。当年年底,麦金利战胜布莱恩,当选为美国第25届总统。不久,德纳利山就被政府正式命名为“麦金利山”了。但是,阿拉斯加人始终坚持称其为德纳利山,为此曾在国会多次提出议案,要求恢复德纳利山的原名,但屡遭来自俄亥俄州议员的反对,于是麦金利山的名字就一直沿用下来。

麦金利山拥有北美洲最高峰的头衔,有志征服世界各地最高峰的登山爱好者自然不会放过它。再者,它所在之处交通便利,从最近的城市开车只需两个小时就可到达,从最近的机场只需45分钟就可抵达海拔2160米的登山营地,所以它每年都吸引了众多的登山者。不过,它虽然比不上福拉克山那样险峻,但冰川纵横交错,其攀登难度不容低估,尤其是它的西壁,历史上只有23人沿着西壁路线登顶成功,却有8人在下山途中搭上了性命。麦金利山靠近高纬度的北极圈,气候特别寒冷而恶劣,冬季最冷时低于摄氏零下50度,因为天气突变以及雪崩的原因,每年都会造成登山者遇难的悲剧。自1903年以来,共有3万多名登山者尝试攀登麦金利山,只有半数到达了山顶,有95人在山上遇难。日本著名的探险家植村知己就是在1984年冬季攀登这座山时遇难身亡的,成为麦金利山攀登史上的第44位殉难者。

攀登麦金利山只有一个便利条件,那就是这里从春末开始,太阳就开始显示它那可爱的缠绵,凌晨3时就向山上爬来,晚上11时以后才恋恋不舍地隐没在西面的地平线下,天空却没有因此黑下来,群山的轮廓清晰可见。只要你体力支撑得住,一天到晚都可以爬山。

来麦金利山的人不仅有登山爱好者,还有不少普通游客,他们要想登山,就得规规矩矩地沿着一条曲曲折折的小路往上爬。这条小路直通山顶,全长58千米,大部分路面经常被积雪覆盖,非常难走,普通人大概需要一个月的时间才能爬上顶峰。

从麦金利峰顶部向下望去,景色极为壮美。高远的天空蓝得有些发黑,一望无垠的雪山白得有些刺眼。向西面望去,浩瀚的太平洋一片蔚蓝,天水相接,不知界线在哪里,这阔大的画面让人心醉不已。

未能登顶的人当然就欣赏不到如此美景,但只要来到麦金利山就是不枉此行了。早在1917年,这里就被辟为国家公园,面积达6800多平方千米,横跨怀俄明、蒙他拿和爱得荷三州,差不多是美国最有名的黄石公园的三倍,麦金利山整个被划在公园的范围之内。

进入到麦金利国家公园(当地人称德纳利国家公园),覆盖着皑皑白雪的峻峭山峰连绵不断,山上遍布苍松翠柏,一片郁郁葱葱,简直就是一幅绝美的立体画,又像一章凝固的交响乐。在群峰的拱卫下,麦金利山拔地而起,似利剑直刺天穹,很多时候它又像位娇羞的少女,在白云缭绕中若隐若现,仿佛在故意掩饰着诱人的风情。

站在麦金利山脚下抬头仰望,那巍峨的山峰大有泰山压顶之势,看得人眼晕,就是站在珠穆朗玛峰脚下,也不会产生这样的感觉。这是怎么回事呢?原来,珠峰屹立在平均海拔4000米以上的青藏高原上,底盘很高,在海拔高度上就占了便宜。而麦金利山的底座海拔才600多米,若论相对高度,它要比珠峰还高出一截,这就难怪阿拉斯加人称它为"世界第一高峰"。这并非阿拉斯加人罔顾事实,而是麦金利山的确给人以格外高峻之感。

你要想进一步见识麦金利山的真面目,可以登上它的南坡,这里降水量较多,所以形成了规模较大的冰川。这里的谷地状如英文字母U,冰斗状如围椅,角峰呈金字塔形,山脊薄如刀刃,伏在地面上的羊背石形如其名,真的好像一群群白色的羊儿露着脊背,只是不动而已。

麦金利山区有着独特的自然风光,除了雪白的山峰和旷阔的冰川,最让人陶醉的就是进入夏季后这里浓郁的绿色。青青的山坡上鲜花盛开,紫色的杜鹃和精巧的铃状石南花随处可见,高大挺拔的松树、桦树一棵挨着一棵,巨大的树冠犹如一把把绿色的大伞,遮挡着直泻而下的阳光。山间的清泉喷涌而出,绕过树丛,汇成了一条条清澈见底的小河,缓缓地流向远方。秋冬季节,山间经常浓雾不断,雾气在雪原上缭绕弥漫,天幕低垂的旷野中,远处山岚被一片雾霭笼罩起来,给人以仙境之感。

麦金利国家公园地处边陲,人烟稀少,往北走400千米就是北极圈。在这里人们既可以感受到冬季的暗无天日,也能享受到夏季的漫长白夜,还能欣赏到奇妙的极光。极光是地球极区周围高空大气中经常出现的一种发光现象。它奇景迭出,光彩夺目,五颜六色,在天穹上构成了一幅巨大的帷幕,仿佛是大自然在向人类炫耀它那无与伦比的风采。

麦金利山区又是野生动物的保护区,这里常见的动物有驯鹿、灰熊和麋等。每年6月底到7月初,就到了驯鹿的迁徙季节。成百上千的驯鹿结队而行,朝一个方向行进,它们你追我赶,广阔的原野上尘土飞扬,场面十分壮观。冬天过后,它们又循原路返回,寻找丰盛的水草。

在麦金利山区旅游,人们还可以到爱斯基摩人的小屋里住一住,体会一下他们原始的渔猎生活。爱斯基摩人忙时去打猎,乘坐狭小的兽皮独木舟去猎捕鲸鱼、海象,闲暇时以歌舞自娱。爱斯基摩人的歌舞比较单调,动作以手势为主,跳舞的人几乎不移动位置,演奏者用柳条拍打海豹皮或驯鹿皮，节奏变化很小。外人看着听着都会觉得无甚趣味，但他们却能自得其乐。在外人的眼里，爱斯基摩人几乎没有什么烦恼，除了蚊子。阿拉斯加的蚊子多得惊人，最多时每平方千米竟达数百万只，一旦飞腾起来，黑压压地如一阵旋风，赶得成群的北美驯鹿像没头的苍蝇一样四处逃窜，更不用说人了。世代居住在阿拉斯加的爱斯基摩人自有一套对付蚊子的招数，那就是“惹不起躲得起”。当河里冰雪全部融化时，他们就将所有的家当搬到停在河边的木船上，然后驶往寒冷而多风的海边去度过夏季，那种地方阿拉斯加蚊子是不敢去的，而爱斯基摩人正好利用这段迁徙时间在海边捕鱼、捉海豹，待其风干后贮藏起来作为过冬的食品。

名水游览

湄公河

湄公河上游——“金三角”与万象

欧洲有一条多瑙河，流经 9 个国家；亚洲有条湄公河，流经 6 个国家。于是，人们就把湄公河美称为“东方多瑙河”。

其实，除了都是国际性的河流外，这两条河并没有什么可比性。湄公河沿岸是热带风光，多瑙河沿岸却是温带气候；湄公河沿岸的人文景观折射着东方文明和佛教文化的光辉，多瑙河畔的人文景观却烙上了西方文明的痕迹。然而，从来都是一方水土养育着一方人，千百年来，湄公河和多瑙河都按照自身一如既往的规律缓慢而沉着地流动着，各自浇灌着传统的文明之花，培养着河流两岸人民朴素勤劳的美德。

湄公河

湄公河的源头在中国境内，称为澜沧江，流入中南半岛后始称湄公河。在傣语中，澜沧江被称为“南兰章”，汉译为“百万大象河”。而澜沧江摇身一变为湄公河后，其名称又因地而异，有石头河、龙游河、急湍河、大江河等。在老挝语里，“湄公”是“母亲”的意思。而在泰语中，“湄公”源自“迈公”，意思是“众水汇聚之河”或“众水之母”，又可引申出“希望之母”或“幸福之母”的含义。老挝境内的所有河流以及泰国东半部的所有河流，全都从不同方向注入湄公河。从这个角度来说，称它为“众水之母”很是贴切。

从流程上来说，湄公河可以分为上游、中游、下游和三角洲。湄公河上游从中、缅、老边界到老挝的万象，全长 1053 千米，流经之处地形起伏较大，沿途都是茫茫山林，几乎未经开垦。由于屡受山脉阻挡，湄公河上游的河道几经弯曲，河谷宽窄反复交替，河床坡降较陡，多急流和浅滩，不便航运。

湄公河上游首先沿老、缅边境流淌，然后向东折入老挝境内，又向南直奔，向东折回，由此成为老挝和泰国之间长达近 4 千米的边境线。这一带泰国一侧是其最北部的府城清莱,从这里往湄公河上游方向走大约 9 千米,就进入了“金三角”的核心区。放眼望去,妩媚平缓的湄公河在这里分割着三个国家,河左岸是泰缅分界线,右岸则是泰老分界线。“金三角”曾是一个臭名昭著的地方,当年这一带罂粟遍野,全世界大部分鸦片都从这里运出。如今,这里成了度假观光区。当清晨的薄雾如轻纱一般笼罩在“金三角”上方时,人们仿佛置身在一幅淡淡的山水画中。

湄公河上游的终点是老挝的首都万象,与它一河之隔的是泰国的廊开,形成一对渡口城市。每到枯水季节,湄公河大半个河床的浅滩就会显露出来,中间只剩下一条窄窄的溪流,万象人涉水就能走到泰国去。从一个国家首都的市区,如此方便地就能进入邻国,这种情况在世界上也是非常少见的。

1994 年,由澳大利亚投资 4200 万澳元援建的老泰友谊大桥把万象和廊开连接起来。它是湄公河上第一座连接老、泰两国的大桥,全长 1174 米,桥的中央便是老泰两国的分界线,但没有士兵看守。平时桥上少有行人,一到周末,万象的有钱人家就开着车,从友谊大桥进入泰国观光购物,而河另一边的泰国人,也喜欢到万象来逛逛。大桥建成后,河上的轮渡依然保留,但只有码头附近的居民还习惯于乘渡船往来于两岸之间。

一桥飞架,往来便利,坐落在湄公河南岸的边陲小镇廊开迅速旧貌换新颜,一跃成为繁忙的商业中心,而坐落在湄公河北岸的万象却变化不大,起码从外表上看不大出来。整个万象没有高楼,唯有湄公河边畔由马来西亚人投资的“东沧酒店”高逾 15 层,成为万象最高的建筑物。万象市区中的街道并不十分宽阔,街道上往来最多的就是摩托车,无论男女老少都骑着它风驰电掣,就连身穿白衬衫黑裙子的女学生,也是疾驰不误。更为有趣的是,在万象的街道上偶尔还能看到牛车悠闲地穿越市区,它的木轮子差不多跟人一般高,让人恍惚间有时光倒流的感觉。

万象是一座历史悠久的城市,始建于公元前 4 世纪。从公元 14 世纪以来,万象一直是老挝的首都和经济中心。老挝境内多大象,向来就有“万象之邦”的称号,但“万象”这个名称的含义却与大象没有什么联系。在当地语中,“万象”意为“檀木之堡”。万象华侨很多,他们按照当地人的发音,把这座城市名称音译为“万象”,由于说起来顺口,听起来悦耳,这个名称便渐渐沿用下来。据说,万象这个地方曾经生长着许多珍贵的檀木,却早在外国统治时期被砍伐殆尽。

万象还有一些古名,如“月亮之城”,这是因为古代的万象是一座半圆形城市,建筑物多呈白色或黄色,周围是翠竹林,远望如一弯新月。再如“永珍”,“永”意为“城市”,“珍”意为“庙宇”,合起来就是“庙宇林立的城市”。老挝大部分居民都信奉佛教,万象市区不仅多庙宇,而且多宝塔,据说在老挝佛教鼎盛时期,市内有 149 座佛寺,如今保留下来的有 34 座。老挝佛塔的代表就是坐落在万象市区北面 5 千米处的塔銮。这座塔是老挝国家的象征,也是全国最大的佛塔。它始建于 1565 年,主塔高 45 米,四周有 30 个小塔环抱,塔身镀金,镶嵌着 228 片莲花。据说塔銮下面埋有佛祖释迦牟尼的一根头发(另说是一块佛骨),老挝民间每年都要举行"塔銮节",热闹非凡,类似中国的庙会。

湄公河中游——琅勃拉邦古城与巴色

从万象到巴色为湄公河中游,全长 724 千米,流经呵叻高原和富良山脉的山脚丘陵,地形起伏不大。其中上段河谷宽广,水流平静,从沙湾拿吉至巴色,河床坡降较陡,多岩礁、浅滩和急流。

湄公河中游大部分河段沿着老、泰边境流淌。虔诚向佛的泰国人对湄公河敬畏有加,据说这条大河既能带来吉祥,又能带走灾祸。夜幕降临后,河岸边经常会聚集起许多男女老少,他们身着漂亮的衣衫,手持五彩缤纷的水灯,纷纷跪倒合十,然后将水灯放进湄公河,全神贯注地目送着各自的水灯渐漂渐远。

每年 10 月份的第一个满月之夜,泰国人传统的斋戒刚刚结束,湄公河上就会出现神秘的"火球",大小如同鸡蛋,颜色有红色、粉色和橙色不等。有人猜测,这些火球与月亮转动产生的引力作用有关,在其作用下,藏在河床里的天然气就会上升到河面,继而燃烧形成"火球"。但是根据当地的传说,这些火球是盘踞在湄公河里的大蛇吐出来的。不管传说是否可信,这个奇特的景观都为湄公河笼上了一层神秘的面纱,也招徕了很多游客。

湄公河离开万象,经过千里奔流,与南乌江汇合,这里坐落着老挝现存的最古老的一个城镇,它就是琅勃拉邦古城。1353 年澜桑国国王范甘统一了老挝,首都就设在琅勃拉邦。1694 年澜桑国分裂成三个小国,琅勃拉邦成为其中一个小国的首都。1893 年以后,老挝逐步沦为法国的保护国,琅勃拉邦还是老挝国王王宫的所在地。

琅勃拉邦这座美丽的小城虽然历史悠久,却洋溢着一派浪漫气息,这与小城被一望无际的大森林包裹起来有关。这座小城的另一个特色是和尚很多,5 万多人口中就有 2000 多名和尚。每天清晨,化缘的和尚排成长长的队列,而等待布施的信徒也沿街排列,成为小城的一大景观。

佛教兴盛自然带来了众多佛寺,城中光宝塔就有 20 多座。有的寺院古榕蔽天,有的寺院花木繁茂,有的寺院佛塔耸立。有的寺院以红色为主,华贵雍容;有的寺院以金色为主,灿烂辉煌;有的寺院以黑色为主,庄严沉贵。

琅勃拉邦城中有两座东南亚名寺,分别是玄通寺和维崇寺。玄通寺是琅勃拉邦最宏伟的一座寺院。主庙正面的墙和梁柱黑底金饰,精致美观;背后的墙面是整幅"生命之树"的彩石镶嵌画。寺院内有一座王家灵车庙,珍藏着用金色龙头装饰的灵车和王室的骨灰金瓶。建于1513年的维崇寺是琅勃拉邦最古老的寺院，著名的普拉邦佛像曾经两度存放在这座古寺中。“琅勃拉邦”意为“圣邦首都”，而这个名字就来源自这尊佛像。它高达83厘米，重约50千克，据说是基督纪年的第一个世纪里在锡兰（今斯里兰卡）制造出来的。直到11世纪，它一直保存在柬埔寨的古都吴哥，后来作为陪嫁品跟随高棉公主一起来到老挝，从此就成为老挝佛教最重要的圣物。如今，这尊佛像保存在琅勃拉邦城中老挝的前皇宫里，此地现已辟为老挝国家博物馆。

湄公河中游的终点在老挝最南部的边境城市巴色。这是一个非常宁静的小城，街区整齐划一，法式建筑居多，没有高楼，也没有嘈杂，时或在街道的拐角处会冒出一座全木质的酒吧，给人的感觉是少有的宁静和祥和。走在巴色街头，只要你说一声“撒拜迪”（老挝语“您好”的意思），总会有人欢快而响亮地回应一声“撒拜迪”。老挝人生活贫穷，却没有因贫穷而滋生出不良的欲望来，从他们脸上灿烂而单纯的笑容看，仿佛他们的生活中从来没有过苦恼和忧愁。

湄公河下游——孔瀑布与金边

湄公河下游从巴色到金边，全长559千米，流经地区为平坦而略为起伏的准平原，海拔不到100米，河床宽阔，多岔流，但部分河段有小丘紧束或横亘河中，形成急流险滩，湄公河上最大的孔瀑布就在这一段。

孔瀑布坐落在老挝境内，靠近柬埔寨边境，游人要想观赏这座东南亚第一瀑布的风采，需从巴色南行160千米。孔瀑布很宽，达10千米，洪汛季节落差15米，枯水季节落差24米。整座瀑布被石礁分成两部分，西边称桑帕尼瀑布，地势较高，枯水期断流；东边称帕平瀑布。站在一个专门为观景修的小亭子里，只见瀑水飞流直下，似万马奔腾，回旋呼啸，场面极为壮观。如果恰巧赶上晚霞初现，在落日的余晖中，孔瀑布的色彩更加迷人。这里不仅水美，环境也美，瀑布周围的原始森林遮天蔽日，苍翠欲滴，令人陶醉。

湄公河水流过孔瀑布后，便进入柬埔寨境内，而孔瀑布为老挝境内的湄公河画上了一个完美的句号。

湄公河在柬埔寨境内流程约为509千米，流到金边附近与柬埔寨的第二大河洞里萨河相汇。这条河连着东南亚最大的淡水湖洞里萨湖，它好像一块巨大的碧玉镶嵌在柬埔寨的中心，所以被称为“柬埔寨的心脏”。而洞里萨湖又与湄公河唇齿相依，这种连带关系造成了每年洞里萨湖湖水和湄公河河水的此消彼长，犹如脉搏和心跳。正是这种大自然的律动，使得这一水一湖成为柬埔寨财富和幸运的源泉。

柬埔寨的首都金边位于上湄公河、下湄公河、洞里萨河和巴沙河的汇合处，这四条河流在金边城东汇聚成一片宽广的水面，好像四只巨大的手臂伸向远方。柬埔寨人称这片水面为"四面河",当地华侨给它起了一个形象的名字——四臂湾,而金边便有了"四臂湾美丽的宝石"的美称。

金边于1434年成为柬埔寨的国都,此前这个地方称为"札多木",意为"四面临河"。后来改称"法百囊丹那奔",在柬埔寨语里,"法"意为庙宇,"百囊"是山,"丹那"是对老婆婆的尊称,"奔"是名字,合到一起就是"奔老婆婆的山庙"。关于这个名称的来历,当地还流传着这样一个动人的故事。

很早很早以前,在四臂湾畔住着一位老婆婆,她是一位虔诚的佛教徒,人们都叫她"敦奔",就是"奔大妈"。1372年的一天清晨,奔大妈到河边打水,看见河里漂来一根大树,树杈中有四尊铜佛像和一尊石佛像。奔大妈一见,认为是佛祖遇难,就急忙请来邻居,用隆重的仪式将佛像迎进自己家中。后来,奔大妈又和邻居一道运来土石,在自家门前筑起一座小山,并在山上用砖木修筑起一座佛寺,将佛像供奉在佛寺里。为了纪念这位奔大妈,人们便把这个地方称为"法百囊丹那奔"。如今的金边就是在奔大妈所居住的村庄的基础上发展起来的。

在柬埔寨语中,"金边"称为"普农奔","普农"意为"山"。按潮州话的发音,它就被音译成"金边"。而奔大妈当年垒土所成的小山,则被华侨称为"塔山"。它坐落在金边市中心大街北端,上山的入口处有两个石刻的七头蛇神及怪鸟、狮子、佛像等,沿着一条铺设整齐的石阶路可以登上山顶,那里有一座高约30米的佛塔,佛塔旁有一座保存完好的古式庙宇,上面装饰着富有柬埔寨民族风格的浮雕。站在山上,极目眺望,可以尽情饱览金边全城景色。塔山脚下有一个圆形公园,公园里花木繁茂,空气清新,是金边人休憩的好场所。

金边人的另一个休憩场所就是湄公河。柬埔寨的泥土是红色的,湄公河在这样的红色里蜿蜒前行,也渐渐变成红艳艳的颜色。每到傍晚,总有一些金边的年轻人来到河边谈情说爱,或许那红色的河水能给人的心中注入激情。没有了白天的烈日,夜幕中的湄公河变得更加可爱,赤道吹过来的风轻柔而清爽,顿时让人从黏黏的酷热中解脱出来。成群结队来游玩的人则合租一条船,到湄公河上美美地兜上一圈,顺便踩着竹子铺成的小道,去探访两岸的水上人家。

湄公河三角洲——前江后江入越南

湄公河经金边南下后,分成南北干流流进越南,北干流称前江,南干流称后江。在临近入海口处,辗转而来的湄公河再次放缓步伐,温柔地衍生出千万条涓细绵长的支流,以漫灌的形式向两岸铺撒开来,形成了一个面积达4.4万平方千米的三角洲。在这个三角洲上,前江和后江又分成9条主要支流,就像是9条长龙一起把腹中的水喷向大海,所以越南人形象地把湄公河称为"九龙江",湄公河三角洲也被称为九龙江平原。

湄公河在越南境内长220千米,年平均流量可达4750亿立方米,是越南境内另一条大河红河的4倍,可以灌溉240万公顷的农田,由此造就出一个世界著名的稻米产区,使得越南成为仅次于泰国的世界稻米出口国。

湄公河三角洲是越南最富饶的地方,也是越南人口最密集的地方。这里地势低平,土壤肥沃,平均海拔不足2米。乘一条小舟,在纵横交错的河渠中徜徉,那茂密的热带丛林,一望无际的稻田,四季飘香的果园,河湖上穿梭往来的渔船,套着游泳圈在河里戏水的孩子,蹲在河边洗衣服的妇女,都能让人感受到越南南部真挚的风土人情。

这个地区最具风情的水上市场在芹苴市。每到果菜丰收的季节,祖祖辈辈生活在湄公河上的人们就会驾着大船、小船、手划船、机帆船,拉着整船的火龙果、芒果、香蕉、菠萝、木瓜等,在河上游来转去,热闹非凡。

湄公河三角洲的名气比不上意大利的威尼斯,但这里的美景却是有过之而无不及,但美是需要发现的。正像香格里拉,如果不是詹姆斯·希尔顿在小说《消失的地平线》中,用瑰丽的文字描绘出一个飘荡着田野牧歌的理想国度,人们就不会知道在遥远的中国藏区,有那么一个充满诗意和梦幻的地方。和香格里拉一样,湄公河三角洲也是因为一个人的作品而名传天下。这个人就是法国女作家玛格丽特·杜拉斯。1984年,她已70高龄,却写出了一部轰动世界文坛的小说《情人》,并由此获得法国著名的龚古尔文学奖。

《情人》是一部自传体小说,讲述的是一段发生在一个15岁的法国少女和一个27岁的中国阔少之间的爱情故事。杜拉斯把这个故事的背景安排在西贡(今名胡志明市),安排在绕着西贡城流过的西贡河边,而它正是湄公河的一条支流,飘荡在湄公河上的柔软气息正是滋生爱情的温床。那个穿着白色短裙和金色高跟鞋的白人女孩,如同轻盈的蝴蝶站在轮渡上,一个衣着光鲜的中国北方男子上前搭讪道:“我是中国人,你愿意搭我的车回西贡吗?”于是,一段深沉而无望的西贡式的爱情便模糊地种下了情愫。

在玛格丽特·杜拉斯的记忆中,情窦初开时的那段爱情并没有被尘封,而伴随着这鲜活记忆的便是那条令人心驰神往的湄公河。在小说中她借母亲之口这样说道:“在我的一生中,永远也不会再见到这么美、这么大,如此撒野的河流了。”“河水湍急,就像是大地倾斜,指导它不停地向大海倾倒一样。”年近古稀的杜拉斯在回忆录中又无比向往地写道:“湄公河想必还在以不变的姿态流淌……”的确,源远流长的湄公河一直没有改变,就连河上的渡船依旧慢悠悠地划破夕阳下的水面,所改变的只是人自己的感觉。可以说每个人的心中都有一条属于自己的湄公河,它暗暗地漂流着属于你自己珍贵的初恋。

底格里斯河与幼发拉底河

水是生命之源,人类的文明更与河流息息相关。世界古代历史上最早进入文明社会的四个国家文明被我们称为四大文明古国,它们是古巴比伦、古埃及、古中国、古印度。无独有偶,这四大文明古国都建立在河川台地附近。有人把四大文明古国又称为四大河流文明,这是很有道理的。古埃及与尼罗河,古中国与黄河,古印度与恒河,文明的最初繁盛都离不开这些大河的功劳,于是这些河流都被所在流域的人民亲切地称为"母亲河"。古巴比伦的文明稍有不同,它是由两条大河共同孕育出来的,一条是底格里斯河,一条是幼发拉底河。它们冲积出了一片新月形的平原,它就是美索不达米亚平原。"美索不达米亚"源于希腊文,意思是"两条河之间的地区",简称"两河流域",古巴比伦文明也常常被称为"两河文明"。

底格里斯河

底格里斯河和幼发拉底河如今是最终汇流一处,以至于有时候人们把它们当成一条河来看待,但最初的时候,它们本来是各流各的,在不同的地点流进波斯湾。不过,这两条河有着同样的特性,河水中都携带着大量泥沙和悬浮物质,这一点和黄河很相像。到了下游,流速减缓,波斯湾沿岸低地就渐渐变成了大平原,它们也在这个过程中逐渐靠拢到一起。这两条河还有着同样的脾气,那就是喜欢泛滥,洪水退后,河岸上留下大量淤泥,成为天然的肥料,为当地人从事农业生产提供了得天独厚的条件。大约在公元3000年前,美索不达米亚平原就成了有名的"谷仓"。

今天的两河流域大部分呈荒野状态,土壤干裂、坚硬,盐碱地遍布数百里,气候酷热。但在5000年前,人类最初的文明曙光就是在这里升起的。这两条大河经常泛滥,却不同于尼罗河的定期泛滥,而是不定期的,这就需要很好的水利灌溉系统。水利灌溉系统的庞大复杂,使得两河流域的人民在与自然搏斗的过程中形成了严密的社会组织和新型技术。早在公元前19世纪,阿莫利人就在这一带建立起了古巴比伦王国,这个王国第六王朝的统治者汉谟拉比在位期间,帝国的疆域扩大到了整个两河流域,而他本人制定的《汉谟拉比法典》则使他名垂史册。这部法典被刻在一块黑色玄武岩上,共有法律条文282则,被认为是现存人类历史上最早的有条理的法律文集。

公元前7世纪,迦勒底人建立起了新巴比伦王国,这个王国在尼布甲尼撒二世统治时进入全盛时期,版图扩张至叙利亚和巴勒斯坦。这一时期两河流域的文化得到了很大发展,主要体现在天文学和数学方面,出现了太阴历、星期制、“十二进制”的计时法、“六十进制”的计时法等。两河流域文明最重要的成就还体现在文字上,生活在这里的苏美尔人在公元前3000年就创造出了“楔形文字”系统,这种文字后来成为两河流域几乎所有民族的书写工具。楔形文字对腓尼基的字母文字也产生了一定影响。

被称为古代七大奇迹之一的空中花园,也是新巴比伦王国所建,坐落在古巴比伦城中。它建在一座110米高的假山上,两边修着城墙,山上层层种植花草树木;靠水车把幼发拉底河水引到山上,既浇灌了花木,又制造出人造溪流和瀑布奇景。远远望去,那些花草树木就好像长在天上一般,所以得名“空中花园”。

底格里斯河与幼发拉底河都发源于土耳其境内,自然有不少相似之处,但不同处也有很多。从流程和流域面积上来说,底格里斯河都不如幼发拉底河,但底格里斯河的流量很大,比幼发拉底河高出42亿立方米。于是,底格里斯河就成为西亚地区水量最大的河流,而幼发拉底河则成为西亚地区最长的河流。

底格里斯河在进入伊拉克境内之前,向东南流经土耳其东南部的城市迪亚巴克尔,与叙利亚形成约32千米长的界河;流入伊拉克境内后,基本沿扎格罗斯山脉西南侧山麓流动,先是穿越伊拉克北部的重要油田基尔库克油田,然后流经重要的石油化工中心摩苏尔,此后在左岸接纳了大扎卜河、小扎卜河、迪亚拉河等支流。这些支流都来自山地,流程短,流速快,常使河水暴涨,造成洪水泛滥,形成了沿岸广阔肥沃的冲积平原。伊拉克人在这一带的河上建有各种水利工程,其中以巴格达西北部的巴迪塔塔水库最为有名。

底格里斯河畔最著名的城市就是伊拉克首都巴格达。波光粼粼的底格里斯河好似一条银链,从东北向西南横穿市区而过。作为国际会议中心的不结盟大厦、豪华的巴比伦饭店、气派的曼苏尔饭店等建筑,都高高地耸立在大河两岸,与上百座清真寺的金色塔尖交相辉映,显示出现代化古都的独特风采。

“巴格达”一词来源于古波斯语,意为“神赐的地方”。在成为都城以前,它只是底格里斯河畔的一个小村落。公元762年,阿拉伯帝国阿拔斯王朝哈里发曼苏尔亲自主持仪式,并亲手立下了巴格达的第一块奠基石。此后历时四年,花费了1800万块金币,汇集了来自叙利亚、埃及、波斯等地无数能工巧匠的心血,最终在底格里斯河边屹立起了一代名城。据史书记载,当时的巴格达城呈圆形,所以又称“团城”。城的中央是曼苏尔的“金宫”,金宫四周是皇家及显赫人物的殿台楼阁。相传,城内建有地道直通城外。

从公元8世纪开始,随着巴格达的不断扩建与发展,其市区逐渐形成了横跨底格里斯河东西两岸的格局,先后建起了5座大桥。如今在底格里斯河流经巴格达地区的一段上共有13座桥梁,它们不仅成为贯穿巴格达东西部交通的命脉,而且造型各异,把底格里斯河装点得分外妖娆。

沿底格里斯河顺流而下，自南向北出现的第三座大桥是阿德米亚大桥。它是底格里斯河在巴格达城中第一道亮丽的风景线，据说是由日本一家公司在 20 世纪 70 年代为伊拉克修建的，俗你“日本桥”，主桥是一座单塔，桥身由钢索斜拉，桥的东岸曾是萨达姆的官邸之一——阿兹米亚宫。

第四座桥是萨拉法大桥。这是一座公路和铁路两用的连续钢构桥，在巴格达的桥梁中属于长辈。这座桥的南岸集中着十几家颇负盛名的烤鱼店。随便走进一家，找一张面向河水的餐桌，吹拂着徐徐而过的河风，品尝正宗的巴格达烤鱼，那真是美景就美味，感觉极美妙。巴格达人都喜欢吃烤鲜鱼。每到黄昏，人们便来到底格里斯河畔，燃起一堆篝火，把鲜鱼放在火上烤。当鱼烤到金黄色时，再放在热灰上，鱼香四散，引人垂涎。吃烤鱼时，往往还要调以西红柿沙拉和洋葱拌辣椒，其味道美不可言。

第九座桥就是著名的共和国桥，这是一座双向公路桥。桥的西岸分布着萨达姆时代的总理府、计划部等，东端的解放广场上巍然屹立着伊拉克民族独立解放的象征——自由纪念碑。在伊拉克人的心目中，这座青铜制成的丰碑不亚于纽约的自由女神像。

第十座桥是 7 月 14 日大桥。这是一座高架大跨径悬索桥，在巴格达众多的桥梁中，它的样式最漂亮。1958 年 7 月 14 日，伊拉克“自由军官组织”发动政变，推翻了费萨尔国王，这座大桥的名字就是为了纪念这次事件而起的。7 月 14 日大桥两侧的河岸区是巴格达景色最优美的地区，东南岸阿布·努瓦斯大街的河滨花园里有一尊青铜雕像，那是《一千零一夜》中的山鲁佐德在给国王讲故事，西北岸浓密的丛林中隐约露出昔日萨达姆的共和国宫的一角。

第十一座桥是杰得里耶大桥。它从乌姆·海纳济尔河心岛上飞越而过，一根根高大的桥墩有如擎天巨柱，两边都是枝繁叶茂的椰枣林，桥南端紧邻着郁郁葱葱的巴格达大学主校园。这一带环境优美，空气清新，历来都是巴格达市民夏日避暑纳凉的好去处。夜幕降临后，桥面靠近两侧护栏的紧急停车道上便停满了各式各样的私家车，市民们几乎都是全家出动，在桥面宽阔的人行道上围坐在一起，或饮茶聊天，或吸着水烟享受着河风带来的清爽，年轻人则敞开录音机的音量，随着节奏明快的阿拉伯音乐翩翩起舞。

底格里斯河流到巴格达一带，距离幼发拉底河仅有 30 千米，但这两条大河并没有就此流到一处，又各自流远了。幼发拉底河的源头称卡拉苏河，与木拉特河汇合后曲折南流，先进入叙利亚境内，又进入伊拉克境内。流到欣迪耶附近时分为两支，东支称希拉河，西支称欣迪耶河。在两河分流处筑有欣迪耶大坝，控制两河水量，在这一带形成了伊拉克重要的灌溉农业区。

底格里斯河和幼发拉底河流过巴格达后，都呈现出一派水乡泽国的风貌，两岸湖泊成群，沼泽密布。草地上大片的绵羊如同天上的云朵在缓缓地移动，微风中不时地送来羊群温柔的叫声。也许是留恋于这里的景色，两条大河都不约而同地放慢了脚步，极尽迂回，终于在伊拉克南部的库尔纳汇流到一处，始称阿拉伯河。

阿拉伯河是伊拉克和伊朗两国的界河，伊拉克最大的河港城市巴士拉就坐落在阿拉伯河的右岸，位于哈马尔湖的出口处。除了炼油厂、钢铁厂等，巴士拉人还就地取材，利用底格里斯河和幼发拉底河下游沼泽地带的芦苇和丰富的椰枣树叶为原料，生产出各种精美的纸张。阿拉伯河流过巴士拉后，接纳了最后一个重要支流卡仑河。这条河是伊朗境内最大的河流，流域内分布着伊朗四大油田。在卡仑河口附近坐落着伊朗最大的港口阿巴丹，它也是世界上规模最大的炼油中心之一。

与两河相比，阿拉伯河的名气要小了许多，但围绕这条河引发的争端，却酿成了第二次世界大战以来最为惨烈的两伊战争。阿拉伯河是伊拉克通向波斯湾的唯一水路，而伊拉克的经济又几乎全靠出口石油支撑着，只有通过波斯湾，石油才能源源不断地对外出口，因此，伊拉克一直声称阿拉伯河的整个航道都是它的领土。伊朗则针锋相对地坚持以阿拉伯河中央的塔尔维格线为两国正式的边界线。对这两个国家而言，短短的阿拉伯河称得上一条不可或缺的黄金水道，就像《红楼梦》中贾宝玉挂在脖子上通灵宝玉，如同命根子一般。

1980 年 9 月 22 日，两国间的旧怨夙恨猛烈爆发，伊拉克率先发难，出动飞机轰炸伊朗，伊朗人仓促应战，于是拉开了长达 8 年之久的两伊战争的帷幕。在这场战争中，双方死亡约 100 万人，伤约 170 万人，动用了包括化学武器在内的几乎所有的现代化武器，直接经济损失高达 9000 亿美元。在这场战争中，还出现了极其原始极其残酷的人海战术。1982 年 3 月 23 日凌晨，1 万多名 10 多岁的伊朗少年，一边喊着“真主伟大”，一边赤手空拳地冲进雷区，为后面的坦克开路。这场面不禁让伊拉克人为之胆寒，结果全线溃败。

在这场战争中，阿拉伯河畔的重镇巴士拉遭受的磨难最大。1987 年 1 月，伊朗军队对巴士拉形成包围之势，如果能攻下巴士拉，伊朗人就会大获全胜；而若是丢失了巴士拉，伊拉克就会失去通往海湾的出口。当时，巴士拉城中几乎每分钟都有炮弹落下来，城郊的战场上重重叠叠地铺满了尸体，土都被染成了殷红色。经过半个多月的激战，伊朗方面付出了死伤近 10 万人的代价，却未能攻占梦寐以求的巴士拉，而伊拉克方面在这场防守战中共有 5 万多人被打死打伤。

弯弯曲曲的阿拉伯河带着无数伤心的往事，最终流进了波斯湾。在靠近阿拉伯河口的地方，有一座法奥城，它是伊拉克南部最大的油港。两伊战争的无情炮火曾把这座城市变成一片废墟，劫后重生的法奥城蹒跚起步，一度发展很快。但人们对于它的期望就像对阿拉伯河一样，不企求何等壮丽，只盼望平静与安宁。

贝加尔湖

像大海一样的湖

中国人对于贝加尔湖不应该陌生，当年汉武帝派苏武出使匈奴，结果被单于扣留，流放到“北海”边去牧羊。苏武爬冰卧雪，苦熬了19年，最终回到汉都长安，已是须发皆白，手中仍捧着那根象征使节身份的节杖。这样一段体现民族大义的故事在中国已是家喻户晓，但并不是所有的人都知道苏武牧羊的“北海”并非大海，而是今天的贝加尔湖。我国汉代时称之为“柏海”，元代时称之为“菊海”，蒙古人称之为“达赖诺尔”，意为“圣海”，早期的沙俄殖民者也称它为“圣海”。最早栖居在这里的通古斯人叫它“拉姆”，就是“海”的意思。当地的布里亚特人称它为“贝加尔—达拉伊”，意思是“天然之海”。也有人说，“贝加尔”之名来自大约1300年前住在这里的库里堪人，意思是“大量的水”，与“海”也差不多。

贝加尔湖

就面积而言，贝加尔湖在世界大湖中只能排到第九位，若论形状，应该叫它“月亮湖”才更贴切，但古往今来人们都不约而同地称它为“海”，并非没有道理。对于生活在这一带的古人来说，目光所及之处，没有比贝加尔湖更大的湖了（它确实是亚欧大陆最大的淡水湖）。当他们骑着马赶着牛羊，穿过起伏的丘陵，突然会发现前边出现了一大片银白色，一直铺展到遥远的地平线，仿佛一大片天空落到了地面上。这就是贝加尔湖，难道你不觉得它更像大海吗？

如果说水多就是海，那么称贝加尔湖为海一点也不错，它的蓄水总量要比整个波罗的海还要多。假设贝加尔湖突然变空了，全球所有大小河溪的水都向它流进来，大约需要一年的时间才能灌满。假设有办法堵塞住它的300多条进水河道，只留一条安加拉河向外排水，那么需要流淌400年，才能把它的蓄水完全排干。假设单由贝加尔湖向全世界供水，它的蓄水足够50亿人喝上半个世纪了。

如果说水深就是海，那么称贝加尔湖为海一点也不错。我国的渤海平均水深只有25米，沿岸河流注入的地方仅有几米深，最深处不过86米。而贝加尔湖平均水深730米，很多地方超过1000米。全湖最深的地方一度测定为1741米，20世纪50年代末期，苏联科学院贝加尔湖站的科学家在距离奥利洪岛1.5米~3米的地方，测得深度为1940米。不管是平均深度还是绝对深度，贝加尔湖都可以当之无愧地戴上世界最深湖泊的桂冠。

贝加尔湖还具有很多海的特质。比如，它的湖底有许多洞穴和裂缝，地底热气从其中不断泄出，以致附近的水温增到10℃，而这种“水底温泉”往往只是海洋中才有。贝加尔湖中湖水的“循环”周期（即从湖面至湖底之间的循环）非常缓慢，耗时约8年，这也是大海具有的特征。

大海的水是咸的，而贝加尔湖中的水却是淡的，这一点不像海，但偏偏在湖中的淡水里生长着很多海洋生物，如海绵、海螺、虾等。找遍全世界所有的湖，都找不到像贝加尔湖中那样的海绵。它们足有一米多高，在湖底长成浓密的“丛林”，外形奇特的贝加尔龙虾就躲在这密密的“丛林”中生存繁衍。这是海底世界才会有的景象啊！

最为奇特的是，贝加尔湖中竟生存着地道的海洋动物海豹。贝加尔海豹的个头比较小，雌雄性都是大约120厘米长，体色为暗银灰色。根据生物学家得出的结论，这里的海豹与生活在北冰洋的海豹在血缘关系上最为接近，也在冬天产仔，在冰上的雪穴中喂乳，体形肥胖而圆，在水中颇为灵巧，游泳速度达到每小时20千米。

北冰洋的海豹怎么跑到贝加尔湖里来了呢？海豹的四肢为鳍状，后肢与尾部相连，永远向后，不能步行，所以它们在陆地上显然非常笨拙，这就排除了它们是从陆地上走来的可能性。在当地的渔民中间有过这样一种传说，贝加尔湖的湖底有一条水道与北冰洋相连，海豹正是通过这个水道“游”到这里来的。这种说法根本经不起推敲。地质学家肯定地回答，不管是过去还是现在，都不存在着这样一条地下通道。而生物学家告诉我们，海豹是哺乳动物，只能依靠肺部呼吸，它们一次潜水的最长时间不会超过半个小时。即使有一条地下通道，它们也游不过来。

部分科学家推测，贝加尔湖海豹的祖先是在地球上的冰河期来到贝加尔湖的。当时，叶尼塞河和安加拉河流域长期被冰雪覆盖，河床变深，生活在北冰洋地区的海豹经过长途旅行进入了叶尼塞河。冰期结束后，河水流量大减，河床变浅，这些来自远方的客人只好滞留下来，游进了贝加尔湖，并逐渐演变成为世界上独一无二的淡水海豹。从地理学的角度来看，这个解释最有道理，假如贝加尔湖海豹的祖先就是北冰洋海豹，而贝加尔湖只有一个出口通向海洋，那么它们只有逆河而上，才能到达这里。

像谜语一样的湖

浩瀚如海的贝加尔湖又是一个神秘之湖，至今它的出身还笼罩在一片迷雾之中。一部分科学家认为，这里原本没有湖，大约在2.5万年前，中西伯利亚高原南部出现强烈的地壳断裂活动，形成了一条狭长深陷的弯月形谷盆，谷盆积水就成了湖泊。也就是说，贝加尔湖和非洲的坦噶尼喀湖都属于典型的裂谷型湖泊。另一部分科学家认为，中生代侏罗纪时,在如今的贝加尔湖以东地区曾有过一个外贝加尔海,后来由于湖周的地壳隆升,把这一带封闭起来,就形成了一个内陆湖泊。随着雨水、河水的不断加入,咸咸的海水变淡了。也就是说,现在的贝加尔湖原为古海的一个遗迹,属于"海迹湖"。

按照后一种说法,贝加尔湖中的海洋生物的来历就得到了解决,本来这就是个海嘛!海退走了,它们却留了下来。遗憾的是,这后一种说法一直得不到证实。20 世纪 50 年代初期,人们在贝加尔湖附近打了几口很深的钻井,从取上来的岩芯样品中,没有发现任何关于中生代的东西。既然如此,那就说明贝加尔湖地区长时间以来一直是陆地。

贝加尔湖的寿命也充满了神秘。通常来说,一个湖泊的寿命只有 1 万年~1.5 万年。由于风吹日晒,水汽蒸发,泥沙淤积,湖水会逐年缩减,逐渐变成浅水湖、沼泽,最终彻底干涸。世界上所有著名的湖泊都是逐年减少水量,唯有贝加尔湖的储水量不但不见减少,而且逐年增加。贝加尔湖再深,水源补给再充足,2.5 万年的高寿仍然让人觉得有些不可思议。科学家对此给出的解释是,贝加尔湖长期处于低温状态,不易蒸发氧化,也就不易缩小了。难道说世界上唯有贝加尔湖能逃脱湖的宿命吗?

贝加尔湖的天气也是个谜。本来是风平浪静,无缘无故地突然狂风四起,湖面上恶浪翻滚。1903 年 8 月 9 日,湖面上刮起了剧烈的龙卷风,一天之内就有 40 余艘驳船沉入湖中。当地人说,贝加尔湖是湖神布尔汗的王国,他住在奥利洪岛上,脾气很不好,所以人们叫他"怒神"。贝加尔湖由此也得到了两个别名:"凶险之湖"和"死亡之湖"。而根据科学家的解释,贝加尔湖秋天多强风,那是因为这个时候湖畔的气温在零摄氏度左右,而周围山峰和盆地的气温降到了约零下 30 摄氏度~40 摄氏度,巨大的气压差形成强大的风暴,这就叫贝加尔季风。一刮起来,顿时天地变色,湖面上巨浪滔天。至于夏季,湖面上忽然会大雾弥漫,迫使船只停航,这是由于贝加尔湖海拔很低的原因。

到了冬天,贝加尔湖面上结了很厚的冰,有些地方厚达一米,但还是不断有人或车辆掉进冰窟窿里。这些意外事故看上去似乎很神秘,明明是一片冰雪,为什么会掉进去呢?科学家给出的解释是,贝加尔湖面结的冰并不是一个均匀的整体,有厚有薄,冰块间还有缝隙,有的缝隙整个冬季都不结冰。这些缝隙常常是海豹为了呼吸,在冰面上凿出来的洞。据推测,贝加尔湖底涌出的热泉有可能升到水面上,融化掉一部分冰,使冰层变薄,于是冬天看似安全的贝加尔湖面就成了"隐形杀手"。

贝加尔湖"怪兽"历来都是人们津津乐道的话题,据说它体积庞大,若隐若现,行踪不定。科学家经过实地考察后,基本认定贝加尔湖中不大可能生存着"怪兽"。按照生物学的常识,在相对独立的环境中没有形成种群的动物难以繁衍。也就是说,即使湖中有过几只大型哺乳动物,由于数量太少,也早就灭绝了。据有人推测,贝加尔湖"怪兽"传说的原型很可能是生活在这里的海豹。在自然科学极不发达的古代,当地渔民对湖中盛产的各种鱼类已经熟视无睹，而当他们平生第一次在湖中见到海豹时，就会发出惊呼：“啊！我真的看到了可怕的怪物！”

像神话一样的湖

贝加尔湖是造物主的宠儿，这里阳光充足，冬暖夏凉，有矿泉300多处，成为俄罗斯最大的疗养中心。俄国大作家契诃夫曾这样描写道：“贝加尔湖异常美丽，难怪西伯利亚人不称它为湖，而称之为海。湖水清澈透明，透过水面就像透过空气一样，一切都历历在目，温柔碧绿的水色令人赏心悦目。岸上群山连绵，森林覆盖。”

贝加尔湖的清澈确实令人为之惊叹，最大透明度达到40.2米，这个数值在全世界仅略低于日本的一个湖泊而位居第二，“西伯利亚明眸”和“世界之井”的美誉就是由此而来。这样清的水应该属于神说中的瑶池，如今却现身人间，怎么能不让大作家赞不绝口。贝加尔湖水如此清澈的原因，据说是湖底时常发生地震，地震产生的化学物质沉淀湖底，使湖水得到净化。另外，贝加尔湖属于贫营养湖，水中氮、磷等营养元素含量低，藻类等浮游动植物总量相对较少，而大量的钩虾等端足类动物能够分解水藻，分解动物尸体，每天都把湖面以下50米深的湖水过滤七八次，使得贝加尔湖具有“自体净化”功能，这些也都是维持湖水清澈的主要原因。

中国有句俗话，叫作“水至清则无鱼”。清澈的贝加尔湖却是个渔业资源丰富的大聚宝盆，这便是它的神奇之处。人们每年能从贝加尔湖中捕捞到1万多吨各种鱼类，其中最有名的是“贝加尔鲱鱼”和“贝加尔鲟鱼”。贝加尔鲱鱼一到天气转冷的时候，就躲到湖水深处取暖去了。聪明的贝加尔渔民就在冰上凿个洞，将薄如蛛丝的渔网沉到水下。当鲱鱼游进网口，在网中东碰西撞的时候，渔民便收紧网口，一网白花花的鲱鱼就被提出了水面。鲟鱼本是海鱼，到了贝加尔湖就变成了淡水鱼。它们每年都到江里去产卵，再游回冰冷的贝加尔湖中，从来不回到它们的故乡大海中去。

贝加尔湖另一个神奇之处，那就是湖中盛产举世难寻的生物物种。最值得一提的是，湖中生长着一种周身半透明的小鱼，最大的个体也不到20厘米，通称杜父鱼。鱼儿一般都是卵生的，而这种鱼却是直接生出小鱼来，于是人们就叫它胎生贝湖鱼。

在贝加尔湖畔辽阔的林地中，生长着一种高跷树，它也是贝加尔湖的自然奇观之一。所谓高跷树，指的是它们的根部离开地面很高，树根下成年人可以自由通过。造成这种自然奇观的是这里的大风，树根下的土壤被大风刮走了，而那些长在沙土山坡上的松树和落叶松为了生存下去，就把根越来越深地扎入贫瘠的土壤中。

古老而神奇的贝加尔湖自然会孕育出无数的神话，其中一则神话在贝加尔地区广为流传。那是很久很久以前，贝加尔湖畔住着一个力大无比的勇士，他的名字就叫贝加尔。

他一共有336个女儿,其中一个叫安加拉的最为美丽动人。很多年轻男子慕名前来求婚,但贝加尔都不应允,他一心想把安加拉嫁给同村的青年伊尔库特。有一天,从北方飞来一只海鸥,伫立在悬崖边,歌颂着英俊勇敢的青年叶尼塞。海鸥的歌声拨动了少女的心弦,她梦想着能与叶尼塞成为终身伴侣。无奈贝加尔坚决不允许,安加拉便乘父亲熟睡之机,偷偷地逃出家门。贝加尔醒来后,大发雷霆,从湖边抓起一块巨石就扔了出去,想拦住女儿的去路,可是女儿已经跑远了。安加拉跑呀跑呀,终于在一个阳光明媚的早晨,投入了叶尼塞的怀抱。安加拉河是贝加尔湖唯一的出水口,它永远脚步匆匆,向着叶尼塞河奔流不息,原来那是天地之间最炽热的爱情力量使然啊!

在安加拉河口有一块名叫谢曼斯基的巨大圆石,兀立中流,离两岸各约500米。当河水泛滥淹没圆石时,它宛如滚动之状。相传它就是贝加尔投出的那块巨石,人们又叫它"魔法石""反叛石"。

贝加尔湖中有27个岛屿,其中奥利洪岛最大,位于湖中部偏北部。相传很久以前,这里一个岛也没有,后来这一地区刮起了大风,整个湖面好像一大锅烧开的水,大浪一直打到湖底,把沙石赶向湖边,一些沙石被湖底礁石挂住了。年复一年,这些礁石逐渐长成高山,后来被波浪慢慢抚平,就变成了奥利洪岛。布里亚特人刚来到这个岛上时,发现它有时升有时降,还以为是邪物作祟,就赶紧祭拜布尔汗神。岛上的布尔汗角也叫萨满悬崖,它是萨满教亚洲九大圣地之一。在布里亚特人的神话中,布尔汗神就住在悬崖上的洞穴里。实际上,奥利洪岛是不会自动升降的,只是给人这样的错觉。整个岛下全是礁石,若礁石下的水清,岛就显得有些下沉;若水有些浑浊,岛就似乎在轻微上升。

尼罗河

白尼罗河与青尼罗河

"尼罗,尼罗,长比天河。"这是苏丹人民赞美尼罗河的谚语。"尼罗河水自天降。"这是埃及诗圣艾哈迈德·肖基写下的不朽诗句,让人不由得联想起我国大诗人李白写下的"黄河之水天上来"的千古绝句。凡名河大川都会受到非凡的赞美,这是意料之中的事情,但面对着滔滔而来滚滚而去的河水,相距千里之遥的诗人竟能涌出同样类型的想象,这就不应该是巧合。千万里长河不知道所由何来,想象成银河要比实地探察它的源头容易多了,更何况以古人的条件,根本没有能力去做这样的探察,所以不管是中国的黄河还是埃及的尼罗河,在相当长的一段时间里,其源头都处在云锁雾裹之中。

从公元前6世纪希腊科学家泰勒斯起,人们就不停地对尼罗河的源头提出种种猜想，先后有地下水、海洋流、季风雨、高山融雪等，但这些解释多属猜想，都没有实地考察依据为证。罗马帝国的皇帝尼禄曾派出两名百夫长带队远征非洲内陆，想寻找尼罗河的源头，却没有获得成功。

尼罗河

尼罗河这条河的名字也与它的源头有些关系。据说“尼罗”一词源于拉丁语，意为“不可能”。由于瀑布的阻隔，生活在尼罗河中下游地区的人们认为要想了解河源简直比登天还难，所以给它取名“尼罗”。大约公元前460年，古希腊著名历史学家希罗多德斯到达了尼罗河上的第一个大瀑布，但他即刻止步折返，并报告说发现尼罗河源头是不可能的。还有一种说法，认为“尼罗”一词是由古埃及法老尼罗斯的名字演化而来的。

到了19世纪50年代末，尼罗河的源头还是个谜，喜欢探险的西方人对此争论不休，英国探险家约翰·汉宁甚至不惜抛弃声望、财富乃至性命，去探寻尼罗河的源头。然而，巨大的沼泽地、无数的急流漩涡，还有充满敌意的土著，使得探险家逆尼罗河而上直达其源头的企图无从实现。1856年，两位英国人约翰·斯皮克和理查德·伯赖另辟蹊径，从非洲东海岸向内地进发，终于取得了探险史上的一次重大突破。1858年2月，他们成为第一个发现坦噶尼喀湖的欧洲人。再往前走，这两位闹起了矛盾，只好分手，斯皮克独自前行，于1858年8月3日又发现了一个比坦噶尼喀湖还要大的湖泊，激动万分的斯皮克为它取名为“维多利亚湖”，并认定这里就是尼罗河的源头。此后，又有多名探险家对斯皮克的“成果”进行佐证，于是维多利亚湖作为尼罗河源头的结论得到了公认。

其实，这个结论并非百分之百正确。现在人们都知道，尼罗河的源头包括脾气迥异的两条河流，一条是白尼罗河，另一条是青尼罗河。白尼罗河是尼罗河最长的支流，它发源于热带中非山区，这一带有个庞大的湖区，维多利亚湖、基奥加湖、艾伯特湖等湖泊共同养育并丰盈了白尼罗河。

从乌干达坎帕拉出发前往这个国家的第二大城市金贾，在城外开阔的草坡上，一块黑底白字的石碑掩映在蓝天和椰树下，那上边的文字标明白尼罗河从此地一路经过乌干达的中部、北部以及苏丹和埃及，完成着它通往地中海的漫长旅程。

白尼罗河的源头处草地葱绿，河岸边长满了紫薇树，微风吹过，仿佛下了一场花瓣雨。当年斯皮克也许只走到这里，就以为大功告成了。实际上，要想穷尽白尼罗河的源头，还要向上走。尼罗河最上游是卡盖拉河，它发源于布隆迪境内，下游注入维多利亚湖。湖水经欧文瀑布流入基奥加湖，出湖后名叫维多利亚尼罗河，又经卡巴雷加瀑布流入阿伯特湖。湖水自北端流出，名叫阿伯特尼罗河，它流到苏丹和乌干达接壤处的尼木累，从它以下才正式称白尼罗河。

白尼罗河穿越乌干达的丛林进入苏丹南部盆地后，极其平坦的地势使得水流变得异常缓慢，水中繁生着大量以纸莎草为主的水生植物，也延滞了水流的前进速度，泛滥成一片面积约10000平方千米的纸莎草沼泽。阿拉伯人给它起了个名字叫“萨德”，意为“无法通过的地方”。这里处于低纬度地区，气候干燥而炎热，在火辣辣太阳的照射下，“萨德”变成了一个硕大无朋的“蒸发皿”，三分之二的水量被蒸发掉了，能流到下游的水很少。白尼罗河发源于赤道多雨地区，水量本来丰富而稳定，但流过“萨德”后，它顿时清瘦了许多。

和白尼罗河相比，尼罗河的另一条支流青尼罗河就显得粗野多了。它发源于号称“非洲屋脊”的埃塞俄比亚高原。在那里，来自大西洋的云朵化成如注的雨水，顺着山坡上冲刷出来的一道道沟壑，流进非洲最高的湖泊塔纳湖。在当地语中，“塔纳”就是“蓄水不干”的意思。这一带四周都是崇山峻岭，千百条溪涧汇合成湖。青色的湖水从南端200多米宽的湖口涌出，形成了阿巴伊河，也就是青尼罗河的上源。在青尼罗河河口处栖息着许多河马，在这样一个其他河马无法企及的海拔高度，他们自由嬉戏，怡然自得，享受着属于自己的平静生活。

塔纳湖中有两座非常有趣的小岛，一座叫男人岛，一座叫女人岛。竖立在男人岛上的牌子明确标明：拒绝女士上岛。男人岛上的修道院里清一色都是男修士，据说岛上连动物也全都是公的。修道院里的壁画精美绝伦，令人叫绝。岛上还野生着许多咖啡树，红色的浆果非常漂亮。

青尼罗河流出塔纳湖后，在浅滩和礁石中蜿蜒前进了30多千米的路程，突然飞流直下，声如雷霆，形成了非洲第二大瀑布青尼罗河瀑布。这条瀑布在当地被称为梯赛斯特瀑布，意为“冒烟的水”，高55米，喷珠激玉，水幕如帘，常有美丽的彩虹横跨在瀑布上方。

闯过这道瀑布后，青尼罗河奔腾650千米，转了一个马蹄形的大弯，最后冲出山谷，一头扎进苏丹南部大平原上。在这里，青白尼罗河越流越近，有人形象地把它们比作两个有情人。白尼罗河由于水量消耗巨大，流势渐趋平缓，仿佛一位逐渐成熟的美丽女子，正脚步款款地走向与情人约会的地点。而青尼罗河则像一个刚烈不羁的草莽英雄，如脱缰的野马般前去猎取美人的芳心。

在苏丹首都喀土穆城外，这两位“情人”终于相遇了。在两条尼罗河交汇前，青尼罗河的河床中央出现了一小岛叫“土堤”，将青尼罗河一分为二，南边一股水流经小岛南侧同白尼罗河相会，又在小岛北端同另一股水汇合，青白尼罗河由此合二为一，称为尼罗河。河右岸的青尼罗河枯水期呈青色，洪水季节因为挟带着大量泥土及有机物质而呈现红褐色，左岸的白尼罗河呈白带绿色。汇合之初泾渭分明，水色不相混，平行奔流，犹如两条玉带,真的像两位情人依偎低语,挽手而行。渐渐地它们融为一体,不分彼此,好似两位情人走进了婚姻的殿堂。

位于青白尼罗河交汇处的喀土穆地形与我国的武汉很相像,也由三镇组成,三镇之间有桥相连。在阿拉伯语中,“喀土穆”的意思是“象鼻子”,指的是青、白尼罗河交汇处之间夹着一条狭长的黄土地带,形状好像大象鼻子。连接喀土穆三镇的桥梁是俯瞰两河汇流奇景的最好地方。入夜后,桥上的灯一部分放青光,一部分放白光,与桥下青白交汇的河流相映成趣。

阿斯旺高坝与卢克索

青、白尼罗河会合后,水量大增,而这主要是青尼罗河的功劳,它提供给整个尼罗河七分之六的水量。当尼罗河经过喀土穆向北流时,又在达迈尔以北接纳了它的最后一条主要支流阿特巴拉河,气势更加恢宏,尽管前边出现了酷热无比的努比亚大沙漠,雨水稀少,它只是降低了流速,没有被两岸不断逼近的沙漠所吞没,却慷慨地灌溉着极目无垠的棉田。苏丹的长绒棉产量仅次于埃及,居世界第二位,为这个靠农业吃饭的非洲国家赚取了宝贵的外汇。

尼罗河有很长的河段流经沙漠,西面有利比亚沙漠,东面有阿拉伯沙漠,南面有努比亚沙漠,还要跨越世界上面积最大的撒哈拉沙漠,在这些地方河水水量只有蒸发、渗漏而无补给,但它仍然能维持一条长年流水的河道,这不能不感谢上游的热带多雨区域。像尼罗河这种不是由当地的径流汇聚而成,只是单纯流过的河,称为“客河”。虽然只是匆匆的过客,尼罗河却给当地的主人们送上一份大礼。在尼罗河上经常可以看到这样的景色,不远处的沙漠泛滥着毫无生命痕迹的土黄色,尼罗河边却是一片葱绿,高大的油枣树或单棵独立,或几株十几株密集地聚在一起,挺拔地伸向没有一丝云彩的天空,还有大片的甘蔗和不知名的野草蓬蓬勃勃地蔓延着。

尼罗河进入埃及境内后,由于狭窄谷地的约束,一度恢复了它的野性,形成了一连串的急流险滩,还有著名的“尼河六瀑”,尼罗河好似一位无畏的勇士,大踏步地穿越艰难险阻,然后纵身一跃,倾入了蓝色飘带一般的纳赛尔水库。这个水库又名纳赛尔湖,是以埃及前总统纳赛尔的名字命名的。它长达500千米,一端连着埃及的阿斯旺大坝,另一端甩到了苏丹境内约70千米。以6500平方千米的面积而论,它是世界第二大人工湖,而以210米的深度和1820亿立方米的蓄水量而言,则居世界第一。

纳赛尔水库是阿斯旺高坝的姐妹,当大坝将尼罗河拦腰斩断后,尼罗河水被迫向上回流,于是形成了一个巨大的人工湖。

阿斯旺是埃及阿斯旺省的省会,埃及的南大门,世界七大水坝之一的阿斯旺高坝,就筑在城外的尼罗河上。1902 年,为了控制尼罗河的泛滥,提高农业产量,英国人曾在这一带的尼罗河上建成了一座堤坝,长 1900 米,高 54 米。但由于设计有缺陷,这座坝不得不两次加高,到了 1946 年仍然发生了洪水几乎漫坝的险情。1952 年,埃及爆发"七月革命",法鲁克王朝被推翻,加麦尔·阿卜杜勒·纳赛尔先任总理,后任总统。纳赛尔总统执政后,决定在阿斯旺水坝上游再建一座阿斯旺大坝,为了与原先的阿斯旺水坝相区别,新建的称高坝,原先建的称低坝。埃及是个穷国,缺少资金,而修建阿斯旺高坝需要巨额投资,纳赛尔总统毅然从英国殖民者手里夺回了苏伊士运河,征用苏伊士运河的通行费来解决建造大坝的经费。此举引起了紧张的国际纷争,酿成了第二次中东战争,如果不是苏联加以干预,这场战争不会轻易了结。

阿斯旺高坝从 1960 年开始施工,1970 年 7 月 21 日竣工。高坝主体长 3600 米,高 110 米,宽 40 米,耗资约 10 亿美元,使用建筑材料 4300 万立方米,相当于大金字塔的 17 倍。阿斯旺大坝呈弧形,像铺在水面上的一条宽广的公路,又如横跨在尼罗河上的巨大彩虹。这座大坝在建设期间,得到了苏联政府的援助,为了表示感激之情,埃及人在大坝附近建起了一座埃苏友好纪念塔。

阿斯旺高坝东端有观景台,站在这里遥望尼罗河水在翡翠长廊般的河谷夹峙中奔涌而来,带着惊天动地的轰鸣声冲下阿斯旺高坝,不由得使人浮想联翩。当年埃及政府决定在阿斯旺建造新水坝时,尼罗河两岸努比亚地区的所有古代遗址和文物立即面临没顶之灾。联合国教科文组织发起了国际性的救援大行动,40 个考古团体一起上阵,赶在水坝完工之前挽救了 20 多座古代建筑。在这次救援行动中,最为壮观的工程是迁移阿布辛比勒的两座神庙。人们把它们分割成重达 20 吨的巨块,移到比原址高 200 米的地方。当相当于 6 层楼高的大巨像安然无恙地重新矗立起来时,全世界热爱古埃及文明的人们都大大地松了一口气。然而,库区内的 10 万人可以搬迁干净,古代努比亚人的文化遗迹却无法一一迁走。在这茫茫水下,不知道有多少遗迹将永无出头之日。

阿斯旺高坝建成后,每年发电 80 亿千瓦,4000 个村庄从此有了光明;尼罗河的洪水受到控制后,从根本上消除了干旱,40 万公顷的沙漠化为良田,另有 100 万公顷土地从一年一熟转为两熟甚至三熟,埃及的农业产值因此翻了一番。大坝合龙之时,尼罗河两岸站满了成千上万的埃及人,当埃及总统纳赛尔和苏联总理赫鲁晓夫等外国贵宾乘船经过时,人们三呼万岁。纳赛尔总统发表讲话说:"阿斯旺大坝将把埃及带入天堂!"

阿斯旺高坝的确给埃及人民谋取了巨大的福祉,然而光明的背面总会有阴影。大坝修建后,上游大量的含有腐殖质的泥沙冲不到下游,下游的农田因缺乏肥料而逐渐变得贫瘠,当地盛产的优质棉花大量减产。又因为土地肥力的下降,迫使下游农民大量使用化肥,而化肥的残留随灌溉水又流回尼罗河,使河水富营养化,植物性浮游生物的平均密度从每升160毫克上升至250毫克。此外，从前传播血吸虫病的水蛇会在旱季死去，而现在全年供水使得水蛇得以成活并迅速繁衍，血吸虫病的发病率由此节节攀升。如今阿斯旺高坝已经建成几十年了，但埃及并没有被带进天堂，仍然是世界上最贫穷的国家之一。高坝建成的时候，埃及国内外一片赞扬声，而现在人们却对它进行了深刻的反思，西方的中小学环境教科书已经把阿斯旺大坝当作破坏生态环境、破坏文化遗产的范本。

从阿斯旺沿尼罗河北上约200千米，就来到了有“古埃及的珍珠”之称的卢克索。当年它叫底比斯，在古埃及中王朝和新王朝时代（约公元前2040~1085），曾两度成为埃及首都，法老们在这里发号施令了近700年，使古埃及的政治和经济达到了辉煌的巅峰，成为东北非和东地中海的第一强国。

如今的卢克索已经成为一座现代旅游城市，坐落在尼罗河的东岸，号称“世界上最大的露天博物馆”，有着“宫殿之城”的美誉。当年的底比斯城跨尼罗河两岸，不过河两岸却是不同的世界，东岸是活人居住的地方，有壮丽的神庙和充满活力的居民区，西岸则是不折不扣的死人之家，布满了法老、王后和贵族们的陵墓，中间的尼罗河成了阴阳两界的界河。“生者之城”与“死者之城”隔河相望，形成了两个世界的永恒循环的圆圈。至于为什么要把活人和死人分开，那是因为古埃及人把人的生命与作为生命之源的太阳相类比，太阳从东方诞生，然后穿过天空，到西面的天边死去。人也应该是这样，下生后就住在东边，死后便葬在西边。

底比斯城中最引人注目的古迹就是保存最完整、规模最大的卡纳克神庙。它的殿堂占地达5000平方米，有134根圆柱高耸入天，其中最中间的12根高21米，5人不能合抱，通体遍布精美浮雕。400余年前，第一个走入这个“多柱大厅”的欧洲人在烈日下惊呆了：“我走进去，一眼看到整行整列的巨大圆柱，还以为自己在做梦！”

尼罗河西的底比斯城最有名的地方是帝王谷。它是一条偏僻的山谷，两边全是悬崖峭壁，而在古埃及新王国时期，这里却被法老们相中，当成了他们死后的家园。与此同时，他们在山谷的南边又给王后、王妃和公主们准备好了墓穴，后人称为王后谷。以前的法老都给自己造金字塔，这些金字塔都建在尼罗河沿岸，有70多座。但金字塔毕竟矗立在明处，最终逃脱不掉被盗的厄运，且不说随葬的珠宝被洗劫一空，尸骨也被人胡扔乱抛。为了让自己死后能安生一些，法老们就把墓地建到人烟稀少的地方，而且从地上转移到地下，尽管委屈了自己，但安全系数却大大增加了。据考证，自从第十八王朝的埃及开国国王在帝王谷中建造了第一座陵墓以后，500多年间这里先后埋葬了62位法老，据说这里还应该有11座王陵，只是还没有被发现。

虽然法老们煞费苦心，但他们死后还是无法安息。没有人关心已经变成木乃伊的法老，但随同他们一起埋葬的无数财宝却让盗墓者和冒险家们睡不着觉，他们挖空心思，将这些墓穴逐一掘开,带着惊人的收获扬长而去。到了 18 世纪,帝王谷早已变成了一片破败不堪的荒漠,许多墓穴的入口都敞开着,成为野狐、沙隼和蝙蝠的巢穴。

洪水泛滥出的富裕与文明

尼罗河流到埃及首都开罗附近时,景色越来越优美。在它徐缓宽阔的怀抱里,往来穿梭着古老的三角帆船和长笛起伏的豪华邮轮。芊草绵长,椰风清影,还有那些藏在金字塔下的小村庄,让泛舟尼罗河上的游人每每产生人在画中游的感觉。

这一带河面上的游船非常多,有一种"尼罗河法老"特别有名,已经成为开罗的一个标志性景观,给埃及的旅游业增色不少。凡是到过开罗的外国游客,都会在月明星稀之夜登上法老船观赏尼罗河夜景。法老船诞生于 20 世纪 80 年代初,当时有个名叫侯赛因·阿奎兹的人,有一天他坐在尼罗河边,望着河上过往的船只,突发奇想:如果能在尼罗河上建造一艘游船,船上同时备有美食和动人的歌舞,游人在夜色中一边欣赏尼罗河两岸的夜景,一边聆听美妙的音乐,同时享用美味佳肴,那是一件多么惬意的事啊! 于是,阿奎兹很快就筹集起资金,仿照当年法老出游时坐的船只,建造起尼罗河上的第一艘大型游船,给它取名叫"尼罗河法老"。法老船一开张就吸引了大批游客,阿奎兹又着手建造了第二艘游船,命名为"金色法老"。现在,每天乘坐法老船游览尼罗河旖旎风光的游客有 1000 多人。

在开罗以北,亘古不变奔流的尼罗河冲积出了面积达 2.5 万平方千米的巨大三角洲平原,平原上地势平坦,河渠纵横,土地十分肥沃,据说是地球上最肥沃的土壤,也是埃及最富饶的地方,号称"鱼米之乡"。大河两岸,绿油油的麦田和棉田星罗棋布,柑橘林和香蕉林齐刷刷地一片连着一片,甘蔗田和玉米地长成了青纱帐。论面积尼罗河三角洲仅占埃及全国总面积的 24%,但这里的人口却占到全国人口的 90%以上,埃及的主要城市、村落以及久享盛名的历史古迹,绝大部分都分布在这一带。古希腊的历史学家希罗多德曾造访过埃及金字塔,又溯尼罗河而上,到过卢克索、阿斯旺,最后他得出这样的结论:"埃及是天赐的国家,是尼罗河的赠礼。"

尼罗河赐给埃及最大的一份厚礼就是尼罗河三角洲,而这要归功于尼罗河周而复始有规律的泛滥。在苏丹北部通常是 5 月份尼罗河就开始涨水,8 月份达到最高水位,以后水位逐渐下降。每到雨季,没有下水道的苏丹首都喀土穆便到处积水,成为"水乡泽国"。产生这种现象的原因在青尼罗河和阿特巴拉河这两条河流身上,它们的源头地处埃塞俄比亚高原,这里的暴雨是季节性的,青尼罗河和阿特巴拉河也就季节性地发洪水,带动着尼罗河发生季节性的泛滥。每当尼罗河水排山倒海般地漫过河床时,就会洗去土壤中的盐分,并把从上游带来的大量矿物质和有机质沉积在中下游两岸的田野里,给埃及的耕地广施上一层天然的细肥。据估计,埃及古代用尼罗河水灌溉的田地大约有270多万公顷,远远超过两河流域、印度河流域和黄河流域的灌溉面积,使埃及成为“地中海沿岸的粮仓”。

埃及人由衷地感谢定期泛滥的尼罗河,便在河畔的岩石上镌刻上这样的赞语:“尼罗河赋予两岸土地以生命。只有尼罗河泛滥以后,才能够有粮食和生命。大家都依靠它生存。”千百年来,埃及人民年年盼望着尼罗河泛滥。每到涨水的头几天,人们都要排起长长的队伍,敲锣打鼓,载歌载舞,簇拥着尼罗河之神“哈伯”的木雕像来到河边,举行祭河大典。在河水溢出河岸的那天晚上,人们还要高举火把,泛舟尼罗河上,尽情欢唱,怀着无比喜悦的心情欢迎尼罗河赐予他们的恩典。

关于尼罗河的泛滥,在埃及人民中间还流传着许多神话传说。相传有位女神名叫伊兹斯,她的丈夫遇难身亡,伊兹斯悲痛欲绝,泪如雨下,泪水落入尼罗河中,河水顿时暴涨,于是就引起了尼罗河的泛滥。根据这个传说,每年的6月17日或18日,当尼罗河水开始变绿,预示河水即将泛滥时,埃及人就要举行一次欢庆活动,称为“落泪夜”。

古埃及人对于尼罗河的泛滥不光全是欢喜,也有忧虑,因为每次泛滥都会带来灾难,冲垮房舍,毁坏田地。当时的人们认识不到这里边的自然奥秘,以为河水汹涌那是尼罗河神发怒的结果。于是,每年他们都要挑选出一名美女,将她抛入河中,送给河神当新娘。新娘送了成百上千,尼罗河依然不肯息怒,还是照常泛滥。直到进入文明社会,这个陋习才被废除,改为向河中投送鲜花和假人,以表达对尼罗河恩德的感激之情。

尼罗河不仅用水和土为埃及人提供了生命的保障,又成为支撑埃及文明的重要基石。早在6000年前,古埃及人就依据尼罗河的涨落创造出了闻名世界的“太阳历”。他们发现,每当天狼星在日出前出现时,尼罗河就开始泛滥,于是埃及人就把这一天定为一年的第一天。等到第二年天狼星出现在同一位置时,恰好是365天,就是一年。一年分为三个季节,分别是泛滥季、播种季、收割季,每一季又分为4个月,每月30天,年终另加5天作为祭祀神灵的节日。

古埃及人通过长期观察和研究尼罗河泛滥与星象之间的规律,创立了天文学,在兴修水利和灌溉农田中孕育出了水利学和建筑学,而在尼罗河畔丈量土地的活动中发展起了几何学。尼罗河水每次泛滥后,都会冲毁了田亩地界。尼罗河水退去之后,人们就必须设法重新测量,再次勘定田地的界线。在这个实际需要中,古埃及人逐渐掌握了计算矩形、三角形和梯形面积的方法。西方的几何学就是起源于这种测地术。“几何学”这个名词的原意无论在拉丁文还是希腊文中,都含有“测地术”的意思。

早在公元前4000年,埃及人就会使用象形文字了,他们将生长在尼罗河岸边的纸莎草茎切成薄薄的长条,压平晒干,当作纸来用,又将芦苇秆削尖,蘸着颜色在纸莎草上书写。这种纸草文书有少数流传至今。

早在法老时期,埃及就流传着"埃及就是尼罗河""尼罗河是埃及的母亲"等谚语。古埃及人还为尼罗河编出这样的赞歌:"光荣归于你,发源于大地的尼罗河,你不息地流,为的使埃及苏生。"直到今天,埃及人对于尼罗河的感情一如既往,仍把它比喻为哺育、滋养自己的伟大母亲。

尼罗河流过开罗后,在三角洲上分散成很多汊河,最终归入地中海的怀抱。在这个三角洲上有一座古老的城市叫塞伊斯,城中有一尊女神像,基座上刻着这样一句震撼人心的话:"我就是一切——过去、现在、未来。"只有尼罗河才有资格这样豪迈地发言,它从古至今风采不变,性情不变,泛滥时豪放粗野,平静时滋润万物,宽容地与人类共存,却骄傲地与高山大海一样永恒。

苏伊士运河

苏伊士运河的古今兴衰

一提到埃及,人们马上就会联想到在这个文明古国里有着闻名世界的金字塔。作为最伟大的古代文化遗产,金字塔已经成为埃及人民的骄傲和象征。不过,在埃及还有一条与之相齐名的苏伊士运河,也同样值得埃及人民骄傲与自豪。

苏伊士运河纵穿狭窄的苏伊士地峡,这里是亚洲和非洲的连接处。远古时代这里曾有一片浅水,后来由于地壳变化,地峡隆起于地面,阻断了地中海与红海之间的联系,地峡成为平坦的陆地,它的北部因靠近海岸,形成了一连串的咸水湖、洼地与沼泽。

苏伊士运河

如果能在苏伊士地峡上开出一条运河,不就可以把通往欧洲和亚洲的航路连接起来了吗?这样美妙的理想早就萌发在埃及人的心中。公元前1880多年,埃及第十二王朝法老苏努力尔特三世在位期间,兴师动众地挖掘出了一条"东西方向"的运河,将红海与尼罗河连接起来。这条运河起自扎加洛济附近的尼罗河支流,利用白鲁济河的天然河道一直向东,经由大小苦湖南下,到今天的苏伊士港进入红海。后人称它为"法老运河"。公元前5世纪,埃及历史上第一位女王哈特谢普苏特,曾派出5艘船只通过这条"法老运河"进入红海,最远到达了今天的索马里。

有证据显示,"法老运河"至少持续到公元前13世纪的拉美西斯二世时期,当时用人力、骆驼、马匹在岸边拉着货船在运河中航行,随后运河被荒废。此后,法老尼科、波斯的大流士一世、托勒密帝国的托勒密二世都曾对这条运河进行过疏通。因为有四位帝王治理并使用过这条运河,所以它又被称为“四王运河”。罗马帝国和入侵埃及的阿拉伯人也都开凿过这条运河,但都未能使它全线贯通。公元8世纪时,它被阿拉伯帝国阿拔斯王朝的哈里发曼苏尔所废弃,并逐渐被沙漠风沙所堵塞湮没,但遗迹至今依稀可辨。考古学家曾在沙层下找到过古运河的堤坝,据此确定它深2米~3米,宽60米,用来行驶驳船问题不大。

辛辛苦苦挖掘出来的运河为什么会遭到废弃呢?这里的原因很多,比如沙漠流沙的不断蚕食,轻易就会填平浅浅的河道,但其中还有一个重要原因,那就是很多埃及人反对开掘运河。在古埃及的传说中,众神曾警告过埃及法老,修建运河会带来很可怕的后果,埃及人付出的全部努力,到头来只会给蛮族带来好处。虽然这仅仅是个传说,却从古到今在现实中一次又一次得到验证。

近代以来重建苏伊士运河的想法是普鲁士的科学家莱布尼兹第一个提出来的。1672年,他上书法王路易十四,建议打通苏伊士地峡,这样欧洲的商船就不必再绕道非洲的好望角前往亚洲了。路易十四把莱布尼兹的建议当成胡思乱想,谬论连篇,一笑置之。100多年后,另一位法国领袖非常认真地想实现莱布尼兹的设想,此人就是拿破仑。1798年,拿破仑的远征军占领了埃及,拿破仑到达开罗后,亲自带领专家对苏伊士地区进行了实地考察,打算开凿一条运河连接地中海与红海。但由于法国人的勘探结果有误,计算出红海的海平面比地中海要高,这就意味着建立一条没有船闸的运河是不可能的,于是拿破仑就放弃了他的计划。不久,拿破仑的军队在埃及被英国的海军击败,他仓皇逃归法国,开凿苏伊士运河也就成了南柯一梦。

然而,法国人始终没有放弃过在苏伊士地峡上开凿运河的想法。17世纪以来,大英帝国成为世界上最强大的海上帝国,把持着好望角,垄断了从大西洋到印度洋的远洋航道。法兰西帝国处心积虑地谋划重新开凿苏伊士运河,为的就是挑战英国的海上霸权,使好望角航道失去战略价值。以恩藩廷为首的一批法国科学家曾组团来到开罗,游说埃及总督穆罕默德·阿里开凿运河。阿里牢记着古埃及的那个传说,也清楚无论谁来开凿运河,都会成为入侵埃及的孔道,就拒绝了他们的建议。当时负责接待这些法国科学家的是法国驻开罗副总领事菲迪南德·勒赛普,他非常赞同恩藩廷的建议,却爱莫能助。

勒赛普出身外交世家,他的父亲是拿破仑逃离埃及后法国的留守官员。穆罕默德·阿里夺权成为埃及总督后,老勒赛普协助他处理了许多国际法律问题,深获信任。小勒赛普因此有机会出入总督府,与总督一家人混得很熟,其中与他最谈得来的就是总督13岁的儿子塞得。

勒赛普成为外交官后,对埃及文明更感兴趣。有一次他乘邮轮前往亚历山大,翻到了一本法国作家勒伯尔写的《苏伊士运河启示录》,激起了他的雄心壮志,决心实现法国人开凿苏伊士运河这个梦寐以求的计划。可惜的是,1849 年他因不满法国政府的外交政策赋闲在家,空有抱负却无从实现。

1854 年,穆罕默德·阿里的继承人阿拔斯帕夏(总督称号)遭到谋杀,32 岁的塞得成为新一任埃及总督。消息传来,勒赛普立即致函祝贺,塞得不忘旧交,邀请他来家中做客。见到塞得后,勒赛普趁机向他提出了开凿运河的计划。据说勒赛普临行前去拜访了恩藩廷,从他手里得到了一份开凿运河的蓝图。

塞得受过良好的西方教育,能说一口流利的法语。他的理想是继续父亲的改革事业,把埃及建成一个既现代化又拥有古老光辉的文明国家。勒赛普投其所好,对塞得说,一旦苏伊士运河开通,不仅会给埃及带来极其可观的经济效益,还能完成一项自法老以来到拿破仑都无法实现的巨大工程,让建筑金字塔的法老们不堪一比,让塞得总督的名声在历史上永垂不朽。

勒赛普的这番话让塞得怦然心动,就颁发给他一个"优惠状",特许他组织一个环球苏伊士海洋运河公司,全权负责开挖运河。这个公司有权租借运河 99 年,之后运河归埃及所有;埃及无偿提供开凿运河的一切土地、石块和劳动力。在法国政府的极力推动下,土耳其政府(当时埃及是土耳其的属国)也批准了运河开凿计划和使用、租让运河的合同。

1859 年 4 月 25 日清晨,由勒赛普率领的一支包括 150 位工程师、外交官、投资者在内的队伍,穿越埃及南部酷热干旱的沙漠和曼扎拉湖,到达了地中海岸。勒赛普举起鹤嘴锄,大声说道:"为了塞得帕夏的荣耀,我以环球苏伊士海洋运河公司的名义,即将凿下第一锄,启动挖掘这条将东方带往西方文化与商业的运河。"众人与他一起举起鹤嘴锄,向地面上凿下去。号称欧、亚、非三大洲交叉口的苏伊士运河,就在这样简单的破土仪式中动工了。

苏伊士地峡地处茫茫的热带沙漠上,骄阳似火,卷过地面的风中只有扬起的灰沙,嗅不到一丝潮气。在法国监工的呵斥声中,数万名埃及劳工抵挡着烈日的暴晒,吃力地挥动手中的铁镐、锄头,一步又一步地拽动着沉重的拖车,稍有停顿。监工的皮鞭就会抽上身来。一个劳工倒了下去,随即会走来两个人,一个拖头,一人提脚,将死尸运到工地的一边,草草掩埋了事。

那时的埃及人口不满 400 万,每个月却要向运河工地派遣 6 万名服役的劳工。按人口比例推算,每一个成年男子每年最起码有一个月要在工地上服苦役。由于气候恶劣,劳动条件糟糕,再加上疾病、饥饿和不时的塌方,运河修了 10 年,竟有 12 万名埃及劳工永远地倒在了运河的工地上。筑成运河的不是沙子和石块,而是埃及劳工累累的白骨;运河里流淌的不是蔚蓝的海水,而是埃及劳工的血与汗。已故的埃及总统纳赛尔曾这样说过："这条运河是用我们的生命、我们的血汗、我们的尸骨换来的。"

1869 年 11 月 17 日，运河正式竣工通航。它北起塞得港，南抵苏伊士城陶菲克港，连同延伸至红海、地中海的部分，全长 173 千米。船舶以每小时 14 千米的航速行驶，约需 15 个小时就可以通过运河。运河最初通航时水深 8 米，宽 22 米~60 米。以前从欧洲进入印度洋和太平洋，要绕道非洲大陆南端的好望角，而苏伊士运河开通后，大大缩短了欧亚非之间的远洋航运。从西欧经地中海通过苏伊士运河和红海进入印度洋、太平洋，航程可缩短 6000 千米以上，从黑海沿岸到印度洋的航程可缩短 1 万多千米，从北美到印度洋的航程也缩短了 6000 千米左右。从前海上船只绕道好望角，一年内只能在亚欧之间往返 5 次，而现在从波斯湾经苏伊士运河前往欧洲，一年可往返 9 次。早在 100 多年前，马克思就曾对苏伊士运河做过高度评价，称它为"东方伟大的航道"。

沿着苏伊士运河款款驶来

乘船沿苏伊士运河款款行驶，你会发现运河的航道没有取直，这是因为设计者沿途利用了曼扎拉湖、巴拉湖、提姆萨湖、大苦湖、小苦湖等湖沼和洼地，这样就拉长了运河的距离，却大大地节省了劳动力。

从长度上来说，苏伊士运河只相当于我国京杭大运河的十分之一，景色更是截然不同。京杭大运河两岸沃野千里，一马平川，而苏伊士运河沿岸景色异常单调，大多是连绵的沙丘和干旱的戈壁。不过，正是因为那茫茫无际的沙漠的衬托，反倒显得绿带一般的苏伊士运河更加生气勃勃。东岸地势较高的西奈半岛上一片荒凉，偶尔可以见到骑着骆驼的警卫兵沿河巡逻。西岸经甜水运河引来尼罗河水灌溉的地段，满眼郁郁葱葱。塞得港、伊斯梅利亚和苏伊士城这三个运河沿岸的主要城市，别致的建筑林立，车辆奔驰如织，好似三颗晶莹的珍珠垂悬在运河这条绿带上，一片生机盎然，被人们称为"运河三城"。

苏伊士运河在地中海一侧的起点就是位于地峡北端的塞得港，它是运河的北大门，随苏伊士运河的开凿而兴建起来，如今已经成为埃及的第二大商港和重要的海军基地，既是世界上最大的煤炭石油贮藏港之一，也是澳洲、南亚与地中海各港间商货的转口港。由于运河是单线行驶，南行的船舶每天都要在这里进行两次编队，一般是按军舰、客轮、油轮、集装箱船、货船、操纵性能差或试航船舶的顺序进行编队。每天约有六七十艘船只通过这里。它又是一个优良的人工港，由三条防波堤防护的港池，面积有 300 多公顷。

塞得港是以埃及总督塞得的名字命名的，但这座港口城市建成后，总督的权力已经传到他的儿子伊斯梅尔手里。当时有个法国的雕塑家巴特尔迪参观完塞得港后，大受震撼，就向勒赛普建议在苏伊士港口竖立起一个高 30 米的女神灯塔，永远守护着苏伊士运河，这个女神将穿着埃及农家女的长袍。手握火炬，“替亚洲带来光明”。勒赛普和伊斯梅尔都认为巴特尔迪的这个想法不切实际，就婉言谢绝了。巴特尔迪并没有因此而放弃这个想法，最终在美国把他的理想变成现实，就是如今矗立在纽约自由岛上的自由女神像。

塞得港分为新旧两个城区，新城区整洁美观，老城区则保留着浓厚的阿拉伯传统风情。为了开掘苏伊士运河，埃及人民付出了血和汗的代价，为了纪念这些开拓者的历史功勋，埃及人民在塞得港建起了一座运河开掘者塑像。运河河口处原先立着一座勒赛普的铜像，1956 年被推倒，如今仅存一个孤零零的底座。

在塞得港政府大楼对面宽广的烈士广场上，绿草如茵，鲜花盛开，风景幽雅，空气清新。广场的正中央耸立着一座模仿古法老时代方尖碑的高大纪念碑，它是为了纪念在三次中东战争中为保卫塞得港而英勇牺牲的烈士们建造的。它像一柄利剑直刺苍穹，象征着塞得港人民不屈不挠地捍卫着国家自由与独立的精神。

广场上的纳赛尔(胜利)博物馆内，展出各种实物和图片，其中有血衣、炮弹和其他物件，向人们述说着当年英法联军围攻塞得港所发生的一幕幕惊心动魄的场面，城中军民用简陋的武器英勇地抗击着拥有现代化武器装备的侵略军，进行逐街、逐屋的巷战，侵略军无奈使出诡计，用飞机空投假人，耗尽了城中军民的弹药，这才抢占城市得手。

从塞得港向南驶出不远，就来到了湖水很浅的曼扎拉湖，湖中的运河航道是经人工浚深而成的。用这一带挖出的沙土填平沼泽，就垫成了塞得港城的根基。从塞得港南下 76 千米，又出现了一个提姆萨赫湖，湖的西侧是运河公司的行政中心和控制中心伊斯梅利亚。从塞得港到伊斯梅利亚这段运河几乎是笔直的，因此得名“箭河”。

伊斯梅利亚始建于 1863 年，以当时埃及总督伊斯梅尔的名字命名，前身是苏伊士运河开凿者们的宿营地。这座城市的兴衰与苏伊士运河大有关系，运河开通就繁荣，运河关闭就衰落。如今的伊斯梅利亚犹如一座小巧玲珑的花园，树木葱茏，绿草如茵。一幢幢精美的别墅掩映在绿树丛中，河边草坪茵茵，还建有沙滩浴场，被誉为“运河的新娘”。

从伊斯梅利亚南航 97 千米，就进入了大苦湖和小苦湖。大苦湖因水味咸苦而得名，这一带水域辽阔，是一个天然的停泊场。它的形状像一只芒果，中部长约 17 千米，宽约 9 千米。因为湖水很深，船只可以畅行无阻，因而这里没有人工开拓的航道。运河上南下北上的船只在这里相会后，要重新编队，相错而行，分别进入各自后半段的航程。大苦湖上经常可以看到很多国家的船舶，仿佛这里在开一个世界航海博览会。有人这样说，只要有远洋轮船在世界上航行的国家，它的国旗迟早会升起在大苦湖上。小苦湖同大苦湖不同，这里湖水很浅，它是人工浚深而成的。小苦湖中有双航道和待避区。

苏伊士运河穿出小苦湖后呈直线形直达运河南端的陶菲克港和苏伊士港，注入苏伊士湾。苏伊士港曾是连接尼罗河和红海的运河航运终点，有两道长达 3 千米的防波堤，是过往船只避风的良港，吞吐量在埃及仅次于亚历山大港。苏伊士城规模不大，但整洁而繁华。运河岸边一排排公寓住宅造型优美，色彩鲜艳，掩映在绿色的椰枣树丛中，显得格外醒目。

据说苏伊士运河的名字就是由苏伊士城而来的。在阿拉伯语里，"苏伊士"意为"含咸水的井"，后来葡萄牙人把它的语音转化为"苏伊士"。也有人认为，苏伊士有"河口"，"开端"的意思。还有人认为，"苏伊士"这个名字最早来自"科尔松"，它是埃及人对聚居在这里的人数稀少的居民点的称呼。这一称谓后来变为阿拉伯人所称的"苏威斯"，再后来在法文中转为"苏伊士"。

沿着苏伊士运河一路走来，不由得想起第二次世界大战中发生在河上的一段传奇故事。当时英国有位著名的魔术大师名叫贾斯帕，二战爆发后，他决定放弃魔术表演，加入英国皇家部队，打算运用魔术的力量去和希特勒对抗。一开始，贾斯帕并未受到重用，直至 1941 年，他利用灯光把马约特湾伪装成亚历山大港，躲开了德军的大规模轰炸，才让人对他刮目相看。大受鼓舞的英军指挥官让贾斯帕再表演一次魔术——将苏伊士运河"消失"。

于是，贾斯帕制造了 24 个巨大的排风扇，安装在运河沿岸的探照灯上。风扇的扇叶都是用玻璃镜制成的，扇叶一转动，就会制造出强烈的光影效果，足以让飞行员们眼花缭乱。就这样，苏伊士运河奇迹般地"消失"了，德军的飞行员找不到运河在哪儿，也就无法进行有效的攻击了。

苏伊士运河与中东战争

苏伊士运河开凿之初，英国人极力反对。运河通航后的前几年，由于过往船只太少，环球苏伊士海洋运河公司亏损很多，埃及分得的纯利润寥寥无几，英国人幸灾乐祸。几年过后，法国人开始赢利了，英国人也眼红了，千方百计寻找插足的机会。1875 年，英国人趁埃及政府陷入支付巨额外债利息的危机，买进了埃及所持有的全部运河公司的股票，使得英国所拥有的运河股票占到 44%。尽管这个比例不及法国所拥有的运河股票，但法国的股票分散在一些大小资本家手里，而英国的股票集中在政府手里，在运河事务上可以用一个声音发言，逐渐就成了运河公司的重要决策人。

1882 年，英国出兵侵入埃及，强占了苏伊士运河地区，又在这里驻扎军队，从此俨然以运河的全权主人自居。1922 年，英国虽然承认埃及独立，但承认的条件就是埃及要保证英国对运河的绝对控制。1936 年签订的《英埃同盟条约》，又规定英国对运河的占领期限为 20 年，保有运河区驻军 1 万人，飞机 400 架，英军营房的建筑费用还要埃及政府承担。

二战结束后,苏伊士运河变得更加繁忙,每年的收入高达1亿美元,而埃及仅分得300万美元。作为埃及国土一部分的苏伊士运河并没有给埃及人民带来多少利益,反而使得埃及成为"附属于运河的一宗财产"。正如当时的埃及总统纳赛尔所说的那样:"埃及是属于运河的,而不是运河属于埃及。"

埃及人民对英国霸占苏伊士运河的行径越来越不满,对英军的袭击几乎频繁到每天都有发生。1954年,伤亡惨重的英国终于妥协,答应于1956年6月25日前把英军全部撤出埃及。虽然英军撤出了埃及,但苏伊士运河仍属于万国苏伊士运河公司的财产,而这家公司的两大股东是英国和法国,埃及人收回运河的目的仍未达到。这时候尼罗河上的阿斯旺高坝已经动工,手头拮据的埃及政府等米下锅,总不能捧着金碗要饭吃。

1976年7月26日下午,在埃及亚历山大港的解放广场上,人们载歌载舞,欢庆埃及革命胜利四周年。傍晚时分,纳赛尔总统神采飞扬地走上主席台,向全国人民发表演说。这时,远在苏伊士运河中部伊斯梅利亚市的运河公司门前,一个名叫尤尼斯的工程师正坐在一辆汽车内,通过收音机聚精会神地收听总统的演说。他可不是普通的工程师,而是纳赛尔总统特别委任的指挥官。由于事关重大,纳赛尔与尤尼斯事先约定,当纳赛尔在演说中一提到"勒赛普"这个名字时,尤尼斯就立刻展开一项重大行动。

当"勒赛普"这几个字从收音机里传来时,尤尼斯知道一个伟大的时刻到来了。他关掉收音机,跳下车,带领全副武装的特种兵和接管运河的埃及员工,冲进运河公司。正在公司里工作的英法殖民者面对着乌黑的枪口,只得乖乖地撤走了。埃及员工迅速各司其职,保证了运河航运的正常进行,接管苏伊士运河的行动一举成功。

收复苏伊士运河是一个壮举,同时也是一个冒险,因为它势必惹恼英国和法国这两个大国。果然不出预料,英法两国恼羞成怒,不仅冻结了埃及在英法的存款,实行经济制裁,而且调兵遣将,准备通过战争使埃及屈服。1956年10月29日,在英法两国的怂恿下,以色列军队对埃及发动了突然袭击,直逼苏伊士运河,打响了第二次中东战争,即苏伊士运河战争。

纳赛尔毫不示弱,下令全国总动员,反击以军的入侵。就在这时候,英法两国悍然出兵,企图和以军呼应,两面夹击埃及。埃及腹背受敌,危在旦夕,有些官员害怕了,劝纳赛尔放弃抵抗,纳赛尔怒斥道:"我宁愿在战斗中牺牲,也不会去投降!"纳赛尔的气魄和勇气极大地鼓舞了埃及军民的斗志,就连十三四岁的孩子也拿起武器参加战斗,埃及士兵则化整为零,变成一支支神出鬼没的游击队,打得敌人晕头转向。为了阻挡英法联军南下,埃及人还把5艘货船凿沉在苏伊士运河的水道上。苏伊士运河只有1 00多米宽,5艘货船就把河道全堵死了。

苏伊士运河一封闭，西方很快就发生了石油恐慌，加油站门前的汽车排成了长队，西方国家一时怨声载道，连伦敦人也走上街头，抗议政府的战争行径。埃及政府又对外宣布，塞得港被炸死和打死的平民有1200人。平民的伤亡引起了国际社会的谴责，10月31日，联合国安理会通过了英法和以色列立即停火的决议。苏联趁西方和埃及交恶之际，想扩大自己在中东的影响，就向英国发出照会，英国如不停火，伦敦将遭受导弹袭击。在来自各方面的压力下，英法两国只好接受联合国的停火决议。

第二次中东战争总共打了9天，最大的赢家是埃及，国际社会承认了埃及将苏伊士运河收回国有的既成事实，纳赛尔从此被埃及人誉为"尼罗河雄狮"。

战争平息了，但苏伊士运河从此就被火药味笼罩住了。1967年6月5日，以色列对埃及发起突然袭击，第三次中东战争打响。到了6月8日，以军就打到了苏伊士运河东岸，埃及败局已定。第三次中东战争只打了6天，埃及十几年来装备起来的空军就全部被摧毁，埃及的整个西奈半岛都被以色列人占领，埃及、约旦、叙利亚伤亡和被俘的军人多达6万余人，而以色列仅死亡了983人。

1973年10月6日14时，苏伊士运河东岸以军防御工事的沙垒中，突然发生两声巨响，那是埃及蛙人在前一天晚间埋入水下的两个炸药包爆炸了，原来定时向苏伊士河面喷油的水下油嘴也被埃军蛙人塞住了，这样以军就不能在敌军过河时点燃大火。紧接着，埃及、叙利亚两国军队从西、北两线同时向以色列发起突然袭击，第四次中东战争由此打响。

战斗开始后，埃军地面部队进展顺利，埃及工兵用高压水龙头冲刷以军沿河岸修建的沙堤，仅用了9个小时就在沙堤上打开了60多个缺口，架设起10座浮桥，以军经营8年之久的巴列夫防线变成了废物烂铁。在战斗打响后的24小时里，埃军10万人、1020辆坦克通过了运河。不到三天工夫，埃军就控制了运河东岸10~15千米的地区。

自第三次中东战争遭遇惨败后，埃及人太渴望用胜利洗刷耻辱了。如今战场上捷报频传，埃及人急不可耐地在首都开罗召开大规模的群众集会，萨达特总统发表讲话，他要求前线将士一定要再打一场胜仗告慰父老乡亲。就在这时候，一位横空出世的"战神"，彻底打碎了埃及人胜利的梦想。

1973年7月，以色列南部军区司令陆军少将沙龙届满离任，结束了他25年的军队生涯。三个月后，由于风云突变，以军紧急召回能征惯战的沙龙，让他担任装甲师师长。与沙龙的资历相比，这一级别实在太低了，但他毫无怨言，立即投入了战斗。沙龙打仗向来是不按常理出牌，虽然屡受上级叱责，依然我行我素。这一次他又提出一个极其大胆的方案，横渡苏伊士运河，打到埃及后方去。以色列南部军区司令戈南等高级指挥官指责他这是异想天开，沙龙却执意而行，亲率200多人开上缴获的苏制坦克，乔装成埃军，大

摇大摆地渡过运河，到达西岸。他组织部队在苏伊士运河上搭建浮桥，掩护大部队过河，接着指挥部队勇猛挺进，截断了埃军与后方的联系，并打开了通往埃及首都开罗的大门，一举扭转了以色列在战场上的不利形势。以色列几乎全部摧毁了运河以西的埃及萨姆防空导弹阵地，为袭击运河西岸开辟了空中通道。他们甚至用卡车把缴获的完好无损的苏制萨姆6型防空导弹，连同雷达设备一起运回到苏伊士运河的东岸。

10月21日，美苏经过激烈讨价还价后，敦促联合国安理会通过了338号决议，要求交战双方在12小时内实现停火。以色列总理梅厄夫人迫于政治压力，宣布停火，但沙龙置若罔闻，依然率领他的坦克部队沿着运河大肆挺进。在埃及境内战区活动，他竟然连钢盔都不戴，他的妻子听说了这件事，急告夫君务必戴上钢盔。沙龙大笑道："我的钢盔另有用处，我要用它砸烂总参谋部那些人的脑壳！"

第三次中东战争后，由于苏伊士运河在战争期间受到了严重损害，被迫关闭，而且一关就是8年。直到1975年6月，苏伊士运河才重新通航。埃及总统萨达特表示，重新开放苏伊士运河是一个和平的姿态，同时对通航费用做出调整，其中最高调幅达260%。

从1976年开始，埃及政府就开始着手进行运河的扩建工程。第一阶段工程于1980年完成，运河的航行水域由1800平方米扩大到3600平方米，通航船只吃水深度由12.47米增加到17.9米，可通行15万吨满载的货轮。第二阶段工程于1983年完成，航行水域进一步扩大到5000平方米，通航船只的吃水深度增至21.98米，可通行25万吨的货轮，通过运河的时间缩短至11个小时。近年来，通过苏伊士运河的船只日平均约60艘，运河年收入近20亿美元，占埃及外汇收入的第三位。埃及人民还在继续加深加宽运河，要让30万吨的巨轮通过。

1980年10月5日，苏伊士运河上的第一条海底隧道建成通车。这条位于苏伊士港以北17千米处的隧道，加上两边进口，共长5.9千米，隧道本身长1640米，隧道内公路宽7.5米，来往车辆往返并行，每小时可以通过2000辆汽车。作为经过苏伊士运河海底连接亚洲和非洲的第一条陆地通道，它还有一个耐人寻味的名字——艾哈迈德·哈姆迪。第四次中东战争时，这位哈姆迪是埃及的工兵司令，在指挥部队架桥强渡运河中牺牲。如果哈姆迪能活到今天，看到滚滚车流从隧道这头钻进去，转瞬之间就到了苏伊士运河的那一边，不知会生出怎样的感慨来。

莱茵河

莱茵上游——列支敦士登与莱茵瀑布

莱茵河是一条真正意义上的欧洲之河，它自南向北缓缓地流过六个欧洲国家，养育着两岸四个使用不同语言的民族，对欧洲文明可谓居功至伟。莱茵河又是一条景色秀丽的大河，在很早以前居住在这里的克尔特人的语言中，“莱茵”意为“清澈明亮”。莱茵河不仅河水清澈，风光绮丽，更有众多的名胜古迹，古往今来不知倾倒了多少作家、诗人、音乐家和艺术家。

莱茵河

莱茵河通常被分为三段，从河源到瑞士西北边境城市巴塞尔为上游。它先向北流入博登湖，再向西流出，与阿勒河相汇，一直流到巴塞尔。

莱茵河上游以自然风光取胜，沿途穿行在山地高原之间，地形崎岖，坡陡谷深，水流湍急，瀑布众多，雪峰雄伟多姿，草地碧绿如茵，森林郁郁葱葱，还有一座座古堡，历来是瑞士的旅游胜地。为了更好地开发这一带的水利资源，使之能用于航运，瑞士人正在实施一个庞大的运河开凿计划，准备把莱茵河与苏黎世湖、纳沙泰尔湖、日内瓦湖以及洛桑一带的莱蒙湖连成一片，构成一个内河航运网。待到这一工程完工后，莱茵河上的风光必将更加绮丽。

莱茵河从河源处流出不远，就来到瑞士和列支敦士登之间，形成两国的界河。从瑞士边境乘车，跨越莱茵河上一条几十米长的公路小桥，就来到了袖珍之国列支敦士登。它的国土面积仅有160平方千米，相当于北京市面积的百分之一。如果开车沿着它的国境线跑一圈，只需半个多小时。有人做过统计，这个小国总共只有7个警察、1个卫士和1只警犬。

列支敦士登的首都瓦杜兹只有南北一条街，背面是阿尔卑斯山的巍峨群峰，南面就是莱茵河，高山大河交响出这里富有立体感的自然景色。站在瓦杜兹大街上抬头仰望，只见半山腰上矗立着一座有着700多年历史的古老城堡，它由数座塔楼组成，高低错落，紧挨着树木苍翠的悬崖峭壁，给人以奇伟神秘之感。它是列支敦士登亲王和皇室人员的住地，也是这个小国家的象征。这座古城堡有一条盘山道与瓦杜兹相通，专供亲王和皇室成员上下山使用，写着“游人止步”四个大字的告示牌把观光客拦在外边。

莱茵河上游最著名的自然景观是位于瑞士小镇沙夫豪森附近的莱茵瀑布。它是欧洲最大的瀑布，宽150米，落差23米，平均水流量达700立方米/秒。在世界名瀑中，它的排名在22位，但对于自然风光属于“小家碧玉”的欧洲来说，这样的瀑布就已经称得上气势磅礴，鬼斧神工了，大诗人歌德也曾撰文称赞过它的优美。

为了便于游人观赏这欧洲第一瀑，这里搭建了不少观景平台，有的平台上枝繁叶茂，只闻瀑布低沉的咆哮却不见其影，有的平台距瀑布只有咫尺之遥，一伸手就摸得着。不过，最好的观瀑地点是瀑布中宛如小岛般的两块岩石。它们有几十米高，宛如两座大门

拱卫着莱茵瀑布,逼迫着汹涌的河水从中间直泻而下,颇有"壮士一去不复返"的气势。登上这两块岩石近观瀑布,全身处在水雾蒸腾中,白色的水花漫天飞舞,耳鼓中充塞着巨大的轰鸣声,其感受除了惊心动魄,还另有一番惬意。

莱茵河流到瑞士和德国边境处,它的两岸出现了一座港口城市,名叫巴塞尔。河左岸称为大巴塞尔,消闲场所及购物中心大多集中在这里;右岸称为小巴塞尔,这里多见花店、画室、工艺坊以及精致的咖啡厅。对于瑞士来说,巴塞尔是个非常重要的城市,它是瑞士这个内陆国家唯一的对外联系港口,瑞士对外贸易的大部分都经过这里。这里还是连接法国、德国和瑞士的最重要的交通枢纽,三个国家的高速公路在此交汇。巴塞尔市内有三个火车站,分别属于法、德、瑞三国。

巴塞尔还是一座以化工和医药工业为经济命脉的城市,这里每年都要举行一次瑞士工业博览会,来自世界各地的参观者多达百万。巴塞尔市中有一家证券交易所,规模之大在瑞士仅次于苏黎世。巴塞尔还设有国际结算银行,它所在的那座高 19 层的圆筒形现代大楼,成为巴塞尔的一大景观。

巴塞尔虽然是一座工业城市,林立的吊车和烟囱呈现出早已过时的"工业化面孔",但穿城区而过的莱茵河却给它增添了许多妩媚。这里位于莱茵河谷,地中海的湿润空气穿过罗纳河谷越过勃艮第之门,为这里带来了温和的气候,使巴塞尔成为中欧"天气最好"的城市。巴塞尔城中至今还完好地保存着有着数百年历史的古城堡、古教堂,还有那些小旅舍、小酒店也都古香古色,在城市深处营造着一派幽静和安宁。只有在这里,你才能感觉到它算得上一座旅游城市。

莱茵中游——斯特拉斯堡与罗累莱

从巴塞尔到德国的波恩为莱茵河的中游。根据水文特点和流域状况,这一带又可以分为上莱茵低地和莱茵峡谷两段。上莱茵低地位于巴塞尔到德国的宾根之间,南北长 300 千米,东西宽 40 千米,东侧有德国的黑林山,西侧有法国的孚日山脉,中间夹着一块宽广的阶状谷地。莱茵峡谷位于宾根到波恩之间,两岸山峦重叠,河道曲折蜿蜒,河床狭窄,流速加快,左岸有莱茵河最大的支流摩泽尔河汇入。莱茵河中游贯穿德国南北,被德国人称为"命运之河",沿着这一段莱茵河旅行,不仅可以观赏到两岸的自然风光,还能体味到德意志民族的丰富感情和浪漫,感知到他们富有哲理的沉思默想。

莱茵河进入中游后,仿佛一个走了不少山路的行人,身体有些疲惫,于是放缓了脚步,安静而舒适地向前流淌。从巴塞尔开始,莱茵河两岸的工厂骤然多起来,展现出一幅现代工业画卷。从这里开始,人们可以在莱茵河上乘船而行。巨大的货轮,豪华的游船,还有漂亮小巧的游览船,在莱茵河面上往来穿梭,形成了一道独特的风景线。

上莱茵低地的莱茵河构成了德法两国的边界,两岸布满了如画的村庄和城市,其中最大而且最美丽的城市要属位于莱茵河左岸的斯特拉斯堡。由于地处德法两国交界,历史上这两个国家经常为它大打出手,使得它忽而属于德国,忽而属于法国,最终虽然归了法国,却有着一个德国名字,这里的居民使用的方言也是一种变异的德语。斯特拉斯堡是欧洲议会总部的所在地,与纽约、日内瓦一道成为世界上非国家首都却有资格接待国际机构的城市。欧洲人选择斯特拉斯堡作为"欧洲之都"显然不是随意之举,作为一座被双重文化浸染的历史文化名城,又有着独特的地理位置,恰好适合用来作为二战以后欧洲各民族间和解的象征。

斯特拉斯堡又是一座水城,古老的运河贯穿全城,整个斯特拉斯堡的人都沿河而居。中古时期的石桥随处可见,颇有水城威尼斯的味道,配上布满青苔的石板路,又依稀见到中国的江南水乡。坐上白色的游艇绕着老城环游,游一圈只要一个小时多一点的时间,但这段时间对于游人来说绝对是"超值"享受。两岸的垂柳,古老的房子,阳台上怒放的鲜花,还有河岸边的露天咖啡座,一切都是那样温馨而和谐。

斯特拉斯堡最有情调的地方是老城中的"小法兰西区"。这里有宽宽的小运河,14世纪遗留至今的桥头堡,巴伐利亚式的河上小屋,颜色对比强烈的北欧风情房子,还有一座河上长廊,完全称得上欧洲小城美景的微缩版。

位于斯特拉斯堡老城中心的大教堂,是一座十分有名的建筑,它全部用阿尔萨斯地区的红色石料砌成,顶部却是绿色的,颜色如同青铜一般。它的另一个独特之处在于它只有一个塔楼,不知是当初就是这样设计的,还是后来毁于战火。这座教堂始建于1190年,前前后后用了近400年的时间才建成。它的塔楼高达142米,直到19世纪还是欧洲最高的基督教建筑。这座教堂从里到外都是一个美轮美奂的精品。外墙上布满了繁复的精美雕花,内部的彩绘玻璃窗,精雕细琢的小礼拜堂,既华丽又典雅,难怪法国大作家雨果曾以"集巨大与纤细于一身令人惊异的建筑",来形容它的宏伟与精美。

莱茵河中游风光最美的河段位于美因兹与科布伦茨之间。1817年,英国著名的画家、印象派先锋特耐尔为莱茵河的优美景色所吸引,一个人带着素描本,从科隆一直画到美因兹。美因兹坐落在莱茵河左岸的平川上,与黑森州首府威斯巴登隔河相望,北纬50度线正好从城中穿过,在市中心的古登堡广场上嵌有金铜色的纬度线标记,游客们都喜欢踩在这个标记上留下一张旅游照。

莱茵河中游最出名的景观就是位于威斯巴登西北的罗累莱。它是一座富有神话色彩的陡峭山崖,高132米。此处莱茵河段宽仅90米,水位低时名为"七少女"的暗礁就会露出水面。相传罗累莱岩上住着一位美丽的女妖,名字就叫罗累莱,她经常坐在岩边梳理金黄色的头发,一边唱着动听的歌曲。她的歌声低回婉转,如泣如诉,有着迷人的魔力，河上的船夫被歌声所迷，全然忘记了这里弯多水急，水里还有暗礁，只顾着往高处仰望，结果船只触礁沉没，葬身水底。德国著名诗人海涅曾经写过一首题为《罗累莱》的叙事诗，至今仍在流传，开头这样写道："不知道什么缘故，我是这样的悲哀，一个古代的童话，我总是不能忘怀。"

罗累莱的传说有很多版本，在海涅的笔下，罗累莱是一个妖媚而神秘的女妖，而在当地人的传说中，她不过是个红颜薄命的邻家少女，家里很穷，却和一个富家子弟相爱了。悬殊的社会地位，使得他俩不可能在一起，罗累莱只得每天清晨和黄昏，登上山崖的最高处，坐在那里唱歌，希望有一天爱人的游船能从山崖下经过，看到她的身影，听到她的歌声。这一天终于被她等来了，爱人乘坐的游船从山崖下驶过，罗累莱从山崖上一跃而下，将美丽的青春和无望的爱情一同埋进了莱茵河。罗累莱崖下有一尊少女的雕像，应该是按照这个传说创作的，而不应该是那个女妖。当地还出产一种名为"罗累莱的眼泪"的葡萄酒，所采用的葡萄距罗累莱山崖只有几百米远。

从小城宾根开始，莱茵河中游就进入了莱茵峡谷。这一带气候温和，土壤肥沃，尤以葡萄种植业闻名，摩泽尔河谷沿岸绵延100多千米都是葡萄园，被称为德国的"葡萄之路"。这一带最美丽的小城是以"酒城"著称的吕德斯海姆，特产是雷司令白葡萄酒。它的一切都是小巧而精致的，小酒巷、小博物馆、小火车站、小日耳曼尼娅女神像，只有葡萄园是大片大片的，整个城市都掩映在葡萄园中，随着季节的变幻而改变着色彩，只有重重叠叠的红色屋顶从不改变。

从吕德斯海姆到科布伦茨，全长只有50多千米，却最能代表莱茵河中游独特的自然和人文景观，被联合国教科文组织列为世界自然文化遗产。为了保护这段风景的原貌，这一段莱茵河上没有架设桥梁，往来两岸都靠轮渡。

这一段的自然风光并非异乎寻常，但两岸山上布满了旧时的堡垒，高高下下，错错落落，斑斑驳驳，各种各样，有的峭拔，有的凝重，全都在阳光下显示着历史的沧桑，不由得让人联想起从恺撒到拿破仑这些声名远播的人物来，追忆起那些远逝的金戈铁马的岁月。

这一带的古堡大都建于公元11世纪~13世纪，当时德国处于中世纪，贵族豪强、教会主教群雄割据。他们之间互相防范，于是便纷纷筑起城堡，据险自守。正是出于这样的目的，所以这些城堡全都建在峻岭和陡壁上，顶部设有瞭望塔，四周有垛口。很多城堡还是为了向河上的船只征收巨额税金而建，当年莱茵河上的过往船只不得不一路交税。而如今这些曾经显赫一时的古堡早已失去了往日的功能，只是给莱茵河平添了壮丽的风景。

莱茵河中游沿途有200多座大小城堡，其中比较有名的如墙上开有炮台洞的莱茵岩

城堡、最古老的兰施泰因城堡、颜色对比鲜明的普法尔兹石堡、现已成为酒店的钢角城堡、仍保存着中世纪外貌的马克城堡等。如果说最漂亮最有趣的,还要数猫堡与鼠堡。

猫堡耸立在圣高阿的对岸山崖上,距离罗累莱不远。它是卡策奈伦伯格伯爵为保护莱茵岩城堡和圣高阿豪森城所建,远远望去,还真的很像一只卧在山冈上的猫,但猫堡这个名字的由来与它的外貌也许没有多大关系。相传卡策奈伦伯格伯爵别号“猫手伯爵”,他所建造的城堡自然就得名猫堡。还有一种说法,当年的卡策奈伦伯格家族拥有138个村庄,势力非常雄厚,他们见有人在不远处的山头上建起了一座城堡,就针锋相对地造起一座更大的城堡,以显示自家的权力和财富。他们嘲讽对方的城堡为“老鼠”,而自家的城堡也就成了“猫”。猫堡后来为黑森—卡塞尔侯爵继承,又几经转手,逐渐改建成可以居住的城堡。但由于维修保护费用过于昂贵,德国人于1989年把它卖给一个日本人,后者把它改建成一家日本宾馆。

猫堡下游不远处就是鼠堡,它建在莱茵河心的莱茵岛上,最早是罗马元帅德路威斯在公元前8年修建的关税塔。相传公元10世纪时,美茵茨主教哈托二世为人吝啬残暴,他不顾百姓疾苦,把大量粮食藏在塔中。百姓忍无可忍,将他禁锢在塔中,主教最终成了成群老鼠的美餐,鼠堡的名字就由此而来。今天的鼠堡已经成为莱茵河上的信号塔,为来往船只提供帮助。

莱茵下游——波恩与科隆

从德国的波恩到荷兰境内的入海口为莱茵河的下游。这一带由于没有任何高山的阻挡,河面变得很宽,有的河段宽达700米。莱茵河在埃默里希流入荷兰境内,不久又分成多条支流,又和源自法国的马斯河一起,形成了一个巨大的水路网,最终在鹿特丹和阿姆斯特丹之间成扇面流入北海。

莱茵河下游人口众多,城市密集,工业和农业都非常现代化。莱茵河进入荷兰境内之前,与右岸支流鲁尔河汇合,而地跨鲁尔河两岸的鲁尔区是西欧重要的工业区之一,号称“欧洲的引擎”。莱茵河进入荷兰境内之后,与马斯河、斯凯尔河共同形成了广阔的三角洲。这一带集中了荷兰近一半的人口,平坦的大地上花田连绵,奶牛成群,风车林立,运河纵横,洋溢着一派田园牧歌式的情调。在莱茵河入海口附近坐落着世界第一大港鹿特丹,它外连北海,通向大西洋,内连欧洲的黄金水道莱茵河,号称“莱茵河上的明珠”和“欧洲的门户”。如果说莱茵河是欧洲之河,那么鹿特丹就不仅仅是荷兰的港口,更是整个欧洲的港口。经过扩建后的鹿特丹港,就被称为“欧洲港”。

莱茵河下游沿岸有两座文化名城,都在德国境内,一座是波恩,另一座是科隆。

波恩处在莱茵河中游与下游的分界点上。“波恩”意为“兵营”,公元1世纪初,罗马军团曾在这里设立兵营。13 世纪至 18 世纪这 500 年间，它一直是科隆选帝侯国的首府。二战结束后，它又成为德意志联邦共和国首都。在漫长的历史岁月里，波恩城中的一些古老建筑曾经多次毁于战火，但事后都得到了很好的修复，而且许多古老建筑重新修缮后都被辟为博物馆或文化机构。

两德统一后，德国的首都从波恩迁往柏林，波恩的地位陡然下降，但它作为一座文化名城，自有其非凡的神韵。最让波恩傲然于世的是伟大的音乐家贝多芬就诞生在这里。贝多芬的故居坐落在莱茵河西岸大桥脚下——波恩小巷 20 号。这是一座三层的木结构建筑，推开虚掩的木门，屋内是老旧的木质地板，踩在上面即使再小心也会发出吱呀吱呀的声音，因为屋子里很安静，所以这种声音就变得特别明显。三楼有个房间高不到两米，游人一伸手就能摸到天花板，1770 年 12 月 16 日（或 17 日），一代乐圣就在这里来到人间。

1792 年，22 岁的贝多芬离开波恩来到维也纳，从此就一直住在这座对音乐家特别有吸引力的城市里，但是故乡的莱茵河却始终在他的梦境中萦绕，也在他作品的旋律中扬波兴浪。同样，热爱贝多芬音乐的人，也把这种感情延伸到他的家乡，早在 1898 年就把他青少年时代生活过的楼房辟为博物馆。这里的展品非常丰富，有贝多芬的家史、教堂洗礼证书，有他 30 岁第一次出版的乐曲、他使用过的各种乐器、亲笔书写的各种信件，还有他耳聋后用过的助听器。在离波恩主火车站不远的明斯特广场上，还矗立着贝多芬的铜像，他手里拿着五线谱和笔，表情严肃，好像正在凝神构思着一段激昂的慢板。每隔 4 年，波恩都要举行一次以贝多芬命名的音乐节，来自世界各地的音乐家欢聚一堂，演奏他的作品。每到这个时候，莱茵河上空就会响彻贝多芬那狂飙疾飞的经典乐曲。

波恩还有一处文化圣地，它就是坐落在明斯特大教堂后面的波恩大学。这所建于 1786 年的大学是欧洲最古老的高等学府之一，校舍主楼是普鲁士时期的宫殿式建筑，马克思和著名诗人海涅都曾在这里学习过。

在距离波恩不远的地方有一个叫作龙岩山的地方，莱茵河就从它的南面缓缓流过。德国中世纪的叙事诗《尼伯龙根之歌》中的英雄西格弗里就是在这里与恶龙大战一场，沾上了龙血，这才变成了不死之身。《尼伯龙根之歌》是日耳曼的民族史诗，它的形成与传播都在莱茵河流域，看来德国人把莱茵河尊敬地称为“父亲河”，还是很有道理的。

莱茵河流过波恩后只走了 21 千米，就来到了德国的第四大城市科隆。科隆是一座以罗马式教堂和哥特式大教堂闻名于世的城市。屹立在莱茵河边的科隆大教堂高 157.31 米，它有两座哥特式尖塔，北塔高 157.38 米，南塔高 157.31 米，是世界上目前最高的双塔教堂。站在高高的塔顶极目远望，莱茵河犹如一条白色的缎带从城边飘过。

说起科隆，很多人的脑海里就会出现“科隆香水”这样几个字。的确，科隆香水就是产自科隆。它的原配方据说是1695年由一位名叫费米尼斯的意大利人带到科隆来的,但当时他只是把它当成一种奇特的药水。后来他的侄子法里纳把它当成包治百病的药水出售,号称“魔水”,帮他赚了不少钱。大概在1792年时,一位名叫威廉·米伦的科隆人新婚宴尔,收到了一位僧侣的贺礼,竟是“魔水”的配方。米伦就在科隆成立了一家手工作坊,按方生产“魔水”,但被他改名为“科隆水”,其功能不再是治病,而是化妆香水。1794年,拿破仑的军队攻占了科隆,法国人被这里好多同名的街道搞得晕头转向,就由一位法国将军下令,将城中所有的房屋都编上号码,米伦的房子被编为4711号,米伦索性就用这个门牌号4711作为“科隆水”的牌子。在拿破仑时代,驻科隆的法国士兵都非常喜欢这种“科隆水”,回故乡时都要买一些送给家里的妻子和恋人,科隆香水的名声就这样传了开来。如今在科隆大教堂前广场的一侧有一家4711的店铺,它就是最早出售“科隆水”的店铺,游人们可以在里面买一瓶4711作为纪念。200多年来,科隆香水一直装在蓝色和金色的瓶子里,保持着贵族味极强的外包装。不过,现在的科隆香水已经逐渐被认定为男士专用香水,送给女士不太合适了。

在欧洲的河流中,莱茵河不算最长,却最为清澈,保持着从雪山而来的冰肌玉骨,但它并非一直如此。随着工业化的进程,工业废水大量涌入,污染日重,它曾一度变黑发臭,鱼虾绝迹,水鸟飞尽,人们厌恶地称它为“欧洲下水道”“欧洲公共厕所”。直到20世纪中期,莱茵河沿岸各国才幡然醒悟,成立了莱茵河保护委员会,委员会主席轮流由各成员国的部长担任,对这条如诗如画的大河进行坚持不懈的治理,终于使它恢复了碧澄的本来面目。完全可以这样说,莱茵河是世界上管理得最好的一条河,也是世界上人与河流关系处理得最成功的一条河。回过头来再看看我们的长江黄河,差距实在太多,应该吸收的经验教训也实在太多了。

多瑙河

多瑙河的蓝色与黄色

说起多瑙河,人们的脑海里就会涌出“蓝色”这个形容词。用蓝色来形容多瑙河,这要归功于奥地利作曲家约翰·施特劳斯的《蓝色的多瑙河》,它那动人的旋律把人带入如诗如梦的境界,仿佛多瑙河水在人们眼前铺展出如海如天的蓝色,那轻柔的蓝色波浪奏出春天的交响。不过,把多瑙河说成蓝色并不是施特劳斯的发明,他是受了匈牙利诗人贝克普的影响。贝克普在他的诗中这样写道:“这是多瑙河两岸的幸福吗?……在美丽的蓝色多瑙河畔有宁静的故乡。”正是受到这优美诗句的启发,施特劳斯才为他的一首华尔兹舞曲取名为《蓝色的多瑙河》。

多瑙河

事实上，多瑙河并不是纯粹的蓝色。法国著名的科幻小说家儒勒·凡尔纳曾写过一部名叫《美丽的黄色多瑙河》的作品。他在和出版商赫泽尔父子的一次谈话中说道："我也愿意将多瑙河描绘成是蓝色的，可是河水卷带了两岸冲积平原的泥土，因此它不可能是蓝色的。"

奥地利指挥家马克·舍赫尔做过长期而仔细地观察，发现多瑙河经常是无色的，而在清晨阳光斜射时，河水才会反射出天空的颜色。他还注意到，多瑙河在一年之中会发生多次颜色的变化，其中包括棕色、浊黄色、浊绿色、鲜绿色、草绿色、深绿色等。

多瑙河怎么成了一条"变色龙"了呢？这个神奇的现象引起了地理学家的关注，他们对多瑙河水进行了认真的科学考察，发现河水中混杂着大量的矿物质，随着水深的差异，在一定的大气和光线折射条件下，就会引起河水颜色的多变。另外，多瑙河本身的曲折也是它颜色多变的原因。

在民间古老的传说中，多瑙河还有一种颜色，那就是如鲜血般的红色。相传在很久很久以前，基辅公国有个名叫多瑙·伊万的英雄，他娶了女英雄娜塔莎为妻。在结婚筵席上，多瑙·伊万夸耀说："在基辅，再也没有比我更勇敢、更有本领的人了！"当场没有人反驳他，多瑙·伊万更加盛气凌人，他乘着酒兴，邀请娜塔莎到野外去比赛射箭，以显示他那高超的射技。结果，娜塔莎获得了胜利。多瑙·伊万觉得非常没有面子，竟鬼迷心窍，一箭射死了自己心爱的妻子。当他清醒过来后，痛不欲生，伏倒在妻子冰冷的尸体旁自杀了。他的血缓缓流淌，就变成了如今的多瑙河。

古往今来，多瑙河中不仅融进了一个多瑙·伊万的鲜血，两次世界大战中，多瑙河水一再被战火染得通红，还有工业废水曾把它浸成黑色，混杂的泥沙又带给它浑浊的黄色，而那蓝色的涟漪常常只能到梦里去寻找。

如果你想知道多瑙河的本色，还是到它的源头看一看吧。关于多瑙河的发源地，在很长一段时间里都是模糊不清的。有人说它发于北，有人说它起于南，还有人说它发源于阿尔卑斯山，古希腊学者亚里士多德则认为它发源于法国和西班牙之间的比利牛斯山。后来多亏了严谨的罗马人，他们经过一番详细的实地勘察，确定多瑙河发源于德国境内黑林山上那两条清澈的小溪，一条叫布里加赫，一条叫布雷克。这两条小溪流到黑森林山地边缘的多瑙辛根附近汇合，以下河段才被正式称为多瑙河。

游人来到多瑙辛根，大多是慕多瑙河源头之名而去。这座城市中有一个城堡公园，公园中的城堡原是符腾堡大公的宫殿，城堡的旁边有一个花岗岩砌成的圆形池子，一池泉水清澈见底，据说这里就是多瑙河开始的地方。其实，这是当年城堡的主人做的一个巧妙的手脚，他将城堡里的泉水引入多瑙河，制造出一个人工的多瑙河源头，以提高城堡的身价，没想到却吸引来不少后世游人。

若要寻根溯源，人们就要离开多瑙辛根，沿着流域较长的布雷克河向西北方向进发。走了30多千米，来到一个名叫富特旺根的小城。爬到城外海拔1200米的山上，这里有一段用几块石头大致围出的小小河道，最上边一块椭圆形石头的下部开有一个泉眼，细细的清泉无声地从中流出。旁边的一块石头上刻着字，说明这里才是真正的多瑙河源头。

在多瑙河的源头掬一捧清泉入口，泉水甘甜冰凉，应该与它入海口处的河水味道完全不同。仔细看这里泉水的颜色，清亮而透明，没有丝毫的蓝色或黄色。原来，多瑙河的本色就是朴素的，既不高雅也不低俗，以后的轰轰烈烈，一泻千里，并非它最初的追求。把河流比拟成人生，也许二者也有相通之处。

乌尔姆与瓦豪河谷

多瑙河是一条奇怪的河流，它从发源地到黑海入海口，直线距离不过1700千米，而实际上它却多走了1300多千米。这里的原因在于它不断改变流向，迂回曲折。多瑙河的上游从河源到“匈牙利门”(西喀尔巴阡山脉和奥地利阿尔卑斯山脉之间的峡谷)，全长约966千米。这一段河道狭窄，河谷幽深，两岸多峭壁，水中多急流险滩，沿途接纳了几条源自阿尔卑斯山融雪的支流，水量大增，属于典型的山地河流。这一段的自然景色也是山清水秀，风光绮丽。

多瑙河上游有一座小城叫乌尔姆，多瑙河在这里只是窄窄的一道流水，正在静静地等待着长大，去激起千里外蓝色的浪花。城中有一座蒙斯特塔，高达161米，它是德国现存最别致的哥特式尖塔，也是欧洲最高的单塔教堂，被誉为“法国人的杰作”。然而，蒙斯特塔再高，也敌不过两位巨人在这里留下的些微痕迹。1879年3月14日，阿尔伯特·爱因斯坦就诞生在乌尔姆镇的一个商人家里。在他出生后一年多，他们一家人就离开乌尔姆，搬到德国南部城市慕尼黑去了。尽管爱因斯坦只在这座城市中生活了15个月，但乌尔姆人依然以他为骄傲，城中有一个以爱因斯坦的名字命名的喷泉，就连这里卖的巧克力包装上也印着爱因斯坦的头像，只是不知道吃后会不会使人变得更聪明。

1620年深秋，一位年轻的士兵在乌尔姆城中做了一个梦。他就是日后闻名于世的大哲学家、数学家笛卡儿，当时正在服兵役。笛卡儿喜欢睡懒觉，这一天他正想着最近研究的几何与代数的结合问题，不知不觉就睡着了。在睡梦中，排长对他说：“你这么聪明，怎么这层窗户纸就没有捅破呢？你看，多瑙河上游是正，下游是负，右岸是正，左岸是负，乌

尔姆镇处在交叉点上。"醒来后,他急忙从枕头下抽出本子和半截铅笔,先画了一条竖线,标明为y,又画了一条横线,标明为x,在这两条轴上又标出许多正负刻度。笛卡儿的坐标系就是这样得到的,至于多瑙河是否给了他灵感,那就不得而知了。

多瑙河上游最大的城市是德国的累根斯堡,浪漫的多瑙河水上之旅通常就是从这里开始的。"累根"的原意为"雨",可以直译成"雨丝堡"。累根斯堡是一座鲜花盛开的绿色城市,它的美景曾让许多名人留下无数的感叹。大文豪歌德这样写道:"在这里,我感到我是一个普通的人,请允许我在这里留下来。"德国诗人维尔奈尔·贝尔根格林在累根斯堡生活过,他留下了这样的诗句:"一年,十年甚至一生,我愿生活在这里。"

累根斯堡不仅景色优美,还被公认为德国中世纪的奇迹,见证了德国2000年来丰富多彩的历史,城中有一座苍苔斑驳的拱形石桥,800年来它一直伴随着桥下的多瑙河水。累根斯堡建于古罗马时期,中世纪时,城中罗马贵族、商贾富翁云集,是当时著名的商贸之城。由于没有受到战火的殃及,城中罗马式的城堡大门、加洛林王族的行宫、神秘的教堂大门、典型的哥特式雕塑,以及众多金碧辉煌的巴洛克式、洛可可式等各具特色的古代建筑,全都完好地保存下来。此外,城中还有大天文学家开普勒的故居。

多瑙河流经累根斯堡、帕绍进入奥地利境内,出现了整个多瑙河上最美丽的一段,它就是瓦豪河谷。这条河谷从克雷姆斯到梅尔克,全长不过30千米,却拥有世界上最美丽的沿河风光。多瑙河由西向东在蜿蜒曲折的峡谷中缓缓地向前流去,充满神奇色彩的古堡和废墟俯瞰着河边古老小镇和如画的村落,郁郁葱葱的丘陵间一片片葡萄园连绵起伏。大自然恩赐的迷人景色和众多的历史遗迹,为瓦豪河谷赢得了世界文化遗产的桂冠。

逆流游览瓦豪河谷的第一站就是梅尔克。无论是乘车还是乘船,远远地就能看到一座鲜黄色的雄伟建筑,它就是梅尔克修道院,建在一块50米高的岩石之上。站在修道院的露天回廊上,可以俯瞰多瑙河的壮观景色。这座修道院堪称巴洛克式建筑的杰作,称得上多瑙河谷中最美的建筑,而它那气派非凡的格局,金碧辉煌的装饰,又流露出几分帝王贵族所特有的气派。自古以来,梅尔克修道院就和奥地利统治者保持着良好的关系。每次皇家出行,总是选择梅尔克作为行宫。修道院内有一条长达196米的皇家走廊,那里悬挂着奥地利历代皇帝的肖像。在修道院的陈列室里,游人们还能看到皇室用过的器具、穿戴过的服饰以及使用过的兵器等。这座修道院还有一个藏书9万余册的图书馆,据说曾经是世界上藏书最多的图书馆。

游览瓦豪河谷的第二站是迪伦施坦。这座宁静的小镇由古老的城墙包围着,城中心有一座奥古斯汀修道院,它那白蓝两色的尖顶塔楼,号称是奥地利最美丽的巴洛克塔式建筑。瓦豪河谷中古堡的断壁残垣比比皆是,而以这里山顶上的城堡废墟最有名气。相传英国的狮心国王理查德在十字军东进时触怒了奥地利公爵,公爵就把他囚禁在这个城堡里。狮心国王有个忠心耿耿的仆人,他不知道国王去了哪里,就沿着多瑙河一边吟咏歌唱一边赶路寻找,最终在这里找到了国王。狮心国王甘愿支付一大笔赎金,奥地利公爵才把他释放了。

游览瓦豪河谷的第三站是小镇施皮茨。它坐落在多瑙河的北岸,城中的圣毛里求斯教堂中收藏着中世纪大名鼎鼎的教堂壁画大师克雷姆斯·施密特的原作,还有各种基督雕像以及1380年雕刻的门徒像,都非常值得一看。

游览瓦豪河谷的终点站是克雷姆斯,它位于瓦豪河谷的东北端,坐落在克雷姆斯河流入多瑙河的入口处,掩映在大片的葡萄园中。在市政厅的西面有一座别致的葡萄酒博物馆,它是由原来的修道院改建而成的,这里的展品形象地叙述出了瓦豪地区葡萄酒的酿造史。

瓦豪河谷葡萄种植的历史源远流长,可以追溯到凯尔特人居住的时代。文艺复兴时期,瓦豪地区的31座修道院都有自己的葡萄园,许多修道院还有自己的酿酒作坊。每当春夏季节,来自世界各地的游客从维也纳出发,坐上游船沿着多瑙河逆流而上,前往瓦豪河谷游览,都会要上一杯用瓦豪河谷的斜坡梯田上生长的葡萄酿造出的干白葡萄酒,配上当地特产咸肉、火腿、香肠,那才是地道的奥地利风味。

多瑙河上的一串明珠

从“匈牙利门”到罗马尼亚的“铁门”,为多瑙河中游,长约900千米。它首先流经多瑙河中游平原,这里是重要的农业区,素有“谷仓”之称。多瑙河的这一段河谷较宽,河道曲折,有许多河汊和牛轭湖点缀其间,还先后接纳了德拉瓦河、蒂萨河、萨瓦河和摩拉瓦河等支流,水量猛增。

流过平原地带后,多瑙河切穿喀尔巴阡山脉,形成壮丽险峻的卡特拉克塔峡谷。这个峡谷从西端的腊姆到东端的克拉多伏,包括卡桑峡、铁门峡等一系列峡谷,全长144千米,首尾水位差近30米。入峡前,多瑙河宽达600多米,而入峡后河床紧缩,最窄处仅约100米,而深度却由平均4米增至50米。这一带陡崖壁立,河水湍急,成为多瑙河上著名的天险。

为了驯服这条美丽而又任性的大河,利用峡谷急流所蕴藏的巨大的水力资源,罗马尼亚和前南斯拉夫两国合作,于1972年在铁门峡建成了水利枢纽工程,装机容量为210万千瓦。1976年,罗、南两国又在下游80千米地方携手建设第二座铁门水电站,并于1985年开始发电。

在多瑙河中游斯洛伐克境内这一段,由于地势低洼而形成了内陆三角洲,河道宽而浅，有些地段涉水可过，而到了汛期，河水又会左奔右突，好似野性的劣马，严重地威胁到两岸居民的生命财产。1977年，捷克斯洛伐克和匈牙利签订了合作兴建水利工程的条约。从那时起，捷克和斯洛伐克人民在匈牙利的协助下，经过艰苦努力，费时14年，耗资8亿美元，终于在1992年建成了加布奇科沃大型水利工程。这项工程在防洪、发电、航运、供水、灌溉等诸方面发挥了显著效益，并且成了旅游热点。

在多瑙河中游旅游，除了自然景色，最引人注目的是沿岸那些美丽的城市，它们好像一颗颗亮丽的珍珠，点缀着蓝色缎带一般的多瑙河。

多瑙河中游的城市之旅，应该从位于多瑙河上游终点处的维也纳开始。如果说维也纳是一座备受音乐家宠爱的城市，那么备受音乐家宠爱的就是多瑙河。约翰·施特劳斯把多瑙河的浪花变成了圆舞曲里的音符，流向这座城市的每个角落。站在城市西北的卡伦山上眺望，淡淡的薄雾为维也纳披上了一层轻纱，古老的皇宫、议会、府第的圆顶和圣斯丹芬教堂的尖顶，在阳光下闪闪发光。多瑙河缓缓穿过市区流去，恰如束在美人腰间的玉带，苍翠欲滴的森林在西郊绵延伸展，分明跳跃着施特劳斯的名曲《维也纳森林的故事》的节拍。

维也纳是一座古老的城市，古时候这里只是多瑙河畔的一个小村落，后来罗马殖民者在这里建起了文多波纳城堡，成为今天维也纳城市的雏形。文多波纳城堡并未建在多瑙河的岸边，但多瑙河有着无比的魔力，好像磁铁吸引着铁钉一样，终于把维也纳拉进了水的蓝色怀抱。

多瑙河从奥地利流进斯洛伐克境内，在摩拉瓦河与多瑙河的汇合处出现了一座城市，它就是斯洛伐克的首都布拉迪斯拉发。这一带的多瑙河上有两座大桥，将河的两岸连在一起。布拉迪斯拉发分为新旧两个城区，旧城坐落在多瑙河的北岸，城中满是风格各异的古老建筑，如主教宫、圣马丁大教堂、格拉苏尔科维奇宫、大主教夏宫等。老城中最古老的建筑是高高耸立在多瑙河畔山丘上的布拉迪斯拉发城堡。它最初是古罗马城堡，公元13世纪时重建，四四方方，四个角上分别建有一座塔楼，看上去就像一张倒置的方桌。由于城堡所在的地势较高，游客站在建筑主体外围的丘陵上可以俯瞰多瑙河以及整座城市。城堡内设有历史博物馆、音乐博物馆，可供游人参观。

多瑙河进入匈牙利境内后，很快就流到了“多瑙河上的明珠”，它就是匈牙利的首都布达佩斯。如果说维也纳所在的多瑙河流淌着音乐，那么布达佩斯所在的多瑙河就流淌着诗意。布达佩斯是由西岸的布达和东岸的佩斯两座城市组成的，中间流淌着美丽的多瑙河，靠着九座巍峨壮丽的大桥连接到了一起，其中比较有名的是链子桥和伊丽莎白桥。

链子桥于1839年开始兴建，1849年完成，是连接布达与佩斯间九座大桥中最古老最壮美的桥梁。这座桥落成后，布达和佩斯第一次连接了起来，从此就成为布达佩斯的标志性建筑。链子桥长达380米，整个桥身悬挂在两条铁链子上，它们经过两个拱门和立在多瑙河里的石柱，在河岸上固定下来。

伊丽莎白桥建于1897~1903年，它是一座悬索式吊桥，长度为290米。从建成到1926年，它一直是世界上跨度最大的悬索式吊桥，同时也是布达佩斯多瑙河段最短的一座桥。这座大桥的名字取自当时奥匈帝国的伊丽莎白皇后，即人们熟悉的希茜公主。伊丽莎白桥的桥顶原来有皇家标志，第二次世界大战中被炸坏。比伊丽莎白桥稍早一些出现的是自由桥，它最初是以奥匈帝国皇帝弗朗西斯·约瑟夫的名字命名的，与伊丽莎白桥正好是一对“夫妇桥”。伊丽莎白桥又叫白桥，自由桥又叫绿桥，还是奇妙的一对。

布达佩斯城中的许多古迹都建于城堡山上。城堡山是一片海拔160米的高岗，面临多瑙河，山上有一座具有古罗马风格的别致的建筑，它就是渔人堡。这座位于昔日布达王宫北侧的城堡并不宏伟，也没有华丽的装潢，却代表着平民的力量。中世纪时，这里居住着多瑙河上的渔民。19世纪时，一群勇敢的渔民拼命保护过布达王宫，死伤累累，此后这一带就交给渔民来守卫。如今的这座渔人堡是由著名建筑师舒勒克设计的，建成于1903年。渔人堡四周环境优美，于是便成了布达佩斯市民晚饭后悠闲散步的重要场所，尤其是一对对情侣最喜欢到这里谈情说爱。有人曾做过这样一项调查，结论是布达佩斯的年轻人在这里进行初吻的比例最高。

布达佩斯的很多建筑都矗立在多瑙河畔，其中最宏伟的要数匈牙利国会大厦，它也是匈牙利的国家象征。这座巨型建筑建于1885年，两旁有两座白石镂空的大圆塔，高达96米，挺拔俏丽。内部装饰富丽堂皇，四壁上嵌满了匈牙利历代皇帝的雕像，千姿百态，巧夺天工，充分显示了匈牙利人民的才智。

多瑙河中游流经的第三个首都是贝尔格莱德，它以前是南斯拉夫联盟的首都，如今成了塞尔维亚的首都。贝尔格莱德坐落在多瑙河与萨瓦河交汇处，碧波粼粼的萨瓦河从市区穿过，将贝尔格莱德一分为二，一边是古香古色的老城区，一边是现代化建筑群集中的新城区，对比生动而有趣。越过多瑙河与萨瓦河的汇合处，就进入了贝尔格莱德老城区。这里街道大都比较狭窄，街道两旁那一幢幢红瓦平房和式样别致的临街小楼都有上百年的历史。在老城区萨瓦河口处有一座土耳其统治时期建造的古城堡，高大的城墙和角楼虽然经历了几百年的风雨，但迄今保存完好，为贝尔格莱德增添了强烈的古老韵味。

贝尔格莱德是一座拥有2000多年历史的古城。公元前4世纪，凯尔特人最早在这里建立市镇，后来遭到罗马人的占领，又被入侵的匈奴人破坏。公元8世纪时，一座崭新的城市在南斯拉夫人手中建设起来。关于“贝尔格莱德”这个名称的来历，当地还有这样一个传说。很久很久以前，一群商人和游客乘船游玩，来到萨瓦河与多瑙河汇合的地方，眼前突然出现了一大片白色的房屋，大家纷纷喊叫起来：“贝尔格莱德！”“贝尔格莱德！”

“贝尔”意为“白色”,“格莱德”意为“城堡”,加在一起就是“白色的城堡”或“白色之城”。

贝尔格莱德还是一座英雄的城市。城市南郊的阿瓦拉山上有一座无名英雄墓,墓上耸立着8座身着民族服装的灰色石雕人像,相对而立,庄严肃穆,象征着南斯拉夫民族不屈不挠的精神。1999年,以美国为首的北约组织对南联盟进行武装干涉,这一带多瑙河上的七座桥梁,仅剩下贝尔格莱德城边的潘采沃大桥还能连接两岸。贝尔格莱德人胸前佩戴着自制的靶标,意为“向我开炮”,勇敢地涌上了潘采沃大桥,用他们的血肉之躯护卫着民族的尊严。

站在贝尔格莱德卡列梅格丹公园的古城堡上眺望,远道而来的多瑙河微呈浅黄色,而碧波清澈萨瓦河似乎不愿意与它为伍,尽管交汇到一处,还是长久地保持着自己原来的颜色。多瑙河和沿途接纳的300多条大小支流总是这样纠缠到一起,流出了一幅幅自然风景画来。

多瑙河三角洲的蓝色之梦

从“匈牙利铁门”以下至入海口为多瑙河下游。这里河谷宽阔,水流平稳,左岸是罗马尼亚的瓦拉几亚平原,右岸是保加利亚的多瑙河平原。接近河口时,多瑙河的宽度扩展到15~20千米,有的地段达到28千米。当多瑙河流到土耳恰城附近时,分成了基利亚河、苏利纳河、格奥尔基也夫三条支流,迎着黑海的涛声而去。

大约6万年前,多瑙河三角洲地区还是碧波万顷的海湾。多瑙河每年挟来的泥沙约有2亿吨,年复一年地堆积下来,渐渐地冲积出一个扇形的三角洲来,面积约5500平方千米。直到现在,它每年仍在不断扩大。

多瑙河三角洲大部分在罗马尼亚境内,一小部分属乌克兰,它最早的主人却是罗马人,而“罗马尼亚”这个国度的名称恰恰是罗马人赋予的。公元2世纪时,现在的罗马尼亚是古罗马帝国属下的达契亚行省。罗马帝国的皇帝图拉真曾率领罗马军队前往征讨生活在多瑙河平原和喀尔巴阡山区的达契亚人,建筑师阿波洛多鲁斯在多瑙河上建起了一座石桥,而图拉真成为第一个踏着这座石桥渡过多瑙河的人。后来,多瑙河下游发现了黄金,罗马市民掀起了一股向这个地区移民的热潮,他们在这里定居下来,并与达契亚人通婚,渐渐地就形成了一个种族——“罗马尼亚人”。

在一代代罗马尼亚人的辛勤努力下,多瑙河三角洲变成了一个鱼米之乡。几千条运河把一个个村庄、渔场、农田、菜园联结起来,犹如大自然中的一座水陆迷宫。水面上打鱼的小船随处可见,每当清晨或傍晚时,远远近近炊烟缭绕,一派田园风光。如今生活在这里的绝大部分是利波瓦人,他们本来是信仰东正教的俄罗斯人,由于受到官方规定的宗教和沙皇的迫害,便逃到这里来避难,当起了渔夫。

在多瑙河三角洲打鱼是一件比较容易的事情，因为这里的鱼格外多，现已发现鲟鱼、鲈鱼、鲢鱼、鲤鱼、梭子鱼等60多种，其中45种是在多瑙河及其支流中土生土长的鱼，另外15种为海鱼，年产量占罗马尼亚全国总产量的70%，所以被称作“永不枯竭的渔场”。利波瓦人打鱼一靠撒网，二靠鱼鹰，鱼鹰让利波瓦人训练得非常乖巧，一声吆喝，便一头扎进水中，转眼工夫就衔上来一条活蹦乱跳的大鱼。而游人来到这里，大多喜欢静坐垂钓，任凭小舟随波荡漾，意趣自在其中。

多瑙河三角洲不仅鱼的种类繁多，野生动植物资源也非常丰富，很多动植物还是别处所没有的，因此被誉为“欧洲最大的地质、生物实验室”“欧洲最大的自然博物馆”“鸟兽的天堂”。

先说鸟，这里是欧、亚、非三大洲五条道路候鸟的会合地，也是欧洲飞禽和水鸟最多的地方。这里经常聚集着300多种鸟类，有176种在多瑙河三角洲繁殖，其中有4种是世界上残存的鸟。在茂密的森林里和波光点点的湖面上，中国的白鹭、西伯利亚的长尾猫头鹰、热带的红鹤、北极的白顶鹅以及许多野鸭、苍鹭、黑雁、秃头雁各自成群，相安无事。到了春末孵卵期间，芦苇丛中，灌木枝头，鸟窝密密麻麻，鸟蛋随处可见，大的胜过鹅蛋，小的如同手指尖。初夏季节，雏鸟们纷纷问世，三角洲上顿时热闹非凡，欢乐的鸣啭响彻每一个角落。

在人迹罕至的芦苇荡中，那是鹈鹕的藏身之所。这种奇特的海鸟早在4000万年就出现在地球上了，尽管相貌丑陋，却是杰出的捕鱼能手。一只鹈鹕一次能吃下10千克活鱼，还能把多余的鱼存放在嘴下的皮囊里。罗马尼亚人十分喜爱鹈鹕，常常把它看成是“多瑙河三角洲的代表”。许多罗马尼亚鱼类产品的广告上都绘有鹈鹕的图案。

再说兽。这里生长着匈牙利大草原的狼、喀尔巴阡山的野猪、巴拉干平原的狐狸和野猪，还有北美的麝香鼠，以及狸、鼬、貂、野猫、水獭、海狗等动物，数不胜数，喜欢打猎的人会在这里不断地收获惊喜。

还有植物。多瑙河三角洲有1150种植物，红白相间的水百合花和水蜈蚣随波起舞，高大的橡树、白杨伟岸挺直，如同列队的士兵守卫着河堤，婆娑的柳树轻枝曼舞，摇曳出一片柔情蜜意，漂浮在水面上的睡莲编织出大片的浓绿，在炎热的季节里送去丝丝清凉。三角洲上最多的植物要数芦苇了，这里三分之二的地区被茂密的芦苇所覆盖。芦苇全身是宝，如果把三角洲上的芦苇充分利用起来，罗马尼亚全国每人每年可得到约30千克的人造纤维和10千克以上的纸，所以罗马尼亚人亲切地称其为“沙沙作响的黄金”。多瑙河三角洲上的芦苇荡又是一景，芦花开放时节，一片洁白，飘扬的花絮漫天飞舞，好似冬日飞雪。

“浮岛”是多瑙河三角洲最为著名的自然景观之一。“浮岛”上面长着茂盛的植物，与陆地无异，下面却是一片湖水。它随着风浪缓缓漂动，就像一座活动着的美丽花园。每到春天多瑙河泛滥时，“浮岛”就成了各类飞禽走兽的避难所。多瑙河三角洲的“浮岛”总共占地 10 万公顷左右，厚约 1 米，它们时时改变着三角洲的自然面貌，漂到哪里就给哪里带去一片诗情画意。

多瑙河步履舒缓地流过三角洲，甩下一片泛着光亮的湖泊和沼泽，向着它的归宿前进。它要去拥抱蓝色的大海，尽管那海叫作黑海，但多瑙河有信心用它的蓝色把黑海变成明亮的蓝天。

亚马孙河

亚马孙河的诸多神秘

拉丁美洲有两大足以让当地人自豪的景观，一个是安第斯山，一个是亚马孙河。亚马孙河从安第斯山间发源，先是一股涓涓细流，逐渐接纳了成千上万条支流，形成了浩浩荡荡的滚滚洪流，滋润着 800 万平方千米的广袤土地，孕育出世界上最大的热带雨林，也使亚马孙河流域成为世界上公认的最神秘的“生命王国”。拉丁美洲人说得好：“安第斯山是我们的矛，亚马孙河是我们的盾。”

亚马孙河

亚马孙河流过的许多地区，至今还是人迹未至的处女地，那阴暗朦胧的茂密丛林，更增加了它神秘莫测的气氛。然而，亚马孙河的谜中之谜，却是它那扑朔迷离的源头。几个世纪以来，无数科学家、探险家历尽千难万险，先后找到了几个不同的源头，但结论都不十分令人信服。这也难怪，亚马孙河从秘鲁的安第斯山脉奔腾而出后，便在丛林里“东躲西藏”，偶露峥嵘，即便是在飞机上鸟瞰，也是时隐时现，难辨来由。究竟它的源头藏在于安第斯山脉的哪个旮旯，一直没有人说得清楚。

为了彻底解开亚马孙河源头之谜，1996 年 1 月初，秘鲁、俄罗斯、波兰、意大利四国科学家组成了有史以来一支最大的探险队，他们从亚马孙河的入海口出发，逆流而上。当探险队沿河进入安第斯山脉南段时，一个过去从未有人描述过的景象出现在他们的眼前：在高山的最底部，有一条奇冷无比的冰河，它奔流在阿巴查特大裂谷下，奔腾的水啸声震耳欲聋——这里就是亚马孙河的源头。

亚马孙河的流域和流量都位居世界第一，这已经有了定论，因而被誉为“河流之王”，但关于它的长度却说法不一。1964 年葡萄牙出版的《实用辞典》说它长约 6000 千米，法国 1983 年版的《基础辞典》说它长约 7025 千米，我国出版的《地理课本》称它全长 6751 千米，巴西的专家则认为，如果从乌卡亚利河源头算起，亚马孙河的长度只有 6448 千米。近几十年来有人经过实地勘察，并按照溯源取远的方法计算，亚马孙河的源头一直延伸到秘鲁的瓦格罗峰脚下，其总长度应为 7025 千米。而据美国地质学家在 1980 年进行的实地测量，亚马孙河全长为 6751 千米。之所以出现这么多不同的数据，就因为它的源头没有真正确定下来，四国探险队于 1996 年做出的结论，还没有得到国际上的确认。如果换了别的河流，说它长点短点倒也无关紧要，问题是这里关系到天下第一长河的名头。只要超过了 6600 千米的长度，亚马孙河就会跃居尼罗河之上，现在已经有不少人称它为世界第一大河了。在没有获得更准确的数据之前，还不能说他们是错误的。

亚马孙河这个名字本身也充满了浓厚的神秘色彩。一种说法认为，“亚马孙”这个名字是西班牙人弗朗西斯科·奥莱亚纳起的。1542 年，为了寻找传说中的黄金屋，西班牙人坎萨罗·皮萨罗率领一支探险队从基多出发，历尽艰辛才到达纳波河的支流可可河。为了寻找给养，皮萨罗让奥莱亚纳带领一小队人马继续前行，同时命令他在 10 日内返回。奥莱亚纳何尝不想在规定日期内返回，可是河水因大雨而猛涨，他们只能向前，无法退后，于是他便有幸成为第一个对亚马孙河进行全程考察的欧洲人。途中，他率领的船队遇到了一群勇猛的女印第安人的攻击，她们强悍骁勇，善于弯弓射箭，一个人能敌得过几十个男子汉。奥莱亚纳一行所乘的船只被射成了“刺猬”，他们只得仓皇逃跑，才算保住性命。后来，奥莱亚纳从一名男性俘虏的口中得知，这些女战士住在一个女儿国里，只有在一年一度的交配庆典时，才邀请来附近印第安部落的男性进入自己的村落。奥莱亚纳不由得联想起一则古希腊神话，说的是在古代的黑海和高加索一带，有一个“女人国”，名叫“亚马孙”，那里的妇女们勇敢善战，打猎种地，样样能干。奥莱亚纳把这些女人同传说中好战的亚马孙女儿国联系到一起，又觉得她们那英勇顽强的形象恰好与这条河水难以驯服的特点相印证，于是就借用“亚马孙”给这条河流命了名。

另一种说法认为，“亚马孙”这个名字所描述的是亚马孙河本身的特点。当河上波涛汹涌时，小船常常会被打翻，在当地土语中，“亚马孙”就是“毁舟者”的意思。另外，亚马孙河口河面宽阔，涨潮时巨浪汹涌澎湃，当地印第安人称这种大潮为“亚马孙奴”，意思是“湍急的巨浪”。据说亚马孙河就是由此得名的。

与亚马孙河一样神秘的还有生活在河流两岸原始森林中的土著居民，至今还有相当一部分人处于刀耕火种阶段，还保留着许多令人难以置信的奇特风俗。亚马孙河流域最早的主人是印第安人，据考古学家估计，至少这里就留下了印第安人活动的足迹。目前，亚马孙地区居住着 70 万~90 万印第安人，分属 241 个土著部族，这些部族共拥有 100 多种语言。每个土著部族的人数都不多,其中一半以上的部族人口不超过500人。在这些土著部族中,比较大一些的有马约鲁纳、雅马马迪、穆拉、蒙杜鲁克、马瑙、阿鲁亚夸等。

虽然亚马孙河流域的印第安人的生活方式远远落后于现代文明,但他们活得悠闲自在。他们每天起床后的第一件事就是去沐浴,然后绘身,先在身上涂上植物油脂,然后用郁金香或茜草果汁等调好的染料,根据自己的形体特征画上所喜欢的图案。有的画着斑豹,有的画着鹞鹰,有的画着椰树,还有的男人在脸上画支箭。无论男人女人,脸上的皮肤都很粗糙,看上去略黑带点红,但眼睛特别有神。印第安人还喜欢跳舞,而且跳舞时喜欢模仿各种动物,在身上插满花花绿绿的鸟羽,臀部不停地抖动,像只花公鸡。

印第安人的很多风俗都体现在女人身上。比如有些部落建有专门的小屋,当少女初潮时,就要一个人关在里面住上15天,不得与他人接触。等到这种考验结束后,她才会成为公认的大姑娘。所谓的大姑娘也不过十二三岁,却到了结婚的年龄。这里的男女关系非常自由,只要两个人在一起度过一个夜晚,婚姻关系便告成立。而女人一旦怀孕,苦日子就开始了,身上的饰物要摘个精光,也不许打扮自己,丈夫还必须立刻与之疏远。孕妇不准吃大鱼,若是吃了就会得罪神灵,生下的孩子就会被抢走,母亲也会被杀死。分娩时,孕妇必须远离部落,躲到大森林中。婴儿呱呱坠地时,产妇自己用牙齿或指甲将脐带弄断,再用新鲜的树叶擦洗婴儿全身。母亲抱着婴儿回到村子里时,全村上下包括她的丈夫都对她态度冷淡,好像她是个罪人。

印第安妇女的遭遇确实让人同情,但她们也有让人羡慕的地方。小孩子哭闹惹人烦,但印第安母亲却没这份烦恼。印第安人有一种用小灌木的枝叶编铺而成的床,只要你把大哭大闹的孩子往床上一放,孩子顿时就不哭了,乖乖地在那上面玩耍起来。原来,这种床能放出类似薄荷的清香气味,孩子们躺在上面就会被扑鼻的清香所吸引,忘记了哭闹。到了夜间,它会发出一种特有的气味,对人有快速催眠作用,虫类猛兽闻了则难受无比,不敢近前。

多少年来,亚马孙河流域的印第安人傍水而居,有的干脆就搬到水上去住。建在水边的住房可以水涨船高,水落房低,就是到了雨季的时候,门前的小船也永远和房子处于同一水平线上。而真正的"水上人家"是那些把家安在船上的印第安人,就连集会、婚礼和葬仪也都在船上举行。以船为家的最大的好处就是迁居方便。在一个地方住腻了,也不用收拾家当,用带动力的船一拖,就可以将水上房屋顺利地拖到想去的地方。近些年来在亚马孙河上又出现了水上商店,出售印第安人的主食木薯粉以及一些日常生活必需品,有了这种活动商店,他们也就用不着辛辛苦苦地跑到大老远的地方采购了。

天然的动植物王国

亚马孙河流域地处赤道附近，这里雨水充沛，气候湿热，加上日照强烈，适宜各种热带植物生长，因此出现了世界上最大的热带雨林区。整个亚马孙地区，植物种类之多居全球之冠。据统计，这一地区的植物品种不下5万种，已经做出分类的就有2.5万多种。从空中鸟瞰，整个亚马孙河流域就是一个被绿色垄断的浩瀚世界，犹如一张巨幅地毯，平展展，绿茸茸，无边无际，莽莽苍苍，蔚为壮观。

走进亚马孙地区的热带雨林，就等于进到一座天然的热带植物园。这里的大树长得又高又粗，那是拼命争夺阳光的结果，树冠层层叠叠密密地连到一起，遮天蔽日。在树身和枝丫上，攀缘植物们大显身手，争相扯出一条条长长的藤蔓，在上方织出或疏或密的“窗帘”，把整个丛林填充得密不透风。在这个茂密的大森林里，很难发现花朵的踪影，却有各种奇形怪状、千姿百态的树叶。地面上，自然枯烂的粗大树干横七竖八，用木棍轻轻一捅就可以穿透。这里的空气质量无疑是最好的，带有最原始的芬芳，只是有着潮湿的腐叶味道。要知道，亚马孙雨林所产生的氧气竟占到全球氧气总量的三分之一，所以这里又被称为“地球之肺”。

热带雨林看上去似乎土地肥沃，实际上却是“外强中干”。这里的土层很薄，经过几百万年的风吹雨淋，表层中的矿物质已完全被滤去，幸好这里的树木已经“学会”了自己解决营养问题，树叶子落得比温带的树叶快，落到地上以后，腐烂分解得更快，这些营养物质迅速地被树木重新吸收进去，一点都不浪费。

亚马孙地区热带雨林中不乏奇草异木。比如有一种“水树”，用刀砍断一截粗树枝，就会有清澈的水流出，清凉爽口，比矿泉水还好喝。“牛奶树”更为神奇，用刀在树皮上割个口，就会有牛奶一样的白色液体流出，味道有点甜味，像是椰汁。还有一种被印第安人称为“大板根”的树，它的根部呈片状，用木棍敲击它就能发出嘭嘭的巨响，能传出很远，聪明的土著人就用这种树来“打电话”，传递各种信息。有一种叫“阿莎菇”的大树，树皮上面布满了密密麻麻的小刺，刺中能分泌出一种毒液，印第安人将这种树加工成板材，用于建造水上房屋的底座，因为这种木头泡在水里40年也不会腐烂。“望天树”高达80米，仰头也难以望到树顶。此外，木豆树、捕蝇草、瓶子草等，也都是在其他地方难得一见的。

在亚马孙河雨林深处，还可以看到蚁巢木和王莲。所谓蚁巢木，就是蚂蚁做巢的大树。别的地方蚂蚁都是在陆地上筑窝，亚马孙的蚂蚁却喜欢“高空作业”，这是因为亚马孙地区常年多雨，为了躲避洪水，蚂蚁们就相中了盘根错节的参天大树，把窝建在了洪水淹不到的半空中。所谓王莲就是世界上最大的莲，直径2米多，最大的可达4米，一个体重60斤的孩子站在王莲上也不会沉没。王莲的花朵很美丽,直径可达25厘米~40厘米,呈紫红色,开放在一个个如巨大的箩筐漂浮在水面上的莲叶间,映着阳光闪烁着奇异的光影。

踏进亚马孙河流域的原始森林,又等于进入了一个奇妙的动物世界,这里已发现的动物就有上万种,叫不上来名字的动物则不计其数。先说鸟类,就有1500多种,其数量几乎占了全世界鸟类种类总数的一半。而据科学家估计,亚马孙河热带雨林中的鸟类有一半至今仍然无法辨别其生物属性。有一种犀鸟嘴尖体粗,飞行速度极快,名叫"VARIG",巴西规模最大的航空公司就是以它的名字来命名的。在亚马孙河河口一带,栖息着相貌奇特的巨嘴鸟,它的最大体长不过70厘米,而嘴长却达24厘米,又粗又壮。巨嘴鸟的嘴巴这么大,会不会连累着把脖子折断了呢?你用不着为此而担心,因为巨嘴鸟的嘴巴构造很特殊,外边是一层薄壳,中间是多孔的海绵状组织,充满了空气,看上去沉甸甸的,实际上重量还不足30克。

亚马孙河流域河网密布,交错纵横,盛产鱼类,其品种之多为世界河流之冠。据统计,在亚马孙河中生存着2000多种鱼类,占世界淡水鱼种类的一半以上,单单是鲇鱼就有500种,其中不少是亚马孙河特有的鱼种。每年亚马孙河都有好几个月的涨水季节,这时候大量的鱼群就迁居到被水淹没的森林中来。它们就像一群群小鸟,在水下的树林间"飞"来"飞"去,尽情地享用热带雨林中的果子、树叶、花儿和小昆虫。

亚马孙河中还有很多"怪"鱼。比如电鳗,身长2米多,能发出800伏电压,可以击昏一头牲口。牛鱼是一种珍贵的哺乳类水生动物,其头部酷似水牛,胸部长着一对如拳头大小的乳房,胃也有四室,肉兼有鱼、牛两种味道,所以被称为牛鱼。在当地,牛鱼被视为"送子观音"。据说一个女子要是看到一条牛鱼连续跃起三次,就是喜兆,所以一些久婚不孕的女子常常偷偷地来到河边,痴心地望着河水,盼望喜兆降临。亚马孙河里还有一种名叫皮拉尼奥的小鱼,俗称"食人鱼",凶猛异常。有人曾用铁丝拴住一只小山羊,把它轻轻放入河水中,不大工夫,从四面八方"闻讯"而来的食人鱼蜂拥而上,轮番向小山羊发起"进攻"。大约10分钟后,小山羊只剩下一副片肉不留的骨架。虽然很多专家认为食人鱼不那么可怕,但在1981年奥比多斯的翻船事故中,有300多人丧生在食人鱼之口。"卡迪鲁"也是一种怪鱼,它长得又细又小,据说能钻进人的肛门和尿道中,所以人们见到它们就会胆战心惊。

亚马孙河流域的珍禽异兽还有很多,比如大得能捕捉飞鸟的蜘蛛,会爬树的美洲豹,像松鼠那么大的猿猴,体态轻盈的虎猫,倒挂在树上几小时不动的三趾树熊,靠长爪和鼻子挖穿坚硬的蚁巢以蚂蚁为食的犬食蚁兽,有吸盘能爬树的树蛙等等。有一种名叫"萨查阿楚"的野狗,它们成群活动,即使肚子不饿,见了猎物也是决不放过,就连狮子也对它们畏惧三分。这里还生有一种极为凶猛的蚂蚁,有一寸多长。相传有一年,赶上大旱,这种蚂蚁成群搬家,路过一个小村庄。三天过后,全村的人和牲畜全都变成了一具具枯骨。

由于得天独厚的自然环境,再加上人迹罕至,亚马孙河流域的动物往往都能发挥出最大的生长能力。亚马孙河海豚是世界上体形最大的淡水海豚,成体可达 2.6 米。亚马孙热带雨林中的有些蝴蝶展翅可达 20 厘米~30 厘米,为世界之最,双翼展开好像飞机模型。这里的吸血蝙蝠十分巨大,翅膀展开达 71 厘米。林中的巨型蜘蛛大如人的手掌。在亚马孙河浅水中生活的森蚺是世界上最大的蛇,最长可达 10 米,重达 225 千克以上。森蚺生性喜水,大部分时间呆在水中,只把鼻孔露出水面。它们以水鸟、龟、水豚、貘等为食,有时还能吞吃长达 2 米多的凯门鳄。不过,幼蚺出生后有很多都丧命于凯门鳄之口,原来动物界中也有"冤冤相报"。

亚马孙河流域自然资源极其丰富,但这里的人民却过着贫瘠的生活。这不是捧着金碗要饭吃吗?从 20 世纪 60 年代开始,巴西政府就制定出开发亚马孙河流域的宏伟计划,以帮助这个地区摆脱贫困,走向繁荣昌盛。巴西政府的动机是好的,却没有想到热带森林中的生物链是极端脆弱的,如果一个环节遭到破坏,就可能引起灾难性的后果。用一句形象的话来说,一只蝴蝶在亚马孙河上扇动翅膀,就有可能在美国的得克萨斯州掀起一场龙卷风。1970 年,为了解决巴西东北部的干旱所造成的饥荒问题,巴西政府试图把亚马孙河流域改造成移民区,结果大片森林被砍光后,不但没有变成农田和牧场,反倒成了不毛之地。

20 世纪 60 年代,美国资本家路德维格拿出 300 万美元在亚马孙河流域买下一片相当于美国康涅狄克州那么大的森林。他又投资 10 亿美元,雇来了 3 万名工人和专家,铺设了 4000 多千米长的铁路,砍掉了 25 万公顷的森林,专门种植松树等可以造纸的树木,建起了木材加工联合企业、造纸厂和农场。不久,大自然就开始报复了:新树苗很快枯死,洪水冲毁了公路,蚂蚁毁掉了所有的粮食,工人患上了疟疾和脑膜炎。路德维格疲于应付,最后只得告饶,宣告自己的企业破产,以 2.8 亿美元的价格把它卖给了巴西的 20 多家公司。

路德维格的破产再次说明,人类只能顺乎自然规律而不能违背自然规律。然而,亚马孙河流域广袤的森林,还有森林下面埋藏着的 180 亿吨铁矿以及其他矿床,对于人类的诱惑力实在太大了。怎么才能既保护住生态环境,又能把人类需要的资源开发出来,这已经成为摆在人类面前的一个颇为棘手的课题。

沿着亚马孙河一路向前

亚马孙河具有极其优越的航运条件,这是世界上任何一条河流都望尘莫及的。它不仅水量丰富,河宽水深,主要河段上没有险滩瀑布,更无冰期,干流和各大支流之间可以直接通航,构成了一个庞大而便利的水上航运网。万吨海轮可达中游的马瑙斯,载重3000吨的海轮沿干流可以直达秘鲁境内的伊基托斯,小一点的船可以继续航行到阿库阿尔角,再小一点的船只还可以继续上行。整个水系可通航里程达2.5万千米。

亚马孙上游山高谷深,坡陡流急,形成很多急流瀑布,进入东西长3200千米的亚马孙平原后,流速逐渐变缓。亚马孙河上游的主要城市有伊基托斯,它位于秘鲁东部热带森林的腹地,建城已有130多年的历史,为世界上海轮抵达最远的内陆港之一。20世纪初兴起了一股橡胶种植热,这里便成了种植园主和巨商大贾挥霍和娱乐的地方,城中那些雕栏画壁的欧式建筑,就是那个时候留下的产物。秘鲁政府从20世纪60年代起,在这里实行特殊政策,现在已有4000多种商品可以免税进口,使它成为一个半自由港。伊基托斯是除了秘鲁首都利马以外唯一有国际航线的城市,来这里既能游览亚马孙河,又能买到廉价商品,可谓一举两得,每年都能引来不少国外游客。

亚马孙河中游流经秘鲁、哥伦比亚、巴西,全长约为2200千米。这一带河中岛洲错列,河流两侧支流众多,到了中游末端,河水进一步变缓,河宽至11千米,河深达99米。

亚马孙河中游的终点在巴西的马瑙斯市。它始建于1669年,最初是葡萄牙人为掠夺亚马孙流域财富设立的一个据点,以印第安土著部落的名字命名。19世纪末,有人在附近的亚马孙森林中发现了野生橡胶树,消息一传开,成千上万的巴西人和外国人蜂拥而至,大发橡胶财,马瑙斯也跟着发展了起来,很快就远离了蛮荒、落后与贫穷。在茫茫苍苍的亚马孙大森林心脏地带,矗立起一座高楼林立的繁华都市。城中的房屋既有亚马孙式的木结构,又有欧洲风格的建筑,彼此交相辉映,韵味悠长。马瑙斯城中最宏伟的亚马孙大剧院是典型的欧洲式建筑,墙身蓝砖贴面,顶部有白色浮雕,蓝白相间,庄严巍峨,剧院前面广场上立着巨大的石雕像,造型逼真。望着这不甚古老的建筑,不由得让人联想到这座城市不甚长的历史。

马瑙斯的繁荣没有持续多久,就像泡沫一样破灭了。有个英国人从这里设法偷运走了数千株橡胶树苗,将其种植在马来西亚。新建的橡胶园规划整齐,割胶效率高,物美而价廉,而马瑙斯的野生橡胶树操作不易,产量不高,很快就没了市场,连累着马瑙斯一蹶不振,迅速冷清了下来。直到1967年,巴西政府把这里辟为自由港,实行各种优惠政策,外资大量涌入,它才重新兴旺发达起来。

马瑙斯并非紧靠着亚马孙河干流,而是坐落在亚马孙河的支流内格罗河左岸,距离亚马孙河还有17千米。这里河面宽阔,交通便利,世界上最大的浮动码头就设在这里。乘船游河是马瑙斯的特色旅游项目。游船刚一驶离市区,就淹没在一片绿色的海洋中,两岸森林密布,古树幼苗交错生长,绿油油的树叶遮天盖地,闪着绿色的光芒。森林中攀缘植物和寄生植物相互依托，在空中缠绕伸展，好似园艺师的巧手所为，所以被称为“热带雨林中的空中花园”。

马瑙斯城中有一座印第安人民俗馆，里边陈列着亚马孙河流域几百个印第安人部落的生活用品和手工艺品。这些展品固然丰富多彩，却无法生动起来。你要想亲眼见识一下印第安人的生活，那就舍船登岸，来到印第安人的村落中。远方的客人来了，热情好客的印第安人会为你跳起传统的舞蹈，表演他们擅长的各种拿手好戏。游人们最感兴趣的是吹箭筒表演，只见表演者双手拿着一根吹筒，对准树上的鸟儿用力一吹，鸟儿便大头朝下栽下树来。这里的奥秘一方面在吹箭的力度和准确性，那是印第安人苦练出来的功夫，另一方面是锐利的箭头上涂有剧毒，猎物中箭即使未中要害，也会立即全身瘫软，成了猎者的囊中之物。

内格罗河上还有一景，那就是每隔一段距离就能看到一个几米见方的浮动小屋，它是为来往船只提供动力补给的加油站。据说这样的水上加油站在整个内格罗河上共有22个。

内格罗河从马瑙斯城流出不远，就铺开了巨大的泻湖，两岸的森林不再是河流的护墙，河水漫入林中，好似在无边的绿色中嵌入面面明镜。泻湖中岛屿密布，组成了世界上最大的因河流冲刷而形成的群岛，称为安娜威罕纳斯群岛。内格罗河流到萨尔瓦多湖附近，就来到了内格罗河和亚马孙河的汇流点。远远望去，两条大河如同两条黑白色的带子，泾渭分明地向前奔流。那黑色的带子是内格罗河，它流经沼泽，冲出大量矿物质和腐枝败叶，因此水色较深，好似茶水的颜色，所以人们称之为“黑河”；而亚马孙河的主干道含有大量沙泥，犹如加了大量牛奶的咖啡，当地的印第安人称它为“白水”。黑白两水因为流速不同，所以一直携手并流10多千米，始终不肯合二为一，形成了一幅壮观而奇特的画面。

亚马孙河中游地区还有个小镇值得一提，它就是派廷斯，巴西黄麻的产地，同时也是巴西黄麻工业中心。早在20世纪20年代，这里就开始种植黄麻，如今派廷斯地区方圆300千米以内的农户，都以种植黄麻为业，成为他们的主要生活来源。

亚马孙河中下游地区地势低平坦荡，一到洪水季节，河水排泄不畅，水位要比平时高出10~15米，两岸数十千米乃至数百千米的平原、谷地变成一片汪洋，亚马孙河因此获得了“河海”的称号。当年西班牙人初次来到这里时，还以为发现了一个大淡水湖，那位弗朗西斯科·奥莱亚纳则发出这样的惊叹：“这是海吗？”

亚马孙河当然不是海，但下游的洪水泛滥却与海大有关系。每当大海涨潮时，大西洋海水便会溯亚马孙河而上，有时甚至能深入内地1000余千米。洪水与潮水两下一夹攻，就使得亚马孙河下游像海一样有了“潮汐”。亚马孙河水的水位升降按三个阶段循环，周而复始。当河面开始露出涨水迹象时，叫“初汛”；接着水位迅速上涨，叫“大汛”；当水位下降时，叫“汛退”。生活在亚马孙河边的人们熟悉了它的这个禀性，“初汛”时就牵上牲畜把家搬到高地上去，“汛退”时就开始播种和捕鱼。

亚马孙河下游最大的城市是巴西帕拉州的首府贝伦市，它是亚马孙河上最大的港口城市。19 世纪中叶之前，这里一直是人类进入神奇的亚马孙原始森林的“门户”，也是巴西人守卫亚马孙广阔领土最重要的军事要塞。1616 年，葡萄牙王室派遣弗朗西斯科·布兰科率领一支军队前往这一带设防，以抵御外国海盗的入侵并防范西班牙、法国、荷兰殖民者对亚马孙流域的入侵和占领。布拉科一行来到亚马孙河入海口附近的一处河湾地带驻扎下来，并在河湾前的高地上修建了一座堡垒，作为军队的营地。后来，住在附近密林中的印第安人陆续迁到军营附近，把自己的出产兜售给葡萄牙人，换些零用钱。就这样，贝伦逐渐变成了一个由堡垒组成的军营，又逐渐发展成为亚马孙地区最重要的城市。

弗朗西斯科·布兰科当年在贝伦修建的堡垒曾遭火灾被烧毁，现在游人所看到的是在原址上重新修建的一座城堡，名叫卡斯特洛城堡，建于 1721 年。它是贝伦城历史最悠久的建筑，也是贝伦城的“根”，因此博得了“贝伦建城纪念碑”的美称。走进城堡，可以看到一门门铁锈斑斑的古炮，沿着圆形的城池高台一字排开，乌黑的炮口对着宽阔的河湾，似乎还在履行着自己的使命。临河的城堡平台摆上了方桌和藤椅可供游人小憩，人们坐在这里可以欣赏亚马孙河上的风光，也可以凭吊逝去的岁月。

贝伦城中用大理石砌成的纳扎莱教堂是当地久负盛名的宗教活动中心。每年 10 月的第二个星期日，贝伦人就会倾城出动，参加当地最盛大的宗教朝圣活动，游行队伍长达数千米。上百个贝伦人簇拥着纳扎莱女神像，拉着一条粗大的绳索，在全城进行巡游。据说只要抚摸一下这条粗绳索，就会得到好运。纳扎莱教堂前边有一座纪念碑，上面记载着这样一段传说：在这一带的密林中，有一张纳扎莱女神的画像总是像幽灵一样到处游荡，刚刚在人们眼前出现，转眼间就消失得无影无踪，不知何年何月又会突然在另外一个地方冒出来。1799 年的一天，猎人帕西多在一片森林中发现了纳扎莱女神的画像，于是人们就在这里盖起了一座祠堂，将画像供奉在这里。从此，纳扎莱女神就走出了大森林，来到了人间。1881 年，人们将这个小祠堂扩建为一座大教堂。

贝伦城中还有个地方那是一定要去参观的，它就是坐落在任蒂尔大街上的埃米利奥·戈尔迪博物馆。这里常年展出 1.2 万多件亚马孙河流域出土文物和印第安人使用的各种物件，如埋葬死者骨骸的陶瓮、捕鱼和打猎用的石斧和石矛等，还有 3.6 万多种亚马孙地区采集到的动植物标本。在博物馆的花园里，游人可以看到 1500 多种珍奇的亚马孙原产动植物，其中有世界上最大的淡水鱼——皮拉鲁库鱼、濒临灭绝的儒艮和鲍多鱼、水獭以及橡胶树、坚果树等等。

亚马孙河涌潮与“河海”

亚马孙河在千里奔腾后,似乎也有了倦意,当它流到入海口附近时,已经是水面宽阔,波澜不惊了。这一带地势低平,河漫滩上水网如织,湖泊星罗棋布,形成了巨大的河汊网,并与南面的托坎廷斯河和帕拉河汇合,浩浩荡荡地流入大西洋。

在帕拉河和亚马孙主河道之间有一个马拉若岛,它的面积约有5万平方千米,差不多跟瑞士一般大,是世界上最大的冲积岛,也是赤道线上最大的岛屿。岛上广种水稻,一望无垠的稻田里到处是一群群毛色乌黑的大水牛。这里是巴西“水牛的家园”,游人们在这里可以买到用水牛角、牛骨和牛皮制成的各种手工艺品。

亚马孙河水绕过马拉若岛,就进入入海口了。很多河流都在河口处形成了三角洲,那是因为河水裹携的泥沙往往会在河流的终点沉积下来。亚马孙河携带的泥沙也不少,却没有出现三角洲,这是有一定原因的。从河口向北这一带都是沙滩和暗礁,水深不足7米。这里的潮汐叫激浪潮,浪高达1.5米到4米,速度也很快,达到每小时15千米到25千米。当激浪潮咆哮着冲击海岸时,大海就会迅速地将亚马孙河所携带的泥沙卷走,于是这里就无法像其他河流那样形成三角洲了。

亚马孙河入海口处没有形成三角洲,却出现了一个喇叭状的三角港,这就为海潮的入侵提供了莫大的方便。亚马孙河口处的涌潮堪称世界自然奇观,完全可以和我国的钱塘江大潮相媲美。每次涨潮时,潮头通常高度为1~2米,大潮时则形成5米高的水墙,逆流呼啸而上,涛声震耳,声传数里,气势磅礴。当涌潮翻腾而来时,河上的船只不分大小,只要躲避不及,就会通通被打沉。亚马孙河口北运河的潮汐最为壮观,这里的海潮高达3米,宽达16千米。

大家都知道,潮汐是一种极为常见的自然现象,它是在月球、太阳等天体引力作用下所产生的。然而,亚马孙河如此壮观的涌潮非别处可比,自然另有原因。

亚马孙河在上游马瑙斯城附近,河宽只有5千米,而到了入海口处河宽竟达80千米,形状好似一个大喇叭,而且河床比较浅。每当大西洋海潮入侵时,大量海水逆流而上,堵截了顺流而下的河水。潮水涌到喇叭口处,河床陡然变窄,受到约束的潮水迅速涌积,形成了前波壁立的水墙,以排山倒海之势咆哮进流叠进,这就是蔚为壮观的亚马孙河涌潮。

除受地形的影响外,亚马孙河涌潮还受到了其他因素的影响。首先是信风。亚马孙河的入海口地处赤道,向大西洋敞开。由于常年受东北信风的影响,风向又刚好与潮水推进的方向一致,于是风助潮势,从而使得亚马孙河的涌潮更为澎湃汹涌。其次是气压。由于亚马孙河的河口地区位于赤道附近,常年受赤道低气压带的控制。气压低,水位就高,这也在一定程度上抬高了潮位,助长了潮势。

大海潮起又潮落,涨潮时亚马孙河水只得放慢脚步,而退潮时,棕黄色的亚马孙河水便波澜壮阔地奔涌向前,蓝色的海水只能退避三舍。由于水势太大,海水竟被河水冲淡了,甚至在远离河口320千米的大西洋上,还可以看到亚马孙河水带来的黄浊颜色,因此人们把这一带称为"淡水海"。

不光不明真相的人类有时候会把亚马孙河当成大海,海豚、鲨鱼和大海鲢们也会误将大河当成海洋,随潮水而至,在河中安居。这些"入侵者"中最知名的是粉海豚。在亚马孙河口附近,人们常常会看见粉色的海豚在船舷旁的浪花中翻滚腾跃,仿佛在快乐地玩耍。印第安人对粉海豚很有好感,在他们的传说中,海豚以鲶鱼做鞋子,水蛇当腰带,鹞鱼为帽,睡在水蟒做的吊床上。印第安人认为它们原先就是人类,只要愿意,随时都会变回为人,所以他们从不捕杀海豚。粉海豚只有一点让人放心不下,据说它们也喜欢人类的小孩,有时会把孩子们带到水下的海豚村庄和城镇去。而那些孩子一旦进入海豚世界,就会立即变成快乐的海豚,再也不思家人故乡了。亚马孙河流域和沿岸的丛林里常常有人失踪,按印第安人的解释,这些人都是被海豚诱拐走的。

密西西比河

密西西比河源头与"双子城"

"我们这样的痛苦、疲倦,既害怕死亡,又厌倦生活。但老人河啊,却总是不停地流过。"

1928年,英国伦敦的一家歌剧院里,正在举行音乐剧《游览船》的首场演出。一位在剧中饰演黑人搬运工的保罗·罗伯逊唱起了这首歌。他那深厚的男低音充满了感人肺腑的力量,激发了阵阵如雷般的掌声,演唱者一举成名,这首名叫《老人河》的反映美国黑人悲惨生活的歌曲,也不胫而走,迅速传遍了全世界,至今仍时常在音乐会上演出。

歌中的"老人河"指的就是密西西比河。"密西西比"是英文mississippi的音译,来源于印第安人阿尔冈金族语言,"密西"和"西比"分别是"老(大)"和"水"的意思,合在一起就是"大河"或"河流之父"。由于密西西比河滔滔不绝的河水像乳汁一样抚育着整个流域的人们,美国人民感恩于它的慷慨,又将它尊称为"老人河"。

关于密西西比河的源头,在19世纪30年代以前一直有争议。很多人都估计它的源头应该在北美五大湖一带,但那里归法国人拥有,美国人很难去那里探险。1803年,拿破仑痛快地以1500万美元的价格将法属路易斯安那(面积相当于4个法国)卖给美国,1英亩(相当于6亩)只合4美分。美国人兵不血刃地就获得了面积达210多万平方千米的大片土地，使得当时美国的领土面积几乎翻了一倍。拿破仑得钱后甚为高兴，可是后来的法国人却懊悔不迭，因为如今单单一个新奥尔良港就值几千亿美元。

路易斯安那纳入美国的版图后，美国人帕埃克才有可能深入到北美五大湖一带探求密西西比河的源头。经过一番努力，他发现密西西比河的源头就在里奇湖。然而，他的发现最后被证明是错的。帕埃克其实很不幸，他只要再多走几里路，就会来到它的真正源头。这个大便宜在 20 多年后被亨利 · 斯古科拉夫特拣去了。1832 年，他发现了密西西比河真正的源头在伊塔斯克湖，它位于苏必利尔湖的西侧。

说来很是有趣，伊塔斯克湖很小，它的北边有一条小溪。湖和小溪之间有一条石头堆起来的水坝，小溪的两边有两片小沙滩。溪水清澈见底，踩着河中的石头就能跨过河去。来到这里，人们完全可以大言不惭地说："我今天用脚跨过了密西西比河！"

查明了密西西比河的源头，科学家也就能够解释清楚它与五大湖之间的关系了。数百万年前，密西西比河的源头只在美国的中部，上游河水流向北部，注入一个大湖。进入冰川时期后，从北边大湖一直到现在的俄亥俄河的位置全是冰川。大约 1 万年前，冰川开始融化，在这个过程中，大量随着冰川移动的土块、岩石在途中沉积下来，从而形成了五大湖。这些变化也迫使密西西比河向南寻找河道，最终流入海中。

从伊塔斯克湖那汩汩流淌的小溪起步，密西西比河开始了它的漫长旅行。一路上广收博取，渐渐壮大，终于成了一条雄伟壮观的大河，贯通美国南北，也是北美洲流程最长、流域面积最广、水量最大的河流。

密西西比河上游从源头到"双子城"，全长 1010 千米，地势低平，水流缓慢，蜿蜒于森林和沼泽之中，两岸多冰川、湖泊和沼泽，湖水多形成急流瀑布后注入干流。在明尼阿波利斯附近，密西西比河流经一段长 1200 米的峡谷，落差达 19.5 米，形成了著名的圣安东尼瀑布。它是密西西比河上唯一的天然瀑布，高度算不了什么，但在河床平坦的密西西比河上，就是了不起的景观了。

"双子城"之一的明尼阿波利斯于 1872 年由原圣安东尼和明尼阿波利斯两城合并而成，最初就是利用河上的瀑布建起了锯木场，直到今天传统的锯木业也很发达。到了 19 世纪末，这里又成为农畜产品加工中心，用一句不算夸张的说法，这里一天加工出来的面粉，完全可以养活半个美洲大陆。如今，明尼阿波利斯的谷物交易所仍然是全美最大的谷物市场之一，许多大型谷物仓库都坐落在密西西比河沿岸。

"双子城"的另一半是明尼苏达州的首府圣保罗市，这座城市的一部分建在密西西比河东北向大回湾的北岸峭壁之上，另一部分建在密西西比河河湾的南岸，俯临弯弯曲曲向南流去的密西西比河水。离城不远的地方就是明尼苏达河汇入密西西比河的地方，密西西比河的千里航道就是从这里顺流而下，因此被称作美国"西北的门户"。

圣保罗是美国中西部地区最年轻的城市，工业很发达，既有新兴的计算机业，又有传统的服装、日用品业。这里最有名的传统企业是3M(明尼苏达矿业)公司，很多家喻户晓的小商品都出自这家公司，如人们普遍使用的透明胶带，就是这家公司的发明，现在已经风行世界。正当所谓新技术革命红红火火的时候，这家公司曾被视为“老牛拉破车”的典型，而如今人们发现传统产业大有可为，它的前景再次被看好。

密苏里河与圣路易斯

密西西比河的中游从“双子城”到位于俄亥俄河口的开罗城，全长1373千米，两岸先后汇入众多支流，西侧支流大多发源于洛基山脉，著名的有密苏里河、阿肯色河、雷德河等；东侧支流大多发源于阿巴拉契亚山地，著名的有俄亥俄河、田纳西河、康伯河等。

密西西比河的最长支流就是密苏里河，它发源于蒙大拿州黄石公园附近的落基山脉东坡，全长4300多千米，流到密苏里州圣路易斯城北面24千米处汇入密西西比河。和密西西比河一样，密苏里河的名称也来源于印第安人阿尔冈金族语言，意为“大独木舟之河”。

美国建国之初，国土只有东部靠近大西洋的那条狭窄地区，西部以密西西比河为界，东起密西西比河，西到落基山脉的整个路易斯安那地区都属于法国。1803年，美国总统杰斐逊从正和英国打仗缺钱花的拿破仑手中买下了路易斯安那地区，却对那片处于原始蛮荒状态的土地所知甚少。同年，杰斐逊委派青年军官威廉·克拉克和梅里韦瑟·刘易斯，率领一支由44人组成的“发现军团”远征探险队，从圣路易斯城出发，乘船溯密苏里河而上，去摸清西部的底细，寻找传说中的西北通道。

刘易斯和克拉克从来没有去过西部，完全凭着一股热情踏上了充满凶险的旅程。出发没几天，他们就与后方失去了联系，但他们没有退缩，一路逆水行舟，披荆斩棘，涉过水量充沛的黄石河，穿越奔腾咆哮的密苏里大瀑布，挺进落基山脉，勇敢地挑战北美地区流速最快的斯内克河和清水河，最终到达他们梦想的终点——太平洋。他们在太平洋岸边建造了一座名为科拉特索普堡的堡垒，使它成为美国在太平洋边的第一座哨卡，也是美国在西部的地标。这一路上他们绘制出了一幅密苏里河盆地的精确地图，发现了120种新的动物以及178种新的植物。

蒙大拿州东部的白崖峡是密苏里河上最险峻的一段，当年刘易斯和克拉克曾在这里宿过营。如今，常常有游客乘坐独木舟或筏子在河中漂流，一方面是体会激流勇进的乐趣，另一方面是在这个具有美国历史纪念碑意义的地方，缅怀那段美国有史以来最不可思议的旅程。刘易斯和克拉克一行往返行程共1.2万千米，费时两年零四个月。成功地完成了美国大陆的第一次横越，成为欧洲人中第一个穿越北美大陆分水岭的人，也是遇见原始部落最多的白种人。

1806年9月23日中午,刘易斯和克拉克等人回到了圣路易斯,受到全城人的热烈欢迎。杰斐逊总统对这两位英雄褒奖有加,将克拉克任命为密苏里州的州长,刘易斯则成为路易斯安那州的州长。

如今的圣路易斯已经成为美国最大的内河港城,也是美国通往西海岸的大门,高高地耸立在密西西比河西岸上的大拱门,就是为了纪念圣路易斯作为美国西部开发的大门户而于1965年建成的。远远望去,这个用不锈钢制成的大拱门好像一道银光闪闪的长虹,从一边拔地而起,在半空中高高地画出一个大大的圆弧,在另一边落入地下。大拱门的顶端距地面达191.9米,相当于一座60层大楼的高度,就纪念性建筑物而论,它无疑称得上世界冠军。

圣路易斯大拱门的设计者是芬兰裔的美国人爱罗·沙里宁,他和他的父亲都是美国有名的建筑大师。拱体的外壳是用两层不锈钢板夹钢筋混凝土拼砌而成的,拱体内部却是空心的,里面有电梯能直达拱顶。所谓电梯,其实是一列由8节小车厢组成的小电车,顺着固定在拱体内部的轨道,用钢缆缓缓地拉动。来到拱门绝顶上的瞭望室中俯瞰,但见绿中带蓝的密西西比河宛如一条玉带从拱门脚下流过,宽阔的河面上横跨着几座姿态各异的大桥。那座名叫伊兹的大桥建于1874年,是世界上第一座钢桁架桥。当年为了建成这座桥,曾有不少人丢了性命。

圣路易斯城中有一座圆环形的高大建筑十分显眼,它是啤酒大王布希的纪念体育场,有5.4万个座位,经常被用来举办棒球和美式足球比赛。1904年,圣路易斯人就是在这里承办了第三届奥运会,这也是美国第一次承办奥运会。

密西西比河中游还有不少各具风情的小城。如哈伯斯菲雷,这里因发现史前人类的土墓而出名。比如达文波特,密西西比河上第一座铁路桥就是在这里兴建的。比如马斯卡腾,曾被称为世界“珍珠”纽扣之都。密西西比河上的河蚌品种有37种之多,这里的人们就地取材,用蚌类贝壳做成各式各样的纽扣。比如新波士顿,亚伯列罕·林肯担任总统前,曾干过测绘师,新波士顿的全城平面图就是林肯绘制的。比如卡普吉拉多,它的北部有一个著名的历史古迹——“泪水小径”。1838~1839年,美国联邦政府及州政府逼迫原住民部族切诺基人离开乔治亚州和田纳西州东部的家园,迁移至俄克拉荷马州东部的印第安人保留区。他们流着眼泪跨过密西西比河,沿途死了4万多人,“泪水小径”之名就是这样来的。

密西西比河中游沿岸最有名的小城当数汉尼拔,它是美国大作家马克·吐温的家乡。马克·吐温是在密西西比河边长大的,成年后在密西西比河上谋生,当过水手,还考取过领航执照。他本名塞缪尔·克雷门斯,马克·吐温这个笔名的本意是“两浔”,即12

英尺,是当时公认的汽船吃水安全深度。对于密西西比河,马克·吐温有着深厚的感情,他在《密西西比河上》一书中动情地写道:“……有时,那水面,仿佛是一本书,把它的思想毫无保留地教给我,把它最珍贵的秘密告诉我。那绝不是一部读一遍就能弃之一边的书。因为它每天都有新故事告诉我。”

马克·吐温的代表作品是《汤姆索亚历险记》,这部长篇小说就是以汉尼拔小镇的生活为原型的。在小说中,马克·吐温详细地描绘了密西西比河流域的自然生活,充满了少年的梦想,纯真的惊奇,浪漫的喜悦,还有孩子们的冒险故事,对少年读者具有非凡的魔力。小镇的南边有一个马克·吐温洞,它是一个天然洞穴,里边四通八达,好似迷宫一般,据说汤姆的洞穴冒险就是在这里进行的。

汉尼拔是个只有万把人的小镇,镇上最大的资产就是马克·吐温儿时的故居,这一带的房子和街道都保留着原样,禁止车辆通行。镇上还有马克·吐温博物馆、汤姆铜像等,每年都能吸引来大批的旅游者。

蒸汽船与孟菲斯

密西西比河的下游地段从俄亥俄河河口算起,一直到密西西比河三角洲的河口,全长1570千米。这段河流弯度不大,地势也比较平坦。亚热带湿润的季风给这里带来了温和的气候和充沛的雨量,尤其是俄亥俄河流域地区,土壤肥沃,已被开发成为美国最大的玉米产地。

密西西比下游的第一座城市是地处伊利诺伊州、肯塔基州和密苏里州三州交界处的开罗城。开罗城往南有一大片土地被称作密西西比三角区,这里土地特别肥沃。从15世纪开始,数以万计的黑人从非洲像动物一样被抓来,带上镣铐,任白人驱使,在棉花种植园里洒下无数的汗水和泪水。如今那些作为黑奴制象征的种植主的庄园依然存在,只是残暴的庄园主换成了和蔼的管理员,不厌其烦地为一批批游人讲述着这里发生过的故事。

把这里的故事讲出名的人是美国女作家斯托夫人。她14岁那年,随父母迁居位于俄亥俄河畔的辛辛那提,郊外便是星罗棋布的大农奴主种植场。当时,辛辛那提是北美废奴运动的中心之一,还是各地逃奴的避难地。斯托夫人一家对黑奴深表同情,家中还安置过逃奴,这使得斯托夫人有机会亲耳听到逃奴诉说他们悲惨的遭遇。后来,斯托夫人又得到一次机会,与朋友一起访问了肯塔基州梅斯维尔的几个种植场,耳闻目睹了黑奴劳动和生活的惨状。有一次,斯托夫人在密西西比河的一艘商船上邂逅了一个凶残的奴隶主,亲眼看到了他的劣迹,使得斯托夫人大为震惊,此人后来成为斯托夫人小说中的反面人物的原型。

1851年6月,斯托夫人创作的小说《汤姆叔叔的小屋》在华盛顿的一家刊物上连载,很快就赢得了成千上万的热情读者。第二年,《汤姆叔叔的小屋》结集出书,一年内美国八家出版社日夜赶印出30万册,仍然不能满足读者的需要,当时几乎每个识字的美国人都争先恐后地阅读这部"扣人心弦"的小说。这部小说还对美国的废奴运动和南北战争产生了巨大的推动作用。1862年,林肯总统在白宫接见斯托夫人,盛赞道:"这位小妇人写了一部导致一场伟大战争的书。"

斯托夫人的这部小说后来由联邦德国、意大利、前南斯拉夫联合摄制成同名电影,影片从头至尾都贯穿着一首歌,名字就叫《密西西比河》:"古老的密西西比河啊,饱经沧桑……古老的密西西比河啊,滚滚向海洋……"那深沉的男低音,轻轻地哼唱出黑人的哀愁,伴随着密西西比河的涛声传向远方。

斯托夫人在《汤姆叔叔的小屋》中还提到了密西西比河上盛极一时的蒸汽轮船:"夕阳的余晖,照耀着密西西比河那宽阔的河面,一圈圈乌黑的苔藓,挂在两岸随风摇曳的甘蔗和黑藤萝树上,在晚霞的映照下,闪闪发光。此时,'美丽河'号蒸汽轮船载着沉重的负荷向前行进着。"

蒸汽船依靠蒸汽引擎输出气压,带动船尾很大的轮桨,从而推船前行,因为吃水较浅,很适合在河上航行。1817年,密西西比河上出现了第一艘蒸汽船,名叫"新奥尔良"号,从此蒸汽船就成了密西西比河上最常见的交通工具。1870年在密西西比河上还进行了一次著名的蒸汽船航行比赛,对阵双方是以南北战争时南军统帅李将军命名的"罗伯特·李"号和"纳彻斯"号,结果"罗伯特·李"号以3天零18小时的时间,从新奥尔良抵达圣路易斯,领先"纳彻斯"号6小时多。如今人们在密西西比河上还可以乘坐"纳彻斯"号游览,它是按照当年的"纳彻斯"号原样复制的。

从19世纪中叶到20世纪初,密西西比河上风光一时的蒸汽船是那种"演出船",也被称为"游动剧院",全盛时期有26艘之多,船上演出当时人们热衷观看的马戏、杂耍和小型歌舞,给旅客带去一路欢乐。到了20世纪30年代,由于来自电影、收音机的竞争,还有汽车的逐渐兴起,乘船旅行不再是唯一的选择,"游动剧院"才逐渐衰落。20世纪红极一时的百老汇音乐剧《游览船》,表现的就是密西西比河上"演出船"的生活。就在剧情即将结束的时候,华丽的蒸汽船在河上慢慢远去,黑人歌手保罗·罗伯逊站在河岸边,唱起那首动人的《老人河》,观众无不为之动容。

密西西比河流过开罗城后,沿途出现的第一大城市就是位于河东岸的孟菲斯。孟菲斯本是埃及古都的名字,怎么用到了一座美国城市的头上来了呢?原来,1541年西班牙探险家德索托到达这里,随手就从《圣经》中找来一些中东的地名,给这片荒地上的一些地方命了名。

此孟菲斯非彼孟菲斯，但二者还是有些相像之处的。埃及的孟菲斯有尼罗河的哺育，美国的孟菲斯有密西西比河作为命脉。靠着这条大河，孟菲斯才能发展成为美国第二大河港，每年在这里装卸的货物多达1300万吨。完全可以这样说，如果没有密西西比河，就不会有孟菲斯的兴起。怀着对“老人河”的无限深情，孟菲斯人在河中的淤泥岛上建立了一座密西西比河博物馆。岛上建有微缩的“老人河”，有几个街区那么长，密西西比河上有什么景观，这里就有什么景观，密西西比河上有什么桥，这里就照样造一座桥。游人在这里沿“河”走一趟，就如同沿密西西比河航行过一趟一样。

此孟菲斯与彼孟菲斯还有一个共同之处，那就是都以大量种植棉花而出名。这里不仅有很多棉花仓库和榨棉籽油的工厂，还有大名鼎鼎的棉花交易所。孟菲斯每年都要举办盛大的“棉花狂欢节”和中南部交易会，热闹非凡。

说起棉花种植来，就不能不想起《汤姆叔叔的小屋》，孟菲斯的兴旺和繁荣得益于密西西比河盛产的棉花，而这些白花花的棉花却浸透了黑人的鲜血。19世纪时，孟菲斯曾以奴隶市场闻名于世，今天生活在孟菲斯的居民中，黑人大约占到一半。他们虽然摆脱了棉田奴隶的地位，但不少人仍然干着挣钱很少的粗活重活，仍然受到种种不平等的待遇。由于历史的原因，孟菲斯的民族矛盾非常尖锐，1866年这里曾发生过严重的种族暴乱，1968年黑人运动领袖马丁·路德·金来到孟菲斯支持黑人罢工，不幸被暗杀。马丁·路德·金之死激怒了全美国的黑人，10天之内，黑人的抗暴怒潮就席卷了美国29个州的125座城市。为了纪念这位黑人领袖，马丁·路德·金当年遇刺的汽车旅馆已被改建为国立民权博物馆。

孟菲斯还是美国最著名的音乐制作中心，也是全世界流行音乐的发祥地，而这主要是黑人的功劳。长期以来，生活在社会最底层的黑人们看不到希望和亮色，心情压抑，便用歌曲来表达他们心中的痛苦和哀怨。黑人作曲家汉迪就诞生在孟菲斯，他被称为“蓝调之父”，而“蓝调”音乐脱胎于黑奴抒发心情时所吟唱的12小节曲式，给人一种紧张、哭诉、无助的感觉，恰恰反映出黑人的生存状态。孟菲斯还是摇滚歌星“猫王”艾维斯·艾伦·普里斯利的成名之地和最终的归宿，每年都有大批“猫迷”来到“猫王”的豪宅和墓地凭吊这位摇滚歌星，入夜则到“蓝调”酒吧享受节奏强烈的黑人音乐。

密西西比河流过孟菲斯，并没有加快脚步，似乎眷恋着这块富饶的土地，迟迟不肯汇入大海的波涛。就在密西西比河入海口的地方，出现了美国最大的海港城市新奥尔良。它是目前仅次于荷兰鹿特丹的世界第二大海港，主要承担大宗货物以及中转到世界各地的物资，每天有近百艘来自世界各地的船只进出。

新奥尔良一带原为印第安人的居住地，17世纪末，法国探险家抵达密西西比河河口，旋即宣称整个流域为法王路易十四所有。1718年，法国人在河口的沼泽地上建起一个居民点，以法国名城奥尔良命名，称为新奥尔良。1803 年，它随同整个路易斯安那地区一起被美国人买了下来。由于这样一段历史渊源，新奥尔良城中出现了一个美国本土上最具有异国情调的城中城，它就是著名的"法国区"，即法国移民初来时开辟的地方。新奥尔良城中的"法国区"以杰克逊广场为中心，周围矗立着许多早期法国和西班牙式样的建筑，如广场对面灰色塔尖的圣路易斯教堂等。"法国区"内有 70 多个街区都是法国式建筑，街区笔直但街道较为狭窄，街道两旁种植着香蕉和热带林木，一派热带城市风光。这里的居民大多说法语，吃法国菜，保留着法国和西班牙的风俗和习惯，所以人称这里为"美国的巴黎"。

密西西比河从新奥尔良市区流过，它的北边紧靠着庞恰特雷恩湖，这个大湖与大洋相通，水面宽阔，湖周围树木苍翠，草绿花香。湖上建有一座 38 千米长的双道桥梁，据说是世界上第一长的高速公路桥。站在这座雄伟壮观的大桥上，但见湖光万顷，水天一色，美丽的景色令人叫绝。

新奥尔良作为密西西比河三角洲上最有代表性的城市，受益于这条大河，也受害于这条大河。密西西比河的泥沙含量很大，随着河水径直冲下来，于是形成了世界上最大的三角洲，这里油黑的土壤毫不费力地孕育出丰收的果实。但密西西比河上游地区水土流失特别严重，泥沙沿途下沉，增高了河床，一到春夏时上游冰雪融化，水量激增，很容易造成洪水泛滥，而每次发洪水受灾最严重的都是三角洲地区。据统计，密西西比河每隔 7 年就泛滥一次，河堤决口，良田被淹，屋倒房塌，溺死人畜，损失惊人。1927 年，密西西比河发生了美国历史上最具灾难性的洪水，一时间洪水铺天盖地而来，大约 7 万平方千米的土地变成泽国，60 多万人无家可归，所造成的直接经济损失达 10~15 亿美元。

为了有效地控制密西西比河水患，早在 1717 年，美国政府就在新奥尔良筑起了第一条堤坝，后来又指定陆军的机械部队专职长期治河。到目前为止，密西西比河的主流和支流两岸的防洪堤坝已超过 3500 千米，堤岸平均高达 9 米。为了解决令人头痛的泥沙淤积问题，美国政府在密西西比河上投入了大量的清淤船只。如果你从密西西比河上经过，就会发现每隔一段河道，就有一艘清淤船在作业，这也成了密西西比河上的一道风景。

靠着堤坝的保护，即使在河水水位上升的时候，新奥尔良市区低于密西西比河面的地方也能安然无恙，游艇在人们头顶上驶过的景象，或许还会被当成奇景来欣赏。然而，"水城"这个别号对于新奥尔良来说并不是什么荣耀。密西西比河平时总是好脾气，在开阔的河道中静静地流淌，但那略显浑浊的河水还是会让人心中难以安然。它会不会突发雷霆之怒呢？如果你去请教长年生活在密西西比河上的渔夫和船员，他们会给你这样的忠告：尊敬它，不然它会把你弄下水！

名岛游览

济州岛

到过济州岛的中国人，都喜欢把这里比做海南岛，这里的气候条件和地理环境确实与海南岛十分相似，放眼望去，都能看到许多又高又直的棕榈树，把两座岛屿装扮得热带风情十足。但是韩国人却不喜欢这样的类比，在他们的心目中，济州岛是可以比得上夏威夷的。

济州岛

其实，济州岛就是济州岛，大自然鬼斧神工地造就的地貌是独特的，千岩竞秀的风光是独特的，纯洁朴实的民风是独特的，就连岛上神秘浪漫的传说也是独特的。

济州岛素有“神话之岛”之称，这里民间流传的神话故事竟有 18000 多个，而位于济州市郊外民俗自然博物馆附近的“三姓穴”则是这些神话的总发源地。所谓“三姓穴”，就是在一片直径 5 米左右的洼地中有三个呈品字形排列的穴坑。令人称奇的是，即使雨下得再多，这三个穴坑也不会积水；周围有着 300 多年树龄的老树都朝着这三个穴坑低头，仿佛在表达着某种敬意。

相传最早开发济州岛的三位神人就是从这三个穴坑里冒出来的，他们分别名叫高乙那、梁(良)乙那、夫乙那。有一天，大海上漂来一个用紫色泥土密封的木箱，他们打开木箱，里面站出一个身穿紫色衣服的人。他拿出一个石盒对他们说：“我是碧浪国的使者，我们大王有三位公主，听说西海中间有三位神人要立国，但仍无配偶，就让我带二三位公主来许配给各位完成大业。”说完即驾云离去。高乙那等人打开那个石盒，里面果然有三位漂亮的公主，还有耕牛和五谷杂粮的种子。

三位神人立刻举行祭天祭祀，在南济州郡城山的温坪里一个水池中沐浴，然后同三位公主举行了婚礼。这个水池如今还在，被称作“婚姻池”。三位神人成亲后，便在这里耕田放牧，繁衍子孙，建立村落，过上了丰衣足食的生活。现在岛上的居民大多姓高、梁、夫，相传就是那二三位神人的后代。而据历史学者考证，高、梁、夫三人其实是中国元末时的移民，他们最早涉足济州岛。

济州岛上另一个神话集中的地方，就是位于岛屿中部的汉拿山，相传这里是众位神仙居住的地方，所以又叫瀛洲山，与朝鲜半岛上的金刚山、智异山合称为三神山。“汉拿”是“云汉可拿引也”的缩写，意思是伸手可及银河，用来形容其高。它是一座火山锥，最后一次喷发是在1007年。在汉拿山中迄今已发现15条熔岩流，而正是这些熔岩流造就出这里千姿百态的溶洞、熔岩柱和形状千奇百怪的岩石。

汉拿山顶有一个直径约600米的火山口，里面形成了一个深100多米的火山湖。传说远古时众神仙从天而降，骑着白鹿在这里游玩，所以这个火山湖得名白鹿潭。汉拿山西南方有一处名叫灵室的奇岩，相传这里是雪门台婆婆和她的500名儿子居住的地方。汉拿山就是这位雪门台婆婆用裙子运送泥土堆成的，雪门台婆婆的裙子破了个洞，漏下来的土就成了岛上的360多座山峰，而她的那些儿子就成了灵室奇岩的五百罗汉。汉拿山西南还有一处怪石，远望如同王冠，相传是王冠所化，所以得名王冠陵。

济州岛上有两个城市，位于汉拿山南侧的是西归浦市，而它的名字也与一段传说相关。相传秦始皇统一六国以后，派遣徐福率领童男童女和船工到海外寻找长生不老草。徐福一行首先到达的地方就是济州岛，他们登上汉拿山，找到了长生不老草（一说为灵芝），便从山上下来。途中经过正房瀑布，徐福惊异于此地的美景，就刻下了“徐福过之”四个大字。徐福等人离开济州岛向西归家，他们上船的地方就被后人称为西归浦，现在的西归浦市也因此而得名。

也许是“神话之岛”确有仙气，济州岛出了一条世界有名的“神秘道路”。这是一条坡道，汽车开到这里下坡时要加油，上坡时熄火后不刹车，汽车却会自动开到坡上。好奇的游人来到这里，常常会把空饮料罐放在路面上，它们就会沿着上坡方向迅速滑动，很是好玩。

与济州岛上的神话传说一样，这里的民俗风情也同样独特，概括起来就是“三无”“三多”。“三无”就是无小偷、无乞丐、无大门。济州岛上物产丰富，济州岛人自尊心强，以自立为荣，所以就没有人愿意当乞丐，更没有小偷了。至于没有大门，那是流传至今的一个古老的传统。济州岛上很多人家的门前都立着两根定柱石，石上钻有三四个洞，定柱石上面搭的棍子叫丁囊。如果三个丁囊都搭在上边，那就意味着主人出远门了；如果搭上一个丁囊，那就意味着主人去邻居家串门；如果搭上两个丁囊，那就意味着主人要到晚上才能回家。遇到这三种情况，客人都会掉头便走。只有三个丁囊都放在地上，那才表示家中有人，来客才会入内。

“三多”就是风多、女人多、石头多。所谓风多，指的是济州岛处在季风必经之路上，台风经常光顾这里。而女人多并不是指岛上男女比例失调，而是人们在田间地头所看到的都是女人在干活。济州岛上的女人很是能干，春种秋收，夏锄冬藏，无一不能，岛上的男人则留在家里哄孩子。岛上最能干的女人要数“海女”，她们依靠下海捕捞贝类和鱼虾来养家糊口。“海女”从小就学习游泳和潜水，水性娴熟，下海作业时只穿简单的潜水服，不背氧气瓶，一口气能潜水 3 到 5 分钟。遗憾的是，老一代“海女”全都在六旬开外，而岛上的年轻女子没有人愿意一辈子与大海打交道，这一行眼见得人才凋零了。

济州岛是一个因火山爆发而形成的岛屿，岛上到处可见黑色的火山石，田地、果园、牧场、墓地的周围都环绕着由这种黑色石头堆起的低墙。岛上的许多房子也是用带气泡的火山石砌成的，冬暖夏凉，成为济州岛的一大特色。岛上著名的多尔哈鲁邦（老公公）石像也是用火山石雕刻成的，它们是济州岛的守护神。据当地人说，它的身上有灵气，摸它的鼻子能生儿子，摸它的嘴巴能生女儿，韩国人对此深信不疑，所以这里就成了韩国新婚夫妇度蜜月的最佳去处。每逢春末和秋初，到了韩国人的结婚旺季，韩国各大城市到济州岛的飞机每半小时就有一班，岛上的旅店家家爆满，周末的客房要提前好几个月预订。这个时候你到济州岛机场上，眼睛里见到的几乎只有三种颜色：洋红色那是韩国传统结婚礼服的颜色，象牙白那是新式婚纱的颜色，黑色则是新郎礼服的颜色。

济州岛最独特的风光在火山，全岛共有 368 个火山口，它们形态各异，各具风情，其中气势最宏大的是城山日出峰。它是一个从海中升起的火山口，位于济州岛的最东端，是全岛最早沐浴阳光的地方，“日出”之名便由此而来。它还是全世界最大的突出于海岸的火山口，一面与陆地相连，另一半伸进碧蓝的大海里，就好像一艘镶嵌着翡翠的宝船正准备起航。

济州岛上还有两个地方很值得一看，一处是位于济州市西北 40 千米处的翰林公园，另一处是与翰林公园同在一个山谷中的盆栽艺术苑。翰林公园充满异国情调，园内汇集了世界各地有代表性的珍奇植物。翰林公园的一大特色是这里陈列着许许多多的造型奇特的石头，人物类有背水罐的妇女、将军、情侣等，动物类有鹿、马、牛等，还有未加雕饰的天然石。园中的二元洞窟（挟才窟和双龙窟）全世界独一无二。挟才窟洞顶下垂的钟乳石和地面耸立的石笋上下对应，美妙绝伦。双龙窟内盘旋腾飞的两条巨龙形象逼真，呼之欲出。

盆栽艺术苑是韩国唯一的盆栽专门公园，号称世界最大的盆栽公园，又有“遐想的庭院”之称。这里生长着枫树、紫藤、松树等百余种珍稀树种共 1700 多棵，还有 2000 多种巧妙精致的盆景，游人从喧嚣的都市来到这里，立刻会陶醉在这美不胜收的环境里而乐不思返。

冲绳岛

冲绳与它所在的琉球群岛，像一根绳子卧在日本本土西南方的海面上。不过，这个比喻却让日本人听了有些不大舒服。他们自己把冲绳比做国家之门，屏障着身后的日本列岛。第二次世界大战即将结束前，美军准备进攻日本本土，冲绳岛就成了最理想的跳板。当时冲绳岛上集结着10万日军，武器装备根本无法与美军相比，而美军投入的总兵力达54.8万人，还有各种舰艇1500余艘、飞机2000余架。美国人把这次战役称作“破门之战”，那意思很明显，就是一脚踢开天皇之门，登堂入室，打进日本人的老巢。

冲绳岛

1945年4月1日，冲绳之战打响了。美军出手狠辣，向冲绳岛上倾泻了各类炮弹270万发，按岛上军民共57万人计算，平均每人头上就落下了近5发炮弹。按这样的打法，恐怕日军连一天都坚持不住，而实际上日军却在这个岛上坚守了近3个月，虽然最后未能守住，却让美军付出了死亡1.3万人的代价。至于日本人，军人死了8万人，平民死了10万人。攻占一个冲绳岛就伤亡这么大，如果攻占日本本土又会怎么样呢？美军参谋长联席会议做出估计，如果在日本本土登陆，美军将会有100万人的伤亡。日本人又会死伤多少呢？这数字令美国人不禁胆寒，这才改主意使用原子弹，用核武器的力量威慑日本人，迫使其不战而降。谁都知道，美国人的目的达到了，美国人和日本人都不再流血了，只有冲绳岛用它的血迹斑斑凭吊着那些本来不该殒去的生命。

冲绳岛之战结束后，善于鼓动的英国首相丘吉尔认为这是一场史诗般的战斗，将以世界上最激烈的战斗而流传后世。而打了胜仗的美军却没有丘吉尔那样的好心情，也没有像以往那样举行大规模的庆祝活动。这倒不是因为战斗过于惨烈，而是因为他们看不懂日本人对生命的漠视。如果说浑身着火的日本兵军冲出阵地抱住美军士兵同归于尽，那可以理解为英勇，如果说战败后剖腹自杀可以理解为武士道精神使然，如果说军人战死沙场是天职，那么岛上那么多学生、护士有什么理由集体自杀呢？还有很多人全家跳海自尽，这又是为什么呢？

冲绳岛最南端有一座冲绳和平公园，公园里有30多座纪念碑，碑文的内容大多是纪念战争中的死难者和祈祷和平。公园的最高处是一座悬崖绝壁，这里就是著名的“自杀悬崖”。它高近百米，下边就是太平洋，往下看一眼都会让人不寒而栗。悬崖上矗立着两座纪念碑，冲绳岛被攻占后，有几千名日本人从这里纵身跳进大海，他们并不都是军人。

冲绳岛南部立着一座姬百合之塔，它是为了纪念一支被称作“姬百合部队”的学生军而建的。冲绳之战前，冲绳师范学校女子部与冲绳县立第一高等女校的219名女学生与女教师组织起来，在战场上看护伤病士兵、处理尸体、搬运医疗药品和器械、运送食品和水等物资。最后这些女子全部丧命，有的是被炮弹炸死的，有的是战败后自杀。站在塔前，想想那些柔弱的灵魂，内心感慨无限……

二战后，美国人把冲绳岛当成了剑指东北亚、立足亚太的一只好用而稳固的“锚”。美军在亚洲驻军10万人，其中冲绳岛就有3万之多。岛上的嘉手纳空军基地成为美军在亚太地区最大的空军基地。冲绳城区的最好地段几乎全都被美军占用了，在驻有美军基地的市区行走，往往要绕行很长时间，因此便有了“冲绳在基地里”的说法。

冲绳人反对美国人把军事基地建在冲绳岛，因为这里储存有核武器，让人成天提心吊胆；因为美军F-16战斗机不时地从低空呼啸而过，让人不胜噪音之扰；因为美国大兵开着吉普车在大街上横冲直撞，经常制造交通事故。但耐人寻味的是，日本人与驻日美军总是能和睦相处，从来没有动过粗。在冲绳之战中，冲绳岛的居民死了三分之一，他们的后人怎么就不找美国大兵的麻烦呢？当然不是胆小，要知道当年的冲绳人可是视死如归的。要想解开这个疑惑，只能到日本文化中找原因。日本文化虽然源自中国，但在对待敌人的态度上却是大相径庭。中国人崇尚的是威武不能屈，讲的是气节，日本人则现实得多。对于比自己强大的敌人，便崇拜、服从；对于比自己弱小的敌人，便蔑视、轻贱。1853年，美国海军准将佩里率领舰队登陆日本，强迫日本签订了不平等通商条约。这样一个殖民主义者却被日本人奉为英雄，每年都在他登陆的地点举行纪念活动，还以他的名字命名公园。1945年日本投降后，美国的麦克阿瑟将军出任统治日本的盟军总司令，日本人对他奉若神明，甚至尊之为“再生父母”“恩人”。

半个多世纪前的血雨腥风早已飘散，如今的冲绳岛已经成了“日本的夏威夷”。灿烂的阳光，绿色的棕榈树，雪白的沙滩，海水清澈，看得见珊瑚礁的影子，漂亮的海岸线一眼望不到尽头，不由得使人联想到夏威夷的热带风光。就连当地人身上穿的大花短袖衬衫，名字就叫夏威夷衫。每年的4月至8月是冲绳岛最佳旅游季节，一到这个时候，沙滩上五彩缤纷的太阳伞就盛开出一朵朵美丽的鲜花。

冲绳岛绝佳的海岸景色主要集中在岛的北部，这里最有名的奇景是久米岛上的龟甲石。它是一大片五角形或六角形的石块，起码在1000块以上，潮退时便会暴露在人们眼前。这一带海水的透明度很高，涨潮时也能看到这些奇石，还能看到鱼儿在石块间游来游去。如果你能潜到海底，又能看到一群群五颜六色的热带鱼在你身边往来不绝。

位于冲绳岛西海岸恩纳村国家自然公园内的万座毛也是岛上数一数二的景观。“万座”的意思就是“万人坐下”，“毛”是冲绳的方言，指杂草丛生的空地，“万座毛”的意思就是“能容纳万人坐下的草原”。正如其名，这里的天然草原一望无际，还有珊瑚礁形成的悬崖绝壁，海潮拍打着岸边岩石，激起冲天巨浪。18世纪时，琉球王国的国王曾到此一游，对这里雄伟的景色赞叹不已。

冲绳岛上著名的人文景观大多散布在岛的南部。外国游客来到这里还觉不出什么，正宗的日本人到了这里反倒觉得有些别扭，因为地理环境、自然风貌、风土人情都与日本其他地区截然不同。不说别的，当地的方言日本人就根本听不懂。出现这么大的差异与冲绳的历史很有关系。冲绳岛原名大琉球岛，岛上原有山南、中山、山北三个小国，15世纪统一为琉球国。琉球国与中国以及东南亚贸易频繁，琉球国王每年都要向中国进贡，从而形成了与日本本土完全不同的文化。直到明治十二年（1879年），日本才把琉球纳入日本的版图，改名为冲绳。

冲绳岛上古迹不多，昔日琉球王国的国都首里城便成了观光热点。这里有琉球王国的宫殿，是当时琉球国王处理国家事务、接见使节和举行重要庆典的地方。在历史上它曾四次被毁，最近一次是在第二次世界大战期间，当时岛上的日军把司令部就设在首里城垛下面的坑道里，结果招致这座有着数百年辉煌的皇都被炸成一片废墟。如今人们看到的首里城主殿是战后重建的，于1992年11月完工。它是冲绳岛上目前最大的木结构建筑，色彩鲜艳，形态宏伟，体现出了琉球建筑技术与美术工艺的精华。王宫里的柱子上也是漆着龙的图案，反映了琉球王国与中国的密切交往。

冲绳岛南部的玉泉洞王国村不是古迹，却古意盎然。在传统的工艺广场上，有移建于此的百年老屋，组成了“琉球王国一条街”，在这里可以观看到琉球王国时代的玻璃制作工艺，还有每天两次的传统舞蹈表演。这里的玉泉洞是日本第二大钟乳石洞，绵延约5千米，洞中约有98万根钟乳石，外形各异其趣，令人赞叹不已。

在首里城公园的大门外，也就是宫殿的入口，耸立着一座悬挂着“守礼之邦”匾额的牌坊，称为“守礼门”，号称冲绳的“国宝”。仰望着“守礼之邦”那四个金光闪闪的汉字，大概每个中国游客都会感慨万千。日本人重视礼仪，就连武士见面也是彬彬有礼，但让人炫目的却是他腰间挂着的那口倭刀。

普吉岛

“普吉”一词源于马来西亚语，意思是“山丘”。普吉岛上山丘绵延起伏，间或点缀着一块块小盆地，青翠的丛林片片相接，不愧“普吉”之名。但是最令普吉岛人感到自豪的不是山林之美,而是海滩胜地。

普吉岛有着漫长的海岸线,遍布着一片片呈弯月形的沙滩,那纯净的白色接着椰林、橡胶林的绿色,愉悦着人们的视野。在岛的西边,印度洋安达曼海温暖的波浪轻柔地拍打着海岸,造就出10多个美丽的海滩,其中的卡塔海滩、卡隆海滩、耐哈恩海滩、巴通海滩、拉瓦伊海滩被称为普吉岛必去五大海滩。一到旅游季节,这些海滩上就交错出光与影的灿烂,那色彩缤纷的太阳伞好像一株株向日葵,整日里与阳光捉着迷藏,而伞影里总是躲藏着兴奋的心情。喜静的游人只需拿本书歪斜在躺椅上听潮看浪,看海湾中游艇飞驰;或者租个钓鱼竿钓钓螃蟹,享尽闲适。喜动的游人难免不被花样繁多的水上活动弄花了眼,滑水、划独木舟、玩风浪板、香蕉船,那一样都诱惑着人们去一试身手。如果想与大海来个更亲密的接触,那就索性潜进五彩斑斓的海底去。海边还有一些淡水游泳池,那是给不敢下到大海中的游人预备的,既然不能与鱼儿共舞,那就把自己变成一条淡水人鱼吧。

普吉岛

太阳亲吻了一天沙滩,也许有些厌倦,便渐渐西下,这时候位于普吉岛最南端的蓬贴海角就成了最吸引游人的地方。这里又称为神仙半岛,向来都是欣赏落日的绝佳地点,也是一个最有浪漫情调的地方。一对对情侣携手并肩凭堤而立,满怀憧憬地向远方眺望。近处斜阳映照着遍地野草和高挑的棕榈树,远处三面大海深蓝,依稀几座孤岛,晚霞将天空晕染成一片橘红,海面泛着层层金光。很多人都说,如果你没有在蓬贴海角看过日落,就等于没有见到真正的普吉岛。只有身临其境,你才会知道此言不虚。

看完日落,如果你还有兴致,不妨到普吉岛西面的芭东转一转。这里是一个富有浓郁泰国色彩的地方,最具特色的是酒吧街。在不足千米的小街上,分布着几十家风格各异的咖啡厅、酒吧。要上一瓶啤酒,与素不相识的欧美游客混坐在一起,在闪烁的灯光中见识一下著名的“芭东之夜”,也让人生多了些浪漫。

若论惊险刺激,“芭东之夜”远远比不上考帕泰奥国家公园中的骑象之旅。这个公园里保存着普吉岛上仅存的原始森林,但游人来到这里很少为了看森林,而是为了骑象穿越热带密林。在驯象员的保护下,两人一组骑到大象背上,沿着林间小道走进原始森林的深处。这里非常幽暗,几丝阳光从树叶的缝隙中艰难地漏下来,将相互纠缠在一起的藤蔓照得半明半暗,巨大的蕨叶像怪兽一样张牙舞爪,冷不丁蹿出一只丑陋的蜥蜴。幸好坐在高高的大象上,让游人感觉有惊无险。大象也很听话,只是不停地左摇右摆,把人弄得晕头转向。

如果你没有胆量到野外去，又想过一把骑大象的瘾，那就请到距离普吉市中心只有3千米之遥的兰花园。这里种植着6万株兰花，兰花村由此得名。但村中最引人入胜的是各种展示泰国传统生活的表演，有民族舞蹈表演，享有盛誉的泰式拳击表演，还有一天两场的大象表演。只要你肯花几个钱，就可以骑大象或给大象喂食。

若论自然风光，普吉岛上最美丽的地方非攀牙湾莫属。这里属于典型的海上喀斯特岩溶地形，山峰耸峙，怪石嶙峋，景色变幻万千，酷似中国的桂林山水，因此被誉为泰国的“小桂林”。在这一带的海面上，遍布着160多个大小岛屿，形态奇特，海湾内还生长着珍贵的胎生植物红树林，划着小船在红树林和小岛间穿梭，宛如进到蓬莱仙境。如果说游览普吉岛是一出戏剧，只要到了攀牙湾才真正进入高潮。

在攀牙湾附近众多的岛屿中，最有名的便是007岛。它本名达铺岛，“达铺”在泰语中是“钉子”的意思。由詹姆士·邦德主演的系列影片《007》中有一集叫《铁金刚勇战金枪客》，就是在这个岛上拍摄的，由此使得这个小岛名声大噪，连泰国国王也留下手迹记录此事，于是这座岛就被称作007岛了，也叫它詹士邦岛。

007岛的形状好似蘑菇，又像棒槌，上阔下窄，头大尾细，高约30多米，仿佛一根铁钉插在海底。这是海水侵蚀的结果，才出现了这傲然兀立的自然奇观。007岛上那块“大白菜石”特别令人关注，据说不久以后它就会消失。前往007岛可以搭乘泰国独有的长尾船，它的船身很长，一排可坐两个人，大概有16排左右，酷似中国珠江三角洲的小龙舟。

这一带比较有趣的岛屿还有割喉岛、攀娜岛。割喉岛(Hong Island)在泰文中的意思是“房间岛”，指的是岛中有一个被海水侵蚀而成的大岩洞，好似屋子里的房间，华人取其谐音将它叫作“割喉岛”。游人来到这个岛上，要换乘小独木舟，才能进入岛上的岩洞，有的岩洞高不过30厘米，要躺着才能进去。攀娜岛外形类似躺椅，与割喉岛一样都是壮观的海蚀地形，但比较之下更有看头，幸运的话，能在岩洞之间看到蹦蹦跳跳的猴子。

在从普吉岛前往攀牙湾的沿岸，可以顺便参观两个石灰岩洞，一个叫佛庙洞，一个叫隐士洞。佛庙洞内面积宽广，有各式千奇百怪的石笋和钟乳石；隐士洞由数十个位于山峰底部的洞穴串联而成，洞内流水淙淙，景色神秘而壮观。

普吉岛的离岛大多集中在东北角的攀牙湾，位于其他方向的离岛要少许多，但名气并不小，其中最著名的要数坐落在普吉岛东南方向约20千米处的皮皮岛，如今已经成为全球旅游热点。皮皮岛分为大皮皮岛和小皮皮岛，因形似字母P而得名。爱看电影的朋友应该记得2000年上映的美国热门影片《海滩》，影片中那片梦幻般的碧海晴天，就是小皮皮岛的实景拍摄。这里有柔软洁白的沙滩，一脚踏上去就好像走在一块巨大的波斯地毯上，比较开放的游客干脆全身赤裸就地俯卧，让阳光给自己换一身古铜色的皮肤。这里有宁静碧蓝的海水，颜色如同透明的翡翠。这里有大大小小的天然洞窟，让人叹为鬼斧神工。这里还有未受污染的自然风貌，鱼儿成群结队地游上浅滩。这里能够获得好莱坞大导演的青睐，足见皮皮岛魅力不凡。

普吉岛上不仅有美丽的风光，也有值得骄傲的历史，而最让普吉岛人尊崇的历史人物是一对姐妹。她们的塑像就立在他朗市区里码头广场圆环的正中央，每年的3月13日都要在这里举行纪念活动，而当地居民平时只要经过这里，都会合掌膜拜或者用按喇叭的方式来表达心中的敬意。

1767年，缅甸人打垮了泰国阿瑜陀耶王朝，泰国人随后在曼谷新成立了却克里王朝。1785年，缅甸人组织起一支庞大的船队进攻普吉岛，想试探一下却克里王朝的态度。缅甸大军很快就占领了攀牙的竹古巴与竹古童两城，继续进击他朗城。这时候，普吉府尹已经阵亡，他朗城中的男人已经大部分战死，但府尹的遗孀却没有逃跑，她与妹妹穆召集起500名妇女，手上拿着用烟煤涂抹过的椰树枝伪装成武器。缅甸人不知是计，便没有贸然攻城。在苦撑了一个月后，泰军在挽涛湾突击得手，缅军只得撤退，他朗城得到了保全。为了嘉勉这两位勇敢的女性，泰王拉玛一世颁赠给她们"帖卡撒堤"与"席顺通"的称号，前者通常是只保留给皇家成员的贵族称号。为了纪念这对英雄姐妹，普吉人民修建了这座纪念碑，尽管这青铜塑像已是锈迹斑驳，但她们的眼睛中依然闪烁着英勇无畏的光彩。

巴厘岛

印度尼西亚素有"千岛之国"之称，由13677座岛屿组成的印度尼西亚群岛，如同一串翡翠放在浩渺的南太平洋上，巴厘岛则被公认为是这串翡翠上最为璀璨夺目的明珠。

在有钱的西方人的眼里，巴厘岛是一座"天堂岛"；在笃信宗教的东方人眼里，巴厘岛是一座"神仙岛"。向往天堂的人到这里追求的是享受，向往神仙的人到这里喜欢参拜寺庙神佛。不管是出于什么样的心思，巴厘岛都成了很多人心目中一生必去的地方之一，从而大大提高了它的名声，以至于不少人仅知道巴厘岛，却不知道它属于印尼。

巴厘岛

西方人所认可的度假胜地必须具备三个s：sun（阳光）、sand（沙滩）、sea（大海）。巴厘岛不仅三S俱全，而且都是最优等的。来到巴厘岛上，满目都是蓝天、白云、银沙、碧水，数不清的亮丽色彩装点着绵长的海岸线，众多的沙滩。如果你想坐在海滩上欣赏美妙绝伦的落日，那就请到名列世界十佳日落景观的金巴兰海滩，它位于巴厘岛机场南边，附近有一个小渔村。当耀眼的阳光渐渐淡没，整个天边变成了一片金黄。突然间，太阳就好像被一条看不见的丝线飞快地拉进海底，只剩下金色的云朵散射着柔光，只剩下海天连成的一片灰蓝。观看着这令人陶醉的美景，却不要忘记享用海鲜大餐。金巴兰海滩上到处都是海鲜餐厅，一家家都把桌椅摆到沙滩上来，各式各样的鱼类、螃蟹、大明虾，还有龙虾，新鲜得活蹦乱跳，勾动着游客的食欲。就着烛光，还有小型乐队伴奏，吃饭这等俗事竟也变得浪漫无比。

如果你想享受日光浴和戏水的乐趣，那就请到库塔海滩来。这里是巴厘岛上最繁华、游人最多的地方，度假村、商店、餐厅、俱乐部比比皆是，晒得黑黑的游人随处可见。难得的是这里的环境保持得非常好，海滩总是那样干干净净，海水总是那样碧绿清澈。库塔海滩还有很好的冲浪海域。从拎着滑浪板急急而去的游人脸上，你看到的是兴奋和跃跃欲试；从拎着滑浪板缓缓而回的游人脸上，你看到的则是满足与意犹未尽。

能躺在巴厘岛的沙滩上，仰望着优游的白云，尽情沐浴着南太平洋的日光，甚至是在阳光下发呆，那绝对是一种奢华。而巴厘岛上另一个奢华的享受便是闻名世界的 SPA（水疗）。巴厘岛是 SPA 的最早发源地之一，有些 SPA 台就设在海边。躺在敞开的亭子里，眼睛里是椰林树影，耳朵里是海浪波涛，鼻子里是花香、精油香，感觉着水的柔滑，舒坦渐渐渗透着骨子里，恍然间仿佛成了神仙。

尽可以冲着诸般享受前去巴厘岛，但如果忘记了解这里的风俗民情，那真是天大的遗憾。印度尼西亚是一个伊斯兰教国家，唯有巴厘岛迥然有异。它的西方色彩很浓，这也是西方人喜欢它的一个重要原因。1588 年有三个荷兰航海家因为船只失事漂流到了巴厘岛上，立刻爱上了这个天堂一般的地方。后来能够搭船回国时，只有一个人愿意回国。荷兰人统治了这个岛数百年，使它至今仍保有许多殖民时代的特征。直到 1945 年印度尼西亚独立，巴厘岛才重回印尼的怀抱。

对巴厘岛影响最深的是印度教。公元 14 世纪左右，印度教大规模进入巴厘岛，和原来的佛教相融合，当地人习惯上将其称为“兴都教”或“巴厘印度教”。在宗教的影响下，岛上形成了独特的宗教习俗。几乎家家都供奉有神龛，各种神庙随处可见，城有城庙，村有村庙，全岛神庙的总数近 15000 个，朝拜的香火早晚不断。

到巴厘岛上一般都去海神庙。它盖在海边的一块巨岩上。涨潮时，四周海水环绕，和陆地完全隔离，落潮时方可相通。海神庙建于 16 世纪，巨岩下方对岸的岩壁上有几条有毒的海蛇，传说是海神庙的守护神。相传海神庙建成时忽逢巨浪，寺庙岌岌可危，寺内和尚解下身上的腰带抛入海中，腰带化为两条海蛇，终于镇住了风浪。

巴厘岛人信奉宗教非常虔诚，朝拜晚祈，成了岛民日常生活的核心。在巴厘岛上，一年中各种与宗教有关的节日多达 198 个，其中有 32 个节日要通宵达旦地跳舞唱歌，不明就里的外国游客还以为岛上每天都在过节。宗教节日上的舞蹈大多要由未成年的女孩来跳，所以岛上孩子从3岁起就练习歌舞，男孩子从小就会摆弄很复杂的乐器。女孩子从小就能连续跳舞几个小时，不仅不出汗，脸上也无倦意。巴厘岛人能歌善舞，与这种训练大有关系。

如果你有幸能在巴厘岛上参加一次宗教仪式，那简直就是在观看精彩的艺术表演。在传统乐器"加美兰"悠扬的音乐中，连绵数百米的祭神队伍从大路上款款走来。男子们头扎白色头巾，腰裹黑白方格纱笼，扛着造型各异的神像，有的还跳着粗犷有力的舞蹈。女人们穿着色彩亮丽的服装，戴着精美的首饰，腰身挺得笔直，头上顶着堆扎成小山似的供品，每个人都是那么美丽动人，每个人都是那么婀娜多姿。

巴厘岛上的男人是全印尼体魄最健美的男子，而巴厘岛上的女人则是全印尼最标致的女性，高矮适中，体态匀称。只是由于外来文明的影响，她们才戴上了乳罩之类的东西，早先曾是大模大样地挺着乳房，给人以生机勃勃的感觉，犹如女神一样不容你生出邪念。

相比之下，巴厘岛上男人要比女人轻闲多了。女人做生意下地干活，男人在家里带孩子收拾屋子，闲暇的时间便制作些图案繁复的木雕和石雕，再没有事情做就看斗鸡赌博。

巴厘岛人对宗教的崇拜衍生出对艺术的热爱，而对艺术的热爱又培育出了他们的爱美之心。岛上的建筑，不论寺庙、民宅、饭店、旅游景点，还是警察局、电信局、银行或邮局，都是画栋雕梁，古意盎然。许多饭店里的庭园造景和景观，简直要比王宫还漂亮百倍。在巴厘岛最负盛名的旅游景点乌布，狭窄的街道两旁挨家挨户都是画廊、艺术品小店。那富有独特审美趣味的木雕、银饰、蜡染、编织、串珠等手工艺品，总是令人忍不住多看几眼。

巴厘岛人还将美延伸到他们的生活中。随便找一个家庭旅馆住下来，你会发现庭院里到处都是鲜花，石雕的大水盆里也盛满了花。一般人家每天都要扫地除尘，而这里的主人每天都要清扫落在地下的花瓣。当地人喜欢在耳朵上别朵花，左耳代表已婚，右耳代表着未婚。游人随便拣朵花插在头上，做一个爱美的巴厘人吧！

马尔代夫群岛

"马尔代夫"源于印度文，是"花环"的意思。如果从天空中俯瞰浩瀚的印度洋，在印度和斯里兰卡的西南方你会发现一串串翡翠般的珊瑚礁岛，宛如美丽的花环，这就是马尔代夫群岛被称为"印度洋上的花环"的由来。而在神话传说中，当初上帝开天辟地之后，在印度洋上洒落下花环般的泥土，这就是马尔代夫别称“花环群岛”的由来。

马尔代夫群岛由无数的珊瑚岛组成，目前有 87 个已被开辟为旅游度假村。随便你来到哪一座珊瑚岛上，就会觉得无论怎样的赞誉都不为过。蓝天白云、水清沙白、椰林树影，这样的美景已经成了平平常常，不同颜色的交织把一座座小岛都变成了斑斓的画卷。珊瑚岛的中央是青翠的绿，四周是闪亮的白，近岛的海是浅浅的透明蓝，稍远一点是湛蓝，更远的海是深蓝，逐次渐层，令人目不暇接。

马尔代夫群岛

马尔代夫号称全球三大潜水胜地之一，来这里若不潜水实在遗憾。这里的海水清澈如镜，有时甚至不用下水，站在岸上就可以看到缤纷多彩的热带鱼。每一座度假岛屿的饭店中都设有潜水学校，除了教授潜水课程外，还对外租借潜水器材。初学者只要租到一副浮潜用具，就可以窥得如梦如幻的海底世界。运气好的话，你还能见到小鲨鱼和魔鬼鱼呢！

如果你对航海感兴趣，那就租一条当地人用椰木做的小船，像哥伦布那样去寻找“新大陆”。马尔代夫群岛中多的是无人荒岛，登岛寻幽探秘，将会带给你充满刺激的新奇体验。

马尔代夫还是钓友的乐土。这里盛产大石斑，就连生手也能随钓随上。适合的钓鱼时段有清晨，有黄昏，有夜间，游客们大多选择黄昏垂钓。驾一条小船，找到一座珊瑚礁停下来，抛线而下，不一会儿功夫就会有鱼儿上钩。

大多数马尔代夫人都以捕鱼为生，因此就练就了一套独特的捕鱼本领。当局规定离海岸 2000 米内不准张网捕鱼，只能钓鱼，而优秀的钓手一小时之内就可以钓起 30 条平均 1500 克左右的大鱼。

马尔代夫人善捕鱼，也善烹鱼。他们捕到金枪鱼后，便洗净放进砂罐里用海水煮，然后剥离鱼刺，切成鱼片，再把鱼片放在竹架上用木柴火烧熏，待鱼熏成黑色后，又放到阳光下曝晒，这就是当地最有名的特产“马尔代夫鱼”。“马尔代夫鱼”味道鲜美，马尔代夫群岛每年出口这种鱼都在 4000 吨以上。当地人鱼吃得最多，还喜欢用槟榔或椰子叶卷起椰子果碎块和少量的石灰浆，放在嘴里一起嚼，结果他们的牙齿都被染成黑色的了。

马尔代夫群岛中最大的岛屿是马累岛，总面积约 2.5 平方千米，首都马累就在这个岛上，而它却是世界上最小的首都。这里的环境恬静而秀丽，大街小巷全用白色的细珊瑚沙铺就，与漆成蓝色、绿色的民居门窗形成强烈的对比，街道两旁高大挺拔的椰子树则与各种热带地区特有的奇花异草相映生辉。城里机动车辆很少，居民出门一般都骑自行车或步行，因而这里没有其他国家首都常见的污染问题。

在马累市中心建有国家博物馆和苏丹公园。博物馆中藏有代表阿拉伯及斯里兰卡文化的展品，还陈列着一些古老的马尔代夫手工艺品和来自中国的瓷器和钱币。博物馆中有一件展品是一支锃亮的铜制长枪，上面字迹清晰，握手处颜色发浅，它是马尔代夫的民族英雄穆罕默德·塔库拉夫·阿里·阿拉扎姆使用过的武器。马尔代夫人民在他的带领下，经过17年的艰苦奋战，终于在1573年赶走了葡萄牙侵略军。阿拉扎姆曾用这支枪打死了葡萄牙侵略军的首领，继而全歼葡军，它如今成了马尔代夫人民追求自由和独立的象征。为了纪念阿拉扎姆的不朽功绩，马尔代夫人在苏丹公园里建了一座顶端用黄金做的纪念碑，竖立在他的陵墓上。

马累岛北部是一条长长的海滨大道，政府机关和商店大多集中在这条街上。距离海滨大道50米远的海上，有一条用珊瑚礁石砌成的防洪堤。防洪堤内白沙细软，海水清澈透底，是绝妙的游泳场所；防洪堤外渔帆点点，海鸟飞翔，景色优美迷人。那些小渔船是用椰木做成的，不怕海水腐蚀，只有20米长，小巧别致，可以泰然自若地周旋于海浪与鱼群之中。在海滨大道上游人们还可以买到各种各样的旅游纪念品，贝雕、珊瑚手镯、珍珠项链、胸针等，琳琅满目，让人怦然心动。

马尔代夫诸多岛屿最美的地方还是在海滨，太多的阳光，太蓝的海水，太白的沙滩，比基尼女郎太美太艳，浪费时间在这里成了光明正大的事情。然而，这样的恣意放纵后面却隐藏着致命的忧虑。据科学家估计，在未来的100年内，全球的海平面将平均上升近1米。马尔代夫群岛距离海平面只有2米，只要印度洋水位上涨50厘米，马尔代夫80%的土地就将被淹没。于是有人预言，不出100年，马尔代夫就只能留在人们的记忆之中。但愿马尔代夫不会成为“失落的天堂”，变成“地平线上的最后乐园”……

塞舌尔群岛

印度洋上有三大明珠，分别是马尔代夫、毛里求斯、塞舌尔，它们都是群岛小国，其中塞舌尔是非洲面积最小的国家，它的首都维多利亚则是塞舌尔唯一的城市，也是世界最小的城市之一，全城只有一个交通红绿灯。

维多利亚坐落在塞舌尔第一大岛马埃岛的东北角。在市中心的独立大道上矗立着一座三只飞翔的海鸥雕塑，象征着塞舌尔人来自欧、亚、非三大洲。塞舌尔人肤色各异，白、黑、棕、黄、红，什么人种都有。但不管什么肤色，他们都自称为一个民族——克里奥尔。“克里奥尔”一词原意是“混合”，泛指世界上那些由葡萄牙语、英语、法语以及非洲语言混合并简化而生的语言，说克里奥尔语的克里奥尔人，通常经过多代混血，他们可能同时拥有来自非欧亚三大陆的血统。

维多利亚最引人入胜的去处是国家植物园,这里集中了全岛最名贵的植物,也是全世界最名贵的植物,有罕见的兜树和兰花,有奇异的瓶子树,有极为稀少的海蛰树,但最奇特最珍贵的还要数塞舌尔的国宝海椰子。

海椰子的果实是植物王国中最大、最重的种子,通常在10千克左右,最重的可达30多千克。成熟的海椰子果肉洁白而坚硬,曾经有人拿来冒充象牙,其硬度可想而知。海椰子树生命力很强,能活1000多年,连续结果在850年以上。海椰子树的果实呈墨绿色,而且有公母之分,雄椰子树的果实酷似男性生殖器官,雌椰子树的果实酷似女性的骨盆。塞舌尔当地厕所门口常常画着雄、雌海椰子,表示男女有别,让人看了一目了然。

海椰子树总是公树母树并排生长。但是树根却纠缠在一起。据说如果一株被砍,另一株就会"殉情而死"。岛上相传,在满月的夜晚,雄性海椰子树就会自行移动去和雌性海椰子树共度良宵。大概是害怕扰了海椰子的好梦,岛上的人从来不在深夜进入椰林。

海椰子树的另一个神奇之处,在于它的树干与树根的交接处宛如人体的关节,是可以旋转的。海椰子树干十分坚硬,不能随风摇摆,容易被大风折断,而有了这个活动关节,就可以保证大树在强风下随风转动,消减压力。海椰子树死后,底部的这个关节能继续存在60年才会烂掉。

另外,海椰子称得上全身都是宝。白色的椰肉是上等的补药,有补肾壮阳的奇效;果核是贵重的工艺品原料;椰子汁味道醇美,是酿酒的好原料,据说还能治疗中风。

关于海椰子这个名字的由来,还有这样一个传说。很久以前,一位马尔代夫渔民在印度洋上捕鱼时,从渔网里发现了一个奇特而硕大的椰子壳,以为它是生长在海底的一种巨树的果实,就给它取名"海椰子"。后来,人们在塞舌尔群岛的普拉兰岛上的"五月山谷"里发现了一片椰林,树上挂着的就是这种果实,这才知道海椰子其实生长在陆地上。18世纪时,岛上有一位英国总督对海椰子非常着迷,甚至认为海椰子就是使得亚当、夏娃失去伊甸同的"知识果"。在人们没有发现塞舌尔群岛之前,海椰子成了无价之宝,平民百姓如果私藏就会遭到断臂的处罚甚至死刑。据说当年哈布斯堡王朝名声显赫的鲁道夫二世,曾出价4000个金币,都未能买到一颗海椰子果。

从马埃岛搭乘小型螺旋桨飞机,只需15分钟就可以到达普拉兰岛,乘坐双体客船则需一个小时的航程。"五月山谷"就坐落在普拉兰岛的中心,面积只有19.5公顷,是世界上最小的自然遗产,因谷中有7000多棵海椰子树而闻名于世。这里有一棵海椰子树王高达35米,大有俯视群雄的威严。除了海椰子外,这里还有许多世界上独一无二的动植物,堪称珍奇大观园。

"五月山谷"中独特动物的代表应数黑鹦鹉,它是塞舌尔的国鸟,叫声婉转动听,走遍

地球也只有在这里才能见到它的身影，但目前已濒临绝境，只剩下 300 只~400 只。其实，黑鹦鹉并不是黑色的，而是通体咖啡色，只是因为它们常在树荫儿中飞行，因此被误以为是黑色的。

“五月山谷”中独特植物的代表应数拉特树。它的树干不是拔地而起，而是凭“空”而立，离地面约 1 米高，一根根地深深斜插进土壤中，给人一种随时可以拔“腿”前进的感觉。靠着这种特殊的根，它就可以恣意生长在溪流之中。

“五月山谷”至今仍然保留着原始风貌，除了外围的防火林，谷中的所有植物都是天然生长的。因为环境适宜，这里的植物都长得有几分放肆，无忧草的叶子长到一尺多宽，巨大的椰子树遮住了半边天，松塔竟有甜瓜那么大。在这个触目皆绿的世界里，空气中弥漫着花草的芳香，人们的感觉就是呼吸也变成了美好的享受。

和普拉兰岛一样，塞舌尔群岛中的很多岛屿都具有自己的特色。阿尔达布拉岛是著名的龟岛，岛上生活着数以万计的大海龟。它们的身长足有两米多，体重有 200 多千克，有的甚至达到四五百千克。由于它长得太大了，所以得了个别名叫“象龟”。象龟和大象一样，也可以骑，但不像大象那样乖。当地有一种“象龟比赛”，在半小时内，凡是能驾驭象龟向前爬行 10 米者，便可获得一张与象龟合影的一次成像照片。很多游客为了获得这张照片，想方设法让象龟往前爬，可是任你使出百般解数，它们就是不动地方，如果你逼急了，它们干脆就把脖子缩回去，一动不动，反正你也奈何不得这个庞然大物。

孔森岛是一个“鸟雀天堂”。这里的鸟雀种类繁多，在群山丛林之间自由自在地飞翔。塞舌尔别称“燕岛”，而登上孔森岛就好像进入了一个天然观鸟园。弗雷加特岛是一个“昆虫的世界”。岛上繁衍着难以计数的奇异昆虫，有的十分美丽，令人百般喜爱；有的却奇丑无比，令人生厌。伊格小岛则以盛产各种色彩斑斓的贝壳而著称。

塞舌尔群岛中还有一个闻名于世的“蛋岛”。它的面积仅有 0.4 平方千米，每年 7 月间，就有大群的海鸥飞来产蛋，眨眼间岛上遍地都是鸟蛋。岛上居民将拣得的鸟蛋卖给经营鸟蛋的商人，就可以过上衣食无忧的生活，因此人称“自然之子”。商人们把鸟蛋的蛋黄取出来，加工出口，成为塞舌尔在国际市场上享有盛誉的特产。

塞舌尔群岛上的动物大都从远古时代繁衍至今，而人类在这个岛上书写的历史却极为短暂。直到 1502 年，葡萄牙人达·迦玛才将它第一次写入航海日记，而从 1685 年开始，这里成了海盗们盘踞的巢穴。经过英、法两国海军的追剿，海盗在猖獗了半个世纪后逐渐绝迹。1756 年，法国新任毛里求斯总督宣布对马埃岛及其周边岛屿拥有主权，并以当时法国财政部长的名字将其命名为“塞舌尔”。这个群岛虽然有了名字，但由于它远离大陆，仍然默默无闻，直到 20 世纪 60 年代末期，厌倦了都市生活的欧洲人才重新认识了这个“世外桃源”，有钱人纷纷来这里享受阳光、沙滩、碧海、蓝天，它作为“旅游胜地”的名声才变得响亮起来。

塞舌尔群岛上有翠绿的丛林,清澈见底的海水,几乎不受污染的空气,还有被很多权威的旅游杂志评为全世界最美、最干净的沙滩。光一个马埃岛上就有73个沙滩,其中长达4000米的博瓦隆沙滩世界排名第三,这里细腻如泥的细沙和碧蓝如水晶般透明的海水,每年都吸引来10多万欧洲游客。你可以在沙滩上用沙铲堆砌出梦想中的城堡,可以来个火辣辣的日光浴,也可以在专业教练的陪同下潜到海底,欣赏绚丽无比的珊瑚礁,还可以租一条船去海上钓鱼。当然,你也可以什么都不做,不看电视,不看报纸,不用电脑,不发短信,寻找一处只属于你一个人的海滩,据说这样才能领略到塞舌尔群岛风光的精髓。

马达加斯加岛

马达加斯加岛雄踞于印度洋的万顷波涛之上,有世界"第八大洲"之称。这称号主要不是来源其大,世界上比它大的岛屿还有三座,而是来源于它得天独厚的自然环境、世间独有的人文风俗和傲然独存的珍稀动植物。

据说在距今1.75亿~1.5亿年前,印度洋上有一块巨大的陆地,被称为"莱姆利亚"。不知什么缘故,它似乎在一瞬间就消失了,只留下一连串的岛屿,马达加斯加岛就是其中之一。亿万年来,封闭的地形隔绝了外来的惊扰,使这块土地上自由地发展起许多世界上其他任何地方都没有的物种,由此得名"活化石的土地"。

马达加斯加岛

从动物方面来说,尽管这里距离非洲大陆很近,却没有那里常见的羚羊、大象、斑马、骆驼、长颈鹿、土狼、狮子等哺乳动物,岛上唯一的大型哺乳动物河马也变成了侏儒,而且在100年前就绝迹了。而生活在这个岛上的动物,却是在非洲大陆上根本找不到的。现在的世界第一大鸟是鸵鸟,300多年前这个荣誉属于隆鸟,而隆鸟就生活在马达加斯加岛的森林中。"隆鸟"的意思是"高高凸起的鸟",身躯健硕,脖子很长,脑袋很小,个子有3米高,体重达500千克以上,善于奔跳而不会飞。隆鸟的肉多且鲜美,羽毛修长,可以做装饰品,结果遭到当地居民的大量捕杀,最终灭绝。

马达加斯加岛还是变色龙的天堂,全世界一半的变色龙都生活在这里。这里的变色龙不仅数量多,而且品类独特,世界上最大的国王变色龙和奥力士变色龙等只有在这个海岛上才能够找到。

马达加斯加岛上现存的最独特的动物要数狐猴,当地人称它卡特,是一种狐面猴身的小动物。大的狐猴有1米多长,小的狐猴只有10厘米长,尾巴比身体长出许多,上边带着漂亮的黑环。让人喜欢的狐猴大多体形较大,愿意在白天活动。它们性情温和,行动谨慎,或是蹲在树杈间懒洋洋地晒太阳,或是在山岩上规规矩矩地排队汲水,或是在树杈之间自由地荡来荡去,都是那样憨态可掬,活泼可爱。

相反,那些喜欢在夜间活动的黑色小狐猴就让人感到恐怖了。它的眼睛特别大,还能发出明亮的白光。15世纪末,一支葡萄牙探险队闯进了马达加斯加岛上的丛林地带。夜里,他们被一阵可怕的嗥叫声惊醒,发现暗处似乎有发光的物体在窥视着。他们吓坏了,会不会是鬼怪来了?直到天亮以后他们才看清楚,那种发光的东西原来是一种长相与猴子类似的小动物,于是就给它取名狐猴,拉丁文的意思是"死去的精灵"。无独有偶,马达加斯加岛上的人也认为人死后其灵魂会在狐猴身上托生,甚至认为若是被小狐猴细长的中指点到,人就会马上死亡。狐猴的这个坏名声使它成为人们追杀的对象,而狐猴得以排在世界濒危动物名录的第一位,也与此很有关系。

从植物方面来说,马达加斯加岛上最独特的品种无疑要数号称"世界第一奇树"的猴面包树。一般的猴面包树高不过20米左右,胸径却达15米以上,往往要十几个成年人拉手才能合抱。它结出的果实不仅大如足球,而且甘甜汁多,是猴子、猩猩、大象等动物最喜欢的美味。每当它果实成熟时,猴子们就会成群结队而来,爬上树去摘果子吃,"猴面包树"的称呼就是这样来的。

猴面包树的长相非常奇特。树杈千奇百怪,酷似树根,远远望去,就像是摔了个倒栽葱。民间相传,当初上帝安排猴面包树到非洲安家落户,它却不听招呼,擅自跑到热带草原上。上帝一生气,就把它连根拔起来,从此猴面包树就倒立在地上,成了一种奇特的"倒栽树"。

你要想亲眼见识一下猴面包树的风采,请到马达加斯加岛上的西海岸城市穆隆达瓦来。这里集中了全岛最典型的7个不同品种的猴面包树,是名副其实的猴面包树之乡。这里的海滩白沙细软,周围是一望无际的红树群和泻湖,历来是吸引游人的好地方。

马达加斯加岛上另一种独特的植物就是旅人蕉。它叶片硕大奇异,状如芭蕉,左右排列,对称均匀,犹如一把摊开的绿纸折扇,又像是孔雀开屏。非洲地区气候炎热而干燥,旅人蕉不仅可以成为遮阳伞,还能成为天然的饮水站。旅人蕉的树干是空的,每个叶柄的底部都有一个酷似大汤匙的"贮水器",可以贮藏好几斤水,只要在这个位置上划开一个小口子,就像打开了水龙头,清凉甘甜的泉水便会立刻涌出来。这个神奇的"水龙头"拧开后还能自动关闭,一天后又能让旅行者开怀畅饮,消暑解渴。由于旅人蕉的这个特性,所以深受当地人的喜爱,将它誉为“国树”,还送给它“旅行家树”“水树”“沙漠甘泉”“救命之树”等一大堆美名。

与独一无二的马达加斯加岛相应,岛上的城市也是别具一格。首都塔那那利佛的建筑混合着亚、非、欧三大洲的不同风格,城中的伊麦利那王宫既有当地人建的城堡,又有法国人建的富丽堂皇的曼加卡米亚达纳宫,英国建筑师又为它砌上了一层石壁。富有异域风情的迪戈迪雅兹有着世界上最美丽的海岸线,也是世界第二大海湾。它还有“乌托邦之国”之称。当年有个海盗首领在这里建立了自己的王国,他规定不管什么人,只要来此投奔,一律欢迎接纳,“乌托邦之国”之名便由此而来。

马达加斯加人的生活也是独特的,这不是说他们富有,而是说他们快乐。这里的岛民似乎都是天生的舞蹈家,只要音乐响起来,不分男女老幼,都会随着节奏翩翩起舞。世界上最复杂、最难跳的鹦鹉舞,也只有在马达加斯加岛上才能见到。每当举行盛大庆典时,露天舞场就会搭好。中间是一根齐胸高的木棍,跳舞的人必须以优美的舞姿从它上边跳过去,而且要连续跳 250 次。如果这中间有一次失败,那就得从头跳起,直到跳满 250 次为止。不跳舞的人席地而坐,为舞者鼓掌加油。置身在如此欢快的氛围中,所有的人都会感受到马达加斯加人对传统生活的无比热爱,这份热爱是一代代传下来的,还会在这个海岛上一代代传下去。

毛里求斯岛

“上帝先创造了毛里求斯,再创造了伊甸园。”这句话出自向以幽默著称的美国大作家马克·吐温之口。在马克·吐温想来,上帝的想象力也有限,要到毛里求斯寻找些灵感。

作为亚热带的海上岛国,毛里求斯不乏明媚充足的阳光,清澈湛蓝的海水,白白细细的沙滩,外加上游弋在珊瑚礁中色彩鲜艳的珊瑚鱼,这一切美则美矣,却不见得有什么独到之处,上帝不至于连这样的大众思维都不具备。如果说上帝真的选择了毛里求斯当范本,那一定是相中了它的罕有与特异。

毛里求斯岛上最为特异的首推七色土。天上的彩虹分七色,没想到这里的土也分出了七色。在位于岛西部的查马雷尔地区,有一块名叫夏马尔的山坡,四周绿树环绕,中间是一片寸草不生的开阔地,地面上静卧着的就是闻名遐迩的七色土。七色土面积不大,东西长约 50 米,南北也不过百余米,呈不规则的丘陵状,然而其多彩多姿堪称奇观。七色土的颜色杂糅在一起,却又非常分明,红色中带着蓝色,蓝色中包含着黄色,黄色中又泛着绿色。每种色彩都占有自己的位置,却又不去淹没别的色彩,共同组成了一道道令

人称奇的"地面彩虹"。

毛里求斯岛

更让人惊奇的是，即便你把山坡上各种不同颜色的泥土翻开后再混合在一起，只要下过一场大雨，它们又都会恢复原状。据地质学家分析，七色土的成因在于火石岩融化后，冷却的温度不均。至于七色土为什么彼此难以捏合，一时还没有人能做出回答。

色加舞也是毛里求斯岛上的特有之物。每年的 8 月 15 日，居住在岛上黑河山脚下的印度族人就会穿戴上美丽的民族服装，手拍腰鼓，跳起色加舞，一直狂欢到深夜。色加舞通常由少女们来表演，她们身姿婀娜，腰部柔软，表演时跪在地上，头向后仰，甚至能接触到地面。跳色加舞时身体的摇摆幅度不大，主要是臀部摆动，粗看颇有些肚皮舞的味道。每逢周末，毛里求斯的一些宾馆里就会安排热辣辣的色加舞表演，不时赢得阵阵掌声。

比色加舞更独特的是火坑舞。每当祭祀神佛时，毛里求斯人就会跳起这种奇特的舞蹈。太阳落山后，人们便将燃尽的炭火扒开，平铺在地面上，男男女女踏着音乐的节拍在上边欢歌狂舞，人人兴高采烈。来到毛里求斯首都路易港的游客，在行程即将结束时，都会被邀请到一座印度寺院里观看这种"火上舞蹈"。只见一名印度人赤着脚在炭火上起舞，让人又紧张又兴奋。

站在炭火上跳舞人受得了吗？长期以来，对这个神奇的现象存在着种种猜测和解释。有人说那些舞者对于痛感已经麻木，因为宗教信仰已经使他们处于昏迷状态；有人说这是体内排出汗液的巧妙作用，因为汗液能使人的脚掌和炭火隔开；还有人说这是气功的一种。至于真相如何，至今还没有人能给出令人信服的说明。

毛里求斯的首都路易港是一座繁忙的港口城市，城中有一座自然史博物馆，这都没有什么出奇的，出奇之处在于这座建于 1842 年的博物馆中藏有很多目前已经绝种的鸟类标本和海生植物标本，其中可爱的渡渡鸟是全世界独一无二的鸟类，曾经在这个有"天堂岛"之称的地方无忧无虑地生活了不知多少个世纪，最后也在这里集体了结残生。

渡渡鸟的灭绝过程恰恰与毛里求斯岛的历史同步。16 世纪以前，毛里求斯岛上荒无人烟：大约在中世纪时，阿拉伯人曾经到过这里，在阿拉伯人绘制的地图上，把它标为"荒凉之岛"。1511 年，葡萄牙航海家多明戈·费尔南德斯·佩雷拉来到岛上，只见岛上生活着许多身体肥硕不会飞翔的渡渡鸟，他没有见过这种奇特的鸟儿，就随口给它取名"蝙蝠岛"。1598 年，荷兰人登岛，以莫里斯王子的名字给它命名为"毛里求斯"。1751 年，法国人占领了毛里求斯岛，把它更名为法兰西岛。1814 年，英国人将这个岛划为自己的殖民地，又把名字改了回来。直到 1968 年，毛里求斯才正式宣告独立。

殖民者的到来使毛里求斯得到开发,却给渡渡鸟带来了厄运。由于岛上没有天敌,渡渡鸟毫无防御本领,连飞都不会。殖民者和他们带上岛的猪、狗很快就发现这种鸟吃起来很香,于是大量的渡渡鸟遭到捕杀,就连幼鸟和蛋也未能幸免。开始时,他们每天都能捕杀到几千只到上万只渡渡鸟,到了后来,每天只能打到几只。1681 年,最后一只渡渡鸟被残忍地杀害了。从此,地球上再也见不到活的渡渡鸟,只有在博物馆的标本室和画家的图画中才能见到它们的尊容,英语中也多了个"像渡渡鸟一样销声匿迹了"的成语。

随着渡渡鸟的灭绝,毛里求斯特产的一种珍贵的树木——大颅榄树也渐渐稀少,似乎患上了不孕症。原来,渡渡鸟最喜欢吃大颅榄树的果实。大颅榄树的种子外壳很坚硬,被渡渡鸟吃下去后,硬壳和果肉都被消化掉了,种子被排出体外,很容易发芽。渡渡鸟灭绝后,大颅榄树的繁衍也就戛然而止。到了 20 世纪 80 年代,毛里求斯全岛只剩下 13 株大颅榄树。如果不是科学家及时采取措施,这种名贵的树种就会紧随渡渡鸟而去。

毛里求斯植物园历史悠久,在这里你能看到一池池叶大如盘的古睡莲——王莲。这种莲花是世界上最大的莲花,它们的叶子直径一般在 2 米左右,可以承受住一个婴儿的重量。高大的王棕随风摇曳,难得的是要想看到它开花,得等上 100 年。此外,毛里求斯茶隼和粉鸽也是世界上的珍稀动物。

沿着圣路易港的市区大道漫步而去,两旁高大整齐的椰树和棕榈树在杜鹃花的映衬下,洋溢着浓郁的热带风情。这景色不算奇特,奇特的是以棕榈树的树心为原料,可以做成沙拉,口感类似竹笋般清脆、细腻。当初这种树产量很少,只有百万富豪才承受得起这种吃法,所以它就得名百万富翁沙拉。

厄尔巴岛

作为意大利的旅游胜地之一,厄尔巴岛的夏天总是人满为患。尽管这里有数不清的美丽海滩,却很难找到一处僻静的所在,然而欧洲人还是趋之若骛。这里的原因不仅在于它诱人的自然风光,更在于这里曾经安置过一个名垂世界现代史的人物——拿破仑。

拿破仑·波拿巴身高不足 1.7 米,放在人高马大的欧洲人当中,简直就是个侏儒。不过,他杰出的军事指挥才能却让法国人在欧洲列强面前扬眉吐气,从而赢得了法国人的敬仰,把他推上了皇帝的宝座,从一个破落贵族家庭出身的军官,摇身一变成了拿破仑一世。1809 年,勇于冒险的拿破仑再次打败奥地利后,他的帝国达到了强盛的顶峰,而接下来在 1812 年那个罕见的寒冬,拿破仑率领的 70 万大军在俄国遭遇灭顶之灾,只带回了几万狼狈溃退的散兵。1814 年,欧洲反法联盟的军队浩浩荡荡地挺进巴黎,拿破仑被迫签订了退位诏书,被送到厄尔巴岛上软禁起来。

厄尔巴岛

对于一个阶下囚来说，能有这样一个去处应该说是满不错了。厄尔巴岛有着与生俱来的美丽，背靠着葱郁的山峦，面对着蓝天大海，尽显地中海风情。在神话传说中，爱与美的女神维纳斯身上戴的宝石项链跌碎了，碎片掉入海中，就变成了厄尔巴岛以及周围的几个小岛。除了有美景为伴，拿破仑的物质生活也很滋润，每年能领到200万法郎的津贴，还保留着皇帝的头衔，并在名义上统治全岛。

厄尔巴岛上原有一家钢铁厂，但经过长期开采，矿源逐渐减少，开采成本越来越高，钢铁厂也就关闭了，只留下“铁港”这样的地名。当年拿破仑被流放的地方就是岛上的铁港镇。当他乘船来到这个名不见经传的小镇时，所有地方官员都赶来迎接他，还把小镇的钥匙交到他手里，当地老百姓也对这位大人物的到来表示出极大的热情。

铁港镇坐落在一座小山上，前边是碧波荡漾的海湾，山顶上建有古堡和灯塔，依山而建的房屋红色的瓦，黄白色的墙，掩映在翠绿的灌木丛中。在这个风景如画的地方，拿破仑选中了位于铁港镇最高处的“磨坊”别墅作为自己和家人的住处。这幢别墅原是佛罗伦萨地方统治者梅迪奇于1724年修建的。为了让自己住得既舒适又安全，拿破仑从法国请来了木工、泥瓦匠、画家和装饰匠，把它整修成名副其实的“官殿”。他将自己的客厅、图书室、卧室等安排在一楼，让妹妹和母亲居住在楼上。如今，这幢别墅各个房间中的物品都是按拿破仑居住时的模样原封不动地保存着。最引人注目的是一幅拿破仑骑在马上威风凛凛的肖像画，色彩鲜艳，形象逼真，淋漓尽致地表现出这位伟人的风范。在“磨坊”别墅的红墙上可以看到一块石牌，上面刻着这样的字样：拿破仑自1814年5月5日至1815年2月26日生活在这里。

在离铁港镇不到5千米的圣马尔蒂诺山脚下，原有一个简易的仓库，它被拿破仑从外国请来的能工巧匠改建成了富丽堂皇的“宫殿”。从这幢别墅的窗户里，可以望见铁港镇的码头和海湾。如今，拿破仑苦心经营的这座乡下别墅已经被辟为博物馆，里面陈列着许多珍贵的艺术品。其中有一尊名叫“礼貌”的白色大理石雕像，表现的是一位侧身蹲下的裸体少妇，她那美丽的容貌、柔软的体肤和丰满的身躯，被作者刻画得真切而细腻。据说她的原形就是拿破仑的妹妹宝丽娜。

也许是有钱有“权”的境遇让虎落平阳的拿破仑产生了错觉，他来到岛上一刻也没有安分过，他把厄尔巴岛当成了自己的“小小王国”，经常四处走动，了解当地老百姓的生活情况和他们的问题。他不时对当地居民说：“你们都应当成为我的好儿子，我将成为你们的好父亲。”他还注意从岛上的观光游客嘴里打探外界的消息，同时暗地里与法国政府的官员们保持沟通。

机会终于来了！1815 年 2 月，法国政治家马雷等人派人乔装水手来到厄尔巴岛上，向他汇报说国内普遍存在着不满情绪，法国军队都盼着他回去。拿破仑的雄心壮志被激发起来了，他决定立即采取行动。2 月 26 日夜里，拿破仑觅得负责监督的英国代表前往托斯卡纳度假的良机，带领他的手下，分乘 7 艘小帆船，悄无声息地离开了厄尔巴岛。拿破仑率众登陆后，居然未费一枪一弹就征服了整个法国，重新登上了帝位。只是没过多久，他的奇迹就在滑铁卢被终结，再次被流放。

拿破仑离开厄尔巴岛后，就没有再回来过，但厄尔巴岛人并没有忘记他，毕竟是他使这座小岛名扬天下。岛上的许多饭馆、旅馆、街道和广场，都以拿破仑的名字来命名，这就是厄尔巴岛人对拿破仑的感谢方式。

罗得斯岛

公元前 3 世纪，腓尼基旅行家昂蒂帕克根据他个人的旅途见闻，总结出了“世界七大奇迹”，即地球上七处最壮丽的人造景观，其中之一便是矗立在罗得斯岛上的太阳神雕像。据说这尊大理石的雕像表面用青铜包裹，内部用石头和铁柱加固，高约 34 米，与 10 层楼高的纽约自由女神像差不多。相传雕像两腿分开站在港口入口处，过往船只都要从雕像腿中间经过。想来当年从船上仰望这尊雕像，那感觉一定非常壮观且有些滑稽。

几千年的风云变幻，或因天灾，或为人祸，“世界七大奇迹”相继灰飞烟灭，只剩下埃及金字塔傲然孤立，而最早从地球上消失的就是罗得斯岛太阳神雕像，它只“活”了 56 年。公元前 226 年，一场罕见的大地震使这尊雕像从膝盖处折断，轰然倒地，躺在了罗得斯港的岸边。关于它的下落有人说是被海盗偷走了，有人说是沉进了海底，有人说是被熔掉改为他用了。比较确切的说法是公元 654 年阿拉伯人入侵罗得斯岛，将残存的雕像运回叙利亚，但从此便“杳无音讯”。如今在当年太阳神雕像矗立的地方，竖起了两座圆石柱，上边昂首挺立着两只铜雕小鹿，已经成为罗得斯岛新的象征。

罗得斯岛

罗得斯岛太阳神雕像建成于公元前 282 年，在此之前，这里早已成为古希腊的文化中心。公元前 4 世纪，著名哲学家亚里士多德曾在岛上招收弟子讲授哲学，雅典的大演说家艾斯霍尼斯曾在这里开办过学校，罗得斯人皮桑德罗斯在岛上写出了史诗巨著《伊拉克利亚》。罗得斯岛上有一座世界著名的历史博物馆，里面的展品丰富而精美，太阳神阿波罗与美神阿芙罗狄特的纯白全身雕像美妙绝伦，绝对不亚于收藏在法国卢浮宫中的“断臂维纳斯”。

当时的罗得斯岛还是爱琴海通往地中海的门户，呈现出一派繁华热闹的景象，穿梭往来的商船每天都挤满了航道，给这个海岛带来了滚滚财源。这样一个地方难免会让强邻眼红，公元前305年，马其顿帝国出动4万大军包围了罗德斯港，当时岛上人口总数还不足4万人。但岛上居民为了保卫自己的家园，联合起来进行殊死的抵抗，最终赶跑了入侵者。为了庆祝这个来之不易的胜利，岛上居民便用缴获来的大量青铜兵器，为罗得斯岛的守护神太阳神阿波罗建起一座雕像。

罗得斯岛人把阿波罗尊为守护神，这传统来自一个古老的神话。相传古希腊诸神为了争夺神位，曾经大打出手。战争结束后，宙斯成为众神之首，他给每一个神都分封了领地，却忘了忠于职守的阿波罗。为了弥补自己的过失，宙斯便把隐蔽在爱琴海深处的一块巨石封给了他。那块巨石听到这个消息，立刻缓缓地浮出海面，挺立在阿波罗面前。阿波罗的妻子叫罗得斯，是爱与美的女神阿芙罗狄特的女儿，长得十分美丽，又温柔善良。为了表示对妻子的爱，阿波罗就将这块巨石命名为罗得斯，同时把它分封给自己的三个儿子——卡米罗斯、亚里索斯和林德斯，他们在岛上各自建立起属于自己的城邦。公元前408年，这三个城邦联合起来，全岛成为统一的国家，首都命名为罗得斯。

罗得斯岛上的古城与它的历史一样悠久，至今仍保存得相当完好。林德斯古城位于罗得斯市东南方58千米处，它是一座极为壮观的古城堡。城堡左侧石壁上有一艘战船的浮雕，船上还立着一个巨大的雕像。这里的地势非常险要，三面是陡峭的山岩，一面是大海，城墙上设有瞭望台和炮台，简直是固若金汤。相传公元前490年波斯人入侵罗得斯岛时，全岛居民都撤进这座古城中。依托着坚固的城墙与天险的保护，入侵者始终未能越雷池一步，到头来只得退走了。

1935年，意大利考古学者在岛上挖掘出了米诺斯王朝时期的住宅，从中发现了公元前3000年新石器时代的石器。据测算，这座古城的历史至少有5000年之久。来到这座古城中，望着那默默矗立了几千年的白色大理石柱，就好像面对着一部凝固的历史，上边刻满了岁月风尘。

相比之下，罗得斯城就没有那么古老了，但它照样历尽沧桑。雅典与斯巴达两大城邦争霸时，它被双方争来夺去。马其顿王国兴盛时期，亚历山大大帝的战马曾踏上了罗得斯城的土地。到了14~16世纪，十字军要光复圣城耶路撒冷，又把这里当成了跨海远征的堡垒和基地。如今的罗得斯市的旧城里仍然可以看到巍然交错的竖壁，厚约13米，城外环绕着护城河，还悬着巨大的吊桥。走进这座旧城，恍若中世纪尚未结束。在一条拱廊为顶的街道上，有裁缝在制衣，鞋匠在切皮子，金匠在做金线细工，仿佛是一幕活生生的中世纪戏剧。

罗得斯岛的过去可以写成一本厚厚的历史教科书，而它的今天却是一张明艳的风景画。河川纵横，清泉潺潺，牧场上繁花似锦，葡萄园中果实累累，好似园艺设计专家精巧的杰作。蔚蓝色的大海轻轻地亲吻着金黄色的沙滩，沙滩上样式各异的泳装争奇斗妍，闲散的游人悠然仰卧，会玩脚踏滑水板的人则把自己化成一道海面上活动的风景。

如今的罗得斯岛已经成为希腊的主要的旅游胜地，每年接待游客70万人左右。为了吸引更多的人上岛，聪明的罗得斯人在岛上开辟了一个"狩猎区"。天上飞着"鹧鸪"，地上跑着"野兔"，森林中藏着"老虎""黑熊"。游人举枪瞄准后扣动扳机，猎物应声而倒，而他却不急着去捡回猎物，而是举枪寻觅新目标。原来，这是一种模拟狩猎，那猎物都是假的，只是让人们享受打猎的乐趣。假如当年那座太阳神雕像尚在，恐怕罗得斯人就用不着动这样的心思了。

自哥伦布发现了新大陆后，欧洲人就掀起了一股探险热。18世纪初，先后有人宣称在南太平洋中发现了一个神秘的"未知大陆"。荷兰西印度公司得知这一消息后，立刻委派海军上将雅格布·罗格文率领一支由3艘帆船组成的探险队，前往南太平洋碰碰运气。1722年4月5日这一天，船队正在一望无际的大洋上航行，负责瞭望的水手突然发现远方的海面上影影绰绰地有一个绿点，看上去像是陆地，便立即向船长罗格文汇报。罗格文惊奇不已，因为海图上标明这一带没有任何陆地，于是立即命令船只驶往那里。船只驶近后，他看到了一个岛屿，便在海图上用墨笔记下一个点，并在墨点旁边注上"复活节岛"，因为那天正好是复活节。

复活节岛并不是一个荒岛，早在公元4世纪时，这里就有人居住了，他们称复活节岛为"拉帕努伊岛"，意思是"石像的故乡"；又称它为赫布亚岛，意思是"世界之脐（中心）"。一座地处南太平洋中的孤零零的小岛，怎么有资格称为"世界中心"呢？

罗格文当时绝不会想到，他所命名的这个小岛竟是全世界最令人困惑的地方。不仅"世界中心"这个岛名令人费解，就连岛上土著的肤色也透着古怪。罗格文登上复活节岛后，惊异地发现这里的居民有的皮肤是褐色的，有的皮肤是微红色的，有的皮肤是黝黑色的，还有的皮肤是白色的，似乎不属于同一个民族。

马尔维纳斯群岛

马尔维纳斯群岛简称马岛，这是阿根廷人的叫法，英国人则叫它福克兰群岛。一岛两名不像一人两名那么简单，为此而引发的主权之争很容易演化成兵戎相见，1982年爆发的马岛之战就是证明。

英阿两国围绕马岛而产生的争端由来已久，说起来有些复杂。阿根廷人认为，首先发现马岛的是麦哲伦的探险队，时间是1520年。英国人却声称，最早发现这个群岛的是英国人约翰·戴维斯，1592年8月14日，他驾驶着“希望”号帆船来到了这个群岛。1690年，英国人约翰·斯特朗发现了东西马岛之间的海峡，将它命名为福克兰海峡，福克兰群岛的名字就是由此而来。1764年法国人在岛上建起了居民点，称它为马洛于内群岛。后来，根据西班牙和法国签订的协议，南大西洋属于西班牙的“专有利益范围”，于是法国人就把这个群岛转手给了西班牙，“马洛于内”这个名字也按照西班牙语读音标为“马尔维纳斯”。1816年，阿根廷摆脱了西班牙的殖民统治，顺理成章地拥有了对马岛的主权，将它定为阿的第24个省。然而，独立后的阿根廷内乱不断，给了英国人以可乘之机，于1820年派兵进驻马岛，成为它实际的主人。那时候大英帝国威加海外，阿根廷人不敢惹它，只得忍气吞声，至多是提提抗议。1958年以后，马岛的主权问题被提到了联合国，为此联合国先后做出四次决议，要求英阿两国通过谈判解决争端，但双方各执一词，谁也不肯在主权问题上让步，谈判只能是空耗时间而已，马岛上每天照样升起的是大不列颠的国旗。

1982年2月26日，英阿两国的代表再度坐在谈判桌前，这一次阿根廷人已经不再指望能从唇枪舌剑中得到什么，阿军方正在悄悄准备实施一项代号为“罗萨里奥”的行动计划。4月2日拂晓，阿军5000余人突然在马岛登陆，驻岛英军只抵抗了几个小时便宣布无条件投降。垂头丧气的马岛总督带上驻岛文武官员，登上阿军早已为他们准备好的军用飞机，回到英国。第二天，阿军又在南乔治亚岛登陆，岛上英军又宣布投降。消息传来，阿根廷举国沉浸在一片胜利的喜悦中。

然而，阿根廷人高兴得太早了，尤其是阿根廷总统加尔铁里将军更是得意非凡，当时他领导的军政府困扰于内忧外患，便想出用攻占马岛这一招来转移公众的注意力。以他的估计，马岛距离英国本土有万里之遥，即便英国人不想放弃它，对它也是鞭长莫及，更何况英国首相撒切尔夫人在1981年就决定缩减英国海军的常规部队了。加尔铁里很快就发现他的估计完全错了，撒切尔夫人号称“铁娘子”，她迅速做出了激烈的反映，声称“福克兰已经成了我的生命、我的血液”。在撒切尔夫人的主持下，英国“战时内阁”决定抽调全国海军总兵力的三分之二，组成一支特混舰队开赴马岛。这支特混舰队共有舰船111艘，包括航空母舰“无敌”号和“竞技神”号及2艘核动力潜艇。而阿方的海军只拥有各型舰船34艘，主要作战舰艇18艘，而且都是从西方人那里买来的旧式便宜货。阿根廷人拥有天时地利，却未能打得过劳师袭远的英国人，武器装备是一个重要因素。

经过两个半月的海陆空较量，英国人以伤亡1000余人、27亿美元巨额花费为代价，推进到距马岛首府阿根廷港市区约4千米的地方，阿军见大势已去，只得挂起了白旗。6

月 14 日午后,双方战地司令官达成非正式停火协议,随后阿陆军司令在英方提出的无条件投降的停火协议上签字,尽管他勾掉了“无条件”三个字,然而这一天对阿军来说不能不是一个耻辱的日子。

历时 74 天的马岛战争终于结束了,马岛上空硝烟转瞬散尽,但最终的赢家到底是谁还未见分晓。马岛之战的失败只是导致了加尔铁里军人政权的垮台,却没有让阿根廷人放弃争夺马岛主权的斗争,每年的 6 月 10 日被定为“马岛主权日”,为了就是让阿根廷人不仅时时记住那个群岛,还要记住国家的荣辱。毕竟马岛距离阿根廷不远,说不定哪一天阿根廷人还会重返这里。英国人深知这一点,于是就在 2003 年底公开对外宣称,他们在岛上部署了核武器。英国政府同时还表示,这样做只是出于自我保护和震慑的目的,从来没有考虑过使用这些武器。仔细想来,这样的说法有些自相矛盾,如果绝对不去使用,哪里来的震慑力？没有人不知道核武器的厉害,所以现在还不会有人上岛找英国人的麻烦,但世事多变,谁料得了遥远的未来呢？

英国人无疑是马岛之战的胜利者,为早已没落的大英帝国大大地挽回了一些面子,此外似乎再也没有获得什么好处。马岛上的绝大部分地区荒无人烟,岛上的居民大多以牧业为主,与外界很少往来,能用收音机听听广播,那就是莫大的乐趣了。为了这么一块地方,英国人大动干戈值得吗？精明的英国绅士是从来不做赔本买卖的。当年马岛被阿根廷攻占后,很多英国议员义愤填膺,他们一再鼓动政府出兵,理由就是“宁可失去五个北爱尔兰,也不愿失去一个福克兰”。马岛扼大西洋和太平洋航道的咽喉,战略地位毋庸置疑,同时它又是通往南极的大门,成为南极科学考察的前沿阵地和后方物质补给基地。更诱人的是,马岛地下矿藏丰富,大陆架中还蕴藏有可观的石油资源,据估计蕴藏总量可达 20 亿桶,有望成为一个新的“科威特”。地球上的资源必定是日益匮乏,谁敢说将来的马岛不会成为英国人的聚宝盆。

马岛地靠南极,气候严寒,历来是耐寒野生动物的天堂。栖息在这里的海生动物除了鲸、海豹、海狮外,还有大批企鹅,最多时聚居过上千万只企鹅。全世界有 17 个不同品种的企鹅,而在马岛栖息的就有 5 种。当年阿根廷人占领马岛后,曾在岛上布下了大约 2.5 万枚地雷,至今仍残存 1.5 万枚,留下了 117 块雷区,“地雷危险”的公告牌赫然在目,让游人们举步谨慎。但企鹅们在雷区中却活得自由自在,“恋爱”乃至“结婚”一样不耽误,丝毫不因雷区外边游客们好奇的目光而觉得害羞。别看它们步履蹒跚,但体重较轻,不至触响地雷,所以就不会有性命之虞。

根据国际条约,这些地雷都要清除,阿根廷政府也表示愿意协助,但当地的政府官员却不积极,他们认为地雷不能完全被扫除掉,反而会让人们放松警惕,从而增加发生意外的风险。环境保护主义者更是反对清雷,他们给出的理由很有意思:有了这些雷区,人们不敢走进去,动物们就有了安全的家园。

夏威夷群岛

每当游人踏上夏威夷群岛的土地,就会立刻被热情友好的气氛包围起来。一群群岛民们拥上前来,摘下佩戴在脖子上的花环,戴到你的脖子上,嘴里还一个劲地喊着“阿洛哈”。在波利尼西亚语中,“阿洛哈”意为“欢迎”“友谊”“再见”。

不过,对于最初登上夏威夷群岛的外来人,当年的岛民却是充满了敌意。公元4世纪左右,一批波利尼西亚人乘独木舟来到这里,为这片岛屿起名为“夏威夷”,意为“原始之家”。他们以渔猎为生,不愁吃穿,过着自由自在的生活。1778年,英国航海家詹姆斯·库克上校在寻找海上新航线的途中,偶然间发现了这个群岛。当地人以为他们是天神下降,对其毕恭毕敬。就在这些英国人准备离去时,库克和几个偷船的土著人争吵起来。一个土著贸然出手,将他刺伤,库克呻吟着倒在地上。土著人见状大叫起来:“他知道疼!他不是神!”于是一拥而上,将他杀死,还吃光了他的肉。

夏威夷群岛

库克船长遇难的地方就是夏威夷群岛中的瓦胡岛上的威基基海滩。如今这里已经成为美丽和浪漫的代名词,晴空下阳伞如花,晚霞中蕉林低唱,为来自世界各地的情侣们献上夏威夷特有的花之香、海之韵。这片海滩上有一座纪念碑,它是为库克船长而立,而立碑人竟是吃了他的肉的土著人。库克船长上岛后,带来了猪、羊、甜瓜、南瓜等,也带来了西方文明,土著长老视他为救星,就在威基基海滩上为他举行了隆重的海葬,还在岸边树立起了一座纪念碑,又将威基基改名为“日落海滩”。傍晚时分,站在威基基海滩上远远望去,夕阳鲜红如血,而土著人认为那就是被库克船长的鲜血染红的。

夏威夷群岛为火山喷发形成,所以它的海滩上都是黑焦石或黑沙子,而唯有威基基海滩上铺着松软细腻的细沙,如珍珠一般洁白。这是怎么回事呢?1900年7月,一批美国商人在美国领事和炮舰的支持下,发动政变,推翻了时任夏威夷女王卡美哈美哈,那首著名的夏威夷歌曲《再见吧》就是她谱的曲。为了所有夏威夷人的生命安全,女王忍辱签了将整个夏威夷交美国托管的协议书,这个协议被称为“刺刀宪法”。同时女王又向美国政府提出了一个要求,用细柔的白沙铺满威基基海滩,并将这片海滩永远开放给夏威夷人民，待此项工程全部完成后，她才将全部权力正式交给美国。美国人很爽快地答应了女王的请求，立即调集大批商船，从美国南部运来一船又一船上好的白沙，铺满了威基基海滩。

1901 年 9 月 3 日，卡美哈美哈女王站在威基基白色的沙滩上，正式将夏威夷交给了美国。在交接仪式上，女王身穿一件红袍，那是她花了一个多月的时间亲手缝制的。第一次试穿时，她与自己的女管家有这样一段对话。女王问："红吗？"管家答："红。"女王又问："红的像什么？"管家又答："像玫瑰，像朝霞。"女王连连摇摇头："像鲜血。"那鲜血是从女王心中流淌出来的呀！

其实，自从库克船长带领的英国船队登陆夏威夷群岛，就注定了当地的文化就此衰落，而失去了文化的内在支撑，土著人建立起来的夏威夷王国只能分崩离析。乘坐着一艘艘商船，基督教的传教士成群结队地来到岛上，他们毁掉了土著人供奉的石头和木刻雕像，破除了原有的宗教信仰，岛民的思想陷入混乱，只能任由白人摆布了。大约在 19 世纪 20 年代，殖民者们颁布禁令，不允许夏威夷人跳草裙舞，理由是这种舞蹈赞颂的是夏威夷的神灵，与基督教的信条不符。实际上，传教士们是被这种舞蹈颇为性感的动作和过分暴露的服装吓坏了。跳草裙舞时，男人身上只缠着一条腰带，女人则不着上装。

白人说不让跳草裙舞，土著人只好不跳，但它的动作和装束却在民间秘密地保留了下来。在当地土著人的心目中，音乐和舞蹈是神的赐物，每逢节日，悠扬的民间乐曲就会响彻全岛，而草裙舞则是夏威夷土著最喜欢也是最具盛名的圣舞。它本来是一种宗教性的舞蹈，在举行祭祀仪式时由男人表演，女人只能在非宗教节日的活动中跳这种舞蹈。草裙舞传入美国后，很快就在轻歌舞和马戏杂耍表演中风靡一时，但被改成了色情的主题。后来草裙舞被好莱坞利用，于是名声大噪，与夏威夷音乐一道成为夏威夷文化的象征。从 1964 年起，每年 4 月，都要在希洛岛上举行草裙舞比赛。这项比赛是为了纪念卡拉考阿国王而举办的，1874 年卡拉考阿国王执政后，恢复了这种传统舞蹈，但要求女性不得裸露上身并穿上长裙。

如今，观赏草裙舞已经成了游客游览夏威夷的保留节目。头戴花环的夏威夷女孩笑意盈盈，身材浑圆，胸前、手腕、脚踝上鲜花簇簇，棕榈叶编制的草裙系在腰间，"阿洛哈"随口而出。配合着夏威夷音乐的旋律和节奏，她们翩翩起舞，那热烈奔放的舞姿足以令人如饮酒般迷醉。

在夏威夷群岛的几个主要岛屿中，论面积瓦胡岛只能排在第三位，但它开发得最好，所以成为群岛中的佼佼者。夏威夷的首府火奴鲁鲁就坐落在这个岛上。它是一个拥有几十万人口的大城市，群岛上五分之四的人口都居住在这里。人们说去夏威夷，首先就要到达瓦胡岛的火奴鲁鲁。

火奴鲁鲁有个汉语名称叫檀香山。中国人对檀香山这个名字很熟悉,那是因为我国伟大的革命先行者孙中山先生曾在这里发起组织了兴中会。至今在檀香山市的街头,还矗立着孙中山先生的铜像,他的脖子上挂满了用鲜花编织而成的花环。

夏威夷群岛当年盛产檀香木,在信奉佛教的东方人眼里,檀香木堪称宝贝,而当地人却把它当柴烧。19 世纪初,檀香木在中国市场上每市斤能卖到 8~10 美元。运一船檀香木到中国,就能换回满满一船舱中国茶叶、丝绸和瓷器。既然檀香木这么值钱,当地人就拼命地砍伐檀香树,大树砍光了就砍小树,小树砍光了就拔幼苗。就这样乱砍滥伐了几十年,到了 1880 年,野生的檀香木就在岛上绝种了,只剩下一个地名留给人们去做悔恨的记录。

到了檀香山,自然要到威基基海滩、到哈努玛海湾,去游泳去冲浪,尽情享受阳光、海水、沙滩、色彩带来的快乐。如果你对美国人说已经购得飞往夏威夷的机票,美国人一定会非常羡慕地说:“啊!火奴鲁鲁?你要去天堂?”然而,就在与威基基海滩遥遥相对的地方,却曾经是美国人的伤心之地——珍珠港。这里是世界著名的天然良港,仅有一个窄口与大洋相通,因水域内曾盛产珍珠而得名。从 1911 年起,美国太平洋舰队和空军的总部和基地就设在这里。1941 年 12 月 7 日,那是一个星期天的早晨,珍珠港阳光灿烂,碧海如镜,驻扎在这里的美国太平洋舰队的官兵们有的在吃早饭,有的上岸度假去了,舰艇整齐地停泊在港内,飞机密密麻麻地停放在瓦胡岛的 7 个机场上。突然,从日本特遣舰队的 6 艘航空母舰上起飞的 183 架日本飞机好像大群的乌鸦一般飞临珍珠港上空,成千上万枚炸弹从天而降。机场上顿时升起滚滚烟火,港湾的军舰四周水柱冲天。在经历了 1 小时 50 分钟的噩梦后,美军 4 艘主力舰被炸沉,1 艘受重创,3 艘被炸伤,另有 10 余艘辅助舰只被炸沉、炸伤,188 架飞机被击毁,美军官兵死伤 4500 多名,美国太平洋舰队主力几乎全军覆没。

日本偷袭珍珠港得手,宣告了太平洋战争的全面爆发,也给自己招来一个可怕的敌人。美国人之所以会把世界上第一颗原子弹投到日本,不仅是想早日结束战争,也有报复的动机在其中。为了追悼在珍珠港事件中遇难的美国官兵,亚利桑那战舰纪念馆于 1980 年落成。在整个珍珠港事件中,“亚利桑那”号是死伤最惨重的战舰,舰上的大火连续烧了两天,有 1000 多人死在舰上。据说这艘 3 万吨级的战舰沉没后,仍能听到里边传出受困者敲打舰身的声响。

如今,“亚利桑那”号依旧躺在清澈的海底,只露出桅杆,它的旁边建造起一座白色花岗岩纪念馆,顶部的中央略向下弯曲,横跨在“亚利桑纳”号的两侧。纪念馆的墙壁刻满了所有舰上遇难者的名字。

耐人寻味的是,来夏威夷观光的游人们中,数日本人最多,参观亚利桑那纪念馆的游人中也有很多日本人。他们不仅来这里游玩，还到这里投资。据说曾有个日本富商，驾车在火奴鲁鲁的富人区兜风，见到中意的住宅就上前敲门，如果谈得拢，当场就从轿车后厢中拿出成捆的美元，立刻成交。日本人在夏威夷不仅购买住宅，还收购大饭店，兴建高尔夫球场。眼见得日本人的投资商抢光了他们在夏威夷所能得到的所有不动产，幽默的美国人讲了这样一个笑话：假如第三次世界大战爆发，美国首先做什么？回答：轰炸珍珠港！

除了瓦胡岛，夏威夷群岛中值得游览的还有夏威夷岛和考爱岛。夏威夷岛是夏威夷群岛的第一大岛，以火山奇观著名。位于夏威夷岛东南部的基拉韦厄火山是一座终年都不休息的活火山，几乎天天都有熔岩喷出。那炽热的熔岩流好像一锅沸腾的钢水，形成了长4千米、深130米的“火湖”。每当火山活动较为剧烈时，熔岩就会从火湖的边沿流出，形成壮观的熔岩瀑布、熔岩河流，甚至熔岩喷泉。岩浆还会一直流淌到几十千米外的太平洋里，发出震耳的咆哮，有时可延续几个月。到了夜晚，火湖向天空中喷出的熔岩泉就形成了迷人的“节日焰火”。飞溅的熔岩还会凝结成头发般的细丝，当地人称它们为“火神的头发”。

在基拉韦厄火山的西部，还有一座高达海拔4170米的莫纳罗亚火山，它是世界上最高的海岛火山。莫纳罗亚火山也是一座活火山，在过去的200年间，大约喷发过35次。1959年11月，莫纳罗亚火山再次爆发，持续时间达一个月之久，岩浆喷出的最高度超过了纽约的帝国大厦。

这两座火山虽然经常喷发，但并不猛烈，熔岩的黏稠度小，流动性强，不易堵塞，因而就成了人们观赏火山的好地方。

考爱岛是夏威夷群岛的第二大岛，它是世界上降雨量最多的地方，年平均降雨量为11684毫米，号称世界“雨极”。考爱岛的东北坡又是全岛降水最多的地方，每年有350天是雨天。可是，仅隔一条山岭，考爱岛的西南面却是一片沙漠，年降雨量不过460毫米，还不足东北面的百分之四。更为神奇的是，当人们在这些沙丘上走动时，沙丘就会发出“汪汪”的叫声；如果在沙滩上奔跑，则会发出雷鸣般的声音，而且天气越干燥，声音越大。这些奇怪的自然现象至今还没有人能给出合理的解释。

无论你一年四季何时来夏威夷群岛，无论你来到群岛中的哪个岛上，都能见到盛开的鲜花，而其中最美的花应属“天堂鸟花”。这种花的花朵很大，四个花瓣的形状和组合仿佛鸟的翅膀，酷似一只鸟儿正欲展翅高飞。花瓣中间长着两枝紫色的花蕊，它们一前一后，恰似鸟儿的头、脖子和身体。如此美妙而绚丽的花朵大概只能在夏威夷才可见到，而夏威夷美得如同人间天堂，所以这种花就被生动地命名为“天堂鸟花”。

新几内亚岛

如今的新几内亚岛是自成一体的海中之岛，而在公元前 5000 年的时候，它还和澳大利亚连在一起，只是后来由于海平面上升，一道托雷斯海峡把新几内亚岛和澳大利亚分隔开来。

1511 年，葡萄牙人最先发现了这个岛屿，因为岛上的土著人长得颇像非洲西海岸几内亚的居民，便给它取名为新几内亚。自从 1828 年荷兰人占领了这个岛屿的西半部后，就开始了新几内亚岛的殖民历史，它成了德国、英国、荷兰、澳大利亚等国不断争夺、瓜分的领地。第二次世界大战后，新几内亚西部于 1959 年举行选举，成立巴布亚议会，并决定把新成立的国家的国号定为西巴布亚。可惜好景不长，1961 年 12 月 18 日，印尼入侵西巴布亚，结束了它为期短暂的独立。1975 年，澳大利亚正式给予新几内亚东部全面独立的地位，成立了巴布亚新几内亚国。新几内亚一岛两国的现状就是这样形成的。巴布亚新几内亚占据了新几内亚岛的大部分土地，其居民大都属于巴布亚密罗尼西亚人种，都讲巴布亚语，所以他们管这个岛又叫巴布亚岛。而这个岛的西半部归印尼所有，属伊里安查亚省，印尼人通常把这个岛称为伊利安岛。

新几内亚岛

伊里安岛的西部地区靠近赤道，炎热多雨，到处都是繁茂的热带森林和沼泽，著名的猎头部落阿斯马特人就居住在这里。阿斯马特人居住的地区有 20 多个村庄，彼此之间经常爆发“战争”。开战前，男人们用赭石和石灰涂在独木舟上，然后趁着夜色的掩护，潜入敌对的村庄，不分男女老幼，一概斩尽杀绝。杀人后，他们便用竹刀割下人头，剥下头皮，在太阳穴处挖一个小洞，把脑髓倒出来喝掉，再把人头当作战利品带回来。在返回的路上，胜利者高声唱着他们自己谱写的歌曲：“我们杀死了一个男人，我们杀死了一个男人；我们快乐，我们幸福。”

阿斯马特人把猎头当成一种可以炫耀的行为。每到节日，那些猎取过人头的男人就会在脖子上戴上一个项圈，上面穿了一个一尺长的竹片，还有几块人的脊椎骨和下颌骨，这是光荣的标志。丈夫猎头，妻子也能跟着沾光，从丈夫那儿借来项圈戴上，会赢来很多羡慕的目光。

走进阿斯马特人居住的村落，随便接近一间房屋，都会看到很多人的头盖骨。那些上边没有洞的头盖骨，属于正常死亡的死者；而那些太阳穴上有洞没有下颌的头盖骨，便是猎头袭击的战利品。头盖骨在阿斯马特人的日常生活中有着广泛的用途。晚上睡觉时,他们常常把头盖骨当枕头用,他们相信枕在下面的头盖骨的灵魂能够保护自己。他们还用头盖骨进行贸易,一个头盖骨可以换一把丛林刀。

阿斯马特人并非总是互相杀戮,不管彼此仇恨有多深,都能讲和。讲和的方式很有趣,常常是杀人的一方挑选出一个孩子,送给另一个村庄一个儿子被杀的男人当儿子。如果这两个村庄以后再发生纠纷,就派这个小孩当使者,调停双方的冲突。

新几内亚岛的东半部属于巴布亚新几内亚。这里虽说位于赤道附近,但是不少山峰海拔很高,山顶终年被皑皑白雪所覆盖,形成了有名的“赤道雪景”。这里还有大片的原始森林,奇花异草种类繁多,而且全国只铺设了686千米长的公路,主要集中在沿海地带和极少数的山地,其余地区人迹罕至,所以这里被称为印度洋和太平洋上最后一片未被污染的净土。如果你喜欢远足、漂流、观察野生动植物、丛林探险,那就请你到新几内亚岛来,因为这里是地球上真正的伊甸园,这里的原始风情无与伦比。

如果你喜欢潜水,那更得到新几内亚岛上来。新几内亚岛的陆上景色算不上独一无二,但它的海底景观却是举世无双。潜入这片澄净的热带海洋,便可以看到多姿多彩的珊瑚在海底如鲜花般绽放,这里任何一处礁石丛中生长的珊瑚种类都相当于加勒比海所有珊瑚种类的总和。还有那些色彩鲜艳的热带鱼,成群地在你身边往来嬉戏,似乎在有意向你展示生命的活力和色彩。

除了丰富的自然景观,新几内亚岛上土著部落的独特习俗也是颇能吸引游客的看点。这里最有代表性的风俗习惯为“OneTalk”与“PayBack”。“OneTalk”指的是使用同一种语言的人或同乡同族,都在城市里生活,一人有难,众人相帮,很有人情味。“PayBack”可以直译成“以牙还牙”,大致相当于中国人所说的“有仇必报”。这种民情很容易激化矛盾,加剧部族之间的敌意。

新几内亚岛上的土著还有一个十分独特的习俗,那就是崇猪爱猪,这在当今世界上大概是首屈一指的。有的部族酋长在自己的鼻子上挖一个大洞,把野猪的爪尖嵌进去,既作为权威的象征,又表示对猪的崇敬。有的酋长把野猪的睾丸串起来,戴在手腕上,以表明他的信仰和力量。有的土著还把木炭和猪油混合起来,涂抹到脸上,以此来表现自己不辱祖先的武勇。

新几内亚岛上的土著以猪作为财富的象征,谁的猪多谁就有钱,也就有地位。某人拥有多少头猪,从他戴的项圈上就能看出来,那上边的每一片就代表着一头猪。猪还被用来作为定亲的聘礼。婚约一旦成立,男方就要给女方送猪。送多少头猪,那要看姑娘相貌如何,据说漂亮的姑娘能得到七八头猪。

新几内亚岛上有个名叫乌拜古比的部落,居住在非常偏僻的山区,只有一条险陡的羊肠小道与外界相通。他们实行男女分居,男人们都住在村子中间的一个椭圆形的大屋子里,女人、孩子跟猪同住在四周的小圆屋里。到了夜间,人和猪并排躺在一起。爱猪爱到这种程度,着实令人叹为观止。

名街游览

新宿大街

新宿大街位于日本首都东京新宿区东口，起点在新宿火车站前广场，全长900米，日本许多著名的百货公司都集中在这条大街上。

江户时代，新宿这个地方只是一个带有驿站的小村镇。1601年，这一带修建了五条公路，其中一条是考梳大街，沿着考梳大街建起了33个通邮的市镇，“新宿”就分别代表着“新的”和“通邮的市镇”。如今的新宿已经成为一个极为繁忙的交通枢纽，每天有360万人次在这里出入，成为全日本人流量最大的地方。新宿大街能够得名“日本第一繁华大街”，显然与这里摩肩接踵的人流有直接关系。

新宿大街

从20世纪60年代以后，在热闹非凡的新宿东口就形成一大片商业街区，而新宿大街则处于这个街区的中心。在它短短的街道两旁，集中了120家各类商店、购物中心，它们以男装、女装、鞋、手袋、化妆品、美术用品等精细的专业分工，展示着各自的特色。此外，还有众多的电影院、酒吧、舞厅、餐厅，给这条闻名全球的商业街提供着周到的辅助服务。

也许是日本人喜欢小巧的缘故，在日本很多城市里都很难找到大型的商店，而在新宿大街上这条定律被打得粉碎。阿尔他大楼、丸井百货商店、伊士丹公司、三越百货商店等名店，都隐身在气势恢宏的大厦中。阿尔他大楼的电子屏幕与整个墙面一般大，每当播放娱乐节目时，它的前边就聚集起成百上千名观众。还值得一提的是，这条大街的人行道上铺设的是来自中国的花岗石板，有6厘米厚，大街上悬挂的大字招牌很多是用汉字写成的，中国游客来到这里，有时候竟找不到出国的感觉。

中国人来到这条大街上，还会生出一种感慨，那就是随便走进一家商店，都不用担心买到假货。日本人见到别人生产出了畅销货，也知道着急，但急过之后就是模仿，模仿中还有创新，称得上青出于蓝而胜于蓝。而遇到同样的情境，有些国人涌上脑海里的第一个念头往往是造假，而且假货造得比真货还像，这份智慧并不输于日本人。但中国的很多盛极一时的商业街就毁在假货手里，结果中国人的这种“精明”就变成了“自杀式”的。

为了给商业街多一些文化特色，当然终极目的还是为了招徕更多的顾客，新宿大街每年都要举行好几次文化活动，其中比较有名的是灯节和新宿节。灯节在三月中旬到四月初这个时段里举行，那时正是樱花盛开的季节，新宿大街上见不到樱树，就用人造的樱花将现代时尚的街灯装饰起来，让漫步在这条街上的人们感受到春天的气息。入夜之后，樱花灯写意地模仿出樱花开放的绚烂。新宿节在10月份举行，届时人们会在这条大街上看到大学生的行军演习，还有一辆辆被鲜花装饰一新的彩车，组成了“花之幻想曲”的游行队伍，沿着新宿大街欢天喜地地向前行进。

每到圣诞节，新宿大街又被各种圣诞装饰物打扮得焕然一新，电线杆上彩旗招展，一派节日气象，而让中国人看来大煞风景的是，电线杆上、楼顶上，一群一群的到处是乌鸦，还不时发出难听的呱呱的叫声。不光是新宿大街，整个东京的乌鸦都特别多，每天早晨一阵阵鸦叫就会把人吵醒。日本文化对乌鸦并不歧视，相反有些崇拜，日本国家足球队员的球衣上印的就是乌鸦。在日本的远古神话中，乌鸦被视为统一大和民族的神鸟。相传天照大神的子孙在统一日本的战争中打了败仗，从中国飞来一只乌鸦赐给他智慧，帮助他最终战胜了敌人。在日本农村，乌鸦被认为是司农之神，掌管农耕，每年开春时农民们都要到神社里祈求乌鸦赐福。既然是神鸦，日本人就不会打它，使得这种鸟成倍增长。但这些家伙很不知趣，乱扔垃圾，偷盗财物，见车也不躲，让日本人很头疼，容忍也到了尽头，据说已经开始想办法对付它们了。

明洞大街

明洞大街位于韩国首都首尔的中心地带，长约1500米，面积只有0.44平方千米，常住人口5000人，但每天的流动人口超过200万，每年有400万以上的外国游客来这里观光。2000年3月，它被韩国政府指定为观光特区。

“洞”是韩国行政建制的基层单位，相当于中国的街道。所谓“明洞”，可以理解为一条叫作“明”的街道或街区。朝鲜王朝时代，这里不过是一片典型的韩式住宅区。到了近代，韩国人请来英国技师，在这一带建造起带有明显欧式风格的房屋，于是明洞就成了朝鲜文化与西方文明接触的象征。

街道两旁布满了百货公司、商场、餐厅、酒店、戏院，还有一批超现代的大型购物广场、观光酒店、100多家金融机构、数千家服装及服饰专卖店,形成了一个大型购物休闲娱乐区。

明洞大街

走在只供行人行走的宽敞而明亮的明洞大街上,密密麻麻挤在一起的品牌专卖店足以让人眼花缭乱,同时又会下意识地感觉到自己的钱包不够鼓。这也难怪,乐天百货公司、新世界百货公司、优图总商厦、米利奥商厦、阿巴塔商厦这些有名的购物中心,走的都是高品质路线,各种服装、鞋帽、饰物等都能领导全球潮流,但价格不菲。不过,有经验的游客只是在这里开开眼,却不肯掏腰包,因为他们知道明洞大街两旁的胡同里云集了数量极多的品牌商店,它们出售的商品质量绝对不差,你用较少的钱照样可以买到最时髦的商品。

当然,那些占据明洞大街要冲的大商家自有自己的招徕之法,比如位居韩国百货连锁业龙头老大的乐天集团,就在与乐天百货公司相接的地方开设了一座世界级的室内游乐场,这里有装潢精美的背景建筑,趣味无穷的游乐设施,世界狂欢游行热闹非凡,宇宙杂技表演魅力无穷。有了这个主题游乐场的吸引,很多外国游客都把自己的吃住与购物安排在乐天集团所属的饭店与商店了。

不管是大商场还是小商店。在明洞大街上经营都要付出很高的成本。据有关数据,明洞大街的地价平均每平方米在1亿韩元以上,约合100万元人民币。尽管如此,这里的土地拥有者还是不愿意轻易出售。令人咋舌的地价必然带来昂贵的租金,在这里随便开一家小店铺,每月的租金就得在800万韩元左右,约合8万元人民币。联想到这里每年有400万外国游客光顾,想来租金再高也是有赚无赔的。

作为最受韩国人喜爱的韩国最好的商业街,明洞大街处处给人年轻与生动的感觉,但在这条繁荣的现代化的街道上,也有一处国家级的文物,那就是明洞圣堂。韩国人大多信仰基督教,早在1784年就有了当地的基督教信仰团体,而1889年建成的明洞圣堂则是韩国最早的天主教堂,韩国的第一位本土主教的就职仪式就是在这里举行的。它虽然是砖砌的,却有着纯粹的哥特式建筑的风格,在漫天的商业广告牌中独自显示着它的古色古香。

在韩国走向民主化的进程中,明洞大街和明洞圣堂都曾经扮演过一个特殊的角色。1980年以后,那些热望期盼韩国进入民主社会的示威群众,把明洞圣堂当成了聚集地,整天在这里与警察对峙。嗅着明洞大街上不时传来的催泪弹的刺鼻气味,明洞大街上的商人们感觉到了危机,他们积极行动起来,成立了一个名叫"明洞商街繁荣会"的组织,宣称这里是一条“和平之街”,这边劝警察不要动粗的,那边劝示威群众克制一下。最终韩国社会能够和平地完成民主化进程,明洞大街的商人们也有一份功劳。

中国驻韩国大使馆也在明洞大街上,它的附近有一条中国街,已经有 20 多年的历史了。在这里可以买到各种来自中国的物品,如生活用品、茶叶、药品、香料、书籍等等。中国人来到这里会感到格外亲切,而韩国人在逛完了号称“购物天堂”的明洞大街后,常常会来这里感受一下异国情调。

罗哈斯海滨大道

罗哈斯海滨大道位于菲律宾首都马尼拉,全长 10 千米,北接西班牙王城,南临马尼拉海湾,将沿途的黎刹公园、菲律宾文化中心等著名景点串在一起。这条大街也是著名酒店的聚集处。

马尼拉的城市面貌曾经不堪回首,街道全是土路,晴天尘土飞扬,雨天满是泥浆,马车从上边走过,泥浆粘到车轮上越滚越厚,不久木轮就变成了泥轮,看上去就像是马拉着泥团在滚动。华人们风趣地把这种现象称作“马泥拉”,据说“马尼拉”这个名字就是这样演变而来的。

罗哈斯海滨大道

如今的马尼拉已今非昔比,市容整洁,街道宽阔,林荫如盖,繁花吐艳,简直成了一座热带花园,还被人比作“亚洲的纽约”。马尼拉的巨大变化自然要归功于菲律宾人民的勤劳,但造化之功也不能抹杀,它为这座城市的美丽提供了坚实的基础。

马尼拉最美丽的自然风光集中在罗哈斯海滨大道上。它是马尼拉最漂亮的景观大街,可以并排行驶八辆汽车,路沿着秀丽的马尼拉湾向前铺展,车行道中间是半人高的花篱,街道两旁鳞次栉比的高层建筑掩映在一排排棕榈和椰林中间,一片诗情画意的迷人景象。罗哈斯海滨大道最美的时候是黄昏,落日的余晖撒下金光,把沿途的建筑、树丛、海面上的货轮都染上了一层淡红色,浮光耀金的水面显出海市蜃楼一般的美景,于是得到了“日落大道”的别称。罗哈斯海滨大道看落日,已经成为蜚声国际的旅游项目。难怪菲律宾人一提起这条大道,总是自豪地说:“马尼拉湾的落日,如果不是世界上最美丽的景色之一的话,那就是世界上最美丽的景色了。”

在罗哈斯海滨大道观赏完了落日的美景,应该就便到黎刹公园看一看。它位于市中心罗哈斯大道一侧,面对着马尼拉湾,也是一处观赏落日的好地方。黎刹公园里繁花似锦,绿草如茵,环境清幽,海风袭人,历来是马尼拉人们休憩的好地方。公园东边有一个人工湖,湖水上漂浮着菲律宾最早试做成的群岛模型,人们通过观看这个模型,可以对菲律宾全国的7107个岛屿一目了然。公园的北边有一个国际庭园,里面种植着引自中国、日本、意大利的花卉。公园里每天还有两次视听表演节目,也能吸引不少游客的视线。

黎刹公园的入口处竖立着一尊铜像,他就是领导菲律宾人民反抗西班牙殖民统治的民族英雄荷西·黎刹。这座公园原名卢尼达公园,为了纪念黎刹而改为现名。黎刹的祖籍在中国的福建,从他高祖父那一代移居菲律宾。1892年6月,黎刹创立了"菲律宾联盟",带领人民展开了如火如荼的民族独立运动。1896年12月30日,被放逐4年的黎刹在马尼拉英勇就义,地点就是现今的黎刹公园,西班牙统治期间,这里曾被用作对背叛者或革命者行刑的地方。

1964年,人们在当年黎刹被枪杀的地方建起了黎刹纪念坛,安葬了他的遗骨。此后,黎刹公园就一直是菲律宾举行国家庆典和集会的场所。每年独立节,总有上百万人来到这里集会。各国首脑访菲,总要先到黎刹纪念坛前献花致敬。两位身穿蓝色军服、手持长枪的卫士雕像一般地肃立在这里,守卫着这位民族英雄永不屈服的灵魂。

黎刹确实称得上一位英雄。就义时,他仰面朝天,不肯卧倒,竟使得一名枪手不寒而栗,颤抖着不敢向他开枪。就义前夕,他的未婚妻同他举行了婚礼,那是一位美丽的爱尔兰姑娘,以她坚贞的爱情为她的爱人送行。黎刹还是一位天才的诗人,纪念坛六角形的圆墙四周,竖立着20面铜牌,用各种语言雕刻着他的诗作《我的诀别》:"……如果有一天你看见我的坟头迸生一朵朴实的花儿/在茂密的丛草间/清把它放在你的唇上,吻我的魂灵/那时在寒冷的墓里,我额上将感应你的爱抚的亲切,你的气息的温暖……"

从黎刹公园往北走,就来到了西班牙王城(当地人称"仙爹戈古堡"),它是马尼拉的发源地,到菲律宾旅游不到这里,就如同来北京没到故宫一样。1571年,西班牙人为维护自己的统治,兴建了这座城堡,在四周开挖护城河,还筑起了一道长达4.5千米的厚厚的城墙,高悬在护城河上的吊桥定时开放,外人轻易进不来,所以得名"城中城"。

第二次世界大战期间,这里曾设有日本人的宪兵本部,自然成为美军的轰炸目标。跨过王城饱经战火蹂躏的残缺的大门,来到它的西北角,便是圣地亚哥古堡。作为防御外敌入侵的要塞,这座古堡毫无建树,而作为监狱,它曾监禁过被尊为菲律宾国父的黎刹。黎刹被捕后,就被关在圣地亚哥古堡中一个潮湿阴暗的土牢里,那首激发起千百万菲律宾人反对殖民统治决心的《我的诀别》,就是他在这里写在一块巴掌大小的纸头上,被他探狱的姐姐藏在煤油灯里偷偷带了出来,为菲律宾民族保存下了一首大义凛然的正气歌。在土牢的出口处有一条小径,当年黎刹就是从这里走进土牢又走向刑场,如今这条小径上有一长串铜铸的脚印,寓意着后来者将踏着先烈的足迹继续前进。

这座古城堡现在已经辟为展览馆,里面陈列着黎刹生前的遗物。古堡的门前摆放着几颗锈迹斑斑的炮弹,那是当年菲律宾人民用来打击西班牙殖民者的武器。这些炮弹再也不能发出呼啸,但它们曾经发出的惊雷却永远回响在历史的册页上。

走出西班牙王城,让我们再回到罗哈斯海滨大道上来,看一看被誉为马尼拉最新建筑成就的菲律宾文化中心。它坐落在罗哈斯海滨大道的中段,正对着马尼拉湾,是一幢造型新颖的现代化综合建筑。整个建筑于1970年落成,建设在1050亩填海地上,最大的特色是它的外墙上镶嵌着五颜六色的贝壳,夜晚让灯光一照,显得缤纷夺目。它的旁边有一个人工湖,湖中的喷泉喷射出20多米高的银色水柱,也是一道有名的景观。

罗哈斯海滨大道上车来人往,一派繁忙景象,而进到号称"菲律宾文化橱窗"的菲律宾文化中心里,却是一派安祎宁静。走进一楼金碧辉煌的大厅,你会在这里的天花板上看到一盏用贝壳磨制而成的大型吊灯,薄似蝉翼,十分精致。大厅的墙上挂着反映7种表演艺术的巨幅壁画,颇有气势。沿着大理石台阶拾级而上,就来到了一个拥有2000多个座位的大剧院。这里是菲律宾文化中心的"心脏",供各国艺术大师施展他们的表演才华。上到三楼,这里有一座图书馆,馆内收藏有大量珍贵的书籍、手稿、乐谱和照片等。三楼还有一些大小不同的画廊,定期举办绘画、雕塑和摄影展览。上到四楼,也就是这座建筑的最高层,这里有一个博物馆,里边陈列着中国古代的瓷器和其他珍贵文物。在地下一层还有一个雅致的小剧场,可以演出戏剧和放映电影。菲律宾的文化艺术有自己的独特之处,而对此感兴趣的人,尽可以在这里终日徜徉。

乌节路

乌节路位于新加坡首都新加坡市的北部,坐落在中心商业区上方,原先全长1600米,经不断扩展后如今已达3000米左右,从唐林路一直延伸到博拉斯·巴萨路。

作为新加坡首都的新加坡市,面积不足100平方千米,却拥有2000多种高等植物,因此被誉为"世界花园城市"。作为花园城市的居民,新加坡人总是精心地打扮着自己的家园,每家住宅的阳台上都摆着一盆盆五彩缤纷的鲜花。在这座鲜花簇拥的城市里,游人们既可以享受环境之美,又可以体会购物之乐,而号称"购物天堂"的地方,就是乌节路。

"乌节"这个名字是"果园"的意思,19世纪40年代时,这里的道路两旁全是一片片广阔的豆蔻园和胡椒园。到了20世纪初,突然来了一场病灾,农作物大量减产,果树成片地枯萎,原本枝繁叶茂的果园变成了荒地。直到1965年新加坡独立后,乌节路上才出现了第一个购物商场。随后在李光耀总理的倡议下,很多购物广场在这条街道上相继落户，昔日的泥泞小径转瞬之间变成了康庄大道，而当年的茅草木屋则被一座座摩天高楼所取代，乌节路摇身一变成了举世赞誉的购物天堂。如果还要寻找昔日“乌节”的影子，只能看一眼生长在稍远处的热带花草树木，但它们已经成了街道两旁那一座座购物商场的陪衬。

乌节路

不断成长壮大的乌节路并不算短，但不管它延伸到哪里，商场就跟到哪里。众多的商场能把一条长长的大街塞得满满当当，这就足以说明它的繁华程度。至于这里的商品，只能用很多年前中国人经常爱说的一句话来形容：物质极大丰富。那时候中国人买东西还凭票供应，而新加坡人却东西多得商场里摆不下，幸好当时中国人不知情，不然真得活活羡慕死了。

如果你想用一天时间逛完乌节路，那是根本不现实的；而如果你只有一天时间，用来逛东南亚最大的购物中心之一义安城还有些紧张。这是一座六层建筑，城中的上百家日本商店“间间都精彩，所所皆特殊”。日本的连锁百货公司高岛屋在这里设有数不清的柜台，还为顾客准备了餐馆、健身房、游泳池和多功能厅。义安城中还有东南亚最大的书店，爱好读书的人到了这里就会流连忘返。这里又辟有许多画廊和艺术馆，让你舒缓一下购物的节奏，也在悄悄地提升着顾客的品位。

如果说义安城是以大取胜，那么位于它正对面的白丽宫就以精细而著称。世界上所有高档的男式服装品牌，在这里几乎都能找得到，形象地体现出领导男性时装的时尚潮流。

伊士丹经营的商品和义安城大同小异，只是规模比前者小了一点，但也是各类商品琳琅满目。顾客到了这里喜欢逗留在底层不去，因为这里有个巨大的水柜，里边游动着各种珍稀鱼类，每到固定的时间，就有蛙人潜下水去给鱼喂食，同时也是一种表演。

乌节路上商场众多，却是针对着顾客的各有所好，所以不会给人以烦乱之感。如果你想见识一下新加坡式的讨价还价，那就请到幸运商业大厦，这里出售的商品白手表至背心应有尽有。如果你钟情于法国名家设计的产品，那就请到奥奇大厦，这里的主要百货公司就是来自巴黎。如果你想买到订制的皮鞋，那就请到乌节商业中心。如果你想给孩子买玩具，那就请到福临广场，这里有全世界最大的玩具店，顺便还可以让小顽童们玩个痛快。假如你也不知道自己究竟想要买点什么，那就请到远东大厦来。它的购物区有五层楼面，几乎是什么东西都有卖的。

如果想把乌节路上的商场及其经营种类介绍齐全了，恐怕得讲上三天三夜。既然讲不全,索性就不讲,让我们一起等待夏季的到来。每年从6月中旬开始一直到7月下旬,乌节路上所有的商店都要参加特卖会,不管什么商品都要打折,最大的折扣可以打到两折。每到特卖会期间,乌节路上的夜晚就会如同白昼,所有的商店都用各样耀眼的灯饰点缀起来,街道两旁的路灯和树上,也都高高地挂起了绚烂的灯饰,与那些华丽的购物大楼,共同装点出新加坡最奢华最热闹的景象。

乌节路不但是新加坡人购物的最佳去处,还是节庆活动的露天广场。每年春节期间,享誉东南亚的"妆艺大游行"就会在这条街上拉开序幕。"妆艺大游行"被誉为亚洲最大的街头花车游行,游行在晚上7点钟准时开始,几十辆花车和数千名表演者,组成一支异彩纷呈的队伍,浩浩荡荡地沿着乌节路向中国城(牛车水)行进,一路上烟花绽放,彩带飞舞,而热烈火爆的舞龙和舞狮表演,则把更多的喜庆与快乐分享给更多的看客。两个小时的大游行结束后,成千上万名观众潮水一般涌到乌节路中央,开始了一年一度的街头舞会和狂欢……

海滨大道

海滨大道位于埃及第二大城市亚历山大,濒临地中海,全长约26千米,建于1934年,又称7月26日大街。它的东端是蒙塔扎宫,西端是卡特巴城堡,沿途现代化的建筑群中清真寺的尖塔时或可见。

亚历山大是埃及最开放的城市,也是举世闻名的旅游胜地。这里冬无严寒,夏无酷暑,四季花开,万木常青。它也是埃及最漂亮的城市,东西狭长的城市宛如一位淡妆素裹的少女侧卧在地中海滨,显得异常娴静美丽,有"埃及新娘"之称。

海滨大道

最能体现这座城市特色的就是海滨大道,它一面是浩瀚辽阔的地中海,一面是错落有致的现代化建筑,沿途绿树成荫,花草争艳,景色十分迷人。对于游人来说,这里的海边最有诱惑力,松软的沙滩正好用来做日光浴。但海滨大道上的海滨浴场只有很少的几处,总长度加起来不足1000米,其中的原因大约是阿拉伯人的习俗不允许在公共场合里袒胸露背。在天气炎热的夏季,偶尔能看到几个年轻人在海边嬉水,但女生的衣服绝对是上遮肩下及膝的。

亚历山大人当然不会丢弃这美妙绝伦的海滨资源,只是不下水,而是沿着海滨一路走去,在海风的吹拂下尽情欣赏带有欧洲建筑风格的街景。公元前332年,希腊马其顿国王亚历山大一世征服埃及后，把一个默默无闻的小渔村变成了古希腊的第一大城。从那以后，这座城市就带上了明显的希腊印记。直到阿拉伯人征服了埃及后，这座城市的建筑依然瞄准了地中海那边的世界，清真寺高耸的尖塔和球状屋顶反倒显得有些另类。

不过，建在海滨大道上临地中海而立的清真寺也是十分有名的，其中最突出的是阿布阿拔斯清真寺和布塞瑞清真寺。阿布阿拔斯清真寺面积稍大，1943 年建立在一座 13 世纪的坟墓上，周围是如画的旧城区。布塞瑞清真寺晚间灯火熠熠，成为途经这里飞机夜航的标志。

海滨大道上最有名的建筑要数亚历山大图书馆。这座图书馆始建于公元前 259 年，当时中国的老子、孔子还把他们精妙的思想写在竹简上，而它的馆藏图书就多达 54000 卷了，所以被后人誉为人类文明世界的太阳。据说当初建亚历山大图书馆唯一的目的，就是“收集全世界的书”，实现“世界知识总汇”的梦想，为此历代国王不惜动用一切可以使用的手段：凡是进入亚历山大港口的船只，一律严格搜查，只要发现图书，不论国籍，马上归入亚历山大图书馆。相传当时古希腊三大悲剧作家埃斯库罗斯、索福克勒斯和欧里庇得斯的手稿原本收藏在雅典档案馆内，托勒密三世得知此事后便设了一计，以制造副本为由，先用一笔押金诱惑雅典人破例出借，可最后还给希腊人的却是足以乱真的赝品，真迹却被送进亚历山大图书馆里珍藏起来。

不管手段正当与否，反正亚历山大图书馆迅速成为人类早期历史上最伟大的图书馆，并享有“世界上最好的学校”的美名，在整个地中海世界扮演着传播文明的角色。然而，这座图书馆却神秘地消失了。现今人们只知道它先后毁于两场大火。第一场大火是古罗马人放的，本意是焚烧埃及军队的战船和港口，没想到大火蔓延到亚历山大城里，致使图书馆遭殃，全部珍藏过半被毁。另一场大火相传是公元 642 年由征服埃及的阿拉伯将领阿慕尔放的，理由是他的上级给出的：如果这里的书籍与我们传授的教义内容一致，那它们就没有存在的必要；如果与教义不一致，那就更该毁掉。于是，这里的所有图书都被运到当地一个公共浴室当燃料烧，据说整整烧了大约 6 个月。

为了让这座“地中海文化灯塔”重新闪耀光芒，一座崭新的亚历山大图书馆于 1989 年海滨大道上破土动工，据说这里就是托勒密王朝时期那座图书馆的旧址。它总造价 4500 万美元，建筑面积达 45000 余平方米，主体建筑为圆柱体，顶部是半圆形穹顶，会议厅是金字塔形，三者的巧妙结合浑然天成，多姿多彩的几何形状勾勒出这座图书馆的悠久历史。令人称奇的是，无论从哪个角度看，它的主体建筑都像是一轮斜阳，象征着普照世界的文化之光，也有人说它体现了古埃及人信奉的太阳神文化。图书馆外墙上有一处用花岗岩砌成的“文化墙”，上边镌刻着包括汉字在内的世界上 50 种最古老语言的文字、字母和符号，凸显出文化传承的创意。步入可容纳 2500 人的阅览大厅，这里覆盖着半圆造型的巨大玻璃屋顶,柔和的自然光线撒遍整个大厅。

海滨大道的最西端,有一座依海而建的城堡,它就是卡特巴城堡。这座城堡本身没有什么特别之处,特别之处是它的地基是位列古代世界七大奇迹之一的亚历山大灯塔。这座著名的灯塔在 14 世纪的大地震中倒塌,为了防止土耳其人入侵,埃及国王卡特巴于 1477 年下令在原灯塔的遗址上修筑起一座城堡,用的还是原先建灯塔使用过的石块。这座米黄色的城堡是一座典型的阿拉伯建筑,三面都是高大的城墙,每个角落各有一个炮楼。站在这里眺望着一碧如洗的地中海,倾听着轰隆隆的潮水,似乎是远航的游子在述说着循着灯塔的光芒归家的故事。1966 年卡特巴城堡被改为埃及航海博物馆,这里的展品相当丰富,有古埃及船只的模型,还有从海里打捞出来的部分埃及法老时代到托勒密时代的文物。

离开卡特巴城堡,沿着蜿蜒的海滨大道,可以一直走到位于亚历山大市东部的蒙塔扎宫。这里密林环绕,如今已经成为全城最大的公园,而在 1952 年前,它一直是皇室家族的消夏避暑之地,所以又称夏宫。每当夕阳西下时,涌上岸边的雪白的浪花变成了橙红色的弧线,好像为这座行宫镶上了一轮金边。蒙塔扎宫中的建筑上到处都刻着字母"F",据说这是因为王宫的主人相信"F"能给他的家族带来好运气,所以国王的子孙命名都以"F"开头。1952 年 1 月,埃及的末代国王法鲁克的儿子降生了,他为儿子取名阿赫迈德·福阿德,字母"F"被放在第二位。6 个月后,法鲁克就被废黜了。莫非"F"真有那么大的魔力吗?法鲁克就因为不遵祖制才落得那样的下场吗?在充满神秘的国度里,神秘的传说总是层出不穷。

法鲁克的另一座行宫蒂恩角宫也建在海滨大道上,它是法鲁克出生的地方,一到冬天国王就搬到这里来,因此又称为冬宫。1952 年 7 月 26 日,法鲁克在这里被迫签字退位,结束了埃及的君主制度。如今的蒂恩角宫已经成为国宾馆,宫内陈设无比奢华,依旧保持着原貌。

唐宁街

唐宁街位于伦敦市内白厅大街西侧中段,它是一条短而窄的横街,长不过百米,却是英国的政治中心,英国首相的官邸就在这条街上。

很多城市的街道是以人名来命名的,唐宁街也是一样。但是用作街道名字的人物,通常是足资后人景仰或作为榜样的,而唐宁这个人历史上却是有污点的。

乔治·唐宁是爱尔兰人,在英国资产阶级大革命时代,他担任过克伦威尔的总侦察长,后来又出任英国驻荷兰海牙大使。就在这时候,他扮演了一个叛徒的角色。他秘密地与流亡在荷兰的查理二世取得了联系,将克伦威尔要缉拿查理二世的计划透露给他,查理二世这才得以逃脱。克伦威尔去世后,克伦威尔集团的主要成员都被逮捕入狱,唐宁也被关进伦敦塔内两个多月。幸好查理二世没有忘记他的救命之恩,下令释放了他,而唐宁从此就彻底背叛了以前的盟友,转而全力效忠国王。查理二世投桃报李,很快就把他提拔到财政大臣这个重要位置上来,还赏给他一块封地。唐宁不愧是财政大臣,很有商业头脑,他发现在伦敦市内的重要地段上建造房屋是一个迅速发财的好办法,就策划建了几座房子,这就是唐宁街的雏形。

唐宁街

唐宁去世后,他的房产都被皇室收回了。1732年,英王乔治二世将唐宁街上的房子以及俯瞰英国皇家卫队的房子统统赠送给了罗伯特·沃伯尔爵士。他当时的头衔是第一财政大臣,实际上等于首相,所以人们就把他称为英国历史上的“第一任首相”。沃伯尔不愿意把唐宁街的房产据为己有,他要求英王允许他和他的继任者将其作为官邸使用。英王欣然允诺。从此,唐宁街10号就成了英国的首相府,而门旁的邮箱上还留着当时镌刻的“第一财政大臣”的字样。1937年后,英国正式设置首相,历任首相都住在唐宁街10号,它的名声也就越发响亮起来。

唐宁街上除了10号,还有11号、12号,分别是政府督导员办公室和财政大臣官邸,但唯有10号的“曝光率”最高,所以给人的印象仿佛是整条唐宁街只有一个10号。

作为英国政府的神经中枢所在和世界上最著名的政府办公室,唐宁街10号无论怎样藏而不露,都无法不引人注目,这里的所有细节都能引起人们的兴趣。比如它的前门是两扇黑色铁门,门上威武的狮头门环,那是诺斯勋爵担任首相时,给唐宁街10号增添的。如果你很细心的话,就会注意到,这两扇前门一模一样,这是为了防备一扇需要油漆,也不至于破坏它的传统景观和日常功用。有趣的是,首相本人并没有唐宁街10号的大门钥匙。尽管这里是他的家,他也用不着自备钥匙,门口日夜有人值班,随时会为这里的主人开门。

尽管唐宁街10号戒备森严,但其内部情况还是为人所熟知。它的门厅铺着黑白相间的格子大理石,这些大理石也是诺斯勋爵在任期间铺下的。一楼的内阁会议厅里摆着一张古朴典雅的船形会议桌,周围摆了一圈椅子,中间那把带扶手的椅子是首相的专座。每个星期四的上午,内阁大臣们就要坐在这张桌子周围,参加由首相主持的内阁会议,英国政府的许多重要决策,都是在这里制定出来的。沿着悬臂吊挂的主楼梯上二楼,你会在墙壁上看到历任英国首相的黑白照片或肖像画,形象地展示了这里的主人变迁。二楼有三个宴会厅，那是首相用来会见或宴请来访的外国来宾所用的。宴会厅的墙壁上挂着很多有名的油画，但不是首相个人的东西，都是借来的，首相卸任后是带不走的。三楼是首相一家和部分首相府工作人员的住处。首相家人也住在这里，是为了便于首相生活，但房子是不能白住的，照例要交付房租。

温斯顿·丘吉尔担任英国首相时，正是战争时期。1940 年 10 月，一个炸弹落在唐宁街 10 号附近，炸坏了这里的厨房和政府寓所，并造成三人丧生。为了保护首相和内阁成员的安全，唐宁街 10 号的房间都用钢铁加固起来，窗户上安装了厚厚的金属挡板，它的地下室也得到加固，成了丘吉尔的办公室。丘吉尔和英王乔治六世经常在地下室的餐厅里一边进餐，一边商讨国家大事。战后，丘吉尔从地下搬回到地上。1945 年 5 月 8 日下午 3 时，他在唐宁街 10 号的内阁会议厅里通过广播宣告欧洲胜利日的到来。如今在地下室餐厅的墙壁上还挂着丘吉尔的纪念牌，向来访者讲述着那段不寻常的历史。

牛津街

牛津街（摄政街）坐落在伦敦西区中部，是西区购物的中心，也是全英国最繁忙的街道，全长近 2000 米。牛津街是东西走向，摄政街是南北走向，两条大街的交叉处就是唐人街。

伦敦分为东西两区。东区过去是“贫民窟”，建筑低矮，街道肮脏，住在这里的大多是平民百姓。西区是王宫、议会、政府各部门的所在地，英国最大的百货公司、最时髦的时髦用品商店、最豪华的别墅，都集中在西区，所以这里被称作“富人的乐园”。

牛津街作为英国最有名的购物街，自然坐落在伦敦的西区。这条街道不足 2000 米，竟云集了 300 多家店铺和商场，每年都有上千万来自世界各地的游客到此观光购物，每小时都有 50 辆公共汽车在这条街上运行。如此庞大的人流酝酿着巨大的商机，精明的商人们哪里肯放过，世界上很多知名品牌都在这里开设专营店，一方面是为了增加销售，另一方面是在这里设一个展示品牌的窗口。

牛津街

喜欢购物的游客来到伦敦必到牛津街，在这里你能找到来自世界各地的服装、化妆品、家具、陶瓷、烟草、酒水等各类名牌产品，琳琅满目的商品让人大开眼界，你想要买什么这里就有什么。这里所有的店铺都是一个挨一个地靠在一起，令人有目不暇接之感，而且街道宽敞明亮，尽管购物者川流不息，却没有拥挤不堪的感觉。

逛牛津街，很容易勾起人们购买的欲望。但当你决定掏腰包时，一定要心中有数，伦敦的物价水平绝对“国际化”，价格绝对不便宜。其实，不少游客来到牛津街之前，就已经打定了不花钱的主意。牛津街上的名牌店里种类繁多，款式齐全，某些顶级品牌的款式竟然比产地店铺里摆的还多。除了大饱眼福外，在这里你还可以享受到英式的周到服务，体验到超五星级的待遇。而牛津街两旁的店铺各有特色，也组成了一道令人赏心悦目的风景。

牛津街上还有一些大型综合商厦，以专门出售昂贵商品而闻名，其中中国游客最多的是塞弗里奇百货公司。迈进商厦大门，首先映入眼帘的是古奇、迪奥和普拉达等世界知名品牌的专柜。这些专柜不仅面积大，还用透明的玻璃墙将它与其他柜台区分开来。让中国游客失望的是，这家商厦中来自中国的商品极少，只是在顾客相对较少的家居用品区里有一个经营中国古典家具的专柜。这里的产品小到枕套大到柜橱，价格在同类产品中算中档，最贵的是中国古典红木方桌，要价上万英镑。尽管价格昂贵，但悠久的历史和独特的样式还是能吸引一些顾客。

来到牛津街，很容易走到摄政街上，它也是一条商业街，但与牛津街稍有不同，那就是它更窄一些，更为曲折蜿蜒。另一个不同是牛津街更能吸引喜欢赶时髦的年轻人，而摄政街更能赢得中年绅士淑女的欢心。这里有著名的韦奇伍德瓷器店，可以买到精致的骨瓷，还有全世界最大的哈姆雷兹玩具店、Mappin & webb 刀叉店。在这条街上购物，要比在牛津街上购物更随意、更轻松一些。

从 2000 年开始，摄政街上又多了一道风景，那就是每年的 9 月初，这里要举办一届摄政街节。节日期间，汽车禁止入内，整个街道被布置成了一个街头游乐场，就连深受英国人欢迎的马球手也把他们的坐骑拉上了街头。人们可以一边购物，一边参加各种娱乐活动，尽情享受闲暇时光。

在牛津街和摄政街交叉的地方，有一块方圆不足一平方千米的街区，被英国人称为“中国城”，也叫“唐人街”。这里虽然紧靠伦敦的两大商业街，却没有高层建筑，也没有豪华的大公司，街道也很狭窄，只能容汽车单行。这里是华人的天下，街道两旁全是用汉字书写的店铺招牌。至于零星几家由洋人经营的商店和酒吧，则完全被林立的中餐馆淹没了。与其他地方的唐人街一样，这里也是中餐馆众多，粗略算一下，绝对不少于 100 家。在这些中餐馆的橱窗中，吊着烧鸡烤鸭、广东香肠，还有独具特色的中式糕点，中国人见了觉得亲切，外国人见了不禁垂涎欲滴。

每逢新春佳节，“中国城”中到处张灯结彩，男女老少都穿上了新衣服，互贺“恭喜发财”。青年人则舞龙耍狮，表演中国杂技，将异国风情融进了牛津街和摄政街浓浓的商业气息之中。

香榭丽舍大街

香榭丽舍大街位于法国首都巴黎市南北相分的中轴线上，全长1880米，宽120米，可并行10辆汽车，沿途遍布名胜古迹。

“香榭丽舍”是一个绝妙的中文译名，它让根本不懂法文的中国人，仅仅凭着字面就能想象出一片诗情画意来。

在法文中，“香榭丽舍”是“田园乐土”的意思，而它又源于古希腊神话，意思是“神话中的仙景”。17世纪以前，这里不过是一片低洼潮湿的空地，连丑小鸭都算不上，然而一段神话就这样凭空产生了。路易十四在位时，在这里植树造林，使之成为专供宫廷贵族游乐的禁区。后来，随着图勒里公园的东西轴线向西延伸，这里建成了一条近1000米长的林荫道，成为“世界上最美丽的散步大道”。1709年，香榭丽舍大街正式得名，乘坐马车沿着这条大道前往凡尔赛，欣赏沿途风光，成为一时的风尚。在巴黎扩建的奥斯曼时代，这里成为“法兰西第一大道”。而到了19世纪，随着资本主义的飞速发展，这里又成了重要的商业大道。

香榭丽舍大街

作为巴黎的象征和标志，香榭丽舍大街还具有历史老人的资格，它曾见证了法国的各个重要历史时刻。1814年，反法联盟的军队开进巴黎，普鲁士和英国士兵在这条大街上宿营。1885年，大文豪雨果的出殡队伍从这条大街上缓缓走过。1944年，解放巴黎的军队走上这条大街，两旁站满了热情欢呼的巴黎市民。1970年，还是在这条大道上，法国人为去世的戴高乐将军送行。

法国的一些重大节日，如7月14日的国庆阅兵式、一年一度的新年联欢，也都在这条街道上举行。在举行国庆阅兵游行时，法国空军的飞机会从位于香榭丽舍大街的凯旋门上空飞过，在蓝天上喷出与法国国旗颜色相同的红、白、蓝三色烟雾。而当法国国家足球队在世界杯足球赛上夺冠时，这条大街顿时变成了狂欢的海洋，无数瓶香槟酒被当场打开瓶塞，无数个气泡飞洒成漫天的细雨。

香榭丽舍大街与法国历史联系紧密，那是因为它地处法国的首都；巴黎人离不开香榭丽舍大街，那是因为巴黎的夜生活主要集中在这里。巴黎人喜欢夜生活，而举世闻名的丽都夜总会就在香榭丽舍大街上。尽管不是每个巴黎人都有钱到丽都夜总会去看由现代科技和绚丽服装组合于一体的舞台表演，但借着香榭丽舍大街两边五光十色的霓虹，三五成群地聚集在咖啡厅或酒吧门前的小桌旁，或者与情人在街边相拥漫步，那也不失浪漫的情趣。

巴黎人都知道，到香榭丽舍大街上寻找浪漫是要分地点的。它从南到北横贯巴黎中心，东端是协和广场，西端是星形广场，也叫戴高乐广场，以隆布万街和圆点广场为界，分成风格迥异的东西两段。东段古雅幽静，花团锦簇，鸟语花香，一排排梧桐苍翠欲滴，街心花园夹在万木丛中时隐时现，还有三五成群的白鸽悠闲踱步；西段喧嚣吵闹，商贾云集，街道两边店铺林立，橱窗里的商品琳琅满目，一派富贵豪华。

如果你喜欢沉浸在田园风光中，自然要到香榭丽舍大街的东段看一看。这里有建于1757年的协和广场，又名路易十五广场，方圆达4万平方米。广场中央竖立着一座高达23米的方尖碑，它原是埃及卢克索神庙的文物，碑上记载着拉美西斯二世法老的事迹，1831年被法国人从埃及运到这里。法国大革命时，愤怒的人民把国王路易十五和王后推上设在协和广场上的断头台。广场上还保留着两个建于1836~1846年的圆形喷水池，它们模仿了罗马圣·彼得广场上的水池风格，造型独特，尤其是夜晚在灯光的映照下，喷涌的水柱变幻出斑斓的色彩。

离开协和广场，步入香榭丽舍大街，首先进入眼帘的是典雅宏伟的波旁宫。它始建于1772年，原是国王路易十四的女儿波旁公爵夫人的王府，后来成为法国最高立法机构的所在地，于是被视为法国法律的象征。波旁宫内的中央大厅直通议会大厦，它的对面是享誉全球的艺术博物馆卢浮宫。波旁宫的东侧是国会图书馆，馆中藏书60万册，其中包括卢梭等著名学者的手稿、12世纪的《圣经》、一些原始笔录、全套的官方公报等珍本。馆中还陈列着拿破仑当年东征西讨缴获来的52面敌国的国旗，以及拿破仑远征前让学者们为他整理的有关埃及的文献。

如果你喜欢体会商业的繁荣，自然要到香榭丽舍大街的西段看一看。这里有建于1806年的星形广场，广场中央矗立着著名的凯旋门。星形广场连接着巴黎12条有名的街道，每条街道都有林荫遮护，街道两旁各类店铺鳞次栉比。这些街道又连接着巴黎的千街万巷，如同一颗大星星闪烁出的万千光芒，星形广场由此而得名。

离开星形广场，步入香榭丽舍大街，很快就会嗅到一股浓烈的香水味，顿时产生一种心旷神怡的感觉。巴黎香水世界闻名，而巴黎最著名的香水店都集中在香榭丽舍大街西段。此外，这里还汇聚了好多夜总会、歌舞厅、咖啡店、快餐店，法国航空公司、法兰西商业信贷银行和“奔驰”“雪铁龙”“雷诺”等欧洲名牌汽车公司，还有“索尼”“精工”等日本名牌产品，都争相让自己的展销大厅、展销店在这里抢占一席之地，真是商贾云集。巴黎有很多流浪音乐家、街头画家，他们也都偏爱在香榭丽舍大街的西段讨生活，从不到东段去，这也成就了香榭丽舍大街的一隅风情。

香榭丽舍大街两侧名胜众多，如玛德林娜大学、图勒里公园、市府大厦等，实在难以尽数。在诸多名胜中，有一家咖啡店跻身其间，让不熟悉巴黎的人大呼意外。这家咖啡店名叫富凯咖啡店，坐落在香榭丽舍大街与乔治五世大街的交汇处，创建于 1899 年，主人路易·富凯精明有道，以富有文化品位的服务招徕了很多文人雅士，使这里很快就成了社会各界名流聚会的场所。有不少巴黎人自惭形秽，不好意思到这家咖啡店里露面，就在门前或露天座位上守候，期待着一睹他们心目中偶像的面容。

随着富凯咖啡店名声远播，很多大人物慕名而来，其中有英国首相丘吉尔、美国总统艾森豪威尔、法国元帅勒克莱尔等。为了庆祝巴黎从德国法西斯的铁蹄下解放出来，英国元帅蒙哥马利也选择这家咖啡店举行盛大的庆典。

如今的富凯咖啡店依然保留着昔日的风貌，这里的所有设施还是那样高档，所有的咖啡用具还是那样考究，身穿礼服的服务员还是那样周到而热情，还是严禁浓妆艳抹的不三不四女人入座。正是由于它独特的品位，法国文化部长亲自宣布，将它列入国家历史文物保护名单。一个咖啡店能成为受到国家保护的历史文物，这在全世界恐怕也是绝无仅有的。

经过了三个世纪的风雨沧桑，人们今天看到的香榭丽舍大道还是那样迷人。尤其是经过 1898 年的大改造后，那 227 棵高大伟岸的遮荫树，51 条用热带雨林木制成的休息长椅，造型美观别致的公共汽车灯，1000 盏自动调节亮度的行人道冷光灯，给这条大道增添了时代的活力和青春的生机。人类自己做不到红颜不老，却能让一条街道青春永驻，这条街道的名字就是——香榭丽舍。

格兰维亚大道

格兰维亚大道位于西班牙首都马德里，全长 1.5 千米，宽 35 米，东起阿尔卡拉大街，横跨马德里中心区向西延伸，到卡利亚奥广场向北拐弯，与古朴的西班牙广场相连。

格兰大道又经常被译成格兰维亚大道，在西班牙语中，“维亚”就是“大道”的意思。而在马德里人的口中，它又经常被简称为“大道”，似乎显得更加亲切明了一些。西班牙内战期间，这里就是市中心。内战结束后，佛朗哥政权为了纪念长枪党的创始人何塞·安东尼奥，把它改名为何塞·安东尼奥大街，但这个名字现在已经没有人叫了。

格兰大道形成于 20 世纪初。1910 年，西班牙国王阿方索十三世亲自主持了它的开

格兰维亚大道

路仪式，但由于先后受到两次世界大战的影响，这条大街直到1952年才完成了整体建设。尽管时间拖得长了一些，但它作为马德里第一大街的地位却从来没有被动摇过，又常常被誉为“马德里的百老汇”。步入繁华的格兰大道，你会明显地感觉到整条大街呈现出不同的风格。从希贝莱斯广场西侧到圣路易广场这一段，主要由私人社团办公场所、酒吧间、咖啡馆构成，显得比较安静，街道两旁的建筑大多为古典风格，朴素而雅致。

在这段街区里，最有名的地方是位于12号的奇科特酒吧。这是一家有着近百年历史的老酒吧。推进古老的旋转门，你会在两边墙上看到很多名人照片，左边墙上的最高位置挂着一张海明威与人握手的大照片。欧洲有不少作家、艺术家都喜欢到酒吧里构思作品，也许这里的环境能激发他们的灵感。当年海明威来到马德里，就曾坐在这家酒吧靠墙角的位置奋笔疾书，写出了短篇小说《检举》。他在小说中这样写道：“奇科特酒吧是西班牙最好的酒吧，可以肯定无疑；是全世界最好的酒吧之一，我想也没问题。”

奇科特酒吧从外表看没有什么特别出奇之处，你要想真正见识它的魅力，就得深入到它的地下室。在一排排架子上，陈列着来自130多个国家的25000多种酒瓶。如果按储存酒瓶的数量和种类来说，奇科特酒吧绝对能创一项世界纪录。这里的酒瓶不仅形状精美，而且大部分里边都装着酒，在灯光的辉映下，闪烁着晶莹的光芒，让人看了垂涎欲滴。但是，不管你是何等身份，来到这里都只能一饱眼福，无望品尝到一点一滴。

离开奇科特酒吧，不经意间回头望去，只见酒吧门庭上的霓虹招牌写着这样的字样：奇科特博物馆。如果说它是酒瓶博物馆，那确实是名副其实。从奇科特酒吧旁的圣路易广场开始，直到卡利亚奥广场，这一段虽然只有500米长，却是整个马德里最热闹的地方。不分白天黑夜，这条大街上总是车流不息，人流熙攘，最高级的咖啡馆、最上等的酒吧、最富丽的商店、最喧闹的夜总会、最美丽的西班牙女郎，把这里装点成马德里最豪华的地带。每当天气暖和的时候，很多酒吧、咖啡馆就把桌子摆到门前的人行道上，用西班牙浪漫的民族风情吸引着来自各国的游人。在这个黄金地段上，还集中许多有名的电影院和戏院，一到掌灯时分，一幅幅巨大的电影广告，就被五颜六色的霓虹灯映照得分外夺目。

值得一提的是，西班牙国家电信总局就坐落在这个街区，它是马德里的第一座摩天大楼，由美国设计师韦克司在1929年完成。

从卡利亚奥广场到西班牙广场这一段，高档商店明显减少，但众多的影剧院仍然保持着这条大街的繁华和品位。在靠近格兰大道终点的地方,矗立着两个庞然大物,一个是西班牙大厦,一个是马德里塔楼。西班牙大厦高26层,曾经是马德里的最高建筑。马德里塔楼建成于1948年,高130米,设计者是欧塔梅迪兄弟,曾一度被称为欧洲第一塔,据说至今仍是世界上钢筋混凝土结构的最高建筑。它的顶楼设有咖啡厅,游人可以在这里一边喝咖啡,一边鸟瞰全城风景。

格兰大道的终点与公主街交汇,这里有一座小型广场,名叫西班牙广场。与周围那些摩天大楼一比,它实在有些娇小。但这个广场却是最让马德里人感到自豪的地方,因为这里竖立着塞万提斯的纪念碑。塞万提斯是西班牙最伟大的作家,马德里凡是文化机构,几乎都有塞万提斯的雕像,而最为宏伟壮观的塞万提斯雕像就立在西班牙广场上。

自由大道

自由大道位于葡萄牙首都里斯本,全长1.2千米,宽90米,被誉为里斯本的香榭丽舍大街。它的北端连着庞巴尔侯爵广场,南端连着罗西奥广场。

里斯本是欧洲大陆最西端的城市,坐落在大大小小7座山丘之上,所以有“七丘城”之称。这座位于山水之间的城市,处处鸟语花香,仿佛是一座大花园。然而,1755年11月1日这一天,一场大地震却把它拖进了深渊,城市的2/3建筑被夷为平地。当时恰逢周末,所有天主教徒都在教堂里做弥撒,因此伤亡极其惨重,大约有6万人丧生。幸好热罗尼姆斯大教堂没被震倒,拯救了在这里参加祈祷的全体王室成员。当时担任葡萄牙首相的庞巴尔侯爵受命重建里斯本。在他的一手策划下,里斯本最终获得了新生。为了纪念庞巴尔的贡献,1926年5月奠基修建了以他的名字命名的广场,这就是位于自由大道北端的庞巴尔侯爵广场;1934年5月,又在广场中心竖立起他的青铜塑像。雕像是葡萄牙最著名的雕刻家马卡斯特罗的作品,广场上新古典主义风格的粉红色拱廊,则与庞巴尔侯爵重建的里斯本非常谐调。

自由大道

沿着庞巴尔侯爵广场旁边的缓坡往上走,很快就会走进爱德华七世公园。这里是全城最大的绿地,园内花团锦簇,绿树如云,路边到处是供人小憩的椅子,坦诚地迎接各方客人。走到山顶,也就是公园的最高处,这里有喷泉和纪念碑可以观赏,还可以眺望里斯本整个城区。

里斯本城市不大,经过庞巴尔侯爵的重新规划,显得更加齐整。以庞巴尔侯爵广场为分界线，里斯本分成新旧两个区。自由大道东南一侧的阿尔法玛旧城区在1755年大地震中惨遭破坏，地震后因重建困难而渐渐沦为贫民区及犯罪分子的聚集地。自由大道西侧大致可以分为南北两部分，靠北的是巴洛奥尔多区，偏南的是奇亚多区，这两个区相对富裕一些。

然而，不管街道两侧是贫穷还是富裕，位于中间的自由大道始终是那样华贵雍容。路面上镶嵌着精美的彩绘地砖，宽阔的人行道则带有蓝色镶嵌，沿街都是清一色的10层楼房，体现出庞巴尔侯爵的规划之功。尽管这条大街上楼层不高，但丝毫不影响大酒店、银行办公大楼、餐厅、服装店的豪华，其间又有绿树成荫，喷水池和露天咖啡馆间或可见，则给这条喧闹的街道增添了柔和温雅的色彩。

像很多著名的街道一样，里斯本最漂亮的自由大道也串联起了好多广场，如罗西奥广场、拉斯多雷多斯广场、菲格拉广场、科西梅奥广场等。沿着自由大道向海边方向走到尽头，就来到了位于市中心的罗西奥广场。广场中央矗立着一座青铜像，他是曾经当过葡萄牙挂名国王的佩德罗四世，因此这个广场又名佩德罗四世广场。自古以来，里斯本人就喜欢在这里休憩。一到傍晚，广场上就会出现演奏吉卜赛音乐的街头乐队，偶尔还有人跟着音乐翩翩起舞。佩德罗四世铜像两侧的喷水池前，经常有小贩卖花，鲜花与少女，已经成为罗西奥广场的一道美丽的景观。

里斯本最美丽的广场也在自由大道上，它就是科西梅奥广场，中间矗立着约瑟一世的骑马铜像，铜像的背后是昔日的葡萄牙王宫，所以这座广场又称宫殿广场。穿过环绕着科西梅奥广场的黄色市政大楼中间的凯旋门，就来到了著名的拜萨商业步行街，街道两旁挤满了各类小店和门口贴满信用卡的高级餐馆与咖啡屋。这条步行街的西头有一个出口，通过楼梯可以走上去，也可以坐升降机。这个升降机有四层楼高，已有100多年的历史，每天仍在不停地忙碌着输送行人。不过，这个升降机的名气更多的在于它的设计师就是设计出巴黎埃菲尔铁塔的那位埃菲尔先生。

拜萨步行街的上端出口是卡尔摩修道院，1755年大地震时被震掉了房顶，只剩下一部分拱形的框架。在里斯本重建期间，它并没有被修复，而是保存着废墟模样。如今这里已经被辟为葡萄牙考古博物馆。建在废墟上的考古博物馆，别有一番深长的韵味。

库达姆大街

库达姆大街位于德国首都柏林，宽50米，全长6000米，东部以威廉纪念堂为一端，向西一直通到瀚蓝斯湖，又转向西南方向与古耐沃德别墅区毗邻。

库达姆大街是德文的音译，全译为库弗斯坦达姆，而把它叫作"裤裆大街"，那属于中国人的谐音幽默。如按意译，库达姆大街应该翻译成选帝侯大街。选帝侯类似于中国战国时期的各国诸侯,出现在14世纪,当时一共有7位,由他们共同推选出神圣罗马帝国的皇帝。16世纪时,这儿是一条通往狩猎场的宽阔马道,只有选帝侯才有资格带着随从们在这条道上耀武扬威地奔来驰去。选帝侯大街就是由此而得名的。到了19世纪后期,德国宰相俾斯麦感叹于巴黎香榭丽舍大街的华丽,决定翻建这条大道。德国的建筑师们响应他的号召,把这条大街的宽度一举拓到45米以上,这样的宽度在当时是让人有几分吃惊的。然而,到了二战结束时,这条大街整体上被毁坏殆尽,尽管德国人努力修复,还是无法恢复到20世纪20年代时那种繁华的程度。

库达姆大街

应该承认,库达姆大街之所以能够跻身世界商业名街的行列,还得感谢德国的统一。在此之后的短短时间里,这里就成为高级时装和世界名店荟萃的地方,还有购物商场、小精品店、餐厅和快餐店隔三岔五地交错排列在街道两旁。作为一条商业街,库达姆大街足够宽广气派,广告橱窗随处可见,人行道中间排列着许多箱形陈列柜,每当夜幕低垂时,柜内摆放的珠宝、陶瓷等样品,就和街道旁商店琳琅满目的橱窗互相辉映,营造出了一派商业气氛。但与很多商业街不同的是,这里的店铺招牌都不大,上边的文字也不醒目,人行道上很少能看见散发广告的人,商店里的营业员更少,任由顾客自由观看选购,根本不会出现营业员兜揽推销的现象。

除了商店外,这条街上还有许多艺术咖啡屋、剧场、戏院和电影院,使这条大街在购物和娱乐之间获得了美妙的平衡,从而提升了它的格调和品位。

在库达姆大街上购物,完全有条件把它变成娱乐,也可以把它变成休闲。随便找一家街边的咖啡店坐下来,要一杯或浓或淡的咖啡,看一看各色人等来来往往的景象,也不失为一种美好的人生体验。如果是夏天,你更可以坐到宽阔的人行道上,那里有许多露天咖啡座。如果你对柏林的城市历史感兴趣,则可以到克朗兹勒咖啡馆去,那是柏林城最古老的咖啡馆,也是柏林人最喜爱的咖啡馆之一。喝着新磨的咖啡,观赏着有着上百年历史的文物,似乎连咖啡的味道也变得醇厚了许多。

库达姆大街上商店和百货大楼为数众多,其中最有名的是位于大街最东头的卡迪威百货大楼。它是欧洲大陆上最大的百货大楼,楼里有超过1800种知名品牌,在各方面都领导着消费世界的新潮流。它于1907年首次营业,最初只有五层,1929年时又加盖了两层。第二次世界大战末期,有一架飞机撞到这座大楼上坠毁了,使它遭到了严重损坏。1990年大楼重建,在最上边的阁楼里修起了一座冬天花园。如今的卡迪威百货大楼从一楼的化妆品到六楼的玩具、床上用品，丰富的商品任你选购。如果你逛到肚子饿了的时候，可以直接到七楼的美食厅里开开胃，再顺便到八楼的冬天花园里开开眼，这才算是完成了一次完美的购物之旅。

走在库达姆大街上，你会发现一个破破烂烂的建筑，显得与周围的环境极不协调。它就是恺撒·威廉纪念教堂。这座教堂本是德皇威廉二世于1891年下令建造的，以纪念他的祖父威廉一世。这是一座新罗马风格的建筑，中间是一个高达113米的钟塔，四面有四个小尖塔。每到整点，塔楼上的大钟就会奏出德意志帝国最后一位皇帝的曾孙路易·费迪南德王子所做的乐曲。柏林重建时期，市政府曾经考虑过恢复这座教堂的原貌，没想到这个设想遭到了柏林市民的反对。经过一番争论后，建筑家埃贡·艾尔曼教授提出了一个折中的设计方案。他在废墟上加建了一座八角形的新教堂，高度与老教堂相同，色彩也与老教堂相配。塔楼底部的大厅现在成了一个陈列室。天花板上仍然保留着精美的壁画，但是壁画上横七竖八地开裂着几道宽宽的裂痕。陈列室的干墙上挂着大量反映柏林从壮美变成废墟的历史照片，还有一尊被炸断手臂的耶稣像。原来，柏林人是有意在城市中心保留下这片废墟，为的是让它成为反战的标志。

在库达姆大街上还有一处很值得中国人看的地方，那就是位于218号那幢门面考究的楼房。它建成于1896年，由德国建筑师设计，但内部装修完全按照中国传统，用丝绢糊墙，摆设着全套红木家具，还有不少名贵的陶瓷花瓶。从满清帝国到民国再到新中国，这里都曾当过使馆驻地。当年作为出使德意志帝国公使夫人的赛金花，也曾经在这里生活过。第二次世界大战中，中德两国宣战后中断了外交关系，这幢楼房便闲置起来。1972年，中国和联邦德国建交后，联邦德国将这幢楼房移交给中国大使馆。那时候，中国正处在十年动乱之中，没有人能料想到中德关系的未来，也就没把这幢楼房当一回事，于是就把它卖了600万马克。幸好有一位华人老板很有眼光，他出钱租下了楼下两层，开了一家中餐馆，名叫“好年华”。来自中国的游人逛完库达姆大街后，到这个本来应该属于中国人所有的地方坐一坐，品尝一下家乡的风味，也算是对那种遗憾的补偿吧。

阿尔巴特大街

阿尔巴特大街位于俄罗斯首都莫斯科，它分新旧两部分，全长不足1000米，宽10多米，但充满了浓郁的俄罗斯民族风情，被俄罗斯人称为“莫斯科的精灵”。

“阿尔巴特”一词来源于阿拉伯语，意思是“城墙外的地方”。也许最早来到这里的是阿拉伯商人，他们赶着骆驼队，带来了色彩绚丽的地毯，把当时还过着蒙昧生活的俄罗斯人从城墙里边吸引了出来。也有人说，“阿尔巴特”的意思是“板车”。当年的阿拉伯商人经常用板车装载货物来出售，俄罗斯人就按“板车”的俄语发音命名了这条街。在莫斯科年鉴中，能够找到关于阿尔巴特大街的最早纪录是1493年7月28日，这一天街上的派斯卡教堂发生了一场大火。到了1547年5月21日，这条大街的名字又上了莫斯科年鉴，还是因为一把大火，它从阿尔巴特大街烧起，“殃及池鱼”，莫斯科城里的25000间房屋都被烧成白地。

阿尔巴特大街

阿尔巴特大街兴起于沙俄时代，那时候只有富人和高官才能住到这个地方来，托尔斯泰、加加林等著名的俄罗斯家族都有人住在这里，一时成了风尚。他们建起了一幢幢灰泥模制的房屋，装饰上晾台、神像柱，这在当时就是宫殿一般的建筑了。如今，许多老式的小房已经不见了踪影，但还能看到街边戴着圆形玻璃灯罩的街灯，好像两排头戴面盔的古代骑士，守望着这条古老的街道，守望着这条街道古老的荣耀。

早在俄国十月革命前，拥有5万人口的阿尔巴特大街就已经成为莫斯科的文化中心，这条街上排列着四家电影院，坐落着华丽的瓦可堂果夫戏剧院（第二次世界大战中毁于纳粹的炮弹）及其戏剧学校和音乐学校，还有许多书店。此外，经营古玩、首饰、珠宝、花鸟鱼虫、糖果点心的200多家商铺，把这条大街染得一片红红火火。

第二次世界大战后，阿尔巴特大街所在地区经过大规模的重建，已经是“旧貌换新颜”。原有的一些房屋被拆除后，建成了一座座高楼大厦，有的成为俄罗斯政府的机关大楼，有的成为富丽堂皇的商店，有的成为熙熙攘攘的娱乐场所。人们把这部分街道称为新阿尔巴特大街。这条街道上有很多百货商店，其中以物美价廉著称的就是中国人办的商场“天客隆”。中国人到莫斯科来旅游，常常爱跑到这里来买东西，国内生产的东西运到这里来，却比在国内买还便宜，也算是一件奇闻。

新阿尔巴特大街的两端各有一座有名的建筑。一座是布拉格酒店，另一座是普希金故居。布拉格酒店是莫斯科最大的餐厅，高三层，内部装修富丽堂皇，就餐环境幽雅舒适。餐厅深处有音乐台，钢琴手、小提琴手娴熟地奉献着他们的技艺，让客人一边品尝着美味佳肴，一边欣赏着一首首古典名曲。

普希金故居位于阿尔巴特街53号。这里是诗人的出生地。1831年，普希金在结束了在南方的流放生活后，再次回到这里居住，并与“俄国第一美人”娜塔丽娅·冈察洛娃结婚。这是诗人一生中最灿烂美好的时光，但为时很短暂，只有三个月，而且诗人在这里一行诗也没写出来。如今这里建成了普希金故居博物馆，恢复了160多年前诗人居住时的原貌。

故居的对面矗立着诗人与娜塔丽娅携手的青铜雕塑。雕像基本上按两人原貌创作,连两人的身高也接近实际,普希金略矮于娜塔丽娅。普希金身着燕尾服,娜塔丽娅一袭婚纱,两人脸上都荡漾着幸福的表情,显然是他们新婚生活的写照。令人格外感动的是,普希金的手上仍像当年一样拿着一束鲜花,这是真正的鲜花,想来是不断有人更换的结果。俄罗斯人对诗人的由衷热爱,由此可见一斑。

旧阿尔巴特大街的街面是用方砖铺成的,这里还保留着许多古色古香的建筑,那些卖传统工艺品的特色店铺,也像一件件古董陈列在街道两侧。至于那些小店铺更是一家挨一家,卖的东西五花八门,如暖和的护耳皮帽,缀满各式勋章的军装,精心编制的大草鞋,琳琅满目的耳环、坠子,各种古怪的护身符,别致的小包,印有明星头像的T恤衫,年代久远的宣传画,伪造的证件,绘有俄罗斯历届领导人形象的玩偶套人等,简直是无奇不有。与这些土气十足的小店铺杂然相间的,是一间间洋气十足的咖啡店、服装店、礼品店。最有趣的是,西方的洋人来了,都往那些土气的小店里钻;而那些洋气的店铺,接待的都是当地人。

旧阿尔巴特大街最引人入胜的是它浓郁的文化氛围。无论你什么时候来到这条街上,都能看到一道不变的风景——街头作画。阿尔巴特的街头画家们很可能其貌不扬,但他们的技艺却是炉火纯青,笔走龙蛇,速度奇快,转眼间就会为你送上一张惟妙惟肖的肖像画来。据说这里云集了许多才华横溢的画家,只是时运不济,才鲜为人知,看来此言不虚。

从普希金时代起,旧阿尔巴特大街上就开设了许多出售油画的铺子,直到今天依然如此。它们有的是卖摊主本人的作品,有的是专门替画家售画。这里的作品价格相对便宜一些,很难买到名家的作品,但也有一些颇有名气的画家,为了养家糊口,不得不把自己心爱的作品拿到这里来出售。如果你碰巧能买到这样的画,那可是一件幸运的事情。

这条街上还有一道著名的儿童墙,宽7.8米,上面的图画都是由世界各地的少年儿童绘制的,笔法自然稚嫩,但流露出的童心童趣很值得一观。

与街头售画一样,街头售诗也是这条街上的一绝。俄罗斯人酷爱诗歌,他们常常把自己写的诗张贴出来,供人品评。有人还把写好的诗打印出来,放在随身携带的夹子里,遇到喜好者,那就一手交钱,一手交货。得几个钱倒是小事,最高兴的是自己的才华能得到知音的赏识。

旧阿尔巴特大街还是俄罗斯民间艺人自由展示才华的地方。街这边,两个小伙子忘情地拨弄着吉他,边弹边唱着俄罗斯民歌,一副旁若无人的样子,甚至不关心是否有人往他们面前的纸盒子里投币。街那边,一位年近古稀的老人悠然自得地拉着手风琴,似乎在向远方的客人倾诉着他历尽沧桑的感触。也许从专业角度看,这些民间艺人的水准不够高,但他们对艺术的那份挚爱,却给这条古老的街道注入了永远年轻的活力。